STUDIENKURS POLITIKWISSENSCHAFT

Siegmar Schmidt / Wolf J. Schünemann

Europäische Union

Eine Einführung

Nomos

Die Deutsche Bibliothek verzeichnet diese Publikation in
der Deutschen Nationalbibliografie; detaillierte bibliografische
Daten sind im Internet über http://dnb.ddb.de abrufbar.

ISBN 978-3-8329-1067-9

1. Auflage 2009

Vorwort

Es gibt bereits eine Fülle ganz unterschiedlicher politikwissenschaftlicher Lehrbücher über die Europäische Union. Das wichtigste inhaltliche Alleinstellungsmerkmal dieser Einführung betrifft ihren Untersuchungsgegenstand, die Europäische Union, ganz *wesentlich*. Damit nicht nur dem Titel *Die Europäische Union* in seiner einfachen Klarheit entsprechend, richten sich alle Ausführungen dieses Bandes auf die – an anderer Stelle[1] gelegentlich umgangene – fundamentale Frage nach dem Wesen der EU, besser noch: nach unserem Begriff von ihr: Was ist die EU? Dabei geht es uns nicht um die mehr oder weniger intuitiven Vorstellungen, die ungeordnete Anschauung, die ohnehin nahezu jeder Leser, jede Leserin, der bzw. die sich für den vorliegenden Band interessiert, von einer Institution haben mag, die das Zusammenleben in Europa in großem Maße mitbestimmt und auch auf der weltpolitischen Bühne zu den bedeutenden Akteuren zählt. Es geht uns vielmehr darum, die Europäische Union über die individuellen Erfahrungen und ihr unklares Etikett hinaus begreifbar zu machen, uns einen politikwissenschaftlich fundierten Begriff – oder besser mehrere – von der EU zu machen. Dieses Unternehmen wollen wir im vorliegenden Band für unsere Leserin, unseren Leser bzw. gemeinsam mit ihr oder ihm verwirklichen. Vorweggenommen sei an dieser Stelle, dass am Ende der Lektüre nicht eine Kategorie, sondern mehrere zur Verfügung stehen werden, andere wiederum werden verworfen, jede schließlich auch problematisiert, über alle ausführlich nachgedacht und insgesamt wird hoffentlich etwas gelernt worden sein, und zwar über die Europäische Union als Ganze. Auch der vorliegende Band bietet zwar die im Rahmen einer Einführung angemessenen und erforderlichen wissenschaftlichen Analysen, aber keine um der Zergliederung willen, wie es an anderer Stelle mit Fug und Recht geschehen mag. Vielmehr stellen seine Untersuchungen sich in den Dienst des Gegenstandsverständnisses. Wir wollen begreifbar machen, was nur schwer in Begriffe zu fassen ist, wollen kategorial bestimmen, was sich so schlecht in unsere Kategorien fügt: die Europäische Union.

1 Damit ist mitnichten nur die wissenschaftliche Diskussion, vielmehr insbesondere auch die politische, mediale etc., Diskussion gemeint.

Die Verzögerungen bei der Entstehung des Bandes sind nicht zuletzt auf die nicht vorhersehbaren Entwicklungen rund um den Vertrag von Lissabon zurückzuführen. Nun aber wollen wir das Ergebnis unserer herausfordernden Arbeiten einer – hoffentlich kritischen – Öffentlichkeit übergeben. Uns bleibt nur, auf einen regen und gewinnbringenden Einsatz des Buches in Studium und Lehre zu hoffen sowie uns bei allen Mitmenschen zu bedanken, die diese Einführung durch dienstliches Engagement oder private Unterstützung erst möglich gemacht haben. Zunächst möchten wir dem Gesamtherausgeber Prof. Dr. Winand Gellner (Universität Passau) für die Aufnahme unseres Bandes in diese Reihe danken. Außerdem danken wir dem Nomos-Verlag, insbesondere Herrn Dr. Andreas Beierwaltes, auf das Herzlichste für die Möglichkeit dieser Publikation und die geduldige Betreuung unserer Arbeiten.

Darüber hinaus möchten wir Franziska und Olga danken, die von unserem engen Zeitplan am unmittelbarsten betroffen waren und uns in jeder Hinsicht unterstützten. Ein besonderer Dank gilt auch der großartigen Kieler Kollegin Jana Windwehr, die das komplette Manuskript aufmerksam und scharfsinnig redigiert und eine Unmenge wichtiger Anmerkungen gemacht hat. Auch unserem Landauer Kollegen Timo Werner gebührt unser Dank für die kritische Lektüre der Manuskripte. Wir danken ebenfalls unseren engagierten Hilfskräften Fabian Marschner und Julia Weyrich, die an verschiedenen Stellen in die Arbeiten eingebunden waren. Zuletzt danken wir auch allen anderen Mitarbeitern am Institut in Landau, insbesondere Herrn Gerd Krause, für unterstützende Tätigkeiten.

Landau, im Januar 2009

Siegmar Schmidt
Wolf J. Schünemann

Inhaltsverzeichnis

1. Einleitung

1.1 Zum Gegenstand

Der vorliegende Band stellt die Frage nach dem Wesen der Europäischen Union: *Was* ist die EU? „Exploring the nature of the beast"[1], dieser Titel eines Aufsatzes von Thomas Risse-Kappen zum Charakter der Europäischen Union (EU) beschreibt mithin auch das Anliegen dieses Buches. Es geht uns darum, das äußerst komplexe Gebilde der EU vorzustellen und dabei den eigentlichen Gegenstand, die Europäische Union als Ganze, nicht aus den Augen zu verlieren. In den folgenden elf Kapiteln wird er zwar immer wieder in seine Einzelteile zerlegt, in unterschiedlicher Weise zusammengesetzt und aus den verschiedensten Perspektiven in den Blick genommen. Nie aber wollen wir uns im Meer der Details verlieren. Wir wollen nicht – zumindest nicht in jedem Abschnitt (Ausnahme: Kap. 11) – in die historische Betrachtung abschweifen und konzentrieren uns in einem Kapitel auf die theoretischen Erklärungsansätze zum Integrationsprozess (vgl. vor allem Kap. 12). Die wesentliche Bestimmung der EU unter Verwendung des politikwissenschaftlichen Instrumentariums ist Anliegen und Ziel dieser Einführung.

Der amerikanische Politikwissenschaftler Philippe Schmitter charakterisiert die EU als „already the most complex polity ever created by human artifice"[2]. Die außerordentliche Komplexität des Gegenstandes stellt gerade für Lehrbücher eine besondere Herausforderung dar. Der vorliegende Band richtet sich in erster Linie an Studierende der Politikwissenschaft und benachbarter Disziplinen. Im Hintergrund stehen dabei unsere

1 Risse-Kappen, Thomas: Exploring the Nature of the Beast, in: Journal of Common Market Studies 34 (March) 1996, S. 53-80.
2 Schmitter, Philippe, 2004: Neo-Neofunctionalism, in: Wiener, Antje/Diez, Thomas (Hrsg.) European Integration Theory, Oxford, S. 45-74 (69).

Erfahrungen mit dem Thema EU in der universitären Lehre. Zu Beginn der Seminare ist das Interesse häufig groß, gelegentlich spürt man so etwas wie Erwartungsfreude, dass nun endlich ein in den Schulen zumeist vernachlässigtes Thema behandelt wird. Diese positive Grundstimmung zu Beginn entsprechender Seminare lässt – bei näherer Bekanntschaft mit dem „Biest" – häufig im Laufe des Semesters spürbar nach. Auf Nachfragen geben die Studierenden an, dass man zwar nach wie vor interessiert sei, doch sei die EU sehr kompliziert und unübersichtlich. Hinzu kommt, dass die wissenschaftliche Literatur zum Thema mittlerweile auch für Fachleute kaum noch überschaubar ist, wodurch die Orientierung gerade für Anfänger[3] erschwert wird. Die Erfahrungen aus der universitären Lehre bestätigen sich auch in der außeruniversitären politischen Bildung – sowohl in der Erwachsenenbildung als auch in den Schulen. Grundsätzlich herrscht Konsens über die Notwendigkeit einer vertieften Beschäftigung mit der immer stärker das Leben des Einzelnen betreffenden EU, doch das komplexe System der EU stellt hohe Anforderungen an die fachdidaktischen Kompetenzen der Lehrenden und die Aufnahmefähigkeit der Rezipienten.

Eine zweite Schwierigkeit kommt hinzu: die Dynamik der europäischen Integration und ihr keineswegs gleichmäßiger, linearer Verlauf. Als Autor läuft man leicht Gefahr, von der Entwicklung schlichtweg überholt zu werden oder ihr irrtümlicherweise vorausgeeilt zu sein und beispielsweise den letztlich gescheiterten Verfassungsvertrag seiner Darstellung zugrunde gelegt zu haben. Überraschende Integrationsfortschritte der letzten Jahre, wie etwa im Bereich der Sicherheitspolitik, wechseln mit Stagnation ab. Die Entwicklung der EU im Hinblick auf den Verfassungsvertrag bzw. eine Vertragsrevision gleicht einem *Zick-Zack-Kurs* – nach dem Scheitern des Verfassungsvorhabens gelang es, den Vertrag von Lissabon auszuhandeln. Doch auch dieser jüngste Rettungsversuch der wesentlichen Verfassungsinhalte in Form eines abgespeckten, vergleichsweise undurchsichtigen Reformvertrags, der die EU aus ihrer konstitutionellen Dauerkrise befreien sollte, führte zu einem neuerlichen Desaster. Der Vertrag von Lissabon wurde bei einer Volksabstimmung im Juni 2008 von der Mehrheit der Iren abgelehnt. Sie begründeten dies an erster Stelle mit dem Mangel an Information und Wissen über die Inhalte dieses *Grundlagen*vertrags.

3 Im Sinne der Textgestaltung erlauben wir uns, im Folgenden auf die geschlechtsneutrale Umformung allgemeiner Bezeichnungen zu verzichten – dies gilt insbesondere für sog. *generische Maskulina*, z.B. *die Bürger*. In diesen Fällen ist die weibliche Form jeweils mit gemeint.

Auf der anderen Seite attestierten enttäuschte Vertragsbefürworter den Bürgern, falsche Vorstellungen von der EU zu haben.[4]

Damit wäre ein drittes Problem ausgemacht: Offensichtlich provoziert die kryptische Gestalt der EU schon seit geraumer Zeit das Misstrauen ihrer Bürger. An verschiedener Stelle haben diese dem Einigungsprozess in europapolitischen Referenden, beginnend in den neunziger Jahren des vergangenen Jahrhunderts, schmerzhafte Niederlagen beigefügt. Auf der anderen Seite fühlen Europapolitiker, -enthusiasten und andere Befürworter einer konstitutionellen Reform sich und das Einigungswerk von den Bürgern unverstanden und fordern die bessere Darstellung und Vermittlung der EU. Vor diesem Hintergrund kommt der Wesensfrage[5] eine fundamentale Bedeutung zu, und mit der grundlegenden Unbestimmtheit der EU scheint tatsächlich eine der Wurzeln der aktuellen europapolitischen Krise angepackt.

Wir möchten an dieser Stelle auch auf die bis heute wesentliche Unterscheidung zwischen der Europäischen Union (EU) als übergeordnetem Vertragskonstrukt, das sowohl die vergemeinschafteten und entsprechend verrechtlichten Politikbereiche als auch losere Formen der Zusammenarbeit umfasst, und der Europäischen Gemeinschaft (EG) als der besonders weit integrierten Säule mit eigener Rechtsordnung und -persönlichkeit eingehen. Durch die jüngeren Entwicklungen im Integrationsgeschehen ist diese Differenz zwar zunehmend relativiert worden, ferner wird sie mit Inkrafttreten des Vertrags von Lissabon gar gänzlich verschwinden. Dennoch halten wir, wo es die korrekte Darstellung verlangt, an der Unterscheidung fest. Handelt es sich um allgemeine Beschreibungen des Einigungswerks, verwenden wir ungeachtet anders bezeichneter Entwicklungsstufen und Einzelelemente den Titel Europäische Union oder kurz: EU.

Die Zukunft des Vertrags von Lissabon ist zum gegenwärtigen Zeitpunkt ungewiss, womit die Bestimmungen des Nizza-Vertrags Gültigkeit behalten. Angesichts der momentanen, d.h. Januar 2009, bestehenden Ungewissheit über die Ratifizierung des Vertrags in Irland und anderen Mitgliedstaaten[6], haben wir uns für ein pragmatisches Vorgehen entschieden: Unsere Ausführungen beruhen auf der Grundlage des Nizza-Vertrags,

4 Vgl. z.B. Verheugen, Günter, 2008: Schritt für Schritt, und alle gemeinsam. Warum EU-weite Volksabstimmungen und die Idee eines Kerneuropas nichts taugen – eine Antwort auf Jürgen Habermas, in: Süddeutsche Zeitung vom 21. Juni 2008.

5 Diese ist nicht zu verwechseln mit der ebenfalls wichtigen, durch die Wesensfrage notwendig bedingten, bereits seit den Anfängen der Integration mitunter lebhaft diskutierten, allerdings außerordentlich standpunktabhängigen Finalitätsfrage (frz. *finalité*): Was soll die EU sein? Wozu soll sie sich entwickeln?

wobei die geplanten Änderungen des Reformvertrags jeweils gesondert vorgestellt und kommentiert werden.

Mit dem vorliegenden Band versuchen wir eine substanzielle wie gleichermaßen verständliche sowie möglichst aktuelle Einführung in das politische System der EU. Wir wollen zu einer vertieften Beschäftigung mit dem Thema animieren, anstatt mit einem Werk monumentalen Zuschnitts eher abzuschrecken. Vor diesem Hintergrund konnten einzelne Politikfelder nur exemplarisch dargestellt werden.

1.2 Hinweise zur Lektüre

1.2.1 Zum Aufbau des Buches

Zu Beginn unserer Ausführungen wollen wir uns sogleich die fundamentale Fragestellung dieses Bandes vorlegen: Was ist die EU? Wir nähern uns in den folgenden beiden Kapiteln einmal in empirischer, einmal in theoretischer Weise unserem Gegenstand. Während das zweite Kapitel *Was ist die EU? – Teil 1: Zahlen und Fakten* mittels eines kursorischen Überblicks über einige zentrale empirische Daten zur EU erste Eindrücke und Vergleichsmöglichkeiten liefert, soll Kapitel 3 *Was ist die EU? – Teil 2: eine kategoriale Einordnung* grundlegende theoretische Optionen und Probleme der Begriffsbildung und des -gebrauchs vorstellen. Zwischen den kategorialen Polen der internationalen Organisation auf der einen und dem politischen System auf der anderen Seite und im akademischen Spannungsfeld zwischen der Lehre der Internationalen Beziehungen und der Vergleichenden Regierungslehre entscheiden wir uns für den vergleichenden Ansatz sowie den Systembegriff. Kapitel 3 begründet unsere Wahl.

Jedes politische System ist durch ein ausdifferenziertes institutionelles Gefüge gekennzeichnet. Wir haben die besondere Komplexität des EU-Systems in dieser Hinsicht bereits erwähnt. Dementsprechend nimmt das vierte Kapitel *Der institutionelle Aufbau des EU-Systems* großen Raum ein und ist das mit Abstand längste Kapitel dieses Bandes. Anhand der wichtigsten EU-Organe (Parlament, Rat, Kommission und Gerichtshof) ist es allerdings noch einmal untergliedert. Die einzelnen Abschnitte bauen zwar aufeinander auf, lassen sich aber ebenso gut getrennt voneinander studieren. Sie sollen das institutionelle Gefüge der EU so auseinander-

6 Tschechien hat den Vertrag bisher nicht ratifiziert. In Polen und Deutschland haben die Parlamentskammern dem Vertrag zwar zugestimmt, die jeweiligen Gesetze sind durch die Staatspräsidenten aber noch nicht unterzeichnet worden.

legen, dass die Zusammenhänge jederzeit offenliegen und das Gesamtsystem rekonstruiert werden kann. Genau diese informierte und reflektierte Rekonstruktion wird abschließend anhand eines Organigramms vorgenommen.

Mit den gewonnenen Erkenntnissen über den institutionellen Aufbau des EU-Systems können wir uns sodann an spezifische Zusammenhänge, Politiken und Inhalte heranwagen. Auch dies wollen wir anhand von übergeordneten Kategorien tun und zugleich die jeweiligen Aussagen über die Qualität der EU überprüfen. Dazu werden drei ausdifferenzierte und aufeinander aufbauende Gemeinschaftsbegriffe auf die EU angewandt. Erstens wollen wir die EU als Wirtschaftsgemeinschaft begreifen. Kapitel 5 *Die EU: eine Wirtschaftsgemeinschaft* untersucht die ökonomischen Zusammenhänge der Europapolitik anhand der terminologischen Stufenleiter wirtschaftswissenschaftlicher Integrationsforschung von der Freihandelszone über Zollunion und Gemeinsamen Markt zur Wirtschaftsunion. Ferner beschäftigt sich das Kapitel mit dem Haushalt und den Finanzen der EU sowie mit den Außenwirtschaftsbeziehungen, die zum analytischen Zweck von der sonstigen EU-Außenpolitik (vgl. Kap. 10) getrennt behandelt werden.

Die Wahrnehmung der EU als Wirtschaftsgemeinschaft deutet immer wieder auf eine weitere Begriffsdimension und verlangt daher regelrecht nach deren Behandlung. Kapitel 6 *Die EU: eine Rechtsgemeinschaft* kommt dieser Forderung nach. In den Abschnitten dieses Kapitels wird also die EG-Rechtsordnung ausführlich vorgestellt und erläutert. Nach den Grundlagen und Prinzipien wird auf die Gründungsverträge sowie die Rechtsakte der Gemeinschaft eingegangen. Wir wollen beschreiben, wie EG-Recht zustande kommt und wie der Rechtsschutz funktioniert. Ferner wollen wir uns mit der Kooperation der polizeilichen und justiziellen Behörden befassen und schließlich klären, welche grundlegenden Rechte mit der Unionsbürgerschaft verbunden sind.

An dritter Stelle fragen wir nach der EU als Wertegemeinschaft. Das siebte Kapitel *Die EU: eine Wertegemeinschaft?* geht zwar aus den Ausführungen des sechsten Kapitels hervor, indem es nach einer normativen Ordnung fragt, die gesetztem Recht notwendig vorausgehen muss, kann aber keineswegs ähnlich klare Aussagen formulieren. Vielmehr dringt sie ein in die kontroverse Identitätsdebatte, die im Zusammenhang mit der EU-Osterweiterung angestoßen wurde und insbesondere vor dem Hintergrund eines möglichen Beitritts der Türkei geführt wird. Die Grundpositionen der Debatte sollen hier kurz vorgestellt werden.

Kapitel 8 *Der politische Prozess im Mehrebenensystem EU* führt uns zum Systembegriff zurück. Mit dem Mehrebenensystem wird eine ausdifferenzierte, auf die Besonderheiten der EU, insbesondere deren Mehrdimensionalität, zugeschnittene Variante des Begriffs auf den Gegenstand angewandt. In den fünf Abschnitten des Kapitels stellen wir zunächst die neue Kategorie vor, um anschließend auf bestehende und empfundene systembedingte Dysfunktionalitäten des politischen Prozesses einzugehen, die an erster Stelle mit den Schlagwörtern Demokratie und Legitimität, ferner auch mit Effizienz und Transparenz verbunden sind. Zum Ende des Kapitels wollen wir alternative Konzepte und neue Verfahren einer Demokratie jenseits des Nationalstaats bzw. der flexiblen Integration vorstellen und erläutern.

Bis zu dieser Stelle eher vernachlässigt und hier entsprechend nachgereicht, rücken in Kapitel 9 *Sozialpolitik der Europäischen Union* und Kapitel 10 *Außen- und Sicherheitspolitik der Europäischen Union* zwei ausgesprochen wichtige, weil potenziell identitätsbildende Politikfelder, deren erreichter Integrationsgrad nach unserer Auffassung noch keine Verdichtung in einem Gemeinschaftsbegriff oder einer entsprechenden Kategorie rechtfertigt, in unseren Fokus. Weder ist die EU eine Solidargemeinschaft, mögen auch Ansätze gemeinschaftlicher Umverteilung erkennbar sein (vgl. Kap. 9), noch ist mit dem konsensfähigen Etikett des *internationalen Akteurs* eine Kategorie in unserem Sinne vorhanden. Fallen die beiden Kapitel also in gewisser Weise aus dem Rahmen, so sind die enthaltenen Informationen und Gedanken doch wichtig, denn beide Bereiche spielen in der Diskussion um die Akzeptanz und Leistungsfähigkeit der EU eine große Rolle. Eine Mehrheit von Bürgern in einigen Mitgliedsländern erwartet z.B. von der EU eine aktive Sozialpolitik, und auch außenpolitische Fragen, z.B. der Energiesicherheit, stehen auf der europapolitischen Tagesordnung.

Unsere ausführlichen Darstellungen zur historischen Entwicklung der EU haben wir ganz bewusst an das Ende des Buches gestellt. Auf diese Weise wollen wir vermeiden, dass der Gegenstand in seiner historischen *Prozesshaftigkeit* verschwimmt, und halten es dementsprechend für sinnvoll, mit dem Kapitel 11 *Die Geschichte der europäischen Einigung* die ausführliche historische Betrachtung quasi den synchronen Gegenstandsdarstellungen, die freilich auch – wo nötig – durch einzelne geschichtliche Fakten ergänzt sind, hintanzustellen.

Wie auf das *Wie* der europäischen Integration ist auch auf das *Warum* nicht unser primäres Interesse gerichtet. So behandelt erst das Kapitel 12

Theorien der europäischen Integration die unterschiedlichen theoretischen Ansätze zur europäischen Einigung und stellt die verschiedenen Möglichkeiten vor, die Ursprünge, den Verlauf und das Ergebnis des Integrationsprozesses zu erklären. Weil den vorgestellten Großtheorien (Föderalismus, Funktionalismus, Intergouvernementalismus) immer auch eine spezifische Auffassung von der EU als Ganze (z.B. Bundesstaat dem Föderalismus) zugrundeliegen, trägt ihre Kenntnis in besonderer Weise zum Gegenstandsverständnis bei. Vor allem aber befähigen die integrationstheoretischen Kenntnisse den europapolitischen Beobachter zur Debatte über die Finalität und Zukunft der EU, ihre Entwicklungschancen und -risiken.

Zukunftsoptionen für die EU sollen im Anschluss an eine kurze Zusammenfassung im letzten Kapitel 13 *Schlussbetrachtung und Ausblick* skizziert werden.

1.2.2 Zur Handhabung

Der vorliegende Band ist zuvörderst für Studienanfänger. Insbesondere für diese, ferner für Studierende anderer Disziplinen und alle interessierten Leser, die ihre Kenntnisse über bestimmte Zusammenhänge und Begrifflichkeiten vertiefen wollen oder zu gewissen Punkten detailliertere Informationen wünschen, haben wir unseren Ausführungen eine große Zahl von Informationskästen zu spezifischen Aspekten hinzugefügt. Sie sollen als Angebot verstanden und bei entsprechendem Interesse mitgelesen werden. Für Aufbau und Verständnis des Fließtextes ist die Berücksichtigung der Kästen jedoch nicht erforderlich. Alle Kästen sind mit den zugehörigen Seitenzahlen im entsprechenden Verzeichnis am Ende dieses Buches aufgeführt. Noch stärker kann das Verständnis des Textes durch den Gebrauch von Abkürzungen – und die EU bietet ein wahres Labyrinth an Abkürzungen – erschwert werden. Wir haben uns bemüht, jede Abkürzung bei ihrer ersten Nennung aufzuschlüsseln und ggf. zu erläutern. Für alle Fälle, in denen dennoch Verständnisschwierigkeiten auftreten, sind alle themenspezifischen Abkürzungen mit der jeweiligen Bedeutung in einem entsprechenden Verzeichnis am Ende des Buches aufgelistet.

Zur Veranschaulichung unserer Ausführungen haben wir dem Text an zahlreichen Stellen Abbildungen und Tabellen hinzugefügt. Auch sie sind mit Seitenangaben in einem Verzeichnis am Ende des Buches aufgeführt. Gleiches gilt für eine weitere Form von Informationskästen. Die bis heute unklare Zukunft des im Jahr 2007 unterzeichneten und bis heute von einem Großteil der Mitgliedstaaten ratifizierten Vertrags von Lissabon macht es erforderlich, an zahlreichen Stellen zwischen den aktuellen und den (möglicherweise) künftigen Vertragsbestimmungen zu unterscheiden. Während die allgemeinen Ausführungen im Fließtext auf der gültigen Vertragsgrundlage, dem Vertrag von Nizza aus dem Jahr 2001/03, beruhen, sind die potenziellen Änderungen und Neuerungen des Reformvertrags in den entsprechenden Kästen wiedergegeben und kommentiert. Auch die Berücksichtigung dieser Kästen ist für Aufbau und Verständnis des Fließtextes nicht erforderlich, auch die *Kästen Reformvertrag 2007* sind mit den zugehörigen Seitenangaben in einem entsprechenden Verzeichnis am Ende des Buches aufgelistet.

Die Kapitel dieses Buchs bauen inhaltlich aufeinander auf. Eine Lektüre dieser Einführung vom Anfang bis zum Ende kann also durchaus empfohlen werden. Den universitären Arbeitstechniken und dem studentischen Zeitbudget entsprechend, kann aber auch jedes der Kapitel einzeln herangezogen werden, wobei eine Fülle von Querverweisen notwendige oder zweckdienliche Verbindungen zwischen den Abschnitten herstellt. So lässt sich der vorliegende Band also auch als Sammlung von Lektionen zum Verständnis der EU heranziehen. In diesem Sinne enthält jedes Kapitel für sich ein Verzeichnis der einführenden und der weiterführenden Literatur sowie der zitierten Dokumente. Den wesentlichen Texten sind knappe Kommentare der Autoren hinzugefügt. Abschließend enthält jedes Kapitel einen Katalog von Diskussionsfragen, die dazu dienen, dem Leser noch einmal die wesentlichen Argumente und Problemstellungen deutlich zu machen und ihn zum weiteren Nachdenken anzuregen.

Schließlich ist das Buch auch zum Nachschlagen wichtiger Fachbegriffe geeignet, sei es für die schnelle Begriffsklärung während der Lektüre oder für jederzeitigen direkten Zugriff auf relevante Inhalte. Ein entsprechendes Sachregister mit den Fachbegriffen und den zugehörigen Seitenangaben findet sich ebenfalls am Ende des Buches.

Literatur:

Risse-Kappen, Thomas: Exploring the Nature of the Beast, in: Journal of Common Market Studies 34 (March) 1996, S. 53-80.

Schmitter, Philippe, 2004: Neo-Neofunctionalism, in: Wiener, Antje/Diez, Thomas (Hrsg.) European Integration Theory, Oxford, S. 45-74.

2. Was ist die EU? – Teil 1: Zahlen und Fakten

2.1 Einstieg

Die Wiedergabe einiger basaler empirischer Daten zur Europäischen Union ermöglicht einen ersten, vergleichsweise oberflächlichen, dennoch informativen Überblick über den Gegenstand dieser Einführung. Intuitive Vorstellungen von der EU können mit Zahlen, Fakten und Schaubildern bestätigt, präzisiert, verändert oder gar widerlegt werden. Absolute Zahlen, die vom jeweiligen Verfahren der Messung abhängen und daher zwischen verschiedenen Quellen mitunter stark schwanken können, sind dabei weniger aufschlussreich als die Relation der wiedergegebenen Messwerte zueinander. Für die meisten Rubriken dieses empirischen Abschnitts vollziehen wir den Vergleich auf zwei Ebenen und tragen damit der eigentümlichen Zwitterstellung des *Mehrebenensystems* EU zwischen der staatlichen und der internationalen Dimension – der besondere Charakter der EU wird in den weiteren Kapiteln dieses Buches noch ausführlich behandelt – Rechnung. So wird die Gemeinschaft zum einen in ihren Teilen, also den Mitgliedstaaten, in den Blick genommen. Welcher Staat hat den größten Anteil an der EU-Bevölkerung? Welcher Staat hat die niedrigste Wirtschaftsleistung? In welchem Land gibt es die wenigsten Arbeitslosen? Dies sind die Fragen, die sich durch die interne Analyse beantworten lassen.

Längst aber begreift sich die Union als eigenständiger Akteur auf der internationalen Bühne und sieht sich im Wettbewerb mit den in verschiedener Hinsicht führenden Nationalstaaten der Welt. Um auch diesen vergleichsweise jungen Anspruch mit Daten zu unterfüttern, werden zum anderen die ermittelten Gesamt- oder Durchschnittswerte für die Union als Ganze mit den Vergleichswerten für die USA, Russland, China, Indien und Japan aufgeführt. Die Wahl gerade dieser Vergleichsgruppe gründet auf die recht unwissenschaftliche Beobachtung, dass es in der Regel diese fünf Staaten zuzüglich der EU sind, die auf die Frage nach den (potenziellen) führenden Akteuren der Weltpolitik genannt werden.[1] Weniger willkürlich als vielmehr mit Blick auf die Schwerpunktsetzungen der Kapitel dieses Bandes und die entsprechenden Bedürfnisse nach empirischem Material sind die Rubriken dieses Abschnitts gewählt.

2.2 Die Europäische Union und ihre Mitgliedstaaten

Derzeit hat die EU 27 Mitgliedstaaten, nämlich Belgien, Bulgarien, Dänemark, Deutschland, Estland, Finnland, Frankreich, Griechenland, Großbritannien, Irland, Italien, Lettland, Litauen, Luxemburg, Malta, die Niederlande, Österreich, Polen, Portugal, Rumänien, Schweden, Slowakei, Slowenien, Spanien, Tschechien, Ungarn und Zypern. Im Laufe der Integrationsgeschichte hat sich die ursprüngliche Sechsergemeinschaft stetig erweitert. Im Jahr 2004 bzw. 2007 traten im Rahmen der EU-Osterweiterung insgesamt zwölf Staaten, größtenteils Transformationsländer des ehemaligen Ostblocks, bei. Aktuelle Beitrittskandidaten sind Kroatien, Mazedonien und die Türkei. Auch die übrigen Staaten des westlichen Balkans können den Kandidatenstatus erhalten, sobald sie die entsprechenden Kriterien erfüllen (vgl. Abb. 1).

2.3 Bevölkerung

Die EU ist eine Staatengemeinschaft mit insg. ca. 497 Mio. Einwohnern. Mit über 82 Mio. Bürgern ist Deutschland mit großem Abstand der bevölkerungsreichste Staat der EU. Malta ist mit ca. 410.000 Einwohnern das Land mit der geringsten Bevölkerung (vgl. Abb. 2).

1 Selbstverständlich hätten wir alternativ für jede Rubrik die sechs Bestplatzierten der jeweiligen Weltrangliste wiedergeben können. Auf diese Weise wäre die Auswahl leicht zu rechtfertigen gewesen. Bewusst ziehen wir jedoch eine feste Vergleichsgruppe zum Zwecke der Anschaulichkeit vor.

Abbildung 1: Die Mitgliedstaaten und Beitrittskandidaten der Europäischen Union

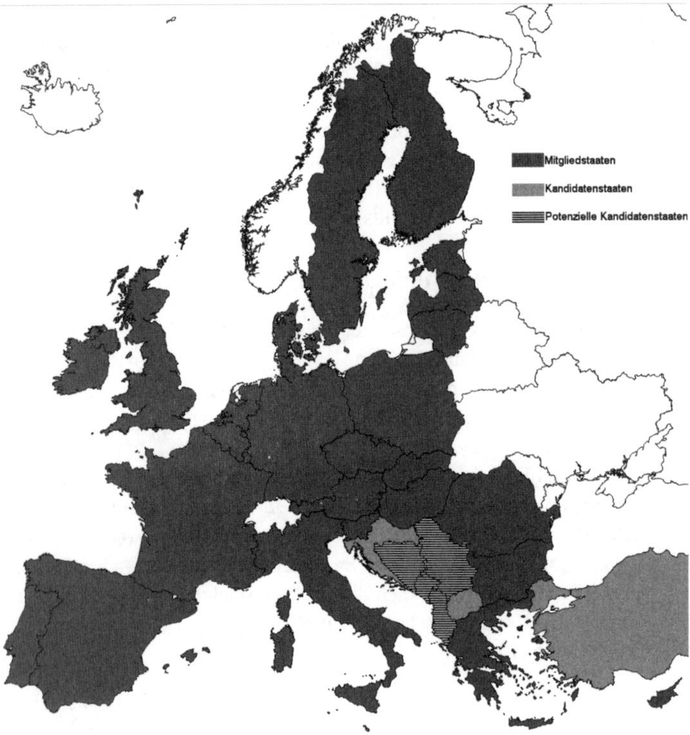

Quelle: eigene Darstellung; Informationen: Europäische Kommission, GD Erweiterung

Im Vergleich mit den bevölkerungsreichsten Staaten der Erde (s. Abb. 3) landet die EU auf Rang drei hinter China und Indien, aber noch vor den USA. Auch Russland und Japan haben weniger Einwohner als die EU. In der Weltrangliste folgen sie erst auf den Plätzen 10 bzw. 12.

Abbildung 2: Anteile der Mitgliedstaaten an der EU-Gesamtbevölkerung (2008)

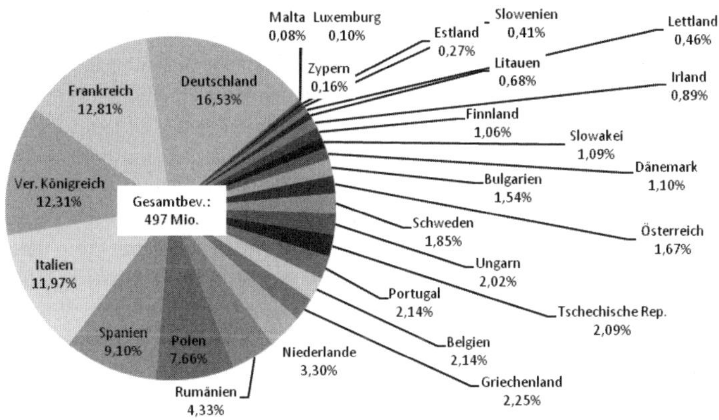

Quelle: eigene Darstellung; Zahlen: Eurostat

Abbildung 3: Bevölkerungszahlen (2008) im weltweiten Vergleich[2]

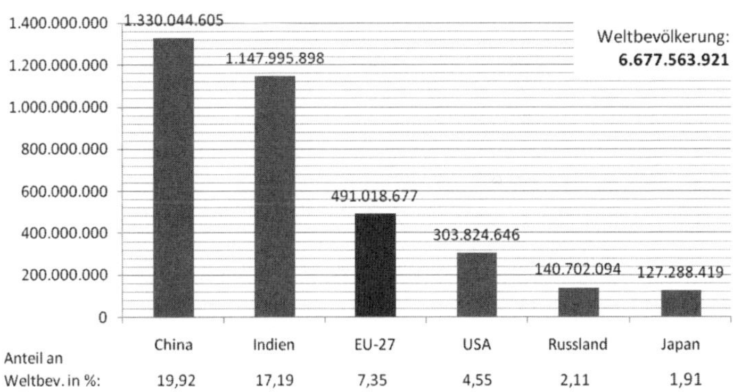

Quelle: eigene Darstellung; Zahlen: CIA: World factbook 2008

2 Für die EU-27 geben Eurostat und das World fact book der CIA unterschiedliche Bevölkerungszahlen an.

2.4 Sprachen

Die Europäische Union ist geprägt durch ihre kulturelle Vielfalt. Dies bezieht sich insbesondere auf die Vielfalt der Sprachen. Die EU hat insgesamt 23 Amtssprachen, in die alle Rechtsvorschriften und Dokumente von allgemeinem Interesse übersetzt werden müssen. Tabelle 1 führt alle Amtssprachen der EU auf. Vor seinem Beitritt kann jeder Mitgliedstaat die Sprache angeben, in der EU-Angelegenheiten mit ihm und seinen Bürgern abzuwickeln sind. So kommen mit nahezu jeder Erweiterung neue Amtssprachen hinzu. Angesichts ihrer bloßen Zahl ist der Personalbedarf der Übersetzungsdienste nicht verwunderlich. Im Haushaltsplan ist der Posten Sprachendienste mit über 3.800 Stellen, dem höchsten Einzelwert unter allen Politikbereichen, veranschlagt. Dafür wendet die EU Mittel in Höhe von knapp 370 Mio. Euro auf.[3]

Für interne Zwecke gelten in den einzelnen EU-Organen freilich andere Sprachregelungen. So arbeitet die EU-Kommission beispielsweise vornehmlich in drei Sprachen: Englisch, Französisch und Deutsch. Gemäß der weltweiten Bedeutung des Englischen gewinnt es auch für die EU-Arbeit zunehmend an Gewicht. Daneben spielt das Französische eine traditionell bedeutende Rolle.

Tabelle 1: Die Amtssprachen der Europäischen Union

Bulgarisch	Litauisch
Tschechisch	Ungarisch
Dänisch	Maltesisch
Deutsch	Holländisch
Estnisch	Polnisch
Griechisch	Portugiesisch
Englisch	Rumänisch
Spanisch	Slowakisch
Französisch	Slowenisch
Irisch	Finnisch
Italienisch	Schwedisch
Lettisch	

Quelle: eigene Darstellung

3 Versorgungsbezüge nicht eingerechnet; vgl. Europäische Kommission, 2008: Gesamthaushaltsplan 2008, Brüssel.

2.5 Wirtschaft

Tabelle 2: Bruttonationaleinkommen (BNE) der Mitgliedstaaten 2007

Mitgliedstaat	BNE (in Mio. US-$)	BNE pro Kopf (in KKP)
Deutschland	3.197.029	33.820
Vereinigtes Königreich	2.608.513	34,370
Frankreich	2.447.090	33.470
Italien	1.991.284	29.900
Spanien	1.321.756	30.110
Niederlande	750.526	39.500
Belgien	432.540	35.110
Schweden	421.342	35.840
Polen	374.633	15.590
Österreich	355.088	38.090
Griechenland	331.658	32.520
Dänemark	299.804	36.740
Finnland	234.833	35.270
Irland	210.168	37.040
Portugal	201.079	20.640
Tschechische Republik	149.378	21.820
Rumänien	132.502	10.980
Ungarn	116.303	17.430
Slowakei	63.324	19.330
Slowenien	42.306	26.640
Luxemburg	36.420	64.400
Bulgarien	35.062	11.180
Litauen	33.472	17.180
Lettland	22.595	16.890
Zypern	19.617	26.370
Estland	17.706	19.680
Malta	6.216	20.990
EU-27	15.852.244	26.909,791 (Durchschnitt)

Quelle: eigene Darstellung; Zahlen: Weltbank

Tabelle 2 gibt die nationalen Werte für das jeweilige Bruttonationaleinkommen wieder. Rechnet man die Ergebnisse der Mitgliedstaaten zusammen, so ergibt sich für die EU ein Gesamt-BNE von knapp 16 Billionen US-$. Damit ist die EU der größte Wirtschaftsraum der Welt (s. Abbildung 4). Innerhalb der EU gibt es große Unterschiede in der Wirtschaftsleistung. In absoluten Zahlen ist Deutschland als bevölkerungsreichstes Land auch die größte Volkswirtschaft und trägt allein ca. ein Fünftel zur gemeinschaftlichen Wirtschaftsleistung bei. Demgegenüber weist das kleine Malta nur ein Bruttonationaleinkommen von 6.216 Mio. US-$ auf. Blicken wir jedoch auf die Werte des BNE pro Kopf, so erhalten wir freilich andere Extreme. Luxemburg hat mit großem Abstand die größte Wirtschaftsleistung pro Einwohner (64.400 KKP). Es folgen die Niederlande (39.500), Österreich (38.090) und an vierter Stelle Irland (37.040), das vor seiner Aufnahme in die EG 1973 nur eine sehr schwache Wirtschaftsleistung aufgewiesen hatte. An letzter Stelle in dieser Rangliste liegt Rumänien mit nur 10.980 KKP pro Einwohner. Abbildung 4 zeigt die absoluten Werte für das BNE im internationalen Vergleich.

Abbildung 4: Bruttonationaleinkommen (2007, in Mio. US-$) im weltweiten Vergleich

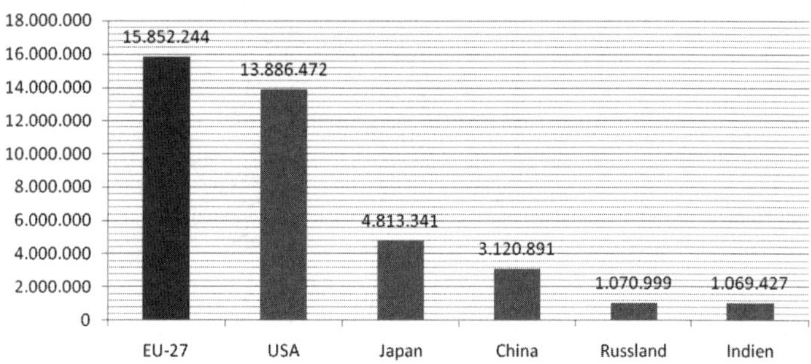

Quelle: eigene Darstellung; Zahlen: Weltbank

Auch im Hinblick auf die Arbeitslosigkeit existieren Unterschiede zwischen den Mitgliedstaaten. Abbildung 5 gibt die nationalen Arbeitslosenquoten wieder. Die Bekämpfung der Arbeitslosigkeit im Gemeinsamen Markt ist in den 1990er Jahren zu einem zentralen Anliegen der EU geworden. Der EG-Vertrag enthält einen Titel zur Beschäftigung (Titel VIII), und es wurde mit der *Europäischen Beschäftigungsstrategie* (EBS) ein neues Koordinierungsverfahren entworfen, das heute als sog. *Offene Methode der Koordinierung* (OMK) in vielen Politikbereichen Anwendung findet (vgl. Kap. 8 u. 9). Nach der Osterweiterung liegt die Arbeitslosigkeit sowohl in einigen alten EU-Mitgliedstaaten (Deutschland, Frankreich, Spanien etc.) als auch in einigen Beitrittsstaaten (Polen, Ungarn, Slowakei) überdurchschnittlich hoch. Die Niederlande und Dänemark hingegen erreichen Werte nahe der Vollbeschäftigung.[4] Die Kenntnis der Arbeitsmarktsituation in den EU-Mitgliedsländern ist ausgesprochen wichtig für das Verständnis der verschiedenen Positionen in der Debatte um den innereuropäischen Standortwettbewerb (Vgl. Kap. 9).

2.6 Personalbestand der EU

Tabelle 3: Genehmigter Personalbestand der EU-Organe für das Jahr 2008

Organ	Dauerplanstellen	Planstellen auf Zeit	insgesamt
Europäisches Parlament	5.004	936	5.940
Rat	3.461	36	3.497
Kommission	25.537	483	26.020
Gerichtshof	1.455	438	1.893
Rechnungshof	718	140	858
Wirtschafts- und Sozialausschuss	673	27	700
Ausschuss der Regionen	456	35	491
Europ. Bürgerbeauftragter	15	42	57
Europ. Datenschutzbeauftragter	33	0	33
insgesamt	37.352	2.137	39.489

Quelle: Gesamthaushaltsplan für das Jahr 2008, in: Amtsblatt der Europäischen Union L71 vom 14.3.2008

4 Vollbeschäftigung wird unterschiedlich definiert. Allgemein kann allerdings bei einer Arbeitslosenquote um 2 Prozent und weniger von Vollbeschäftigung gesprochen werden.

Abbildung 5: Harmonisierte Arbeitslosenquoten (Juni 2008 saisonbereinigt) der EU-Staaten

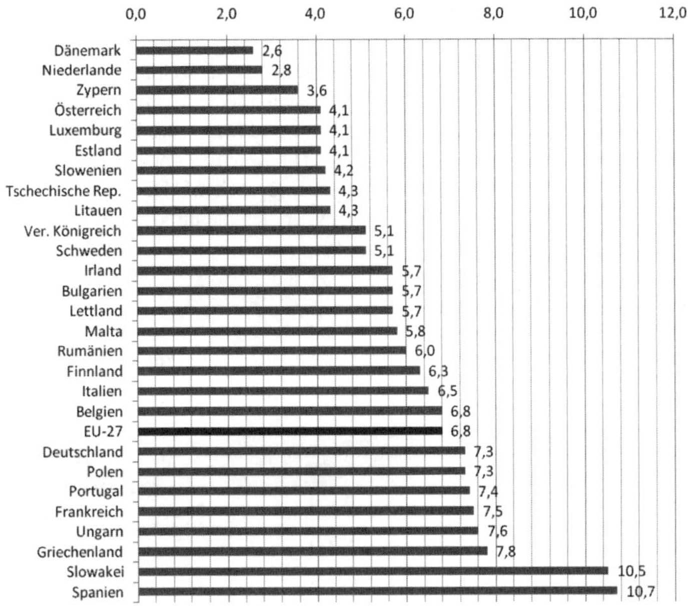

Quelle: eigene Darstellung; Zahlen: Eurostat: Euroindikatoren, Juni 2008

Tabelle 3 gibt den aktuellen Personalbestand der EU-Organe wieder. Die Kommission hat mit ca. 26.000 Mitarbeitern den weitaus größten Personalstab. Es folgen in dieser Reihenfolge Parlament, Rat, Gerichtshof etc. Um dem verbreiteten Vorwurf, bei der EU handele es sich um eine gigantische Bürokratie, zu begegnen, wird mitunter auf ihren vergleichsweise geringen Personalbedarf hingewiesen. In der Tat beschäftigt die Kommission als das zentrale Verwaltungsorgan der Union in etwa so viele Bedienstete wie die Verwaltung der Stadt München. Da die Aufgaben der EU-Administration von denen einer Stadtverwaltung allerdings stark abweichen, ist dieser ebenenübergreifende Vergleich durchaus problematisch.

2.7 Meinungsumfragen

Abbildung 6: Meinungsumfrage (Eurobarometer) zur Beurteilung der EU-Mitgliedschaft

Frage: Ist die Mitgliedschaft (Ihres Landes) in der Europäischen Union Ihrer Meinung nach –
a) eine gute Sache; b) eine schlechte Sache; c) weder gut noch schlecht; d) weiß nicht/keine Angabe?

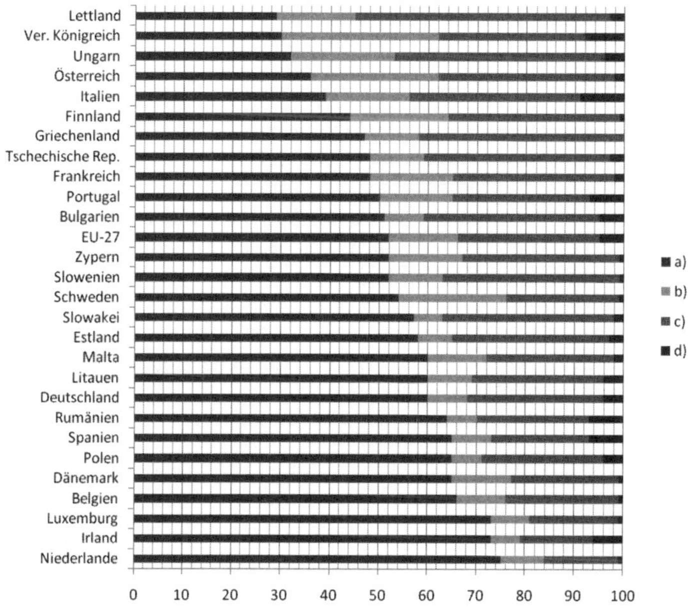

Quelle: Zahlen: Eurobarometer 69. First Results, Brüssel, Juni 2008

Abschließend wollen wir uns dem Verhältnis der Bürger zu ihrer EU zuwenden. In regelmäßigen Abständen werden die Einstellungen der nationalen Bevölkerungen zur europäischen Einigung und zur EU im Rahmen der sog. *Eurobarometer*-Umfragen (vgl. Kasten 15) abgefragt. Die Abbildung 6 stellt die Ergebnisse für eine allgemeine Frage der

Standarduntersuchung anschaulich dar.[5] Was die Beurteilung der EU-Mitgliedschaft des eigenen Landes betrifft, so fällt diese bei besonders vielen Niederländern positiv aus, während die Briten traditionell besonders euroskeptisch sind und dementsprechend die höchste Anzahl kritischer Stimmen (32 Prozent sowie rel. Mehrheit der Befragten) erreichen. In dieser Hinsicht an zweiter Stelle folgt Österreich mit einem Anteil kritischer Stimmen von 26 Prozent.Vor dem Hintergrund aktueller europapolitischer Ereignisse erstaunlich sind die ausgesprochen hohen Werte für die positiven Antworten im Falle Irlands, dessen Bevölkerung den Vertrag von Lissabon in einem Referendum im Juni 2008 zumindest vorläufig hat scheitern lassen und die EU damit erneut in eine tiefe Krise gestürzt hat.

2.8 Schlussbemerkung

So informativ und anschaulich Umfrageergebnisse für den Betrachter auch sein mögen, bei deren Auslegung muss er äußerst vorsichtig und kritisch ans Werk gehen. Dieser Hinweis gilt im Grunde für eine Vielzahl der in diesem Kapitel wiedergegebenen empirischen Daten. Immer hängen diese stark vom Verfahren ihrer Gewinnung und Messung ab, und diese Verfahren zur Vermessung und Darstellung der Wirklichkeit erfordern häufig die grobe Vereinfachung lebensweltlicher Zusammenhänge. Dennoch liefern insbesondere die dargestellten relativen Größen ein – wenn auch noch recht oberflächliches – Bild von der EU, das in den folgenden Kapiteln erweitert und ausdifferenziert werden soll.

Quellen:

Central Intelligence Agency (CIA): World factbook 2008, Daten abrufbar unter: https://www.cia.gov/library/publications/the-world-factbook (letzter Zugriff: 22.8.2008).

Europäische Kommission: Informationen der Generaldirektion Erweiterung, abrufbar unter: http://ec.europa.eu/enlargement/index_de.htm (letzter Zugriff: 22.8.2008).

Dies., 2008: Standard Eurobarometer 69, abrufbar unter: http://ec.europa.eu/public_opinion/archives/eb/eb69/eb69_en.htm (letzter Zugriff: 22.8.2008).

5 Die Ergebnisse zu einer anderen Frage dieser Untersuchung finden sich unter den Online-Materialien zu diesem Band, abrufbar unter: www.nomos-extra.de.

Eurostat: Statistische Daten zu einer Vielzahl von Rubriken, abrufbar unter: http://epp.eurostat.ec.europa.eu (letzter Zugriff: 22.8.2008).
Europäische Union, 2008: Gesamthaushaltsplan für das Jahr 2008, in: Amtsblatt der Europäischen Union L71 vom 14.3.2008.
Weltbank: Statistische Daten zu einer Vielzahl von Rubriken, abrufbar unter: http://web.worldbank.org/WBSITE/EXTERNAL/DATASTATISTICS/0,,menuPK:232599~pagePK:64133170~piPK:64133498~theSitePK:239419,00.html (letzter Zugriff: 22.8.2008).

3. Was ist die EU? – Teil 2: eine kategoriale Einordnung

3.1 Einstieg: der Kategorienfehler

Das vorliegende Buch behandelt in einem weiten Sinne Frankreich, Deutschland, Italien, Belgien, die Niederlande, Luxemburg, Großbritannien, Irland, Dänemark, Griechenland, Spanien, Portugal, Schweden, Finnland, Österreich, Estland, Lettland, Litauen, Polen, Tschechien, die Slowakei, Slowenien, Ungarn, Malta, Zypern, Rumänien, Bulgarien **und** die Europäische Union.[1] In dieser zweifellos übertriebenen Ankündigung steckt ein besonderer, ganz bewusst gesetzter Stolperstein: das „und". Die mutmaßliche Verwirrung, die die ungewöhnliche lineare Verknüpfung der Nationalstaaten mit ihrem Einigungswerk stiftet, führt uns unmittelbar zur kategorialen Bestimmung der Europäischen Union, also zur Leitfrage dieses Abschnitts: Was ist die EU? Im Folgenden soll also eine kategoriale Einordnung der Europäischen Union versucht werden. Zur Veranschaulichung der besonderen Herausforderung, die hiermit verbunden ist, soll das sprachphilosophische Konzept des *category error* dienen.

Der analytische Philosoph Gilbert Ryle beginnt sein berühmtes Werk *Der Begriff des Geistes* mit der ausführlichen Beschreibung eines oft begangenen Irrtums: der sog. Kategorienverwechslung bzw. des Kategori-

1 Diese Auflistung, die in grober Weise nach der Reihenfolge des Beitritts zur EU vorgenommen worden ist, dient vorrangig methodischen Zwecken und soll keineswegs suggerieren, der vorliegende Band würde sich der einzelnen Nationalstaaten in besonderer Weise annehmen.

enfehlers. Zur Erläuterung bringt er ein fiktives Beispiel aus dem universitären Milieu:

> „Ein Ausländer kommt zum ersten Mal nach Oxford oder Cambridge, und man zeigt ihm eine Reihe von Colleges, Bibliotheken, Sportplätzen, Museen, Laboratorien und Verwaltungsgebäuden. Nach einiger Zeit fragt er: ›Aber wo ist denn die Universität? Ich weiß jetzt, wo die Mitglieder eines College wohnen, wo die Verwaltung untergebracht ist, wo die Wissenschaftler ihre Versuche machen und so weiter. Aber warum zeigt man mir nicht die Universität, wo die Mitglieder eurer Universität wohnen und arbeiten?‹ Dann muß man ihm erklären, dass die Universität nicht noch eine weitere ähnliche Institution ist [...]. Die Universität ist einfach die Art und Weise, in der alles das organisiert ist, was er schon gesehen hat. Wenn man das alles gesehen und die Art und Weise der Zusammenarbeit verstanden hat, dann hat man die Universität gesehen. Der Irrtum des Ausländers lag in seiner unschuldigen Annahme, es sei richtig, [...] von ›der Universität‹ so zu sprechen, als bezeichneten die Worte ›die Universität‹ ein weiteres Mitglied der Klasse, zu der jene anderen obenerwähnten Einheiten auch gehören. Er reihte die Universität irrtümlich in dieselbe Kategorie ein, zu der diese anderen Institutionen gehören."[2]

Der Ausländer im Beispiel nimmt also fälschlicherweise an, dass die Universität zur selben logischen Kategorie gehöre wie die verschiedenen Institute, und begeht damit einen Kategorienfehler. Ein bekannteres Beispiel für Ryles Konzept ist der „Südseeinsulaner" bei seinem ersten Fußballspiel, der nicht nur über die Funktionen der verschiedenen Feldspieler aufgeklärt werden will, also des Torwarts, des Verteidigers, des Liberos etc., sondern zusätzlich noch darüber, welcher Spieler für „den berühmten Mannschaftsgeist" zuständig sei.[3] Die Beispiele erzählen von einer Kategorienverwechslung, also der fälschlichen kategorialen Gleichsetzung eines Objekts mit seiner übergeordneten Einheit, wodurch die irrige Erwartung erzeugt wird, dass das Umfassende nun auch in der Reihe der einzelnen Objekte erscheinen müsse.

Doch wie verhält es sich nun mit der zu Beginn dieses Abschnitts vorgenommenen Aufzählung der verschiedenen europäischen Nationalstaaten einschließlich ihrer umfassenden Einheit, nämlich der Europäischen Union? – Zur Verdeutlichung der Frage soll ein letztes, abgeleitetes Beispiel dienen: Ein anderer Ausländer besucht zum ersten Mal Europa, und

2 Ryle, Gilbert, 1997: Der Begriff des Geistes, Stuttgart, aus dem Englischen übersetzt von Kurt Baier [Erstausgabe: 1949], S. 14-15.

3 Vgl. ebd. S.15.

man führt ihn quer über den Kontinent, zeigt ihm Frankreich, Schweden, Griechenland, Polen, Estland, Malta etc. Am Ende der Reise wendet sich der Tourist etwas enttäuscht an seinen Begleiter und fragt: „So, Du hast mir jetzt zahlreiche Staaten gezeigt, wo aber liegt Europa?“ Ohne Zweifel begeht der Ausländer im Beispiel einen eklatanten Kategorienfehler, der die besondere Herausforderung, vor die die Europäische Union ihre Analysten stellt, in anschaulicher Weise verdeutlicht.

Was ist die EU? – Zwei politikwissenschaftliche Subdisziplinen teilen sich seit einigen Jahren die Zuständigkeit für die Behandlung der Europäischen Union (bzw. ringen darum): die Lehre der Internationalen Beziehungen sowie die Vergleichende Regierungslehre. Beide Lehren bieten dem Analysten ihr umfassendes Instrumentarium dar, beide fordern ihn jedoch zur kategorialen Zuordnung auf. Um die politikwissenschaftliche Komparatistik auf die EU anzuwenden, muss sich der Analyst zwischen den Kategorien Staat und Politisches System entscheiden, wobei nur letzteres eine logische und zugleich politikwissenschaftliche Kategorie darstellt, die sowohl die einzelnen Nationalstaaten als auch ihre umfassende Union einschließt und damit die mutmaßliche Kategorienverwechslung entschärft. Die Verwendung des Systembegriffs durch die Autoren des vorliegenden Bandes soll im Abschnitt 3.3 ausführlicher begründet werden. Außerdem soll gezeigt und problematisiert werden, dass auch der Staatsbegriff immer wieder zur Beschreibung der Europäischen Union herangezogen wird.

Zuvor soll im nächsten Unterabschnitt auch auf die Bezeichnung der EU als internationale Organisation und folglich die verbreitete Zuordnung des Untersuchungsobjekts zu der Lehre der Internationalen Beziehungen näher eingegangen werden. Welche Vor- und Nachteile hat diese Zuordnung? Welche empirischen Belege lassen sich in der politikwissenschaftlichen Publizistik finden?

3.2 Die EU als internationale Organisation

In den fünfziger Jahren entstanden mit den drei Europäischen Gemeinschaften EGKS (Europäische Gemeinschaft für Kohle und Stahl), EWG (Europäische Wirtschaftsgemeinschaft) und EAG (Europäische Atomgemeinschaft) beachtlich ausdifferenzierte Institutionen sektoraler Zusammenarbeit, die im weiteren Integrationsverlauf zu einer einheitlichen internationalen Organisation namens EG zusammenwuchsen (s. hierzu Kapitel 11 zur Geschichte der europäischen Integration). Folglich lag die „akademische Zuständigkeitsvermutung"[4] über Jahrzehnte klar bei der Teildisziplin der Internationalen Beziehungen, während die vergleichende Analyse der Europäischen Union erst mit dem stetigen Kompetenzzuwachs der EU in den letzten zwanzig Jahren sukzessive zu einer sinnvollen Alternative geworden ist. Auch wenn die Zuständigkeit also nicht mehr unumstritten auf der Seite der Internationalen Beziehungen zu verorten ist, gibt es weiterhin zahlreiche Studien und Einführungsbände, die die EU aus der klassischen Perspektive in den Blick nehmen. In solchen Werken zählt sie zu den „europäische[n] Organisationen"[5] und erscheint in einer Reihe mit anderen Organisationen und Regimen wie der EFTA (*European Free Trade Association*), der NATO (*North Atlantic Treaty Organization*) oder der OECD (*Organization for Economic Cooperation and Development*).

Kasten 1: Definition Internationale Organisation

> „Unter internationalen Organisationen verstehen wir also sowohl problemfeldbezogene als auch problemfeldübergreifende zwischenstaatliche Institutionen, die gegenüber ihrer Umwelt aufgrund ihrer organschaftlichen Struktur als Akteure auftreten können und die intern durch auf zwischenstaatlich vereinbarten Normen und Regeln basierende Verhaltensmuster charakterisiert sind, welche Verhaltenserwartungen einander angleichen." (Rittberger/Zangl 2003, S. 25)

Gegenüber der Verwendung des Systembegriffs hat die klassische Bezeichnung der EU als internationale Organisation auf den ersten Blick den Vorteil der kategorialen Klarheit. In der oben (s. Definition in Kasten 1) wiedergegebenen oder in einer ähnlichen Weise lässt sich der Terminus der Internationalen Organisation klar definieren, wobei das entscheidende Kriterium eben die eindeutige Abgrenzung vom Nationalstaat enthält und dabei auf das grundlegende Verhältnis von einzelnen Akteuren (nämlich Staaten) und ihrer gemeinsamen Organisation hinweist. Dieses Kriterium ist der zwischenstaatliche Charakter. Er bezieht sich zum einen auf den

4 Knelangen, Wilhelm, 2004: Europäische Union ein Fall für die Vergleichende Regierungslehre? In: Varwick, Johannes/Knelangen, Wilhelm (Hrsg.): Neues Europa – alte EU? Fragen an den europäischen Integrationsprozess, Opladen, S.113-131 (114).

5 Woyke, Wichard, 1995: Europäische Organisationen. Einführung, München. Siehe auch: Rittberger, Volker/Zangl, Bernhard (Hrsg.), 2003: Internationale Organisationen – Politik und Geschichte. Europäische und weltweite internationale Zusammenschlüsse, 3. Aufl., Opladen; Gehring, Thomas, 2002: Die Europäische Union als komplexe internationale Organisation. Wie durch Kommunikation und Entscheidung soziale Ordnung entsteht, Baden-Baden.

Gründungsakt der Organisation per völkerrechtlichen Vertrag, der von allen Mitgliedstaaten unterzeichnet werden muss. Er bezieht sich zum anderen auf die Arbeitsweise der Organisation, ihre Entscheidungsregeln, ihre Strukturen und Prozeduren, die auf zwischenstaatlichen Verhandlungen basieren und in der Regel den Konsens der Mitgliedstaaten erfordern. Die Gründung durch völkerrechtlichen Vertrag und der generelle zwischenstaatliche Charakter sind also die fundamentalen Kennzeichen einer internationalen Organisation.[6]

Passt dieses Schema auf die Europäische Union? Natürlich ist die EU eine internationale Organisation und sie wird diese Qualität solange nicht einbüßen, wie sie selbst nicht zu einem Staat geworden ist und die bestehenden völkerrechtlichen Verträge nicht durch eine veritable Verfassung ersetzt sind. Bis heute ist dieses föderalistische Endziel (s. Kapitel 12 zu den Theorien der europäischen Integration) jedoch nicht annähernd erreicht worden. Die drei Gründungsverträge der Europäischen Gemeinschaften (EGKS, EWG, EAG), die Einheitliche Europäische Akte, die Verträge von Maastricht, Amsterdam, Nizza und Lissabon, sie alle waren bzw. sind völkerrechtliche Verträge. Selbst die heute endgültig gescheiterte und durch den im Dezember 2007 verabschiedeten Reformvertrag von Lissabon ersetzte sog. *Verfassung für Europa* – eigentlich: *Vertrag über eine Verfassung für Europa* – war nicht mehr als ein – symbolisch aufgeladener – völkerrechtlicher Vertrag.[7] Ob oder besser: in welchem Ausmaß die Arbeitsweise der EU sowie ihre Entwicklung durch ihren primär zwischenstaatlichen Charakter gekennzeichnet sind, ist nicht so klar zu beantworten. Vielmehr ist der Grad zwischenstaatlicher Kontrolle über Arbeit und Entwicklung der Organisation hart umkämpfter Gegenstand integrationstheoretischer Debatten, die im entsprechenden Kapitel (s. Kap. 12) ausführlich behandelt werden. Wenn diese Frage an dieser Stelle auch nicht definitiv beantwortet, sondern vielmehr affirmativ übergangen wird, so markiert ebendiese Verlegenheit quasi im Vorübergehen doch den entscheidenden

6 Natürlich gilt dies nur, wenn es sich im Sinne der wiedergegebenen Definition um eine Regierungsinstitution handelt. Diese Unterscheidung wird weiter unten kurz erläutert.

7 Der überambitionierte Verfassungstitel stellte wiederum selbst einen verheerenden Kategorienfehler dar, der dem Dokument letztlich zum Verhängnis wurde. Er provozierte zum einen die Durchführung von Referenden in zahlreichen Mitgliedstaaten, er weckte zum anderen Erwartungen bei den Bürgern, die das Dokument nicht erfüllen konnte. In diesem Zusammenhang spricht auch Moravcsik vom Kategorienfehler: Moravcsik, Andrew, 2005: Europe without illusions: a category error, in: Prospect, Issue (112) 2005, S. 1-9; abrufbar unter: http://www.prospect-magazine.co.uk/article_details.php?id=6939 (letzter Zugriff: 07.01.2008).

Grund der kategorialen Unschärfe des europäischen Einigungswerks, auf den weiter unten noch näher einzugehen ist.

Ist die begriffliche Zuordnung allerdings akzeptiert, bietet das Feld der Internationalen Beziehungen und der Regimeforschung dem Analysten ein umfassendes Instrumentarium für das Studium seines Objekts. Denn auch hier werden Vergleiche und Klassifizierungen vorgenommen, die den Begriff des Beobachters schärfen, seine Erkenntnis vertiefen sollen. Der EU lassen sich also problemlos gewisse weitere Eigenschaften zuschreiben, die innerhalb der Disziplin definiert sind und das weite Feld internationaler Organisationen ordnen helfen.

Zunächst einmal ist die Europäische Union eine internationale Regierungsorganisation (IGO, *International Governmental Organization*), d.h.: Ihre Mitglieder sind Nationalstaaten, vertreten durch ihre jeweiligen Regierungen. Die Regierungsorganisation bildet also in der Regel ein Forum für Regierungsvertreter, die untereinander Verträge aushandeln, gemeinsame Regelungen treffen oder ihr einzelstaatliches Verhalten im Sinne eines gemeinsamen Interesses aufeinander abstimmen. Im Gegensatz dazu gibt es eine Vielzahl internationaler Organisationen, deren Mitglieder nicht-staatliche Akteure sind (z.B. Interessengruppen, Vereine, Unternehmen, Individuen). Sie bezeichnet man als sog. Internationale Nichtregierungsorganisationen (INGO, *International Non-Governmental Organization*). Da derartige Gruppierungen nationale Grenzen oft bewusst transzendieren, spricht man in diesem Zusammenhang auch von sog. Transnationalen Organisationen.

Es gibt darüber hinaus weitere Dimensionen, nach denen sich internationale Organisationen typologisieren lassen. Beispielhaft sollen hier zwei auf die EU angewandt werden, die mit Mitgliedschaft und Zuständigkeit bezeichnet werden können.[8] Zunächst betrachten wir also die Frage nach der Mitgliedschaft: Gehört die EU zu denjenigen internationalen Organisationen, deren Mitgliedschaft durch gewisse Kriterien begrenzt, also partikular ist (s. den Nordischen Rat, ASEAN oder die OPEC)? Oder gehört sie zu denjenigen Organisationen, die potenziell jedem Staat offen stehen, sofern dieser die entsprechenden Verträge unterzeichnet, deren Mitgliedschaft also universal ist (s. UNO und ihre Sonderorganisationen)? – Die Mitgliedschaft der EU ist zunächst einmal geographisch begrenzt, die EU ist eine regionale Organisation, was der sog. Erweiterungsartikel im EU-Vertrag belegt: „Jeder **europäische** Staat, der die in Artikel 6 Absatz 1

8 Vgl. Rittberger/Zangl 2003, S. 28 ff.

genannten Grundsätze achtet, kann beantragen, Mitglied der Union zu werden“ (Art. 49 Abs. 1 Satz 1 EU-Vertrag [Hervorhebung durch Verf.]). Wenn über die Grenzen Europas, vor allem gen Osten, auch bis heute keineswegs Einigkeit besteht, was sich insbesondere in der fortlaufenden Erweiterungsdebatte nachweisen lässt, so gibt es zumindest theoretisch doch einen geographischen Raum Europa, dessen Grenzen gleichsam die Schranken potenzieller Mitgliedschaft darstellen. Jenseits der geographischen Zugehörigkeit hat die EU noch weitere Bedingungen für die Aufnahme neuer Mitglieder definiert, die sog. *Kopenhagener Kriterien* (s. Kap. 7, Kasten 14). An dieser Stelle soll jedoch die Feststellung ausreichen, dass es sich bei der EU um eine regionale Organisation handelt, ihre Mitgliedschaft also begrenzt oder partikular ist.

Reformvertrag 2007 1: Erweiterungsartikel

Vertrag von Lissabon:
Der neue Erweiterungsartikel ist der Art. 34. Er ist dem Art. 49 EU-Vertrag (Nizza) sehr ähnlich, enthält jedoch einige veränderte Formulierungen. So lautet Satz 1 Absatz 1: „Jeder europäische Staat, der die in Artikel 2 genannten Werte achtet und sich für ihre Förderung einsetzt, kann beantragen, Mitglied der Union zu werden.“ (Art. 34 Abs. 1 Satz 1 EUV)

Eine weitere grundlegende Typologisierung lässt sich mit Blick auf die Zuständigkeit vornehmen. Ist die EU eine derjenigen internationalen Organisationen, deren Zuständigkeitsbereich sich zumindest potenziell auf alle politischen Problemfelder erstreckt, die über umfassende Zuständigkeit verfügen? Oder gehört sie zu denjenigen Organisationen, die ihre Handlungen auf einen oder wenige verwandte Politikbereiche beschränken, deren Zuständigkeit als problemfeldspezifisch bezeichnet werden kann? Im fortlaufenden Integrationsprozess haben sich die drei Europäischen Gemeinschaften der 50er Jahre, die gemäß dem Prinzip der sektoralen Teilintegration jeweils einem Politikfeld zugeordnet waren, sukzessive zu einer sektorübergreifenden Organisation mit mehr oder weniger umfangreichen Zuständigkeiten auf dem gesamten politischen Spektrum, von der Wirtschafts- über die Umwelt- bis zur Verteidigungspolitik, entwickelt. Die EU verfügt somit über allgemeine Zuständigkeit, im Gegensatz z. B. zur OPEC, zum IWF oder zu anderen problemfeldspezifischen Organisationen. Die EU findet so ihren Platz in einer Vierfeldermatrix (s. Abb. 7), die eine ganz grundlegende Typologisierung internationaler Organisationen vornimmt.

Abbildung 7: Typologie internationaler Organisationen

		Mitgliedschaft	
		universal	partikular
Zuständigkeit	umfassend	UNO	EU
	problemfeldspezifisch	UNESCO	OPEC

Nach der typologischen Einordnung könnte sich nun an dieser Stelle die Beschreibung der institutionellen Binnenstruktur anschließen. Rittberger und Zangl führen die Untersuchung in dieser Form weiter und vermeiden dabei konsequent jeglichen Rückgriff auf das Begriffsrepertoire zur Beschreibung nationalstaatlicher Institutionen.[9] Sie suchen folglich nach dem *Plenarorgan* der EU, ihrem *Exekutiv-* oder *Verwaltungsrat* oder aber ihrer *parlamentarischen Versammlung*. Die Zuordnung fällt nicht leicht. Einer Funktion werden mitunter mehrere Organe zugewiesen und der Europäische Gerichtshof versperrt sich gänzlich und grundlegend der entsprechenden Klassifizierung als Internationaler Gerichtshof:

> „Beim EuGH handelt es sich also um ein uneingeschränkt supranationales Organ. Die Existenz eines solchen, in seinen Befugnissen nationalstaatlichen Verfassungsgerichten vergleichbaren Gerichts scheint mit dem völkerrechtlichen Grundsatz der souveränen Gleichheit der Staaten [...] unvereinbar."[10]

Es verwundert nicht, dass die klassische Herangehensweise ausgerechnet bei der Betrachtung des Europäischen Gerichtshofs (EuGH) an ihre Grenzen stößt und nun von den zitierten Analysten doch auf ein nationalstaatliches Verfassungsorgan Bezug genommen wird. Die besondere Bedeutung des EU-Rechtssystems und des rechtlichen Zentralorgans EuGH für das Wesen der Gemeinschaft wird weiter unten ausführlich zu

9 Vgl. Rittberger/Zangl 2003, S. 99ff.

10 Rittberger/Zangl 2003. S. 109. Hier soll keineswegs der Eindruck entstehen, der vergleichende Ansatz sehe sich nicht vor ganz ähnliche Probleme gestellt. Auch seine Analysemuster können das Institutionengefüge der EU keineswegs lückenlos beschreiben, und die eine oder andere Zuordnung kann auch hier nur näherungsweise gelingen.

behandeln sein (s. Kap. 4.5 sowie 6). Die Beschreibung des Gerichthofs als „uneingeschränkt supranationales Organ" reicht jedoch aus, um die kategoriale Verlegenheit an dieser Stelle deutlich zu machen. Offensichtlich setzt sich die EU klar von anderen internationalen Organisationen ab, erreicht eine neue Qualität. Sie trifft kollektiv verbindliche Entscheidungen, ihre Rechtsakte haben Vorrang vor einzelstaatlichen Gesetzen (Suprematie) und wirken direkt, d.h. quasi am einzelstaatlichen Rechtssystem vorbei, auf den einzelnen Bürger der Mitgliedstaaten (Direktwirkung).[11] Die Mitgliedsländer führen ihre nationalstaatlichen Kernkompetenzen nicht lediglich zusammen, um den gemeinsamen Handlungsspielraum zu erweitern und Profit aus der Kooperation zu ziehen, sondern sie geben nationalstaatliche Hoheitsrechte ohne Widerruf an überstaatliche Behörden ab, verzichten – zumindest in definierten Bereichen – auf ihre Souveränität. Diese einzigartige Qualität erfordert ein neues Attribut: *supranational*. Die Europäische Union in toto als supranationale Organisation zu bezeichnen, ist für sich genommen schon problematisch, denn die Politikbereiche, die das europäische Einigungswerk seit Beginn der 90er Jahre umfasst, sind nicht in vergleichbarem Maße *vergemeinschaftet* worden wie das weite Feld der Wirtschaftspolitik. Vielmehr unterscheiden sich die jüngeren EU-Politikfelder der *Gemeinsamen Außen und Sicherheitspolitik* (GASP) sowie der *polizeilichen und justiziellen Zusammenarbeit in Strafsachen* (PJZS) im erreichten Integrationsstand deutlich vom Kernbereich der auch heute noch so genannten *Europäischen Gemeinschaft* (EG).[12]

Reformvertrag 2007 2: Vertragssystematik

Vertrag von Lissabon:
Das neue Dokument wird die Verträge zwar nicht in einen Text zusammenführen wie die gescheiterte EU-Verfassung, aber einen EG-Vertrag wird es neben dem weiter bestehenden EU-Vertrag dennoch nicht mehr geben. Dieser heißt hier vielmehr *Vertrag über die Arbeitsweise der Europäischen Union*, womit die beiden Verträge in einen deutlichen funktionalen Zusammenhang gestellt werden.

11 Diese drei Unterscheidungskriterien werden uns an anderer Stelle noch wieder begegnen, seien es die kollektiv verbindlichen Entscheidungen als zentrales Wesensmerkmal politischer Systeme (s. den folgenden Unterabschnitt), seien es Suprematie und Direktwirkung als fundamentale Prinzipien des europäischen Rechtssystems (s. Kap. 6).

12 S. zum Aufbau der EU und zu den Unterschieden der einzelnen Politikfelder Abb. 20.

Beobachter internationaler Organisationen sollten sich beim Umgang mit der Vokabel „supranational" aber überdies einer weiteren Tücke bewusst sein: Die Bezeichnung einer Organisation als *supra*national weist, streng begriffslogisch argumentiert, notwendig aus der Menge der *inter*nationalen Organisationen heraus. Die supranationalen Organisationen können streng genommen keine Teilmenge der internationalen Organisationen sein. Eine Organisation, die im engeren Sinne *über*staatlich ist, kann im weiteren Sinne kaum *zwischen*staatlich sein. „Supranational" und „international" erzeugen als Beschreibung ein und desselben Objekts also bestenfalls ein Oxymoron, so dass sich der immanente Widerspruch der Attribute durch weitere Überlegungen auflösen lässt.[13]

Ohne diese begriffslogischen Untersuchungen hier weiterführen zu wollen, erhärten sie doch den Verdacht, dass auch die traditionelle Herangehensweise der Lehre der Internationalen Beziehungen einer schleichenden Kategorienverwechslung erlegen sein könnte. Das soll nicht heißen, dass die entsprechenden Interpreten sich dem Phänomen der europäischen Integration mit den falschen Begriffen genähert hätten, sondern lediglich, dass sich die EU während ihrer Entwicklung insbesondere in den letzten zwanzig Jahren aus dem zur Verfügung stehenden begrifflichen Rahmen herausbewegt haben könnte. Ist die EU also längst aus der Klasse der internationalen Organisationen gleichsam *herausgewachsen*, haben institutionelle Ausdifferenzierung und vertiefte Integration letztlich dazu geführt, dass die EU als politikwissenschaftlicher Untersuchungsgegenstand beispielsweise dem politischen System Deutschlands stärker ähnelt denn der Organisation der Vereinten Nationen?

3.3 Die EU als politisches System

Erst im Laufe der 1990er Jahre gewann die analytische Alternative im disziplinären Rahmen der Vergleichenden Regierungslehre angesichts des enormen Kompetenzzuwachses der Gemeinschaftsorgane in nahezu allen Politikbereichen, insbesondere infolge des *Vertrags über die Europäische*

13 Überlegungen wie z.B. diese hier: Angenommen, mit „supranational" sei eigentlich „supragouvernemental" gemeint, was die verbreitete Entgegensetzung von „supranational" und „intergouvernemental" nahe legt, dann wäre der Widerspruch aufgelöst. Eine supragouvernementale internationale Organisation, die beispielsweise Deutsche, Franzosen und Schweden umfasst, damit also international ist, die problemfeldspezifischen Kompetenzen aber von den einzelstaatlichen Regierungen mehr oder weniger vollständig auf eine überstaatliche Behörde überträgt, also in diesem Sinne „supragouvernemental" ist, mag es geben, sie könnte auch EU heißen.

Union, Maastricht 1992/93, zunehmend an Bedeutung. Das Einigungswerk entfaltete eine neue Qualität, welche immer mehr Wissenschaftler dazu veranlasste, in ihren vergleichenden Untersuchungen die Europäische Union und Formen nationalstaatlichen Regierens gegenüberzustellen. Die aktuelle Literatur zum Thema enthält zahlreiche Werke, die offensichtlich den Systembegriff und die vergleichende Analyse bevorzugen. So bietet der politikwissenschaftliche Buchmarkt seit einiger Zeit zahlreiche Titel à la *Das politische System der EU.*[14] Die Übertragung des systemtheoretischen Ansatzes auf das Feld der Politikwissenschaften ist jedoch nicht neu, sie wurde bereits in den fünfziger Jahren des vergangenen Jahrhunderts vom amerikanischen Theoretiker David Easton vorgenommen.[15]

Easton ging es um eine politikwissenschaftliche Untersuchungspraxis, die es erlaubt, das Politische auch jenseits von Staatlichkeit zu analysieren. Er forderte, dass die Politikwissenschaften sich nicht auf eine spezielle Institution, nämlich den Nationalstaat, beschränken, sondern seine besondere Aktivität in den Blick nehmen sollten, die im Grunde von ganz unterschiedlichen Organisationen geleistet werden kann. Der Staat ist in seinen Augen nur eine historische institutionelle Ausprägung einer gewissen Tätigkeit zur Steuerung gesellschaftlichen Lebens. Mit Blick auf die heutige Debatte über das Wesen der Europäischen Union wirken seine Worte sehr aktuell:

> „However, since there are periods in history when such states did not exist, and perhaps the same may be true in the unknown future, the state is revealed as a political institution peculiar to certain historical conditions."[16]

Für die jeweiligen historisch bedingten Institutionen, die die von Easton ausgemachte zentrale politische Funktion erfüllen, wählt er einen Oberbegriff: das politische System. Es ist zunächst nicht mehr als ein schwach ausdifferenzierter Platzhalter, der im Grunde jede Institution, die die zen-

14 Stellvertretend für viele: Hartmann, Jürgen, 2001: Das politische System der Europäischen Union. Eine Einführung, Frankfurt a. M.; Hix, Simon, 2005: The Political System of the European Union, Houndmills u.a.; Tömmel, Ingeborg, 2008: Das politische System der EU, 3. Aufl., München; Wessels, Wolfgang, 2003: Das politische System der Europäischen Union, in: Wolfgang Ismayr (Hrsg.): Die politischen Systeme Westeuropas, 3. Aufl., Opladen.

15 Easton, David, 1965: A Systems Analysis of Political Life, New York; ders., 1971: The Political System. An inquiry into the state of political science, 2. Aufl., New York, Easton steht hier als Vorreiter und Vater des Modells stellvertretend auch für andere Theoretiker des politischen Systems wie z.B. Almond, Gabriel A., 1956: Comparative Political Systems, in: Journal of Politics (2) 1956 (18), S. 391-409.

16 Easton, 1971, S. 113.

trale Funktion erfüllt, aufnehmen kann. Dieses einzige Kriterium ist nach Easton die sog. „authoritative allocation of values"[17], also wörtlich übersetzt die *autoritative Zuweisung von Werten*. Damit stellt Easton die distributive Funktion von Politik in den Vordergrund, also die Beantwortung der zentralen Frage, „who gets what, when and how"[18], wobei er mit dem Verteilungsgegenstand sowohl materielle (z.B. Geld) als auch immaterielle Güter (z.B. Macht, Prestige, Bildung) meint. Dabei handelt es sich im Grunde um nichts anderes als um die Formulierung und Durchführung kollektiv verbindlicher Entscheidungen, was sich mit dem heutigen Verständnis von Politik, das immer wieder auch auf Easton zurückgeführt wird, deckt. Die wesentliche Gemeinsamkeit beider Definitionen ist das Autoritative, die allgemeine Verbindlichkeit. Natürlich gibt es zahlreiche Teilsysteme in komplexen Gesellschaften, in denen verbindliche Entscheidungen getroffen werden, in denen die Verteilung von Gütern erfolgt. In der Familie entscheiden in der Regel die Eltern, in der Schule die Lehrer, im Verein die Vorstandsmitglieder, im Unternehmen das Management. Überall werden Entscheidungen getroffen, die für die jeweiligen Mitglieder einer Familie, einer Schulklasse, eines Vereins, eines Unternehmens bindend sind. Im Gegensatz dazu sind die Entscheidungen des politischen Systems für alle Mitglieder einer Gesellschaft, also kollektiv verbindlich.

Kasten 2: Definition Politisches System

> „Im Verständnis der Systemtheorie ist das p. S. ganz allg. dasjenige gesellschaftliche Teilsystem, das für die Produktion kollektiv verbindlicher Entscheidungen zuständig ist. Der Systembegriff impliziert die Vorstellung einer zum Gleichgewicht tendierenden, intern in eine Vielzahl interdependenter Elemente, Rollen und Prozesse differenzierten Einheit, die von einer sozialen, kulturellen, ökonom. und physischen Umwelt unterscheidbar, mit dieser aber durch wechselseitige Austauschprozesse verbunden ist." (Nohlen, Dieter (Hrsg.), 2002: Kleines Lexikon der Politik, 2. Aufl., München, S. 403)

Ist die Europäische Union nun ein politisches System im Sinne der oben wiedergegebenen Definition? Ja, sie ist. Die EU trifft zweifellos Entscheidungen in Form von Rechtsakten (s. Kap. 6.4), die für alle ihre Bürger gel-

17 Vgl. ebd. S. 129ff.; das deutsche Wort "Wert" kann in diesem Zusammenhang leicht missverstanden werden. Es ist daher ratsam, „values" mit „Gütern" zu übersetzen, s. Fuhse, Jan, 2005: Theorien des politischen Systems. David Easton und Niklas Luhmann. Eine Einführung, Wiesbaden.

18 Lasswell, Harold Dwight, 1936: Politics: Who gets What, When and How, New York.

ten, sei es mittelbar über die Nationalstaaten, sei es unmittelbar dank der sog. Direktwirkung. Die Entscheidungen der EU sind mithin kollektiv verbindlich[19], die EU ist ein politisches System. Damit ist tatsächlich – anders als mit der Bezeichnung als internationale Organisation – eine logische und überdies politikwissenschaftliche Kategorie gefunden, die sowohl die Europäische Union als auch die in ihr vereinten Mitgliedstaaten umfasst. Denn so wie der Staat nach Easton nur eine historische Ausprägung eines politischen Systems darstellt, könnte die EU einer weiteren, vielleicht der nächsten Variante angehören, die den Staat irgendwann ersetzen oder parallel zu ihm fortexistieren könnte.

Auch diese kategoriale Zuordnung öffnet den Weg für weitere Untersuchungen. Es heißt, den systemtheoretischen Ansatz weiterdenken, wenn Easton in einem zweiten Schritt die Interaktionen zwischen dem politischen System und seiner Umwelt untersucht. Das politische System transformiert gewisse *inputs* in Form von politischen Forderungen (*demands*) und spezifischer oder diffuser Unterstützung (*support*) in bestimmte *outputs*. Hier wird der mechanizistische Zug des Modells deutlich, sowie dessen Wurzeln in der Kybernetik, also der Lehre von der Maschinensteuerung. Auf der einen Seite gehen Energie (Unterstützung) und Rohstoffe (Forderungen) in den Apparat hinein, auf der anderen Seite kommt das Produkt (z.B. ein Gesetz) heraus. Dieser fortlaufende Herstellungsprozess funktioniert allerdings nicht im Sinne einer Einbahnstraße. Vielmehr erzeugen die *outputs* ihrerseits wieder *inputs*, so dass Input- und Outputseite durch eine sog. Rückkopplungsschleife (*feedback loop*) miteinander verbunden sind, das System also immer in der Lage ist, seine Produkte wie sich selbst an neue Entwicklungen anzupassen.

Abbildung 8: Grobmodell des politischen Prozesses nach David Easton

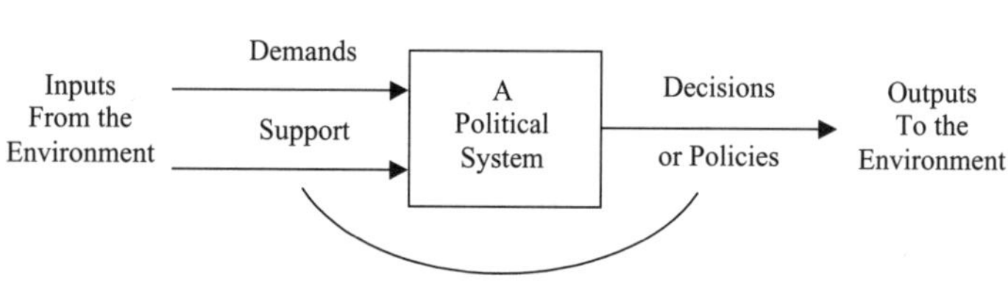

19 Vgl. Wessels, Wolfgang/Maurer, Andreas/Mittag, Jürgen (Hrsg.), 2003: Fifteen into one? The European Union and its member states, Manchester, S. 9.

Der Londoner Politikwissenschaftler Simon Hix überträgt nun dieses Konzept auf die Europäische Union und schildert seine Überlegungen ausführlich.[20] Zunächst verfügt die EU über ein äußerst komplexes und hinreichend stabiles Institutionengefüge, das als politisches System im engeren Sinne die Transformation von Forderungen (*demands*) und Unterstützungsleistungen (*supports*) zu Politikergebnissen gewährleisten kann: Es gibt das Parlament, die Kommission, den Ministerrat und den Gerichtshof, um an diesem Punkt nur die wichtigsten Organe zu nennen (s. Kap. 4, insb. Abb. 13). Ihre jeweiligen Zuständigkeiten sind mittels Vertragstext festgelegt, die Verteilung folgt dabei allerdings nicht dem klassischen nationalstaatlichen Muster, so dass zu Recht vor allzu eilfertigen Übertragungen gewarnt wird[21]. Daneben hat sich ein intermediäres System entwickelt. Von einer europäischen Öffentlichkeit kann hingegen noch nicht gesprochen werden, sie ist nach wie vor segmentiert in ihre nationalen Teilöffentlichkeiten. Das EU-System bietet also eine Vielzahl an *Input*-Kanälen. Zum Ersten üben die nationalen Regierungen als stärkste Interessenvertretungen einen wesentlichen Einfluss auf die EU-Entscheidungsfindung aus, indem sie ihre einzelstaatlichen Forderungen in den Verhandlungen des Ministerrats vertreten oder die Kommission bei ihrer Arbeit kontrollieren (die sog. *Komitologie*, vgl. Kasten 4). Zum Zweiten können auch andere aggregierte Interessen (von Unternehmen, Verbänden, Regionen etc.) über die intermediäre Ebene mehr oder weniger wirksam Gehör finden. Zuletzt können die einzelnen Bürger mittels direkter Parlamentswahl den Politikprozess beeinflussen, wenn auch nicht in dem Maße wie von demokratischen Nationalstaaten gewohnt (vgl. Kap. 4.2).

Aus den verschiedenen Forderungen produziert die EU Politikergebnisse in Form von Rechtsakten, die sie erlässt. Sie wirken als *Output* auf die gesamte europäische Gesellschaft, sei es mittelbar über den nationalstaatlichen Gesetzgeber (sog. Richtlinien) oder direkt (sog. Verordnungen etc.) auf die Bürger bzw. andere juristische Personen. Die Auswirkungen derart umgesetzter Politik auf die Gesellschaft (sog. *outcomes)* erzeugen nun wiederum neue oder weitere Forderungen auf der Input-Seite und beeinflussen die Unterstützung der Bürger für die EU als Ganze bzw. für einzelne ihrer Maßnahmen. So existiert auch im europäischen System eine

20 Vgl. Hix 2005, S. 2 ff.

21 Vgl. Schmidt, Siegmar, 2006: Die Europäische Union in der Vergleichenden Politikwissenschaft, in: Lauth, Hans-Joachim (Hrsg.): Vergleichende Regierungslehre. Eine Einführung, 2. Aufl., Wiesbaden, S.133-153 (138).

Rückkopplungsschleife, die dafür sorgt, dass sich die politischen Transformationsprozesse fortlaufend wiederholen.

Die nähere Beschreibung der Input-Seite des EU-Systems, wie wir sie oben vollzogen haben, deutet nun auf grundsätzliche Ähnlichkeiten zu den Strukturen und Prozessen in pluralistischen Demokratien hin. Mit der Typologisierung der EU nach verschiedenen Herrschaftsformen hat die Untersuchung das Kerngeschäft der Vergleichenden Regierungslehre erreicht. Damit ist gezeigt, dass der Systembegriff – und nicht erst der Staatsbegriff – den Zugang zu den wesentlichen Klassifikationsinstrumenten der politikwissenschaftlichen Komparatistik eröffnet. Die unter den europäischen Nationalstaaten dominante demokratische Herrschaftsform hängt also nicht zwingend von der Staatsqualität eines politischen Systems ab.[22] Vielmehr kann auch der demokratische Nationalstaat ganz im Eastonschen Sinne als eine historische Ausprägung demokratischer Systeme angesehen werden. So wie die Entstehung der Volksherrschaft im antiken Griechenland der Geburt des Nationalstaates im 17. Jahrhundert weit vorausgegangen ist, könnten auch in Zukunft Varianten der Demokratie jenseits des Nationalstaats existieren (vgl. Kap. 8.4).

Stellt die EU nun eine dieser Varianten dar, oder kurz: Ist die EU eine Demokratie? Auf diese wichtige Frage wollen wir an dieser Stelle nicht weiter eingehen, für den politischen Prozess und die Funktionsprobleme der EU ist ein eigenes Kapitel vorgesehen (vgl. Kap. 8). Die bloße Frage aber illustriert schon die große Bedeutung des vergleichenden Ansatzes für die Beschreibung der Europäischen Union. Denn spätestens seit den Entwicklungen der neunziger Jahre ist das Wort vom *Demokratiedefizit* der EU weit verbreitet. Das deutet zum einen auf einen qualitativen Sprung des Systems hin, der die Frage nach der demokratischen Legitimität der Entscheidungsprozesse erst in den Mittelpunkt gerückt hat. Zum anderen zeigt er an, dass die Frage offensichtlich keineswegs entschieden ist. Obwohl die Europäische Union von 27 demokratischen Nationalstaaten gebildet wird, ist ihre eigene demokratische Qualität offensichtlich umstritten. In den Reden vom Demokratiedefizit manifestiert sich sogar ein gewisser Pessimismus, und der vornehmlich technokratische Charakter des Systems wird hervorgehoben bzw. auf fundamentale Lücken in der Legitimationskette hingewiesen. Im Jahr der Ratifikation des Vertrags von Lissabon ist die

22 Allerdings scheint die heutige Vorstellung von Volksherrschaft eine offensichtlich schwer zu ersetzende Verbindung mit dem Nationalstaat eingegangen zu sein.

Demokratiefrage spannender denn je, und der vergleichende Ansatz verspricht fruchtbare Debatten.

Ähnlich verhält es sich mit der Typologie der Regierungssysteme. Auch hier kann eine definitive Zuordnung nur schwer gelingen, und doch ist aus dem Vergleich des EU-Systems mit gängigen Regierungstypen eine rege und wissenschaftlich ergiebige Debatte entstanden. Die unterschiedlichen Beiträge versuchen allesamt die EU, die ihre demokratische Qualität freilich noch nicht unter Beweis gestellt hat, ganz pragmatisch einer bekannten Regierungsform demokratischer Nationalstaaten zuzuordnen, zunächst wären das die beiden Grundmodelle Parlamentarismus und Präsidentialismus. Als entscheidendes Distinktionskriterium der beiden Modelle gilt zumeist die von Winfried Steffani ausgemachte Abberufbarkeit der Regierung durch das Parlament, die in parlamentarischen Systemen vorgesehen ist, während der direkt gewählte Präsident im Präsidentialismus lediglich vom Votum des Volks abhängig ist.[23] Auch bei der Anwendung dieses Kriteriums bereitet die zentrale Kategorie Probleme: die Regierung. Gibt es eine EU-Regierung? Wenn ja, welches Organ, welche Organe stellen sie dar? Und ist sie nun vor dem Parlament verantwortlich oder nicht?

Das Kommissionskollegium, also die Spitzengruppe der Europäischen Kommission (vgl. Kap. 4.4), bestehend aus den 27 EU-Kommissaren, weist die meisten strukturellen Ähnlichkeiten mit einer nationalstaatlichen Regierungsmannschaft auf. In der Tat bedarf das Kollegium bei Amtsantritt der Zustimmung des Parlaments (Art. 214 EG-Vertrag) und kann durch ein Misstrauensvotum von zwei Dritteln der Abgeordnetenstimmen abberufen werden (Art. 201 EG-Vertrag). Verbunden mit der sukzessiven Stärkung des Parlaments gegenüber dem Rat durch die vergangenen Vertragsrevisionen, scheint das institutionelle Dreieck des EU-Systems aus Parlament, Ministerrat und Kommission aus dieser Perspektive im Großen und Ganzen zu einem parlamentarischen Zweikammersystem zu tendieren, wenn die Detailanalyse auch noch erhebliche Differenzen offenbart.[24]

Auf der anderen Seite lässt sich dagegenhalten, dass die Kommission und ihr Präsident als *Regierung* bzw. *Regierungschef* nicht aus dem Parlament hervorgehen, also eine klare konstitutionelle Trennung von Parla-

23 Vgl. die klassische Definition nach: Steffani, Winfried, 1979: Strukturtypen präsidentieller und parlamentarischer Regierungssysteme, in: ders.: Parlamentarische und präsidentielle Demokratie, Opladen, S. 37-60.

24 Vgl. Decker, Frank, 2002: Parlamentarisch, präsidentiell oder semi-präsidentiell? Der Verfassungskonvent ringt um die künftige institutionelle Gestalt Europas, in: Aus Politik und Zeitgeschichte (1-2) 2002, S. 16-23 (19).

ment und Regierung besteht[25], welche wiederum für den Präsidentialismus spräche. Allerdings wird der Kommissionspräsident keineswegs vom Volk direkt gewählt, was einige Interpreten nach einem anderen Regierungsersatz Ausschau halten lässt. Sie finden ihn in der sog. Ratspräsidentschaft. Auch sie geht als solche nicht direkt aus dem Wählerwillen hervor, sondern übernimmt das Amt gemäß einem Rotationsverfahren der Mitgliedstaaten, andererseits besteht sie aus einer zumindest im Heimatland demokratisch legitimierten Regierungsmannschaft. Da es neben der Ratspräsidentschaft auch noch ein Kommissionskollegium einschließlich Präsidenten gibt, führt Knelangen kurzerhand auch das Hybridmodell der Regierungstypen zur Beschreibung der fünften französischen Republik in die Debatte ein und bezeichnet das EU-System als *intergouvernementalen Semipräsidentialismus*[26]. Man sollte derartige Typologisierungsversuche angesichts der kategorialen Unebenheiten sicher gründlich auf Konsistenz überprüfen. Wer sie allerdings gänzlich zu analytischen Fehlgriffen erklärt und sie entsprechend missachtet, unterschätzt ihren Beitrag zur Diskussion über das Wesen der Europäischen Union und ihre potenzielle Bedeutung für die politische Wirklichkeit. Immerhin wurde die Wahl des Kommissionspräsidenten durch das Parlament im Verfassungskonvent diskutiert, wenn auch letztlich abgelehnt.[27] Hätte eine solche Regelung den steinigen Weg vom Konvent bis in den derzeit zur Ratifikation stehenden Reformvertrag gefunden – was zugegebenermaßen unwahrscheinlich war –, dann wäre das politische System der EU ohne analytischen Rückgriff auf den Parlamentarismus kaum zu verstehen. Auf der anderen Seite wird der Amtsantritt eines auf Zeit gewählten hauptamtlichen Ratspräsidenten, der vom Vertrag von Lissabon für das Jahr 2009 vorgesehen ist, einen wie auch immer gearteten europäischen Semipräsidentialismus – vermutlich gar einschließlich des diesem Regierungstyp eingeschriebenen Kompetenzgerangels innerhalb der politischen Doppelspitze – nicht mehr so abwegig erscheinen lassen.

25 Dies änderte sich übrigens auch nicht durch den Vertrag von Lissabon, der die Wahl des Kommissionspräsidenten durch das Parlament erstmals schriftlich fixiert, denn damit ist keineswegs eine Wahl im positiven Sinne einer Personenauswahl, sondern lediglich im negativen Sinne einer Wahl zwischen Ablehnung oder Investitur eines vorgegebenen Kandidaten gemeint, vgl. Kap. 4.2.

26 Vgl. Knelangen, Wilhelm, 2005: Regierungssystem *sui generis*? Die institutionelle Ordnung der EU in vergleichender Sicht, in: Zeitschrift für Staats- und Europawissenschaften (3/1) 2005, S. 7-33.

27 Vgl. Giering, Claus, 2003: Mutige Einschnitte und verzagte Kompromisse - das institutionelle Reformpaket des EU-Konvents, in: ders. (Hrsg.): Der EU-Reformkonvent. Analyse und Dokumentation, CD-Rom, Gütersloh.

Nun hat dieser kategoriale Pragmatismus allerdings eine klare Grenze, die zu überschreiten sich keineswegs empfiehlt: den Staatsbegriff. Der Staat wird in der Regel mithilfe folgender zentraler Kriterien definiert[28]:

- *Territorialität*: Hiermit ist die grundlegende Forderung nach einem klar umgrenzten Staatsgebiet gemeint. Die EU ist zweifellos territorial begrenzt (s. Abb. 1), es gibt also ein EU-Territorium, das sich aus den Staatsgebieten der Mitgliedsländer zusammensetzt.
- *Souveränität*: Dieses Kriterium ist der klassischen Forderung nach einem Staatsvolk vorzuziehen, weil so die Beziehungen zwischen dem politischen Apparat und der Bevölkerung ausdifferenziert werden können. Ohnedies hätte die EU aber auch mit der Staatsvolkbedingung Probleme gehabt. Selbstverständlich sind die Bürger der europäischen Mitgliedstaaten in weiterem Sinne EU-Bürger und bilden eine EU-Bevölkerung. *Ein* europäisches Volk gibt es jedoch nicht, sondern 27 europäische Völker, eine populäre Vielfalt, zu der sich die Präambel des EU-Vertrags eindeutig bekennt (s. Präambel EU-Vertrag). Über ihre segmentierte Bevölkerung kann die EU aber tatsächlich per Gesetzgebung und Direktwirkung derselben souveräne Entscheidungen treffen. Dies ist allerdings auf den Bereich der Europäischen Gemeinschaft, also vor allem auf die Wirtschaftspolitik, beschränkt.
- *Legitimität*: Die Legitimität im Sinne einer diffusen, also generellen, Unterstützung des Apparats durch die Bürger stellt das zweite Kriterium dar, das die Beziehungen zwischen System und Bevölkerung, nämlich die Input-Seite beschreibt. Staaten haben in der Regel also ein ausreichendes Maß genereller Unterstützung. Die EU hingegen hat zweifellos ein Legitimitätsdefizit (s. Kap. 8.3).
- *Staatsgewalt*: Das Gewaltmonopol ist sicherlich das gewichtigste Kriterium zur Beschreibung von Staatlichkeit. Der Staat hat nach Webers berühmter Definition „das Monopol legitimer physischer Gewaltsamkeit"[29] inne. Dieses Kriterium lässt sich für die EU stufenweise abwärts überprüfen: Zum Ersten, verfügt die EU über ein Gewalt*monopol*? Sicher nicht, denn die Staaten haben trotz Souveränitätsverzichts weiterhin zumindest einen Teil der beschriebenen Gewalt inne. Zum Zweiten, verfügt die EU überhaupt, wenn auch nur in Teilen, über die im Weberschen Sinne verstandene Staatsgewalt? Offensichtlich nicht, die EU

28 Vgl. Nugent, Neill, 2001: The Government and Politics of the European Union, Durham, S. 493ff.

29 Weber, Max, 1992: Politik als Beruf, Stuttgart, [Erstausgabe: 1919], S. 6. Zur gleichen Auffassung: Schmidt, 2006, S. 158.

kann von sich aus als letztes Mittel keinen legitimen physischen Zwang auf ihre Bürger ausüben. Sie hat weder Polizisten noch Soldaten noch anderweitige Ordnungskräfte, sondern muss bei Bedarf auf die entsprechenden Ressourcen der Mitgliedstaaten zurückgreifen.[30] Die EU verfügt zum Dritten also im besten Fall über „geliehene Staatsgewalt“[31]. Doch auch diese anschauliche Formel ist fraglich, denn die EU ist nicht einmal vorübergehend im Besitz einer gleichsam geborgten Staatsgewalt, sondern streng genommen nie.

Die Europäische Union ist mithin kein Staat, weder in Teilen noch in Ansätzen, und selbst wenn sich der klassische Staatsbegriff im Laufe seiner Geschichte zweifelsohne gewandelt hat, sollte er doch nicht so weit ausgelegt werden, dass das europäische Einigungswerk einen Platz darin findet. Denn eine derart gewaltsame Begriffsdehnung ist nicht nur wenig zweckdienlich, sie hat auch problematische Auswirkungen auf den vergleichenden Ansatz wie den Staatsbegriff selbst. Zum einen ignoriert sie die Entwicklung der Politikwissenschaft seit David Easton, der ja gerade nach einem Ordnungsbegriff jenseits der Staatlichkeit suchte, um auch andere historische Ausprägungen politischer Steuerungsinstitutionen in die Analyse mit einzubeziehen. Der Staatsbegriff reicht offensichtlich nicht aus, um die vielfältigen Ausgestaltungen politischer Ordnung angemessen zu beschreiben. Es ist nicht einmal notwendig, jedes politische System in das enge Korsett der Staatlichkeit zu zwängen, will man eine vergleichende Untersuchung mit einem Nationalstaat durchführen. Dinge müssen nicht gleich sein, um vergleichbar zu sein, und Äpfel und Birnen lassen sich in der Tat gewinnbringend miteinander vergleichen.

Zum anderen aber gefährdet die leichtfertige Überdehnung des Staatsbegriffs diesen selbst. Er verliert zwangsläufig an Präzision, *leiert* förmlich aus und büßt seine definitive Passgenauigkeit selbst für die Gegenstände ein, die er zuvor klar fasste. Das ist durchaus problematisch, denn der Staat ist eine, „wenn nicht die zentrale Kategorie der klassischen politikwissenschaftlichen Reflexion.“[32] Es ist also aus verschiedenen Gründen keineswegs ratsam, den Staatsbegriff auf die EU anzuwenden. Und doch spre-

30 Vgl. Schmidt 2006, S. 135.

31 Hartmann 2001, S. 33.

32 Lauth, Hans-Joachim/Wagner, Christoph, 2006: Gegenstand, grundlegende Kategorien und Forschungsfragen der „Vergleichenden Regierungslehre“, in: Lauth, Hans-Joachim (Hrsg.): Vergleichende Regierungslehre. Eine Einführung, 2. Aufl., Wiesbaden, S. 15-36 (22).

chen einige Wissenschaftler von der EU als *Quasistaat*[33]. Doch was ist das? Ist eine so verstandene EU nun ein Staat oder eben gerade nicht? Was ist durch diese Kennzeichnung gewonnen? Hartmann illustriert die Säulenarchitektur der EU (vgl. Abb. 20) besonders gewagt, wenn er der ersten Säule, der EG, als europäischen Staat, die Säulen zwei und drei, also GASP und PJZS, als europäische Regime gegenüberstellt.[34] Die EG bezeichnet er an anderer Stelle als *Wirtschafts-* bzw. *Regulierungsstaat*.[35] Mag diese Dreiteilung von analytischem Interesse sein, sie trägt zur begrifflichen Verwirrung bei. Ist die gleichsam *vertikale* Ausdifferenzierung des Staatsbegriffs bei föderalen Systemen auch mitunter angebracht, gar notwendig, stellt die von Hartmann vorgenommene *horizontale* Ausdifferenzierung nach Politikbereichen doch eine wesentliche Gefährdung der kategorialen Klarheit dar. Denn angenommen, die EG wäre ein Wirtschaftsstaat, was ist dann die EU? Und noch wichtiger: Was ist dann z.B. Deutschland, auch ein Wirtschaftsstaat, ein Staat in Abgrenzung vom Wirtschaftsstaat oder schlichtweg kein Staat mehr?

So problematisch die Verwendung des Staatsbegriffs auf die EU auch ist, so schwierig ist es doch, zu ihrer Beschreibung gänzlich auf die klassische Kategorie zu verzichten. Keine vergleichende Untersuchung – auch nicht die vorliegende – kommt ohne die Orientierung am Staatsbegriff aus, weil ihr ansonsten schnell die Vergleichsgegenstände ausgingen. Die einen betrachten, wie oben gesehen, die EU als *Quasistaat* und damit quasi als Staat, die anderen sprechen zumindest von Staatsähnlichkeit und schließen berechtigte Analogien insbesondere zu heutigen Nationalstaaten[36]. In jedem anderen Fall aber wird zumindest negativ auf den Staatsbegriff Bezug genommen. Das ist gleichsam die Pflichtübung, die im systemtheoretischen Ansatz bereits angelegt ist. Denn es geht dabei um die Frage, „how the EU can be a ‚political system' without also having to be a ‚state'."[37] Und auch die verbreitete Wendung vom „Regieren jenseits von Staatlichkeit" drückt im Grunde nichts anderes aus als eine kategoriale Verlegenheit und beschränkt sich folglich auf die zentrale Funktion: das

33 Vgl. Pfetsch, Frank R., 2007: Das neue Europa, Wiesbaden, S. 64; Hartmann, 2001, S. 16.
34 Hartmann 2001, S. 18ff.
35 Ebd., S. 19.
36 Nugent 2001. S. 493-494.
37 Hix 2005, S. 2.

Regieren und den dominanten negativen Bezugspunkt: den Staat.[38] Eine eigenständige Typenbezeichnung der EU ist damit nicht gewonnen.

Eine solche Bezeichnung schuf hingegen das Bundesverfassungsgericht in seiner berühmten Maastricht-Entscheidung (s. Kasten 3). Hierin wird die EU als *Staatenverbund* beschrieben. Die Richter kreierten einen neuen Typ, der die unsichere Qualität der EU zwischen Bundesstaat und Staatenbund in einem Wort fixiert. Wird diese Begriffsschöpfung auch oft zitiert, durchgesetzt hat sie sich zumindest in der wissenschaftlichen Debatte nicht. Hier ist eine andere Formel verbreiteter, nämlich das System eigener Art, *sui generis*.

Kasten 3: Urteil des Bundesverfassungsgerichts (2. Senat) vom 12. Oktober 1992 (Auszug)

„Der Vertrag begründet einen europäischen Staatenverbund, der von den Mitgliedstaaten getragen wird und deren nationale Identität achtet; er betrifft die Mitgliedschaft Deutschlands in supranationalen Organisationen, nicht eine Zugehörigkeit zu einem europäischen Staat". (BVerfGE 89, 155 – Maastricht, C)

3.4 Synthese: die Kategorienverweigerung

In den vorangegangenen Abschnitten ist deutlich geworden, dass der Systembegriff sich dazu eignet, die Europäische Union mit Nationalstaaten vergleichbar zu machen, indem man sie einer gemeinsamen Kategorie, dem politischen System, zuordnen kann. Die Union lässt sich so mithilfe der Instrumentarien der vergleichenden Politikwissenschaft untersuchen, was generell zu interessanten Überlegungen und Diskussionen führt, an einigen Stellen aber auch zu erheblichen Schwierigkeiten im Detail. Darüber hinaus weist die EU weiterhin strukturelle Ähnlichkeiten zu internationalen Organisationen auf, mit denen sich vorwiegend die Lehre der Internationalen Beziehungen befasst. Die in den vorangegangenen Abschnitten durchgeführte Trennung und antithetische Gegenüberstellung der Ansätze ist eine bewusst vorgenommene, analytische Methode. Sie ist leicht infrage zu stellen. Wenn Gehring zum Beispiel konstatiert, die Tatsache, dass kollektiv verbindliche Entscheidungen getroffen würden, sei internationalen Organisationen und der Europäischen Union gemein, zerstört er das oben

38 Somit ist sie quasi die Konzentration des Eastonschen Programms in einer mehr oder weniger griffigen Formel.

aufgestellte Distinktionskriterium zwischen politischem System und internationaler Organisation gleichsam im Handstreich.[39] Wenn Lauth an anderer Stelle das Gewaltmonopol zum gemeinsamen Merkmal von Staat und politischem System macht, dann unterminiert er wiederum diese von uns vorgenommene Unterscheidung.[40]

Der Systembegriff ist im Hinblick auf seinen kategorialen Gehalt – also betreffend die Frage: Was ist? – ausgesprochen schwach definiert. Jeder Handlungszusammenhang, der Strukturen und Prozesse aufweist, kann System genannt werden. So ist der Systembegriff tatsächlich der Platzhalter für eine Institution, die einer gewissen Funktion nachkommt. Erst durch den Verweis auf die zentrale Tätigkeit gelingt die Definition. Beim politischen System ist das ganz offensichtlich die politische Tätigkeit, also das Treffen kollektiv verbindlicher Entscheidungen, das Regieren, freilich ohne die zwingende Existenz einer Regierung. Somit sind die modernen Ansätze eines *Regierens im Mehrebenensystem*, eines *Regierens im Netzwerk* etc. (vgl. Kap. 8) diesem systemtheoretischen, funktionalistischen Ansatz verpflichtet. Sie definieren die EU weniger darüber, was sie ist, als darüber, was sie tut, oder besser: was in ihr geschieht und wie es geschieht. Hat diese pragmatische Herangehensweise auf der einen Seite unzweifelhafte praktische Vorteile für die wissenschaftliche Untersuchung der EU, so ist die kategoriale Verlegenheit bei der Beschreibung des Einigungswerks auf der anderen Seite womöglich ein Grund für seine Funktionsprobleme (Legitimitätsdefizit, mangelnde europäische Öffentlichkeit etc., s. Kap. 8.3). Auf jeden Fall ist die Unsicherheit über das eigene Wesen ein elementares Kennzeichen der EU: „First, the EU itself has never sought to describe or define its political character in any clear manner."[41]

Die auf den deutschen Staatsrechtslehrer Knut Ipsen zurückgehende Bezeichnung der EU als ein System *sui generis*, also eigener Art, stellt für viele Betrachter den vermeintlichen Ausweg aus der kategorialen Verlegenheit dar. In Wirklichkeit ist sie aber deren anschauliche Manifestation, die im schlimmsten Fall den Weg für fruchtbare wissenschaftliche Analysen versperrt. Die EU ist weder Staat noch internationale Organisation, weder Föderation noch Konföderation, sie ist keine Demokratie im eigentlichen Sinne, aber auch nicht ihr Gegenteil, sie ist nicht souverän, verfügt aber über Hoheitsrechte, sie ist als Ganze nicht supranational und ebenso wenig rein zwischenstaatlich. Die Europäische Union ist stets weder das

39 Vgl. Gehring, 2002, S. 276.
40 Vgl. Lauth 2006, S. 22; s. auch Schmidt 2006, S. 135.
41 Nugent 2001, S. 492.

eine noch das andere, liegt immer zwischen begrifflich Gefasstem, ohne selbst begrifflich gefasst zu sein. Die Schwierigkeit, die EU eindeutig einer Kategorie zuzuordnen, und die verständliche Scheu vor einer fahrlässigen Kategorienverwechslung münden offenbar zwangsläufig in die Kategorienverweigerung: die *sui generis*-Bezeichnung. Dort, wo diese Verweigerung eine vorläufige ist, wo die Verlegenheit nur markiert wird, der Untersuchungsgegenstand aber weiterhin wissenschaftlichen Analysen aus allen denkbaren Richtungen zugänglich bleibt, ist die Bezeichnung unproblematisch, vielleicht sogar angebracht. Dort jedoch, wo sie als Ausweg oder Ergebnis der Analyse betrachtet wird, entzieht sie die EU tendenziell der weiteren theoriegeleiteten Untersuchung[42], steht dem Erkenntnisgewinn eher im Wege und läuft Gefahr, die EU als Forschungsgegenstand in die „Isolation der *sui generis*-Argumentation“[43] zu verdammen. Auf jeden Fall ist sie als Antwort auf die Ausgangsfrage – Was ist die EU? – gänzlich untauglich, weil sich zwangsläufig die Frage anschließen muss: Was ist dieses System *sui generis*? Da diese vermeintliche Kategorie aber per definitionem nur einen Einzelfall umfasst, nämlich die EU, verlangen beide Fragen die gleiche Antwort, ist also durch die *sui generis*-Bezeichnung ganz offensichtlich nichts gewonnen.

Darin unterscheidet sie sich vom Begriff des politischen Systems, den der vorliegende Band bevorzugt. Er stellt eine Kategorie dar, die mehr umfasst als nur die Europäische Union. Als Antwort auf die Was-Frage vermag er die EU also einer Klasse zuzuordnen, die sich, wie wir gesehen haben, allerdings eher über ihre zentrale Funktion: das Regieren, denn über ihre Substanz definiert. Deshalb wollen wir dem Systembegriff in den folgenden Kapiteln substanziellere Kategorien zur Seite stellen, die sich wiederum unter einem Hauptwort zusammenfassen lassen: der Gemeinschaft. Dies soll jedoch nicht geschehen, ohne zuvor einen ausführlichen Überblick über das Institutionengefüge verschafft zu haben.

Einführende Literatur und Dokumente:

Hartmann, Jürgen, 2001: Das politische System der Europäischen Union. Eine Einführung, Frankfurt a. M. (Hartmann bietet eine knappe, sehr eigenwillige Einführung in das politische System der EU. Genau das macht ihre besondere Qualität aus. Die Lektüre sei jedem Leser wärmstens empfohlen.)

42 Vgl. Gehring 2002, S. 9.
43 Knelangen 2004, S. 119.

Hix, Simon, 2005: The Political System of the European Union, 2. Aufl., Houndmills u.a., (Hix' Lehrbuch ist theoretisch durchaus anspruchsvoll und daher für die allererste Annäherung an das Thema nur bedingt geeignet. Für den etwas fortgeschrittenen EU-Beobachter sollte das umfangreiche Werk jedoch unbedingte Pflichtlektüre sein.)

Kohler-Koch, Beate/Conzelmann, Thomas/Knodt, Michèle, 2004: Europäische Integration – Europäisches Regieren, Wiesbaden. (Diese Einführung verknüpft die präsentierten Fakten durchgängig mit der theoriegeleiteten Untersuchung des Gegenstands. Das macht den Text so interessant und lesenswert, zugleich jedoch schwierig für Einsteiger.)

Nugent, Neill, 2001: The Government and Politics of the European Union, Durham. (umfangreiches Lehrbuch, mittlerweile in sechster Aufl. erschienen)

Rittberger, Volker/Zangl, Bernhard (Hrsg.): Internationale Organisationen – Politik und Geschichte. Europäische und weltweite internationale Zusammenschlüsse, 3. Aufl., Opladen, 2003. (sehr gutes, theoretisch anspruchsvolles, dennoch verständliches Lehrbuch auf dem neuesten Stand der Forschung)

Tömmel, Ingeborg, 2008: Das politische System der EU, 3. Aufl., München, (Für den deutschsprachigen Studenten des EU-Systems führt an diesem aufschlussreichen und detaillierten Lehrbuch kaum ein Weg vorbei.)

Wessels, Wolfgang, 2003: Das politische System der Europäischen Union, in: Wolfgang Ismayr (Hrsg.): Die politischen Systeme Westeuropas, 3. Aufl., Opladen, (Wessels macht beispielhaft vor, wie sich das komplexe politische System der EU auf 30 Seiten beschreiben lässt.)

Woyke, Wichard, 1995: Europäische Organisationen. Einführung, München. (etwas altmodisches Lehrbuch, dennoch lesenswert)

Weiterführende Literatur:

Decker, Frank, 2002: Parlamentarisch, präsidentiell oder semi-präsidentiell? Der Verfassungskonvent ringt um die künftige institutionelle Gestalt Europas, in: Aus Politik und Zeitgeschichte (1-2) 2002, S. 16-23. (aufschlussreicher Debattenbeitrag, der auch nach dem Scheitern der EU-Verfassung noch lesenswert ist)

Easton, David, 1971: The Political System. An inquiry into the state of political science, 2. Aufl., New York. (Auch Easton begreift man erst richtig, wenn man ihn liest.)

Fuhse, Jan, 2005: Theorien des politischen Systems. David Easton und Niklas Luhmann. Eine Einführung, Wiesbaden. (Ausführlicher Sekundärtext zur Systemtheorie mit zwei Hauptteilen, einem zu Easton, einem zu Luhmann.)

Gehring, Thomas, 2002: Die Europäische Union als komplexe internationale Organisation. Wie durch Kommunikation und Entscheidung soziale Ordnung entsteht, Baden-Baden. (ein sehr lesenswertes Buch, das die EU als den Sonderfall und Prototypen komplexer internationaler Institutionen beschreibt)

Knelangen, Wilhelm, 2004: Europäische Union ein Fall für die Vergleichende Regierungslehre? In: Varwick, Johannes/Knelangen, Wilhelm (Hrsg.): Neues Europa – alte EU? Fragen an den europäischen Integrationsprozess, Opladen, S. 113-131. (Dieser kurze Aufsatz schildert in beispielhafter Klarheit Ausgangslage und Aussichten der komparatistischen Betrachtung der EU.)

Knelangen, Wilhelm, 2005: Regierungssystem *sui generis*? Die institutionelle Ordnung der EU in vergleichender Sicht, in: Zeitschrift für Staats- und Europawissenschaften (3/1) 2005, S. 7-33. (in gewisser Hinsicht Weiterentwicklung des vorangegangenen Textes, erkenntnisleitende Diagnose eines *intergouvernementalen Semipräsidentialismus*)

Lauth, Hans-Joachim/Wagner, Christoph, 2006: Gegenstand, grundlegende Kategorien und Forschungsfragen der „Vergleichenden Regierungslehre“, in: Lauth, Hans-Joachim (Hrsg.): Vergleichende Regierungslehre. Eine Einführung, 2. Aufl., Wiesbaden, S. 15-36. (knappe und gute Einführung in die grundlegenden Begrifflichkeiten der politikwissenschaftlichen Komparatistik)

Moravcsik, Andrew, 2005: Europe without illusions: a category error, in: Prospect, Issue (112) 2005, S. 1-9; abrufbar unter: http://www.prospect-magazine.co.uk/article_details.php?id=6939 (letzter Zugriff: 07.01. 2008). (kurzer, kraftvoller Kommentar zum Scheitern der EU-Verfassung mit zutreffender Fehleranalyse)

Pfetsch, Frank R., 2007: Das neue Europa, Wiesbaden. (knappe Positionsbestimmung der EU zu Beginn des 21. Jahrhunderts und Einführung in die politisch-institutionellen Grundlagen)

Ryle, Gilbert, 1997: Der Begriff des Geistes, Stuttgart, [Erstausgabe: 1949]. (Jedem, der an sprachphilosophischen Fragestellungen Interesse hat und nach begrifflicher Präzision strebt, sei *The Concept of Mind*, das Hauptwerk des britischen Philosophen, dringend empfohlen.)

Schmidt, Siegmar, 2006: Die Europäische Union in der Vergleichenden Politikwissenschaft, in: Lauth, Hans-Joachim (Hrsg.): Vergleichende Regierungslehre. Eine Einführung, 2. Aufl., Wiesbaden, S.133-153. (In einem Standardwerk der Vergleichenden Regierungslehre behandelt Schmidt in einem verständlich geschriebenen Artikel den Sonderfall EU.)

Weber, Max, 1992: Politik als Beruf, Stuttgart, [Erstausgabe: 1919]. (Schon aufgrund der Vielzahl beispielhaft griffiger, bis heute berühmter Definitionen ist Webers Vortrag eine Pflichtlektüre für jeden Studenten der Politikwissenschaft.)

Fragen zur Diskussion:

- Was ist die EU? Staat, politisches System oder internationale Organisation? Bundesstaat, Staatenbund oder Staatenverbund? Welche Zuordnung ist geeigneter? Wer begeht den Kategorienfehler?

- Warum ist die EU eine internationale Organisation? Was spricht für diese Zuordnung?
- Wie lässt sich die EU als internationale Organisation enger fassen? An welchen Stellen versagen die gängigen Typologien und warum?
- Warum ist die EU ein politisches System? Was spricht für diese Zuordnung?
- Wie lässt sich die EU als politisches System enger fassen? An welchen Stellen versagen die gängigen Typologien und warum?
- Warum ist die EU kein Staat, oder lässt sich die Bezeichnung doch rechtfertigen?
- Welche sind die Vor- und Nachteile des Systemansatzes?

4. Der institutionelle Aufbau des EU-Systems

4.1 Einstieg

Ein wesentliches und notwendiges Merkmal des politischen Systems ist, wie wir im vorangegangenen Kapitel herausgestellt haben, die Existenz eines stabilen Institutionengefüges. Dass auch die EU durch eine ausdifferenzierte und hochgradig komplexe institutionelle Architektur gekennzeichnet ist, haben wir bisher lediglich behauptet und die zentralen Organe des EU-Systems, nämlich das Europäische Parlament, den Ministerrat, den Europäischen Rat, die Kommission und den Europäischen Gerichtshof, nur kurz aufgezählt. In den folgenden Abschnitten sollen diese Organe sowie ihre wechselseitigen Beziehungen im EU-Entscheidungssystem ausführlich vorgestellt werden, mit dem Ziel, ein umfassendes Bild vom institutionellen Aufbau der EU zu vermitteln. Dieser Aufbau lässt sich in Analogie zu nationalen Systemen in Form eines institutionellen Organigramms veranschaulichen (s. Abb. 13). Die graphische Darstellung steht als vereinfachtes Resultat dieser Institutionenkunde bewusst am Ende des Kapitels.

4.2 Das Europäische Parlament

„Alle Staatsgewalt geht vom Volke aus.“[1] In ähnlicher Form wie im deutschen Grundgesetz findet sich dieser demokratische Grundsatz der Volks-

1 Art. 20 Abs. 2 GG.

souveränität in vielen Verfassungen der europäischen Nationalstaaten.[2] Es liegt also nahe, das demokratische Prinzip auch als legitimatorischen Grundstein des EU-Systems vorauszusetzen. Dabei ist es jedoch entscheidend festzuhalten, dass die Europäische Union nicht ein Volk hat, sondern mehrere. Die etwa 500 Millionen EU-Bürger verteilen sich auf 27 europäische Nationen. Es handelt sich bei allen 27 Mitgliedstaaten der EU um repräsentative Demokratien, in denen die Volksvertretung, das Parlament, eine zentrale und je nach Regierungstyp mehr oder weniger gewichtige Stellung innehat. Obwohl die Qualität der EU als eine repräsentative Demokratie durchaus umstritten ist, ja ihr diese mit guten Gründen – zumindest gegenwärtig – abgesprochen werden kann[3], findet sich auch im politischen System der Europäischen Union ein Parlament, dessen Kompetenzen insbesondere durch die letzten Vertragsrevisionen bedeutend ausgebaut worden sind. Gemäß der verbreiteten Überzeugung soll das viel beschworene Demokratiedefizit der EU insbesondere durch eine Aufwertung der *Völkervertretung* abgebaut werden. Auch der Teil über die Organe der Gemeinschaft im EG-Vertrag beginnt mit den Bestimmungen zum Parlament. Dort heißt es zunächst: „Das Europäische Parlament besteht aus den Vertretern der Völker der in der Gemeinschaft zusammengeschlossenen Staaten“ (Art. 189 EG-Vertrag). Auch die Vertragsformel beinhaltet also den Verweis auf die segmentierte EU-Bevölkerung, indem von den „Völker[n]“ der EU-Staaten die Rede ist. In Verbindung mit der seit 1979 alle fünf Jahre veranstalteten Direktwahl der europäischen Abgeordneten macht seine Multinationalität das Europäische Parlament zu einer weltweit einzigartigen Einrichtung, die sich deutlich von den parlamentarischen Versammlungen internationaler Organisationen abhebt.[4] Die direkte Legitimation durch die Bürger in Form von allgemeinen und freien Wahlen macht das Parlament auch zu einem Unikum im Institutionengefüge der

2 So heißt es in der spanischen Verf.: „Das spanische Volk, von dem alle Staatsgewalt ausgeht, ist Träger der nationalen Souveränität.“ (Art. 1 Abs. 2), in der polnischen: „Die oberste Gewalt in der Republik Polen steht dem Volk zu.“ (Art. 4 Abs. 1), und die französische zitiert gar die berühmte Formel des US-amerikanischen Verfassungsvaters Lincoln: „Ihr [der Republik, Anm. d. Verf.] Grundsatz lautet: Regierung des Volkes durch das Volk und für das Volk.“ (Art. 2).

3 Hix, Simon, 2006: Parteien, Wahlen und Demokratie in der EU, in: Jachtenfuchs, Markus/Kohler-Koch, Beate (Hrsg.): Europäische Integration, Wiesbaden, S. 151-180 (176).

4 Vgl. Nugent, Neill, 2007: The Government and Politics of the European Union, 6. Aufl., Durham, S. 495; McCormick, John, 2005: Understanding the European Union. A Concise Introduction, Houndmills, S. 103.

EU. Wie aber gestaltet sich der Wahlakt im präzedenzlosen *supranationalen Parlamentarismus*[5]?

4.2.1 Wahlen

Die Antwort auf diese Frage ist schlicht und für viele Beobachter enttäuschend: Der Wahlakt gestaltet sich national. Freie und allgemeine Wahlen bilden den „zentrale[n] Mechanismus repräsentativer Demokratien“[6], indem sie den Bürgern die Gelegenheit bieten, ihren Willen in Form einer Wahlentscheidung auszudrücken und die auf diese Weise gewählten Repräsentanten zeitweilig zu ihrer Vertretung im Entscheidungssystem oder – sei es nun auf direktem Wege (präsidentieller Regierungstyp), sei es auf indirektem Weg über die Volksvertretung (parlamentarischer Regierungstyp) – zur Ausübung bzw. Bestimmung ihrer Regierung zu ermächtigen. Die Legitimation politischer Vertretung bzw. Führung ist also die *politische* Funktion von Wahlen, auf deren Erfüllung auch das politische System der EU nicht verzichten kann. Zugleich sind Wahlen „sinnfälliger Ausdruck der Volkssouveränität“[7]. Dies ist sozusagen die *symbolische* Funktion von Wahlen.[8] Die Volkssouveränität aber ist bis heute ein nationales Konzept. Und dass selbst die Europäische Union mit ihrem *supranationalen Parlamentarismus* hierzu keine transnationale Variante hat ausbilden können, liegt nicht zuletzt an der Verweigerungshaltung der nationalstaatlichen Regierungen, die ihren exklusiven Status als legitime Vertreter der souveränen Völker nicht abgeben und nur ungern teilen wollen. So lässt sich die paradox anmutende Tatsache erklären, dass seit 1979 im Fünfjahresrhythmus nationale Europawahlen stattfinden, obwohl die europäischen Gründungsverträge von Beginn an gemeinsame Wahlen für die Versammlung[9] nach einem einheitlichen Verfahren vorgesehen hatten (s. Art. 138 EWG-Vertrag). Stimmten die Staats- und Regierungschefs 1974

5 Dreischer, Stephan, 2003: Das Europäische Parlament. Eine Funktionenbilanz, in: Patzelt, Werner J. (Hrsg.): Parlamente und ihre Funktionen. Institutionelle Mechanismen und institutionelles Lernen im Vergleich, Wiesbaden, S. 213-272 (213).

6 Hix, 2006, S. 151.

7 Tenscher, Jens, 2005b: Mit halber Kraft voraus! Parteienkampagnen im Europawahlkampf 2004, in: ders. (Hrsg.): Wahl-Kampf um Europa. Analysen aus Anlass der Wahlen zum Europäischen Parlament 2004, Wiesbaden, S. 30-55 (30).

8 Zur Unterscheidung politischer und symbolischer Funktion von Wahlen s. ebd.

9 So lautete der offizielle Titel in den Gründungsverträgen. Erst 1962 gab sich die Versammlung selbst den Namen *Europäisches Parlament*, der erst mit dem Vertrag von Maastricht 1992 Eingang in das Primärrecht fand, vgl. Tömmel, Ingeborg, 2006: Das politische System der EU, München/Wien, S. 69; auch Kap. 11.7 in diesem Band.

zwar mit erheblicher Verspätung der Direktwahl des Parlaments zu, die fünf Jahre später zum ersten Mal stattfand, so ist es bis heute doch nicht gelungen, ein einheitliches Verfahren für die Wahlen zum Europäischen Parlament zu vereinbaren.

Jeder Mitgliedstaat lässt also nach seinem eigenen Verfahren Abgeordnete auf die ihm zustehenden Sitze im Europaparlament wählen. Die nationalen Vorschriften variieren stark: Konkrete Unterschiede existieren bis heute bei der Aufteilung der Wahlkreise, bei der Prozenthürde für den Einzug ins Parlament, beim Mindestalter für die Ausübung des passiven Wahlrechts und nicht zuletzt beim jeweiligen Wahltermin. Bis zur Europawahl im Jahre 1994 hat Großbritannien als einziger Staat das Mehrheitswahlsystem angewandt. Seitdem gilt das Verhältniswahlrecht als gemeinsamer Grundsatz, der zusammen mit der Unvereinbarkeit von nationalem und europäischem Mandat Eingang in das Sekundärrecht gefunden hat.[10] Selbstverständlich erfolgen die Wahlen „allgemein, unmittelbar, frei und geheim."[11]

Der strukturell angelegte nationale Charakter der Europawahlen überträgt sich regelmäßig auf alle beteiligten Akteure. Parteien, Medien und Bürger begreifen die Abstimmungen offensichtlich als nationale Nebenwahlen, richten ihre Wahlkämpfe bzw. ihre Aufmerksamkeit bzw. ihre Wahlentscheidung auf ebendiese Wahrnehmung aus und bewirken durch ihre Verhaltensweisen und entsprechende wechselseitige Verhaltenserwartungen, dass veritable *europäische* Wahlen einschließlich ihrer Bedeutung angemessener Kampagnen gar nicht stattfinden können. Verstärkt wird diese Wirkung noch durch den ebenfalls strukturell bedingten Umstand, dass es bei Europawahlen weder direkt noch indirekt um eine Regierungsbildung geht und insofern einfach weniger „auf dem Spiel steht"[12] als bei nationalen Wahlen. Die ernüchternden Erkenntnisse bezüglich der Europawahlen werden durch einen Blick auf die Entwicklung der Wahlbeteiligung (s. Abb. 9) bestätigt.

10 Vgl. Beschluss des Rates vom 25. Juni und 23. September zur Änderung des Akts zur Einführung allgemeiner unmittelbarer Wahlen der Abgeordneten des Europäischen Parlaments im Anhang zum Beschluss 76/787/EGKS, EWG, Euratom, 2002/772/EG, Euratom, in: Amtsblatt der Europäischen Gemeinschaften L283 vom 21.10.2002.

11 Vgl. ebd.

12 Tenscher, Jens, 2005a: Wahl-Kampf um Europa. Eine Einführung, in: ders. (Hrsg.): Wahl-Kampf um Europa. Analysen aus Anlass der Wahlen zum Europäischen Parlament 2004, Wiesbaden, S. 7-28 (10).

Abbildung 9: Entwicklung der Wahlbeteiligung im EU-Durchschnitt von 1979 bis 2004

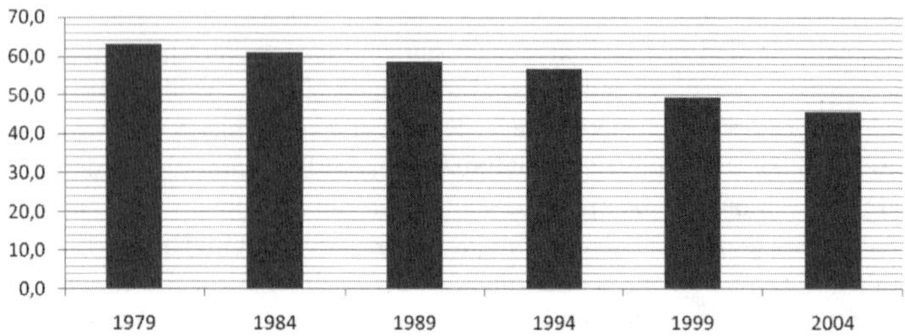

Quelle (Zahlen): http://www.europarl.europa.eu/elections2004/ep-election/sites/de/results 1306/turnout_ep/turnout_table.html (letzter Zugriff: 17.5.2008).

Wie Abbildung 9 zeigt, war die Wahlbeteiligung bei Europawahlen von der ersten Abstimmung 1979 an vergleichsweise niedrig und ist seitdem kontinuierlich gesunken. Bei den letzten beiden Wahlen lag sie gar unter der „demokratischen Schmerzgrenze" von 50 Prozent. Dabei gab und gibt es große nationale Unterschiede: 2004 lag die Beteiligung in Belgien und Luxemburg, wo Wahlpflicht herrscht, jeweils bei etwa 90 Prozent, dagegen erreichten Polen mit ca. 21 und die Slowakei mit knapp 17 Prozent Tiefststände. Mit 43 Prozent lag auch die deutsche Wahlbeteiligung 2004 knapp unter dem EU-Durchschnitt.[13]

4.2.2 Zusammensetzung

Die deutschen Europaabgeordneten besetzen 99 Sitze im Parlament und stellen damit entsprechend der Bevölkerungsgröße Deutschlands mit deutlichem Abstand das größte nationale Kontingent. Die Verteilung der Sitze erfolgt aber nur begrenzt proportional. Es gilt das *Gebot der degressiven Proportionalität*[14], so dass die Stimmen, ausgehend von einer Mindestvertretung zwecks politischer Repräsentativität – diese liegt derzeit bei fünf

13 Zu den deutschen Europawahlen aus dem Jahre 2004 finden sich weitere Ergebnisse und Abbildungen unter den Online-Materialien zu diesem Band, abrufbar unter: www.nomos-extra.de.

14 Vgl. Europäische Kommission, 2008: Gesamtbericht über die Tätigkeit der Europäischen Union 2007, Brüssel/Luxemburg, S. 246 (im Folgenden: Jahresbericht 2007).

Stimmen für Malta –, in immer weniger verhältnismäßigen Schritten an die bevölkerungsreicheren Staaten verteilt werden. Auf diese Weise werden die kleineren Staaten gegenüber den größeren begünstigt. Tabelle 4 gibt neben der aktuellen Sitzverteilung auch das Verhältnis vertretener Bürger pro Abgeordneten wieder. Daraus wird ersichtlich, wie ungerecht das Vertretungsverhältnis aus der Sicht der Bürger – zumindest derjenigen großer Mitgliedstaaten – sich darstellen kann: Z.B. repräsentiert ein deutscher Abgeordneter derzeit etwa 800.000 Bürger, während sein Malteser Kollege gerade einmal gut 80.000 vertritt. Der demokratischen Repräsentativität der Versammlung ist ein solches Missverhältnis natürlich durchaus abträglich, und die mangelnde Wahlrechtsgleichheit wird gemeinhin als ein wesentlicher Faktor des Demokratiedefizits ausgemacht. Auf der anderen Seite ist aber auch klar, dass eine streng proportionale Verteilung kaum praktikabel wäre. Der Gesamtumfang des Parlaments würde jeden handlungsfähigen Rahmen sprengen. Schon heute sitzen 785 Abgeordnete im Europäischen Parlament. Ab der nächsten Europawahl im Jahr 2009 soll die Gesamtmandatszahl dann dauerhaft auf höchstens 736[15] begrenzt sein (s. Kasten Reformvertrag 2007 3).

15 Vgl. Art. 189 EG-Vertrag; ursprünglich sah der Vertrag von Nizza eine Höchstzahl von 732 Sitzen vor. Doch da der ausgehandelte Verteilungsschlüssel die 2004 beigetretenen Länder Ungarn und Tschechien in unfairer Weise benachteiligte, wurde er noch einmal korrigiert.

Tabelle 4: Sitzverteilung im Europäischen Parlament und demokratische Repräsentativität

Mitgliedsland	Bevölkerungs-größe 2008	Anzahl der Sitze im EP	Verhältnis (Bürger pro Abgeordneten)
Deutschland	82.221.808	99	830.523
Frankreich	63.753.140	78	817.348
Italien	59.578.359	78	763.825
Vereinigtes Königreich	61.270.283	78	785.516
Polen	38.115.641	54	705.845
Spanien	45.283.259	54	838.578
Rumänien	21.528.627	35	615.104
Niederlande	16.404.282	27	607.566
Belgien	10.660.770	24	444.199
Griechenland	11.214.992	24	467.291
Portugal	10.633.006	24	443.041
Tschechische Republik	10.381.130	24	432.547
Ungarn	10.045.000	24	418.541
Schweden	9.182.927	19	483.312
Bulgarien	7.640.238	18	424.457
Österreich	8.331.930	18	462.885
Dänemark	5.475.791	14	391.128
Finnland	5.296.826	14	378.345
Slowakei	5.400.998	14	385.785
Irland	4.419.859	13	339.989
Litauen	3.366.357	13	258.951
Lettland	2.270.894	9	252.322
Slowenien	2.025.866	7	289.409
Estland	1.340.935	6	223.399
Luxemburg	483.800	6	80.633
Zypern	794.580	6	132.430
Malta	410.584	5	82.116
EU-27	497.198.740	785	--

Quelle (Zahlen): Eurostat, EG-Vertrag, eigene Berechnungen.

Vertrag von Lissabon:
Mit dem Vertrag von Lissabon ändert sich erneut die Sitzverteilung im Europäischen Parlament. Während die Mindestmandatszahl von fünf auf sechs Sitze angehoben wird, verringert sich die maximale Mandatszahl von 99 auf 96 Sitze. Die Gesamtzahl der Parlamentssitze soll künftig maximal 750 betragen (Art. 14 Abs. 2 EU-Vertrag). Konkret ergeben sich folgende Veränderungen der nationalen Kontingente: Spanien erhält 4 Mandate hinzu (50/54), Frankreich (72/74), Österreich (17/19) und Schweden (18/20) erhalten je zwei Sitze zusätzlich, Italien (72/73), die Niederlande (25/26), Großbritannien (72/73), Lettland (8/9), Malta (5/6), Polen (50/51), Slowenien (7/8) und Bulgarien (17/18) je einen. – Italien ist ein Sonderfall, da ursprünglich keine Erhöhung seiner Mandate vorgesehen war, seine Regierung diese aber zur Bedingung für eine Unterzeichnung des Reformvertrags machte und sich damit durchsetzen konnte. Logischerweise muss auch die Gesamtmandatszahl damit auf 751 anwachsen. – Alle nicht genannten Staaten bleiben bei ihren bisherigen Kontingenten, bis auf Deutschland. Die Bundesrepublik gibt als einziger Mitgliedstaat Sitze ab (99/96).

Eine weitere Besonderheit des Europäischen Parlaments ist es, dass die Abgeordneten, einmal gewählt, nicht nach nationaler Herkunft gruppiert im Plenum Platz nehmen, sondern ihre Sitzordnung wie auch ihre parlamentarische Arbeit durch ihre parteipolitische Ausrichtung bestimmt sind. Von der ersten Sitzung der EGKS-Versammlung in den fünfziger Jahren an bis heute finden sich die Europaabgeordneten in transnationalen Fraktionen zusammen. Auch darin unterscheidet sich das Europäische Parlament von allen Versammlungen anderer internationaler Organisationen, wo sich die Delegierten in der Regel nach ihrer nationalen Herkunft gruppieren.

Die Fraktionen, zu deren Bildung mind. 20 Abgeordnete, die in wenigstens einem Fünftel der Mitgliedstaaten gewählt worden sind, erforderlich sind[16], stellen die entscheidenden politischen Einheiten im Parlament dar. Fraktionen erhalten wichtige Privilegien, wie z.B. Angestellte für Sekretariate und Forschung sowie zusätzliche materielle Ressourcen. Viele parlamentarische Aktivitäten können nur aus einer Fraktion heraus vollzogen werden, so die Einreichung von Kandidaturen für die Parlamentsleitung, mündliche Anfragen an Rat und Kommission, Änderungsanträge im Gesetzgebungsverfahren etc.[17] Derzeit setzt sich das Europäische Parlament aus sieben Fraktionen zusammen. Es sind dies:

16 Vgl. Art. 29 Geschäftsordnung des Europäischen Parlaments (GOEP).
17 Vgl. Art. 42, 79, 80, 112 GOEP.

- *Fraktion der Europäischen Volkspartei und der Europäischen Demokraten* (EVP-ED), Vorsitz: Joseph Daul;
- *Fraktion der Sozialdemokratischen Partei Europas* (SPE), Vorsitz: Martin Schulz;
- *Fraktion Allianz der Liberalen und Demokraten für Europa* (ALDE), Vorsitz: Graham Watson;
- *Fraktion Union für das Europa der Nationen* (UEN), Vorsitz: Christiana Muscardini/Brian Crowley;
- *Fraktion der Grünen/Freie Europäische Allianz* (Grüne/FEA), Vorsitz: Monica Frassoni/Daniel Cohn-Bendit;
- *Konföderale Fraktion der Vereinigten Europäischen Linken/Nordische Grüne Linke* (VEL/NGL), Vorsitz: Francis Wurtz;
- *Fraktion Unabhängigkeit und Demokratie* (IND/DEM), Vorsitz: Hans-Peter Bonde/Nigel Farage.

Abbildung 10: Sitzverteilung nach Fraktionen (Stand: 31. Dezember 2007)

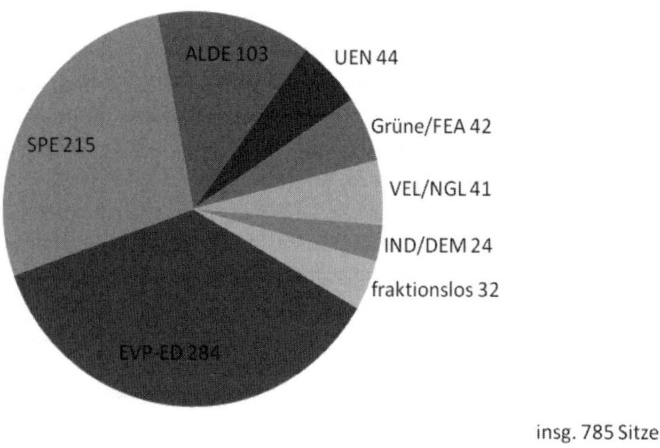

Quelle (Zahlen): Europäische Kommission: Gesamtbericht über die Tätigkeit der Europäischen Union 2007, Brüssel/Luxemburg 2008, S. 245.

Abbildung 10 zeigt die aktuelle Verteilung der Parlamentssitze auf die Fraktionen. Die Bezeichnung der europäischen Parteizusammenschlüsse als Fraktionen soll keineswegs suggerieren, hierbei handele es sich um ähnlich konsistente Einheiten, wie sie in nationalen Parlamenten existieren. Das ist mitnichten der Fall. Die Fraktionen im Europäischen Parlament sind allesamt heterogene und mehr oder weniger fragile Zweckverbände nationaler Parteien, deren ideologische Verwandtschaft die bestehenden Kontroversen oft nur notdürftig verbirgt. Aufgrund ihres losen und zweckgebundenen Charakters vergleicht Hartmann die Fraktionen im EP mit *Briefkastenfirmen*[18]. Dennoch spielen sie im Parlamentsgeschehen eine entscheidende Rolle, und die politischen Parteien haben sogar Eingang in den EG-Vertrag gefunden:

> „Politische Parteien auf europäischer Ebene sind wichtig als Faktor der Integration der Union. Sie tragen dazu bei, ein europäisches Bewusstsein herauszubilden und den politischen Willen der Bürger der Union zum Ausdruck zu bringen. […]" (Art. 191 EG-Vertrag)

Neben den parteipolitischen Fraktionen sieht die Parlamentsarchitektur auch Verwaltungs- und Lenkungsgremien vor, allen voran das Präsidium, bestehend aus dem Parlamentspräsidenten und 14 Vizepräsidenten. Der Präsident und seine Vertreter sind für die Leitung und Organisation der Plenarsitzungen verantwortlich sowie für die Vertretung des Parlaments nach außen. Gemeinsam mit den fünf[19] sog. *Quästoren*, die das Präsidium in Verwaltungs- und Finanzaufgaben unterstützen, werden Präsident und Vizepräsidenten alle zweieinhalb Jahre aus den Reihen des Parlaments gewählt, also immer zu Beginn und zur Mitte einer Legislaturperiode. Anfang 2007 wurde der deutsche CDU-Politiker Hans-Gert Pöttering der zwölfte Präsident des Europäischen Parlaments seit dessen erster Direktwahl 1979. Mit dem Generalsekretariat steht dem Parlament auch ein umfänglicher Verwaltungsapparat zur Verfügung, dessen derzeit acht Generaldirektionen u.a. für die Informations- und Pressearbeit, den wissenschaftlichen Dienst sowie den besonders ausgeprägten Übersetzungsdienst zuständig sind. Insgesamt hat das Generalsekretariat etwa 5.000 Angestellte.[20] Die entscheidende Schnittstelle zwischen Fraktionen und

18 Hartmann, Jürgen, 2001: Das politische System der Europäischen Union. Eine Einführung, Frankfurt/Main, S. 136.
19 Mit der nächsten Legislaturperiode, beginnend im Juli 2009, sechs.
20 Vgl. Jahresbericht 2007.

Präsidium bildet die sog. *Konferenz der Präsidenten*, auch *erweitertes Präsidium* genannt, in der sich der Parlamentspräsident und die Vorsitzenden der Fraktionen zusammenfinden. Die Konferenz bildet das zentrale Lenkungsgremium des Parlaments und beschließt über die gesamte Arbeitsorganisation. Sie legt die Tagesordnung der Plenarsitzungen fest, bestimmt die Zusammensetzung und die Zuständigkeiten der Ausschüsse und Delegationen und beschließt über die Sitzordnung im Plenarsaal.[21] Die Ausschussvorsitzenden bilden für sich zudem die *Konferenz der Ausschussvorsitzenden*, ihre Pendants bei den Delegationen die *Konferenz der Delegationsvorsitzenden*.

4.2.3 Arbeitsweise und Abstimmungsverfahren

Im Laufe seiner Entwicklung hat sich das Europäische Parlament immer weiter den typischen Mustern eines Arbeitsparlaments angenähert, d.h.: Die Detailarbeit in spezifischen Ausschüssen steht im Vordergrund gegenüber den Plenardebatten, bei denen es hauptsächlich um die Verabschiedung der jeweiligen Ausschussempfehlungen geht.[22] Derzeit arbeiten die Abgeordneten in zwanzig ständigen Ausschüssen, zwei Unterausschüssen sowie einem nicht-ständigen Ausschuss.[23] Die Ausschüsse genießen große Unabhängigkeit. So wird jede Rechtsetzungsvorlage nur von einem Komitee bearbeitet. Zwischen den Ausschüssen herrscht eine inoffizielle Hierarchie. Besonders mächtig sind die Ausschüsse für Haushalt und Umwelt, ferner diejenigen für Agrarpolitik, Verbraucherschutz sowie Wirtschaft und Währung. Angesichts der unterschiedlichen Bedeutung der Ausschüsse ist die parteipolitische Zugehörigkeit der jeweiligen Vorsitzenden von politischer Relevanz, weshalb auch hier ein Proporz zwischen den Fraktionen gewahrt wird. Derzeit stellt die EVP-ED neun Ausschussvorsitzende, die SPE sieben, die ALDE drei, UEN, Grüne/FEA und VEL/NGL jeweils einen.

Abgesehen von den Ausschüssen, arbeiten die Abgeordneten in unterschiedlichen Delegationen. Delegationen entsendet das Europäische Parlament in der Regel in interparlamentarische Ausschüsse, in denen die Abgeordneten mit Parlamentsvertretern beispielsweise aus den Bewerberländern oder Drittstaaten zusammentreffen. Wichtig ist in diesem Zusam-

21 Vgl. Art. 23 u. 24 GOEP.
22 Vgl. Hartmann, 2001, S. 145.
23 Eine aktuelle Auflistung der Ausschüsse des EP findet sich unter den Online-Materialien zu diesem Band, abrufbar unter: www.nomos-extra.de.

menhang auch die interparlamentarische *Konferenz der Ausschüsse für Gemeinschafts- und Europaangelegenheiten* (COSAC), in die das EP sowie die mitgliedstaatlichen Parlamente Vertreter entsenden. Zuletzt spielt die Delegation des Europäischen Parlaments im Vermittlungsausschuss im Rahmen des Mitentscheidungsverfahrens (s. Kap. 6.5) eine zunehmend bedeutende Rolle.

Die Ausschussempfehlungen gehen zur Debatte und Verabschiedung ans Plenum. Seine Plenardebatten veranstaltet das Europäische Parlament aus traditionellen Gründen an seinem Tagungsort in Straßburg, während die komplette Ausschussarbeit sowie außerplanmäßige Plenartagungen am Arbeitsort Brüssel stattfinden. Einmal im Monat reisen also alle Abgeordneten für die in der Regel viertägige Sitzungsperiode ins Elsass, anschließend geht es wieder zurück in die belgische Metropole. Diese „parlamentarische Städtetour"[24] ist zum einen sehr teuer, zum anderen nicht eben beliebt bei den Abgeordneten. Bisher weigert sich allerdings die französische Regierung, auf den Parlamentssitz zu verzichten. Da das Generalsekretariat des Parlaments seine Gebäude in Luxemburg bezogen hat, ist der Sitz der europäischen Völkervertretung mithin auf drei Orte verteilt. – Wo auch immer die Plenartagungen stattfinden, generell gilt: „Soweit dieser Vertrag nicht etwas anderes bestimmt, beschließt das Europäische Parlament mit der absoluten Mehrheit der abgegebenen Stimmen […]" (Art. 198 EG-Vertrag). Für einige Abstimmungen sind höhere Quoren vorgeschrieben. Um die Kommission z.B. per Misstrauensvotum ihres Amtes zu entheben (Art. 201 EG-Vertrag, s. nächsten Abschnitt) oder den jährlichen Haushaltsplan in zweiter Lesung abzulehnen (Art. 272 EG-Vertrag), ist eine Zweidrittelmehrheit der abgegebenen Stimmen nötig, die zugleich die Mehrheit der Mitglieder des Parlaments umfasst. Um im Rahmen des Mitentscheidungsverfahrens (Art. 251 EG-Vertrag, s. Kap. 6.5) den Gemeinsamen Standpunkt des Rates in zweiter Lesung abzuändern oder gänzlich abzulehnen sowie um der Aufnahme eines Beitrittslands zuzustimmen (Art. 49 EU-Vertrag), braucht es eine absolute Mehrheit der Mitglieder. Zum besseren Verständnis sei hier betont: Die *absolute Mehrheit der abgegebenen Stimmen* umfasst im Regelfall deutlich weniger Stimmen als die *absolute Mehrheit der Mitglieder*, die sich an der Gesamtzahl der Abgeordneten orientiert. Vor diesem Hintergrund wird deutlich, dass die benannten erhöhten Quoren nicht leicht zu erreichen sind, die Fraktionen im EP also bei entsprechenden Entscheidungen unter einem starken Kon-

24 Hartmann, 2001, S. 135.

sensdruck stehen. Dieser Druck wird noch von außen erhöht, weil das Parlament in der interinstitutionellen Konkurrenz um Kompetenzen nach Möglichkeit geschlossen aufzutreten versucht.[25]So bildet sich im parlamentarischen Tagesgeschäft durchaus eine Art *großer Koalition*[26] zwischen den mitgliederstärksten Fraktionen heraus. An dieser Stelle sei aber noch einmal betont: Das Europäische Parlament ist für die *Regierungsbildung* nicht zuständig. Folglich gibt es auch nicht die für parlamentarische Systeme typische Aufteilung von Regierungs- und Oppositionsfraktionen noch den daraus abgeleiteten Fraktionszwang. Daher kommt es neben den bestehenden Konsensmustern auch immer wieder zu fraktionsübergreifenden, heterogenen Abstimmungskoalitionen und ist das Stimmverhalten insgesamt facettenreicher als in den meisten nationalen Parlamenten.[27]

4.2.4 Funktionen

In jedem demokratischen politischen System erfüllt das Parlament gewisse Funktionen. Diese werden von den Vertretern der Parlamentarismusforschung zum Teil unterschiedlich klassifiziert. Für unsere Zwecke wollen wir uns an einem vereinfachten Katalog von vier typischen Parlamentsfunktionen orientieren, der freilich weitere Ausdifferenzierungen erfahren könnte. Die vier Funktionen sind: erstens die *Repräsentations- und Artikulationsfunktion*, zweitens die *Kontrollfunktion*, drittens die *Gesetzgebungsfunktion* und viertens die *Rekrutierungsfunktion*.[28] Im Folgenden wollen wir überprüfen, inwieweit die europäische Völkervertretung diese zentralen Parlamentsaufgaben erfüllt.

25 Vgl. Tömmel, 2006, S. 114-115.

26 Vgl. Wessels, Wolfgang, 2008: Das politische System der Europäischen Union, Wiesbaden, S. 141; Kohler-Koch, Beate/Conzelmann, Thomas/Knodt, Michèle, 2004: Europäische Integration – Europäisches Regieren, S. 120; Hix, Simon, 2005: The political system of the European Union,
2. Aufl., Houndmills, S. 96.

27 Vgl. Hartmann, 2001, S. 144; Wessels, 2008, S. 142.

28 Die vier Funktionskategorien finden sich in dieser Form bei von Beyme, Klaus, 1999: Die parlamentarische Demokratie. Entstehung und Funktionsweise, 3. Aufl., Wiesbaden, S. 253ff. Sie ließen sich mit Patzelt beträchtlich ausdifferenzieren und nachvollziehbar weiterentwickeln, aber die dadurch erheblich gesteigerte Komplexität erscheint für die vorliegende Einführung nicht sinnvoll: Patzelt, Werner J., 2003: Parlamente und ihre Funktionen. Institutionelle Mechanismen und institutionelles Lernen im Vergleich, Wiesbaden, S. 13-49.

Repräsentations- und Artikulationsfunktion

Getreu unseren Ausführungen zur repräsentativen Demokratie bildet die Repräsentationsfunktion gewissermaßen die Grundfunktion einer jeden Volksvertretung, quasi ihre Existenzberechtigung. Sie ist durch das Europäische Parlament erfüllt, denn natürlich vertreten seine Abgeordneten die europäischen Bürger. Ob dabei die nur begrenzt proportionale Verteilung der Mandate auf die Mitgliedstaaten ein Repräsentationsproblem darstellt und demokratischen Ansprüchen überhaupt genügt, dies wiederum sind weitergehende Fragen, die die formale Erfüllung der Repräsentationsfunktion durch das Europäische Parlament nicht grundsätzlich gefährden, wenn auch beeinträchtigen. Ähnliches lässt sich für die Artikulationsfunktion feststellen, denn die Kommunikation mit den vertretenen Bürgern gelingt dem Parlament nur schwerlich. So wie es nicht das eine europäische Volk gibt, gibt es auch keine gemeinsame europäische Öffentlichkeit, und die national und massenmedial geprägte öffentliche Wahrnehmung interessiert sich nur wenig für europapolitische Themen. Das Europäische Parlament trifft dieses Aufmerksamkeitsdefizit bei seinen Vertretenen und Wählern besonders schwer, stellt es seinen Legitimitätsvorteil gegenüber den anderen europäischen Organen doch tendenziell infrage.

Kontrollfunktion

Seine *Kontrollfunktion* erfüllt das Europäische Parlament durch eine ganze Reihe von Instrumenten, über die auch die nationalen Parlamente verfügen. So kann das Europäische Parlament schriftliche und mündliche Anfragen an Rat und Kommission richten, Ansprachen über die jeweiligen Berichte der Präsidentschaft des Europäischen Rates oder Ministerrates abhalten sowie Dringlichkeitsdebatten zu speziellen Themen (z.B. Menschenrechten) veranstalten. Es verfügt über Klagerechte vor dem EuGH, kann Untersuchungsausschüsse einsetzen (Art. 193 EG-Vertrag), es ist zuständig für das Petitionswesen (Art. 194 EG-Vertrag) und nicht zuletzt ernennt es einen Bürgerbeauftragten, der die Beschwerden der Bürger gegen das Gesamtsystem sammelt, bearbeitet und dem Parlament jährlich über seine Untersuchungen berichtet (Art. 195 EG-Vertrag). Darüber hinaus verfügt das Europäische Parlament über zwei Kontrollrechte, die von besonderem Interesse sind und folglich etwas ausführlicher behandelt werden sollen: Zum einen übt es zu einem erheblichen Teil die Budgetkontrolle aus, zum anderen kann es das gesamte Kommissionskollegium per Misstrauensvotum entlassen.

Die *Haushaltskontrolle* ist ein klassisches Recht von Parlamenten Getreu der Patzelt'schen Formel, wonach „Kontrollgewalt besitzt, ohne wen man nicht handeln kann"[29], verfügt das Europäische Parlament mit seinem Budgetrecht seit der entsprechenden Neugestaltung der Finanzordnung in den siebziger Jahren (s. Kap.11.7) über ein schweres Pfund gegenüber der zu entlastenden Kommission, die den jährlichen Haushaltsplan entwirft, auch wenn das Parlament die Budgetkontrolle in einem komplizierten Verfahren gemeinsam mit dem Rat ausübt und nur über die sog. *nicht-obligatorischen Ausgaben* das Sagen hat (vgl. Kap. 5.4). Am Ende des Verfahrens kann das Parlament aber auch den gesamten Haushaltsplan mit einer Zweidrittelmehrheit der abgegebenen Stimmen und der Mehrheit seiner Mitglieder ablehnen (s. Art. 272 EG-Vertrag). Als tatsächlich gravierende Einschränkung seines Budgetrechts bleibt vor diesem Hintergrund vor allem die Tatsache bestehen, dass die Völkervertretung nur die Ausgaben, nicht aber die Einnahmen der EU mitgestalten kann.[30] Diese werden von den nationalen Regierungen im Rat festgelegt, wobei das Parlament hier lediglich angehört wird (s. Art. 269 EG-Vertrag), bzw. im Europäischen Rat während der Beratungen über den *mehrjährigen Finanzrahmen* ausgehandelt (vgl. Kap. 5.4).

Die Abberufbarkeit der Regierung durch das Parlament per *Misstrauensvotum* ist das zentrale Charakteristikum parlamentarischer Regierungssysteme.[31] Auch das Europäische Parlament verfügt über dieses *scharfe Schwert* und kann das gesamte Kommissionskollegium per Misstrauensvotum mit Zweidrittelmehrheit der abgegebenen Stimmen und gleichzeitiger Mehrheit seiner Mitglieder seines Amtes entheben (s. Art. 201 EG-Vertrag). Hat das Parlament bis heute auch noch keiner Kommission auf diese Weise offiziell das Vertrauen entzogen, so wirkt das Kontrollinstrument doch als Drohpotenzial. Als die Völkervertretung gegenüber der einstigen Kommission unter Jacques Santer 1999 mit einem Misstrauensantrag infolge des Korruptionsskandals um die Kommissarin Edith Cresson knapp scheiterte, reichte dieser Druck dennoch, um das gesamte Kollegium zum kollektiven Rücktritt zu bewegen.[32] Bevor die Existenz des Instruments sowie die Tatsache seiner potenziell erfolgreichen Anwendung

29 Patzelt, 2003, S. 26.

30 Vgl. Kohler-Koch/Conzelmann/Knodt, 2004, S. 120.

31 Vgl. Steffani, Winfried, 1983: Zur Unterscheidung parlamentarischer und präsidentieller Regierungssysteme, in: Zeitschrift für Parlamentsfragen (3) 1983, S. 390-401.

uns allerdings dazu verleiten, die EU leichtfertig dem parlamentarischen Regierungstyp zuzuordnen, seien zwei gravierende Einwände ergänzt: Zum einen hat die Europäische Union gar keine Regierung[33], zumindest kann die Kommission diesen Titel nicht allein für sich beanspruchen, teilt sie doch die exekutiven Befugnisse mit dem Rat, den das Parlament so gut wie überhaupt nicht kontrollieren kann. Zum anderen hat die Abberufbarkeit einen weiteren *Schönheitsfehler*: Im EU-System kommt die Abberufung eher einem *Impeachment-Verfahren*, wie es die US-amerikanische Verfassung vorsieht, nahe denn dem Misstrauensvotum im parlamentarischen System.[34] Denn, wie am Beispiel der Santer-Kommission zu sehen, spielen hier offensichtlich ethische und juristische Gründe (z.B. Amtsmissbrauch) eine größere Rolle als politische. Außerdem sind dem Mechanismus hohe Abstimmungshürden gesetzt.

Gesetzgebungs- oder Rechtsetzungsfunktion

Bei der Zusammenstellung parlamentarischer Aufgaben denken vermutlich viele zuerst an die Gesetzgebung.[35] Tatsächlich verfügt auch das Europäische Parlament über beachtliche Rechtsetzungskompetenzen. Es teilt seine legislativen Befugnisse allerdings mit dem Rat. Beide Organe sind, was die Gesetzesinitiative betrifft, wiederum auf die Kommission angewiesen, die für die Gemeinschaftspolitiken über ein *Initiativmonopol* verfügt. Parlament und Rat können die Kommission lediglich zum Entwurf einer Vorlage auffordern (Art. 192 bzw. Art. 208 EG-Vertrag). Obwohl auch in vielen parlamentarischen Systemen auf nationaler Ebene nur noch die wenigsten Gesetzesvorlagen aus der Volksversammlung selbst hervorgehen, ist das faktische Fehlen eines formalen Initiativrechts für die europäische Völkervertretung doch eine empfindliche, allemal eigentümliche Ein-

32 Schon 1972 hatte das Parlament mit einem Misstrauensantrag gegen die Kommission gedroht und damit einen Vorschlag für die Finanzverfassung erzwungen, vgl. Dreischer, 2003, S. 232.

33 Zumindest nicht eine, mit Rat und Kommission auch nicht zwei, sondern – wenn überhaupt – 28, nämlich die Regierungen der 27 Mitgliedstaaten und die Kommission, vor diesem Hintergrund ist es kein Wunder, dass zahlreiche Beobachter sich angesichts dieses exekutiven Gemischs und der mit ihm verbundenen kategorialen Herausforderung (s. Kap. 3) lieber an die alle Form vermeidende Formel des *Regierens* halten.

34 Vgl. Decker, Frank, 2002: Parlamentarisch, präsidentiell oder semi-präsidentiell? Der Verfassungskonvent ringt um die künftige institutionelle Gestalt Europas, in: Aus Politik und Zeitgeschichte (1-2) 2002, S. 16-23 (19).

35 Zum Beleg der öffentlichen Meinung und zur Annahme ihres Irrtums s. von Beyme, 1999, S. 283.

schränkung der parlamentarischen Legislativkompetenzen.[36] Die Kommissionsvorlagen gehen zur Entscheidung an den Rat und das Parlament. Je nach Politikfeld und entsprechend den vertraglichen Regelungen beschließt der Rat allein, unterrichtet das Parlament, muss es anhören oder mit ihm zusammenarbeiten. In einem wachsenden Bereich der Rechtsetzung fungiert das Europäische Parlament gar im Rahmen des *Mitentscheidungsverfahrens* als nahezu gleichberechtigter Partner neben dem Rat und kann den Rechtsakt letztlich in zweiter Lesung mit absoluter Mehrheit seiner Mitglieder zum Scheitern bringen. In wenigen Fällen wie der Annahme des Jahreshaushalts, der Aufnahme eines neuen Mitglieds oder anderer völkerrechtlicher Verträge und Abkommen ist gar die Zustimmung des Parlaments erforderlich (s. Kap. 6.5).

Eine besondere Form der europäischen Rechtsetzung, an der das Europäische Parlament – zumindest de jure – nicht beteiligt ist, betrifft das Primärrecht: Die Vertragsrevisionen werden in aller Regel von den Nationalstaaten im Rahmen von Regierungskonferenzen ausgehandelt. Muss das Parlament vor Einberufung derartiger Konferenzen auch vom Rat gehört werden (Art. 48 EU-Vertrag) und hält der Parlamentspräsident auch zu Beginn jeder Regierungskonferenz eine Rede, so ist die europäische Völkervertretung darüber hinaus doch von der Systemgestaltung ausgeschlossen. Im *Konvent zur Zukunft der Union*, der 2003 den Entwurf eines Verfassungsvertrags vorlegte, waren neben nationalen zwar auch europäische Parlamentarier an den Beratungen beteiligt. Das Dokument anzunehmen, vermochten aber letztlich – in modifizierter Form – nur die Staats- und Regierungschefs der Mitgliedstaaten. Was bedeutet das nun für das EP und seine Gestaltungsmöglichkeiten? Die sog. *Kompetenz-Kompetenz*, also die Entscheidungsgewalt über die Ausweitung der Gemeinschaftsbefugnisse liegt ausschließlich bei den Mitgliedstaaten.[37] Sie sind die *Herren der Verträge*. Trotz seiner juristischen Ohnmacht in Fragen der Systemgestaltung[38] besitzt das Parlament natürlich dennoch ein erhebliches Maß an faktischer *soft power* und tritt als wesentlicher Ideengeber in Erscheinung.[39]

36 Vgl. Hartmann, 2001, S. 142.

37 Vgl. Kohler-Koch/Conzelmann/Knodt, 2004, S. 120-121; Shackleton, Michael, 2002: The European Parliament, in: Peterson, John/Shackleton, Michael (Hrsg.): The institutions of the European Union, Oxford, S. 95-117 (103).

38 Diese Ohnmacht des Parlaments gilt, wie wir oben gesehen haben, nicht für Erweiterungsschritte, die als besondere Form der Systemgestaltung aufgefasst werden können.

39 So hatte das Parlament z.B. schon lange vor 2003 quasi in Eigenregie Verfassungsentwürfe ausgearbeitet, nämlich 1953, 1984 und 1994.

Rekrutierungsfunktion

Die Rekrutierungsfunktion umfasst mehr als nur die Wahl des politischen Personals für ein System, nämlich auch seine *Aus*wahl. Genau wegen dieses Bedeutungsunterschieds bevorzugen wir die gewählte Bezeichnung gegenüber derjenigen als Wahlfunktion. Allein bestimmen kann das Europäische Parlament, abgesehen von den weiter oben genannten innerparlamentarischen Ämtern, lediglich den Europäischen Bürgerbeauftragten (Art. 195 EG-Vertrag). Ferner wird es bei der intergouvernemental ausgehandelten Auswahl der Mitglieder des Rechnungshofs (Art. 247 Abs. 3 EG-Vertrag) sowie derjenigen des EZB-Direktoriums (Art. 112 Abs. 2b EG-Vertrag) angehört. In ähnlicher Weise – zumindest de jure – machen die Mitgliedstaaten bis heute auch die Auswahl der Mitglieder der Europäischen Kommission unter sich aus, wobei in einem zweistufigen Verfahren sowohl die Investitur des designierten Kommissionspräsidenten als auch diejenige der weiteren Kommissionsmitglieder der Zustimmung durch das Parlament bedürfen (Art. 214 Abs. 2 EG-Vertrag). De facto hat das Parlament in den vergangenen Jahren eine Regelungslücke[40] gekonnt ausgenutzt und durch die einseitige Änderung seiner Geschäftsordnung ein aufwendiges *Hearing*-Verfahren etabliert, in dessen Verlauf sich jeder Kandidat für einen Kommissarsposten einer Anhörung vor dem jeweiligen parlamentarischen Fachausschuss stellen muss (vgl. Art. 98 GOEP). Dass die Anwärter dort nicht mit Samthandschuhen angefasst werden und das aus dem Zustimmungserfordernis abgeleitete Drohpotenzial durchaus Wirkung zeigen kann, haben die Ereignisse um die Einsetzung der Barroso-Kommission im Oktober 2004 bestätigt. Damals musste der als Justizkommissar vorgesehene italienische Kandidat Rocco Buttiglione aufgrund heikler Äußerungen während der Anhörung im Parlament von seiner Kandidatur zurücktreten. Trotz dieser unvorhergesehenen Systementwicklung ist die Rekrutierungsfunktion des Europäischen Parlaments insgesamt nur schwach ausgeprägt, weil sie auf die Besetzung der Politik gestaltenden Organe Rat und Kommission in formaler Hinsicht keinen bzw. nur negativen Einfluss hat.[41]

40 Das ist ein gutes Beispiel für Paul Piersons Ansatz des Historischen Institutionalismus, vgl. Kap. 12.5.

41 Vgl. Dreischer, 2003, S. 229; zu den diesbezüglichen Änderungen durch den Vertrag von Lissabon s. Kasten Reformvertrag 2007 9.

4.2.5 Zwischenfazit und Verortung im Institutionengefüge

Im Vergleich zu den nationalen Volksvertretungen sind die Funktionen und entsprechenden Kompetenzen des Europäischen Parlaments immer noch schwach ausgeprägt. Allerdings hat sich die europäische Völkervertretung im Laufe ihrer Entwicklung zu einem zunehmend bedeutenden Akteur im EU-Institutionengefüge entwickelt. Anfangs als zwischenstaatliches Diskussionsforum mit von den nationalen Parlamenten entsandten Delegierten konzipiert und dem Gemeinschaftssystem gleichsam als „demokratisches Feigenblatt“[42] hinzugefügt, stehen das Europäische Parlament und seine weitere Stärkung heute nach verbreiteter Überzeugung für die veritable Chance zur Überwindung des Demokratiedefizits der Union.

4.3 Der Rat der Europäischen Union und der Europäische Rat

„Alle Staatsgewalt geht vom Volke aus.“[43] Mit diesem Grundsatz der Volkssouveränität haben schon die Ausführungen zum Europäischen Parlament begonnen. Dass diese demokratische Formel nun ein zweites Mal bemüht werden kann, liegt in der besonderen, kategorial herausfordernden (vgl. Kap. 3) Mehrebenenstruktur des EU-Systems begründet. Denn so wie auf europäischer Ebene eine Völkervertretung existiert, deren Abgeordnete die segmentierte EU-Bevölkerung repräsentieren, finden sich auf nationaler Ebene 27 Parlamente, dazu direkt oder indirekt gewählte Regierungen sowie andere Einrichtungen, im Ganzen also die politischen Systeme der Mitgliedstaaten, die die legitime Vertretung ihrer jeweiligen Nation für sich beanspruchen. Tatsächlich existieren im EU-System also zwei Wege demokratischer Legitimation, nämlich zum einen über das supranationale Europäische Parlament, zum anderen über die Mitgliedstaaten und ihre demokratisch legitimierten Regierungen (s. Kasten Reformvertrag 2007 4).

Schon was die demokratische Repräsentation betrifft, begegnen sich auf europäischer Ebene also supranationales und intergouvernementales Prinzip. Diese Konkurrenz spiegelt sich auch im institutionellen System der EU, denn hier steht dem supranationalen Parlament der *Rat der Europäischen Union*, auch Rat oder Ministerrat genannt, gegenüber, der die Interessen der Mitgliedstaaten vertritt. Während das Parlament sich von einem

42 Wessels 2008, S. 119; Shackleton 2002, S. 96.
43 Art. 20 Abs. 2 GG.

unbedeutenden Gesprächsforum über die vergangenen Vertragsrevisionen zu einem veritablen europapolitischen Entscheidungsträger erst hat entwickeln können, war der Rat von Beginn an das mächtigste Organ des EU-Systems und ist es im Grunde bis heute. Doch wie ist das intergouvernementale Prinzip auf europäischer Ebene konkret umgesetzt? Wie funktioniert ein Organ, das zugleich Teil des gemeinschaftlichen Institutionengefüges und Forum der Mitgliedstaaten ist?

Reformvertrag 2007 4: Zur repräsentativen Demokratie

Vertrag von Lissabon:
Auf die duale Legitimation des EU-Systems wird im Vertrag von Lissabon ausdrücklich eingegangen. Im neuen Artikel 10 des EU-Vertrags heißt es dazu:
„(1) Die Arbeitsweise der Union beruht auf der repräsentativen Demokratie.
(2) Die Bürgerinnen und Bürger sind auf Unionsebene unmittelbar im Europäischen Parlament vertreten.
Die Mitgliedstaaten werden im Europäischen Rat von ihrem jeweiligen Staats- oder Regierungschef und im Rat von ihrer jeweiligen Regierung vertreten, die ihrerseits in demokratischer Weise gegenüber ihrem nationalen Parlament oder gegenüber ihren Bürgerinnen und Bürgern Rechenschaft ablegen müssen. [...]"
(Art. 10 Abs. 1 u. 2 EU-Vertrag)

4.3.1 Der Rat der Europäischen Union

Zusammensetzung

Eine erste institutionelle Grundkonstante internationaler Organisationen ist das Gremium der Mitgliedstaaten. Rittberger und Zangl nennen dieses Gremium *Plenarorgan*[44], weil in diesem Plenum, das sich darin ausdrücklich von der *parlamentarischen Versammlung* unterscheidet, Regierungsvertreter aller Mitgliedstaaten Platz nehmen. Getreu dem völkerrechtlichen Grundsatz der souveränen Gleichheit aller Staaten hat in diesem dezidiert intergouvernementalen Gremium jeder Staat die gleiche Anzahl an Sitzen und – was noch wichtiger ist – an Stimmen.[45] Auch der Rat der EU besteht aus je einem Regierungsvertreter pro Mitgliedstaat (vgl. Art. 203 EG-Vertrag). Schaut man sich das intergouvernementale Gremium der EU aber

44 Rittberger, Volker/Zangl, Bernhard (Hrsg.), 2003: Internationale Organisationen – Politik und Geschichte. Europäische und weltweite internationale Zusammenschlüsse, 3. Aufl., Opladen, S. 99ff.

45 In der Regel nämlich genau eine Stimme nach dem Grundatz: *one state, one vote*.

genauer an, fallen wesentliche Eigenheiten auf. Zunächst einmal gibt es den einen Rat der Europäischen Union nur auf dem Papier, faktisch aber treffen in ihm je nach Politikbereich immer andere nationale Fachminister, also nicht nur die Außenminister, aufeinander. So gibt es derzeit neun Ratsformationen, die zum Teil in sich noch weiter untergliedert sind. Diese sind:

1. *Allgemeine Angelegenheiten und Außenbeziehungen* (1a: Allgemeine Angelegenheiten und Koordination, 1b: Außenbeziehungen);
2. *Wirtschaft und Finanzen* (EcoFin, 2a: Wirtschaft und Finanzen, 2b: Haushalt);
3. *Zusammenarbeit in den Bereichen Justiz und Inneres*;
4. *Wettbewerbsfähigkeit* (4a: Binnenmarkt, 4b: Industrie, 4c: Forschung);
5. *Verkehr, Telekommunikation und Energie* (5a: Verkehr, 5b: Telekommunikation, 5c: Energie);
6. *Landwirtschaft und Fischerei*;
7. *Umwelt*;
8. *Bildung, Jugend und Kultur*;
9. *Beschäftigung, Sozialpolitik, Gesundheit und Verbraucherschutz.*

Mit der Ausweitung der EU-Kompetenzen war die Anzahl der Ratsformationen in den neunziger Jahren zeitweilig auf über zwanzig gestiegen. Erst der Europäische Rat von Sevilla hat diesen unübersichtlichen Wildwuchs im Juni 2002 beendet und den oben wiedergegebenen Katalog von Ratsformationen festgelegt, wobei an einer Formation künftig auch mehrere nationale Minister als Amtsinhaber teilnehmen können.[46] Da der Rat trotz seiner verschiedenen Zusammensetzungen, formaljuristisch betrachtet, ein einheitliches Organ darstellt, kann jeder Fachrat zu jedem beliebigen Thema ungeachtet seiner spezifischen Zuständigkeit entscheiden, wenn dies nötig ist.

Bezüglich der faktischen Bedeutung der unterschiedlichen Fachräte besteht eine klare Hierarchie, die sich allein in der Häufigkeit der Treffen manifestiert. Eine traditionelle Sonderrolle spielt der Rat für Allgemeine Angelegenheiten und Außenbeziehungen. Er stellt das für internationale Organisationen typische diplomatische Gremium der Außenminister dar, die – so zumindest das Grundkonzept – eine generelle Zuständigkeit sowie eine koordinierende Funktion über alle Politikbereiche der internationalen Kooperation haben. Angesichts der Ausdifferenzierung des EU-Systems

46 Vgl. Europäischer Rat, 2002: Schlussfolgerungen des Vorsitzes, Sevilla, 21. und 22. Juni 2002.

ist die ursprünglich vorgesehene Allgemeinzuständigkeit des *Allgemeinen Rates* nicht mehr in vollem Umfang praktikabel. Heute konzentrieren sich seine Tätigkeiten im Wesentlichen auf das Politikfeld der Gemeinsamen Außen- und Sicherheitspolitik, einschließlich ESVP, ferner Außenhandel, Entwicklungszusammenarbeit und humanitäre Hilfe sowie die Vorbereitungen der Treffen des Europäischen Rats.[47] Ebenso traditionell zählt der Rat für Landwirtschaft und Fischerei zu den wichtigsten Fachräten. Erst in jüngerer Zeit durch konkrete Kompetenzausweitung der EU entstanden ist der Rat der Wirtschafts- und Finanzminister (EcoFin), der für Wirtschafts- und Währungsfragen sowie für den Haushalt zuständig ist. In seinem Kern bilden die Minister der 15 Euro-Staaten einen speziellen Währungsausschuss, auch *Eurogruppe* genannt, mit dem ein politisches Gremium zur Steuerung der WWU neben der *Europäischen Zentralbank* (EZB) entstanden ist (s. hierzu Kap. 5.3 zur Wirtschafts- und Währungsunion). Diese drei wichtigsten Räte (Allgemeine Angelegenheiten und Außenbeziehungen, Wirtschaft und Finanzen, Landwirtschaft und Fischerei) treffen sich in der Regel einmal monatlich. Die anderen Ratsformationen – zu ihnen zählt auch der zunehmend wichtige Rat der Innen- und Justizminister – treffen sich je nach genereller Bedeutung und konkreter Sachlage zwei- bis viermal im Jahr.

Im Jahr 2007 kamen die Minister der Mitgliedstaaten in den unterschiedlichen Formationen zu 79 ordentlichen Tagungen zusammen.[48] In der Regel finden die Treffen am Sitz des Rates in Brüssel statt, in den Monaten April, Juni und Oktober treffen sich die Minister allerdings in Luxemburg. Die Leitung und Organisation der Ratssitzungen obliegen dem jeweiligen Vorsitz. Er beruft den Rat ein, legt die Tagesordnung fest und ist für den ordnungsgemäßen Ablauf der Aussprachen verantwortlich. Auch repräsentiert er den Rat nach außen, also gegenüber den anderen EU-Organen sowie Drittstaaten. Eine besondere Rolle kommt dem Vorsitz bei der Kompromisssuche im Fall von Blockaden und Meinungsverschiedenheiten zwischen den Mitgliedern zu. Dabei ist die Neutralität des Vorsitzes ein wichtiges Kriterium, anhand dessen seine Tätigkeit beurteilt wird.[49] So wie der Ministerrat ein vielgestaltiges Gremium ist, gibt es auch nicht einen Präsidenten, sondern eine *Präsidentschaft*, die nach einem aus-

47 Vgl. Rat der Europäischen Union, 2004: Geschäftsordnung des Rates, in: Amtsblatt der Europäischen Union L 106 vom 15.4.2004 (im Folgenden: GOR), Art. 2.

48 Vgl. Jahresbericht 2007, S. 256.

49 Vgl. Hayes-Renshaw, Fiona, 2002: The Council of Ministers, in: Peterson, John/ Shackleton, Michael (Hrsg.): The institutions of the European Union, Oxford, S. 47-70 (59).

gewogenen Rotationsverfahren Halbjahr für Halbjahr von einem Mitgliedstaat auf den nächsten übergeht, so dass der jeweils zuständige Fachminister des entsprechenden Staates in den Sitzungen seines Rates den Vorsitz führt. Die Präsidentschaft erstreckt sich auch auf den Europäischen Rat, so dass der Staats- bzw. Regierungschef desselben Landes, das die Präsidentschaft innehat, den Tagungen dieses Gremiums vorsitzt.

Der Grundsatz der souveränen Gleichheit aller Staaten zeigt sich also auch an der Vorsitzregelung. Die Präsidentschaft rotiert gleichmäßig in knappem Rhythmus zwischen allen Mitgliedstaaten.[50] Daraus ergibt sich ein gerechter, aber nicht eben praktischer Mechanismus. So gibt es verschiedene Ansätze die potenziellen Schwächen der Regelung zu kompensieren. Einer dieser Ansätze ist die sog. *Troika*, die die Führung des Rates auf drei Akteure verteilt und insbesondere der Vertretung gegenüber Drittstaaten dient. Früher wurde die aktuelle Ratspräsidentschaft von ihrem Vorgänger und ihrem Nachfolger unterstützt, heute stehen dem jeweiligen Präsidenten der Generalsekretär des Rates, der gleichzeitig Hoher Vertreter für die Gemeinsame Außen- und Sicherheitspolitik ist, sowie ein Mitglied der Kommission zur Seite. Darüber hinaus erlässt der Europäische Rat seit Dezember 2003 ein *mehrjähriges Strategieprogramm*, auf dessen Grundlage wiederum der Rat für Allgemeine Angelegenheiten und Außenbeziehungen ein *operatives Jahresprogramm für die Tätigkeit des Rates* ausarbeitet.[51] Überdies ist eine rege Zusammenarbeit zwischen den aufeinander folgenden Präsidentschaften vorgesehen. Letztlich wird die jeweilige Ratspräsidentschaft auf der Arbeitsebene sowohl vom *Ausschuss der Ständigen Vertreter* (AStV) als auch vom Generalsekretariat des Rates unterstützt.

Arbeitsweise

Unterhalb der politischen Spitze des Rates, die wir aufgrund ihrer Zusammensetzung aus den Trägern nationalstaatlicher Regierungsämter gemeinhin Ministerrat nennen, kennzeichnen die Institution Rat auf der alltäglichen Arbeitsebene zum einen ein ausdifferenziertes Verhandlungs- und Beratungssystem nationaler Experten, in dem die Entscheidungen der Minister vorbereitet werden, zum anderen ein umfänglicher Verwaltungs-

50 Der Ablauf der Rotation für die kommenden Jahre findet sich u.a. unter den Online-Materialien zu diesem Band, abrufbar unter: www.nomos-extra.de.

51 Vgl. Europäischer Rat, 2002: Schlussfolgerungen des Vorsitzes, Sevilla, 21. und 22. Juni 2002.

aufbau zur Organisation der Ratstätigkeit und zur Unterstützung der verschiedenen Gremien. Letztere, also die administrativen, Aufgaben werden vom Generalsekretariat des Rates erledigt. Das Sekretariat untergliedert sich wiederum in acht teils aufgaben-, teils politikfeldbezogene Generaldirektionen (s. Abb. 11) und ist derzeit mit etwa 3.800[52] unabhängigen europäischen Beamten und Angestellten besetzt, die durch entsprechende Auswahlverfahren, die sog. *concours*, rekrutiert werden. Das Amt des Generalsekretärs hat im vergangenen Jahrzehnt einen beträchtlichen Bedeutungszuwachs sowie eine politische Neuausrichtung erfahren. Seit der Vertragsrevision von Amsterdam aus dem Jahr 1997 bzw. dessen Inkrafttreten zwei Jahre später hat der Generalsekretär des Rates in Personalunion auch das neu geschaffene Amt des *Hohen Vertreters für die Gemeinsame Außen- und Sicherheitspolitik* (vgl. Kap. 10.3) inne. Von 1999 an bis heute bekleidet der Spanier und frühere NATO-Generalsekretär Javier Solana das Amt des inoffiziell sog. *Mr. GASP*, der die Europäische Union in außenpolitischen Belangen vertritt. Um die ursprünglichen Aufgaben des Generalsekretärs dabei aber nicht zu vernachlässigen, wurde das neue Amt eines Stellvertretenden Generalsekretärs geschaffen, der fortan insbesondere für die organisatorischen und Verwaltungsangelegenheiten zuständig ist. Das Generalsekretariat ist eine Art supranationaler Fremdkörper im zwischenstaatlichen Rat, weil es unabhängige europäische Beamte beschäftigt. Da es aber weitestgehend auf administrative Aufgaben beschränkt ist, stellt es das generelle intergouvernementale Organisationsprinzip des Rates keineswegs in Frage.

Denn die eigentliche politische Tätigkeit des Rates, die im Wesentlichen aus der Verhandlung und Beratung sowie letztlich der Entscheidung über Kommissionsvorlagen besteht[53], wird von Vertretern der Nationalstaaten geleistet. So gehen alle Vorlagen zunächst in spezielle Arbeitsgruppen, bestehend aus nationalen Beamten, die zum Teil aus der Ständigen Vertretung in Brüssel, zum Teil aus den nationalen Ministerien selbst kommen. Die Arbeitsgruppen bilden laut Hayes-Renshaw das eigentliche *Rückgrat*[54] des Systems. Derzeit gibt es etwa 250 entsprechende Gremien, deren Teilnehmer über das jeweils erforderliche Detailwissen verfügen und jede Frage in der Regel solange diskutieren, bis sie zu einem Konsens gefunden haben. Abgestimmt wird auf dieser Ebene nicht.

52 3.461 Dauerplanstellen und 369 Stellen auf Zeit laut Jahresbericht 2007.
53 Vgl. Wallace, Helen/Wallace, William/Pollack, Mark A. (Hrsg.), 2005: Policy-Making in the European Union, 5. Aufl., Oxford, S. 61.
54 Hayes-Renshaw, 2002, S. 55.

Die Ergebnisse aus den Arbeitsgruppen gehen weiter an den *Ausschuss der Ständigen Vertreter* (AStV, nach frz. *Comité des représentants permanents* auch COREPER). Im hierarchischen Aufbau des Rates bildet der AStV die zentrale Schnittstelle zwischen Arbeits- und Ministerebene. Er leitet das politische Tagesgeschäft in Brüssel, kann Verfahrensbeschlüsse erlassen, setzt die Arbeitsgruppen ein, berät über offene Punkte und bereitet die Arbeiten des Rates vor. Seine Aufgaben sind im EG-Vertrag (Art. 207 Abs. 1) ausdrücklich festgelegt.[55] Der AStV ist selbst noch einmal nach Zuständigkeit untergliedert. Im AStV II treffen die Ständigen Vertreter, also quasi die *Botschafter* der Nationalstaaten bei der EU, aufeinander. Sie verhandeln über die oft kontroverseren Themen in den Bereichen Außenbeziehungen, Wirtschaft und Finanzen sowie Gemeinsame Handelspolitik, arbeiten also in der Regel dem Rat für Allgemeine Angelegenheiten und Außenbeziehungen sowie dem EcoFin zu. Der AStV I setzt sich wiederum aus ihren Vertretern zusammen. Er ist für alle anderen Themen zuständig und arbeitet demnach den sog. *technischen Räten* zu. Der AStV in seinen unterschiedlichen Zusammensetzungen berät über weiterhin strittige Punkte aus den Arbeitsgruppen und versucht Einvernehmen herzustellen. Alle Fragen, über die – sei es in den Arbeitsgruppen, sei es im AStV selbst – Konsens hergestellt werden konnte, reicht der AStV als sog. *A-Punkte* an den Rat weiter. Die Minister nehmen diese Punkte ohne neuerliche Aussprache an. Die sog. *B-Punkte* jedoch, über die in den untergeordneten Gremien noch kein Einvernehmen erzielt werden konnte, bleiben der Verhandlung auf höchster Ebene vorbehalten. In den meisten Fällen (etwa 70 Prozent der Vorlagen) gelingt die Konsensfindung allerdings bereits in den Arbeitsgruppen, ein kleiner Teil (etwa 10-15 Prozent) wird im AStV entschieden, und nur noch eine vergleichbar große Anzahl von strittigen Punkten bedarf einer Verhandlung auf Ministerebene.[56]

Neben dem AStV gibt es noch besondere Ausschüsse mitgliedstaatlicher Vertreter, die jeweils einem bestimmten Politikfeld zugeordnet sind, vom Rat angerufen werden können und ihm berichten: so z.B. den *Koordinierungsausschuss* (auch Artikel-36-Ausschuss, s. Art. 36 EU-Vertrag) für die Polizeiliche und Justizielle Zusammenarbeit, das *Politische und Sicherheitspolitische Komitee* (PSK, Art. 25 EU-Vertrag), den sog. *133er-Ausschuss* (Art. 133 EG-Vertrag) des Rates für die Gemeinsame Handelspolitik sowie den *Wirtschafts- und Finanzausschuss* (WFA, Art. 114 EG-Ver-

55 S. darüber hinaus Art. 19 GOR.
56 Vgl. Wallace, 2005, S. 58.

trag) für die Wirtschafts- und Währungsunion. Abbildung 11 fasst die Strukturen der Ratstätigkeit noch einmal anschaulich zusammen.

Abstimmungsverfahren

Die Abstimmungen im Rat erfolgen, wenn durch die Verträge nichts anderes vorgeschrieben ist, mit der Mehrheit der Mitglieder (vgl. Art. 295 Abs. 1 EG-Vertrag): Jeder Staat hat eine Stimme, und eine Mehrheit besteht aus mindestens der Hälfte der Mitglieder plus einem. In der aktuellen EU-27 sind dies also mindestens 14 Staaten. Da die Verträge in den meisten Fällen aber andere Quoren vorsehen, beschränkt sich die Anwendung der einfachen Mehrheitsregel im Wesentlichen auf Verfahrensfragen wie z.B. die Verabschiedung der Geschäftsordnung (Art. 207 Abs. 3 EG-Vertrag) u.ä.

Für die meisten Entscheidungen im Gemeinschaftsrahmen ist mittlerweile die sog. *qualifizierte Mehrheit* erforderlich – insbesondere betrifft dies die Regelungen zum Binnenmarkt, aber z.B. auch die allgemeine Personenfreizügigkeit im Rahmen der Unionsbürgerschaft (Art. 18 EG-Vertrag), die Industriepolitik (Art. 157 EG-Vertrag) sowie nahezu alle Ernennungen durch den Rat. Die qualifizierte Mehrheitsentscheidung weicht vom Grundsatz der völkerrechtlichen Gleichheit der Staaten, ausgedrückt in der für andere internationale Organisationen üblichen Formel *one state, one vote*[57], ab, weil alle Mitgliedstaaten über festgelegte Stimmengewichte verfügen, die sich gemäß ihrer jeweiligen Bevölkerungszahl unterscheiden. Ähnlich wie die Verteilung der Sitze im Parlament ist auch die Verteilung der Stimmengewichte degressiv proportional, das heißt: Sie beginnt bei einer minimalen Stimmenanzahl von drei für Malta und steigt dann mit wachsender Bevölkerungszahl immer weniger stark an. Am oberen Ende steigt sie gar nicht mehr, so dass Deutschland ebenso über 29 Stimmen verfügt wie Frankreich, Großbritannien und Italien, obwohl seine Bevölkerung erheblich größer ist. In Tabelle 5 sind die aktuellen Stimmengewichte, die Bevölkerungszahlen sowie die jeweiligen Stimmen- bzw. Bevölkerungsanteile der Mitgliedstaaten wiedergegeben.

57 Vgl. Pollak, Johannes/Slominski, Peter, 2006: Das politische System der EU, Wien, S. 77.

Abbildung 11: Strukturen der Ratstätigkeit

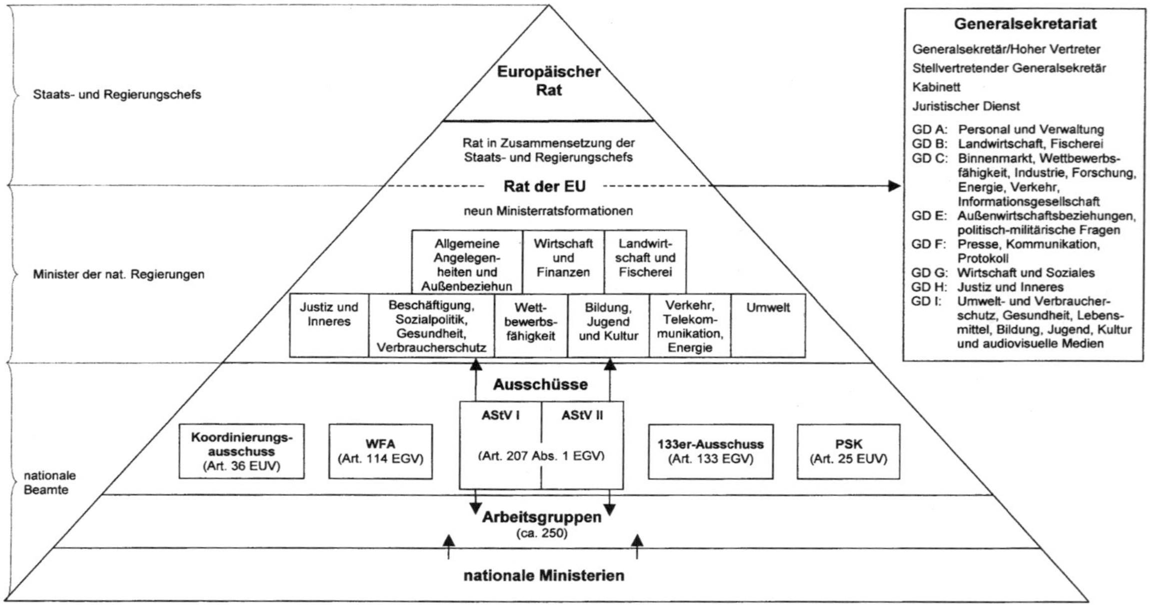

Quelle: eigene Darstellung

Tabelle 5: Stimmengewichte und Bevölkerungszahlen der EU-Mitgliedstaaten

Mitgliedsland	Stimmengewichte im Rat	Stimmenanteil in %	Bevölkerungsgröße 2008	Bevölkerungsanteil in %	Differenz der Anteile
Deutschland	29	8,41	82.221.808	16,54	-8,13
Frankreich	29	8,41	63.753.140	12,82	-4,42
Italien	29	8,41	59.578.359	11,98	-3,58
Ver. Königreich	29	8,41	61.270.283	12,32	-3,92
Polen	27	7,83	38.115.641	7,67	0,16
Spanien	27	7,83	45.283.259	9,11	-1,28
Rumänien	14	4,06	21.528.627	4,33	-0,27
Niederlande	13	3,77	16.404.282	3,30	0,47
Belgien	12	3,48	10.660.770	2,14	1,33
Griechenland	12	3,48	11.214.992	2,26	1,22
Portugal	12	3,48	10.633.006	2,14	1,34
Tschechische Rep.	12	3,48	10.381.130	2,09	1,39
Ungarn	12	3,48	10.045.000	2,02	1,46
Bulgarien	10	2,90	7.640.238	1,54	1,36
Österreich	10	2,90	8.331.930	1,68	1,22
Schweden	10	2,90	9.182.927	1,85	1,05
Dänemark	7	2,03	5.475.791	1,10	0,93
Finnland	7	2,03	5.296.826	1,07	0,96
Irland	7	2,03	4.419.859	0,89	1,14
Litauen	7	2,03	3.366.357	0,68	1,35
Slowakei	7	2,03	5.400.998	1,09	0,94
Estland	4	1,16	1.340.935	0,27	0,89
Lettland	4	1,16	2.270.894	0,46	0,70
Luxemburg	4	1,16	483.800	0,10	1,06
Slowenien	4	1,16	2.025.866	0,41	0,75
Zypern	4	1,16	794.580	0,16	1,00
Malta	3	0,87	410.584	0,08	0,79
EU-27	345	100,00	497.198.740	100,00	

Quelle (Zahlen): Eurostat, EG-Vertrag, eigene Berechnungen.

Eine qualifizierte Mehrheit ist mit mindestens 255 von 345 Stimmen – das sind etwa 74% der Gesamtstimmenzahl – erreicht, wobei diese zugleich die Mehrheit der Mitglieder umfassen muss. Bei solchen Beschlüssen des Rates, die nicht auf einen Vorschlag der Kommission zurückgehen, muss die Zustimmung gar durch wenigstens zwei Drittel der Mitglieder erfolgen (vgl. Art. 205 Abs. 2 EG-Vertrag). Wie Tabelle 5 zeigt, bildet das Stimmengewicht eines Mitgliedstaats bei der qualifizierten Mehrheitsentscheidung sein demographisches Gewicht in vielen Fällen nur sehr ungenau ab. Ein Missverhältnis besteht insbesondere für die bevölkerungsreichen Mitgliedstaaten. Um eine qualifizierte Mehrheit auch auf ihren demographischen Gehalt zu überprüfen, kann auf Antrag eines beliebigen Mitglieds eine weitere Bedingung an das Quorum gestellt werden. Ein Beschluss kommt demnach nur dann zustande, wenn die Mehrheit neben den genannten Anforderungen zusätzlich 62 Prozent der Gesamtbevölkerung repräsentiert (vgl. Art. 205 Abs. 4 EG-Vertrag). Damit gilt für die qualifizierte Abstimmung im Rat im Extremfall eine *dreifache Mehrheit*[58], denn es sind verlangt: *erstens* 74 Prozent der gewogenen Stimmen, *zweitens* mehr als die Hälfte (u.U. gar mind. zwei Drittel) der Mitglieder und *drittens* eine repräsentierte Bevölkerung von 62 Prozent aller EU-Bürger.

Nun sind Mehrheitsentscheidungen in zwischenstaatlichen Gremien keineswegs eine Selbstverständlichkeit, im Gegenteil: Die Möglichkeit, im zentralen Entscheidungsorgan mit Mehrheit abzustimmen, trägt wesentlich zur einzigartigen Qualität des EU-Systems bei. Die Tatsache, dass jeder Mitgliedstaat im Rat potenziell überstimmt werden kann, markiert den gravierenden Souveränitätsverzicht, der den gemeinschaftlichen Entscheidungsfindungsprozess in vielen Politikbereichen auszeichnet. Daneben gibt es aber weiterhin einige wesentliche und besonders souveränitätsgeladene Politikfelder, in denen sich die Mitgliedstaaten nicht auf die mögliche Majorisierung durch ihre Partnerländer eingelassen haben. So ist bei vielen Ratsentscheidungen (z.B. im Bereich der GASP oder auch der Steuer- und Sozialpolitik) auch heute noch Einstimmigkeit verlangt, so dass jeder Staat in diesen Fällen sein Vetorecht behält. Die Einstimmigkeitsregel ist allerdings insofern modifiziert, als eine Enthaltung eines Mitgliedstaats den jeweiligen Beschluss des Rates nicht verhindert (*konstruktive Enthaltung*, Art. 205 Abs. 3 EG-Vertrag).

58 Vgl. Hix, 2005, S. 86.

Die Abstimmungsverfahren noch einmal grob zusammengefasst, können im Rat also je nach Politikfeld – bzw. mitunter auch innerhalb eines Politikfelds je nach Beschlussart (z.B. Umweltpolitik, Art. 175 EG-Vertrag) – Entscheidungen mit einfacher Mehrheit der Mitglieder, mit der sog. qualifizierten Mehrheit sowie mit Einstimmigkeit erforderlich sein. Doch damit ist es noch nicht getan: Wie bereits im Zusammenhang mit dem Europäischen Parlament erwähnt, ist die Völkervertretung vom Rat – ganz gleich, mit welcher Mehrheit dieser entscheidet – im Rahmen der gemeinschaftlichen Rechtsetzung im jeweils vorgeschriebenen Maße (s. zu den Rechtsetzungsverfahren Kap. 6.5) einzubeziehen. Andere Beschlüsse von quasi-konstitutioneller Bedeutung, insb. im Rahmen der Systemgestaltung, die allerdings zumeist vom Europäischen Rat erlassen werden, müssen gar in den Mitgliedstaaten ratifiziert werden.

Die Entscheidungsregeln im Rat gehören zum Kompliziertesten, was das ohnehin nicht eben unterkomplexe EU-System zu bieten hat. Sie haben sich im Laufe der Integrationsgeschichte über die verschiedenen Vertragsrevisionen herausgebildet, wobei die Mitgliedstaaten immer wieder vor der dilemmatischen Wahl standen, entweder die Beschlussfähigkeit des Rates zu verbessern, indem sie auf ihre Souveränität verzichteten oder eben diese zu bewahren, indem sie an ihren Blockade- und Vetomöglichkeiten im Rat – zumindest für Entscheidungen in den souveränitätsgeladenen Politikbereichen – festhielten.[59] Da sie sich je nach Politikfeld mal für die eine, mal für die andere Option und mitunter gar für beide entschieden haben, sind die Regeln für die Entscheidungsfindung immer komplexer geworden. Im noch nicht ratifizierten Reformvertrag aus dem Jahr 2007 ist mit der doppelten Mehrheit ein neues Verfahren vorgesehen (s. Kasten Reformvertrag 2007 5).

Es bleibt freilich abzuwarten, ob sich mit der Einführung der doppelten Mehrheit die Anzahl der tatsächlich durchgeführten Abstimmungen erhöhen wird. Bisher herrscht nämlich trotz der immer größeren Geltung qualifizierter Mehrheitsentscheidungen ein nach wie vor starkes Konsensstreben zwischen den Mitgliedern des Rates. So wird nur in etwa zwanzig Prozent der Fälle, in denen laut Vertrag qualifizierte Mehrheitsentscheidungen vorgesehen sind, auch tatsächlich abgestimmt.[60] Der Drang zum Einvernehmen hängt zum einen mit den besonderen Strukturen der Ratstätigkeit zusammen, wobei die meisten Entscheidungen eben bereits unterhalb der

59 Vgl. Wessels, 2008, S. 191.
60 Vgl. Wallace, 2005, S. 61 u. 62; außerdem Pollak/Slominiski, 2006, S. 78.

Vertrag von Lissabon:
Das Verfahren der doppelten Mehrheit ist aus der gescheiterten Verfassung in den Reformvertrag von Lissabon übertragen worden (Art. 16 Abs. 3-5 EUV). Künftig sind für eine qualifizierte Mehrheit im Rat also 55 Prozent der Mitgliedstaaten (72% bei Beschlüssen, die nicht auf einen Kommissionsvorschlag zurückgehen, Art. 238 Abs. 2 AEUV), die 65 Prozent der EU-Bürger repräsentieren, erforderlich. Die Regelung umfasst neben den Bedingungen für eine qualifizierte Mehrheit auch das Kriterium für eine Sperrminorität. Diese muss mindestens vier Mitglieder umfassen. Für die tatsächliche Anwendung der doppelten Mehrheit ist allerdings eine Übergangszeit bis zum 1. November 2014 vorgesehen, in der weiterhin nach den bestehenden Regeln zur qualifizierten Mehrheit abgestimmt wird. Auch danach kann jedes Mitglied noch bis zum 31. März 2017 die Anwendung der doppelten Mehrheit verhindern, indem es verlangt, dass nach den bestehenden Regeln gemäß Nizza abgestimmt wird (vgl. Protokoll Nr. 36 zu den Übergangsbestimmungen).
Die qualifizierte Mehrheit ist auch im Rahmen des sog. *ordentlichen Gesetzgebungsverfahrens* (Art. 294 AEUV) vorgesehen, findet jedoch auch weiterhin keine Anwendung in so wesentlichen Bereichen wie der Steuer- und Sozialpolitik noch auf dem Feld der Systemgestaltung.
„[…] (3) Soweit in den Verträgen nichts anderes festgelegt ist, beschließt der Rat mit qualifizierter Mehrheit.
(4) Ab dem 1. November 2014 gilt als qualifizierte Mehrheit eine Mehrheit von mindestens 55 % der Mitglieder des Rates, gebildet aus mindestens 15 Mitgliedern, sofern die von diesen vertretenen Mitgliedstaaten zusammen mindestens 65 % der Bevölkerung der Union ausmachen.
Für eine Sperrminorität sind mindestens vier Mitglieder des Rates erforderlich, andernfalls gilt die qualifizierte Mehrheit als erreicht. […]“

Ministerebene einvernehmlich gefällt werden. Zum anderen sind bei den tatsächlichen Verhandlungen der Minister besondere *Spielregeln*[61] zu beachten. So muss jedes Mitglied in diesem komplizierten *Mehrebenenspiel* mindestens zwei Rollen miteinander vereinbaren: Zum einen muss es auf europäischer Ebene als hinlänglich kooperativer Partner auftreten, zum anderen hängt sein politisches Überleben davon ab, in der heimischen Öffentlichkeit als Interessenwahrer der Nation wahrgenommen zu werden.

61 Putnam beschreibt Verhandlungen in internationalen Organisationen als *two level games*; Putnam, Robert D., 1988: Diplomacy and domestic politics: the logic of two-level games, in: International Organization (3) 1988, S. 427-460. Hartmann greift diesen Ansatz auf, Hartmann, 2001, S. 55ff.

Funktionen

Im Folgenden sollen die Funktionen des Rates kurz vorgestellt und dabei nach exekutiven und legislativen Kompetenzen unterschieden werden. Der Verständlichkeit halber werden darüber hinaus seine Haushaltsbefugnis, seine wirtschaftspolitische Koordinierungsfunktion, seine Entscheidungskompetenzen in den nicht gemeinschaftlich geregelten Bereichen der GASP und der PJZS sowie seine besonderen Ernennungsrechte getrennt aufgeführt.

Legislative: Der Rat ist nach wie vor Hauptgesetzgeber der Gemeinschaft, auch wenn sich das Parlament durch die sukzessive Etablierung des Mitentscheidungsverfahrens (s. Kap. 6.5) auf zahlreichen Politikfeldern zu einem nahezu gleichbereichtigten Organ der gemeinschaftlichen Rechtsetzung entwickelt hat bzw. weiter entwickelt. In den übrigen Bereichen aber, in denen die Mitwirkung des Parlaments anderen Mustern folgt, fällt der Rat die maßgeblichen Entscheidungen mehr oder weniger allein (z. B. Steuerpolitik, Industriepolitik, Agrarpolitik usw.). Generell verfügt auch der Rat bei der gemeinschaftlichen Rechtsetzung nicht über eine Initiativbefugnis. Auch er ist, will er einen Gesetzgebungsprozess in Gang bringen, auf die Kommission mit ihrem Initiativmonopol angewiesen. Laut Art. 208 EG-Vertrag kann der Rat die Kommission auffordern, „ihm entsprechende Vorschläge zu unterbreiten“, hat also ähnlich wie das Parlament (s. Art. 192 EG-Vertrag) die Möglichkeit zur indirekten Gesetzgebungsinitiative.

Exekutive: Auch im Bereich der Exekutive bildet der zwischenstaatliche Rat das zentrale Beschlussfassungsorgan, das die Vorschriften zur Durchführung von Rechtsakten erlässt, die Durchführung selbst ausübt oder sie an die Kommission delegiert. Selbst bei Übertragung der Zuständigkeit an die Kommission behält der Rat die Kontrolle, indem er zum einen im Vorfeld die Modalitäten für die Durchführung festlegen kann, zum anderen die Tätigkeit der Kommission durch ein ausdifferenziertes Ausschusswesen kontrolliert und beeinflusst (vgl. Art. 202 3. Spiegelstrich EG-Vertrag; außerdem: Komitologie vgl. Kasten 4). Zumindest de jure also fällt das Machtverhältnis in der dualen EG-Exekutive[62] zugunsten des intergouvernementalen Rats aus.

Haushalt: Hinsichtlich der Haushaltskompetenz ist die Dominanz des Rates keineswegs so deutlich ausgeprägt wie in anderen Bereichen. Zwar

62 Vgl. Hix, 2005, S. 27.

wird der Haushaltsplan von der Kommission zuerst dem Rat vorgelegt, der ihn dann mit qualifizierter Mehrheit beschließt. In einem komplizierten Verfahren kann das Parlament aber Änderungen vornehmen. Das letzte Wort hat der Rat in diesem Prozedere nur über die sog. *obligatorischen* Ausgaben, insb. also die *Gemeinsame Agrarpolitik*, über die *nicht-obligatorischen* Ausgaben trifft das Parlament die verbindlichen Entscheidungen. Schließlich muss es auch dem Gesamthaushalt zustimmen (vgl. Art. 272 EG-Vertrag, s. auch Kap. 5.4). Der Eindruck einer Machtbalance in Haushaltsfragen zwischen Parlament und Rat, zwischen der Gemeinschaft und den Mitgliedstaaten ist allerdings insofern abzuschwächen, als die beschriebenen Regelungen nur die Ausgabenseite betreffen. Die Einnahmen der EU werden von den Staats- und Regierungschefs im Rahmen der mehrjährigen Finanzplanung festgelegt, und die sog. Eigenmittel durch einen festen Prozentsatz gedeckelt (derzeit 1,24 % des BNE).

Wirtschaftspolitische Koordinierung: Die Wirtschaftspolitik ist prinzipiell eine nationale Angelegenheit. Allerdings existieren einige Koordinierungsmechanismen auf europäischer Ebene, von denen die Überwachung des Defizitkriteriums, wonach die Staaten übermäßige öffentliche Defizite vermeiden müssen (vgl. Art 104 EG-Vertrag, s. auch Kap. 5.3), das effektivste Instrument darstellt. Zwar ist es die Kommission, die die Einhaltung der Referenzwerte (max. 3% des BIP Neuverschuldung, max. 60% Gesamtverschuldung) überwacht, aber letztlich müssen die nationalen Minister im EcoFin mit qualifizierter Mehrheit über das tatsächliche Vorliegen eines übermäßigen Defizits entscheiden.

Gemeinsame Außen- und Sicherheitspolitik: Im Bereich der GASP ist der Rat das zentrale Entscheidungsorgan. Auf der Grundlage allgemeiner Leitlinien und gemeinsamer Strategien seitens des Europäischen Rates (Art. 13 EU-Vertrag) beschließt der Rat gemeinsame Standpunkte wie Aktionen (Art. 14 u. 15) und trifft Übereinkommen mit Drittstaaten (Art. 24). In der Regel entscheidet er auf diesem Feld einstimmig (Art. 23). Das Parlament wird lediglich angehört (Art. 21), die Kommission ist u.a. an der Vertretung der Union in Angelegenheiten der GASP „in vollem Umfang“ zu beteiligen (Art. 18 Abs. 4).

Polizeiliche und Justizielle Zusammenarbeit in Strafsachen: Ähnlich verfügt der Rat über alle Entscheidungsbefugnisse auf dem Feld der PJZS. Insbesondere kann er gemeinsame Standpunkte annehmen, Rahmenbeschlüsse zur Angleichung der Rechts- und Verwaltungsvorschriften sowie andere Beschlüsse erlassen und den Mitgliedstaaten Übereinkommen empfehlen (Art. 34 Abs. 2 EU-Vertrag). Auch bezüglich solcher Maßnahmen ist das Europäische Parlament lediglich anzuhören. Zuletzt fungiert der Rat generell als Koordinierungs- und Konsultationsforum für die Mitgliedstaaten in diesem Politikbereich.

Ernennungen: Die Mitglieder des Rates sind für die Besetzung zahlreicher europäischer Ämter und Positionen zuständig. So bestimmt der Rat in seiner besonderen Zusammensetzung der Staats- und Regierungschefs – de facto leicht, aber de jure nicht zu verwechseln mit dem Europäischen Rat – den Kandidaten für das Amt des Kommissionspräsidenten und der Rat gemeinsam mit diesem die Aspiranten auf die übrigen Kommissarsposten. Präsident und Kommission als ganze bedürfen der Zustimmung durch das Parlament (Art. 214 EG-Vertrag). Ferner ernennt der Rat die Mitglieder des Rechnungshofs (Art. 247 Abs. 3 EG-Vertrag), die Mitglieder des Wirtschafts- und Sozialausschusses (WSA, Art. 259) sowie des Auschusses der Regionen (AdR, Art. 263). Über all diese Ernennungen beschließt der Rat seit der Vertragsreform von Nizza mit qualifizierter Mehrheit.

Zum Schluss dieses Abschnitts ist noch einmal festzuhalten, dass der Rat u.a. zwecks Ernennung des Kommissionspräsidenten aber auch anderer quasi-konstitutioneller Akte wie der Auswahl der geeigneten Staaten für die *Wirtschafts- und Währungsunion* (Art. 121 EG-Vertrag, s. auch Kap. 5.3) sowie der Aussetzung von Rechten eines Mitgliedstaats (Art. 7 EU-Vertrag) in einer besonderen Formation tagt: Es treten die Staats- und Regierungschefs zusammen. Diese spezielle Ratsformation ist nicht zu verwechseln mit dem Europäischen Rat. Letzterer ist nämlich kein offizielles EU-Organ, kann also keine rechtsverbindlichen Beschlüsse fassen.

4.3.2 Der Europäische Rat

Zusammensetzung

Schon in seiner Zusammensetzung unterscheidet sich der Europäische Rat vom Rat der Europäischen Union in seiner *Premiumvariante*, denn an ihm nehmen nicht nur die Staats- und Regierungschefs der 27 Mitgliedstaaten, also Ministerpräsidenten, Premierminister, Kanzler und – für Frankreich und Finnland – gar Staatspräsidenten teil, sondern hinzu treten – wenn auch ohne Stimmrecht – der Kommissionspräsident sowie zur Unterstützung dieser somit 28 Teilnehmer die jeweiligen Außenminister bzw. ein weiteres Mitglied der Kommission. Entsprechend der Präsidentschaft des Rates rotiert der Vorsitz des Europäischen Rates im gleichen Rhythmus halbjährlich zwischen den Mitgliedstaaten.

Vertrag von Lissabon:
Eine der wichtigsten und bekanntesten Neuerungen des Vertrags von Lissabon ist der schon im Verfassungsvertrag vorgesehene und in den Reformvertrag übernommene permanente Präsident des Europäischen Rates. Künftig soll der Europäische Rat seinen Präsidenten mit qualifizierter Mehrheit für eine Amtszeit von zweieinhalb Jahren wählen, wobei die einmalige Wiederwahl möglich ist (Art. 15 Abs. 5 EUV).

Anders als der Vorsitz im Rat nach der derzeit gültigen Bestimmung darf der neue Präsident kein einzelstaatliches Amt ausüben. Folglich ist er ein zusätzliches Mitglied des Europäischen Rates und ersetzt keinen der Staats- und Regierungschefs.
Schließlich wird der Europäische Rat zum offiziellen Organ der EU (Art. 13 EUV).

Arbeitsweise und Entscheidungsfindung

Laut Art. 4 EU-Vertrag tritt der Europäische Rat mindestens zweimal jährlich zusammen, in der politischen Praxis haben sich allerdings mindestens zwei Treffen pro Halbjahr, also pro Präsidentschaft, durchgesetzt. Diese regulären Tagungen finden seit 2004 in Brüssel statt. Die zuvor generell üblichen Einladungen der amtierenden Ratspräsidentschaft zu Gipfeltreffen im jeweiligen Heimatland sind nun nur noch bei außerordentlichen Ratstagungen möglich. Bei den Vorbereitungen der Tagungen des Europäischen Rates kommt dem jeweiligen Vorsitz eine Schlüsselrolle zu. Er wird hierin sowohl vom Allgemeinen Rat als auch vom Generalsekretariat des Rates unterstützt. Im Jahr 2007 gab es fünf Tagungen des Europäischen Rates.

Auch während der Gipfeltreffen kommt dem jeweiligen Vorsitz die Schlüsselrolle des Vermittlers zu. Bei Blockadesituationen etwa kann der Vorsitz die Sitzung jederzeit unterbrechen, um bilaterale Gespräche mit unwilligen Mitgliedstaaten zu führen. Diese Praxis wird inoffiziell auch als *Beichtstuhlverfahren* bezeichnet. Ob nun auf diese oder auf andere Weise, es ist die zentrale Funktion des Präsidenten des Europäischen Rates, im Vorfeld der Tagungen oder währenddessen Kompromissmöglichkeiten auszuloten und Konsens herbeizuführen. Dabei besteht eine spezielle Möglichkeit des Europäischen Rates zur Kompromissfindung im Schnüren von sog. Verhandlungspaketen, auch *Kuhhandel* genannt, wobei ein politikfeldübergreifender Austausch von Zugeständnissen zu einer allgemein akzeptablen *win-win-Situation* führt und die Zustimmung unwilliger Mitgliedstaaten nicht durch argumentative Überzeugung gewonnen, sondern durch die Gewährung von Vorteilen auf anderem Gebiet gleichsam erkauft wird.[63] Solche Kopplungsgeschäfte können naturgemäß nur auf der Ebene der Staats- und Regierungschefs gelingen und sind ein typisches Element der Verhandlungstätigkeit im Europäischen Rat.

Da der Europäische Rat grundsätzlich einstimmig entscheiden muss, kommt der Kompromissfindung eine zentrale Bedeutung zu. Sie wird noch dadurch verstärkt, dass die Staats- und Regierungschefs in der Regel jede Einigung auf dem kleinsten gemeinsamen Nenner einem Scheitern der Verhandlungen, das sie dann öffentlich zu vertreten hätten, vorziehen. Die Mechanismen des Mehrebenenspiels, wie sie für den Rat kurz beschrieben wurden, wirken auf der Ebene der Staats- und Regierungschefs noch stärker, allein schon deshalb, weil die europäischen Gipfeltreffen regelmäßig eine sehr viel höhere mediale Aufmerksamkeit erfahren als die Sitzungen des Ministerrats. Auch sind die *Spielregeln* für Gipfeltreffen besonders streng. So dürfen sich neben den Mitgliedern des Europäischen Rates nur sehr wenige, für den Ablauf unbedingt erforderliche Beamte im Verhandlungssaal aufhalten. Die mitgereisten Beamten der nationalen Delegationen, die in den ihnen zugewiesenen Zonen bleiben müssen, werden durch die wechselnden Schriftführer im Saal bzw. durch die persönlichen Assistenten der Ständigen Vertreter (sog. *Antici-Gruppe*[64]) lediglich zeitversetzt informiert und haben folglich keinen direkten Einfluss auf die Verhandlungsführung ihres jeweiligen Staats- bzw. Regierungschefs. Am Ende eines Gipfels können die Ergebnisse auf zweierlei Weise dokumentiert werden: in offiziellen *Erklärungen* des Europäischen Rates oder in den obligatorischen, aber weniger verbindlichen *Schlussfolgerungen des Vorsitzes*.

In seiner Beschlussfassung ist der Europäische Rat völlig unabhängig von den Organen der EU. Weder ist er auf eine Initiative durch die Kommission angewiesen, noch muss das Votum des Europäischen Parlaments berücksichtigt werden, noch unterliegt der Europäische Rat der Rechtsprechung durch den EuGH. Er hat lediglich eine allgemeine Verpflichtung gegenüber dem Parlament, dem er nach jeder Tagung Bericht erstatten, und dem er alljährlich einen Bericht über die Fortschritte der Union vorlegen muss (vgl. Art. 4 EU-Vertrag).

63 Vgl. u.a. Wessels, 2008, S. 177.
64 Benannt nach dem italienischen Diplomaten Massimo Antici.

Funktionen

„Der Europäische Rat gibt der Union die für ihre Entwicklung erforderlichen Impulse und legt die allgemeinen politischen Zielvorstellungen für diese Entwicklung fest. [...]“ (Art. 4 EU-Vertrag). Diese allgemeine Formel aus dem Unionsvertrag beschreibt die tatsächlichen Funktionen des Europäischen Rates im EU-System nur sehr ungenau. Deutlich wird zunächst vor allem seine Rolle als *agenda setter*, der sowohl kurzfristige Impulse setzt als auch langfristige Zielvorstellungen vorgibt. Seit seiner Entstehung in den siebziger Jahren hat der Europäische Rat im Laufe seiner Entwicklung immer mehr die Funktion eines *Motors der Integration* von der Kommission übernommen. An zahlreichen Beispielen insbesondere der jüngeren Integrationsgeschichte (z.B. Erweiterung, GASP, Lissabon-Strategie etc.) lässt sich nachweisen, dass der Europäische Rat tatsächlich für die „history-making decisions“[65] zuständig ist. Doch neben dieser zentralen Funktion als Agenda-setter erfüllt der Europäische Rat weitere wichtige Aufgaben für das Gesamtsystem:

Systemgestaltung: Die Mitgliedstaaten sind die sog. *Herren der Verträge*. Nur sie können entscheiden, ob weitere Befugnisse an die Gemeinschaft übertragen werden oder neue Politikfelder den Kooperationsregeln unterliegen sollen. Eingedenk dieser exklusiven Kompetenz der Mitgliedstaaten kommt dem Europäischen Rat quasi naturgemäß die Rolle als *konstitutioneller Architekt* zu, der Vertragsrevisionen vornehmen kann. In der Regel beruft der Europäische Rat hierzu eine Regierungskonferenz ein, in deren Rahmen ein Vertragsentwurf ausgearbeitet wird, den die Staats- und Regierungschefs verabschieden. Um in Kraft zu treten, bedarf jeder neue oder revidierte Vertrag zusätzlich der Ratifizierung durch die Mitgliedstaaten.

65 Wallace, 2005, S. 64.

Vertrag von Lissabon:
Neben einem ordentlichen Verfahren für Vertragsänderungen, die demnach in drei Stufen von einem Konvent beraten (Regelfall), von einer Regierungskonferenz vereinbart und von den Mitgliedstaaten beschlossen und nach ihren verfassungsrechtlichen Vorschlägen ratifiziert werden (Art. 48 Abs. 2-5 EU-Vertrag), soll es künftig auch Vereinfachte Änderungsverfahren geben.
Erstens soll der Europäische Rat einen „Beschluss zur Änderung aller oder eines Teils der Bestimmungen des dritten Teils des Vertrags über die Arbeitsweise der Europäischen Union" nach Anhörung des Parlaments, der Kommission und ggf. der EZB einstimmig annehmen können. Die Zustimmung der Mitgliedstaaten im Einklang mit ihren verfassungsrechtlichen Vorschriften ist erforderlich (Art. 48 Abs. 6).
Außerdem soll der Europäische Rat zweitens für solche Fälle, in denen der Rat gemäß AEUV oder Titel V EU-Vertrag (GASP, ausgenommen Beschlüsse mit militärischen und verteidigungspolitischen Bezügen) einstimmig beschließt, durch einvernehmliches Votum bestimmen können, dass in diesem Bereich zu qualifizierten Mehrheitsentscheidungen übergegangen wird (sog. *Passerelle-Klausel*, nach frz. *passerelle* gleich *Steg*). Der Beschluss tritt jedoch nur in Kraft, wenn kein nationales Parlament die Initiative binnen Sechsmonatsfrist ablehnt (Art. 48 Abs. 7).

Berufungsinstanz: Die Erweiterung führt uns unmittelbar auf das Feld der Gemeinsamen Außen- und Sicherheitspolitik. Hier wird der Europäische Rat nicht nur seiner Rolle als oberster Leitliniengeber gerecht, indem er die Grundsätze und allgemeinen Leitlinien bestimmt sowie die *gemeinsamen Strategien* beschließt (vgl. Art. 13 EU-Vertrag, s. auch Kap. 10.3), er dient dem Rat zudem als oberste Berufungsinstanz[66], wenn ihm auf Wunsch eines Mitgliedstaats zentrale Fragen zur Entscheidung vorgelegt werden (Art. 23 Abs. 2 u. Art. 27c Abs. 2 EU-Vertrag).

Finanzielle Vorausschau: Eine weitere wichtige Aufgabe des Europäischen Rates ist die Beratung und Verabschiedung des sog. *mehrjährigen Finanzrahmens* (vgl. Kap. 5.4), der die Einnahmen und Ausgaben der EU für einen Zeitraum von sieben Jahren zum Teil recht detailliert festlegt. Auch dieses schwierige Thema, das immer wieder zu unerbittlichen Verhandlungen zwischen den Mitgliedstaaten führt, kann nur auf der Ebene

66 Dies ist im Sinne einer Letztentscheidungsinstanz zu verstehen: „decision-making of last resort", Schoutheete, Philippe de, 2002: The European Council, in: Peterson, John/Shackleton, Michael (Hrsg.): The insititutions oft he European Union, Oxford, S. 21-46(34).

der Staats- und Regierungschefs effektiv und mit Aussicht auf Kompromissfindung behandelt werden.

Wirtschafts- und sozialpolitische Koordinierung: Eine zentrale Rolle spielt der Europäische Rat auch bei der sog. *Offenen Methode der Koordinierung* (OMK, s. Kap. 8.5), einem weichen Koordinierungsmechanismus, der beispielsweise auf dem Feld der Beschäftigungspolitik Anwendung findet. Hier ist die Entscheidungsfindung beim Europäischen Rat konzentriert, er beschließt die beschäftigungspolitischen Leitlinien (Art. 128 EG-Vertrag). Im Rahmen der wirtschaftspolitischen Koordinierung nach Art. 99 EG-Vertrag legt der Europäische Rat in seinen rechtlich unverbindlichen *Grundzügen der Wirtschaftspolitik* mittelfristige Ziele und konkrete Empfehlungen an die Mitgliedstaaten fest.

Die Rolle des Europäischen Rates im Rahmen der OMK oder anderer Koordinierungsverfahren stimmt mit der Stellung des zwischenstaatlichen Gremiums außerhalb der Gemeinschaft überein. Die Beschlüsse des Europäischen Rates haben grundsätzlich keine Rechtskraft[67]. Sie bedürfen entweder der Umsetzung ins Sekundärrecht durch die Gemeinschaftsorgane (z.B. den Rat) oder – im Falle von Vertragsrevisionen und Erweiterungsschritten – der Ratifizierung in den Mitgliedstaaten. Die Entscheidungen des Europäischen Rates sind „political, not legal“[68], und er selbst nimmt eine Sonderrolle im EU-System quasi als *Ort der Macht*[69] ein.

4.3.3 Zwischenfazit und Verortung im Institutionengefüge

Die vorangegangenen Abschnitte über den Rat und den Europäischen Rat haben deutlich gemacht, dass die Mitgliedstaaten im EU-System eine weiterhin wichtige Rolle spielen und im Laufe der Entwicklung keineswegs an Bedeutung verloren haben.

Der Rat ist das Machtzentrum, das dominante Entscheidungsorgan des EU-Systems, das in allen Politikbereichen über exekutive und legislative Kompetenzen verfügt. Vor allem der Grad, zu dem die anderen Gemeinschaftsorgane, nämlich Parlament und Kommission, an der jeweiligen Entscheidungsfindung beteiligt sind, und die Tatsache, ob der EuGH verbindlich Recht sprechen kann, entscheiden über die Kennzeichnung eines Politikfelds als supranational oder intergouvernemental.

67 Vgl. Hartmann, 2001, S. 86.
68 Schoutheete, 2002, S. 43.
69 „locus of power“, Schoutheete, 2002, S. 30.

In jedem Fall also sind die nationalstaatlichen Regierungen über den Rat beteiligt, und sie haben in den meisten Fällen sogar das letzte Wort. Doch die grundlegende Qualität des Rates als Interessenvertretung der Mitgliedstaaten, die Helen Wallace eindringlich zu bedenken gemahnt: „The important point to bear in mind is that the Council is the EU institution that belongs to the member governments“[70], darf die Erkenntnis nicht verhindern, dass selbst der Rat seine Entscheidungsfindung im Laufe der europäischen Integration zunehmend supranationalisiert hat. Die Einführung von Mehrheitsentscheidungen im Rat bildet die entscheidende Schwelle. Denn mit der potenziellen Majorisierung eines Mitgliedstaats entsteht eine europäische Entscheidung. Ein Beschluss, der gegen den Willen eines Mitgliedstaates erlassen wurde, hat nicht mehr den Charakter einer zwischenstaatlichen Übereinkunft, sondern gründet vielmehr auf eine gemeinschaftliche Entscheidungsregel und generiert im wahrsten Sinne des Wortes eine überstaatliche, also supranationale Verbindlichkeit. Der Rat ist mithin nicht nur die Interessenvertretung der Mitgliedstaaten, sondern zugleich das zentrale Entscheidungsorgan der supranationalen Gemeinschaft. Er ist ein Hybridwesen und bildet den Schlüssel zum Verständnis des eigenartigen EU-Systems.

Der Europäische Rat hingegen ist kein Gemeinschaftsorgan, er steht gleichsam über der Gemeinschaft und befindet sich außerhalb ihrer Entscheidungsregeln. Er ist nicht nur Leitliniengeber und Systemgestalter, sondern hat seit seiner Entstehung in den siebziger Jahren zunehmend auch die ursprüngliche Rolle der Kommission als Agenda-setter übernommen. Insbesondere auf den neuen souveränitätsgeladenen Kooperationsfeldern der Außen- und Sozialpolitik sowie in Fragen der inneren Sicherheit hat er die wegweisenden Entscheidungen getroffen und die Koordination mehr oder weniger klar für sich behalten. Allerdings zeigen sich die Staats- und Regierungschefs auch immer wieder dazu bereit, auf Hoheitsrechte zu verzichten und damit die supranationale Entwicklung der Union voranzutreiben, sei es, weil sie einige unpopuläre Maßnahmen nur auf dem Umweg über die europäischen Institutionen umsetzen können[71], sei es, weil sie ein grundsätzliches Interesse an handlungsfähigen Institutionen auf europäischer Ebene haben.

70 Wallace, 2005, S. 60, s. auch S. 61.
71 Wenn die nationalen Regierungen dies tun, spricht man gemeinhin auch davon, dass sie *über Bande spielten*.

4.4 Die Europäische Kommission

In den Anfangsjahren der europäischen Integration, also rund um die Gründung der *Europäischen Gemeinschaft für Kohle und Stahl* (EGKS) 1951/52, bildete das mitgliedstaatliche Interesse an effizienter Steuerung auf europäischer Ebene, zunächst begrenzt auf die rüstungsrelevante Schwerindustrie, die grundlegende Motivation für die Einrichtung einer supranationalen *Hohen Behörde*, der Vorgängerin der heutigen Kommission. Jean Monnet, einer der Gründungsväter und der zentrale Ideengeber der Europäischen Gemeinschaften, stellte ins Zentrum seiner Gemeinschaftskonstruktion bewusst eine apolitische, funktionalistische Bürokratie, zusammengesetzt aus unabhängigen Verwaltungsexperten, nicht aus Politikern[72], und wurde deren erster Präsident. Die Behörde sollte das Gemeinschaftsinteresse gegenüber etwaigen nationalen Egoismen der Mitgliedstaaten vertreten und verteidigen können und wurde ursprünglich mit einer entsprechend großen Machtfülle ausgestattet. Das Etikett einer bürgerfernen, undemokratischen Bürokratie haftet der Kommission – nicht zuletzt dank seiner kontinuierlichen Pflege durch nationale Politiker und Medien – bis heute an. Mit den Vertragsreformen der 1990er Jahre und der weiter ausgreifenden Regelungstiefe der Europäischen Union wurde zudem die Rede vom Demokratiedefizit immer lauter. Seitdem richten sich also erneut viele kritische Blicke auf die vermeintlich *gesichtslosen Eurokraten*[73] in Brüssel. Auf der anderen Seite ist die Kommission das bei weitem sichtbarste Organ der Europäischen Union[74], dessen Wesen aber nur schwer zu fassen ist.

Die Europäische Kommission, was ist sie eigentlich? – Eine *Protoexekutive*[75], die Regierung eines europäischen Staates oder doch nur ein fortgeschrittenes Beispiel für das Generalsekretariat einer internationalen Organisation? Auch die Kommission hat ihren entscheidenden Anteil an der kategorialen Unsicherheit im Umgang mit der EU. Auf der einen Seite hat sie viele strukturelle Ähnlichkeiten mit nationalen Regierungen, denn hier wie dort stehen auf politischem Wege ins Amt gekommene Kommissare bzw. Minister einem nach Ressorts untergliederten Verwaltungsapparat

72 Vgl. Hix, 2005, S. 44.

73 „faceless Eurocrats", Nugent, Neill, 2001: The European Commission, Houndmills, S. 1; s. auch: Spence, David/Edwards, Geoffrey (Hrsg.), 2006: The European Commission, London, S. 5.

74 Vgl. McCormick, 2005, S. 103.

75 Vgl. Wallace, Helen/Wallace, William (Hrsg.), 2000: Policy-Making in the European Union, 4. Aufl., Oxford, S. 11.

vor.[76] Ferner weisen ihre umfänglichen Exekutivbefugnisse auf eine entsprechende Zuordnung hin. Auf der anderen Seite aber stimmen weder die politische Legitimation der Kommission noch ihre Bedeutung im EU-Institutionengefüge mit dem Regierungsetikett überein.[77]

4.4.1 Zusammensetzung

Auch die Europäische Kommission bildet nur de jure ein einheitliches Organ, faktisch aber können wir zumindest zwei Ebenen voneinander unterscheiden: nämlich zum einen das sog. *Kollegium* der 27 Kommissare, zum anderen den gesamten Verwaltungsapparat, der mit seinen 40 Generaldirektionen und anderen Diensten ungefähr 30.000 Mitarbeiter umfasst.[78] Verwirrenderweise werden sowohl Kollegium als auch Verwaltungsapparat gemeinhin als Kommission bezeichnet. Beginnen wir unsere Ausführungen mit dem Kollegium, dem politischen Leitungsgremium der Kommission. Das Kollegium besteht aus je einem Kommissar pro Mitgliedstaat, derzeit also 27 Mitgliedern. Bis zur Erweiterung um zehn neue Mitgliedstaaten im Jahr 2004, verfügten die fünf bevölkerungsreichsten Staaten der alten EU-15, nämlich Deutschland, Frankreich, Großbritannien, Italien und Spanien, sogar über jeweils zwei Kommissare. Um die Handlungsfähigkeit des Kollegiums aber auch für die Zeit nach der Erweiterung zu gewährleisten, verzichteten die fünf Länder auf ihren zweiten Kommissar zugunsten der heutigen Regel (ein Kommissar pro Mitgliedstaat). Doch auch der jetzige Zustand soll nur eine Übergangslösung darstellen. Mit dem Amtsantritt der nächsten Kommission soll die Gesamtanzahl der Kommissare bereits unter der Zahl der Mitgliedstaaten liegen, denn so schreibt es das Protokoll (Nr. 10) des gültigen Vertragswerks über die Erweiterung der Europäischen Union für die Zeit nach dem Beitritt des 27. Mitgliedstaats vor.[79] Der Reformvertrag von Lissabon geht demgegenüber noch einen Schritt weiter (vgl. Kasten Reformvertrag 2007 8).

76 Vgl. Hix, 2005, S. 40-41; Hartmann, 2001, S. 103; Nugent, 2001, S. 3.
77 Vgl. Hix, 2005, S. 59.
78 Zahlen im Detail s. Jahresbericht 2007, S. 261; s. ferner: Nugent, 2001, S. 6.
79 Vgl. Art. 213 EG-Vertrag sowie Protokoll (Nr. 10) über die Erweiterung der Europäischen Union Art. 4 Abs. 2. Am 1. Januar sind mit Bulgarien und Rumänien das 26. und 27. Mitglied der EU beigetreten.

Vertrag von Lissabon:
Die Reduktion des Kommissionskollegiums gilt schon seit dem Amsterdamer Vertrag als notwendige Maßnahme zur Bewahrung der Handlungsfähigkeit der erweiterten EU. Allerdings wurde ihre Verwirklichung von einer Vertragsreform zur nächsten immer wieder aufgeschoben. Wie der gescheiterte Verfassungsvertrag (Art. I-26) sieht auch der Vertrag von Lissabon (Art. 17 Abs. 5 EU-Vertrag) für die Zeit ab dem 1. November 2014 ein Kollegium, bestehend aus einer Anzahl von Kommissaren, die zwei Drittel der Zahl der Mitgliedstaaten entspricht, vor. Ein vom Rat einstimmig festzulegendes System soll die gleichberechtigte Rotation zwischen den Mitgliedstaaten gewährleisten und dabei auch die demografische sowie geografische Repräsentation berücksichtigen (Art. 244 AEUV). Die erste Kommission, die – sollte der Vertrag wie geplant 2009 in Kraft treten – bis Ende Oktober 2014 im Amt sein wird, soll wie gehabt aus einem Kommissar pro Mitgliedsland bestehen (Art. 17 Abs. 4 EU-Vertrag).
„(5) Ab dem 1. November 2014 besteht die Kommission, einschließlich ihres Präsidenten und des Hohen Vertreters der Union für Außen- und Sicherheitspolitik, aus einer Anzahl von Mitgliedern, die zwei Dritteln der Zahl der Mitgliedstaaten entspricht, sofern der Europäische Rat nicht einstimmig eine Änderung dieser Anzahl beschließt. [...]“ (Art. 17 Abs. 5 EU-Vertrag)

Die Repräsentation aller Mitgliedstaaten innerhalb des Kollegiums widerspricht tendenziell dem wesentlichen Grundsatz betreffend die Kommissare, der im ursprünglichen Konzept einer Hohen Behörde wurzelt und im EG-Vertrag festgeschrieben ist: „Die Mitglieder der Kommission üben ihre Tätigkeit **in voller Unabhängigkeit** [Hervorh. durch d. Verf.] zum allgemeinen Wohl der Gemeinschaften aus. [...]“ (Art. 213 Abs. 2 EG-Vertrag). Im gleichen Absatz verbietet der Vertrag die Anforderung und Annahme von Anweisungen seitens der Mitgliedstaaten und verpflichtet auch diese auf die Einhaltung des Unabhängigkeitsprinzips. Die Kommissare dürfen dementsprechend auch keine andere berufliche Tätigkeit – weder entgeltlich noch unentgeltlich – ausüben. Die vertragsgemäße Unabhängigkeit der Kommissare zeigt sich auch darin, dass sie von ihren Herkunftstaaten während einer Amtsperiode nicht abberufen werden können.[80] Eine Amtsenthebung einzelner Kommissare, wenn diese ihre Pflichten verletzen oder sich einer Verfehlung schuldig machen, kann nur der Europäische Gerichtshof auf Antrag des Rates oder der Kommission (Art. 216 EG-Vertrag) beschließen. Außerdem kann der Kommissionspräsident

80 Vgl. McCormick, 2005, S. 108.

einzelne Kollegen zum Rücktritt auffordern. Zuletzt kann das Europäische Parlament per Misstrauensvotum mit Zweidrittelmehrheit der abgegebenen Stimmen und gleichzeitiger Mehrheit seiner Mitglieder das gesamte Kollegium des Amtes entheben (Art. 201 EG-Vertrag, s. Abschnitt 4.2.4 in diesem Kap.). Als Ganzes ist das Kommissionskollegium also sehr wohl abhängig: nämlich vom Vertrauen des Parlaments. Den Regierungen bleibt demgegenüber immerhin die Möglichkeit, in Ungnade gefallenen Kommissaren die Wiederernennung nach Ablauf einer Amtsperiode zu verweigern.

Die Ernennung der Kommissionsmitglieder erfolgt nämlich gemäß Artikel 214 EG-Vertrag alle fünf Jahre durch den Rat in der Zusammensetzung der Staats- und Regierungschefs mit qualifizierter Mehrheit, wobei Wiederernennungen zulässig sind. Dem geht ein mehrstufiges Verfahren voraus: Zunächst bestimmt der Rat mit qualifizierter Mehrheit einen Kandidaten für das Amt des Kommissionspräsidenten.[81] Dieser Kandidat bedarf der Zustimmung des Europäischen Parlaments. Gemeinsam mit dem designierten Kommissionspräsidenten wählt der Rat nun mit qualifizierter Mehrheit die Kandidaten für die übrigen Kommissarsposten aus einer von den Mitgliedstaaten erstellten Liste mit Vorschlägen aus. Vor seiner Ernennung muss sich das gesamte Kollegium einem Zustimmungsvotum des Parlaments stellen. Wie bereits in Abschnitt 4.2.4 beschrieben, hat das Parlament seinem Votum ein spezielles *Hearing*-Verfahren vorgeschaltet. Der Reformvertrag aus dem Jahr 2007 ändert am Verfahren zur Ernennung der Kommissare faktisch nur wenig, allerdings soll der Europäische Rat künftig bei der Auswahl eines Kandidaten das Ergebnis der letzten Parlamentswahlen berücksichtigen, und der Kommissionspräsident wird nun offiziell vom Parlament *gewählt* (s. Kasten Reformvertrag 2007 9).

81 Eine Auflistung der bisherigen Kommissionspräsidenten findet sich unter den Online-Materialien zu diesem Band, abrufbar unter: www.nomos-extra.de.

Vertrag von Lissabon:
An der im Text beschriebenen Praxis zur Einsetzung des Kommissionspräsidenten wird sich auch durch den Reformvertrag nur wenig ändern. Auch künftig wird der Europäische Rat zunächst mit qualifizierter Mehrheit einen Kandidaten für das Amt bestimmen, wobei er das Ergebnis der Wahlen zum Europäischen Parlament berücksichtigen muss. Zum Folgenden heißt es im Vertrag: „Das Europäische Parlament *wählt* [Hervorh. des Verf.] diesen Kandidaten mit der Mehrheit seiner Mitglieder" (Art. 17 Abs. 7 EU-Vertrag). Kommt keine Wahl zustande, muss der Europäische Rat auf gleiche Weise einen neuen Kandidaten vorschlagen. Nach erfolgreicher Wahl werden die übrigen Mitglieder der Kommission einschließlich des Hohen Vertreters der GASP nach Zustimmung seitens des Parlaments durch den Europäischen Rat mit qualifizierter Mehrheit ernannt.

Schon während des Ernennungsverfahrens wird jedem Kommissar ein Zuständigkeitsbereich zugewiesen. Für die entsprechende Verteilung ist der Kommissionspräsident verantwortlich. Der Kommissionspräsident spielt eine Sonderrolle im EU-System, weil er die Union – zumindest bis heute – wie kein anderer Amtsinhaber nach außen gegenüber Drittstaaten und internationalen Organisationen wie nach innen gegenüber den Bürgern vertritt: „Indeed, the President of the Commission is the very public embodiment of the EU."[82] In interinstitutionellen Angelegenheiten vertritt er die Kommission, zum Beispiel ist er Mitglied im Europäischen Rat (s. Abschnitt 4.3.2 in diesem Kap.). Auch innerhalb des Kollegiums verfügt der Kommissionspräsident über eine Sonderstellung. Er ist nicht nur maßgeblich an der Auswahl der übrigen Kommissare beteiligt, er weist ihnen auch ihre jeweiligen Zuständigkeitsbereiche zu und kann die Aufgabenverteilung jederzeit wieder ändern (Art. 217 Abs. 2 EG-Vertrag, Art. 3 Geschäftsordnung der Kommission [GOK]). Außerdem ernennt der Präsident die Vizepräsidenten und kann jeden Kommissar verbindlich zum Rücktritt auffordern, wenn er dafür eine Mehrheit im Kollegium erhält (Art. 217 Abs. 4). Mittels jährlicher Strategieplanung (*Annual Policy Strategy*, APS, Art. 2 GOK) unter seiner Führung gibt der Präsident die politische Richtung vor, außerdem legt er für jede Sitzung die Tagesordnung fest, beruft die Sitzung ein und leitet sie (Art. 6 GOK). Angesichts des umfassenden Katalogs an Vorrechten, die der Kommissionspräsident inne-

82 Nugent, 2001, S. 1.

hat, ist leicht ersichtlich, warum die Auswahl eines geeigneten Kandidaten für die Mitgliedstaaten von großer Bedeutung ist und regelmäßig zum Politikum wird. Zudem trifft die verbreitete Bezeichnung des Kommissionspräsidenten als *primus inter pares* (Erster unter Gleichen) offenbar nur noch bedingt zu: „The Commission President used to be thought of as *primus inter pares* in the College. Now, however, he is very much *primus*."[83] Ungeachtet der Sonderstellung des Präsidenten, herrscht auch unter den übrigen Kommissaren eine inoffizielle Hierarchie. Traditionell besonders wichtig sind die Kommissare, die für den Haushalt, die Landwirtschaft und die Außenbeziehungen zuständig sind. Angesichts der großen Machtfülle der Kommission im Bereich der Wettbewerbspolitik spielt auch die hierfür zuständige Kommissarin eine zentrale Rolle.

Wie Tabelle 6 zeigt, hat innerhalb des Kollegiums jeder Kommissar seinen Aufgabenbereich, quasi sein Ressort, für das er federführend zuständig ist. Dieser Kommissar trägt auch die politische Verantwortung für die entsprechende Generaldirektion.[84] Die Generaldirektionen und Dienste[85] bilden den Verwaltungsapparat der Europäischen Kommission. An der Spitze jeder Generaldirektion steht als Generaldirektor ein Beamter, der zwar die Weisungen des zuständigen Kommissars ausführen muss, von ihm aber nicht abgesetzt werden kann. Die Generaldirektoren sowie die ihnen unterstehenden EU-Beamten gewährleisten die kontinuierliche Verwaltungsarbeit. Während die Kommissare von den Mitgliedstaaten ernannt werden und alle fünf Jahre wechseln – auch im Falle einer Wiederernennung ist der Wechsel des Ressorts üblich – durchlaufen die Beamten in der Regel eine Karriere in der EU-Verwaltung – sowie die damit verbundene Sozialisation – und verbleiben meist in dem Ressort, in das sie eingestiegen sind.[86] Das EU-Beamtenkorps wird durch ein aufwändiges Ausleseverfahren (die sog. *concours*) rekrutiert und ist zudem nach Herkunftsländern quotiert.

Mit engen politischen Vertrauten besetzen die Kommissare hingegen im Regelfall ihre persönlichen Kabinette. Sie bestehen aus einem Kabinettschef, seinem Stellvertreter und fünf weiteren Mitgliedern – beim Kommis-

83 Nugent, 2001, S. 68.

84 In der Regel untersteht jedem Kommissar eine Generaldirektion. Allerdings gibt es Generaldirektionen (Bildung und Kultur, Energie und Verkehr sowie Gesundheit und Verbraucher) für die jeweils zwei Kommissare zuständig sind (Figel/Orban, Tajani/Piebalgs bzw. Vassiliou/Kuneva).

85 Eine Auflistung der Generaldirektionen und Dienste findet sich unter den Online-Materialien zu diesem Band, abrufbar unter: www.nomos-extra.de.

86 Vgl. Nugent, 2001, S. 134ff.

Tabelle 6: Kommissionskollegium 2004-2009

Mitglied	Herkunftsland	Aufgabenbereich	Status
José Manuel Barroso	Portugal	--	Präsident
Margot Wallström	Schweden	Institutionelle Beziehungen und Kommunikationsstrategie	Vize-präsidentin
Günter Verheugen	Deutschland	Unternehmen und Industrie	Vizepräsident
Jacques Barrot	Frankreich	Justiz, Freiheit und Sicherheit[a]	Vizepräsident
Siim Kallas	Estland	Verwaltung, Audit, Betrugsbekämpfung	Vizepräsident
Antonio Tajani	Italien	Verkehr[b]	Vizepräsident
Viviane Reding	Luxemburg	Informationsgesellschaft und Medien	Mitglied
Stavros Dimas	Griechenland	Umwelt	Mitglied
Joaquín Almunia	Spanien	Wirtschaft und Währung	Mitglied
Danuta Hübner	Polen	Regionalpolitik	Mitglied
Joe Borg	Malta	Maritime Angelegenheiten und Fischerei	Mitglied
Dalia Grybauskaitė	Litauen	Finanzplanung und Haushalt	Mitglied
Janez Potoènik	Slowenien	Wissenschaft und Forschung	Mitglied
Ján Figel'	Slowakei	Allgemeine und berufliche Bildung, Kultur und Jugend	Mitglied
Olli Rehn	Finnland	Erweiterung	Mitglied
Louis Michel	Belgien	Entwicklung und humanitäre Hilfe	Mitglied
László Kovács	Ungarn	Steuern und Zollunion	Mitglied
Neelie Kroes	Niederlande	Wettbewerb	Mitglied
Mariann Fischer Boel	Dänemark	Landwirtschaft und ländliche Entwicklung	Mitglied
Benita Ferrero-Waldner	Österreich	Außenbeziehungen und Europäische Nachbarschaftspolitik	Mitglied
Charlie McCreevy	Irland	Binnenmarkt und Dienstleistungen	Mitglied
Vladimír Špidla	Tschechien	Beschäftigung, soziale Angelegenheiten und Chancengleichheit	Mitglied
Peter Mandelson	Großbritannien	Handel	Mitglied
Andris Piebalgs	Lettland	Energie	Mitglied
Meglena Kuneva[c]	Bulgarien	Verbraucherschutz	Mitglied
Leonard Orban[d]	Rumänien	Mehrsprachigkeit	Mitglied
Androulla Vassiliou[e]	Zypern	Gesundheit	Mitglied

[a] Barrot (zuvor Verkehrskommissar) übernahm das Ressort im Mai 2008 vom ausgeschiedenen Franco Frattini.

[b] Tajani rückte im Mai 2008 für den ausgeschiedenen Franco Frattini nach und übernahm das Verkehrsressort von Jacques Barrot. [c] Erst mit Beitritt Bulgariens im Januar 2007 zum Kollegium gestoßen. [d] Erst mit Beitritt Rumäniens im Januar 2007 zum Kollegium gestoßen. [e] Vassiliou rückte im April 2008 für den ausgeschiedenen Kyprianou nach.

sionspräsidenten sind es aktuell sieben weitere Mitglieder sowie vier Berater. Nur eines der Mitglieder eines Kabinetts muss aus einem anderen Mitgliedstaat stammen als der entsprechende Kommissar. Laut Geschäftsordnung der Kommission sollen die Kabinette den jeweiligen Kommissar bei der Erfüllung seiner Aufgaben und der Vorbereitung der Beschlüsse unterstützen (Art. 16 GOK). Faktisch bilden sie eine Art Schnittstelle oder Brückenglied zwischen dem Kollegium auf der einen und den Generaldirektionen und Diensten auf der anderen Seite, also zwischen politischem Gremium und bürokratischem Apparat.[87] Eingedenk der prinzipiellen Unabhängigkeit der Kommission werden die Kabinette mitunter skeptisch beäugt, gelten sie doch verbreitet als „Einfallstore nationaler Einflüsse in die Kommissionsarbeit."[88]

4.4.2 Arbeitsweise und Entscheidungsfindung

Die politische Verantwortung für die Tätigkeit der Kommission trägt das Kollegium. Dementsprechend fällt das Gremium der 27 Kommissare die politischen Entscheidungen, während die Durchführung der Beschlüsse und die Ausführung der Exekutivkompetenzen der Kommission an die Generaldirektionen und Dienststellen delegiert ist. Für die Entscheidungsfindung im Kollegium gelten zwei wesentliche Grundsätze: Zum einen ist jeder Kommissar für die Vorbereitung und Durchführung von Kommissionsbeschlüssen in seinem Aufgabenbereich zuständig (Art. 16 GOK). Es gilt also eine Art *Ressortprinzip*. Zum anderen – und dieser Grundsatz ist der entscheidende – gilt das *Kollegialitätsprinzip* (Art. 217 Abs. 1 EG-Vertrag, Art. 1 GOK), wonach alle gefassten Beschlüsse Entscheidungen des gesamten Kollegiums darstellen und dementsprechend von jedem Kommissar nach außen und in der Öffentlichkeit vertreten werden müssen, selbst wenn dieser in der entsprechenden Sitzung gegen die Mehrheitsmeinung votiert hat.[89] Innerhalb des Kollegiums reicht die einfache Mehrheit der Kommissare, derzeit also vierzehn Stimmen, für die Beschlussfassung aus (Art. 219 EG-Vertrag), wenngleich die Kommissionsmitglieder, nicht zuletzt begründet durch das Kollegialitätsprinzip, um einvernehmliche Entscheidungen bemüht sind und es folglich nur in seltenen Fällen tatsächlich zur Abstimmung kommt.[90] Ähnlich wie dem Rat durch den AStV

87 Vgl. Peterson, John, 2006: The College oft he Commissioners, in: ders./Shackleton, Michael (Hrsg.): The institutions of the European Union, 2. Aufl., Oxford, S. 95.
88 Hartmann, 2001, S. 110, auch 111; s. auch Peterson, 2006, S. 95.
89 Vgl. ebd., S. 91ff.; Peterson, 2006, S. 94.
90 Vgl. Nugent, 2001, S. 7.

wird auch dem Kommissionskollegium ein großer Teil der Beschlussfassungsarbeit ohnehin schon im Vorfeld durch die Kabinette abgenommen. Spätestens bei den wöchentlichen Treffen der Kabinettschefs – in der Regel montags –, in denen diese die Sitzungen des Kollegiums vorbereiten, legen sie fest, über welche Vorlagen bereits Einigung besteht (*A-Punkte*) und welche Punkte noch der Beratung und Entscheidung durch die Kommissare bedürfen (*B-Punkte*).[91] Diese treffen dann in der Regel mittwochs zu ihren wöchentlichen Sitzungen zusammen. Die Sitzungen sind nicht öffentlich, und die internen Beratungen sind vertraulich (Art. 9 GOK). Im Jahr 2007 trat das Kommissionskollegium insgesamt 43mal zusammen.[92] Zu Beginn einer jeden Amtszeit beschließt das Kollegium strategische Ziele für die nächsten fünf Jahre. Die amtierende Kommission hat dementsprechend im Januar 2005 ihren Zielkatalog mitgeteilt.[93] Ihre geplanten Aktivitäten im Bereich der Politikgestaltung gibt die Kommission überdies im Rahmen ihrer jährlichen Strategieplanung (*Annual Policy Strategy*, APS) bekannt. Das entsprechende Dokument für das Jahr 2008 hat sie am 21. Februar 2007 vorgelegt.[94]

Für die Politikdurchführung sind die Generaldirektionen unter der politischen Verantwortung des jeweiligen Kommissars zuständig. In den meisten Politikbereichen verfügt die Kommission allerdings gar nicht über eigene Exekutivbefugnisse, sondern hat diese erst durch den Rat gemäß Art. 202 EG-Vertrag übertragen bekommen. Für die Ausübung dieser Befugnisse kann der Rat „bestimmte Modalitäten" (Art. 202 EG-Vertrag) festlegen. Auf dieser Grundlage hat er ein ausdifferenziertes Ausschusswesen, *Komitologie* genannt, etabliert. Die mit nationalen Beamten besetzten Durchführungsausschüsse bilden „eine Art Scharnier zwischen der nationalen und der europäischen Verwaltung"[95], denn über sie greifen die Mitgliedstaaten – je nach Bedeutung des betreffenden Politikfelds mehr oder

91 Vgl. McCormick, 2005, S. 110; Wessels, 2008, S. 249, zu weiteren Verfahren ausführlich bei Tholoniat, Luc, 2007: The European Commission: An introduction, in: Fischer, Robert/Karrass, Anne/Kröger, Sandra (Hrsg.): Die Europäische Kommission und die Zukunft der EU. Ideenfabrik zwischen europäischem Auftrag und nationalen Interessen, Opladen, S. 21-38 (29-30); s. auch Nugent, 2001, S. 94ff.

92 Vgl. Jahresbericht 2007, S. 259.

93 Vgl. Europäische Kommission: Strategische Ziele 2005-2009. Europa 2010: Eine Partnerschaft für die Erneuerung Europas. Wohlstand, Solidarität und Sicherheit, KOM/2005/12.

94 Vgl. Europäische Kommission: Jährliche Strategieplanung für 2008, KOM/2007/65.

95 Töller, Annette Elisabeth, 2002: Komitologie. Theoretische Bedeutung und praktische Funktionsweise von Durchführungsausschüssen der Europäischen Union am Beispiel der Umweltpolitik, Opladen, S. 15.

weniger stark – beratend und kontrollierend in die Tätigkeit der Kommission ein und begrenzen damit deren Handlungsspielraum (vgl. Kasten 4).[96] Das von der Kommission verwaltete *Register der Komitologie*[97] zählt im Februar 2008 insgesamt 247 Komitologieausschüsse.

Kasten 4: Komitologie

Komitologie stammt aus dem Französischen und beschreibt das ausdifferenzierte Ausschusswesen, das der Rat zur Kontrolle der von ihm an die Kommission übertragenen Durchführungsbefugnisse (Art. 202 3. Spiegelstrich EG-Vertrag) eingerichtet hat. Der erste Durchführungsausschuss wurde bereits in den sechziger Jahren im Rahmen der Gemeinsamen Agrarpolitik gebildet. In seinem Komitologiebeschluss aus dem Jahr 1987 listete der Rat unterschiedliche Verfahren und entsprechende Ausschussarten auf. Je nach Politikbereich ist der Einfluss der Mitgliedstaaten auf die Tätigkeit der Kommission mithin unterschiedlich groß. Ein neuer Komitologiebeschluss vom 28. Juni 1999 (konsolidierte Fassung vom 22. Juli 2006, 2006/C 255/02) bildet die derzeitige Grundlage für das Ausschusswesen. Während viele der Ausschüsse lediglich beratende Funktionen haben (*Beratungsverfahren*, Art. 3 Komitologiebeschluss), gibt es daneben andere, die die Befugnisse der Kommission einschränken (*Verwaltungsverfahren*, Art. 4). Bei einer dritten Variante (*Regelungsverfahren*, Art. 5) kann die Kommission sogar nur handeln, wenn die Maßnahme explizit durch den Rat gebilligt ist. Mit Verweis auf das Mitentscheidungsverfahren nach Art. 251 EG-Vertrag wurde auf Drängen des Parlaments für all solche Maßnahmen auf der Grundlage eines im Rahmen der Mitentscheidung erlassenen Rechtsakts ein viertes Verfahren eingeführt, bei dem auch das Parlament in die Kontrolle eingebunden ist (*Regelungsverfahren mit Kontrolle*, Art. 5a). Um die Transparenz der Ausschusstätigkeit zu gewährleisten, ist die Kommission verpflichtet, das Parlament zu unterrichten und den Bürgern eine vollständige Liste der existenten Ausschüsse sowie nicht-vertrauliche Ausschussdokumente zugänglich zu machen.

4.4.3 Funktionen

Auch die Tätigkeit der Kommission sprengt die Muster klassischer Gewaltenteilung, auch sie hat Anteil sowohl an der Legislative als auch an der Exekutive innerhalb des EU-Systems.[98] Als das Gemeinschaftsorgan *par excellence* initiiert sie die gemeinschaftliche Rechtsetzung, überwacht die

96 Vgl. Kohler-Koch/Conzelmann/Knodt, 2004, S. 114; Hix, 2005, S. 52.

97 Europäische Kommission: Register der Komitologie, abrufbar unter: http://ec.europa.eu/transparency/regcomitology/include/comitology_committees_DE.pdf (letzter Zugriff: 13.6.2008).

98 Vgl. McCormick, 2005, S. 103.

Einhaltung des Gemeinschaftsrechts und führt die gemeinschaftlichen Rechtsakte aus. Darüber hinaus repräsentiert sie die Gemeinschaft nach außen, gegenüber Drittstaaten und in internationalen Organisationen. Damit sind die vier Kernfunktionen der Kommission benannt. Auf sie soll im Folgenden näher eingegangen werden.

Gesetzesinitiative

Die verbreitete Bezeichnung der Europäischen Kommission als *Motor der Integration* beruht auf ihrem stärksten Vorrecht, dem Initiativmonopol: „The main source of the Commission's power has always been its monopoly right to propose legislation."[99] Nur die Kommission hat das Recht, Gesetzesvorlagen auszuarbeiten, sie einzubringen und damit den gemeinschaftlichen Rechtsetzungsprozess zu initiieren. Das ist ein bedeutendes Vorrecht, denn, auch wenn der EG-Vertrag mittlerweile für Parlament (Art. 192 EG-Vertrag) und Rat (Art. 208) ein indirektes Initiativrecht vorsieht und neben den anderen EU-Organen auch die Mitgliedstaaten, Verbände und Interessengruppen ihren jeweiligen Einfluss geltend machen[100], sind sie letztlich doch alle auf die Kommission angewiesen. Um den Erfolg einer Vorlage im komplizierten und je nach Politikfeld variierenden Rechtsetzungsprozess zu sichern, muss die Kommission ihrerseits bei der Vorbereitung der Beschlussvorlagen frühzeitig ein möglichst breites Spektrum von Akteuren einbinden. In sog. *Grünbüchern* stellt sie erste Positionen zu einem Thema (z.B. Klimawandel, Asylpolitik etc.) zur allgemeinen Diskussion. Sie richten sich also je nach Themenlage natürlich an die anderen EU-Organe, aber auch an nationale und regionale Behörden, Interessenvertreter, Verbände, die Wissenschaft, Nichtregierungsorganisationen und andere zivilgesellschaftliche Akteure bis hin zu einzelnen Bürgern. Sollen die Grünbücher der Kommission also einen möglichst breit geführten Konsultationsprozess zu einem allgemein gehaltenen Thema anstoßen, enthalten die sog. *Weißbücher*, die oft auf Grünbücher folgen, bereits konkrete Vorschläge für politische Maßnahmen im betreffenden Politikbereich. Auch bei der Ausarbeitung der konkreten Vorlagen für Rechtsakte bindet die Kommission in großem Umfang externes Expertenwissen ein und versammelt in einer Vielzahl beratender Ausschüsse und Expertengruppen nationale Beamte, Vertreter organisierter Interessen und andere Sachverständige.

99 Peterson, 2006, S. 96; s. auch Edwards, 2006, S. 9.
100 Vgl. Hartmann, 2001, S. 98; McCormick, 2005, S. 118; Wessels, 2008, S. 235.

Auch jenseits der vergemeinschafteten Politikbereiche, wie im Bereich der GASP (Art. 22 EU-Vertrag), der PJZS (Art. 34) oder der Systemgestaltung mittels Vertragsänderung (Art. 48), hat die Kommission die Möglichkeit, Vorschläge zu unterbreiten. Allerdings verfügt sie außerhalb des Gemeinschaftsrechts nicht über das Initiativmonopol.

Exekutive

Trotz der Einschränkungen ihres Handlungsspielraums insbesondere durch das Komitologiesystem, ist die Kommission das zentrale Exekutivorgan der EU, wenngleich ihr die entsprechende unabhängige Entscheidungsbefugnis lediglich auf dem Feld der Wettbewerbspolitik, wo die Kommission über sehr umfangreiche Kompetenzen verfügt (Art. 88 EG-Vertrag, s. auch Kap. 5.2 in diesem Band), und in geringerem Ausmaß in den Bereichen der Gemeinsamen Agrar- sowie der Handelspolitik zukommt. Ihre besondere exekutive Rolle lässt sich zunächst an ihren Haushaltskompetenzen ablesen. Zwar sind es Rat und Parlament, die gemeinsam in einem aufwändigen Verfahren über den von der Kommission ausgearbeiteten Haushaltsplan entscheiden (Art. 272 EG-Vertrag), aber für die Ausführung des Haushalts ist letztlich die Kommission zuständig (Art. 274 EG-Vertrag). Unter der Aufsicht des jeweiligen Kommissars sind die Generaldirektoren und Dienststellenleiter als entsprechend Bevollmächtigte für die wirtschaftliche und effiziente Verwaltung der Finanzmittel verantwortlich. Dabei werden sie von verschiedenen internen Diensten (Zentraler Finanzdienst, Interner Auditdienst, Europäisches Amt für Betrugsbekämpfung [OLAF] etc.) und natürlich dem Europäischen Rechnungshof[101] als externem Rechnungsprüfungsorgan streng überwacht. Außerdem muss die Kommission zum Abschluss des jährlichen Haushaltszyklus‘ auf Empfehlung des Rates vom Europäischen Parlament entlastet werden (Art. 276 EG-Vertrag).

Rechtliche Kontrolle

Die Kommission spielt eine einscheidende Rolle für den gemeinschaftlichen Rechtsschutz. Auf diesem Feld ist zwar der Europäische Gerichtshof (EuGH, s. den folgenden Abschnitt) das zentrale Organ, er kann aber nur

101 Aus Platzgründen wird dieses Vertragsorgan in unseren Ausführungen nicht behandelt. Ausführliche Darstellungen zum Rechnungshof sowie zu OLAF finden sich unter den Online-Materialien zu diesem Band, abrufbar unter: www.nomos-extra.de.

auf der Grundlage von Klagen urteilen. Auf der anderen Seite ist die Kommission auf den EuGH, ihren *Verbündeten*[102], angewiesen, will sie Mitgliedstaaten in effektiver Weise zur Einhaltung des EG-Rechts bewegen. Zu diesem Zweck hat sie das Recht, eine sog. *Vertragsverletzungsklage* (Art. 226 EG-Vertrag) vor dem EuGH zu erheben. Dank der Vertragsverletzungsklage als letzten Mittels und Drohpotenzials und des umfassenden Rechts, zur Erfüllung ihrer Aufgaben „alle erforderlichen Auskünfte einzuholen und alle erforderlichen Nachprüfungen vorzunehmen" (Art. 284 EG-Vertrag), kann die Kommission der ihr zugedachten Rolle als *Hüterin der Verträge* im EG-System gerecht werden (s. Kap. 6.6).[103]

Außenvertretung

Die Tätigkeit der Kommission beschränkt sich nicht auf das Innere des EU-Systems. Die Kommission ist auch für die Außenvertretung der EU gegenüber Drittstaaten und internationalen Organisationen zuständig. Dies gilt insbesondere im Rahmen der Gemeinsamen Handelspolitik. Hier führt sie auf Ermächtigung durch den Rat die Verhandlungen und wird dabei durch einen vom Rat bestellten Ausschuss, den sog. *133er-Ausschuss* (Art. 133 EG-Vertrag), kontrolliert. Die Europäische Gemeinschaft ist zudem Mitglied der WTO, und die Kommission spricht in den entsprechenden Verhandlungen im Namen aller Mitgliedstaaten. Insgesamt verfügt die Kommission über Vertretungen in allen Mitgliedstaaten und unterhält 118 Delegationen in Drittstaaten sowie fünf Delegationen bei internationalen Organisationen.

Mit den vorangegangenen Ausführungen haben wir nur die vier klassischen Funktionen der Kommission beschrieben. Daneben agiert sie – wenn auch in weniger verbindlichem Maße – auch auf anderen Kooperationsfeldern. So wird z.B. auch im Rahmen der wirtschafts- und sozialpolitischen Koordinierung auf die besonderen Kapazitäten und Ressourcen der supranationalen Behörde – insbesondere in den Bereichen *Monitoring* und Berichterstattung – zurückgegriffen (Art. 99, Art. 128 EG-Vertrag). Im Rahmen der gemeinschaftlichen Wirtschaftspolitik überwacht sie sogar die Haushaltslage der Mitgliedstaaten und die entsprechende Einhaltung des Defizitkriteriums (Art. 104 EG-Vertrag, s. auch Kap. 5.3).

102 Vgl. Hartmann, 2002, S. 152.
103 Vgl. Tholoniat, 2007, S. 27.

4.4.4 Zwischenfazit und Verortung im Institutionengefüge

Es sind die besonderen Eigenschaften der Kommission als einer supranationalen Behörde, also ihre vertraglich fixierte Unabhängigkeit und Überparteilichkeit, ihr Wissensvorsprung betreffend die Funktionsweise des EU-Systems sowie das in ihr zusammengeführte Expertenwissen, die der Kommission nahezu zwangsläufig die Rolle der zentralen Vermittlerin innerhalb des komplizierten europäischen Mehrebenensystems zuweisen.[104] Selbst auf solchen Politikfeldern, die de jure nicht in den Regelungsbereich der Kommission fallen, kommen die übrigen Akteure an ihrer speziellen Autorität nicht vorbei bzw. können auf ihre besonderen Ressourcen nicht verzichten.[105] So bildet die Kommission den zentralen Knoten des verzweigten Netzwerks, in dem europäische Politik betrieben wird.

Heute bleibt ihr kaum etwas anderes übrig, als in dieser verbliebenen Rolle als zentrale Vermittlerin aufzugehen und die anderen Akteure auf der EU-Bühne darüber hinaus bei entsprechender Gelegenheit an ihre Texte zu erinnern.[106] Auch als *Hüterin der Verträge* agiert die Kommission allerdings keineswegs allein. Die Urteile fällt schließlich der Europäische Gerichtshof.

4.5 Der Europäische Gerichtshof[107]

Die offizielle Bezeichnung des Europäischen Gerichtshofs (EuGH) als *Gerichtshof der Europäischen Gemeinschaften* weist bereits auf den speziellen Zuschnitt dieses Organs und seine begrenzte Zuständigkeit hin. Die Rechtsprechung des EuGH ist vornehmlich innerhalb des EG-Rahmens verbindlich. Demgegenüber spielt der EuGH auf dem Feld der PJZS nur eine sehr begrenzte (s. Art. 35, Art. 40 EU-Vertrag), auf demjenigen der GASP überhaupt keine Rolle. Auch der Europäische Rat als das zwischenstaatliche Lenkungsgremium außer- und oberhalb des Gemeinschaftsrahmens unterliegt nicht der Rechtsprechung des EuGH (s. zu den diesbezüglichen Änderungen des Reformvertrags Kasten Reformvertrag 10). Innerhalb des EG-Systems ist der Gerichtshof allerdings von fundamentaler Bedeutung. Als letzte Entscheidungsinstanz ist er Garant einer funktions-

104 Vgl. Nugent, 2001, S. 13; Tholoniat, 2007, S. 27; Peterson, 2006, S. 97, 99 u. 100.
105 Vgl. Nugent, 2001, S. 15.
106 Vgl. McCormick, 2005, S. 104.
107 In diesem Abschnitt wird lediglich ein knappes Profil des EuGH vorgestellt. Kapitel 6 zur EU als Rechtsgemeinschaft erklärt die Grundlagen des europäischen Rechtssystems und die besondere Rolle, die der Gerichtshof darin spielt, ausführlich.

fähigen Rechtsgemeinschaft (s Kap. 6 zur EU als Rechtsgemeinschaft). Neben der Kommission ist der EuGH das zweite dezidiert supranationale Organ[108] und noch stärker als jene vor nationalstaatlichen Einflüssen geschützt.

4.5.1 Zusammensetzung

Der Gerichtshof besteht aus einem Richter je Mitgliedstaat (Art. 221 EG-Vertrag), derzeit also 27 Richtern, und acht[109] Generalanwälten. Zwar werden die Richter und Generalanwälte des EuGH alle sechs Jahre von den Regierungen der Mitgliedstaaten im gegenseitigen Einvernehmen ernannt, wobei Wiederernennungen möglich sind (Art. 223 EG-Vertrag), während ihrer Amtszeit können sie aber nicht von den Regierungen abberufen werden. Sollte ein Richter oder Generalanwalt seinen Verpflichtungen schon während seiner Amtszeit nicht mehr nachkommen können oder die Voraussetzungen für die Ausübung seines Amts nicht mehr erfüllen, kann nur der Gerichtshof selbst ihn per einvernehmlichen Beschluss seines Amtes entheben (Art. 6 Satzung des Gerichtshofs [SG]). Zu den Voraussetzungen, die ein Richter oder Generalanwalt erfüllen muss, zählt zum einen ein Höchstmaß an Unabhängigkeit und Unparteilichkeit, das die Ausübung eines politischen Amts oder eines Amts in einer Verwaltung sowie jede andere entgeltliche oder unentgeltliche Berufstätigkeit ausschließt (Art. 4 SG) und in einem Eid des Kandidaten vor Amtsantritt versichert werden muss (Art. 2 SG). Zum anderen muss jeder Kandidat die in seinem jeweiligen Mitgliedstaat erforderlichen Voraussetzungen für die höchsten richterlichen Ämter erfüllen oder ein Jurist von „anerkannt hervorragender Befähigung“ sein (Art. 223 EG-Vertrag). Die Neubesetzung der Richter und Generalanwälte erfolgt nicht auf einen Schlag. Vielmehr kommen alle drei Jahre abwechselnd vierzehn bzw. dreizehn Richter sowie jedes Mal vier Generalanwälte neu ins Amt bzw. werden wiederernannt. Ebenfalls alle drei Jahre wählen die Richter aus ihrer Mitte den Präsidenten des Gerichtshofs. Auch hier ist die Wiederwahl zulässig.

Außerdem ernennt der Gerichtshof seinen Kanzler für eine sechsjährige Amtsperiode. Der Kanzler ist zugleich Generalsekretär des Gerichtshofs, steht an der Spitze eines ausdifferenzierten Verwaltungsapparats und gemeinsam mit den entsprechenden Dienststellen unter der Aufsicht des Präsidenten. Zum administrativen Unterbau des EuGH zählen folgende

108 Vgl. Hartmann, 2001, S. 152.

109 Die Zahl der Generalanwälte kann auf Antrag des EuGH vom Rat einstimmig erhöht werden.

Dienststellen: *Wissenschaftlicher Dienst und Dokumentation*, *Presse und Information*, *Protokoll und Besuche*, *Innere Dienste und Informatik*, *Bibliothek*, *Dolmetscherabteilung* und *Übersetzungsdienst*. Insgesamt sind knapp 1.900 Beamte und Angestellte im EU-Gerichtswesen beschäftigt.[110]

Gericht erster Instanz und Gericht für den öffentlichen Dienst der EU

Neben dem Gerichtshof greifen zwei weitere europäische Gerichte auf die Dienste des gemeinsamen Verwaltungsapparats zurück, nämlich das *Gericht erster Instanz der Europäischen Gemeinschaften* (GeI) sowie das *Gericht für den öffentlichen Dienst der Europäischen Union*. Die beiden Gerichte wurden sukzessive – GeI 1989 und das Gericht für den öffentlichen Dienst der EU 2004 – zwecks Reduktion der Arbeitsbelastung des jeweils nächst höheren Gerichts gegründet. Hat das GeI mittlerweile als solches Einzug in den EG-Vertrag erhalten und soll folglich neben dem Gerichtshof die „Wahrung des Rechts bei der Auslegung und Anwendung dieses Vertrags" (Art. 220 EG-Vertrag) sichern, stellt das Gericht für den öffentlichen Dienst der EU lediglich die erste Verwirklichung der durch den Vertrag von Nizza eingeführten Möglichkeit, gerichtliche Kammern für Entscheidungen im ersten Rechtszug über bestimmte Kategorien von Klagen einzurichten (Art. 225a EG-Vertrag), dar und ist dem GeI beigeordnet.

4.5.2 Arbeitsweise

Der EuGH ist ein reaktives Organ und kann dementsprechend nur auf Grundlage einer Klage oder Anfrage tätig werden. In Kapitel 6.6 zum gemeinschaftlichen Rechtsschutz werden die wichtigsten Verfahren ausführlich behandelt. Der EuGH tagt in Kammern, die in der Regel aus drei bzw. fünf Richtern bestehen. In bestimmten Fällen tagt der Gerichtshof als Große Kammer, bestehend aus 13 Richtern, oder im Plenum (Art. 221 EG-Vertrag).[111] Jedes Verfahren vor dem EuGH beginnt mit dem Eingang einer Klage beim Kanzler und ist im Folgenden in ein schriftliches und ein mündliches Verfahren gegliedert (Art. 20 SG). Entscheidungen fällt der Gerichtshof in aller Regel einvernehmlich, wenn nötig aber auch mit einfacher Stimmenmehrheit. Dementsprechend kann

110 Vgl. Jahresbericht 2007, S. 262.

111 Für welche Fälle der Gerichtshof als Große Kammer oder als Plenum zusammentritt, ist der Satzung des Gerichtshofs (Art. 16) zu entnehmen.

der Gerichtshof, egal in welcher Kammer er zusammentritt, nur in der Besetzung mit einer ungeraden Zahl von Richtern rechtswirksam entscheiden (Art. 17 SG). Der für einen Fall zuständige Generalanwalt stellt Schlussanträge und formuliert einen konkreten Entscheidungsvorschlag, der für die Richter allerdings nicht bindend ist, wenn Sie ihm auch in vielen Fällen folgen. Eine besondere Rolle bei der Urteilsfindung innerhalb der Kammer kommt dem für jedes Verfahren vom Präsidenten des Gerichtshofs ernannten Berichterstatter zu. Er fasst die Ergebnisse der Verhandlung in Berichten zusammen und bringt die Urteilsentwürfe ein, auf deren Basis entschieden wird.[112] Die Verhandlungen des Gerichtshofs sind in der Regel öffentlich (Art. 31 SG), seine internen Beratungen aber „sind und bleiben geheim" (Art. 35 SG). Die Verhandlungen des EuGH werden in allen Amtssprachen der EU geführt und die Urteile entsprechend veröffentlicht. Die Arbeitssprache aber ist nach wie vor Französisch. Der Sitz des Gerichtshofs wie auch des GeI ist Luxemburg.

4.5.3 Zwischenfazit und Verortung im Institutionengefüge

Der EuGH erfüllt eine Doppelfunktion innerhalb des EU-Systems: Er ist gewissermaßen Verfassungsgericht und Verwaltungsgericht in einem: „Some of its competences are redolent of those of a constitutional court, while others are more like those of an administrative court."[113] Zudem fungiert er in speziellen Fällen als Schiedsgericht (z.B. Art. 239 EG-Vertrag) bzw. Gutachterinstanz (z.B. bei internationalen Abkommen Art. 300 Abs. 6 EG-Vertrag). Nicht zuletzt dank des innovativen Vorabentscheidungsverfahrens (s. Kap. 6.6) bildet er das zentrale Organ eines funktionierenden europäischen Rechtsschutzsystems und erfüllt die Funktion der obersten Berufungsinstanz im Mehrebenensystem gemeinschaftlicher Rechtsprechung.

Tatsächlich beschränkt sich die faktische Bedeutung des Gerichtshofs für die Gemeinschaft nicht auf die Rechtsaufsicht. Vielmehr hat der EuGH mit seinen bahnbrechenden Präzedenzurteilen (*van Gend & Loos*, *Costa/ E.N.E.L.* und *Cassis de Dijon* etc., vgl. Kap. 5.2 u. 6.2 EG-Vertrag) die Systemgestaltung entscheidend beeinflusst, mehr noch: Durch seine generell integrationsfreundliche Rechtsprechung hat der EuGH die supranationale Transformation des EG-Rechts und damit die *schleichende*

112 Dehousse, Renaud, 1998: The European Court of Justice. The Politics of Judicial Integration, Houndmills, S. 13.
113 Dehousse, 1998, S. 16.

Konstitutionalisierung[114] der Gemeinschaft maßgeblich vorangetrieben.[115] Auf der anderen Seite macht gerade die starke Rolle des EuGH immer wieder das Legitimitätsproblem supranationaler Rechtsprechung deutlich. Die entsprechende Wahrnehmung des EG-Systems als *government by judges* kennzeichnet den Widerstand, der sich mitunter bei nationalen Politikern als auch nationalstaatlichen Gerichten zeigt, wenn der EuGH die ihm zugewiesenen Kompetenzen in ihren Augen überschreitet.

Reformvertrag 2007 10: Europäischer Gerichtshof

Vertrag von Lissabon:
Der Gerichtshof heißt künftig *Gerichtshof der Europäischen Union* (Art. 13 EU-Vertrag, 6. Teil Titel 1 Kap. 1 Abschnitt 5 AEUV). Das Gericht erster Instanz heißt künftig nur noch Gericht.
Nach Inkrafttreten des Reformvertrags soll ein spezieller Ausschuss zu jedem Kandidaten, der das Amt eines Richters oder Generalanwalts beim Gerichtshof oder beim Gericht anstrebt, eine Stellungnahme abgeben. Die Regierungen der Mitgliedstaaten können die Richter und Generalanwälte folglich erst nach Anhörung des neuen Ausschusses benennen. Der Ausschuss wird wie folgt gebildet:
„Der Ausschuss setzt sich aus sieben Persönlichkeiten zusammen, die aus dem Kreis ehemaliger Mitglieder des Gerichtshofs und des Gerichts, der Mitglieder der höchsten einzelstaatlichen Gerichte und der Juristen von anerkannt hervorragender Befähigung ausgewählt werden, von denen einer vom Europäischen Parlament vorgeschlagen wird. Der Rat erlässt einen Beschluss zur Festlegung der Vorschriften für die Arbeitsweise und einen Beschluss zur Ernennung der Mitglieder dieses Ausschusses. Er beschließt auf Initiative des Präsidenten des Gerichtshofs." (Art. 255 AEUV)
Im Falle von Vertragsverletzungen durch die Mitgliedstaaten soll die Kommission künftig schon bei Klageerhebung nach Art. 258 AEUV dem EuGH die angemessene Höhe für ein Zwangsgeld mitteilen können (Art. 260 AEUV).
Mit dem Vertrag von Lissabon wird die Rechtsaufsicht erstmals auch auf den Europäischen Rat sowie alle anderen Stellen und Einrichtungen der EU ausgedehnt. Künftig sollen gegen den Europäischen Rat und die übrigen Einrichtungen wegen rechtswidriger Handlungen mit Drittwirkung Nichtigkeitsklagen (Art. 263 AEUV) und bei Vertragsverletzung durch Unterlassung Untätigkeitsklagen (Art. 265 AEUV) vor dem EuGH erhoben werden können.
Der Gerichtshof erhält die umfassende Zuständigkeit zur Rechtsaufsicht über den Bereich der PJZS, allerdings nicht über Maßnahmen der Polizei oder anderer Strafverfolgungsbehörden der Mitgliedstaaten oder die mitgliedstaatlichen Maßnahmen zur Aufrechterhaltung der öffentlichen Ordnung und den Schutz der inneren Sicherheit (Art. 276 AEUV).

114 „by transforming the Treaty of Rome into some kind of constitution", Dehousse, 1998, S. 1.

115 Vgl. Pierson, Paul, 1996: The Path to European Integration: A Historical-Institutionalist Analysis, in: Comparative Political Studies (2) 1996, S. 123-163 (134).

4.6 Weitere Organe und Gremien der Europäischen Union

4.6.1 Die Europäische Zentralbank

Die *Europäische Zentralbank*[116] (EZB) ist eine weitere einzigartige, supranationale Einrichtung der Europäischen Union. Sie gehört nicht zum in Artikel 7 des EG-Vertrags definierten Katalog der Gemeinschaftsorgane[117], sondern ihr kommt ein primärrechtlich verankerter Sonderstatus zu (Art. 8 EG-Vertrag). Ferner besitzt sie Rechtspersönlichkeit im Sinne des Völkerrechts (Art. 107 Abs. 2 EG-Vertrag). Die EZB ist eine junge Einrichtung, Anfang Juni 2008 hat sie ihr zehnjähriges Bestehen gefeiert. Sie wurde am 1. Juni 1998 mit dem Übergang eines Großteils der damaligen EU-Staaten zur dritten Stufe der *Wirtschafts- und Währungsunion* (WWU) durch den Rat in Zusammensetzung der Staats- und Regierungschefs aus der Taufe gehoben und ersetzte das erst vier Jahre zuvor im Rahmen der zweiten Stufe der WWU gegründete *Europäische Währungsinstitut* (EWI, Art. 123 Abs. 1-2 EG-Vertrag, s. auch Kap. 5.3 zur WWU).

Zusammensetzung

Auch die institutionelle Architektur betreffend die europäische Währungspolitik ist tatsächlich komplizierter, als es die verbreitete Wahrnehmung der EZB sowie auch die Überschrift dieses Abschnitts suggerieren. Denn auch die überstaatliche EZB ist eingebettet in einen intergouvernementalen[118] Rahmen, das *Europäische System der Zentralbanken* (ESZB, Art. 107 Abs. 1 EG-Vertrag), das sowohl die europäische als auch die nationalen Zentralbanken aller EU-Mitgliedstaaten umfasst. Da nicht alle EU-Staaten – derzeit nämlich nur 15 von 27 – an der dritten Stufe der WWU partizipieren und folglich den Euro als gemeinsames Zahlungsmittel haben, wird das aus dem Nebeneinander der Zentralbanken logisch resultierende Zweiebenensystem (Gemeinschaft und EU-Staaten) in der tat-

116 Die EZB ist nicht zu verwechseln mit der *Europäischen Investitionsbank* (EIB), die mittels Gewährung von Darlehen und Bürgschaften zur Investitionsförderung beiträgt (vgl. Art. 266 u. 267 EG-Vertrag).

117 Das ändert sich durch den Vertrag von Lissabon, s. Kasten Reformvertrag 11.

118 Eigentlich ist das Attribut hier irreführend und müsste durch „internationalen" ersetzt werden. Denn es gehört zu den vertraglich fixierten Bedingungen zum Eintritt in die dritte Stufe der WWU, dass auch die nationalen Zentralbanken regierungsunabhängige, also gewissermaßen *para-* oder *extragouvernementale*, Einrichtungen sein müssen (Art. 109 EG-Vertrag).

sächlichen Ausgestaltung der europäischen Währungspolitik zu einem Dreiebenensystem (Gemeinschaft, Eurostaaten und EU-Staaten). Eben dieser Logik des Europäischen Systems der Zentralbanken entspricht die Entscheidungsstruktur der EZB mit ihren drei Beschlussorganen:

- dem *Direktorium* (Art. 107 Abs. 3 EG-Vertrag), bestehend aus dem Präsidenten der EZB, dem Vizepräsidenten sowie vier weiteren Mitgliedern,
- dem *EZB-Rat* (s.o.), bestehend aus den Mitgliedern des Direktoriums sowie den Präsidenten der nationalen Zentralbanken der Eurostaaten,
- und dem *Erweiterten Rat der EZB* (Art. 123 Abs. 3 EG-Vertrag, Art. 45 ESZB/EZB-Satzung), der sich aus dem EZB-Präsidenten, dem Vizepräsidenten sowie den Präsidenten der nationalen Zentralbanken aller EU-Staaten zusammensetzt.[119]

In Abbildung 11 ist der komplizierte institutionelle Aufbau der EZB – bzw. des ESZB anschaulich wiedergegeben.

Die insgesamt sechs Mitglieder des Direktoriums der EZB, also einschließlich des Präsidenten und des Vizepräsidenten, werden vom Rat in der Zusammensetzung der Staats- und Regierungschefs nach Empfehlung durch den EcoFin-Ministerrat und nach Anhörung des EZB-Rats sowie des Europäischen Parlaments einvernehmlich für eine Dauer von acht Jahren ernannt (s. hierzu Kasten Reformvertrag 11). Die Kandidaten müssen „aus dem Kreis der in Währungs- oder Bankfragen anerkannten und erfahrenen Persönlichkeiten“ stammen und Staatsangehörige der Mitgliedstaaten sein (Art. 112 Abs. 2 EG-Vertrag). Ein besonderes Augenmerk liegt auf der Weisungsunabhängigkeit der Mitglieder des Direktoriums. So üben sie ihre Tätigkeit hauptamtlich aus und dürfen daneben keinen anderen Beruf haben. Außerdem können sie ausschließlich durch den Europäischen Gerichtshof auf Antrag des Direktoriums oder des EZB-Rats ihres Amtes enthoben werden (Art. 11.4 ESZB/EZB-Satzung). Zuletzt ist die Wiederernennung ausscheidender Mitglieder nicht zulässig, wodurch deren Unabhängigkeit noch einmal gestärkt wird. Denn, wer weder abberufen noch wiederernannt werden kann, braucht sich niemandem anzudienen und erreicht ein entsprechend hohes Maß an Unabhängigkeit.

119 Auch die übrigen Mitglieder des Direktoriums können am Erweiterten EZB-Rat teilnehmen, haben dort aber kein Stimmrecht.

Abbildung 12: Institutioneller Aufbau EZB/ESZB

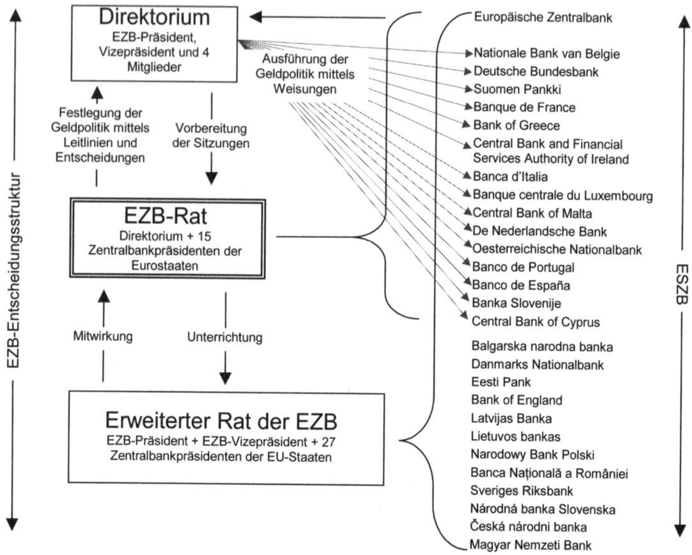

Quelle: eigene Darstellung nach Informationen unter http://www.ecb.eu (letzter Zugriff: 24.6.2008)

Reformvertrag 2007 11: Europäische Zentralbank

Vertrag von Lissabon:
Die Europäische Zentralbank erhält den Status eines *Organs der Union* und wird im entsprechenden Katalog neben Parlament, Rat, Europäischem Rat, Kommission, Gerichtshof und Rechnungshof genannt (Art. 13 Abs. 1 EU-Vertrag).
Die Mitglieder des Direktoriums werden künftig vom Europäischen Rat auf Empfehlung des Rates nach Anhörung des Parlaments und des EZB-Rats mit qualifizierter Mehrheit ernannt. Bisher war eine einvernehmliche Auswahl durch die Staats- und Regierungschefs nötig:
„[...] Der Präsident, der Vizepräsident und die weiteren Mitglieder des Direktoriums werden vom Europäischen Rat auf Empfehlung des Rates, der hierzu das Europäische Parlament und den Rat der Europäischen Zentralbank anhört, aus dem Kreis der in Währungs- oder Bankfragen anerkannten und erfahrenen Persönlichkeiten mit qualifizierter Mehrheit ausgewählt und ernannt. [...]“ (Art. 283 Abs. 2 AEUV)

Überhaupt ist die Unabhängigkeit der oberste Grundsatz des gesamten ESZB. Weder die EZB noch die nationalen Zentralbanken dürfen Weisungen von Einrichtungen der Gemeinschaft, den nationalen Regierungen oder sonstigen Stellen annehmen oder einfordern. Auch die Gemeinschaftsorgane sowie die mitgliedstaatlichen Regierungen verpflichten sich ihrerseits, diesen Grundsatz zu achten (Art. 108 EG-Vertrag). Ohnedies ist es eine vertraglich fixierte Zugangsvoraussetzung zur dritten Stufe der WWU, dass die Unabhängigkeit der jeweiligen nationalen Zentralbank gewährleistet ist (Art. 109 EG-Vertrag). Somit ist auch sichergestellt, dass die Mitglieder des obersten Beschlussorgans der EZB, des EZB-Rats, allesamt weisungsunabhängig sind. Da der EZB-Rat mit wachsender Zahl der Eurostaaten immer mehr Mitglieder aufnehmen muss, ist für die Zeit, da die Anzahl der Eurostaaten 15 übersteigt, ein kompliziertes Rotationsverfahren für das jeweilige Stimmrecht der Zentralbankpräsidenten vorgesehen (Art. 10 ESZB/EZB-Satzung), bei dem die Anzahl der stimmberechtigten Mitglieder bei 21 (15 stimmberechtigte Präsidenten und sechs Mitglieder des Direktoriums) eingefroren wird (Art. 10 ESZB/EZB-Satzung). Nicht stimmberechtigt sind schon heute der Präsident des Ministerrats oder ein Mitglied der Kommission, wenn sie von ihrem Recht Gebrauch machen, an den Sitzungen des EZB-Rats teilzunehmen. Der Vorsitzende des Ministerrats ist allerdings befugt, Anträge zur Beratung zu stellen (Art. 113 EG-Vertrag).

An der Spitze der EZB steht – öffentlich sichtbar – der Präsident der Europäischen Zentralbank, seit November 2003 bekleidet der Franzose Jean-Claude Trichet dieses Amt. Wird der Präsident auch auf dem gleichen Wege ernannt wie die übrigen Mitglieder des Direktoriums, so hat er doch eine herausgehobene Stellung inne. Er führt den Vorsitz im Direktorium sowie im EZB-Rat (Art. 13.1 ESZB/EZB-Satzung). Bei Stimmengleichheit in einem der beiden Gremien entscheidet seine Stimme (Art. 10.2 u. 11.5 ESZB/EZB-Satzung). Er repräsentiert die EZB nach außen und insbesondere in den Beziehungen zu anderen Organen der EU.[120] Er stellt den übrigen Organen den obligatorischen Jahresbericht vor und wird zu Tagungen des Rats eingeladen, wenn Themen des ESZB auf der Tagesordnung stehen (Art. 113 Abs. 2 EG-Vertrag). Unterhalb des Direktoriums ist ein Verwaltungsapparat mit elf nach Funktionen und Sachgebieten gegliederten Generaldirektionen für den reibungslosen Ablauf der Arbeit zuständig.

120 Vgl. McNamara, Kathleen R., 2006: Managing the Euro. The European Central Bank, in: Peterson, John/Shackleton, Michael (Hrsg.): The institutions of the European Union, Oxford, S. 169-189.

Arbeitsweise und Entscheidungsfindung

Der EZB-Rat ist das oberste Beschlussorgan der EZB. In seinen zweimal monatlich stattfindenden Sitzungen verabschiedet er verbindliche Rechtsakte[121] und legt die Geldpolitik für die Eurozone fest. Auf der Grundlage der Entscheidungen und Leitlinien des EZB-Rats ist das Direktorium für die Ausführung der Geldpolitik zuständig und erteilt den nationalen Zentralbanken die erforderlichen Weisungen (Art. 12.1 ESZB/EZB-Satzung). Außerdem führt es die laufenden Geschäfte der EZB und bereitet die Sitzungen des EZB-Rats vor (Art. 11.6 bzw. 12.2 ESZB/EZB-Satzung).[122] Beide Gremien entscheiden in der Regel mit einfacher Stimmenmehrheit, wobei das Votum des Präsidenten bei Stimmengleichheit den Ausschlag gibt (Art. 10.2 u. Art. 11.5 ESZB/EZB-Satzung). Die internen Beratungen in den Gremien sind in aller Regel vertraulich, und die Protokolle werden nicht veröffentlicht. Allerdings unterliegt die EZB einer Reihe von Berichtspflichten, die im EG-Vertrag respektive in der Satzung verankert sind. So muss die EZB dem Rat, der Kommission und dem Parlament einen Jahresbericht zur Tätigkeit des ESZB vorlegen (Art. 113 Abs. 3 EG-Vertrag). Hinzu kommen monatliche Berichte sowie wöchentliche konsolidierte Bilanzen des ESZB (Art. 15 ESZB/EZB-Satzung).

Gegenüber den anderen beiden Beschlussorganen spielt der Erweiterte Rat der EZB eine äußerst gering Rolle. Laut Satzung (Art. 47 ESZB/EZB-Satzung) kann er an zahlreichen Aktivitäten der EZB-Gremien, insbesondere bei der Erfüllung ihrer Beratungsfunktionen, mitwirken, hat aber keine wesentlichen Entscheidungskompetenzen. Die Europäische Zentralbank hat ihren Sitz in Frankfurt am Main, ihre Arbeitssprache ist Englisch.

Funktionen

Die derzeit fünfzehn Mitgliedstaaten der Eurozone haben die Zuständigkeit für die Geld- und Währungspolitik auf die europäische Ebene übertragen. Hier erfüllt das ESZB bzw. die EZB als das handlungsfähige Organ die entsprechenden Aufgaben – also die Ausgabe von Banknoten, die Festlegung der Leitzinsen, die Geldmengensteuerung, den Devisenhandel etc.

121 Nämlich allgemein verbindliche Verordnungen oder für die jeweiligen Adressaten verbindliche Entscheidungen, oder gibt Empfehlungen und Stellungnahmen ab (Art. 110 EG-Vertrag, zur Typologie der Rechtsakte s. Kap. 6.5)

122 Vgl. McNamara, 2006, S. 175.

(vgl. Art. 105 Abs. 2 EG-Vertrag sowie Art. 17-24 ESZB/EZB-Satzung) – mit dem vorrangigen Ziel der Preisstabilität im Euroraum. Alle Aktivitäten sind der Inflationsbekämpfung untergeordnet, die Verfolgung anderer Ziele, wie die Unterstützung der allgemeinen Wirtschaftspolitik in der Gemeinschaft, sind nur möglich, soweit sie das Primärziel der Preisstabilität nicht beeinträchtigen (vgl. Art. 105 Abs. 1 EG-Vertrag). Daneben hat die Europäische Zentralbank beratende Funktionen und muss z.B. bei der Vorbereitung von Rechtsakten in ihrem Politikbereich gehört werden (Art. 105 Abs. 4 EG-Vertrag). Die EZB verfügt über das Klagerecht vor dem EuGH (Art. 230 EG-Vertrag) sowie einen eigenen Haushalt (Art. 27.2 ESZB/EZB-Satzung).

Anders als in Währungsfragen spielt die EZB im Rahmen der Wirtschaftsunion nur die Rolle eines „sachkundige[n] Kommentator[s]“[123], während der EcoFin-Rat hier die Fäden in der Hand hält. Sind die Aufgaben und Entscheidungskompetenzen der EZB auch weitgehend auf den Bereich der Währungspolitik begrenzt, so ist ihr Handlungsspielraum auf diesem Feld doch ausgesprochen groß, und sie agiert darin in nahezu beispielloser Unabhängigkeit.

Zwischenfazit

Institutionelle Unabhängigkeit und restriktive Geldpolitik lassen ein klares Vorbild der EZB erkennen: die deutsche Bundesbank. In der Tat haben sich die Väter der WWU am deutschen Vorbild orientiert (s. hierzu ausführlich Kap. 5.3). Allerdings geht das Maß der Unabhängigkeit im Falle der EZB noch weit über alle nationalen und historischen Maßstäbe hinaus, weil der Europäischen Zentralbank keine Regierung mit den entsprechenden Möglichkeiten zur Steuer- und Haushaltspolitik gegenübersteht.[124] McNamara bezeichnet die EZB zu Recht als „the most independent central bank in the world“[125]. Der technokratische Charakter dieses „aréopage de banquiers“[126] mit seinem umfassenden Kompetenzkatalog und seiner intransparenten Entscheidungsfindung löst dabei nicht nur demokratiethe-

123 Wessels, 2008, S. 322.
124 Vgl. ebd., S. 319 sowie McNamara, 2006, S. 178.
125 McNamara, 2006, S. 185.
126 Diese Bezeichnung geht auf den französischen sozialistisch-souveränistischen EU-Kritiker Chevènement zurück: Chevènement, Jean-Pierre, 2005: Pour l'Europe votez non! Paris, S. 41.

oretische Bedenken aus[127], sondern ist auch immer wieder Gegenstand wirtschaftspolitisch motivierter Kritik.

4.6.2 Beratende Ausschüsse: Wirtschafts- und Sozialausschuss und Ausschuss der Regionen

Für die europäischen Entscheidungsorgane an der Spitze des Mehrebenensystems ist es von besonderer Bedeutung, die organisierten Interessen in den Politikgestaltungsprozess einzubeziehen. Zu diesem Zweck wurde bereits mit der Gründung der Europäischen Wirtschaftsgemeinschaft (EWG) 1958 ein *Wirtschafts- und Sozialausschuss* (WSA, engl. Ecosoc) eingerichtet, der als gemeinschaftliches Forum für die Akteure der Interessenvertretung im sozioökonomischen Bereich dienen sollte. Nach demselben Bauplan[128] wurde ganze 35 Jahre später, als die europäische Integration mit dem Vertrag von Maastricht 1992/93 in neue politische Sphären vorstieß, ein zweiter beratender Ausschuss, diesmal zur Einbindung der Interessenvertreter der regionalen und lokalen Gebietskörperschaften und im Sinne der Subsidiarität und Bürgernähe, gegründet: der *Ausschuss der Regionen* (AdR). Da Konstruktion und Funktionsweise der beiden Ausschüsse weitestgehend denselben Mustern folgen, werden sie hier gemeinsam behandelt. Freilich wird bei entsprechender Gelegenheit auf bestehende Unterschiede hingewiesen.

Zusammensetzung

WSA und AdR haben jeweils 344 Mitglieder, wobei für beide Ausschüsse eine maximale Mitgliederzahl von 350 vertraglich festgeschrieben ist (vgl. Art. 258 bzw. 263 EG-Vertrag). Auch die Sitze dieser beiden Gremien sind degressiv proportional nach Bevölkerungszahl auf die Mitgliedstaaten verteilt, wobei das größte mögliche Kontingent 24, das kleinste fünf Sitze umfasst. Tabelle 7 gibt die Verteilung in beiden Ausschüssen wieder. Die Mitglieder von WSA und AdR sind weisungsunabhängig. Sie werden alle vier Jahre vom Rat mit qualifizierter Mehrheit auf Vorschlag der Mitgliedstaaten ausgewählt (Art. 259 bzw. Art. 263 EG-Vertrag). Die Ernennung

127 Vgl. Dyson, Kenneth, 2003: Die Wirtschafts- und Währungsunion als Prozess der Europäisierung, in: Jachtenfuchs, Markus/Kohler-Koch, Beate (Hrsg.): Europäische Integration, Wiesbaden, S. 449-478 (464).

128 Vgl. Jeffery, Charlie, 2006: Social and regional interests. The economic and social committee and committee of the regions, in: Peterson, John/Shackleton, Michael (Hrsg.): The institutions of the European Union, Oxford, S. 312-329 (313).

der Kandidaten für den WSA erfolgt nach Anhörung der Kommission. Für den AdR wird neben den Mitgliedern eine gleich große Anzahl von Stellvertretern ernannt. In allen Fällen ist die Wiederernennung zulässig. Die Mitglieder des WSA sind „Vertreter[] der wirtschaftlichen und sozialen Bereiche der organisierten Zivilgesellschaft" (Art. 257 EG-Vertrag). In der Praxis erfolgt die Verteilung der Sitze auf drei große Lager: Arbeitgeber, Arbeitnehmer sowie sonstige Interessen (z.B. der Landwirte, Kaufleute, Verbraucher, Freiberufler etc.). Die Vertreter im AdR sind in der Regel Mandats- oder Amtsträger der regionalen und lokalen Gebietskörperschaften (für Deutschland z.B. Länderminister, Staatssekretäre, Landtagsabgeordnete, Bürgermeister oder gar Ministerpräsidenten). Das Abgeordnetenmandat im Europäischen Parlament ist allerdings nicht mit der Mitgliedschaft im AdR kompatibel (vgl. Art. 263 EG-Vertrag).

Tabelle 7: Sitzverteilung WSA/AdR

Mitgliedstaaten	Anzahl der Sitze in WSA und AdR
Deutschland, Frankreich, Italien, Vereinigtes Königreich	24
Polen, Spanien	21
Rumänien	15
Belgien, Bulgarien, Griechenland, Niederlande, Österreich, Portugal, Schweden, Tschechische Republik, Ungarn	12
Dänemark, Finnland, Irland, Litauen, Slowakei	9
Estland, Lettland, Slowenien	7
Luxemburg, Zypern	6
Malta	5
insg.	344

Quelle: eigene Darstellung

Sowohl WSA als auch AdR wählen alle zwei Jahre aus ihrer Mitte einen Präsidenten und ein Präsidium. Das jeweilige Präsidium leitet die Arbeiten des Ausschusses und wird dabei durch ein Generalsekretariat unterstützt. Einige Dienststellen werden von beiden Ausschüssen gemeinsam genutzt.

WSA und AdR werden durch ihren jeweiligen Präsidenten auf Antrag von Rat oder Kommission einberufen oder treten von sich aus zusammen. Zur Entscheidung reicht die einfache Stimmenmehrheit im Plenum. Allerdings herrscht in beiden Gremien nicht zuletzt aufgrund der jeweiligen heterogenen Zusammensetzung starkes Konsensstreben. Die Mitglieder des WSA kommen in der Regel jährlich zu neun Plenartagungen zusammen. Die Entscheidungen werden in den sechs themenspezifischen Fachgruppen[129] vorbereitet. Im AdR heißen die vergleichbaren Gruppen Fachkommissionen, und auch von ihnen gibt es sechs, die sich mit politischen Inhalten befassen.[130] Daneben hat sich der Großteil der Mitglieder im AdR auch nach politischen Fraktionen gruppiert. Aktuell gibt es vier parteipolitische Formationen im AdR, nämlich: die *Sozialdemokratische Partei Europas* (SPE), die *Europäische Volkspartei* (EVP), die *Fraktion der Allianz der Liberalen und Demokraten für Europa* (ALDE) und die *Europäische Allianz* (UEN-EA). Im Jahr 2007 kam der AdR zu fünf Plenartagungen zusammen. Der Sitz beider Ausschüsse ist Brüssel.

Das zentrale Instrument sowohl des WSA als auch des AdR ist die Stellungnahme. Dabei unterscheiden sich die Stellungnahmen der beiden Organe nach ihrer Veranlassung. In einigen Politikbereichen sind Rat und Kommission zur Anhörung des jeweiligen Ausschusses verpflichtet (*obligatorische Konsultation*). Daneben gibt es die Möglichkeit zur *fakultativen Konsultation* eines der beiden Ausschüsse durch Rat, Kommission und auch das Europäische Parlament. Diese Möglichkeit erstreckt sich auf alle Politikbereiche. Ob fakultativ oder obligatorisch, Rat und Kommission können dem jeweiligen Ausschuss für die Vorlage seiner Stellungnahme eine Frist von mindestens einem Monat setzen. Sowohl WSA als auch AdR können zu jedem beliebigen Zeitpunkt und in allen Fällen von sich aus

129 1. Binnenmarkt, Produktion und Verbrauch (INT); 2. Verkehr, Energie, Infrastrukturen, Informationsgesellschaften (TEN); 3. Landwirtschaft, ländliche Entwicklung, Umweltschutz (NAT); 4. Wirtschafts- und Währungsunion, wirtschaftlicher und sozialer Zusammenhalt (ECO); 5. Beschäftigung, Sozialfragen, Unionsbürgerschaft (SOC); 6. Außenbeziehungen (REX).

130 1. Commission on Territorial Cohesion (COTER); 2. Commission for economic and social policy (ECOS); 3. Commission for sustainable development (DEVE); 4. Commission for culture, education and research (EDUC); 5. Commission for Constitutional Affairs, European Governance, and the Area of Freedom, Security and Justice (CONST); 6. Commission for External Relations and Decentralized Cooperation (RELEX); außerdem eine siebte für Verwaltungs- und Finanzfragen: 7. Committee for Administrative and Financial Affairs (CAFA).

Stellungnahmen abgeben. Insgesamt hat der WSA allein im Jahr 2007 188 Stellungnahmen übermittelt, beim AdR waren es im selben Zeitraum 38.[131]

Funktionen, Dysfunktionen und Verortung im Institutionengefüge

In keinem der genannten Fälle sind die Stellungnahmen von WSA und AdR in irgendeiner Weise verbindlich. Für den WSA folgert Jeffery:

> „The right to give opinions did and does not extend to a right to have those opinions heard. Neither Commission nor Council (nor Parliament) is obliged to give feedback on Ecosoc opinions, let alone take them into account."[132]

Im institutionellen Gefüge der EU haben die beiden Ausschüsse einen Sonderstatus als beratende Organe inne, der sich im EG-Vertrag (Art.7) deutlich manifestiert. Auch wenn beide Ausschüsse also auf ihre Beratungsfunktionen beschränkt sind[133], ihre nicht nur im Vergleich zu den anderen EU-Organen, sondern auch und vor allem zu den ursprünglich an sie gestellten Erwartungen geringe faktische Bedeutung hat andere Gründe, wie z.B. die heterogene Zusammensetzung beider Ausschüsse. Bis heute besitzt keines der beiden Organe das Klagerecht vor dem EuGH, wenngleich der AdR gemäß den Bestimmungen des Reformvertrags das eingeschränkte Recht zur Nichtigkeitsklage erhalten soll. Außerdem kennt der stetig wachsende intermediäre Betrieb in Brüssel, bestehend aus Parteien, Verbänden, Nichtregierungsorganisationen, Medien, Unternehmen, *Think Tanks*, Lobby-Agenturen, Beratungsfirmen, Anwaltskanzleien und Regionalvertretungen[134] heute andere, in der Regel direktere und effektivere Kanäle, um Interessen in den europäischen Entscheidungsprozess einzubringen.[135] Aus der Perspektive der Interessenvertreter bzw. -vermittler ist der (Um-)Weg über den anachronistisch anmutenden, korporatistisch

131 Vgl. Jahresbericht 2007, S. 265 u. 267.

132 Jeffery, 2006, S. 321.

133 Für den AdR sahen die deutschen Bundesländer, die die Innovation maßgeblich initiierten, ursprünglich legislative Kompetenzen und die Stellung als dritte Kammer der Gesetzgebung vor.

134 Nach verbreiteten Schätzungen gehen heute ca. 20.000 Lobbyisten in Brüssel ihrer Tätigkeit nach, vgl. Greenwood, Justin, 2007: Interest Representation in the European Union, Basingstoke.

135 Vgl. Linsenmann, Ingo, 2007: Europäischer Wirtschafts- und Sozialausschuss, in: Weidenfeld, Werner/Wessels, Wolfgang (Hrsg.): Europa von A bis Z. Taschenbuch der europäischen Integration, 10. Aufl., Bonn, S. 226-228 (228).

angelegten WSA[136] oder den übermäßig heterogenen AdR also bestenfalls ein Weg von vielen.[137]

4.7 Fazit

In den vorangegangenen Abschnitten haben wir das EU-System in seine Organe zerlegt und diese einzeln vorgestellt. Die einzelnen Profile haben wir wiederum methodisch gegliedert, haben für jedes Organ seine Zusammensetzung, seine Arbeitsweise und seine wesentlichen Funktionen behandelt. Wenn die Ausführungen an einigen Stellen trotz dieser analytischen Anstrengungen kompliziert oder technisch erscheinen, so liegt das nicht zuletzt am komplexen Gegenstand selbst. Die Gesetzgebungsfunktion des Europäischen Parlaments, die Abstimmungsverfahren im Rat und das Ausschusswesen zur Kontrolle der Kommission, die Komitologie, sind die besten Beispiele für die überbordende Komplexität des EU-Systems, die den ungeschulten Betrachter notwendigerweise überfordert und die sich im verbreiteten Ruf nach mehr Transparenz als einem Element einer nahezu überlebenswichtigen Legitimitätsstrategie manifestiert (s. Kap. 8.3). Für ein tiefgehendes Verständnis des EU-Systems wird dieses Kapitel kaum ausreichen, hierfür ist ein langes Studium erforderlich, aber die kleine Institutionenkunde bietet ein solides Fundament, um die Europäische Union nun wieder als Ganze in den Blick zu nehmen und sie in den folgenden Kapiteln aus verschiedenen Hinsichten, als Wirtschafts-, als Rechts- und als Wertegemeinschaft, zu betrachten. Die EU als Ganze stellt zum Abschluss dieses Kapitels auch die Abbildung 13 dar. In ihr werden die wesentlichen Züge des EU-Systems noch einmal deutlich: die zwei Legitimationswege zur europäischen Entscheidungsfindung über Rat und Parlament, die Kommission, von jenem kontrolliert, vor diesem verantwortlich, als bürokratische Mittlerin im Zentrum, der Europäische Rat als übergeordnetes Organ der Systemgestaltung, der Gerichtshof als Rechtsprechungsinstanz im Dienste der Gemeinschaft und die Europäische Zentralbank, die *Hohe Behörde* der Geldpolitik.

136 „Europe's corporatist institution" Jeffery, 2006, S. 323; s. auch ebd., S. 314 u. 324.
137 Vgl. Wessels, 2008, S. 290; Jeffery, 2006, S. 328.

Abbildung 13: Organigramm des EU-Systems

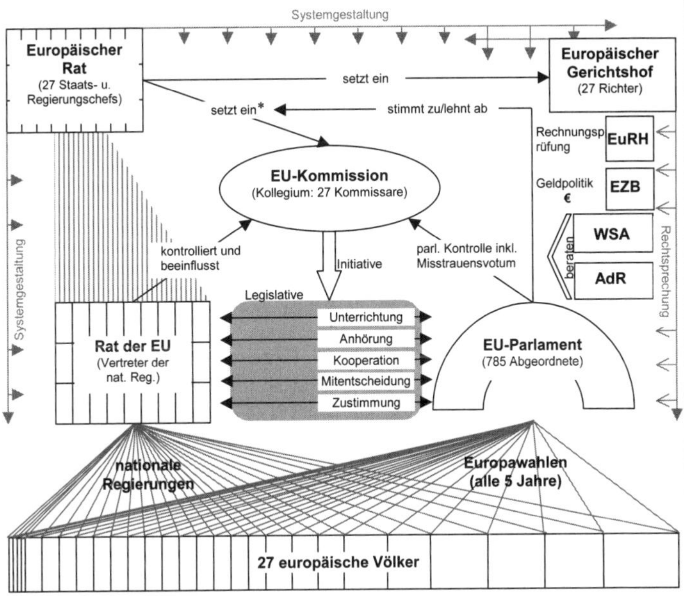

Quelle: eigene Darstellung

* Vereinfachte Darstellung: Tatsächlich werden die Mitglieder der Kommission vom Rat in Zusammensetzung der Staats- und Regierungschefs ernannt.

Einführende Literatur:

Hartmann, Jürgen, 2001: Das politische System der Europäischen Union. Eine Einführung, Frankfurt a. M. (Kommentar s. Kap. 3)

Hix, Simon, 2005: The Political System of the European Union, 2. Aufl., Houndmills u.a. (Kommentar s. Kap. 3)

Kohler-Koch, Beate/Conzelmann, Thomas/Knodt, Michèle, 2004: Europäische Integration – Europäisches Regieren, Wiesbaden. (Kommentar s. Kap. 3)

Mathieu, Jean-Luc, 2006: L'Union européenne, Paris. (eine knappe Einführung im ausgezeichneten Format der Reihe *Que-sais-je?*, die einen in gewisser Hinsicht typisch französischen Blick auf die EU wirft)

McCormick, John, 2005: Understanding the European Union. A Concise Introduction, Houndmills. (McCormick bietet einen kurzen, pointierten Einblick in das institutionelle Gefüge der EU.)
Nugent, Neill, 2007: The Government and Politics of the European Union, 6. Aufl., Durham. (umfangreiches Lehrbuch, mittlerweile in sechster Aufl. erschienen)
Peterson, John/Shackleton, Michael (Hrsg.), 2002: The institutions of the European Union, Oxford. (Dieser einzigartige Sammelband enthält zu jedem EU-Organ einen erkenntnisreichen Beitrag. Die Lektüre sei unbedingt empfohlen.)
Pollak, Johannes/Slominski, Peter, 2006: Das politische System der EU, Wien. (knappe Einführung in das politische System der EU)
Tömmel, Ingeborg, 2006: Das politische System der EU, München, 3. Aufl. (Kommentar s. Kap. 3)
Wallace, Helen/Wallace, William/Pollack, Mark A. (Hrsg.), 2005: Policy-Making in the European Union, 5. Aufl., Oxford. (sehr empfehlenswertes Standardwerk zur EU)
Wessels, Wolfgang, 2008: Das politische System der Europäischen Union, Wiesbaden. (Im Band enthalten ist u.a. ein detaillierter Überblick über die die Organe der EU.)

Weiterführende Literatur und Dokumente:

Beyme, Klaus von, 1999: Die parlamentarische Demokratie. Entstehung und Funktionsweise, 3. Aufl., Wiesbaden. (ein Standardwerk der Parlamentarismusforschung, noch dazu sehr lesenswert)
Chevènement, Jean-Pierre, 2005: Pour l'Europe votez non! Paris.
Decker, Frank, 2002: Parlamentarisch, präsidentiell oder semi-präsidentiell? Der Verfassungskonvent ringt um die künftige institutionelle Gestalt Europas, in: Aus Politik und Zeitgeschichte (1-2) 2002, S. 16-23. (aufschlussreicher Debattenbeitrag, der auch nach dem Scheitern der EU-Verfassung noch lesenswert ist)
Dehousse, Renaud, 1998: The European Court of Justice. The Politics of Judicial Integration, Houndmills. (herausragendes Standardwerk zum EuGH)
Dreischer, Stephan, 2003: Das Europäische Parlament. Eine Funktionenbilanz, in: Patzelt, Werner J. (Hrsg.): Parlamente und ihre Funktionen. Institutionelle Mechanismen und institutionelles Lernen im Vergleich, Wiesbaden, S. 213-272. (Dieser ausgesprochen kenntnisreiche Überblick über die Funktionen des Europäischen Parlaments stellt seine Leitidee in den Mittelpunkt.)
Dyson, Kenneth, 2003: Die Wirtschafts- und Währungsunion als Prozess der Europäisierung, in: Jachtenfuchs, Markus/Kohler-Koch, Beate (Hrsg.): Europäische Integration, Wiesbaden, S. 449-478. (ebenso kenntnis- wie voraussetzungsreiche, kritische Untersuchung der WWU; sehr lesenswert)

Europäische Kommission, 2005: Strategische Ziele 2005-2009. Europa 2010: Eine Partnerschaft für die Erneuerung Europas. Wohlstand, Solidarität und Sicherheit, KOM/2005/12.

Dies., 2008: Gesamtbericht über die Tätigkeit der Europäischen Union 2007, Brüssel/Luxemburg.

Europäischer Rat, 2002: Schlussfolgerungen des Vorsitzes, Sevilla, 21. und 22. Juni 2002.

Greenwood, Justin, 2007: Interest Representation in the European Union, 2. Aufl., Basingstoke.

Hix, Simon, 2006: Parteien, Wahlen und Demokratie in der EU, in: Jachtenfuchs, Markus/Kohler-Koch, Beate (Hrsg.): Europäische Integration, Wiesbaden, S. 151-180. (ein ausgezeichneter Beitrag zum Verständnis von Parteien und Wahlen auf europäischer Ebene)

Linsenmann, Ingo, 2007: Europäischer Wirtschafts- und Sozialausschuss, in: Weidenfeld, Werner/Wessels, Wolfgang (Hrsg.): Europa von A bis Z. Taschenbuch der europäischen Integration, 10. Aufl., Bonn, S. 226-228. (informatives Kurzprofil des WSA)

Mittag, Jürgen, 2007: Ausschuss der Regionen, in: Weidenfeld, Werner/Wessels, Wolfgang (Hrsg.): Europa von A bis Z. Taschenbuch der europäischen Integration, 10. Aufl., Bonn, S. 74-76. (knappes Profil des AdR)

Nugent, Neill, 2001: The European Commission, Houndmills. (eine hervorragende Monographie über die EU-Kommission)

Patzelt, Werner J., 2003: Parlamente und ihre Funktionen. Institutionelle Mechanismen und institutionelles Lernen im Vergleich, Wiesbaden. (besonders lesenswerte, allgemeine Darstellung der Parlamentsfunktionen)

Pierson, Paul, 1996: The Path to European Integration: A Historical-Institutionalist Analysis, in: Comparative Political Studies (2) 1996, S. 123-163.

Putnam, Robert D., 1988: Diplomacy and domestic politics: the logic of two-level games, in: International Organization (3) 1988, S. 427-460.

Rat der Europäischen Union, 2004: Geschäftsordnung des Rates, in: Amtsblatt der Europäischen Union L 106 vom 15.4.2004.

Rittberger, Volker/Zangl, Bernhard (Hrsg.): Internationale Organisationen – Politik und Geschichte. Europäische und weltweite internationale Zusammenschlüsse, Opladen 2003, 3. Aufl. (Kommentar s. Kap. 3)

Spence, David/Edwards, Geoffrey (Hrsg.), 2006: The European Commission, 3. Aufl., London. (Der lesenswerte Band bietet ein ausführliches Profil der Europäischen Kommission.)

Steffani, Winfried, 1983: Zur Unterscheidung parlamentarischer und präsidentieller Regierungssysteme, in: Zeitschrift für Parlamentsfragen (3) 1983, S. 390-401. (In diesem knappen Beitrag stellt Steffani seine bekannte Distinktion der Regierungssysteme vor.)

Tenscher, Jens, 2005a: Wahl-Kampf um Europa. Eine Einführung, in: ders. (Hrsg.): Wahl-Kampf um Europa. Analysen aus Anlass der Wahlen zum Europäischen Parlament 2004, Wiesbaden, S. 7-28.

Ders., 2005b: Mit halber Kraft voraus! Parteienkampagnen im Europawahlkampf 2004, in: ders. (Hrsg.): Wahl-Kampf um Europa. Analysen aus Anlass der Wahlen zum Europäischen Parlament 2004, Wiesbaden, S. 30-55. (hervorragender Aufsatz zu den letzten Europawahlen)

Tholoniat, Luc, 2007: The European Commission: An introduction, in: Fischer, Robert/Karrass, Anne/Kröger, Sandra (Hrsg.): Die Europäische Kommission und die Zukunft der EU. Ideenfabrik zwischen europäischem Auftrag und nationalen Interessen, Opladen, S. 21-38. (ausgesprochen informativer und aktueller Beitrag aus der Kommissionspraxis)

Töller, Annette Elisabeth, 2002: Komitologie. Theoretische Bedeutung und praktische Funktionsweise von Durchführungsausschüssen der Europäischen Union am Beispiel der Umweltpolitik, Opladen.

Fragen zur Diskussion:

- Welche zwei Wege der demokratischen Legitimation kennt das EU-System?
- Wie setzt sich das Europäische Parlament zusammen?
- Welche Funktionen hat das Europäische Parlament? Welche Rolle spielt es im EU-System?
- Wie setzen sich der Rat der Europäischen Union und der Europäische Rat zusammen?
- Nach welchen Abstimmungsregeln entscheidet der Rat?
- Welche Funktionen hat der Rat der Europäischen Union? Welche Rolle spielt er im EU-System? Welche Funktionen hat der Europäische Rat? Welche Rolle spielt er im EU-System? Wie setzt sich die Europäische Kommission zusammen?
- Welche Besonderheiten gelten bei der Wahl des Kommissionspräsidenten?
- Worum handelt es sich bei der sog. *Komitologie*?
- Welche Funktionen hat die Europäische Kommission? Welche Rolle spielt sie im EU-System?
- Wie setzt sich der Europäische Gerichtshof zusammen? Welche Rolle spielt er im EU-System?
- Wie setzt sich die Europäische Zentralbank zusammen? Welche Rolle spielt sie im EU-System?

5. Die EU: eine Wirtschaftsgemeinschaft

5.1 Freihandelszone und Zollunion

Die Europäische Union ist eine Wirtschaftsgemeinschaft. Die ökonomische Dimension bildete von Beginn an Methode und Modell für die europäische Integration. Die übergeordnete Idee einer politischen Union bis hin zu der Vision eines europäischen Bundesstaats mag den Einigungsprozess zwar anfänglich mit vorangetrieben haben, sie hat aber längst nicht eine solche Dynamik entwickeln, einen solchen Erfolg zeitigen können wie das weniger ideelle als pragmatische Konzept der Wohlstandssteigerung durch die wirtschaftliche Integration. Wird in politischer Hinsicht fortwährend um die Finalität, also die Zielvorstellung des Integrationsprozesses, gerungen, hat sich die Gemeinschaft auf dem Weg ihrer wirtschaftlichen Einigung ein Etappenziel nach dem anderen gesetzt und diese Zwischenziele – und das macht letztlich den Erfolg der ökonomischen Integration aus – weitgehend erreicht. Mit Balassa lassen sich fünf Stufen der wirtschaftlichen Integration unterscheiden, die in Abbildung 14 anschaulich dargestellt werden.[1] Anhand dieses Stufenmodells wollen wir die entsprechenden Schritte der europäischen Einigung im Folgenden erläutern.

1 „Economic integration, as defined here, can take several forms that represent varying degrees of integration. These are a free trade area, a customs union, a common market, an economic union, and complete economic integration." Balassa, Bela, 1962: The theory of economic integration, London, S. 2.

Abbildung 14: Stufen der ökonomischen Integration

Quelle: eigene Darstellung nach Balassa 1961.

5.1.1 Freihandelszone

Das erste, grundlegende Entwicklungsziel ökonomischer Integration ist demnach die *Freihandelszone*. Die Bezeichnung erklärt sich im Grunde von selbst. Gemeint ist ein Zusammenschluss von Staaten, in dessen weiteren Grenzen der Handel mit Gütern frei, d.h. ohne künstliche Beschränkungen durch Zölle und Abgaben, vonstatten gehen kann. Räume freien Handels gab es schon immer, sie konnten bald größer, bald kleiner ausfallen, in der Regel waren sie jedoch mit dem jeweiligen politischen Herrschaftsbereich identisch. So musste ein Händler Ende des 16. Jahrhunderts, wenn er seine Ware über den Rhein von Basel nach Köln transportieren wollte, an 31 Mautstellen Zoll bezahlen.[2] Demgegenüber kann ein Lastwagenfahrer Anfang des 21. Jahrhunderts von Schweden bis nach Portugal fahren, ohne die transportierte Ware an einer einzigen Staatsgrenze verzollen zu müssen. Trotz der weiterhin großen politischen Bedeutung der Nationalstaaten sind die Grenzen des Handels innerhalb Europas heute offensichtlich nicht mehr mit denen des Nationalstaats identisch.

2 Vgl. Wagener, Hans-Jürgen/Eger, Thomas/Fritz, Heiko, 2006: Europäische Integration. Recht und Ökonomie, Geschichte und Politik, München, S. 27.

Diese Öffnung der Grenzen für den internationalen Handel, die in Europa weitgehend erreicht wurde, entspricht der grundsätzlichen Forderung der Freihandelstheorie. Ihr zentrales Theorem geht auf den klassischen Ökonomen David Ricardo (1772-1823)[3] zurück und besagt, dass Arbeitsteilung und Spezialisierung zur maximalen Ausnutzung komparativer Kostenvorteile im internationalen Handel führen und damit dem Wohlstand in allen beteiligten Gesellschaften am besten dienen. Als vermeidbare Störungen des zwischenstaatlichen Handels können demnach vor allem sog. künstliche Handelshemmnisse gelten, die von nationalen Regierungen oft aus protektionistischem Kalkül eingesetzt werden, um den eigenen Markt abzuschotten und damit heimische Anbieter vor dem Wettbewerb zu schützen. Erhebt eine Regierung beispielsweise einen Zoll auf ein importiertes Gut, dann verteuert sie dieses Gut künstlich gegenüber vergleichbaren Waren der heimischen Industrie. Ein eventueller Kostenvorteil des fremden Produkts wird somit verringert, unter Umständen gar aufgehoben, und die Konsumentscheidung der Verbraucher wird zugunsten der heimischen Ware beeinflusst. In der Tat gibt es im internationalen Handel bis heute überall derartige künstliche Handelshemmnisse, wobei Zölle und Abgaben (also die sog. *tarifären* Handelshemmnisse) lediglich die offensichtlichsten sind. Daneben gibt es etliche *nicht-tarifäre* Hürden in Form von Produktmarktregelungen, Konsumentenschutzbestimmungen etc. Derartige Vorschriften sind veritable Handelshemmnisse. In Verbindung mit generellen Einfuhrverboten für solche Produkte, die die gestellten Anforderungen nicht erfüllen, sind sie gar wirkungsvoller als Zölle. Denken wir an dieser Stelle nur an das deutsche Reinheitsgebot für Bier, Umweltschutzbestimmungen für Chemieprodukte oder bestimmte Sicherheitszertifikate für Kinderspielzeuge.

Die wechselseitige Aufhebung protektionistischer Maßnahmen ist die zentrale Forderung von weltweiten Freihandelsabkommen, wie im Rahmen von GATT (General Agreement on Tariffs and Trade) und WTO (World Trade Organization) verwirklicht, sowie regionalen Freihandelsverbänden wie der NAFTA (North American Free Trade Agreement), der EFTA (European Free Trade Association), dem MERCOSUR (Mercado Com-

3 Eigentlich Theorem komparativer Kostenvorteile: Nicht die absoluten, sondern die relativen Kostenunterschiede zwischen zwei nationalen Ökonomien begünstigen den zwischenstaatlichen Handel. Wenn jedes Land sich auf das Gut spezialisiert, das es relativ (komparativ) günstiger herstellen kann, profitieren beide Seiten von dieser Arbeitsteilung; vgl. Ricardo, David, 1953: On the principles of political economy and taxation, Cambridge [Erstdruck: 1817].

mún del Sur) etc. und zuletzt auch erklärtes Ziel der Europäischen Gemeinschaft (EG).

5.1.2 Zollunion

Die EG bzw. ihre Vorgängerorganisation, die EWG (Europäische Wirtschaftsgemeinschaft), ging allerdings schon bei ihrer Gründung über die bloße Konstruktion einer Freihandelszone hinaus, im entsprechenden Vertrag war bereits die Entwicklung eines Binnenmarkts angelegt. Wenn die Vollendung des Gemeinsamen Marktes auch noch lange auf sich warten ließ, so erreichte die EWG doch schon bald nach ihrer Gründung 1957 die zweite Stufe ökonomischer Integration, das ebenfalls schon im Gründungsdokument verankerte Ziel einer *Zollunion*. Diese konnte 1968 verwirklicht werden, als die sechs Gründungsmitglieder einen gemeinsamen Außenzoll aus dem arithmetischen Mittel ihrer vier bestehenden Außenhandelstarife[4] bestimmten.

Dadurch nahmen die Schöpfer einen Handlungszwang, der in der Konstruktion der Freihandelszone begründet liegt, quasi vorweg. Die bloße Beseitigung der bestehenden einzelstaatlichen Binnenzölle als grundlegender Akt der sog. *negativen*[5] Integration befreit die Mitgliedstaaten nämlich nicht unbedingt davon, im wechselseitigen Grenzverkehr die Herkunft importierter Produkte nachzuweisen. Denn in der Freihandelszone können die einzelnen Mitgliedsländer weiterhin unterschiedliche Außenzölle haben. Aus diesem Umstand folgt in der Regel, dass ohne weitere Vereinbarungen der Staat mit dem niedrigsten Außenzoll auch solche Importe aus Drittländern anzieht, die er dann im Binnenhandel zollfrei in das eigentliche Zielland weitertransportieren kann. Dieser Staat würde also die weitaus höchsten, wenn nicht alle Zolleinnahmen abschöpfen, während die anderen leer ausgingen.[6] Um diesen ungerechten Mechanismus abzustellen, müssen dann sog. Ursprungszertifikate eingeführt und beim innerge-

4 Es waren vier Außenzölle bei sechs Mitgliedstaaten, weil zwischen Belgien, den Niederlanden und Luxemburg bereits seit 1948 im Rahmen der Benelux-Kooperation eine Zollunion bestand.

5 *Negativ* ist hier keineswegs wertend gemeint. Es soll nur ausdrücken, dass es sich hierbei um einen nationale Regelungen negierenden Vorgang, um *Deregulierung* handelt. Demgegenüber steht die sog. *positive* Integration, bei der eine neue Regulierung auf der Gemeinschaftsebene entsteht, quasi eine *Reregulierung* vollzogen wird, vgl. Scharpf, Fritz W., 2003: Politische Optionen im vollendeten Binnenmarkt, in: Jachtenfuchs, Markus/Kohler-Koch, Beate (Hrsg.): Europäische Integration, 2. Aufl.,Wiesbaden, S. 219-253.

6 Vgl. Wagener/Eger/Fritz 2006, S. 37.

meinschaftlichen Grenzübertritt kontrolliert werden. Waren, die nachweislich aus dem Partnerland stammen, gehen zollfrei über die Grenze, die anderen nicht. Die Kosten, die durch solche Regelungen verursacht werden, lassen sich durch die Einigung auf einen gemeinsamen Außenhandelstarif für die Gemeinschaft einsparen. Somit enthält die Freihandelszone immer schon einen latenten Handlungszwang zur Weiterentwicklung in Richtung Zollunion.[7] Diese stellt nun den ersten Schritt einer *positiven* Integration dar, weil die Einrichtung der Zollunion nicht nur die Aufhebung, also Deregulierung nationaler Bestimmungen, in diesem Fall Zölle, vorsieht, sondern die Dysfunktionalitäten des deregulierten Systems durch die Schaffung einer neuen Regel, in diesem Fall durch die Festlegung eines gemeinsamen Außenzolls, auf Gemeinschaftsebene kompensiert.

Die Zollunion ist also eine Freihandelszone mit einem gemeinsamen Außenzoll und bildet die zweite Stufe der ökonomischen Integration. Berührt die Liberalisierung auf Stufe eins und zwei ausschließlich die Gütermärkte, kommt auf Stufe drei, also im Gemeinsamen Markt, die Liberalisierung der Dienstleistungen und Faktorbewegungen[8] hinzu.

5.2 Der europäische Binnenmarkt

Freihandelszone und Zollunion stellen im Grunde nichts anderes dar als institutionalisierte privilegierte Austauschbeziehungen zweier oder mehrerer Gütermärkte. Durch den freien Verkehr von Gütern werden die nationalen Märkte zwar miteinander verbunden, allerdings nicht zu einem Gemeinsamen Markt vereinigt. Das geschieht erst, wenn neben Waren auch Personen, Dienstleistungen und Kapital frei beweglich sind. Der Binnenmarkt ist das Kernprojekt der europäischen Integration. Er gilt seit Anfang der 1990er Jahre als weitgehend vollendet (s. Kap. 7 zur Geschichte der EU) und ist vertraglich definiert als ein „Raum ohne Binnengrenzen, in dem der freie Verkehr von **Waren**, **Personen**, **Dienstleistungen** und **Kapital** […] gewährleistet ist“ (Art. 14 Abs. 2 EG-Vertrag, Hervorh. durch den Verf.). Die Entscheidungen betreffend den Binnenmarkt fallen mit qualifizierter Mehrheit (s. Kap. 4 zu den Institutionen der EU), d.h. einzelne Staaten können überstimmt werden, eine Regelung kann

7 Diese Beobachtung ist durchaus von integrationstheoretischer Relevanz, bedenkt man das Haassche Theorem der Anschlusseffekte (*spill over*); vgl. Haas, Ernst B., 1958: The uniting of Europe. Political, social and economical forces 1950-1957, London; s. überdies Kap. 12 zur Theorie der europäischen Integration in diesem Band.

8 Unter Produktionsfaktoren versteht man Arbeit und Kapital.

auch gegen den Willen einzelner Mitgliedsländer vereinbart werden. Die Mitgliedstaaten haben auf dem Feld der Wirtschaftspolitik also unwiderruflich Hoheitsrechte an die gemeinschaftlichen Institutionen abgetreten, auf diesem Feld agiert die EU supranational. Im Folgenden wollen wir den europäischen Binnenmarkt anhand der vier Grundfreiheiten, nämlich Warenverkehrsfreiheit, Dienstleistungsfreiheit, Niederlassungsfreiheit und Kapitalverkehrsfreiheit, näher betrachten.

5.2.1 Warenverkehrsfreiheit

Zwischen den Mitgliedstaaten der Europäischen Union gibt es keine Zölle, sie sind schlichtweg und ausnahmslos verboten (s. Art. 25 EG-Vertrag). Das ist der entscheidende Schritt zur Liberalisierung des Güterverkehrs, der durch Errichtung einer Freihandelszone bzw. einer Zollunion erreicht wird. Physische Handelsschranken in Form von Schlagbäumen und Grenzkontrollen waren zumindest für den Warenverkehr bereits mit Gründung der EWG und der Vollendung der Zollunion in den 1950er und 1960er Jahren obsolet geworden. In den 1990er Jahren wurde im Rahmen des Schengener Abkommens (s. Kasten 9) gar der freie Personenverkehr verwirklicht. Neben den physischen Schranken durch Zölle und Grenzkontrollen wird der Austausch von Waren allerdings auch durch nicht-tarifäre Handelshemmnisse behindert. Wir wollen diese Art Hemmnisse in *technische* und *steuerliche* unterscheiden.

Für die Liberalisierung des Güterverkehrs ist die Ausräumung technischer Hürden, also in der Regel nationaler Produktvorschriften und -standards, von besonderer Bedeutung, aber auch von besonders großer Schwierigkeit. Denn zum einen sind diese Regelungen nicht so offensichtlich wie Zölle, zum anderen sind sie mitunter gerechtfertigt, und die Regierungen können sich auf den Schutz des Allgemeinwohls berufen. Wenn Waren aus dem Ausland also vom nationalen Markt ausgeschlossen werden, dann geschieht dies meist mit der Begründung der Verletzung heimischer Standards, seien es Sicherheits-, Umwelt- oder Verbraucherschutzbestimmungen, die allesamt einem höheren Interesse zugeordnet werden können. Im EU-Recht fallen derartige Regelungen unter das Verbot des Artikels 28: „Mengenmäßige Einfuhrbeschränkungen sowie alle Maßnahmen gleicher Wirkung sind zwischen den Mitgliedstaaten verboten“[9] (Art. 28 EG-Vertrag). Scheint dieses Verbot auf den ersten Blick

9 Artikel 29 EG-Vertrag enthält das Verbot im gleichen Wortlaut für Ausfuhrbeschränkungen.

auch ebenso eindeutig wie dasjenige von Zöllen und Abgaben, so kennt es doch Ausnahmen, sog. Rechtfertigungsgründe. Wenn die Einfuhr eines Produkts die öffentliche Ordnung oder die Sicherheit, die Verbraucher oder die Umwelt, nationales Kulturgut oder anderes geschütztes Eigentum gefährdet, kann die Einfuhr auf nationalstaatlicher Ebene beschränkt bzw. untersagt werden (s. Art. 30 EG-Vertrag).

Wo eine ganze Reihe von Rechtfertigungsgründen gelten kann, gleichzeitig aber nicht klar definiert wird, was genau mit den „Maßnahmen gleicher Wirkung wie mengenmäßige Beschränkungen" gemeint ist, gibt es viel Raum für eigenwillige Interpretationen und entsprechende Auseinandersetzungen. Es verwundert daher nicht, dass ausgerechnet diese Regelung zum Gegenstand des für die ökonomische Integration Europas bedeutungsvollsten Gerichtsurteils wurde. Es handelt sich um die Vorabentscheidung des Europäischen Gerichtshofs (EuGH, s. Kapitel 4.5) zum Verfahren des Hessischen Finanzgerichts *REWE-Zentral AG gegen Bundesmonopolverwaltung für Branntwein*, besser bekannt unter dem inoffiziellen Kurztitel *Cassis de Dijon*-Urteil (s. Kasten 5).

Das Urteil des EuGH erging am 20. Februar 1979. Der Rechtsstreit um den französischen Likör, der aufgrund seines zu geringen Alkoholgehalts vom deutschen Markt ausgeschlossen werden sollte, wurde zum Präzedenzfall des Gemeinschaftsrechts und begründete das sog. *Prinzip der gegenseitigen Anerkennung*. Dieses besagt, dass in allen Bereichen, die noch keiner Harmonisierung unterzogen wurden, jeder Mitgliedstaat verpflichtet ist, Produkte, die in einem anderen Mitgliedstaat rechtmäßig hergestellt und auf den Markt gebracht worden sind, auch auf dem heimischen Markt zu akzeptieren, es sei denn er kann zwingende Gründe des Allgemeininteresses geltend machen.

Kasten 5: „Cassis de Dijon"-Urteil

Beim *Cassis de Dijon* handelt es sich um einen französischen Likör mit einem Alkoholgehalt von 15-20 Volumenprozent. Der deutsche Einzelhandelskonzern REWE wollte diesen Likör in seinen Supermärkten verkaufen und beantragte daher bei der Bundesmonopolverwaltung für Branntwein eine Einfuhrgenehmigung für das Getränk. Diese wurde jedoch verweigert, mit der Begründung, der Alkoholgehalt des *Cassis de Dijon* sei zu gering, die deutschen Bestimmungen zur Verkehrsfähigkeit von Fruchtsaftlikören sähen einen Mindestalkoholanteil von 25 Volumenprozent vor.
Auf den abschlägigen Bescheid hin verklagte die REWE-Zentral AG die Bundesmonopolverwaltung für Branntwein vor dem Hessischen Finanzgericht und begründete die Klage mit mutmaßlichen Verstößen gegen die Art. 30 (Verbot mengenmäßiger Einfuhrbeschränkungen, s. Art. 28 EG-Vertrag) und 37 des EWG-Vertrags. Das Hessische Finanzgericht legte dem EuGH den Fall zur Vorabentscheidung vor. Am 20. Februar 1979 erging das Urteil, dass
„[d]er Begriff der ‚Maßnahmen mit gleicher Wirkung wie mengenmäßige Einfuhrbeschränkungen' in Artikel 30 des Vertrags [...] in dem Sinne zu verstehen [ist], dass auch die Festsetzung eines Mindestweingeistgehaltes für Trinkbranntweine im Recht eines Mitgliedstaats unter das in dieser Bestimmung enthaltene Verbot fällt, wenn es sich um die Einfuhr von in einem anderen Mitgliedstaat rechtmäßig hergestellten und in den Verkehr gebrachten alkoholischen Getränken handelt." (s. Urteil des EuGH vom 20. Februar 1979, Rs. 120/78)

Das Prinzip der gegenseitigen Anerkennung ist ein pragmatischer Grundsatz, der für die Wirtschaftsgemeinschaft von entscheidender Bedeutung ist, der aber gleichzeitig die nationale Produktvielfalt bewahrt und somit eine überlegene Alternative zur Detailharmonisierung auf Gemeinschaftsebene darstellt. Noch in den 70er Jahren verfolgte die EWG einen sehr aufwändigen Harmonisierungskurs und vereinheitlichte in zahllosen Einzelrichtlinien nationale Produktvorschriften von Fall zu Fall. Dieser von Kritikern mitunter so bezeichnete *Harmonisierungswahn* tritt bis heute in geringerem Ausmaß immer wieder zu Tage und löst in der öffentlichen Meinung oft negative Reaktionen aus (s. die EU-Regelungen zur Größe von Traktorensitzen, zu Gurkenkrümmung und Fahrzeugspiegeln etc.). Neben den oft als Überregulierung wahrgenommenen Harmonisierungsansatz ist mit dem Prinzip der gegenseitigen Anerkennung ein liberaler Grundsatz getreten, der sich bis heute weitgehend durchgesetzt hat. Konsensfähig ist dieser aber nur für den Gütermarkt. Übertragen auf Dienstleistungen und den freien Personenverkehr, bedroht er zwangsläufig die sozialpolitische Autonomie der Nationalstaaten, weshalb einige von diesen sich gegen vergleichbare Ansätze für die Personenfreizügigkeit sträuben.

Neben physischen und technischen Hemmnissen gibt es noch steuerliche Hürden für den freien Handel innerhalb Europas. Störend auf den Warenverkehr wirken vor allem Differenzen bei der indirekten Besteuerung von Konsumgütern. Diese variierte von Anfang an sehr stark zwischen den Mitgliedsländern. Erst auf Druck der EWG konnte in den 70er Jahren die Mehrwertsteuer in allen Staaten durchgesetzt und eine weitgehende Angleichung der Bemessungsgrundlagen erreicht werden. Einheitliche Mehrwertsteuersätze gibt es indes bis heute nicht. Zwar ist 1992 per Richtlinie (RL 92/77/EWG) ein einheitlicher Mindestsatz von 15% festgelegt worden, die tatsächliche Besteuerung in den Mitgliedstaaten schwankt allerdings zwischen ebendiesen 15% in Luxemburg und Zypern und 25% in Dänemark und Schweden (s. Abb. 15).

Abbildung 15: Mehrwertsteuersätze der EU-Mitgliedstaaten in % (Stand: 1. Januar 2007)[10]

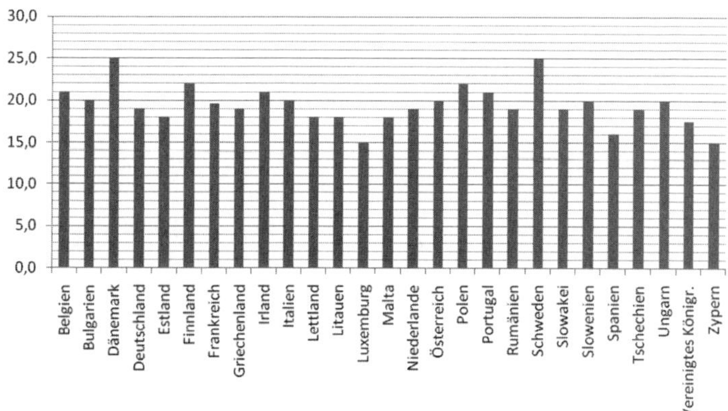

Quelle (Zahlen): Ministerium der Finanzen des Landes Rheinland-Pfalz: Die Umsatzsteuer im EU-Binnenmarkt, abrufbar unter: http://www.fm.rlp.de/Service/DOC/Steuern/EU_Umsatzsteuer.pdf (letzter Zugriff: 24.2.2008).

10 Aufgeführt sind die Normalsätze. Alle Staaten bis auf Dänemark und die Slowakei haben überdies noch ermäßigte Sätze für besondere Produkte, ferner Österreich und Portugal Sondersätze für bestimmte Regionen.

5.2.2 Dienstleistungs- und Niederlassungsfreiheit

Als Geburtsakt der Personenfreizügigkeit im europäischen Binnenmarkt gilt gemeinhin das *Schengener Abkommen* (s. Kasten 11) von 1985. Hat dieses Avantgardeprojekt, das bis zum Vertrag von Amsterdam 1997 nicht im EU-Recht verankert war, auch zweifellos zehn Jahre später die Abschaffung der Grenzkontrollen für Reisende fast im gesamten damaligen Gemeinschaftsgebiet sowie darüber hinaus bewirkt und damit einen für die Bürger spürbaren, historischen Schritt der europäischen Einigung vollzogen, gehen die gemeinschaftlichen Anstrengungen insbesondere um die Arbeitnehmerfreizügigkeit als ein wesentliches Erfordernis des Gemeinsamen Marktes doch viel weiter zurück. Schon im EWG-Vertrag von 1957 war die Freiheit des Personenverkehrs als wesentlicher Bestandteil des zu errichtenden Gemeinsamen Marktes unter den Grundsätzen der Gemeinschaft aufgeführt.[11] Die Arbeitnehmerfreizügigkeit umfasst die beiden Grundfreiheiten der Dienstleistungs- sowie der Niederlassungsfreiheit. Der freie Handel mit Dienstleistungen setzt voraus, dass ein Anbieter seine Tätigkeit auch im europäischen Ausland verrichten und sich dort also zu diesem Zweck vorübergehend aufhalten kann (aktive Dienstleistungsfreiheit[12]). Der Unterschied zur Niederlassungsfreiheit besteht im „vorübergehend", denn letztere verlangt, dass sich der Arbeitnehmer eines Mitgliedstaats in jedem anderen zur Verrichtung seiner Arbeit dauerhaft niederlassen kann.

Artikel 39 des EG-Vertrags regelt die allgemeine Arbeitnehmerfreizügigkeit. Jeder Arbeitnehmer aus einem EU-Mitgliedstaat hat demnach das Recht, sich europaweit auf offene Stellen zu bewerben und diese anzunehmen. Zu diesem Zweck kann er sich auf dem gesamten Hoheitsgebiet der Mitgliedstaaten frei bewegen. Dort fällt seine Beschäftigung unter die gleichen Rechts- und Verwaltungsvorschriften wie die heimischer Arbeitnehmer, jegliche Diskriminierung ist ausgeschlossen, wie das allgemeine Diskriminierungsverbot unter den Grundsätzen der Gemeinschaft (Art. 12) festlegt. Wie für den Warenverkehr das Verbot von mengenmäßigen Beschränkungen finden wir auch über das Diskriminierungsverbot hinaus primärrechtliche Verbote für Beschränkungen des freien Dienstleistungsverkehrs (Art. 49 EG-Vertrag) sowie der freien Niederlassung von Staats-

11 Vgl. Art. 3 c) EWG-Vertrag.

12 Daneben gibt es noch die passive Dienstleistungsfreiheit, bei der der Leistungsempfänger zum Anbieter reist sowie die Korrespondenzdienstleistungsfreiheit, bei der nur die Leistung, beispielsweise das von einem Anwalt im Ausland aufgesetzte Schreiben, über die Grenze geht.

angehörigen anderer Mitgliedstaaten (Art. 43 EG-Vertrag). Und wie beim Warenverkehr gibt es auch hier weiterhin vor allem technische Hürden, die nur schwierig, ja meist sehr viel schwieriger als nationale Produktvorschriften, zu beseitigen sind.[13]

Die Niederlassungsfreiheit von natürlichen Personen[14] zu gewährleisten, ist auf den ersten Blick ein verhältnismäßig unproblematischer Akt, denn es ist klar, dass die Regeln und Gesetze des aufnehmenden Landes auch für den Niedergelassenen gelten. Das bloße Diskriminierungsverbot reicht allerdings nicht aus, um dem Arbeitnehmer die Niederlassung tatsächlich zu ermöglichen bzw. attraktiv zu machen. Es besagt nur, dass der EU-Ausländer den gleichen Regelungen unterworfen ist wie ein Einheimischer (Inländerprinzip). Demnach stellte es zum Beispiel keinen Verstoß gegen das Verbot dar, wenn von einem französischen Arzt, der in Deutschland arbeiten möchte, verlangt würde, die komplette medizinische Ausbildung in Deutschland zu wiederholen und die geforderten Examina abzulegen. Das Diskriminierungsverbot ist in solchen Fällen nicht verletzt, ein europäischer Arbeitsmarkt dennoch nachhaltig behindert, weil die Mobilitätskosten für die Arbeitnehmer durch die Inkompatibilität nationaler Ausbildungsgänge hoch bleiben und die Mitgliedstaaten bei Bedarf ganze Berufsgruppen vor der Konkurrenz aus dem Ausland schützen können.

Wie beim Warenverkehr kam es, um diesem speziellen Problem der Arbeitnehmerfreizügigkeit Herr zu werden, im Laufe der europäischen Einigung zu zahlreichen branchen- bzw. berufsbezogenen Richtlinien. Dieses Vorgehen führte zwangsläufig zu einem langwierigen Prozess der komplizierten Angleichung Branche für Branche. In Analogie zum Prinzip der wechselseitigen Anerkennung ging man Ende der 1980er Jahre dazu über, Diplome und andere Ausbildungsnachweise gegenseitig anzuerkennen, auch wenn sie keine vorherige Angleichung erfahren hatten.[15] Diese pragmatische Regelung hat den Vorteil der Zeitersparnis, allerdings den Nachteil, dass die Anerkennung für den Einzelfall nicht rechtlich verbindlich geregelt und somit auch nicht garantiert ist.

13 Hix weist nach, dass gemeinschaftliche Prozessregulierungen schwerer zu erreichen sind als Produktregulierungen. Während die ärmeren Staaten von letzteren auch profitieren, sofern sie auf niedrigem Niveau bleiben, ist bezüglich der Prozesse die Nichtregelung für die ärmeren Staaten besser, vgl. Hix, Simon, 2005: The Political System of the European Union, 2. Aufl., Houndmills u.a., S. 263.

14 Auf die Niederlassung von Gesellschaften wird hier nicht näher eingegangen, s. dazu Wagener/Eger/Fritz 2006, S. 290ff.

15 Vgl. die Richtlinien 89/48/EWG, 92/51/EWG und 99/42/EG.

Die größte Herausforderung für den europäischen Binnenmarkt ist heute allerdings die Liberalisierung des Dienstleistungsverkehrs. Die Bedeutung von Dienstleistungen für die Wirtschaft der EU-Mitgliedstaaten hat stark zugenommen. So wird der Anteil der Dienstleistungen am Bruttosozialprodukt für die EU-Mitgliedstaaten auf ca. 65%, die Zahl der im Dienstleistungssektor Beschäftigten auf knapp 70% aller Beschäftigten geschätzt.[16] Dementsprechend sah schon der Europäische Rat von Lissabon im Jahr 2000, der durch sein strategisches Ziel, „*die Union zum wettbewerbsfähigsten und dynamischsten wissensbasierten Wirtschaftsraum der Welt zu machen*", einen hervorragenden Platz in der jüngeren Integrationsgeschichte einnimmt, insbesondere die Beseitigung der Hemmnisse im Dienstleistungsbereich vor.[17] Der Grundkonflikt liegt hier auf der Hand: Welche Arbeitnehmerschutzbestimmungen – wie Mindestlöhne, Ruhezeiten, Urlaub, Gesundheits-, Hygiene- und Sicherheitsstandards sowie Jugendschutz- und Antidiskriminierungsvorschriften – gelten beispielsweise für den Handwerker, der in einem anderen Mitgliedstaat seiner Tätigkeit nachgehen will, diejenigen seines Herkunftslands (Herkunftsland- oder Ursprungslandprinzip) oder diejenigen des Landes, in dem die Dienstleistung erbracht wird (Bestimmungslandprinzip)?

Während der EG-Vertrag (Art. 50) sowie die Entsenderichtlinie aus dem Jahr 1996 (RL 96/71/EG) dem Bestimmungslandprinzip verpflichtet sind, versuchte die Europäische Kommission 2004 in ihrem Entwurf einer neuen Dienstleistungsrichtlinie, der sog. *Bolkestein-Richtlinie*, die die generelle Geltung des Herkunftslandprinzips vorsah, den Paradigmenwechsel. In offensichtlicher Analogie zum Prinzip der gegenseitigen Anerkennung für den Güterverkehr haben die Mitgliedstaaten gemäß Herkunftslandprinzip im Dienstleistungsverkehr dafür Sorge zu tragen, „dass Dienstleistungserbringer lediglich den Bestimmungen ihres Herkunftsmitgliedstaats unterfallen"[18]. Für Hochlohnländer mit hohen sozialen Standards würde die Neuerung eine drastische Verschärfung der Konkurrenzsituation für heimische Arbeitskräfte bedeuten, die durch das Bestimmungslandprinzip bisher vor allzu scharfem Wettbewerb geschützt sind, weil

16 Vgl. Wagener/Eger/Fritz 2006, S. 238).

17 Europäischer Rat: Schlussfolgerungen des Vorsitzes, Lissabon 23.-24. März 2000, Abs. 5.

18 Europäische Kommission: Vorschlag für eine Richtlinie des Europäischen Parlaments und des Rates über Dienstleistungen im Binnenmarkt, KOM (2004) 0002, Art. 16.

zumindest ein Teil der Kostenvorteile der fremden Arbeitskräfte durch nationale Bestimmungen und Auflagen aufgehoben wird.

Vor dem Hintergrund der ebenfalls 2004 vollzogenen EU-Osterweiterung löste der neue Entwurf in einigen europäischen Mitgliedstaaten heftige Reaktionen aus. Viele Deutsche z.B. fürchteten die Konkurrenz durch polnische Metzger und tschechische Fliesenleger und damit das Auslaufen der vereinbarten Übergangsfristen für die Arbeitnehmerfreizügigkeit nach der Osterweiterung. In der französischen Debatte im Vorfeld des Referendums über die EU-Verfassung 2005 wurde *le plombier polonais*, der polnische Klempner, zur sinnbildlichen Verkörperung der verbreiteten Ängste vor Lohn- und Sozialdumping durch Marktliberalisierung und Erweiterung. So spielte die *directive Bolkestein*[19] eine bedeutende Rolle in der französischen Referendumsdebatte, obwohl sie mit dem Verfassungsvertrag im engeren Sinne nichts zu tun hatte. In der letztlich im Dezember 2006 verabschiedeten *Richtlinie des Europäischen Parlaments und des Rates über Dienstleistungen im Binnenmarkt* haben die verbreiteten Proteste eindeutig ihre Spuren hinterlassen. So wurde das Herkunftslandprinzip zugunsten einer abgeschwächten Endfassung der Richtlinie getilgt, und die Entsenderichtlinie aus dem Jahr 1996 hat im Zweifelsfall den ausdrücklichen Vorrang vor der Dienstleistungsrichtlinie (Art. 3).[20]

Alles in allem lässt sich für die gesamte Dimension der Arbeitnehmerfreizügigkeit festhalten, dass ihre Verwirklichung bis heute problematischer ist als die Realisierung des freien Güterverkehrs. Mit den Liberalisierungen des Personenverkehrs rührt die EU viel stärker an die arbeitsmarkt- und sozialpolitische Autonomie mächtiger Mitgliedstaaten, die somit geneigt sind, entsprechende Einigungen zu blockieren. Hochlohnländer mit hohen sozialen Standards fürchten nicht nur die Konkurrenz durch den Zuzug billiger Arbeitskräfte aus dem Ausland, sondern überdies die Einwanderung in die Sozialsysteme. In den betroffenen Bevölkerungen sind entsprechende Ängste um den eigenen Arbeitsplatz sowie die Kürzung sozialer Leistungen weit verbreitet. Ein weiteres Bedrohungsszenario stellt in diesem Zusammenhang die Verlagerung von Produktionsstandorten in Billiglohnländer dar, womit wir uns auf dem Feld der Kapitalfreiheit befinden.

19 *Directive*: frz. für Richtlinie.

20 Vgl. RL 2006/123/EG, die Richtlinie muss bis zum 28. September 2009 von allen Mitgliedstaaten in nationales Recht umgesetzt sein.

5.2.3 Kapitalverkehrsfreiheit

Um einen Gemeinsamen Markt zu errichten, muss man nicht nur dafür Sorge tragen, dass sich die Arbeitskräfte frei bewegen, sondern auch die Kapitalströme unbeschränkt über die Staatengrenzen fließen können. Welche Transaktionen fallen nun unter die Bezeichnung Kapitalverkehr? Zunächst einmal fallen darunter einfache Geldtransaktionen, sei es die Übertragung von Bargeld oder die Überweisung von Buchungsbeträgen. Darunter fallen aber auch der Erwerb von Grundstücken oder der Erwerb von Unternehmen, ferner Devisengeschäfte und der Aktienhandel, die Gewährung von Darlehen, die Einzahlung von Spareinlagen, Schenkungen, Erbschaften etc. All diese konkreten Varianten des Kapital- sowie des Zahlungsverkehrs sind also vertraglich vor Beschränkungen geschützt (Art. 56 EG-Vertrag). Obwohl auch die Freiheit des Kapitalverkehrs schon im EWG-Vertrag vorgesehen war[21], war sie doch eine Nachzüglerin[22] in der konkreten Schaffung des Gemeinsamen Marktes. Sie wurde im Grunde erst mit dem Weißbuch zur Vollendung des Binnenmarkts 1985 und der Einheitlichen Europäischen Akte (EEA) 1986 in die konkrete Verwirklichung der vier Freiheiten des Binnenmarkts einbezogen. Umso schneller konnte die Liberalisierung des Kapitalverkehrs dann aber 1988 mit einer entsprechenden Richtlinie (RL 88/361/EWG) vollendet werden.

Aus einer vornehmlich ökonomischen Perspektive ist die Befreiung des Kapitalverkehrs erforderlich, damit das Kapital dahin gehen kann, wo es am produktivsten eingesetzt wird. In der politischen Debatte sowie in der Wahrnehmung der nationalen Bevölkerungen insbesondere der älteren EU-Mitgliedsländer wird die dadurch gewonnene Kapitalfreiheit allerdings oft als Kapitalflucht wahrgenommen und die Verlagerung von Produktionsstandorten aus Hochlohnländern in neue Mitgliedstaaten mit geringeren Arbeitskosten scharf kritisiert.

Besonders heftige Konflikte zwischen der nationalstaatlichen und der europäischen Ebene treten zudem im Kontext der Privatisierung öffentlicher Unternehmen auf. Verschiedene EU-Mitgliedstaaten wurden von der Kommission vor dem EuGH verklagt, weil sie mit speziellen Privatisierungsvorschriften, die durch Sonderaktien des Staates, Genehmigungsvorbehalte oder Höchststimmrechte den nationalen Einfluss sichern sollten, laut Klägerin unter anderem die Freiheit des Kapitalverkehrs verletzten.[23] In allen Fällen wurde zugunsten der Kommission entschieden. Das jüngste

21 Vgl. Art. 3 c, Art. 67 ff. EWG-Vertrag.
22 Auch „late-comer der Liberalisierung“, s. Wagener/Eger/Fritz 2006, S. 294.

Beispiel dieser Art lieferte Deutschland. Mit seinem Urteil vom 23. Oktober 2007 kippte der EuGH das mit der Privatisierung des Volkswagenkonzerns 1960 erlassene Bundesgesetz, das sog. VW-Gesetz, das eine Festsetzung von Höchststimmrechten für Anteilseigner enthielt (s. Kasten 6).

Kasten 6: EuGH-Urteil über das deutsche VW-Gesetz

Kommission der Europäischen Union gegen Bundesrepublik Deutschland – Urteil des Gerichtshofs „Vertragsverletzung eines Mitgliedstaats – Art. 56 EG – Rechtsvorschriften für die Volkswagen Aktiengesellschaft
Das sog. *VW-Gesetz* wurde bei der Privatisierung der Volkswagenwerk GmbH im Jahre 1960 erlassen. Die Umwandlung des Werks in eine Aktiengesellschaft wurde auf diesem Weg mit einer gesetzlichen Festsetzung von Höchststimmrechten für die Anteilseigner verbunden. Die Regelung sah konkret vor, dass kein Aktionär mehr als 20% der Stimmrechte ausüben darf, gleich wie viele Anteile er besitzt. Damit konnte praktisch kein Anteilseigner einen höheren Einfluss ausüben als das Land Niedersachsen, das bis heute knapp 20% der Aktien hält. Ferner beinhaltete das Gesetz besondere Entsenderechte für die Bundesrepublik und das Land Niedersachsen betreffend die Besetzung des Aufsichtsrats sowie eine spezielle Mehrheitsregelung für Grundlagenentscheidungen, die der öffentlichen Hand faktisch eine Sperrminorität zusicherte. Die EU-Kommission kritisierte das Gesetz wiederholt, weil es ein Hindernis für ausländische Investoren darstellte. Am 12. März 2005 schließlich reichte sie ihre Klage vor dem Europäischen Gerichtshof ein.
In seinem Urteil vom 23. Oktober 2007 gab der EuGH schließlich der Kommission Recht (Urteil Rs. C-112/05).

Auch die Kapitalverkehrsfreiheit ist also dazu geeignet, die wirtschafts- und sozialpolitischen Handlungsspielräume der Nationalstaaten empfindlich einzuschränken. Auf der anderen Seite gibt es aber weiterhin nationale Kompetenzen, die gewisse Hemmnisse für den Kapitalverkehr darstellen. Zum Ersten betrifft dies das Steuerrecht. Die Nationalstaaten besitzen weiterhin Steuerhoheit.[24] Während sie sich bei den indirekten Steuern zumindest auf einen gemeinsamen Mindestmehrwertsteuersatz von 15% sowie eine einheitliche Bemessungsgrundlage einigen konnten, gilt das nicht für die direkten Steuern, also diejenigen, die direkt von den Bürgern und Unternehmen gezahlt werden, sei es in Form von Einkommen- oder Körperschaftssteuern. Insbesondere die Differenzen der nationalen Unterneh-

23 So z.B. Portugal (Rs. C-367/98), Großbritannien (Rs. C-98/01), Spanien (Rs. C-463/00) und Italien (Rs. C-174/04).

24 Das exklusive Recht der Nationalstaaten zur Erhebung von Steuern und das Fehlen dieser Kompetenz auf europäischer Ebene sind weitere Indizien dafür, dass es sich bei der EU nicht um einen Staat handelt, s. Kapitel 2.1.3.

mensbesteuerung beeinflussen den Kapitalverkehr (s. Abb. 16). Eine Harmonisierung ist hier jedoch bisher nicht gelungen, vielmehr ist die Besteuerung der Unternehmensgewinne bis heute durch unterschiedliche Körperschaftssteuersysteme, unterschiedliche steuerliche Bemessungsgrundlagen und unterschiedliche Steuersätze gekennzeichnet.[25]

Abbildung 16: Körperschaftssteuersätze der EU-Staaten in % (Stand: 1. Januar 2007)

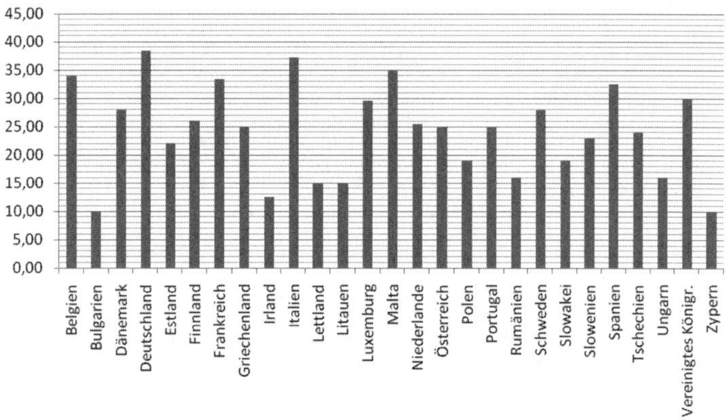

Quelle (Zahlen): OECD, KPMG international.

Zum Zweiten kann der freie Kapitalverkehr im Binnenmarkt durch unterschiedliche nationale Währungen und entsprechende Wechselkursschwankungen beeinträchtigt werden. Um derartige Dysfunktionalitäten des Gemeinsamen Marktes zu vermeiden, haben sich die EU-Staaten auf eine Wirtschafts- und Währungsunion verständigt (s. Abschnitt 5.3).

5.2.4 Wettbewerbspolitik

Die vorangegangenen Abschnitte haben gezeigt, gegen welche protektionistischen Widerstände sich das Projekt eines europäischen Binnenmarkts mit seinen vier Grundfreiheiten im Integrationsverlauf durchsetzen musste

25 Vgl. Wagener/Eger/Fritz 2006, S. 304.

bzw. bis heute muss. Mit der Etablierung eines Gemeinsamen Marktes ist es allerdings in der Regel nicht getan. Für seine Funktionsfähigkeit ist freier und unverfälschter Wettbewerb unerlässlich. Die Kontrolle und Gewährleistung des Wettbewerbs ist die ordnungspolitische Kernaufgabe der Gemeinschaftsorgane, insbesondere der Kommission, und der Wettbewerbskommissar ist einer der mächtigsten Vertreter innerhalb des Kollegiums. Im EG-Vertrag findet sich die Wettbewerbsaufsicht unter den Grundsätzen der Gemeinschaft, wonach die Tätigkeit der EG ein System umfasst, „das den Wettbewerb innerhalb des Binnenmarkts vor Verfälschungen schützt" (Art. 3 Abs. 1.g EG-Vertrag).

Durch welche Maßnahmen und Bestimmungen ist die europäische Wettbewerbspolitik nun konkret verwirklicht?

- *Kartellverbot* (Art. 81 EG-Vertrag): Kartelle stellen Störungen des freien Wettbewerbs dar. Sie sind folglich verboten.[26] Das Verbot richtet sich gegen einzelne Unternehmen, die mit anderen Marktteilnehmern Preisabsprachen treffen, anstatt auf dem freien Markt zugunsten der Verbraucher offen zu konkurrieren.
- *Missbrauchsaufsicht* (Art. 82 EG-Vertrag): Auch die missbräuchliche Ausnutzung einer beherrschenden Stellung durch einen einzelnen Marktteilnehmer ist verboten. Auch dieses Verbot richtet sich gegen einzelne Unternehmen. Besonders verbreitet ist der sog. Behinderungsmissbrauch gegenüber Konkurrenten. Ein aufsehenerregendes Beispiel hierfür bietet der US-Softwarekonzern Microsoft, gegen den die Kommission im Februar 2008 wegen entsprechender Verstöße gegen das Wettbewerbsrecht ein Rekordbußgeld in Höhe von 899 Mio. Euro verhängt hat.[27]
- *Fusionskontrolle* (VO 4064/1989 bzw. 139/2004): Durch den Zusammenschluss zweier oder mehrerer Firmen kann ein Unternehmen mit marktbeherrschender Stellung entstehen. Deshalb werden derartige Fusionen von gemeinschaftsweiter Bedeutung von der Kommission präventiv kontrolliert und müssen bei ihr angemeldet werden. Eine Genehmigung erfolgt nur, wenn der gemeinsame Marktanteil des Zusammenschlusses festgelegte Schwellenwerte nicht überschreitet.

26 In wenigen, in Art. 81 Abs. 3 aufgeführten Fällen kann es zu Ausnahmen vom Verbot kommen.

27 Gemeinsam mit früheren Strafgeldern belaufen sich die EU-Forderungen gegen Microsoft nunmehr auf 1,7 Mrd. Euro, vgl. hierzu: Brüssel verlangt 1,7 Milliarden Euro von Microsoft, in Süddeutsche Zeitung vom 28.2.2008, S. 1; ferner die Entscheidung der Kommission vom 24. März 2004 (2007/53/EG).

- *Kontrolle öffentlicher Unternehmen* (Art. 86 EG-Vertrag): Auch öffentliche Unternehmen und solche der sog. *Daseinsvorsorge*, also insbesondere die großen netzgebundenen Wirtschaftszweige (Telekommunikation, Verkehr, Energie etc.), fallen ausdrücklich unter die Geltung des Wettbewerbsrechts. Demnach hat die Kommission für die Liberalisierung der oft staatlich getragenen Netzindustrien zu sorgen. Von ihrer Richtlinienkompetenz Gebrauch gemacht hat die Kommission insbesondere bei der Öffnung der Telefonmärkte[28], die so Ende der 1990er Jahre vollendet werden konnte.
- *Beihilfenkontrolle* (Art. 87-89 EG-Vertrag): Die Kontrolle staatlicher Beihilfen bezieht sich ebenfalls auf die Tätigkeit der Mitgliedstaaten. Subventionen, Steuerermäßigungen, Staatsbürgschaften, Vorzugskonditionen etc., die von einzelnen Mitgliedsländern gewährt werden, verfälschen den Wettbewerb und sind daher verboten. Allerdings gibt es Ausnahmen (Beihilfen sozialer Art, nach Naturkatastrophen oder die Förderung strukturschwacher Regionen etc.). Nichtsdestotrotz bedeutet das gemeinschaftliche Verbot staatlicher Beihilfen einen veritablen Souveränitätsverzicht der Mitgliedstaaten, die in ihren wirtschaftspolitischen Maßnahmen beschränkt werden.

5.2.5 Bilanz

Als Ganze, also einschließlich aller Mitgliedstaaten, hat die Europäische Union die Stufe des Gemeinsamen Marktes erreicht, wenn der europäische Binnenmarkt auch immer noch, wie die vorangegangenen Abschnitte zeigen sollten, durch gewisse Unzulänglichkeiten, innergemeinschaftliche Konflikte und ausstehenden Regelungsbedarf gekennzeichnet ist.[29] Selbst erlassene Binnenmarktrichtlinien werden nicht in allen Ländern fristgerecht und auch nicht immer korrekt umgesetzt. Die Europäische Kommission misst diese Abweichungen in ihrem sog. Binnenmarktanzeiger (*Internal Market Scoreboard*). Die durchschnittliche Umsetzungsdefizitquote (*transposition deficit*), die angibt, wie groß der Anteil der Binnenmarktrichtlinien ist, die der betreffende Staat noch nicht in nationales Recht umgesetzt hat, liegt für das Jahr 2007 bei 1,2 %. Schwerer wiegt die sog. Fragmentierungsquote (*fragmentation factor*), die verzeichnet, wie groß der Anteil der Binnenmarktdirektiven ist, die von mindestens einem

28 Vgl. Endgeräte-Richtlinie (RL 88/301/EWG), Dienste-Richtlinie (RL 90/388/EWG; geändert durch RL 96/19/EG).

29 Vgl. Dicke, Hugo, 2002: Der Europäische Binnenmarkt, in: Weidenfeld, Werner (Hrsg.): Europa-Handbuch, Bonn, S. 439-453 (448).

Mitgliedstaat noch nicht in nationales Recht umgesetzt worden sind. Sie liegt für das Jahr 2007 bei 8 Prozent.[30]

Das Weißbuch zur Vollendung des Binnenmarkts aus dem Jahr 1985 sah als Zieldatum den 31. Dezember 1992 vor. Wie wir sehen, konnte der europäische Binnenmarkt zwar errichtet werden, er weist aber bis heute noch Defizite auf, deren Bewältigung auch in Zukunft eine zentrale Aufgabe der Gemeinschaftsorgane ausmachen wird. Der Binnenmarkt ist also nicht nur ein erreichtes Etappenziel auf dem Weg der ökonomischen Integration, er ist auch ein dauerhaftes Projekt im Werden, das der kontinuierlichen Aufsicht insbesondere durch Kommission und Gerichtshof bedarf.

5.3 Die Wirtschafts- und Währungsunion

Auf der vierten Stufe der ökonomischen Integration ist die EU als Gesamtverbund der nunmehr 27 Mitgliedstaaten nur bedingt angekommen. Zwar wurde bereits mit dem Vertrag von Maastricht die Errichtung einer Wirtschafts- und Währungsunion vereinbart. In die entscheidende dritte Phase der Euro-Einführung traten aber dann 1999 nur elf Länder ein, also die Mitgliedstaaten der EU-15, ausgenommen Griechenland und Schweden, die gegen eines oder mehrere der Konvergenzkriterien verstießen[31], sowie Großbritannien und Dänemark, die sich von der Einigung lossagten, indem sie die Möglichkeit eines sog. *opting out* nutzten. Die gemeinsame Währung, der Euro, ist seit 1999 als Buchgeld existent, seit 2002 ist er allein gültiges Zahlungsmittel in der sog. *Eurozone*. Griechenland trat dieser 2001 bei, Slowenien als erster Mitgliedstaat der Osterweiterung 2007 und schließlich Malta und Zypern am 1. Januar 2008. Auch für die anderen neuen Mitgliedstaaten ist der Beitritt zur Eurozone verbindlich vorgesehen, sobald sie die Konvergenzkriterien erfüllen. Jeder Staat, der dem gemeinsamen Währungsgebiet beizutreten beabsichtigt, hat vier strikte Konvergenzkriterien zu erfüllen (s. Art. 121 EG-Vertrag):

- *Preisstabilität*: Die Inflationsrate des betreffenden Staates darf nur max. 1,5 Prozent über der durchschnittlichen Rate der höchstens drei Länder mit den niedrigsten Inflationsraten im vergangenen Jahr liegen.
- *Finanzlage der öffentlichen Hand*: Die Mitgliedstaaten haben übermäßige öffentliche Defizite zu vermeiden (s. Art. 104 EG-Vertrag). Dem-

30 Nach der Osterweiterung lag die Fragmentierungsquote im Jahr 2004 kurzfristig bei 27%. Alle Zahlen: vgl. European Commission: Internal Market Scoreboard, Nr. 16 bis, 2008.

31 Griechenland verfehlte zunächst alle Kriterien, Schweden konnte nur die Unabhängigkeit der Zentralbank nicht gewährleisten.

entsprechend darf die Neuverschuldung der öffentlichen Haushalte höchstens drei Prozent des BIP betragen, die gesamte öffentliche Verschuldung darf den Grenzwert von sechzig Prozent des BIP nicht überschreiten.

- *Teilnahme am Wechselkursmechanismus*: Die nationale Währung muss sich seit mindestens zwei Jahren in den festgelegten Bandbreiten des Wechselkursmechanismus des Europäischen Währungssystems (EWS) bewegen. Sie darf innerhalb dieses Zeitraums gegenüber keiner Währung eines anderen Mitgliedstaats abgewertet worden sein.
- *Konvergenz der Zinssätze*: Der durchschnittliche langfristige Nominalzinssatz des letzten Jahres darf nicht mehr als zwei Prozentpunkte über dem entsprechenden Satz jener höchstens drei Staaten mit den niedrigsten Inflationsraten liegen.[32]

Heute wird in fünfzehn Staaten der Union mit Euro-Münzen und -Scheinen bezahlt. Die Entwicklung der Wirtschafts- und Währungsunion geht bis in die 1970er Jahre zurück, sie wird im Kapitel 11.9 zur Geschichte der europäischen Integration ausführlich behandelt. Zum Verständnis an dieser Stelle möchten wir nur erwähnen, dass bei der Ausgestaltung der wirtschafts- und währungspolitischen Zusammenarbeit die deutsche Politik der Währungsstabilität als Leitmodell diente, was sich an den Institutionen und Zielen der WWU deutlich ablesen lässt.[33]

5.3.1 Warum WWU?

Geld ist ein starkes Symbol nationaler Identität, das den Menschen tagtäglich durch die Hände geht und von dessen Wert und Stabilität ihre Existenz abhängt. Welche Erwägungen haben die Euro-Staaten veranlasst, einen derart gravierenden Souveränitätsverzicht zu üben, indem sie ihre nationalen Währungen aufgaben und damit auch ein erhebliches Maß wirtschafts- und finanzpolitischer Steuerung an die Gemeinschaft übertrugen? Wechselkursschwankungen wirken sich generell störend auf integrierte Ökonomien aus. Auch der Binnenmarkt kann mithin nur optimal funktionieren, wenn in ihm eine gemeinsame Währung zirkuliert. Eine Studie der Euro-

32 Über diese vier Kriterien hinaus wird vor Neuaufnahme eines Mitglieds zudem die Vereinbarkeit der innerstaatlichen Rechtsvorschriften mit dem EG-Vertrag überprüft.

33 Vgl. Dyson, Kenneth, 2003: Die Wirtschafts- und Währungsunion als Prozess der Europäisierung, in: Jachtenfuchs, Markus/Kohler-Koch, Beate (Hrsg.): Europäische Integration, Wiesbaden, S. 449-478 (454).

päischen Kommission zu den Kosten und Vorteilen der Wirtschafts- und Währungsunion von 1990 bringt die grundlegende Erkenntnis auf den Punkt: „One market needs one money.“[34] Folgende Vorteile werden gemeinhin mit der Einführung einer gemeinsamen Währung verbunden:

- *geringere Transaktionskosten*: Durch den Wegfall der Umtauschkosten wird der Handel effizienter.
- *höhere Investitionsbereitschaft*: Die Konsumenten und Investoren können die Kosten besser vergleichen. Das wiederum fördert den Wettbewerb.
- *größere wirtschaftliche Sicherheit*: Durch die Währungsstabilität wird die Wirtschaftsentwicklung für Verbraucher und Unternehmen verlässlicher.
- *niedrigere Zinssätze*: Langfristig sind niedrigere Zinssätze zu erwarten, was wiederum zu Investitionen anregt.
- *höheres Wirtschaftswachstum*: Die Zunahme der Investitionstätigkeit schlägt sich in den Wachstumsraten nieder.
- *stärkeres Gewicht in der Weltwirtschaft*: Mit dem Euro entsteht eine neue internationale Leitwährung. Der europäische Wirtschaftsraum gewinnt im Weltfinanzsystem an Bedeutung.
- *Vertiefung der Integration*: Durch die Schaffung eines Identifikationssymbols auf Gemeinschaftsebene wird die politische Integration befördert.

5.3.2 Institutionelle Umsetzung

Im Mittelpunkt europäischer Geldpolitik steht die Europäische Zentralbank mit Sitz in Frankfurt am Main (s. Kap. 4.6 zu den Institutionen der Europäischen Union). Sie ist weitgehend dem Modell der deutschen Bundesbank nachgebildet und verfolgt ein vorrangiges währungspolitisches Ziel: die Preisstabilität (s. Art. 105 EG-Vertrag). Sie hat also dafür Sorge zu tragen, dass sich die Inflation innerhalb der Eurozone in engen Grenzen hält, nämlich zwischen null und maximal zwei Prozent. Zu diesem Zweck verfügt sie über umfassende Kompetenzen im Bereich der Geldpolitik, einschließlich der Ausgabe von Banknoten sowie der Festsetzung von Wechselkursen und Leitzinsen. Die Europäische Zentralbank führt ihre Aufgaben in institutioneller Unabhängigkeit aus. Gemeinsam mit den Zentral-

34 Generaldirektion Wirtschaft und Finanzen, 1990: One market, one money. An evaluation of the potential benefits and costs of forming an economic an monetary union, Brüssel, S. 9.

banken der Mitgliedstaaten bildet sie das Europäische System der Zentralbanken.

Auf politischer Ebene kommt dem in der breiteren Öffentlichkeit nahezu unbekannten Rat für Wirtschaft und Finanzen (auch EcoFin genannt, s. Kap. 4.3 zu den Institutionen der Europäischen Union) eine Schlüsselrolle bei der Steuerung der WWU zu. Der EcoFin-Rat überwacht insbesondere die Einhaltung des *Stabilitäts- und Wachstumspakts*. Bei Beschlüssen, die die Eurozone betreffen, stimmen nur die zugehörigen Staaten ab. Der Stabilitäts- und Wachstumspakt schreibt den nationalen Regierungen die Orientierung am zweiten Konvergenzkriterium, also den festgelegten Defizitgrenzen (max. 3% des BIP Neuverschuldung, max. 60% Gesamtverschuldung), auch über den Beitritt ihres Landes zur Eurozone hinaus vor und belegt Verstöße mit Sanktionen. Über das Vorliegen eines übermäßigen Defizits entscheidet der EcoFin-Rat, er empfiehlt dem betreffenden Staat entsprechende Maßnahmen und verhängt ggf. Sanktionen gegen ihn, schlimmstenfalls Strafzahlungen in Höhe von bis zu 0,5 Prozent des BIP bei wiederholten Verstößen. Über Sanktionen entscheidet der Rat ohne die Stimmen des betreffenden Staates mit Zweidrittelmehrheit. Er kann die Sanktionen gegen ein Mitglied bei entsprechender Korrektur des Defizits auch wieder aufheben.

Kasten 7: Defizitsünder Deutschland

Die Idee eines Stabilitäts- und Wachstumspakts für die WWU ging auf eine Initiative des ehemaligen deutschen Finanzministers Theo Waigel zurück und wurde 1996 auf dem EU-Gipfel in Dublin von den Staats- und Regierungschefs angenommen. Mit dem Vorhaben, Verstöße gegen den Pakt mit automatischen Strafzahlungen zu ahnden, konnte die deutsche Regierung sich letztlich nicht durchsetzen.

Keine zehn Jahre später profitierte die Bundesrepublik selbst von der *weichen* Regelung. Denn ausgerechnet gegen sie wurde 2002 eines der ersten Defizitverfahren der EU eingeleitet. In den folgenden Jahren wurde die Bundesregierung immer wieder von der Kommission verwarnt und zu einer rigideren Sparpolitik aufgefordert. Deutschland und Frankreich, das auch zu den Defizitsündern zählte, konnten sich immer wieder erfolgreich gegen Sanktionen durchsetzen. Das Verfahren wurde am 5. Juni 2007 eingestellt, nachdem die deutsche Regierung mit ihrem Haushalt 2006 zum ersten Mal seit fünf Jahren den Referenzwert eingehalten hatte. Die wiederholten Verstöße des einstigen Musterknaben Deutschlands gegen den Stabilitäts- und Wachstumspakt sorgten sowohl in der Bundesrepublik als auch auf europäischer Ebene für kontroverse Debatten über die flexible Ausgestaltung des Pakts.

Der EcoFin-Rat hat sich zum Schlüsselorgan der europäischen Wirtschaftspolitik entwickelt. Die Finanzminister der Euro-Staaten treffen sich überdies zur Absprache und Koordinierung im Vorfeld der Ratssitzung informell als sog. *Eurogruppe*. Damit hat sich neben der Europäischen Zentralbank ein politisches Gremium der WWU etabliert.[35] Eine solche *Wirtschaftsregierung* war von einigen Mitgliedstaaten, insbesondere Frankreich, als Ausgleich für die restriktive Geldpolitik der EZB sowie den Stabilitäts- und Wachstumspakt ausdrücklich gefordert worden.

5.3.3 Differenzen, Probleme, Bilanz

Der Stabilitäts- und Wachstumspakt ist ein weltweites Unikum.[36] In keinem anderen Wirtschaftsraum haben sich Staaten zu einer derart strikten Haushaltsdisziplin verpflichtet. Die Einführung einer gemeinsamen Währung in Verbindung mit dem Defizitkriterium stellt eine gravierende Beschränkung der wirtschafts- und finanzpolitischen Souveränität der Mitgliedstaaten dar und erfährt dementsprechend unterschiedliche Bewertungen. Bei der Konzeption der WWU hat sich Deutschland mit seiner angebotsorientierten Geldpolitik weitgehend durchgesetzt. Die restriktive Ausrichtung der EZB, die allein dem Ziel der Preisstabilität verpflichtet ist, sowie das Defizitkriterium machen eine antizyklische Wirtschafts- und Beschäftigungspolitik, wie sie vom britischen Ökonomen John Maynard Keynes im vergangenen Jahrhundert entwickelt wurde und wie sie bis heute in führenden Wirtschaftsnationen, insbesondere den USA, immer wieder zur Anwendung kommt, dauerhaft unmöglich. Auch die Finanzierung öffentlicher Defizite durch die EZB oder nationale Zentralbanken, die sog. Monetarisierung der Staatsschuld, wird durch den EG-Vertrag ausdrücklich ausgeschlossen (s. Art. 101 EG-Vertrag). In einigen Mitgliedstaaten, insbesondere in Frankreich, erfährt das enge wirtschafts- und währungspolitische *Korsett*, in das die Staaten durch die WWU gezwängt werden, vehemente Kritik.[37]

Auf der anderen Seite verweisen die Befürworter stabilitätsorientierter Währungspolitik auf die Wechselkursentwicklung des Euro. Waren viele Beobachter anfänglich besorgt, die Gemeinschaftswährung werde nicht so

35 Vgl. Hillenbrand, Olaf, 2002: Die Wirtschafts- und Währungsunion, in: Weidenfeld, Werner (Hrsg.): Europa-Handbuch, Bonn, S. 454-476 (470).

36 Vgl. Busch, Klaus/Baum-Ceisig, Alexandra/Nospickel, Claudia, 2007: Die Europäische Union. Eine Einführung in die politischen, ökonomischen und sozialen Probleme des erweiterten Europa, Baden-Baden, S. 121.

37 S. hierzu z.B. die Debatte im Vorfeld des Referendums zum EU-Verfassungsvertrag 2005.

stabil sein wie beispielsweise die D-Mark und schienen sich die Befürchtungen zunächst zu bewahrheiten – im Oktober 2000 sank der Kurs des Euro auf seinen historischen Tiefststand von 83 US-Cent –, erlebte der Euro fortan eine kontinuierliche Aufwertung und durchbrach am 27. Februar 2008 erstmals die Schwelle von 1,50 US-Dollar.[38] Genau dieses Argument der Stärke jedoch wird zunehmend in sein Gegenteil gewendet, denn zahlreiche Vertreter in Wirtschaft und Politik sehen die aktuellen Höhenflüge des Euro nicht gern, verteuern sich damit doch Produkte aus dem Euroraum auf den Weltmärkten. Sollte die Stärke der Gemeinschaftswährung nachweislich zu Unternehmensverlagerungen und Arbeitsplatzverlusten in den Mitgliedstaaten führen, könnten die nationalen Regierungen geneigt sein, die Unabhängigkeit der Zentralbank infrage zu stellen.[39]

Ein anderer Kritikpunkt bezieht sich auf den von der EZB festgelegten Leitzins. Der einheitliche Zinssatz kann nicht in allen Mitgliedstaaten zur gleichen Zeit günstig wirken. Die EU ist eine Wirtschaftsgemeinschaft, sie hat den gemeinsamen Binnenmarkt mit einigen Abstrichen verwirklichen können, mit einem Teil ihrer Mitglieder ist sie den Weg der ökonomischen Integration sogar weiter gegangen und hat eine gemeinsame Währung eingeführt, die volle wirtschaftliche Integration als fünfte und letzte Stufe hat sie jedoch längst nicht erreicht. Folglich unterscheiden sich die jeweiligen Konjunkturzyklen der Mitgliedstaaten mitunter stark. Die regionalen Differenzen können durch den Markt kaum ausgeglichen werden, denn die Arbeitskräfte sind (noch) nicht hinreichend mobil, die Löhne sind nicht flexibel, und für effektive Ausgleichszahlungen ist der EU-Haushalt viel zu gering.[40] Mag die zentral gesteuerte, restriktive Währungspolitik für den Finanzplatz Europa und die neue Leitwährung Euro von großer Bedeutung sein, die nationalen Regierungen bringt sie mitunter in wirtschaftspolitisch heikle Situationen. Dies zeigt sich insbesondere in den häufigen Verstößen gegen den Stabilitäts- und Wachstumspakt – derzeit laufen sechs Defizitverfahren. Ein fortwährender Konflikt zwischen nationalen Politikern auf der einen Seite und Zentralbankern auf der anderen

38 Vgl. hierzu die täglich aktualisierten Wechselkursgraphen der EZB, abrufbar unter: http://www.ecb.int/stats/exchange/eurofxref/html/eurofxref-graph-usd.en.html (letzter Zugriff: 27.2.2008).

39 Der französische Staatspräsident und frühere Innenminister Nicolas Sarkozy z.B. hat die Geldpolitik der EZB während seiner Kampagne für die Präsidentschaftswahl mehrfach scharf attackiert, vgl. Sarkozy: Europa ist zur Maschine verkommen, in Frankfurter Allgemeine Zeitung vom 20 Dez. 2006; Wiegel, Michaela: Wahlkämpfer auf Gegenkurs, in: Frankfurter Allgemeine Zeitung vom 12. Jan. 2007.

40 Vgl. McCormick, John, 2002: Understanding the European Union. A Concise Introduction, 2. Aufl., Houndmills u.a., S. 191.

wird die Wirtschafts- und Währungsunion vermutlich auch weiterhin kennzeichnen. Die nationalen Differenzen innerhalb der WWU werden sich mit dem künftigen Beitritt der neuen Mitgliedsländer auf jeden Fall noch vergrößern.[41] Die neuen Mitgliedstaaten, die keine *opting outs* vereinbart haben, werden der Eurozone früher oder später beitreten. Ein Teil von ihnen (Estland, Lettland, Litauen, Slowakei sowie Dänemark) nimmt schon heute an einem neuen Wechselkursmechanismus (WKM II) teil.

5.4 Haushalt und Finanzen

In den vorangegangenen Abschnitten haben wir uns ausschließlich mit den regulativen Politiken der Europäischen Union befasst. Auf jenen Feldern besitzt die Gemeinschaft Kompetenzen, für die Mitgliedstaaten verbindliche Regeln zu erlassen, die diese dann umsetzen und ggf. bezahlen müssen. Dadurch entsteht leicht der Eindruck, die Tätigkeit der EU beschränke sich auf ihre regulative Dimension. Dem ist nicht so. Zwar verfügt die Union nur über einen geringen Haushalt, quasi ein *Taschengeld*[42] im Vergleich zu den Nationalstaaten, aber sie finanziert daraus nicht nur ihre eigenen Institutionen, sondern zum weitaus größten Teil dient ihr Budget der Redistribution, d.h. sie verteilt um. Seit dem ersten Haushaltsvertrag von 1970 besitzt die EU beschränkte Finanzhoheit. Auch darin unterscheidet sie sich übrigens von allen internationalen Organisationen, dass sie nicht immer wieder um ihre Finanzausstattung kämpfen muss. Vielmehr verfügt sie über eine veritable und justitiable, d.h. einklagbare, Finanzverfassung (Art. 268-280 EG-Vertrag). Allerdings erreicht die EU auch in diesem Punkt keine Staatsqualität. Wie bereits erwähnt, ist ihr Budget ausgesprochen gering. All die Politikfelder, die gemeinhin große Ausgaben erfordern, wie Bildung, Gesundheit, Verteidigung etc., fallen nicht in ihre Zuständigkeit. Außerdem hat die EU nicht das Recht, eigene Steuern zu erheben und sie darf auch keine Schulden machen.[43]

5.4.1 Instrumente

Für die Haushaltspolitik der EU gibt es zwei finanzielle Bezugsrahmen, die sich auf unterschiedliche Zeiträume beziehen:

Zum Ersten hat die EU einen *Jahreshaushalt*, der von Rat und Parlament zu bewilligen ist. Beim komplexen Entscheidungsverfahren (s. Art. 272

41 Vgl. Hix 2005, S. 343.
42 Wagener/Eger/Fritz 2006, S. 424.
43 Vgl. ebd., S. 414.

EG-Vertrag[44]) wird zwischen zwei Ausgabenarten unterschieden: nämlich den *obligatorischen Ausgaben*, also solchen, die zwingend aus dem Vertrag oder dem abgeleiteten Sekundärrecht hervorgehen und über die der Rat das letzte Wort hat (z. B. Agrarpolitik), und *nicht-obligatorischen Ausgaben*, die entsprechend nicht zwingend aus dem EU-Recht hervorgehen und über die das Parlament mit entscheiden kann (z.B. Strukturpolitik). Der jährliche Haushaltsentwurf wird von der Kommission erarbeitet und den beiden Legislativorganen zur Entscheidung vorgelegt. Abbildung 17 stellt die Ausgabenverteilung auf sechs Rubriken[45] dar, wie sie der Haushaltsplan der Kommission für das Jahr 2008 vorsieht.

Abbildung 17: Haushaltsplan 2008 nach Rubriken des Finanzrahmens

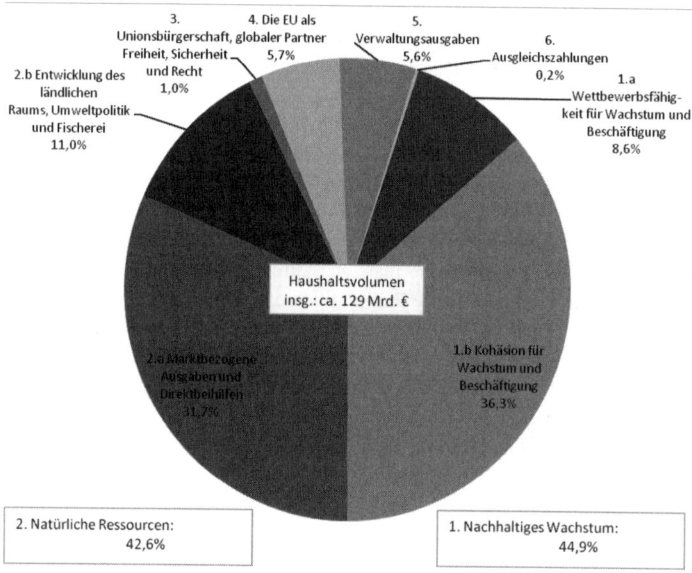

Quelle: (Zahlen) Europäische Kommission, 2008: Gesamthaushaltsplan der Europäischen Union für das Haushaltsjahr 2008. Übersicht in Zahlen, Brüssel.

44 Nicht von ungefähr einer der längsten Vertragsartikel

45 Die Rubriken eins und zwei sind bewusst noch einmal unterteilt, damit man die gewichtigen Ausgaben der Kohäsions- bzw. Agrarpolitik von sonstigen Verpflichtungen unterscheiden kann.

– Zum Zweiten gibt es seit 1988 einen *mittelfristigen Finanzrahmen*, der für mehrere Jahre – in der Regel sieben – verabschiedet wird.[46] Die finanzielle Vorausschau wird von der Kommission entworfen und dem Europäischen Rat, also den Staats- und Regierungschefs der Mitgliedstaaten, zur Entscheidung vorgelegt. Sie legt die Orientierungsmarken und Obergrenzen der Haushaltspolitik für die kommenden Jahre fest. Abbildung 18 stellt den aktuellen Finanzrahmen anschaulich dar.

Abbildung 18: Finanzrahmen 2006-2017 (Mittel für Verpflichtungen in Mio. €)

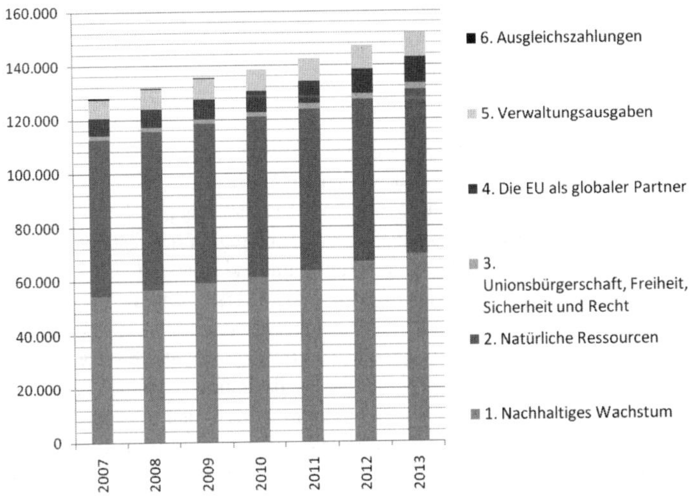

Quelle: (Zahlen) Europäische Kommission, 2007: In unsere Zukunft investieren. Der Finanzrahmen der Europäischen Union 2007-2013, Brüssel.

46 Eine Auflistung der vier bis heute verabschiedeten Finanzrahmen findet sich unter den Online-Materialien zu diesem Band, abrufbar unter: www.nomos-extra.de.

5.4.2 Ausgaben

Der EU-Haushalt für das Jahr 2008 beträgt gut 129 Mrd. Euro.[47] Erst im Jahr 2005 hatten die Ausgaben erstmals die Schwelle von 100 Mrd. Euro überschritten. In den vergangenen Jahren ist das Budget aber nicht nur beachtlich gestiegen, die Verteilung auf die einzelnen Posten hat eine grundlegende Veränderung erfahren. Mit dem Jahr 2007 hat sich das Verhältnis der beiden größten Haushaltsposten verschoben, erstmals liegen die Ausgaben für die Kohäsionspolitik über den Ausgaben für die Gemeinsame Agrarpolitik (GAP). Bei beiden Posten handelt es sich um redistributive Politikbereiche, die wir uns daher kurz näher anschauen möchten.

Gemeinsame Agrarpolitik (GAP)

Die *Gemeinsame Agrarpolitik* ist eine Art hochsubventionierter Fremdkörper im EU-Wettbewerbssystem. Laut Art. 32 EG-Vertrag ist sie zwar Teil des Binnenmarkts, von freiem Wettbewerb kann jedoch in den Bereichen Landwirtschaft und Handel mit landwirtschaftlichen Erzeugnissen kaum die Rede sein, vielmehr nehmen die gemeinschaftlichen Regelungen hier einen Wirtschaftsbereich von den Wettbewerbsregeln aus. Anders als zu Zeiten ihrer Gründung, da die Versorgung mit Nahrungsmitteln in Europa durchaus gefährdet, die Gewährleistung der Versorgungssicherheit also Kernanliegen war, verfolgt die GAP heute vorwiegend protektionistische Ziele, nämlich: erstens den Schutz landwirtschaftlicher Produkte vor niedrigen internen Preisen, zweitens den Schutz derselben Produkte vor niedrigen Importpreisen, also vor Waren aus Drittländern, und drittens die Senkung der Exportpreise europäischer Waren durch Beihilfen. Die EU betreibt also Preisstützung, vereinbart Absatzgarantien für die landwirtschaftliche Produktion und interveniert mit öffentlichen Mitteln. Zur Finanzierung der meisten Maßnahmen dient der *Europäische Ausrichtungs- und Garantiefonds für die Landwirtschaft* (EAGFL). Die Gemeinsame Agrarpolitik ist kostspielig und wird von den Partnern im Welthandel angesichts ihrer wettbewerbsverzerrenden Wirkung mitunter scharf kritisiert. Seit Gründung der GAP 1962 kam es immer wieder zu gravierenden Überproduktionen, wenn die europäischen Landwirte mehr produzierten,

47 Zum Vergleich: Der deutsche Bundeshaushalt 2008 sieht Ausgaben in Höhe von 283,2 Mrd. € vor, vgl. http://www.bundesfinanzministerium.de/nn_4314/DE/Wirtschaft__und__Verwaltung/Finanz__und__Wirtschaftspolitik/Bundeshaushalt/006.html?__nnn=true (letzter Zugriff: 28.2.2008).

als die Bürger verbrauchten, die EU aber gezwungen war, die Überschüsse aufzukaufen. Zwar konnte die GAP in den Jahren seit 1992 schrittweise reformiert werden, die Widerstände und Beharrungskräfte sind aber nach wie vor groß. Die weiterhin hervorragende Bedeutung der Agrarpolitik manifestiert sich nicht nur im zweitgrößten Haushaltsposten (2.a: 31,7% des Gesamtbudgets 2008). Auch die Generaldirektion für Landwirtschaft und ländliche Entwicklung ist eine der größten Einrichtungen der Kommission und die COPA (*Confederation of Professional Agricultural Organizations*) eine der einflussreichsten Interessenvertretungen auf europäischer Ebene.[48]

Kohäsionspolitik

Mit der Agenda 2007 (aktueller Finanzrahmen) ist die *Kohäsionspolitik* zum größten Ausgabenposten avanciert. Im Zeitraum bis 2013 wird die EU rund 347 Mrd. Euro (knapp 36 Prozent der gesamten Mittel) in die Regionalentwicklung investieren. Im Rahmen der Regionalpolitik stehen zwei Strukturfonds, nämlich der *Europäische Fonds für Regionale Entwicklung* (Art. 160 EG-Vertrag) und der *Europäische Sozialfonds* (Art. 146 EG-Vertrag), sowie der 1993 geschaffene *Kohäsionsfonds* (Art. 161 EG-Vertrag) zur Verfügung. Aus diesen Fonds wird die Verfolgung dreier strategischer Ziele bestritten:

– *Konvergenz* (Ziel 1): 81,54 Prozent der insgesamt verfügbaren Mittel sind für die Entwicklung der ärmsten und rückständigsten Mitgliedsländer und Regionen vorgesehen. Als förderfähig gelten hier alle 2004 bzw. 2007 neu beigetretenen Staaten sowie große Teile Spaniens, Portugals und Griechenlands, ferner einzelne Regionen in Ostdeutschland, Süditalien und Großbritannien. Die strukturschwachen Regionen im Osten der Bundesrepublik beispielsweise werden im Zeitraum von 2007-2013 Fördergelder in Höhe von rund 11,9 Mrd. Euro erhalten. Zusätzlich zu den Mitteln aus dem Strukturfonds erhalten alle Staaten, deren BNE unterhalb von 90 Prozent des EU-Durchschnitts liegt – dazu zählen alle neuen Mitgliedstaaten (Beitritt 2004 bzw. 2007) sowie Portugal, Griechenland und übergangsweise auch noch Spanien – Unterstützungsleistungen für Investitionsprogramme in den Bereichen Umwelt und Transeuropäische Netze.

48 Vgl. hierzu Hix 2005, S. 286; ferner: McCormick, S. 180; Lippert, Christian, 2007: Agrarpolitik, in: Weidenfeld, Werner/Wessels, Wolfgang (Hrsg.): Europa von A bis Z. Taschenbuch der europäischen Integration, 10. Aufl., Bonn, S. 51-58.

- *Regionale Wettbewerbsfähigkeit und Beschäftigung* (Ziel 2): Förderfähig gemäß Ziel 2 sind alle Regionen, die nicht im Rahmen von Ziel 1 als förderfähig gelten oder die eine entsprechende Übergangshilfe beziehen. Für das Ziel 2 stehen knapp 16 Prozent der insgesamt verfügbaren Mittel, also gut 55 Mrd. Euro im Siebenjahreszeitraum, zur Verfügung.
- *Europäische territoriale Zusammenarbeit* (Ziel 3): Im Rahmen dieses strategischen Ziels werden grenzüberschreitende Kooperationsräume an allen Binnengrenzen, bestimmten Außengrenzen sowie innergemeinschaftlichen Seegrenzen gefördert. Mit diesem neuen Ziel 3 wird die frühere Gemeinschaftsinitiative *Interreg* in den Leitzielkatalog der Strukturfonds überführt. Für die territoriale Zusammenarbeit stehen rund 2,5 Prozent der Gesamtmittel zur Verfügung.[49]

Mit der europäischen Strukturpolitik wird zunächst ein klassisches normatives Redistributivziel verfolgt. Es sieht im Grunde eine Umverteilung von wirtschaftlich starken Staaten auf schwache vor. Die EU-Strukturpolitik ist damit „Ausdruck europäischer Solidarität“[50], wenngleich der Solidargedanke durch die immer wieder zutage tretenden Verteilungskonflikte zwischen den Mitgliedstaaten und die andauernde Debatte zwischen Nettozahlern und Nettoempfängern teilweise konterkariert wird. Die grundlegenden Entscheidungen für die Strukturpolitik fallen durch den Europäischen Rat, also die Staats- und Regierungschefs, die gemeinschaftlich die finanzielle Vorausschau beraten und ggf. bewilligen. Das Ergebnis muss einstimmig erzielt werden. Das Einstimmigkeitserfordernis steht der Verwirklichung redistributiver Politiken tendenziell im Weg. Die Nettozahlerdebatte deutet darauf hin, dass sich die Bereitschaft der Mitgliedstaaten, zugunsten anderer auf materielle Leistungen zu verzichten, in engen Grenzen hält. Dementsprechend sind allokative Maßnahmen der EU, bei denen also alle Staaten gleichmäßig von den Leistungen aus Brüssel profitieren, eher konsensfähig als redistributive, bei denen es immer Gewinner und Verlierer gibt, und deren Umsetzung stets durch das Veto letzterer gefährdet ist. [51]

49 Ein Beispiel für ein durch Interreg gefördertes Projekt ist der grenzüberschreitende Partnerschaftsverbund der Pfalz mit den Regionen des mittleren Oberrheins sowie des nördlichen Elsaß namens PAMINA.

50 Hartwig, Ines, 2007: Struktur- und Regionalpolitik, in: Weidenfeld, Werner/Wessels, Wolfgang (Hrsg.): Europa von A bis Z. Taschenbuch der europäischen Integration, 10. Aufl., Bonn, S. 338-348.

51 Vgl. Hix, 2005, S. 306.

5.4.3 Einnahmen

Der Streit zwischen Nettozahlern und Nettoempfängern führt uns unmittelbar zu der Frage nach den Einnahmen: Woher bezieht die EU eigentlich ihre Mittel? Wie bereits erwähnt, darf sie keine Steuern erheben, dennoch soll sie sich gemäß Art. 269 EG-Vertrag ausschließlich aus sog. Eigenmitteln finanzieren. Der Vertrag legt allerdings nicht verbindlich fest, was unter Eigenmitteln zu verstehen ist. Zunächst sind Eigenmittel Einnahmen, die der Union auf Grundlage der Verträge bzw. entsprechender Durchführungsverordnungen automatisch zukommen, ohne dass es dazu weiterer Beschlüsse der mitgliedstaatlichen Regierungen bedarf. Dieses Eigenmittelsystem unterscheidet die EU von allen anderen internationalen Organisationen. Das System gliedert sich derzeit in drei Eigenmittelkategorien:

- *traditionelle Eigenmittel*: Hierunter fallen insbesondere die Zölle, die von den Mitgliedstaaten beim Handel mit Drittstaaten zugunsten der EU erhoben werden. In der Haushaltsplanung 2008 machen sie 13,6 Prozent der Gesamteinnahmen aus. Ferner gehören hierzu auch die besonderen Agrarabschöpfungen, also Zölle und Abgaben, die die EU im Rahmen der GAP zwecks Erhöhung der Importpreise vornimmt. Sie machen nach den vergangenen Reformen der GAP nur noch 1,9 Prozent der gesamten Einnahmen aus.
- *Mehrwertsteuereigenmittel*: Diese Eigenmittel werden im jährlichen Haushaltsverfahren aus den statistisch ermittelten „theoretischen" einheitlichen Bemessungsgrundlagen und den jeweiligen nationalen Einnahmen berechnet. Jeder Staat hat dann den gleichen Anteil seiner Mehrwertsteuereinnahmen an die EU abzuführen, wobei dieser Anteil 0,5 Prozent der Bemessungsgrundlage nicht überschreiten darf. Für den Haushalt 2008 sind 15,9 Prozent der Gesamteinnahmen aus dieser Quelle vorgesehen.
- *BNE-Eigenmittel*: Hierbei handelt es sich um jährliche Beiträge der Mitgliedstaaten. Jeder Staat hat den gleichen Anteil seines Bruttonationaleinkommens an die EU zu überführen. Der jeweilige einheitliche Satz ergibt sich erst nachträglich aus dem Differenzbetrag zwischen Ausgaben und Einnahmen des EU-Haushalts. Damit die Mitgliedstaaten der Gemeinschaft auf diese Weise aber nicht gleichsam einen Blankoscheck ausstellen müssen, ist im aktuellen Finanzrahmen eine Eigenmitteloobergrenze von 1,24 Prozent des gemeinschaftlichen BNE festgelegt. Im Haushaltsplan 2008 haben die BNE-Eigenmittel einen Anteil von 67,4 Prozent aller Einnahmen, womit diese Eigenmittelart, die durch den

Delors-I-Plan 1988 als Ergänzung eingeführt worden war, sich zur mit Abstand größten Einnahmequelle entwickelt hat.

Neben den Eigenmitteln hat die EU noch andere geringfügige Einnahmen, z.B. die Einkommensteuern der EU-Bediensteten, Bußgelder verurteilter Unternehmen etc., die sich im Haushaltsplan 2008 allerdings nur auf 1,2 Prozent aller Einnahmen belaufen. Damit ergibt sich die in Abbildung 19 dargestellte Einnahmenverteilung.

Abbildung 19: Verteilung der Einnahmen des EU-Haushalts (in Mio. €)

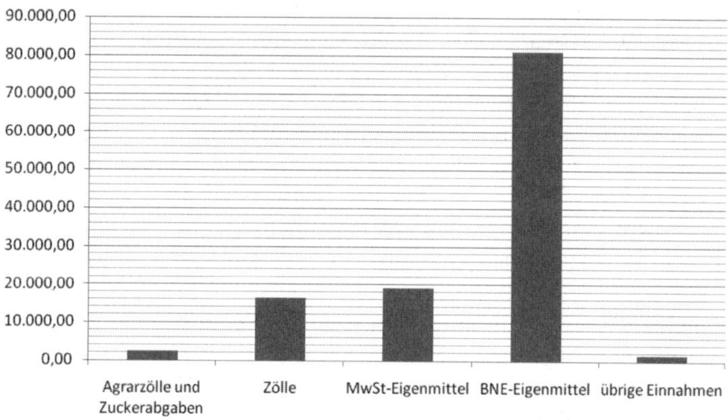

Quelle: (Zahlen) Europäische Kommission, 2008: Gesamthaushaltsplan der Europäischen Union für das Haushaltsjahr 2008. Übersicht in Zahlen, Brüssel.

Der EU-Haushalt ist immer wieder Gegenstand politischer Debatten. Während die Mitgliedstaaten dazu tendieren, ihre Beitragslast vorwiegend anhand der materiellen Rückflüsse zu bewerten, drängt die für die Haushaltsplanung verantwortliche Kommission auf eine Änderung der Budgetvorschriften. Erst im September 2007 hat sie einen Überprüfungsprozess gestartet. Bis April 2008 soll die öffentliche Konsultationsphase abgeschlossen sein. Ende des Jahres will sie einen entsprechenden Bericht zur Überprüfung des Haushalts präsentieren. In ihm wird es auch um das Eigenmittelsystem gehen und insbesondere den in ihm vorgesehenen, in den letzten Jahren in die Kritik geratenen sog. *Britenrabatt* (s. Kasten 8), wonach Großbritannien jährlich zwei Drittel seiner Nettobeiträge zurückerstattet werden. In den Augen vieler Beobachter ist diese Regelung angesichts des wirtschaftlichen Erfolgs des Vereinigten Königreichs und der reduzierten Ausgaben für die Agrarpolitik, von denen Großbritannien traditionell wenig profitiert, nicht mehr zeitgemäß. Die Debatte um Nettozahler und -empfänger wird also voraussichtlich in den kommenden Jahren keineswegs abklingen.

Kasten 8: Britenrabatt

Auf dem Europäischen Gipfeltreffen in Fontainebleau 1984 konnte die damalige britische Premierministerin Margaret Thatcher den derzeitigen Korrekturmechanismus zugunsten ihres Landes durchsetzen. Der sog. *Britenrabatt* ergibt sich wie folgt: Rabatt = (Beiträge zum EU-Haushalt – Rückflüsse in Form von Fördergeldern etc.) * 66%. Thatcher konnte sich bei ihrer berühmten Forderung *I want my money back!* auf die vergleichsweise schlechte Wirtschaftssituation ihres Landes berufen sowie darauf, dass Großbritannien kaum von der Gemeinsamen Agrarpolitik profitierte. Heute zählt das Vereinigte Königreich hingegen zu den reichsten Mitgliedstaaten der EU. Folglich geriet der Britenrabatt spätestens während der Verhandlungen über den Finanzrahmen im Jahr 2005 ins Visier anderer Regierungsvertreter, die ein Einfrieren des Rabatts forderten. Die Einigung vom 17. Dezember 2005 sieht vor, dass der Rabatt zwar erhalten bleibt, aber bis 2013 deutlich reduziert wird.

5.5 Außenwirtschaftsbeziehungen

Bisher war unser Blick auf die EU als Wirtschaftsgemeinschaft sehr stark nach innen gerichtet. Wir haben uns mit dem Wegfall der Binnengrenzen befasst, der Entstehung und Regulierung eines gemeinsamen Marktes. Zum Abschluss dieses Abschnitts wollen wir nun noch einen Blick auf die Außenbeziehungen der Wirtschaftsgemeinschaft werfen. Unter Außenwirtschaftsbeziehungen versteht man alle Wirtschafts- und Handelsbeziehungen der EU mit Drittstaaten. Sie fallen in den Kompetenzbereich der Europäischen Gemeinschaft, während alle anderen außenpolitischen Aspekte weiterhin zwischenstaatlich organisiert sind (s. Kap. 10 zur Gemeinsamen Außen und Sicherheitspolitik). Die EU ist die größte Handelsmacht der Welt. Ohne den Binnenhandel hinzuzählen, erreicht die EU-25 für das Jahr 2006 mit 18 Prozent der weltweit getätigten Einfuhren den zweiten Platz der größten Importeure direkt hinter den USA. Im selben Jahr nimmt sie mit 16,2 Prozent der weltweit getätigten Ausfuhren mit großem Abstand den ersten Platz der größten Exporteure ein (s. Tabelle 8).

Tabelle 8: Die größten Im- und Exporteure im weltweiten Güterhandel

Importe				Exporte			
Rang	Wirtschafts-raum	Importe in Mrd. €	% Welt	Rang	Wirtschafts-raum	Exporte in Mrd. €	% Welt
1	USA	1.491,6	19,9	1	EU-25	1.166,1	16,2
2	EU-25	1.350,5	18,0	2	USA	804,8	11,2
3	China	559,2	7,5	3	China	752,8	10,5
4	Japan	443,2	5,9	4	Japan	478,3	6,7
5	Kanada	301,4	4,0	5	Kanada	308,2	4,3
6	Hongkong	245,8	3,3	6	Südkorea	251,6	3,5
7	Südkorea	244,5	3,3	7	Hongkong	246,1	3,4
8	Mexiko	190,7	2,5	8	Russland	230,5	3,2
9	Singapur	177,4	2,4	9	Singapur	208,4	2,9
10	Indien	149,1	2,0	10	Mexiko	183,7	2,6

Quelle: Europäische Kommission, 2008: Main Traders in the World, abrufbar unter: http:/ /ec.europa.eu/trade/issues/bilateral/data.htm (letzter Zugriff: 29.2.2008).

Der Bedeutung des Außenhandels entsprechend, ist die Gemeinsame Handelspolitik Kernbestandteil der Außenwirtschaftsbeziehungen. Sie lässt sich unterscheiden in die autonome sowie die vertragliche Handelspolitik.

5.5.1 Autonome Handelspolitik

Die autonome Handelspolitik umfasst solche Maßnahmen, die die Europäische Gemeinschaft autonom, also nicht im Rahmen sonstiger vertraglicher Verpflichtungen ergreift. Dies sind in der Regel protektionistische Maßnahmen zur Absicherung des Gemeinsamen Marktes. Mittels folgender Instrumente steuert die Europäische Gemeinschaft die Ein- und Ausfuhren in den bzw. aus dem europäischen Markt:

- *Außenzoll*: Gemäß Artikel 23 EG-Vertrag vereinbart die Gemeinschaft einen gemeinsamen Zolltarif für alle Einfuhren aus Drittländern. Da die Zölle in der Regel im Rahmen der WTO-Verhandlungen vereinbart werden, verliert das tarifäre Instrument im Rahmen der autonomen Handelspolitik zunehmend an Bedeutung.

- *Anti-Dumping- und Anti-Subventionsmaßnahmen*: Solche Maßnahmen darf die EU dann verhängen, wenn sie nachweisen kann, dass eingeführte Produkte aus Drittländern entweder in der EU billiger angeboten werden als auf dem heimischen Markt (Dumping: VO 384/96, zuletzt geändert durch: VO 461/2004), oder es sich um staatlich subventionierte Ausfuhren (Subvention: VO 2026/97) handelt. In beiden Fällen kann die Kommission nach Konsultation der Mitgliedstaaten Ausgleichszölle verhängen, die mittels Ratsentscheidung verstetigt werden können.
- *Schutzklauselmaßnahmen*: Solche Maßnahmen werden in der Regel in Form von Importüberwachungen und mengenmäßigen Beschränkungen umgesetzt, wenngleich letztere auch für die Einfuhr von Produkten aus Drittstaaten generell nicht vorgesehen sind (s. VO 3285/94 Art. 1 Abs. 2). Nur dann, wenn die *bedeutende Schädigung* eines innergemeinschaftlichen Wirtschaftszweigs durch Einfuhr eines Produkts unmittelbar bevorsteht, dürfen Schutzklauselmaßnahmen verhängt werden (s. VO 3825/94 Art. 5 Abs. 3).
- *neues handelspolitisches Instrument*: Dieses erst 1984 eingeführte und 1994 geänderte Instrument gibt der Gemeinschaft die Möglichkeit, auf unfaire Handelspraktiken von Drittstaaten, beispielsweise die Behinderung des Marktzugangs für europäische Exporte o.ä. durch Vergeltungsmaßnahmen zu reagieren. Der Katalog möglicher Maßnahmen umfasst in der Regel die Aussetzung von Handelskonzessionen, erhöhte Zollabgaben sowie mengenmäßige Einfuhrbeschränkungen. Alle Maßnahmen bedürfen jedoch der Autorisierung durch die WTO.
- *politisch motivierte Handelssanktionen*: Sie gehen in der Regel auf Beschlüsse im Rahmen der Gemeinsamen Außen- und Sicherheitspolitik (GASP, s. Kap. 10) zurück und umfassen die Einschränkung des Handels mit Drittstaaten bis hin zur gänzlichen Einstellung. Derartige Beschlüsse erfolgen zumeist auf der Grundlage eines Mandates des UN-Sicherheitsrates und können gemäß Artikel 301 EG-Vertrag umgesetzt werden.

5.5.2 Vertragliche Handelspolitik

Die Spielräume der Europäischen Union in handelspolitischen Fragen sind begrenzt durch Verträge und Abkommen, die diese mit Drittstaaten oder im Rahmen internationaler Organisationen geschlossen hat. Zu den wichtigsten Handelsverträgen der Gemeinschaft zählen zunächst die multilateralen Abkommen im Rahmen der Welthandelsorganisation (WTO), insbesondere das Allgemeine Zoll- und Handelsabkommen (GATT). Als einzige internationale Organisation ist die Europäische Union Mitglied in der Welthandelsorganisation und wird in den Verhandlungen durch die Kommission vertreten, wobei auch die 27 Mitgliedstaaten selbst an den Verhandlungen teilnehmen. Die WTO etabliert ein globales Freihandelsregime, das auf den Prinzipien der Reziprozität – handelspolitische Zugeständnisse müssen wechselseitig gemacht werden – sowie der Meistbegünstigung – Vergünstigungen zwischen zwei Vertragsparteien müssen vorbehaltlos auch für alle anderen gelten – beruht. Die EU hingegen ist eine regionale Organisation, die den Freihandel im Binnenmarkt verwirklicht, diesen gemeinsamen Markt aber, wenngleich sie sich generell auch dem weltweiten Freihandel verpflichtet (s. Art. 131 EG-Vertrag), vor schädlichem Einfluss mittels zum Teil protektionistischer Maßnahmen schützt. Damit stehen die beiden Organisationen in einem latenten Widerspruch, der auch in der Differenz begründet liegt, dass die WTO ausschließlich auf die Etablierung freien Handels abzielt, während die EU darüber hinaus zahlreiche andere politische Aufgaben zu erfüllen und damit verbundene Verantwortlichkeiten wahrzunehmen hat.

Folglich verwundert es nicht, dass die europäische Handelspolitik gelegentlich in schwierige Konflikte mit den Vorschriften der WTO gerät. Wenn ein Vertragspartner, der sich durch Handelspraktiken benachteiligt sieht, den Streitfall vor die WTO bringt, wird die Welthandelsorganisation zum Austragungsort bedeutender handelspolitischer Konflikte (s. Kasten 9 zum Bananenstreit). Ob die Regeln der zwischenstaatlich organisierten WTO deshalb aber Vorrang vor supranationalem EG-Recht haben bzw. haben sollten, ist unter Experten umstritten.[52]

Ein weiteres multilaterales Freihandelsabkommen, allerdings auf Europa beschränkt, hat die EG mit den EFTA-Staaten Norwegen, Island und Liechtenstein geschlossen. Mit diesen bildet sie seit 1993 den Europäischen Wirtschaftsraum (EWR). Da die Schweiz das Abkommen nicht ratifiziert hat, gelten mit ihr weiterhin bilaterale Abkommen. Bilaterale Kooperationsabkommen, die der Festigung privilegierter wirtschafts- und handelspolitischer Verbindungen der EG mit Drittstaaten dienen, hält die Gemeinschaft auch mit Russland, der Ukraine, den südlichen Mittelmeeranrainer-

52 Vgl. in diesem Zusammenhang Kohler-Koch, Beate/Conzelmann, Thomas/Knodt, Michèle, 2004: Europäische Integration – Europäisches Regieren, Wiesbaden, S. 254 ff.

staaten[53], Kanada, Südkorea, Indien etc. Von besonderer entwicklungspolitischer Bedeutung ist das Cotonou-Abkommen[54] mit den sog. AKP-Staaten (Afrika, Karibik, Pazifik) aus dem Jahr 2000. Die Vereinbarung folgt dem Lomé-Abkommen[55] aus den siebziger Jahren und umfasst privilegierte Handelsbeziehungen (insb. niedrigere Zollsätze) mit 48 Staaten Afrikas, 16 Staaten aus dem karibischen und 15 Staaten aus dem pazifischen Raum. Bei den Partnerregionen handelt es sich zumeist um ehemalige europäische Kolonien (insb. Großbritanniens und Frankreichs). Ist der Handel im Rahmen des Abkommens mit 28,4 Mrd. Euro Importen aus und 26,5 Mrd. Exporten in die AKP-Staaten[56] für die Gemeinschaft auch von marginaler Bedeutung, ist die EU für die meisten AKP-Staaten, insbesondere die afrikanischen, der Haupthandelspartner. Die Bevorzugung von Importen aus den AKP-Staaten seitens der EU hat mitunter zu Handelskonflikten vor der WTO geführt (s. Kasten 9 zum Bananenstreit). Die EU rechtfertigt die besonderen Handelsbeziehungen jedoch mit entwicklungspolitischen Motivationen sowie ihrer kolonialgeschichtlichen Verantwortung.

Kasten 9: Bananenstreit[57]

Die EU bevorzugt Importe aus AKP-Staaten (z.B. durch niedrigere Zölle und Importquoten). Dies gilt auch für Bananen. Die sog. *AKP-Banane* kommt zu günstigeren Konditionen auf den europäischen Markt als die sog. *Dollarbanane*, die in Lateinamerika angebaut und u.a. von US-amerikanischen Firmen (z.B. Chiquita) gehandelt wird. Der Streit zwischen den USA, die den Fall vor die WTO gebracht hatten, Staaten Lateinamerikas und der EU zog sich seit 1996 hin. Die EU rechtfertigte ihre Ungleichbehandlung mit entwicklungspolitischen Motiven. Die WTO verurteilte die Handelsbeschränkungen für die amerikanischen Bananen in mehreren Entscheidungen. Im Februar 2008 gestattete die WTO den USA umfassende Vergeltungsmaßnahmen. Die USA können also nun Strafzölle gegen europäische Waren im Wert von mehreren Mio. Euro verhängen.

53 Die Beziehungen zu den Nachbarländern im südlichen Mittelmeerraum sind im Rahmen der Euro-mediterranen Partnerschaft (EUROMED) verwirklicht. Da diese 1995 beim Treffen der Außenminister in Barcelona ins Leben gerufen wurde, wird sie auch als Barcelona-Prozess bezeichnet.

54 Cotonou ist größte Stadt und Regierungssitz des westafrikanischen Benin.

55 Lomé ist die Hauptstadt von Togo.

56 Zahlen für das Jahr 2004; vgl. Generaldirektion Handel unter: http://ec.europa.eu/trade/issues/bilateral/regions/ acp/index_en.htm (letzter Zugriff: 2.3.2008).

57 Vgl. hierzu Kohler-Koch/Conzelmann/Knodt 2004, S. 258; ferner Handelsblatt: USA siegen im Bananen-Streit, abrufbar unter: http://www.handelsblatt.com/news/_pv/_p/200053/_t/ft/_b/1388418/default.aspx/ index.html (letzter Zugriff: 2.3.2008).

Die EU-Kooperationsabkommen sind in der Regel mit sog. Konditionalitätsklauseln, d.h. mit gewissen politischen Bedingungen an die demokratische Entwicklung sowie die Einhaltung der Menschenrechte, verknüpft. Von besonderer politischer Bedeutung sind die Assoziierungsabkommen der Gemeinschaft. Sie gehen noch über Kooperationsabkommen hinaus und stellen eine partnerschaftliche Verbindung „mit gegenseitigen Rechten und Pflichten, gemeinsamem Vorgehen und besonderen Verfahren" (Art. 310 EG-Vertrag) her. Assoziierungsabkommen dienen in der Regel der Vorbereitung auf einen späteren Beitritt. Etabliert wurde diese Methode in den 1990er Jahren, als die EU mit den zukünftigen Beitrittsländern Mittelosteuropas sog. Europaabkommen vereinbarte, die dezidiert der Vorbereitung des Beitritts dienten. Eine ähnliche Funktion haben heute die sog. *Stabilisierungs- und Assoziierungsabkommen* (SAA), die die Länder des westlichen Balkans in einen gleichnamigen Prozess (*Stabilisierungs- und Assoziierungsprozess*, SAP) einbinden und die Aufnahme der gesamten Region in die Gemeinschaft vorbereiten sollen. Die Abkommen mit Kroatien, Mazedonien – beide haben bereits den Status als Beitrittskandidat erhalten – und Albanien sind bereits unterzeichnet worden. Für Bosnien und Herzegowina, Montenegro, Serbien und das Kosovo sind ebenfalls Abkommen vorgesehen, entsprechende Verhandlungen laufen.[58] Eine besonders privilegierte Partnerschaft besteht auch zwischen der EU und dem Beitrittskandidaten Türkei. Ein Assoziierungsabkommen zwischen beiden datiert schon aus dem Jahr 1964. Seit 1996 verbindet die beiden eine Zollunion. Derzeit laufen Beitrittsverhandlungen.

Die Außenwirtschaftsbeziehungen der EU sind wissenschaftlich von besonderem Interesse, da sie sich an der Schnittstelle zwischen supranationaler Wirtschaftspolitik und zwischenstaatlich organisierter Außenpolitik befinden und damit noch einmal das Zwitterwesen der EU zwischen politischem System und internationaler Organisation verdeutlichen. Dabei gehört die Außenwirtschaftspolitik selbst zu den gemeinschaftlichen Tätigkeiten, und die Kommission ist die Verhandlungsführerin in allen Fragen des internationalen Handels. Kontrolliert wird sie in ihrer handelspolitischen Tätigkeit allerdings von einem vom Rat der EU bestellten Ausschuss, dem sog. *133er-Ausschuss* (s. Art. 133 EG-Vertrag). Die Entscheidungen über die gemeinschaftliche Handelspolitik fällen letztlich die Vertreter der Mitgliedstaaten im Rat, allerdings in der Regel mit qualifizierter Mehrheit.

58 Die Verhandlungen über ein SAA mit Serbien waren vom 3. Mai 2006 bis zum 13. Juni 2007 aufgehoben, da Serbien nicht in ausreichendem Maße mit dem Internationalen Straftribunal für das ehemalige Jugoslawien kooperierte.

Einführende Literatur:

Baßeler, Ulrich/Heinrich, Jürgen/Utecht, Burkhard, 2002: Grundlagen und Probleme der Volkswirtschaft, Stuttgart. (Standardwerk der wirtschaftswissenschaftlichen Propädeutik mit Überblickskapiteln zur EU allgemein, zum Binnenmarkt, zur WWU sowie zur Geldpolitik der EZB)

Busch, Klaus/Baum-Ceisig, Alexandra/Nospickel, Claudia, 2007: Die Europäische Union. Eine Einführung in die politischen, ökonomischen und sozialen Probleme des erweiterten Europa, Baden-Baden. (Einführung in das EU-System mit einer deutlichen Ausrichtung auf ökonomische und sozialpolitische Fragen und einer ausgesprochenen Fülle von Materialien)

Dicke, Hugo, 2002: Der Europäische Binnenmarkt, in: Weidenfeld, Werner (Hrsg.): Europa-Handbuch, Bonn, S. 439-453. (knapper Überblick über Entstehung und Funktionsweise des Binnenmarkts)

Hillenbrand, Olaf, 2002: Die Wirtschafts- und Währungsunion, in: Weidenfeld, Werner (Hrsg.): Europa-Handbuch, Bonn, S. 454-476. (knapper Überblick insbesondere über die Entstehung und Funktionsweise der WWU)

Hix, Simon, 2005: The Political System of the European Union, 2. Aufl., Houndmills u.a. (Auch für eine wirtschaftspolitische Einführung empfiehlt sich das beeindruckende Lehrbuch von Hix.)

Kohler-Koch, Beate/Conzelmann, Thomas/Knodt, Michèle, 2004: Europäische Integration – Europäisches Regieren, Wiesbaden.

McCormick, John, 2002: Understanding the European Union. A Concise Introduction, 2. Aufl., Houndmills u.a. (McCormick bietet einen kurzen, pointierten Einblick in die Wirtschaftspolitik der EU.)

Wagener, Hans-Jürgen/Eger, Thomas/Fritz, Heiko, 2006: Europäische Integration. Recht und Ökonomie, Geschichte und Politik, München. (eine umfassende Darstellung der europäischen Integration aus wirtschaftswissenschaftlicher Perspektive)

Weiterführende Literatur und Dokumente:[59]

Balassa, Bela, 1962: The theory of economic integration, London. (klassisches Werk der ökonomischen Integrationstheorie)

Dyson, Kenneth, 2006: Die Wirtschafts- und Währungsunion als Prozess der Europäisierung, in: Jachtenfuchs, Markus/Kohler-Koch, Beate (Hrsg.): Europäische

59 Auf die erneute Wiedergabe aller zitierten EU-Richtlinien und EuGH-Urteile ist hier verzichtet worden. Eine Auflistung befindet sich unter den Online-Materialien zu diesem Band, abrufbar unter: www.nomos-extra.de.

Integration, Wiesbaden, S. 449-478. (ebenso kenntnis- wie voraussetzungsreiche, kritische Untersuchung der WWU; sehr lesenswert)

Europäische Kommission, 1990: One market, one money. An evaluation of the potential benefits and costs of forming an economic and monetary union, Generaldirektion Wirtschaft und Finanzen, Brüssel.

Dies., 2007: Cohesion Policy 2007-2013. National Strategic Reference Frameworks, Brüssel.

Dies., 2007: In unsere Zukunft investieren. Der Finanzrahmen der Europäischen Union 2007-2013, Brüssel.

Dies., 2008: Gesamthaushaltsplan der Europäischen Union für das Haushaltsjahr 2008. Übersicht in Zahlen, Brüssel.

Europäischer Rat: Schlussfolgerungen des Vorsitzes, Lissabon 23.-24. März 2000.

Haas, Ernst B., 1958: The uniting of Europe. Political, social and economical forces 1950-1957, London. (klassisches Werk der Integrationstheorie, Hauptwerk des Neofunktionalismus)

Hartwig, Ines, 2007: Struktur- und Regionalpolitik, in: Weidenfeld, Werner/Wessels, Wolfgang (Hrsg.): Europa von A bis Z. Taschenbuch der europäischen Integration, Bonn, S. 338-348. (knappe Beschreibung der Struktur- und Regionalpolitik zwecks lexikalischer Darstellung, gut für den Einstieg)

Lippert, Christian, 2007: Agrarpolitik, in: Weidenfeld, Werner/Wessels, Wolfgang (Hrsg.): Europa von A bis Z. Taschenbuch der europäischen Integration, 10. Aufl., Bonn, S. 51-58. (knappe Beschreibung der Agrarpolitik zwecks lexikalischer Darstellung, gut für den Einstieg)

Ricardo, David, 1953: On the principles of political economy and taxation, Cambridge [Erstdruck: 1817]. (klassisches Werk der ökonomischen Theorie, Ursprungstext der Freihandelstheorie)

Scharpf, Fritz W., 2003: Politische Optionen im vollendeten Binnenmarkt, in: Jachtenfuchs, Markus/Kohler-Koch, Beate (Hrsg.): Europäische Integration, 2. Aufl., Wiesbaden, S. 219-253. (ebenso anspruchsvolle wie kritische Untersuchung der politischen Handlungsspielräume im europäischen Binnenmarkt, äußerst lesenswert)

Fragen zur Diskussion:

- Ist die EU eine Wirtschaftsgemeinschaft? Wenn ja, wodurch ist diese Bezeichnung gerechtfertigt?
- Auf welcher Stufe der ökonomischen Integration ist die EU heute angelangt? Wie wird sie sich weiterentwickeln?
- Wie funktioniert der Binnenmarkt? Welche Unzulänglichkeiten und Störungen existieren bis heute? Wie können diese überwunden werden?

- Wie funktioniert die Wirtschafts- und Währungsunion? Welche Vorteile bringen gemeinsame Währung und wirtschaftspolitische Koordinierung? Welche Nachteile hat die WWU für die mitgliedstaatlichen Regierungen?
- Ist das jährliche EU-Budget zu hoch, angemessen oder zu gering? Wie ist die Verteilung der Ausgaben auf die einzelnen Politikbereiche zu bewerten?
- Die Außenpolitik auf europäischer Ebene ist eigentlich zwischenstaatlich organisiert. Wie lässt sich vor diesem Hintergrund die supranationale Regelung der Außenwirtschaftsbeziehungen begründen?

6. Die EU: eine Rechtsgemeinschaft

6.1 Bedeutung des Rechts

Die Geschichte Europas kennt zahlreiche Versuche, den Kontinent zu einen. In der Regel diente zur Verwirklichung derartiger Integrationsbemühungen die Gewalt als Medium, und verschiedene Machthaber zwangen weite Teile Europas in blutigen Feldzügen unter ihre Herrschaft. Das besondere Kennzeichen der europäischen Integration seit dem Ende des Zweiten Weltkriegs ist die Wahl eines neuen, friedvollen Weges, nämlich der Integration durch Verträge, mithin durch das Recht. „Nicht Gewalt, nicht Unterwerfung ist als Mittel eingesetzt, sondern eine geistige, eine kulturelle Kraft: das Recht.“[1] Demgegenüber spielt die politische Macht zumindest in den vergemeinschafteten Bereichen nur noch eine nachgeordnete Rolle, weil ihr Handlungsspielraum durch eine machtunabhängige legale Ordnung beschränkt ist. In den vorangegangenen Abschnitten haben wir die Europäische Wirtschaftsgemeinschaft beschrieben, wie und warum sie funktioniert, wie und warum die Mitgliedstaaten sie errichteten. Wir haben dabei auch festgestellt, dass die wirtschaftliche Integration auf rechtlichen Regelungen beruht, die verbindliche Ordnung des Gemeinsa-

1 Hallstein, Walter, 1973: Die Europäische Gemeinschaft, Düsseldorf/Wien, S. 53; s. auch Nicolaysen, Gert, 2002: Die Europäische Union als Rechtsgemeinschaft, in: Weidenfeld, Werner (Hrsg.): Europa-Handbuch, Bonn, S. 348-360 (355).

men Marktes nämlich aus Verträgen, Rechtsakten der Gemeinschaftsorgane und Urteilen des Europäischen Gerichtshofs (EuGH) hervorgeht. Wir haben das rechtliche Fundament, auf dem das europäische Haus steht bzw. errichtet wird, dabei weitgehend unreflektiert als gegeben hingenommen. Wenn wir nun die Europäische Union als Rechtsgemeinschaft behandeln, muss uns allerdings die Frage beschäftigen, warum die souveränen Nationalstaaten sich auf die legale Selbstbeschränkung eingelassen haben. Warum haben sie eine übergeordnete Rechtsordnung etabliert? Warum haben sie deren eigenmächtige Transformation geduldet? Und warum gehorchen sie den gemeinschaftlichen Regeln?

Die Schaffung eines Binnenmarkts, also die Öffnung der Grenzen für den freien Handel, bringt in der Regel Vorteile für die beteiligten Staaten. Es ist also davon auszugehen, dass die Regierungen aus rationalem Kalkül, mithin aus Klugheit, in die Kooperation einwilligen. Ebenso ist zu erwarten, dass die gleiche Klugheit, die die Staaten zur generellen Einigung auf den Freihandel bewegt, sie im besonderen Fall doch dazu tendieren lässt, protektionistische Maßnahmen im Sinne der eigenen Industrie zu ergreifen. Die vorangegangenen Abschnitte zur Wirtschaftsgemeinschaft enthalten eine Fülle empirischer Belege für ebendieses Verhalten der Nationalstaaten. Da kollektiver und individueller Nutzen also differieren können und moralisches Handeln aus vertragstheoretischer Sicht keine verlässliche Größe darstellt, ist die Wirtschaftskooperation als ein Beispiel kollektiven Handelns mit dem Dilemma der kontraproduktiven Klugheit[2] konfrontiert. Dieses vertragstheoretische Konzept findet seine sozialwissenschaftliche Entsprechung im sog. Trittbrettfahrerproblem (*free-rider problem*). Ein verbreitetes Beispiel aus dem Alltag fällt unter dieses Phänomen und gibt ihm seinen Namen: der Schwarzfahrer beispielsweise in der U-Bahn. Denn so klug es auch ist, öffentliche Verkehrsmittel einzurichten, die von allen Beteiligten zu vergleichsweise geringen Kosten genutzt werden können, so ist es für den Einzelnen doch noch klüger, mit der Bahn zu fahren, die Zahlungsbereitschaft der anderen auszunutzen, selbst jedoch nicht zu zahlen. Übertragen auf die europäische Integration heißt das: Zwar profitiert jeder Mitgliedstaat zu vergleichsweise geringen Transaktionskosten von der Öffnung der Grenzen, weil die heimische Wirtschaft Waren und Dienstleistungen nun ungehindert auf einem größeren Markt anbieten kann. Gleichzeitig ist es für jeden einzelnen Staat aber

2 Kersting, Wolfgang, 2005: Die politische Philosophie des Gesellschaftsvertrags, Darmstadt, S. 53.

noch klüger, die Kooperationsbereitschaft der anderen auszunutzen und seinen eigenen Markt vor der Konkurrenz aus dem Ausland zu schützen.[3] Die Trittbrettfahrermentalität gefährdet die Funktionsfähigkeit des Marktes bzw. lässt ihn, da die *Klugheitsfalle* von den Kooperationswilligen bereits antizipiert wird, gar nicht erst entstehen.

Freilich gelten derlei Bedenken nur für solche Kooperationen, bei deren Vereinbarung die Parteien nicht zugleich eine Ordnung etablieren, die Befugnisse und Verpflichtungen, die aus der Zusammenarbeit hervorgehen, eindeutig festlegt und Mechanismen vorsieht, die Einhaltung der aufgestellten Regeln zu kontrollieren und deren Verletzung zu bestrafen. Sie müssen also einen Vertrag schließen, der die Grundlage für eine rechtliche Ordnung bietet. Innerhalb dieser Ordnung darf der Vertragsbruch des Einzelnen sich nicht mehr lohnen. Nur auf diese Weise lässt sich das Trittbrettfahrerproblem lösen: „Der einzige Ausweg aus diesem Dilemma der kontraproduktiven Klugheit besteht darin, die Kosten für den Vertragsbruch so drastisch zu erhöhen, daß er für niemanden mehr profitabel sein kann."[4] Die Mitgliedstaaten der Europäischen Gemeinschaft errichteten mit den Römischen Verträgen eine völkerrechtliche Ordnung. Damit war das Einigungswerk von seinen Ursprüngen an eine „Schöpfung des Rechts"[5], und der erste Präsident der Europäischen Kommission, Walter Hallstein, bezeichnete bereits damals die EWG zutreffend als Rechtsgemeinschaft.[6] Dieser Terminus steht in klarer Abgrenzung zum vertrauten Rechtsstaatsbegriff, obwohl beide Konzepte wesentliche Elemente gemeinsam haben. Die Europäische Union ist aber kein Staat, folglich auch kein Rechtsstaat, und doch machte die Tatsache, dass sie von ebensolchen Rechtsstaaten gegründet wurde, indem diese Hoheitsrechte auf die Gemeinschaft übertrugen, es notwendig, dass diese Rechte auch auf Gemeinschaftsebene in eine *rule of law*[7] eingebettet würden. Zu den grundlegenden Bedingungen für eine *rule of law* gehört unter anderem, dass *erstens* auch die Gemeinschaftstätigkeit an das Recht gebunden ist, dass *zweitens* das Recht für alle Vertragsparteien in gleichem Maße gilt

3 Beispielhaft illustriert Simon Hix die mitgliedstaatlichen Erwägungen mittels des Gefangenendilemmas, s. Hix 2005, S. 111 ff.
4 Kersting, 2005, S. 53.
5 Nicolaysen, 2002, S. 354.
6 Hallstein, Walter, 1969: Der unvollendete Bundesstaat, 4. Aufl., Düsseldorf/Wien, S. 33.
7 Auch diese englische Wendung für Rechtsstaatlichkeit ist dieser selbst vorzuziehen, da sie den Staatscharakter ausklammert.

und dass *drittens* die Rechtstreue von einer unabhängigen Instanz kontrolliert wird, Verstöße ggf. geahndet werden.[8]

Für das Verständnis der Besonderheit der europäischen Rechtsordnung ist diese dritte Forderung nach einer unabhängigen Rechtsaufsicht entscheidend. Stone Sweet macht in sozialen Zusammenhängen ein generelles Bedürfnis nach *third-party dispute resolution*[9] aus. Rechtsstreitigkeiten zwischen mehreren Parteien verlangen nach einer unabhängigen Instanz, einem unparteiischen Dritten, der die Bestimmungen auslegt und einer Partei von neutraler Warte aus Recht zu- oder abspricht. Die Legitimität rechtlicher Autorität resultiert daraus, dass jeder Teilnehmer beispielsweise des Gemeinsamen Markts ein veritables Interesse daran hat, dass sich alle einschließlich seiner an die gemeinschaftlichen Regeln halten, auch wenn einzelne Entscheidungen dem jeweiligen Staat zuwiderlaufen mögen. Zu diesem Zweck muss Recht nicht nur gesetzt, sondern auch durchgesetzt werden. Und ebendiese Notwendigkeit einer übergeordneten Instanz zur effektiven und legitimen Rechtsdurchsetzung ist die Schwachstelle des Völkerrechts und berührt damit auch das rechtliche Gebilde der europäischen Integration. Denn das „Völkerrecht ist zwar ‚Recht', doch reicht es nicht an die strenge Verbindlichkeit staatlichen Rechts heran."[10] Die Durchsetzungsschwäche internationalen Rechts hat ihren Grund in der Abwesenheit einer übergeordneten Instanz, die Regelungen gegenüber den Nationalstaaten als souveränen Völkerrechtssubjekten implementieren könnte. Im internationalen System herrscht eine je nach Lesart unterschiedlich geartete, mal urwüchsige (Realismus), mal durch internationale Organisationen und Regime relativierte (Institutionalismus), mal sozial konstruierte (Konstruktivismus) Form von Anarchie. In diesem System werden Vorschriften und Urteile (z.B. des Internationalen Gerichtshofs) von den Nationalstaaten immer auch nach politischen Maßgaben bewertet und aus entsprechendem Kalkül ggf. nicht befolgt.

Im Laufe ihrer Entwicklung hat die Europäische Gemeinschaft eine Rechtsordnung etabliert, die sich deutlich vom durchsetzungsschwachen Völkerrecht abhebt. Mit dem Europäischen Gerichtshof ist ein wirkungsvolles Organ der Rechtsprechung entstanden, das mittlerweile über 600

8 Einen ausführlichen Kriterienkatalog des formalen wie des materiellen Rechtsstaats s. Lauth, Hans-Joachim/Wagner, Christoph, 2006: Gegenstand, grundlegende Kategorien und Forschungsfragen der „Vergleichenden Regierungslehre", in: Lauth, Hans-Joachim (Hrsg.): Vergleichende Regierungslehre. Eine Einführung, 2. Aufl., Wiesbaden, S. 15-36 (26).

9 Stone Sweet, Alec, 2004: The Judicial Construction of Europe, Oxford, S. 3 u. 6.

10 Haltern, Ulrich R., 2007: Europarecht: Dogmatik im Kontext, Tübingen, S. 150.

Urteile und Beschlüsse pro Jahr erlässt.[11] Damit können Gemeinschaftsorgane, Mitgliedstaaten und auch einzelne Bürger einen Rechtsschutzapparat in Anspruch nehmen, dessen Funktionsfähigkeit und Durchsetzungsstärke eine weitgehende Rechtsstreue der Vertragsparteien gewährleisten. „The European Union's legal system has become the most effective international legal system in existence, standing in clear contrast to the typical weakness of international law and international courts."[12] Waren die Römischen Verträge in den Fünfzigern auch klassische völkerrechtliche Konstrukte, vollzogen sie in den folgenden Jahrzehnten eine von den Mitgliedstaaten unvorhergesehene Transformation. So wie die EU selbst eine Zwischenstellung zwischen Staat und internationaler Organisation einnimmt, wie wir im vorangegangenen Kapitel gezeigt haben, kann auch ihre aktuelle Rechtsordnung als Hybridwesen zwischen Staatsrecht auf der einen und Völkerrecht auf der anderen Seite bezeichnet werden. Mit einiger Berechtigung sprechen zahlreiche Beobachter heute gar von einer De-facto-Verfassung der Europäischen Gemeinschaft[13], und auch der EuGH selbst nannte den EWG-Vertrag in einem Gutachten aus dem Jahr 1991 „Verfassungsurkunde einer Rechtsgemeinschaft"[14]. Im Folgenden werden nun die drei Besonderheiten des EG-Rechtssystems vorgestellt. Während das *Prinzip der begrenzten Einzelermächtigung* eher an ein klassisches völkerrechtliches Arrangement erinnert, sind *Direktwirkung* und *Suprematie* Kernbestandteile des neuartigen Rechtssystems und ihre jeweiligen Begründungen Meilensteine in der *schleichenden Konstitutionalisierung* der europäischen Rechtsordnung.

11 Haltern, 2005, S. 151.

12 Alter, Karen J., 2002: Establishing the Supremacy of European Law. The Making of an International Rule of Law in Europe, Oxford, S. 1; auch: Stone Sweet, 2004, S. 2.

13 Vgl. Moravcsik, Andrew, 2006: What can we learn from the collapse of the European Constitutional Project? In: Politische Vierteljahresschrift (2) 2006, S. 219-241 (220); Schmale, Wolfgang: Suche nach europäischer Identität. Schlussfolgerungen aus »Non«, »Nee« und »Honte«, in: Europäische Rundschau (3) 2005, S. 36-45 (36); *Konstitutionalisierung* bei Stone Sweet, 2004, S. 1; Hix, 2005, S. 121.

14 EuGH: Gutachten 1/91, Rn. 21 – *EWR-Abkommen*.

6.2 Prinzipien der EG-Rechtsordnung

6.2.1 Prinzip der begrenzten Einzelermächtigung

Die EU-Staaten haben zwar Hoheitsrechte an die Gemeinschaft übertragen, aber sie haben ihr damit keine Generalbefugnis erteilt. Vielmehr bewegt sich die Gemeinschaftstätigkeit grundsätzlich in den Grenzen, die ihr durch die mitgliedstaatlichen Vereinbarungen gesetzt sind. Das *Prinzip der begrenzten Einzelermächtigung* (Art. 5 EG-Vertrag) besagt, dass die Gemeinschaft lediglich über die von den Mitgliedstaaten in den Gründungsverträgen konkret übertragenen Kompetenzen verfügt. Der gemeinschaftliche Kompetenzbereich kann also nicht eigenmächtig ausgeweitet werden. Das Prinzip weist die EU als internationale Organisation aus, die auf die Kooperationsbereitschaft ihrer Mitglieder angewiesen ist und im Gegensatz zu Staaten nicht über die sog. *Kompetenz-Kompetenz* verfügt, also die Fähigkeit, den eigenen Kompetenzkatalog selbsttätig zu erweitern. Das Prinzip der begrenzten Einzelermächtigung besitzt zwar weiterhin generelle Gültigkeit. Allerdings ist es mit der Vertragsrevision von Maastricht 1992/93 relativiert worden. Mit Art. 308 EG-Vertrag erhielt die EG eine Generalermächtigung betreffend den Gemeinsamen Markt. Demnach darf die Gemeinschaft ihre Befugnisse selbsttätig ausweiten, insofern diese Expansion für das Funktionieren des Binnenmarkts erforderlich ist. Dieser Bruch mit der Tradition wurde durch die Stärkung des Subsidiaritätsprinzips (s. Art. 5 EG-Vertrag) zu kompensieren versucht: Die Gemeinschaft darf in den Bereichen, die nicht in ihre ausschließliche Zuständigkeit fallen, nur dann tätig werden, wenn die vorgesehenen Maßnahmen auf mitgliedstaatlicher Ebene nicht effektiv umgesetzt werden können. Im Zweifelsfall wird dadurch allerdings die Beweislast bei Kompetenzstreitigkeiten umgedreht. Zumindest ist der im Vertrag von Lissabon vorgesehene *Frühwarnmechanismus* zur Anwendung des Subsidiaritätsprinzips seitens der nationalen Parlamente in diesem Sinne zu deuten.

Vertrag von Lissabon:
Zur Gewährleistung des Subsidiaritätsprinzips hatte der gescheiterte Verfassungsvertrag ein neuartiges Verfahren einführen sollen, einen sog. *Frühwarnmechanismus* der nationalen Parlamente. Demnach hätten die mitgliedstaatlichen Parlamente die Möglichkeit gehabt, gemeinschaftliche Entwürfe für Gesetzgebungsakte binnen sechs Wochen nach deren Übermittlung in einer begründeten Stellungnahme wegen Unvereinbarkeit mit dem Subsidiaritätsgrundsatz zu beanstanden. Der Vertrag von Lissabon hält an diesem Mechanismus fest, verlängert aber den als zu kurz kritisierten Zeitraum zur Beanstandung auf acht Wochen. Der Frühwarnmechanismus ist im entsprechenden *Protokoll über die Anwendung der Subsidiarität und der Verhältnismäßigkeit* festgelegt:
„Die nationalen Parlamente oder die Kammern eines dieser Parlamente können binnen acht Wochen nach der Übermittlung eines Entwurfs eines Gesetzgebungsakts in den Amtssprachen der Union in einer begründeten Stellungnahme an die Präsidenten des Europäischen Parlaments, des Rates und der Kommission darlegen, weshalb der Entwurf ihres Erachtens nicht mit dem Subsidiaritätsprinzip vereinbar ist. [...]" (Art. 6)

6.2.2 Direktwirkung

Verträge und Rechtsakte sind abstrakte Bestimmungen, die eine Vielzahl konkreter Fälle verbindlich regeln sollen. Folglich werden bei der Anwendung des Rechts notwendigerweise Lücken ersichtlich, die von Einzelfall zu Einzelfall näher ausgedeutet werden müssen.[15] Solche Situationen werden oft zu Schlüsselmomenten der Rechtsprechung, weil diese nun kraft ihrer Deutungshoheit einen Handlungsspielraum erhält, Präzedenzfälle schaffen und damit neue Pfade der juristischen Entwicklung eines Systems begründen kann. Der EuGH verstand es geschickt, seine Gestaltungsspielräume bei der Transformation der europäischen Rechtsgemeinschaft zu nutzen. Mittels nüchterner Rechtsprechung in Fällen vergleichsweise geringen Streitwerts etablierte der EuGH im Laufe der europäischen Integration zwei fundamentale Rechtsgrundsätze, deren Geltung auf europäischer Ebene von den Mitgliedstaaten weder vorhergesehen noch einstimmig gewollt war: nämlich Direktwirkung und Suprematie.

Wie zuvor gesehen, errichteten die Gründungsmitglieder der Europäischen Gemeinschaften mit den Römischen Verträgen eine völkerrechtliche Ordnung. Damit waren sie selbst, also die Nationalstaaten, die einzigen

15 Vgl. Stone Sweet 2004, S. 24: „the Treaty of Rome can be analyzed as an incomplete contract"; auch: Herdegen, Matthias, 2005: Europarecht, 7. Aufl., München, S. 148.

Rechtssubjekte des Vertragswerks, d.h. ihnen waren Befugnisse zugeschrieben und Verpflichtungen auferlegt. Dementsprechend war es gemäß dem EWG-Vertrag von 1957 auch nur der Kommission als Vertretung der Gemeinschaft sowie den Mitgliedstaaten vorbehalten, wegen einer Vertragsverletzung Klage vor dem Europäischen Gerichtshof zu erheben.[16] In den 1960er Jahren gelang es dem EuGH, den Kreis der Rechtssubjekte, der in seiner eingeschränkten Form so typisch war für das klassische Völkerrecht, in einem bahnbrechenden Urteil um die einzelnen Bürger der Mitgliedstaaten zu erweitern und damit die Transformation des EG-Rechtssystems anzustoßen. Mit der Vorabentscheidung im Rechtsstreit des niederländischen Transportunternehmens *van Gend & Loos* gegen die niederländische Finanzverwaltung betreffend erhöhte Einfuhrzölle entwickelte der EuGH seine Doktrin der Direktwirkung:

> „Aus alledem ist zu schließen, daß die Gemeinschaft *eine neue Rechtsordnung des Völkerrechts* darstellt, zu deren Gunsten die Staaten, wenn auch in begrenztem Rahmen, ihre Souveränitätsrechte eingeschränkt haben, eine Rechtsordnung, *deren Rechtssubjekte nicht nur die Mitgliedstaaten, sondern auch die Einzelnen sind.* Das von der Gesetzgebung der Mitgliedstaaten unabhängige Gemeinschaftsrecht soll daher den Einzelnen, ebenso wie es ihnen Pflichten auferlegt, auch Rechte verleihen.“ [17] [Hervorhebungen durch den Verf.]

Nicht nur die Verträge, also das Primärrecht, sondern auch das Sekundärrecht, die gemeinschaftlichen Rechtsakte, zeichnen sich also durch ihre sog. Durchgriffswirkung auf die individuelle Ebene aus, indem sie Rechte und Pflichten der Bürger unmittelbar, d.h. ohne die vermittelnde Tätigkeit der Mitgliedstaaten begründen. Die Direktwirkung des Gemeinschaftsrechts bildet das erste zentrale Alleinstellungsmerkmal der EG gegenüber anderen internationalen Organisationen.[18] Die Stärkung individueller Rechtspositionen wurde durch das Postulat effektiven Rechtsschutzes ergänzt. Demnach müssen die einzelnen Bürger ihre Rechte unter gewissen Umständen auch bei ihren nationalstaatlichen Gerichten einklagen können. Das Rechtsschutzsystem wird damit in zweierlei Hinsicht deutlich gestärkt: zum einen aus individueller Perspektive, weil der Einzelne sich nun direkt auf das Gemeinschaftsrecht berufen kann; zum anderen aus

16 Vgl. Joerges, Christian, 2006: Recht, Wirtschaft und Politik, in: Jachtenfuchs, Markus/Kohler-Koch, Beate (Hrsg.): Europäische Integration, 2. Aufl., Wiesbaden, S. 183-218 (188).

17 Rs. 26/62 van Gend & Loos, Slg. 1963, S. 25.

18 Vgl. Herdegen, 2005, S. 71.

gemeinschaftlicher Perspektive, weil der subjektiv betroffene, klagende Bürger quasi die Rolle eines „privaten Staatsanwalts“[19] übernimmt und damit die Rechtsaufsicht der Gemeinschaft wesentlich entlastet. In seinem Urteil bringt der EuGH auch dieses Kalkül zum Ausdruck:

> „Die Wachsamkeit der an der Wahrung ihrer Rechte interessierten Einzelnen stellt eine wirksame Kontrolle dar, welche die durch die Kommission und die Mitgliedstaaten gemäß den Artikeln 169 und 170 [heute Vertragsverletzungsklagen Art. 226 u. 227 EG-Vertrag, Anm. d. Verf.] ausgeübte Kontrolle ergänzt.“[20]

6.2.3 Suprematie

Die *Van Gend & Loos*-Entscheidung hinterließ eine weiterhin unvollkommene Rechtsordnung. Der Klärungsbedarf war im Zuge der juristischen Grenzüberschreitung aus dem Jahr 1963 sogar größer geworden. Wenn nämlich der einzelne Bürger fortan Rechtssubjekt sowohl der mitgliedstaatlichen als auch der gemeinschaftlichen Rechtsordnung sein sollte, welcher Ordnung wäre in entsprechenden Rechtskonflikten dann der Vorrang einzuräumen? Und welchen Wert hätten die Direktwirkung und die damit verbundene Einklagbarkeit, wenn dem Einzelnen durch die Gemeinschaft verliehene Rechte durch späteres nationales Gesetz jederzeit wieder aberkannt werden könnten?[21] In seiner Vorabentscheidung in der Streitsache *Flaminio Costa gegen E.N.E.L.* (s. Kasten 10) beantwortete der EuGH diese Fragen klar zugunsten der Gemeinschaft. Im Rechtsstreit um den Anwalt Flaminio Costa, der sich gegen die Verstaatlichung der italienischen Stromversorgung wehrte, indem er auf das Gemeinschaftsrecht verwies, kam es zur juristischen Konfrontation zwischen der italienischen *Corte costituzionale* und dem EuGH – beiden hatte das Mailänder Friedensgericht die Rechtssache vorgelegt. Während das italienische Verfassungsgericht das Gemeinschaftsrecht als gleichrangig mit nationalem Gesetzesrecht bewertete und entsprechend urteilte, dass das zeitlich spätere Verstaatlichungsgesetz dem Gemeinschaftsrecht vorgehe, reklamierte der EuGH den generellen Primat, die *Suprematie*, des EG-Rechts:

> „Zum *Unterschied von gewöhnlichen internationalen Verträgen* hat der EWG-Vertrag *eine eigene Rechtsordnung* geschaffen, die bei seinem Inkrafttreten in die

19 Haltern, 2005, S. 33.
20 Rs. 26/62 van Gend & Loos, Slg. 1963, S. 26.
21 Vgl. Alter, 2002, S. 18.

Rechtsordnungen der Mitgliedstaaten aufgenommen worden und von ihren Gerichten anzuwenden ist. [...]
Der *Vorrang des Gemeinschaftsrechts* wird auch durch Artikel 189 [heute: Art. 249 EG-Vertrag, Anm. d. Verf.] bestätigt; ihm zufolge ist *die Verordnung ‚verbindlich‘* und *‚gilt unmittelbar* in jedem Mitgliedstaat‘. Diese Bestimmung, die durch nichts eingeschränkt wird, wäre ohne Bedeutung, wenn die Mitgliedstaaten sie durch Gesetzgebungsakte, die den gemeinschaftsrechtlichen Normen vorgingen, einseitig ihrer Wirksamkeit berauben könnten.
Aus alledem folgt, dass dem vom Vertrag geschaffenen, somit aus einer *autonomen Rechtsquelle* fließenden Recht wegen dieser seiner Eigenständigkeit *keine wie immer gearteten innerstaatlichen Rechtsvorschriften vorgehen können*, wenn ihm nicht sein Charakter als Gemeinschaftsrecht aberkannt und wenn nicht die Rechtsgrundlage der Gemeinschaft selbst in Frage gestellt werden soll.“[22] [Hervorhebungen d. Verf.]

Kasten 10: Costa/E.N.E.L.

Als Italien im Jahr 1962 seine Stromversorgung verstaatlichte, sah sich der Mailänder Rechtsanwalt Flaminio Costa, der Anteilseigner der betroffenen Aktiengesellschaft *Edisonvolta* war, um seine Dividende gebracht und weigerte sich, eine Stromrechnung der staatlichen E.N.E.L. in Höhe von knapp zwei Euro zu bezahlen. Im folgenden Rechtsstreit berief er sich auf das Gemeinschaftsrecht, wogegen die italienische Regierung mit dem Verstaatlichungsgesetz verstoßen habe. Zur Klärung des Sachverhalts legte das befasste Mailänder Friedensgericht den Sachverhalt sowohl dem italienischen Verfassungsgericht (*Corte costituzionale*) als auch dem EuGH zur Vorabentscheidung vor. Das Verfassungsgericht urteilte im Sinne der italienischen Regierung, dass Gemeinschaftsrecht gleichrangig mit nationalem Recht zu behandeln sei. Da folglich der Grundsatz *lex posterior derogat legi priori* auch auf das Gemeinschaftsrecht anzuwenden sei, sei das zeitlich spätere Verstaatlichungsgesetz rechtmäßig. Die italienische Regierung wandte sich überdies gegen die Zulässigkeit einer Vorabentscheidung durch den EuGH nach Art. 234 EG-Vertrag. Auf diesen Streitfragen ruht die Vorrangthese des Gerichtshofs, die dieser in seinem fünf Monate später, am 15. Juli 1964, erfolgten Urteil aufstellte.

Unter den verschiedenen Argumenten für die gemeinschaftsrechtliche Suprematie ist ausgerechnet das Wortlautargument im vorangegangenen Zitat mit Verweis auf Art. 189 EWG-Vertrag eines der schwächeren, weil sich der entsprechende Passus nur auf die Verordnung, also einen Rechtsakt gemeinschaftlichen Sekundärrechts (s. den folgenden Abschnitt zum

22 Rs. 6/64, Slg. 1964, S. 1269-1270.

Gemeinschaftsrecht), bezieht.[23] Die Argumentation des EuGH ist im Grunde vielmehr eine teleologische, d.h. eine an einer Zielvorstellung ausgerichtete. Das offensichtliche Ziel seiner Rechtsprechung ist die Errichtung und sukzessive Konstitutionalisierung einer supranationalen Rechtsordnung. Dementsprechend verweist der Gerichtshof vorwiegend auf die Gefährdung der Pragmatik und Funktion dieses neuartigen Systems durch jede alternative Vorrangregel.

Angesichts der Absolutheit des gemeinschaftlichen Suprematieanspruchs, der sich auf alle „wie immer gearteten innerstaatlichen Rechtsvorschriften", also auch auf nationales Verfassungsrecht, erstreckt, verwundert es nicht, dass der Vorrang des EG-Rechts lange Zeit umstritten war: „The silent majority of the national legal community was neither convinced nor supportive of European law supremacy."[24] Während der EuGH in verschiedenen Folgeurteilen[25] die Doktrin der Suprematie weiter auslegte, taten sich die nationalen Verfassungsgerichte mitunter schwer, den Primat des Gemeinschaftsrechts zu akzeptieren, könne nach ihrer Ansicht doch nur die innerstaatliche Rechtsordnung demokratische Legitimität sowie Grundrechtsschutz angemessen gewährleisten. Ähnliche Bedenken liegen auch der berühmten Maastricht-Entscheidung des Bundesverfassungsgerichts aus dem Jahr 1993 zugrunde.[26] Gibt es aus Perspektive der Mitgliedstaaten auch weiterhin Vorbehalte gegen den Vorrang des Gemeinschaftsrechts, so ist die Doktrin der Suprematie doch zu einem gefestigten Grundsatz der europäischen Rechtsordnung geworden, wenn sie auch bis heute keinen Eingang in den Vertragstext gefunden hat (s. Kasten Reformvertrag 13). Alles in allem setzten Direktwirkung und Suprematie die „stille Revolution"[27] des EG-Rechtssystems in Gang und entfernten die Europäische Gemeinschaft auf diese Weise deutlich vom klassischen Völkerrecht: „By establishing the dual doctrines of direct effect and supremacy of EU law the ECJ has transformed the EU from an international organization to a quasifederal polity."[28]

23 Vgl. Haltern, 2005, S. 365.

24 Alter, 2002, S. 24.

25 Vgl. z.B. *Internationale Handelsgesellschaft* (Rs. 11/70), *Simmenthal II* (Rs. 106/77) etc.

26 Vgl. hierzu auch die Urteile des BVerfGE *Solange I* (BVerfGE 37, 271) und *Solange II* (BVerfGE 73, 339).

27 Weiler, Joseph H.H., 1994: The European Court of Justice and its Interlocutors, in: Comparative Political Studies (26) 1994, S. 510.

28 Hix, 2005, S. 123.

Reformvertrag 2007 13: Vorrang des Unionsrechts

> **Vertrag von Lissabon:**
> Sah der gescheiterte Verfassungsvertrag noch eine Aufnahme der Vorrangklausel in den Vertragstext vor (Art. I-6 VVE), ist die Suprematie nun mit Rücksicht auf nationale Souveränitätsbedenken als 17. Erklärung in die Schlussakte der Regierungskonferenz zum Vertrag von Lissabon ausgegliedert worden. Darin heißt es:
> „Die Konferenz weist darauf hin, dass die Verträge und das von der Union auf der Grundlage der Verträge gesetzte Recht im Einklang mit der ständigen Rechtsprechung des Gerichtshofs der Europäischen Union unter den in dieser Rechtsprechung festgelegten Bedingungen Vorrang vor dem Recht der Mitgliedstaaten haben." (Schlussakte 2007/C 306/02, in: Amtsblatt der Europäischen Union, S. 256)

6.2.4 Rechtspersönlichkeit

Der besondere Charakter, den die Gemeinschaft in juristischer Hinsicht besitzt, wird auch darin deutlich, dass sie selbst – neben den originären Völkerrechtssubjekten, den Nationalstaaten – Rechtspersönlichkeit im internationalen Recht besitzt. Die Rechtspersönlichkeit der Europäischen Gemeinschaft, nicht der Europäischen Union (s. Kasten Reformvertrag 14), ist im EG-Vertrag festgeschrieben (Art. 281 EG-Vertrag). Die Rechtspersönlichkeit ist Voraussetzung dafür, dass die EG Verträge mit Drittstaaten, z.B. Assoziationsabkommen etc., abschließen oder dass sie Mitglied internationaler Organisationen wie der WTO sein kann (s. hierzu Kap. 3.1.5 zu den Außenwirtschaftsbeziehungen der Gemeinschaft).

Reformvertrag 2007 14: Rechtspersönlichkeit

> **Vertrag von Lissabon:**
> Mit dem Reformvertrag von Lissabon erhält erstmals auch die Europäische Union als solche Rechtspersönlichkeit: „Die Union besitzt Rechtspersönlichkeit." (Art. 32 EU-Vertrag)

6.3 Das Primärrecht: die europäischen Verträge

Zum Primärrecht zählen die völkerrechtlichen Verträge, die die Union konstituieren. Seit der Reform von Maastricht 1993 sind das im Wesentlichen zwei, nämlich der Vertrag über die Europäische Union (EU-Vertrag) sowie der Vertrag zur Gründung der Europäischen Gemeinschaft (EG-Vertrag) einschließlich ihrer Protokolle.[29] Aus der Vertragssystematik ergeben sich eine supranationale Gemeinschaft und zwei zwischenstaatliche Kooperationsfelder: erstens die Europäische Gemeinschaft (EG, EG-Vertrag), zweitens die Gemeinsame Außen- und Sicherheitspolitik (GASP, Titel V EU-Vertrag) und drittens die Polizeiliche und Justizielle Zusammenarbeit in Strafsachen (PJZS, Titel VI EU-Vertrag). Sie werden gemeinhin als Säulen eines griechischen Tempels dargestellt (s. Abb. 20).

Abbildung 20: Der EU-Tempel

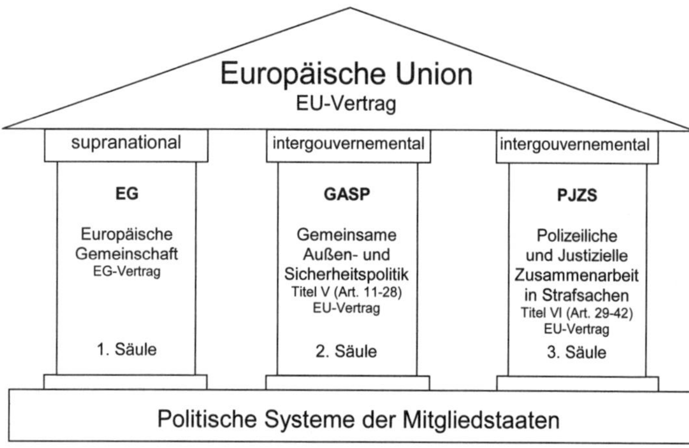

Quelle: eigene Darstellung

Das Bild des Tempels hat die Analyse der Europäischen Union nachhaltig geprägt, und nahezu jeder, der sich einmal mit der EU befasst hat, weiß, was gemeint ist, wenn von den europäischen Säulen die Rede ist, und

29 Ursprünglich gab es drei Gründungsdokumente der Europäischen Gemeinschaften, nämlich neben dem Vertrag zur Gründung der Europäischen Wirtschaftsgemeinschaft, der im EG-Vertrag aufgegangen ist, den Vertrag zur Gründung der Europäischen Gemeinschaft für Kohle und Stahl sowie den Vertrag zur Gründung der Europäischen Atomgemeinschaft. Jener ist nach 50jähriger Laufzeit im Jahr 2002 ausgelaufen, dieser ist weiterhin in Kraft und konstituiert eine Gemeinschaft mit eigener Rechtspersönlichkeit, seine politische Bedeutung ist heute allerdings marginal.

greift die Metapher selbstverständlich auf. So verbreitet und sinnvoll dieses grob vereinfachende Modell auch sein mag, so birgt es doch die Gefahr einer Irreführung des Betrachters, die hier in jedem Fall ausgeschlossen werden soll. Denn eigentlich ist die auf Symmetrie und Ebenmaß bedachte antike Ästhetik zur Veranschaulichung des komplizierten EU-Systems nur schwerlich geeignet. Umfang, Ausgestaltung und Tragfähigkeit der zweiten und dritten Säule weichen stark von den entsprechenden Qualitäten der ersten Säule ab. Grafisch umgesetzt, ergibt sich freilich ein weniger ordentliches Bild (s. Abb. 21). Hier wird das von Varwick konstatierte *Supranationalitätsgefälle* allerdings ersichtlich.[30]

Ihre letzte wesentliche Veränderung erfuhren EU- und EG-Vertrag mit der Reform von Nizza aus dem Jahr 2001. In den vergangenen Jahren verfolgte die Europäische Union das Anliegen, das komplizierte Vertragswerk nach Nizza durch einen einzigen Text zu ersetzen, eine *Verfassung für Europa*. Der Verfassungsvertrag scheiterte jedoch in zwei Referenden in Frankreich und den Niederlanden. Im Dezember 2007 einigten sich die Staats- und Regierungschefs der EU-Mitgliedstaaten stattdessen auf einen weiteren Reformvertrag, den Vertrag von Lissabon (s. Kap. 10 zur Geschichte der europäischen Integration). Er behält die Zweiteilung des Vertragswerks bei, ändert allerdings den Titel des EG-Vertrags in *Vertrag über die Arbeitsweise der Europäischen Union*. Damit wird die Fusion der Verträge zwar nicht erreicht, sie werden aber dennoch in einen funktionalen Zusammenhang gestellt.

6.4 Das Sekundärrecht: die gemeinschaftlichen Rechtsakte

Die gemeinschaftlichen Rechtsakte bilden das sog. Sekundärrecht der EU. Sie werden von den Gemeinschaftsorganen auf der Grundlage des Primärrechts oder aufgrund einer Ermächtigung durch einen anderen gemeinschaftlichen Rechtsakt erlassen. In der Regel ergehen alle Rechtsakte auf Vorschlag der Kommission. Die europäische Rechtsordnung unterscheidet im Wesentlichen folgende Rechtsakte: die Verordnung, die Richtlinie, die Entscheidung sowie Empfehlungen und Stellungnahmen.[31]

30 Vgl. Varwick, Johannes, 2004: Die Europäische Union – Politisches System und Außenbeziehungen, in: Knapp, Manfred/Krell, Gert (Hrsg.): Einführung in die Internationale Politik, 4. Aufl., München, S. 201-249 (212).

31 Weitere Rechtsakte betreffen die Sonderbereiche der GASP bzw. der PJZS und werden entsprechend gesondert behandelt.

Abbildung 21: Abgewandelter EU-Tempel mit Supranationalitätsgefälle

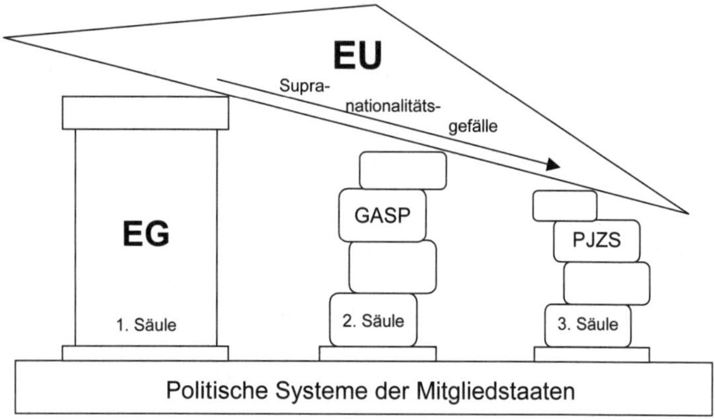

Quelle: eigene Darstellung

6.4.1 Verordnung (Art. 249 Abs. 2 EG-Vertrag)

Die Verordnung stellt das schärfste Schwert gemeinschaftlicher Rechtsetzung dar und ist in ihrer Wirkung dem innerstaatlichen Gesetz am ehesten vergleichbar.[32] Sie wird vom Rat gemeinsam mit dem Parlament oder von der Kommission allein angenommen. Dementsprechend ist sie gekennzeichnet durch allgemeine Verbindlichkeit in allen ihren Teilen. Sie wirkt unmittelbar in jedem Mitgliedstaat und hat auch Durchgriffswirkung auf Einzelne. Verordnungen können vom Rat (sog. Grundverordnung, Art. 202 3. Spiegelstrich), von der Kommission (sog. Durchführungsverordnung, Art. 211 4. Spiegelstrich) oder von Rat und Parlament gemeinsam erlassen werden.

6.4.2 Richtlinie (Art. 249 Abs. 3 EG-Vertrag)

Die EU ist ein Mehrebenensystem, ein föderatives Gebilde. Das schlägt sich auch in ihrem Rechtsetzungskatalog nieder. So liegt der EG-Richtlinie das Konzept eines zweistufigen Rechtsetzungsverfahrens zugrunde. Die

32 Vgl. Herdegen, 2005, S. 157.

Gemeinschaft stellt einen Regelungsbedarf fest und formuliert Bedingungen an die konkrete Umsetzung des Richtlinieninhalts, lässt diese konkrete Ausgestaltung dann aber innerhalb einer gesetzten Frist von den Mitgliedstaaten selbst vornehmen. Die Richtlinie wird vom Rat gemeinsam mit dem Parlament oder von der Kommission allein angenommen und ist für die Mitgliedstaaten dem Ziel nach verbindlich. Bei der Durchführung ist der jeweilige Staat dann frei, solange er den generellen Geboten der effektiven Umsetzung und der richtlinienkonformen Auslegung entspricht. Oft sind die Brüsseler Direktiven bereits detailliert ausgearbeitet, und es bleibt den innerstaatlichen Stellen nur wenig Spielraum für die Umsetzung. Direktwirkung auf die Bürger entfalten Richtlinien in der Regel nicht, es sei denn, der Mitgliedstaat hat die fristgerechte Umsetzung versäumt oder die Direktive ist inhaltlich hinreichend bestimmt. Für die Angleichung innerstaatlicher Rechtsvorschriften ist die Richtlinie von zentraler Bedeutung.[33]

6.4.3 Entscheidung (Art. 249 Abs. 4 EG-Vertrag)

Die Entscheidung ist eine unmittelbar verbindliche Regelung für den Einzelfall. Sie kann sich also auf einen oder mehrere Adressaten beziehen, dies können Mitgliedstaaten oder Einzelne sein. Entscheidungen werden vom Rat, von Rat und Parlament gemeinsam oder von der Kommission erlassen. Letztere fällt z.B. Entscheidungen gegen einzelne Mitgliedstaaten oder Unternehmen, die sich nicht an die Wettbewerbsregeln halten.[34]

6.4.4 Empfehlung und Stellungnahme (Art. 249 Abs. 5 EG-Vertrag)

Empfehlungen und Stellungnahmen haben keinerlei rechtliche Verbindlichkeit, sind aber dennoch an vielen Stellen europäischer Entscheidungsfindung vorgesehen. Auf diese Weise können betreffende Gemeinschaftsorgane (z.B. Parlament und Kommission in der GASP) an Beschlüssen mitwirken, ohne eine tatsächliche Befugnis zur Mitentscheidung zu haben.

Zusammen mit den politischen Zielsetzungen der Union bilden Primär- und Sekundärrecht den sog. *acquis communautaire*, den gemeinschaftlichen Besitzstand. Jeder Staat, der der EU beizutreten wünscht, muss den

33 Vgl. ebd.
34 Ein jüngeres Beispiel ist die Entscheidung der Kommission betreffend den Software-Konzern Microsoft (2007/53/EG).

gesamten rechtlichen Besitzstand übernehmen. Das *Acquis-Kriterium* zählt zu den Grundvoraussetzungen für einen Beitritt, den *sog. Kopenhagener Kriterien* (s. Kap. 7, Kasten 14).

6.5 Rechtsetzungsverfahren

Je nach Beteiligung des Parlaments in der gemeinschaftlichen Rechtsetzung und der Bedeutung seines Votums für das Zustandekommen des Rechtsakts lassen sich vier Rechtsetzungsverfahren unterscheiden: Konsultations-, Kooperations-, Mitentscheidungs- und Zustimmungsverfahren. Die einzelnen Verfahren finden in vertraglich festgelegten Entscheidungsfällen Anwendung.

6.5.1 Konsultationsverfahren

Das Konsultationsverfahren ist das Verfahren der Anhörung. In ihm ist die Grundstruktur der europäischen Rechtsetzung am deutlichsten zu erkennen: Die Kommission schlägt also einen Rechtsakt vor, über dessen Annahme der Rat entscheidet. Zwischen Vorschlag und Annahme liegt allerdings eine verbindliche Konsultationsphase, in der je nach Politikfeld in der Regel das Parlament, oft auch der Wirtschafts- und Sozialausschuss und der Ausschuss der Regionen gehört werden müssen. Die Stellungnahmen der einzelnen Organe sind für die Entscheidung des Rates nicht verbindlich. Trotz der zunehmenden Stärkung der Rolle des Parlaments in der Entscheidungsfindung ist das Konsultationsverfahren nach wie vor ein häufig angewendetes Rechtsetzungsverfahren.

6.5.2 Kooperationsverfahren

Das Kooperationsverfahren ist das Verfahren der Zusammenarbeit. Es wurde mit der Einheitlichen Europäischen Akte 1986/87 in das Vertragswerk eingeführt und markierte den Beginn der sukzessiven Stärkung der Rolle des Parlaments. Seine Struktur ist sehr viel komplizierter als die des Anhörungsverfahrens. In der Phase zwischen Vorschlag und Annahme desselben beschließt der Rat einen gemeinsamen Standpunkt, den das Parlament mit der absoluten Mehrheit seiner Mitglieder ablehnen kann. Für die Annahme des Rechtsakts in zweiter Lesung ist in diesem Fall ein einstimmiges Votum des Rates erforderlich, so dass die Ablehnung des Parlaments zutreffend als eine Form *suspensiven Vetos* bezeichnet werden kann[35]. Das Parlament kann darüber hinaus auch Abänderungen am gemeinsamen Standpunkt des Rates vorschlagen. Diese werden von der Kommission überprüft und können je nach deren Beurteilung vom Rat mit qualifizierter Mehrheit oder nur einstimmig angenommen werden. Das gesamte Verfahren ist in Artikel 252 EG-Vertrag geregelt. Seine Anwendungsfälle wurden mit Einführung und Ausweitung des Mitentscheidungsverfahrens stark reduziert und beschränken sich heute auf den engen Bereich der Wirtschafts- und Währungspolitik (vgl. Art. 99 Abs. 5, Art. 102 Abs. 2, Art. 103 Abs. 2, Art. 106 Abs. 2 EG-Vertrag).

6.5.3 Mitentscheidungsverfahren

Das Mitentscheidungsverfahren wird mitunter auch mit latinisiertem Etikett als *Kodezisionsverfahren* bezeichnet. Es wurde mit dem Maastricht-Vertrag 1992/93 eingeführt und ist seitdem im Sinne der Stärkung des Europäischen Parlaments in der Rechtsetzung erfolgreich auf neue Politikbereiche ausgedehnt worden. Das Mitentscheidungsverfahren ist das mit Abstand komplizierteste der Rechtsetzungsverfahren, weshalb wir es in Abbildung 22 zur Veranschaulichung grafisch darstellen. Im Wesentlichen hat das Parlament die Möglichkeit, einen Rechtsakt durch sein Veto endgültig[36] scheitern zu lassen, indem es den gemeinsamen Standpunkt des Rates mit der absoluten Mehrheit seiner Mitglieder in zweiter Lesung ablehnt. Auf der anderen Seite kann der Rat den Rechtsakt in erster Lesung nur dann erlassen, wenn er die Abänderungen am Kommissionsvorschlag seitens des noch vor ihm befassten Parlaments akzeptiert oder das Parlament den Entwurf ohne Änderungsvorschläge gebilligt hat.

Zu einer zweiten Lesung des Rates kommt es, wenn das Parlament seinerseits in zweiter Lesung mit der absoluten Mehrheit Abänderungsanträge einbringt. Der Rat kann die Änderungsanträge je nach Stellungnahme der Kommission entweder mit qualifizierter Mehrheit oder nur einstimmig billigen, und der Rechtsakt ist erlassen. Billigt er die Anträge des Parlaments jedoch nicht, kommt es zu einem Vermittlungsverfahren. Ein entsprechender Ausschuss wird binnen sechs Wochen von den Präsidenten des Rates sowie des Parlaments einberufen und paritätisch mit den Mitgliedern des Rates oder deren Vertretern (derzeit also 27) und einer glei-

35 Vgl. Wessels, Wolfgang, 2008: Das politische System der Europäischen Union, Wiesbaden, S. 344.

36 Zur weiteren Verfolgung einer Initiative wäre die Kommission gezwungen, einen neuen Vorschlag zu erarbeiten.

chen Zahl von Abgeordneten des Parlaments besetzt. Die Kommission wird an den Arbeiten des Ausschusses beteiligt. Liegt nach weiteren sechs Wochen kein gemeinsamer Entwurf vor, so ist der Rechtsakt gescheitert. Kommt es zu einer Einigung, befassen sich beide Organe wiederum in einer Frist von sechs Wochen in dritter Lesung mit dieser, wobei das Parlament mit der absoluten Mehrheit der abgegebenen Stimmen, der Rat mit qualifizierter Mehrheit entscheidet. Lehnt ein Organ das Ergebnis der Vermittlung ab, ist der Rechtsakt gescheitert. Nehmen beide Organe an, so ist er schließlich erlassen.

Das Mitentscheidungsverfahren ist in Artikel 251 EG-Vertrag geregelt. Es kommt schon heute in einem großen Bereich gemeinschaftlicher Rechtsetzung zum Einsatz (z.B. Diskriminierung Art. 12 u. 13 Abs. 2 EG-Vertrag; Binnenmarkt Art. 95; Sozialpolitik Art. 137 Abs. 2 u.v.m.). Mit Inkrafttreten des Vertrags von Lissabon soll das Mitentscheidungsverfahren auf weitere Politikbereiche ausgedehnt und zum sog. *ordentlichen Gesetzgebungsverfahren* erhoben werden (vgl. Kasten Reformvertrag 15).

Reformvertrag 2007 15: Ordentliches Gesetzgebungsverfahren

Vertrag von Lissabon:
Gemäß Reformvertrag wird das Mitentscheidungsverfahren zum *ordentlichen Gesetzgebungsverfahren* erhoben und von den übrigen *besonderen Gesetzgebungsverfahren* unterschieden. Für alle Gesetzgebungsverfahren gilt, dass die beschlossenen Rechtsakte künftig offiziell den Status als *Gesetzgebungsakte* haben. Damit ist deren Unterschied zu übrigen Rechtsakten deutlich markiert.

„(1) Das ordentliche Gesetzgebungsverfahren besteht in der gemeinsamen Annahme einer Verordnung, einer Richtlinie oder eines Beschlusses durch das Europäische Parlament und den Rat auf Vorschlag der Kommission. Dieses Verfahren ist in Artikel 294 festgelegt.

(2) In bestimmten, in den Verträgen vorgesehenen Fällen erfolgt als besonderes Gesetzgebungsverfahren die Annahme einer Verordnung, einer Richtlinie oder eines Beschlusses durch das Europäische Parlament mit Beteiligung des Rates oder durch den Rat mit Beteiligung des Europäischen Parlaments.

(3) Rechtsakte, die gemäß einem Gesetzgebungsverfahren angenommen werden, sind Gesetzgebungsakte.

(4) In bestimmten, in den Verträgen vorgesehenen Fällen können Gesetzgebungsakte auf Initiative einer Gruppe von Mitgliedstaaten oder des Europäischen Parlaments, auf Empfehlung der Europäischen Zentralbank oder auf Antrag des Gerichtshofs oder der Europäischen Investitionsbank erlassen werden.“
(Art. 289 AEUV)

Der konkrete Ablauf des ordentlichen Gesetzgebungsverfahrens (entspricht aktuell gültigem Mitentscheidungsverfahren) ist in Art. 294 AEUV festgehalten.

Abbildung 22: Das Mitentscheidungsverfahren

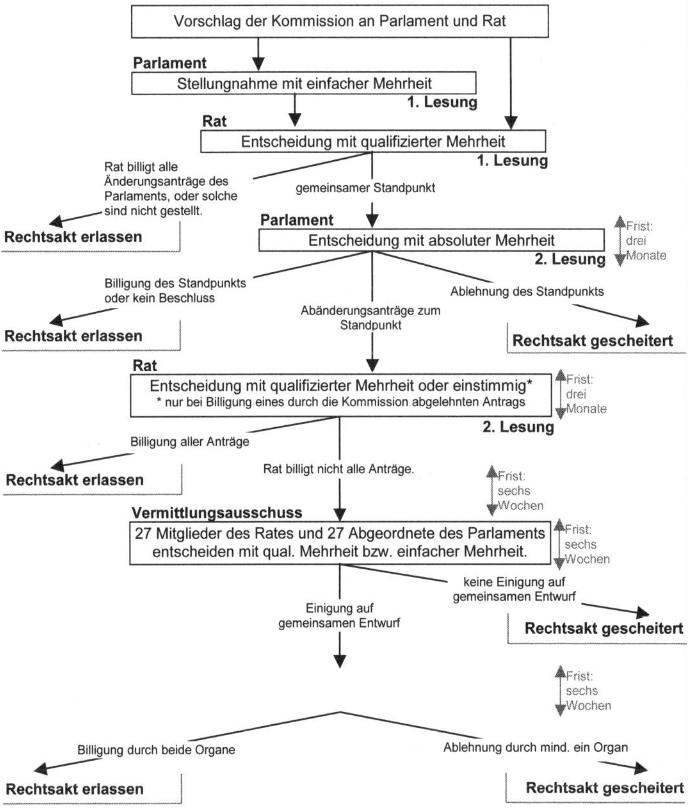

Quelle: eigene Darstellung

6.5.4 Zustimmungsverfahren

Klarer noch als bei der Mitentscheidung tritt die parlamentarische Vetooption im Zustimmungsverfahren zutage. Denn Rechtsakte, die auf diesem Wege erlassen werden, gelten grundsätzlich nur nach Zustimmung durch das Parlament. Dieses muss dem Rechtsakt je nach Politikbereich mit einfacher Mehrheit der Stimmen (z.B. betreffend die Errichtung von Struktur- und Kohäsionsfonds Art. 161 EG-Vertrag) oder mit der absoluten Mehrheit der Mitglieder (z.B. betreffend die Aufnahme neuer Mitgliedsländer zur EU Art. 49 EU-Vertrag) zustimmen. Über die genannten Beispiele hinaus kommt das Zustimmungsverfahren noch in einigen anderen Bereichen zur Anwendung. Im Gegensatz zum Mitentscheidungsverfahren wirkt das Parlament hier nicht an der Vorbereitung und Beratung der Rechtsakte mit, mag ihm auch die Vetomöglichkeit einen faktischen Einfluss garantieren.

6.6 Gemeinschaftlicher Rechtsschutz

Wie bereits in der theoretischen Einführung zu diesem Abschnitt konstatiert, muss das Recht nicht nur gesetzt, sondern auch durchgesetzt werden, damit es eine effektive Ordnung konstituieren kann. Hierzu haben die Europäischen Gemeinschaften bereits im Zuge ihrer Gründung in den 1950er Jahren einen unabhängigen Gerichtshof (s. Kap. 4.5) ins Leben gerufen. Dieser hat sich zu einer durchsetzungsstarken Rechtsprechungsinstanz entwickelt und allein im Jahr 2006 in gut 350 Fällen geurteilt.[37] Wie wir bereits gesehen haben, verfolgen die Richter des EuGH mit ihren Präzedenzurteilen in aller Regel einen integrationsfreundlichen Kurs und treiben so die außerordentliche Karriere des EU-Systems maßgeblich voran. In den vorangegangenen Abschnitten haben wir bereits konkrete Vertragsverletzungs- und Vorabentscheidungsverfahren beschrieben. An dieser Stelle wollen wir die verschiedenen Verfahrensarten vor dem EuGH nun systematisch vorstellen und ihre jeweilige Funktion im europäischen Rechtsschutzsystem erläutern. Der EuGH unterscheidet zunächst einmal ganz grundlegend zwischen Klagen und Vorabentscheidungsverfahren, ferner Rechtsmitteln, Gutachten etc. Klagen und Vorabentscheidungen dominieren die Rechtsprechungstätigkeit des EuGH deutlich, wie Abbildung 23 illustriert. Die Klagen lassen sich wiederum in verschiedene Klagearten unterscheiden, nämlich die Vertragsverletzungs- und die Nichtigkeitsklage – diese beiden sind mit Abstand die wichtigsten Klagearten (s. Abb. 24) und sollen im Folgenden genauso wie das Vorabentscheidungsverfahren näher betrachtet werden –, ferner die Untätigkeits- (Art. 232 EG-Vertrag) sowie die Schadensersatzklage (Art. 235 in Verb. mit 288 EG-Vertrag.

37 Vgl. EuGH: Jahresbericht 2006, abrufbar unter: http://curia.europa.eu/de/instit/presentationfr/rapport/stat/06_ cour_stat.pdf (letzter Zugriff: 30.3.2008), S. 103.

Abbildung 23: Verfahrensarten – erledigte Rechtsachen EuGH 2006 (in %)

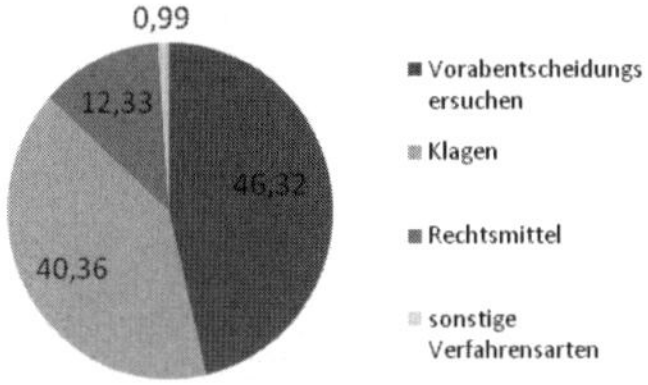

Quelle: Zahlen: EuGH: Jahresbericht 2006, S. 87.

Abbildung 24: Klagearten – neu anhängig gewordene Rechtssachen EuGH 2006 (in %)

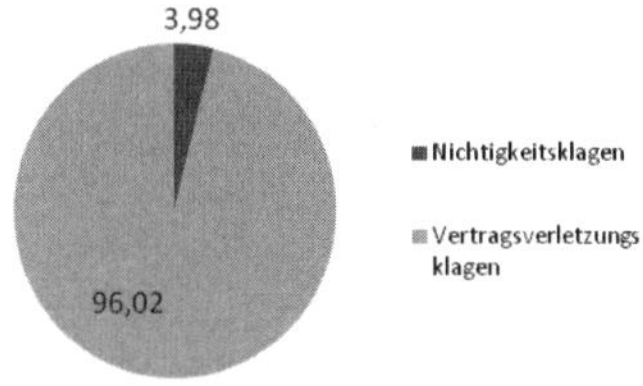

Quelle: Zahlen: EuGH: Jahresbericht 2006, S. 95.

6.6.1 Vertragsverletzungsklage (Art. 226 u. 227 EG-Vertrag)

Die Vertragsverletzungsklage ist grundsätzlich gegen einen Mitgliedstaat gerichtet. Erhoben werden kann die Klage sowohl von der Kommission (Art. 226 EG-Vertrag), was den Normalfall darstellt, als auch von einem anderen Mitgliedstaat (Art. 227 EG-Vertrag), was praktisch nie vorkommt. Damit ist das Vertragsverletzungsverfahren das Sanktionsinstrument der Kommission gegen widerspenstige Mitgliedstaaten, und nur mittels dieses Verfahrens kann die Kommission der ihr zugedachten Rolle als *Hüterin der Verträge* gerecht werden. Die Kommission hat einen mehrstufigen Mechanismus entwickelt, auf dessen letzter Eskalationsstufe von vieren erst die Anrufung des EuGH erfolgt. Zuvor tritt die Kommission, sobald sie auf eine Vertragsverletzung gestoßen ist, in einer ersten Phase mit dem betroffenen Mitgliedstaat in eine informelle Kommunikation ein. Sollte die nationale Regierung sich nicht zu einem Einlenken bewegen lassen, stellt die Kommission ihr in einer zweiten Phase ein sog. *Fristsetzungsschreiben* aus, worin die Vertragsverletzung moniert und der betreffende Staat aufgefordert wird, sich binnen eines festgelegten Zeitraums (in der Regel zweier Monate) zum Sachverhalt zu äußern. Stellt die Reaktion des Mitgliedstaats die Kommission nicht zufrieden, verfasst sie in einer dritten Phase eine begründete Stellungnahme und setzt dem Staat eine neuerliche Frist, ihren Forderungen nachzukommen. Tut er dies binnen der vorgesehenen Frist nicht, kann die Kommission schließlich in einer vierten Phase Klage vor dem EuGH erheben. Alles in allem kann dieser Mechanismus vom Zeitpunkt des Vertragsbruchs bis zum Urteil vier bis fünf Jahre in Anspruch nehmen. Damit scheint dieses Vorgehen auf den ersten Blick weit ineffizienter, als es tatsächlich ist, denn die allermeisten derartigen Verfahren der Kommission, ca. neun von zehn[38], bewirken das Einlenken des Staates noch vor Anrufung des Gerichtshofs. Kommt es allerdings zu einer Klage beim EuGH, geht die Kommission in über 90 Prozent der Fälle siegreich aus dem Rechtsstreit hervor[39], weshalb Hartmann den Gerichtshof mit einiger Berechtigung als den *Verbündeten der Kommission* bezeichnet.[40]

Zum Abschluss eines Vertragsverletzungsverfahrens fällt der EuGH ein Feststellungsurteil. Ursprünglich gab es darüber hinaus keine verbindliche Sanktionsregelung, wodurch die Rechtsdurchsetzung empfindlich geschwächt war. Erst mit dem Vertrag von Maastricht wurde eine Verpflichtung des verurteilten Staates zur Abhilfe in das Primärrecht eingefügt (Art. 228 EG-Vertrag). Demnach kann der Gerichtshof bei Nichtbefolgung auf Antrag der Kommission ein Zwangsgeld gegen den betreffenden Mitgliedstaat verhängen. Das Vertragsverletzungsverfahren ist ein besonderer Vorgang des gemeinschaftlichen Rechtsschutzes, weil ein Nationalstaat von einer internationalen Behörde, der Kommission, verklagt wird, was in dieser Form und Verbindlichkeit in den Internationalen Beziehungen einmalig ist. Dennoch ist das Verfahren sehr viel stärker am klassischen völkerrechtlichen Paradigma orientiert als das innovative Vorabentscheidungsverfahren.

6.6.2 Nichtigkeitsklage (Art. 230 EG-Vertrag)

Auch die Nichtigkeitsklage hat eine wesentliche Bedeutung für den gemeinschaftlichen Rechtsschutz, was in Abbildung 24 nicht ersichtlich ist, weil die hierin wiedergegebene Verteilung sich nur auf den EuGH bezieht. Tatsächlich wird heute aber der weitaus größte Teil der Nichtigkeitsklagen vom Gericht erster Instanz bearbeitet.[41] Die Nichtigkeitsklage richtet sich gegen ein Gemeinschaftsorgan, dem im Zuge seines *Regierungshandelns* Unzuständigkeit, Vertragsverletzung, Ermessensmissbrauch o.ä. angelastet wird. Die Klageart erfüllt die klassische Funktion des individuellen Rechtsschutzes, weil neben den Mitgliedstaaten, dem

38 Vgl. Haltern, 2005, S. 162.
39 Vgl. ebd.
40 Hartmann, Jürgen, 2001: Das politische System der Europäischen Union. Eine Einführung, Frankfurt a. M., S. 152.
41 Vgl. GeI: Jahresbericht 2006, S. 183, abrufbar unter: http://curia.europa.eu/de/instit/presentationfr/rapport/stat/06_trib_stat.pdf (letzter Zugriff: 30.3.2008).

Parlament, dem Rat und der Kommission auch jede natürliche oder juristische Person Klage gegen mutmaßlich unzulässige Rechtsakte eines Gemeinschaftsorgans erheben kann. Die individuelle Klagebefugnis unterliegt allerdings der Einschränkung, dass der Kläger entweder selbst Adressat einer betreffenden Entscheidung oder von einem Rechtsakt gegen Dritte unmittelbar und individuell betroffen sein muss.

6.6.3 Vorabentscheidungsverfahren (Art. 234 EG-Vertrag)

Das Rechtsschutzsystem der Gemeinschaft, für sich genommen, hat zwei zentrale Schwächen: *Erstens* ist eine effektive Rechtsaufsicht über die gesamte Union, also die juristische Verfolgung aller Vertragsverletzungen in allen Mitgliedstaaten von der Gemeinschaftsebene aus, nahezu unmöglich. *Zweitens* besteht trotz der Sanktionsregelung nach Art. 228 EG-Vertrag weiterhin eine gemeinschaftliche Durchsetzungsschwäche gegenüber unwilligen Mitgliedstaaten, die in letzter Konsequenz nicht zur Vertragstreue gezwungen werden können.[42] Beide Mängel des EU-Rechtssystems werden durch das innovative, da über das klassische Völkerrecht deutlich hinausgewachsene, Instrument der Vorabentscheidung weitgehend entschärft. Mit dem Vorabentscheidungsverfahren wird die Logik des Mehrebenensystems auf die gemeinschaftliche Rechtsprechung übertragen, und es kommt zu einer effektiven Arbeitsteilung zwischen nationalen Gerichten und dem EuGH, die der einheitlichen Auslegung des Gemeinschaftsrechts in besonderem Maße dient. Gemäß Artikel 234 EG-Vertrag kann jedes nationale Gericht eines Mitgliedstaats, das mit einem Fall von gemeinschaftsrechtlicher Bedeutung befasst ist, konkrete Fragen zur Vorabentscheidung an den EuGH richten. Das nationale Gericht setzt für diesen Zeitraum das Verfahren aus und urteilt später auf Grundlage der Auslegung durch den EuGH.

Dank dieses dezentralisierten Verfahrens gemeinschaftlicher Rechtsprechung können die Mängel des Rechtsschutzes weitgehend behoben werden. Das *Monitoring-Problem* wird dadurch entschärft, dass der Kreis der am Gemeinschaftsrecht Interessierten und in die gemeinschaftliche Rechtsdurchsetzung Involvierten um die nationalen Gerichte sowie die einzelnen Bürger erweitert wird. Einzelne Bürger und Unternehmen werden in der Regel viel früher und viel verlässlicher auf Vertragsverletzungen zu ihren Lasten aufmerksam als die Kommission in Brüssel. Dank der

42 Diese und andere Schwächen des herkömmlichen Rechtsschutzkatalogs erläutert ausführlich: Haltern, 2005 S. 166f.

Direktwirkung können Einzelne ihre aus dem Gemeinschaftsrecht hervorgehenden individuellen Rechte einklagen, und auf dem Weg des Vorabentscheidungsverfahrens wird die nationale Rechtsprechung an die Auslegung des EuGH gebunden.

Auch das Problem der schwachen Rechtsdurchsetzung wird durch den Vorabentscheidungsmechanismus gelöst, weil das Urteil in der eigentlichen Streitsache letztlich durch das nationale Gericht gefällt wird, selbst wenn der EuGH häufig sehr detaillierte, substanzielle Vorentscheidungen trifft. Da jedes nationale Gericht über einen bewährten Apparat von Durchsetzungsmechanismen verfügt, ist der Urteilsvollzug in der Regel selbstverständlich und wird durch kein politisches Kalkül infrage gestellt. Das Vorabentscheidungsverfahren stellt tatsächlich ein funktionierendes System juristischer Arbeitsteilung dar, bei der ein jeder Kooperationspartner das tut, was er am besten kann. Während der EuGH für die Auslegung des Gemeinschaftsrechts zuständig ist, besorgen die nationalen Gerichte die effektive Rechtsdurchsetzung. Nicolaysen bezeichnet dieses System in Analogie zur Rechtsgemeinschaft zutreffend als *Gerichtsgemeinschaft*.[43] Es ist zweifellos diesem kooperativen Ansatz zu verdanken, dass der Vorabentscheidungsmechanismus ein Erfolgsmodell darstellt, obwohl das Vorabentscheidungsersuchen einzelner Gerichte keineswegs erzwungen werden kann. Vielmehr erfolgt die Vorlage vor dem EuGH grundsätzlich freiwillig, es sei denn, es handelt sich um ein letztinstanzliches Gericht im jeweiligen Mitgliedstaat. Nur dieses ist vertraglich zur Vorlage verpflichtet (s. Art. 234 Abs. 3).

Das Vorabentscheidungsverfahren nimmt einen hervorragenden Platz in der europäischen Rechtsprechung ein, was sich allein in der Tatsache zeigt, dass in aller Regel ausschließlich der EuGH, und nicht das Gericht erster Instanz[44], Vorabentscheidungsurteile fällt. Damit ist verbunden, dass gegen solche Urteile keine Rechtsmittel eingelegt werden können, der EuGH ist zugleich erste und letzte Instanz.[45] Bei vielen der großen Präzedenzurteile der europäischen Rechtsgeschichte wie *van Gend & Loos*, *Costa/ E.N.E.L.* und *Cassis de Dijon* handelt es sich um Vorabentscheidungen des Gerichtshofs. Entsprechend seiner Bedeutung für das gemeinschaftliche Rechtssystem fällt auch die wissenschaftliche Bewertung des Verfahrens aus. Haltern bezeichnet es als „das Kronjuwel unter den

43 Nicolaysen, 2002, S. 353.

44 Die wenigen Ausnahmen von dieser Regel sind in Art. 225 Abs. 3 EG-Vertrag angekündigt und in Art. 51 der Satzung des Gerichtshofs aufgelistet.

45 Vgl. Haltern, 2005, S. 184.

gemeinschaftsrechtlichen Rechtsschutzverfahren"[46] und Alter sieht in ihm das Hintertürchen, „through which the European legal system was transformed"[47]. In jedem Fall ist der gemeinschaftliche Katalog effektiven Rechtsschutzes durch das im wortwörtlichen Sinne *eigenartige* Vorabentscheidungsverfahren komplettiert. Tabelle 9 bietet eine zusammenfassende Darstellung des europäischen Rechtsschutzsystems.

Tabelle 9: Verfahrensarten vor dem EuGH

	Mitgliedstaat verletzt Gemeinschaftsrecht.	**EG-Organ verletzt Gemeinschaftsrecht.**
direkter Zugang zum EuGH	Vertragsverletzungsklage Art. 226, 227, 228 EG-Vertrag	Nichtigkeitsklage Art. 230 EG-Vertrag
indirekter Zugang zum EuGH	Vorabentscheidung Art. 234 Abs. 1 a EG-Vertrag	Vorabentscheidung Art. 234 Abs. 1 b EG-Vertrag

Quelle: Haltern, 2005, S. 158 (abgewandelt).

6.7 Ein Raum der Freiheit, der Sicherheit und des Rechts

6.7.1 Die Unionsbürgerschaft (Art. 17-22 EG-Vertrag)

Mit dem Vertrag von Maastricht wurde die sog. *Unionsbürgerschaft* (Art. 17-22) in das Primärrecht aufgenommen. Jeder Staatsbürger eines EU-Mitgliedstaats ist damit automatisch auch EU-Bürger. Die Unionsbürgerschaft gilt zusätzlich zur nationalen und hat diese zur Bedingung. Das *erste* verbriefte Recht jedes Unionsbürgers ist die Freizügigkeit auf dem gesamten Hoheitsgebiet der Mitgliedstaaten (Art. 18 EG-Vertrag). Sie ist notwendig mit dem allgemeinen Diskriminierungsverbot aus Artikel 12, einem der Grundsätze der Gemeinschaft, verbunden. Zwar war die Arbeitnehmerfreizügigkeit schon lange vor Maastricht Kernanliegen der Wirtschaftsgemeinschaft, wie wir im entsprechenden Abschnitt gesehen haben, aber mit der Unionsbürgerschaft werden dem Einzelnen Rechtspositionen verliehen, die grundsätzlich unabhängig sind von seiner Teilnahme am

46 Ebd., S. 167.
47 Alter, 2002, S. 9.

Wirtschaftsleben. Dementsprechend zählen an *zweiter* Stelle auch politische Beteiligungsrechte dazu. So kann jeder Bürger eines EU-Staats, der in einem anderen Mitgliedstaat seinen Wohnsitz hat, dort an Kommunal- sowie an Europawahlen teilnehmen (Art. 19 EG-Vertrag) und hat sowohl das aktive Wahlrecht – er darf wählen – als auch das passive – er darf selbst gewählt werden – inne. *Drittens* kann jeder EU-Bürger bei Aufenthalten außerhalb der Union, sofern sein Herkunftsland im entsprechenden Staat nicht vertreten ist, den diplomatischen und konsularischen Schutz jedes anderen Mitgliedstaats unter denselben Bedingungen wie die Angehörigen dieses Staats in Anspruch nehmen (Art. 20 EG-Vertrag). Gemäß Artikel 21 EG-Vertrag besitzt jeder EU-Bürger *viertens* das Petitionsrecht beim Europäischen Parlament und kann sich an den europäischen Bürgerbeauftragten wenden (s. Art. 194 u. 195). Zuletzt hat er das Recht, sich mit schriftlichen Eingaben an die Organe und Einrichtungen der Gemeinschaft zu richten und eine Antwort in seiner Sprache – sofern diese zu den in Artikel 314 aufgelisteten Vertragssprachen zählt – zu erhalten.

Der vergleichsweise geringe Umfang von Rechten und Pflichten, die durch die Unionsbürgerschaft gewährt bzw. auferlegt werden, macht bereits deutlich, dass sich diese wesentlich vom Konzept der Staatsbürgerschaft unterscheidet und eher begriffliche denn substanzielle Parallelen zwischen beiden existieren.[48] Die Staatsbürgerschaft ist der gemeinschaftlichen Variante notwendig vorgeordnet, weil die Zugehörigkeit zu einem Mitgliedstaat Bedingung ist für die Zugehörigkeit zur Gemeinschaft. Zudem sind grundlegende Bürgerrechte auch weiterhin ausschließlich mit der jeweiligen Staatsbürgerschaft verbunden, wie die Beteiligung an nationalen Wahlen sowie der Zugang zu öffentlichen Ämtern, der von der unionsinternen Arbeitnehmerfreizügigkeit ausgenommen ist (Art. 39 Abs. 4 EG-Vertrag).

6.7.2 Öffnung der Binnengrenzen

Mit der Deklaration und der primärrechtlichen Fixierung europäischer Bürgerrechte ist die tatsächliche Herausbildung einer transnationalen, frei beweglichen Bürgerschaft allerdings nur theoretisch gewährleistet. Die Öffnung der Binnengrenzen, also das Ende der Grenzkontrollen für den innergemeinschaftlichen Personenverkehr, ist symbolische, aber auch praktische Konsequenz aus Personenfreizügigkeit und Unionsbürgerschaft.

48 Vgl. Herdegen, 2005, S. 74 u. 235.

Dieses bahnbrechende Experiment der Grenzöffnung ist bereits vor Vollendung des Binnenmarkts von einer Avantgarde der EG-Staaten angegangen worden, als im Jahr 1985 sieben Länder das sog. *Schengener Abkommen* (s. Kasten 11) zum Abbau der Grenzkontrollen unterzeichneten.

Kasten 11: Schengener Abkommen

> Das Schengener Abkommen ist eine zwischenstaatliche Vereinbarung, die den Abbau der Kontrollen für den Personenverkehr an den Grenzen der Mitgliedstaaten vorsieht. Das Abkommen wurde 1985 in Schengen (Luxemburg) unterzeichnet. Der ursprünglich vorgesehene Termin für die Grenzöffnung im Jahr 1990 musste mehrfach verschoben werden. Erst am 26.3.1995 trat das fünf Jahre zuvor vereinbarte Durchführungsübereinkommen zum Schengener Vertrag (Schengen II) in Kraft, nachdem das SIS (Schengener Informationssystem) zur grenzüberschreitenden Verbrechensbekämpfung eingerichtet worden war. Das Schengener Abkommen war zunächst ein Avantgardeprojekt einiger europäischer Staaten, nämlich Belgiens, Deutschlands, Frankreichs, Luxemburgs, der Niederlande, Spaniens sowie Portugals. Italien und Österreich stießen 1998, Griechenland 2000 dazu. 2001 wurden die Grenzen zu Dänemark, Finnland und Schweden sowie den assoziierten Staaten Island und Norwegen geöffnet. Die Beitrittsstaaten der Osterweiterung außer Zypern traten allesamt im Dezember 2007 dem Schengen-Raum bei. Bulgarien, Rumänien und Zypern haben das Abkommen unterzeichnet, die Grenzkontrollen werden jedoch erst zu einem späteren Zeitpunkt abgebaut. Gleiches gilt für die Schweiz und Liechtenstein, die allerdings nicht zur EU gehören. Großbritannien und Irland gehören nicht zum Schengen-Raum. Der Schengen-Besitzstand wurde erst 1999 mit Inkrafttreten des Amsterdamer Vertrags in das EU-Recht integriert (s. Art. 61-69 EG-Vertrag; Protokoll zum EU-Vertrag).

Die tatsächliche Umsetzung des völkerrechtlichen Vertrags ließ allerdings noch zehn Jahre auf sich warten. Die Grenzöffnung rührt empfindlich an die nationale Souveränität. Insbesondere hinsichtlich der nationalstaatlichen Kernaufgabe, der Gewährleistung der Sicherheit für die eigenen Bürger, gab es ernste Bedenken, die vorerst nur durch die Einrichtung eines gemeinsamen polizeilichen Fahndungssystems auf Grundlage einer nichtöffentlichen Datenbank, des *Schengener Informationssystems* mit Sitz in Straßburg, zerstreut werden konnten. Die Öffnung der Grenzen zwischen den beteiligten Staaten erfolgte am 26. März 1995. Die Schengen-Regelungen waren als zwischenstaatliche Vereinbarungen außerhalb des EU-Rechts angesiedelt. Der sog. *Schengen-Besitzstand* fand erst mit dem Amsterdamer Vertrag, der 1999 in Kraft trat, Einzug in das Primärrecht (Art. 61-69 EG-Vertrag, Protokoll zum EU-Vertrag). „Die Erhaltung und

Weiterentwicklung der Union als Raum der Freiheit, der Sicherheit und des Rechts“ (Art. 2 EU-Vertrag) wurde zu einem der Leitziele der Union. Schon im Oktober 1999 verabschiedete der Europäische Rat im finnischen Tampere einen detaillierten Aktionsplan, auf dessen Grundlage die sukzessive Verwirklichung eines europäischen Rechtsraums binnen fünf Jahren gelingen sollte. Dieses ehrgeizige Ziel konnte im vollen Umfang freilich nicht erreicht werden. So kam es im November 2004 beim Gipfel des Europäischen Rats in Den Haag zu einem zweiten Fünfjahresprogramm, dem sog. *Haager Programm*, das Prioritäten für den Zeitraum von 2005 bis 2009 vorsieht.[49]

Die Vorhaben des Haager Programms sowie die Ziele des vorangegangenen Aktionsplans von Tampere leiten sich notwendig aus der Schengener Vereinbarung und ihrer gemeinschaftsrechtlichen Einbindung ab. Denn Grenzen und Grenzkontrollen haben nicht nur die Funktion, den heimischen Markt in protektionistischer Absicht vor Konkurrenz aus dem Ausland zu schützen, sie markieren in erster Linie den nationalen Herrschaftsbereich und damit den Raum, der einer Staatsgewalt unterliegt und in dem die innere Sicherheit durch den Staatsapparat zu gewährleisten ist. Grenzen schützen die Bürger eines Staats also vor unkontrollierter Einwanderung und internationalem Verbrechen. Waren Innen- und Justizpolitik bis dato ausschließlich in nationaler Zuständigkeit, erforderte die Grenzöffnung zwischen den EU-Staaten seit 1995 die partielle Europäisierung dieser souveränitätsgeladenen Politikfelder. Auf gemeinsame Probleme wie die organisierte Kriminalität, den illegalen Drogen- und Waffenhandel, KFZ-Verschiebungen, die Asylproblematik und neue Herausforderungen wie die verstärkte illegale Einwanderung, die damit verbundene Schlepperkriminalität und den internationalen Terrorismus, können die Nationalstaaten heute kaum noch allein reagieren. Gleichzeitig können sie ihre legitime Staatsgewalt nicht ohne Weiteres auf die Gemeinschaftsinstitutionen übertragen, wollen sie ihre eigene Existenzberechtigung nicht infrage stellen. Aus diesem einzelstaatlichen Dilemma geht die eigenartige Konstruktion von Amsterdam zurück, wonach die Kontrolle der Außengrenzen, Asyl- und Einwanderungspolitik sowie die justizielle Zusammenarbeit in Zivilsachen auf die Gemeinschaftsebene übertragen sind, die poli-

49 Rat der Europäischen Union: Haager Programm zur Stärkung von Freiheit, Sicherheit und Recht in der Europäischen Union, Brüssel, den 13. Dezember 2004 (16054/04). Eine Darstellung der wesentlichen Ziele und Maßnahmen des Haager Programms findet sich unter den Online-Materialien zu diesem Band, abrufbar unter: www.nomos-extra.de.

zeiliche und justizielle Zusammenarbeit in Strafsachen aber auch weiterhin nur im Rahmen zwischenstaatlicher Kooperation stattfindet.

Die Öffnung der Binnengrenzen und die Überführung des Schengen-Besitzstands in das Gemeinschaftsrecht gingen einigen Mitgliedstaaten zu weit. So vereinbarten Großbritannien und Irland sog. *opt outs*. Sie dürfen also weiterhin Grenzkontrollen durchführen und gehören nicht zum Schengen-Raum. Sie haben jederzeit die Möglichkeit, mittels *opt in* gewisse Bestimmungen des entsprechenden Gemeinschaftsrechts nachträglich zu übernehmen. Einen Spezialfall stellt Dänemark dar. Zwar hat es das Schengener Durchführungsabkommen 1990 unterzeichnet, aber dennoch setzt es die Vereinbarungen nicht in vollem Umfang um. Nach dem gescheiterten dänischen Referendum zur Ratifizierung des Maastricht-Vertrags im Jahr 1992 wurde Dänemark gewährt, der Zusammenarbeit für Justiz und Inneres fernzubleiben. Das europäische Grenzregime stellt also ein frühes Beispiel flexibler Integration dar (s. Kap. 8.5). Seit Dezember 2007 sind 24 europäische Staaten Mitglieder im Schengen-Raum, davon 22 EU-Staaten, ferner Norwegen und Island. Abbildung 25 zeigt den Schengen-Raum, wie er sich heute darstellt.

6.7.3 Einwanderung, Asyl, Schutz der Außengrenzen

Die Logik der Schengen-Vereinbarung ist schlicht: Freizügigkeit nach innen, Grenzsicherung nach außen. Darin zeigt sich die grundsätzliche Ambivalenz von Inklusion und Exklusion. Je weiter sich die Gemeinschaft ohne Binnengrenzen ausdehnt, desto wichtiger wird es, die Einwanderungs- und Asylregelungen zu vereinheitlichen sowie die Außengrenzen stärker zu sichern. Denn die Anziehungskraft, die die Europäische Union auf illegale Immigranten sowie das internationale Verbrechen ausübt, wächst mit zunehmender Größe des Staatenclubs. Sobald heute ein Einwanderer in einem Schengen-Staat angekommen ist, stehen ihm alle anderen offen. Daraus ergibt sich eine potenzielle Bedrohung der inneren Sicherheit in den einzelnen Ländern, die verschiedene Maßnahmen verlangt. Die Grundlagen für eine gemeinsame Asylpolitik wurden bereits 1990 gelegt. In der *Dubliner Konvention* über Asylfragen verständigten sich die Mitgliedstaaten auf eine Vereinheitlichung der Asylverfahren und legten gemeinschaftliche Grundsätze für die Bearbeitung von Asylanträgen fest. Im Rahmen des EU-Rechts ist die Dubliner Konvention im Jahr 2003 durch eine entsprechende Verordnung ersetzt worden. Insbesondere gilt die Verpflichtung der Mitgliedstaaten, ein Verfahren zu jedem Asylantrag

Abbildung 25: Schengen-Europa

Quelle: eigene Darstellung

eines Drittstaatsangehörigen durchzuführen. Jeder Antrag soll dabei nur durch einen einzigen Staat geprüft werden (Art. 3 Abs. 1 VO 343/2003/EG), wodurch Mehrfachanträge in verschiedenen Staaten des Hoheitsgebiets ausgeschlossen werden. In der Regel ist der Staat zuständig, in den der Asylbewerber nachweislich zuerst eingereist ist. Die Verordnung legt ferner gemeinsame Kriterien für die Überprüfung der Anträge fest. Generell gilt jedoch, dass der zuständige Staat seinen innerstaatlichen Rechtsvorschriften verpflichtet bleibt, einen Asylbewerber also eigenmächtig – unter Wahrung der Bestimmungen der Genfer Flüchtlingskonvention –

zurück- bzw. ausweisen kann (Art. 3 Abs. 2 ebd.). Um die Koordination der Asylpolitik effektiv zu gewährleisten, ist ferner ein gemeinschaftliches System zum Informationsaustausch eingerichtet worden. Zu diesem Zweck werden die Fingerabdrücke aller Asylbewerber in eine entsprechende europäische Datenbank (EURODAC) eingespeist und auf diese Weise miteinander abgeglichen. Eine ähnliche Vereinheitlichung wie die Asylregelungen haben die Einreisebestimmungen erfahren. So gelten nach den entsprechenden Rechtsvorschriften erlassene Visa heute im gesamten Schengen-Raum, und eine Verordnung des Rates (VO 539/2001/EG) legt die Drittländer fest, deren Staatsangehörige ein Einreisevisum benötigen, sowie diejenigen, deren Bürger ohne Visum einreisen dürfen.

Was die Sicherung der Außengrenzen betrifft, so hat der Rat per Verordnung vom Oktober 2004 eine *Europäische Agentur für die operative Zusammenarbeit an den Außengrenzen* (FRONTEX) ins Leben gerufen. Zwar verbleibt die alleinige Verantwortung für die Sicherung der Außengrenzen bei den jeweiligen Nationalstaaten, die neue Agentur mit Sitz in Warschau verfolgt allerdings verschiedene Aufgaben zur Koordination des Grenzschutzes:

1. Koordinierung der operativen Zusammenarbeit der Mitgliedstaaten;
2. Unterstützung bei der Ausbildung von Grenzschutzbeamten;
3. Durchführung von Risikoanalysen;
4. Verfolgung der Entwicklungen der relevanten Forschung;
5. Unterstützung der Mitgliedstaaten in besonderen Situationen;
6. Unterstützung bei der Organisation gemeinsamer Rückführungsaktionen.[50]

Derzeit hat FRONTEX ca. 130 Mitarbeiter, was angesichts des gewaltigen Territoriums, dessen Außengrenzen zu sichern sind, nicht eben viel ist. Allerdings ist auch hier wichtig anzumerken, dass die Kompetenzen der Agentur lediglich in der Koordination der operativen Kapazitäten liegen, nicht in deren Bereitstellung.

6.7.4 Polizeiliche und Justizielle Zusammenarbeit in Strafsachen (PJZS)

Polizei und Strafjustiz bilden die entscheidenden staatlichen Institutionen zur Gewährleistung und Vollstreckung des Gewaltmonopols. Die Herstellung und Bewahrung innerer Sicherheit durch Verbrechensbekämpfung

50 VO 2007/2004/EG.

und Strafverfolgung sind Kernfunktionen des Staates, die nicht delegiert werden können, ohne zugleich die eigene Existenzberechtigung tendenziell infrage zu stellen. Zwar konnten, wie wir in den vorangegangenen Abschnitten gesehen haben, wesentliche Bestandteile der Innen- und Justizpolitik, die der Vertrag von Maastricht noch in Gänze der zwischenstaatlichen Zusammenarbeit zuschrieb, wie die Asyl- und Einwanderungspolitik, die Kontrolle der Außengrenzen sowie die justizielle Zusammenarbeit in Zivilsachen, erfolgreich vergemeinschaftet werden. Die Polizeiliche und Justizielle Zusammenarbeit in Strafsachen (Art. 29-42 EU-Vertrag) aber blieb gleichsam als intergouvernementaler Kernbestand erhalten. Folglich unterscheiden sich die Entscheidungsverfahren von denjenigen in den Gemeinschaftspolitiken. Der Rat ist der zentrale und einzig entscheidende Akteur. Er beschließt im Einvernehmen gemeinsame Standpunkte und Übereinkommen. An die Stelle von Verordnung und Richtlinie treten hier Beschluss und Rahmenbeschluss. Diese funktionieren in Analogie zu jenen. Beschlüsse sind als solche verbindlich, während Rahmenbeschlüsse lediglich ein Ziel festlegen und die konkrete Umsetzung bei den Mitgliedstaaten liegt. Allerdings müssen sowohl Beschluss als auch Rahmenbeschluss einstimmig vom Rat gefasst werden – es sei denn, es handelt sich um Durchführungsbeschlüsse auf Unionsebene (qualifizierte Mehrheit) oder Verfahrensangelegenheiten (einfache Mehrheit) –, und keiner von beiden entfaltet unmittelbare Wirkung in den Mitgliedstaaten (s. Art. 34 EU-Vertrag). Entgegen der Logik der zwischenstaatlichen Zusammenarbeit kann der EuGH mittels Vorabentscheidung über Gültigkeit und Auslegung von Beschlüssen, Rahmenbeschlüssen, Übereinkommen und Durchführungsmaßnahmen entscheiden. Die einzige Einschränkung im Vergleich zur gemeinschaftlichen Rechtsprechung besteht darin, dass ein Staat die Vorlagebefugnis per vertraglich geforderter Erklärung auf seine letztinstanzlichen Gerichte beschränken kann (Art. 35 EU-Vertrag).

Auch die PJZS hat ihre historischen Vorläufer, waren diese auch nicht so weit vorangeschritten wie diejenigen anderer Politikfelder. Im Jahr 1976 begründeten die EU-Innenminister die Zusammenarbeit bei der Verbrechensbekämpfung mit der sog. TREVI-Gruppe (*Terrorisme, Radicalisme, Extremisme, Violence Internationale*). Die Kooperation gipfelte im sukzessiven Aufbau eines Europäischen Polizeiamtes (Europol). Die Unterzeichnung einer entsprechenden Konvention ließ freilich lange Zeit auf sich warten. Erst im Juli 1995 kam es zur Europol-Konvention, sie konnte erst 1998 in Kraft treten, und die Behörde selbst ihre Arbeit erst am 1. Juli 1999 im vollen Umfang aufnehmen. Seitdem dient Europol mit Sitz in Den

Haag dem Informationsaustausch zwischen den nationalen Polizeibehörden. Das Europäische Polizeiamt ist eher eine Art *Datensammelzentrale* als ein *europäisches FBI*[51], denn es hat keinerlei eigene Ermittlungs- und Fahndungsbefugnisse (s. Art. 29 u. 30 EU-Vertrag). Eine Kompetenzausweitung von Europol stieße auch schnell an die Grenzen demokratischer Legitimation, denn Europol untersteht keinerlei parlamentarischer Verantwortung, weder gegenüber den nationalen Parlamenten noch dem Europäischen Parlament. Auch den nationalen Gerichten und dem EuGH fehlen jegliche Kontrollbefugnisse über Europol. Der Vertrag von Lissabon sieht diesbezüglich grundlegende Änderungen vor.

In Analogie zum Europäischen Polizeiamt ist 1998 ein neues Kooperationsforum für die justizielle Zusammenarbeit geschaffen worden. Das *Europäische Justizielle Netz* wurde auf Betreiben einiger Nationalstaaten, insbesondere Deutschlands, 2002 in eine offizielle Behörde namens *Eurojust* umgewandelt. Sie setzt sich aus Richtern, Staatsanwälten und Polizisten aus allen Mitgliedsländern zusammen und hat ihren Sitz ebenfalls in Den Haag. Eurojust dient der engeren Zusammenarbeit der mitgliedstaatlichen Justizbehörden und bietet Unterstützung für die strafrechtliche Ermittlung und Verfolgung der Schwerkriminalität, wenn mind. zwei Mitgliedsländer betroffen sind (s. Art. 29 u. 31 EU-Vertrag).

Ein völlig neuartiges Instrument der Strafverfolgung ist der Europäische Haftbefehl, der im Juni 2002 per Rahmenbeschluss[52] eingeführt wurde. Mit dem Haftbefehl ist es möglich, dass die betreffende Person auf der Grundlage einer juristischen Anordnung in einem Mitgliedstaat in einem anderen Mitgliedstaat festgenommen und zum Zweck der Strafverfolgung oder Vollstreckung einer Freiheitsstrafe in jenes Mitgliedsland ausgeliefert wird. Im Extremfall kann das die Auslieferung eines eigenen Staatsangehörigen bedeuten. In mehreren EU-Ländern, so auch in Deutschland, gab es grundrechtliche Bedenken und nationale Vorbehalte gegen das Instrument des Europäischen Haftbefehls.

Mit der Intensivierung der Zusammenarbeit im Bereich der PJZS suchen die EU-Staaten nach gemeinsamen Maßnahmen, um auf die neuen Herausforderungen insbesondere des Terrorismus, des internationalen Verbrechens sowie der illegalen Einwanderung zu reagieren. Während viele Staaten Vorbehalte gegen weitere gemeinschaftliche Eingriffe in dieses souveränitätsgeladene Politikfeld hegen, haben am 27. Mai 2005 sieben Staaten,

51 Vgl. Hix, 2005, S. 359.
52 Rahmenbeschluss 2002/584/JI.

nämlich Deutschland, Österreich, Frankreich, Spanien, Belgien, Luxemburg und die Niederlande, den sog. *Prümer Vertrag*[53] geschlossen, der eine wesentliche Vereinfachung des grenzüberschreitenden Datenaustauschs der Strafverfolgungsbehörden vorsieht.

Reformvertrag 2007 16: Innen- und Justizpolitik

Vertrag von Lissabon:
Bezüglich der PJZS enthält der Vertrag von Lissabon grundlegende Änderungen. Der EU-Tempel verliert quasi seine dritte Säule, weil nun auch die Justizielle Zusammenarbeit in Strafsachen sowie die Polizeiliche Zusammenarbeit aus dem EU-Vertrag genommen und in den früheren EG-Vertrag, dann Vertrag über die Arbeitsweise der Europäischen Union, übertragen werden. Die beiden Politikbereiche bilden dann Kapitel 4 und 5 des neuen umfassenden Titels IV AEU-Vertrag *Der Raum der Freiheit, der Sicherheit und des Rechts*, der den früheren Titel IV EG-Vertrag über *Visa, Asyl, Einwanderung und andere Politiken betreffend den freien Personenverkehr* ersetzt. Für die neu vergemeinschafteten Politikbereiche der Kapitel 4 und 5 gelten allerdings weiterhin gesonderte Bestimmungen. Eine ausführliche Darstellung dieser gesonderten Bestimmungen findet sich unter den Online-Materialien zu diesem Band, abrufbar unter: www.nomos-extra.de.

6.8 Europäischer Grundrechtsschutz

Zum Schluss dieser Ausführungen über die Europäische Union als Rechtsgemeinschaft rückt noch einmal das Verhältnis der Union zu ihren Bürgern in den Mittelpunkt der Aufmerksamkeit. Wie verhält es sich mit dem europäischen Grundrechtsschutz? Gesteht die Union jedem Einzelnen unverbrüchliche Freiheitsrechte zu, die dieser unabhängig von jeglicher konstitutionellen Ordnung als Mensch und Bürger besitzt? Vermag sie diese Grundrechte zu verteidigen? Bis heute können diese Fragen keineswegs klar bejaht werden. Vielmehr galt der Grundrechtsschutz auf europäischer Ebene lange Zeit als unterentwickelt. In seinem berühmten *Solange I*-Beschluss aus dem Jahr 1974 urteilte das deutsche Bundesverfassungsgericht diesbezüglich:

53 Eigentlich: *Vertrag über die Vertiefung der grenzüberschreitenden Zusammenarbeit, insbesondere zur Bekämpfung des Terrorismus, der grenzüberschreitenden Kriminalität und der illegalen Migration*; Prüm ist eine rheinland-pfälzische Kleinstadt, in der Westeifel gelegen.

> „Solange der Integrationsprozeß der Gemeinschaft nicht so weit fortgeschritten ist, daß das Gemeinschaftsrecht auch einen von einem Parlament beschlossenen und in Geltung stehenden formulierten Katalog von Grundrechten enthält, der dem Grundrechtskatalog des Grundgesetzes adäquat ist,“[54]

könnten und sollten grundrechtsrelevante Vorschriften des Gemeinschaftsrechts, selbst nach Vorabentscheidung durch den EuGH, noch einmal vom Bundesverfassungsgericht auf ihre Anwendbarkeit überprüft werden. Mit dem Argument mangelnden Grundrechtsschutzes auf Gemeinschaftsebene stellte das oberste deutsche Gericht mit dem *Solange I*-Beschluss offensichtlich die Suprematie des sekundären Gemeinschaftsrechts infrage. Im Gegensatz zu den Verfassungen ihrer Mitgliedstaaten enthält das europäische Vertragswerk bis heute keinen wirklichen Grundrechtskatalog. Dennoch garantiert der EG-Vertrag grundrechtsähnliche Rechte wie das allgemeine Diskriminierungsverbot (Art. 12 EG-Vertrag) oder die sozialen Grundrechte (Art. 136-148 EG-Vertrag), wie sie bereits in der 1961 in Turin unterzeichneten *Europäischen Sozialcharta* festgehalten wurden. Mit dem Vertrag von Maastricht 1993 wurde die Achtung der Grundrechte als einer der Grundsätze in den EU-Vertrag aufgenommen, und auch die 1950 in Rom von den Mitgliedstaaten des Europarates unterzeichnete *Europäische Konvention zum Schutze der Menschenrechte und Grundfreiheiten* (EMRK, s. Kasten 12) findet seither ausdrücklich Erwähnung (Art. 6 EU-Vertrag). Bereits sieben Jahre zuvor, im *Solange II*-Urteil, war die anfängliche Skepsis des Bundesverfassungsgerichts gegenüber dem europäischen Grundrechtsschutz einer anerkennenden Haltung gewichen:

> „Solange die Europäischen Gemeinschaften, insbesondere die Rechtsprechung des Gerichtshofs der Gemeinschaften einen wirksamen Schutz der Grundrechte gegenüber der Hoheitsgewalt der Gemeinschaften generell gewährleisten“,[55]

verzichte das Verfassungsgericht darauf, die Anwendbarkeit des sekundären Gemeinschaftsrechts zu überprüfen. Damit bestätigte das Gericht – wenn auch unter Grundrechtsvorbehalt – den Vorrang des Gemeinschaftsrechts.

54 BVerfGE 37, 271.
55 BVerfGE 73, 339.

Kasten 12: Europäische Konvention zum Schutze der Menschenrechte und Grundfreiheiten

Der EMRK können grundsätzlich nur Mitgliedstaaten des Europarats beitreten. Dies sind heute 47 europäische Staaten, darunter alle 27 EU-Staaten. Derzeit sind alle Europaratsmitglieder auch Unterzeichner der EMRK. Die Konvention enthält einen Katalog von Grund- und Menschenrechten, zu deren Geltung sich die Mitglieder verpflichten. Die Konvention wurde am 4. November 1950 von den Gründungsmitgliedern des Europarates unterzeichnet und ist seitdem sowohl inhaltlich um zahlreiche Zusatzprotokolle sowie mitgliedschaftlich stark erweitert worden. Den Rechtsschutz gewährleistet der Europäische Gerichtshof für Menschenrechte (EGMR) mit Sitz in Straßburg.

Nachdem der von der Kommission und einigen Mitgliedstaaten befürwortete Beitritt der Europäischen Gemeinschaft zur EMRK 1996 an einem Gutachten des EuGH gescheitert war, der darin festgestellt hatte, dass ein solcher Beitritt nicht in den Kompetenzbereich der EG gefallen und ohne vorhergehende Vertragsänderung nicht möglich gewesen wäre, erreichte die Grundrechtsdebatte Ende der 1990er Jahre einen neuen Höhepunkt. Auf dem Kölner EU-Gipfel 1999 beschlossen die Staats- und Regierungschefs, einen eigenen EU-Grundrechtekatalog entwerfen zu lassen. Dazu griffen sie erstmals auf eine neuartige Methode zurück, indem sie einen Konvent einberiefen. Der Konvent bestand aus 15 Beauftragten der Staats- und Regierungschefs, einem Vertreter des Kommissionspräsidenten, 16 Abgeordneten des Europäischen Parlaments sowie je zwei Mitgliedern der damals 15 mitgliedstaatlichen Parlamente. Unter Führung des ehemaligen deutschen Bundespräsidenten Roman Herzog erarbeitete der Konvent von Ende 1999 bis Dezember 2000 einen Entwurf für eine *Charta der Grundrechte der EU.* Sie wurde am 7. Dezember 2000 von den Präsidenten der drei Hauptorgane, des Parlaments, des Rats, der Kommission, feierlich proklamiert. Als bloße Erklärung war die Grundrechtecharta lange Zeit kein Bestandteil des Gemeinschaftsrechts und hatte somit keinerlei Verbindlichkeit. Am 12. Dezember 2007 wurde die Charta in einer neuen Fassung ein weiteres Mal vom Präsidenten des Rates, demjenigen der Kommission sowie demjenigen des Parlaments unterzeichnet und im Amtsblatt der Europäischen Union veröffentlicht. Während die Charta im gescheiterten Verfassungsvertrag als Teil II in das Dokument integriert werden sollte, wird im Reformvertrag, der derzeit in den Nationalstaaten zur Ratifizierung steht, lediglich auf die Charta als eigenständiges Dokument außerhalb des Vertragswerks verwiesen und ihre Rechtsverbindlichkeit erklärt

(s. Kasten). Allerdings haben sich Polen und Großbritannien davon ausgenommen, für sie wird die Charta auch nach Inkrafttreten des neuen Vertrags nicht verbindlich sein. Die Charta der Grundrechte der EU umfasst einen breiten Katalog von Rechten. Der Aufbau des Dokuments ist in Abbildung 26 wiedergegeben.

Abbildung 26: Charta der Grundrechte

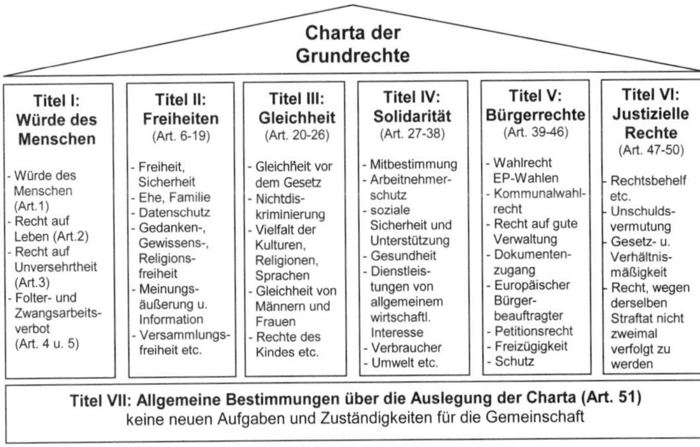

Quelle: eigene Darstellung

Grundrechte haben ähnlich wie die Bürgerschaft starke symbolische Wirkung. Mit der Vergabe von allgemein gültigen Individualrechten schafft die Union so etwas wie eine juristische Identität. Jeder EU-Bürger fühlt sich sogleich als solcher, weil er die entsprechenden Rechte innehat. Gibt es auch über die rechtliche Konstruktion hinaus so etwas wie eine europäische Identität? Ist die EU nicht nur eine Wirtschafts- und Rechts-, sondern auch eine Wertegemeinschaft? Diesen Fragen soll im nächsten Kapitel nachgegangen werden.

Vertrag von Lissabon:
Im Gegensatz zum gescheiterten Verfassungsvertrag macht der Reformvertrag von Lissabon die Grundrechtecharta nicht zum integralen Bestandteil des Vertragswerks. Im Art. 6 Abs. 1 des EU-Vertrags in der neuen Fassung heißt es:

> „Die Union erkennt die Rechte, Freiheiten und Grundsätze an, die in der Charta der Grundrechte der Europäischen Union vom 7. Dezember 2000 in der am 12. Dezember 2007 in Straßburg angepassten Fassung niedergelegt sind; die Charta der Grundrechte und die Verträge sind rechtlich gleichrangig."

In Art. 6 Abs. 2 EU-Vertrag wird der Beitritt der EU zur EMRK verkündet, in Abs. 3 heißt es weiter:

> „Die Grundrechte, wie sie in der Europäischen Konvention zum Schutz der Menschenrechte und Grundfreiheiten gewährleistet sind und wie sie sich aus den gemeinsamen Verfassungsüberlieferungen der Mitgliedstaaten ergeben, sind als allgemeine Grundsätze Teil des Unionsrechts."

Ferner regelt das *Protokoll über die Anwendung der Charta der Grundrechte der Europäischen Union auf Polen und das Vereinigte Königreich* die Ausnahmen der beiden Länder. Insbesondere wird hierin klargestellt, dass aus Titel IV der Charta (Solidarität) in den beiden Staaten keine einklagbaren Rechte hervorgehen.

Einführende Literatur:

Alter, Karen J., 2002: Establishing the Supremacy of European Law. The Making of an International Rule of Law in Europe, Oxford. (historisch-institutionalistische Studie zur Entwicklung des EU-Rechtssystems, insbesondere der Etablierung des Vorrangprinzips, sehr lesenswert)

Haltern, Ulrich R., 2007: Europarecht: Dogmatik im Kontext, Tübingen. (ausgezeichnete Einführung in das europäische Rechtssystem aus rechtswissenschaftlicher Perspektive)

Hartmann, Jürgen, 2001: Das politische System der Europäischen Union. Eine Einführung, Frankfurt a. M. (Unter zugespitzter Überschrift bietet Hartmanns Einführung auch eine knappe, aber durchaus lesenswerte Beschreibung des EuGH.)

Herdegen, Matthias, 2005: Europarecht, 7. Aufl., München. (Für juristische Laien ist das Buch mitunter schwer verständlich, aber der Leser lernt allemal viel über die europäische Rechtsordnung.)

Hix, Simon, 2005: The Political System of the European Union, Houndmills u.a. (Mit der Übertragung des Gefangenendilemmas auf Entscheidungssituationen im europäischen Mehrebenensystem bietet Hix einen hervorragenden, theoretisch anspruchsvollen Einstieg in die EU-Rechtsordnung.)

Nicolaysen, Gert, 2002: Die Europäische Union als Rechtsgemeinschaft, in: Weidenfeld, Werner (Hrsg.): Europa-Handbuch, Bonn, S. 348-360. (knapper Überblick über die Ausgestaltung der EU als Rechtsgemeinschaft)

Stone Sweet, Alec, 2004: The Judicial Construction of Europe, Oxford. (Stone Sweet liefert eine hervorragende institutionalistische Analyse der juristischen Konstruktion der EU und legt dabei die wesentlichen Entwicklungspfade offen.)

Weiterführende Literatur und Dokumente:[56]

Europäischer Gerichtshof: Jahresbericht 2006, abrufbar unter: http://curia.europa.eu/de/instit/presentationfr/rapport/stat/06_cour_stat. pdf. (letzter Zugriff: 30.3.2008).

Gericht erster Instanz: Jahresbericht 2006, abrufbar unter: http://curia.europa.eu/de/instit/presentationfr/rapport/ stat/06_trib_stat.pdf (letzter Zugriff: 30.3.2008).

Hallstein, Walter, 1969: Der unvollendete Bundesstaat, 4. Aufl., Düsseldorf/Wien.

Ders., 1973: Die Europäische Gemeinschaft, Düsseldorf/Wien.

Joerges, Christian, 2006: Recht, Wirtschaft und Politik, in: Jachtenfuchs, Markus/Kohler-Koch, Beate (Hrsg.): Europäische Integration, 2. Aufl. Wiesbaden, S. 183-218. (In seinem theoretisch anspruchsvollen Aufsatz untersucht Joerges das Zusammenwirken von Recht und Wirtschaft im Integrationsprozess.)

Kersting, Wolfgang, 2005: Die politische Philosophie des Gesellschaftsvertrags, Darmstadt. (brillante politikphilosophische Einführung in die Vertragstheorie, sehr anspruchsvoll)

Lauth, Hans-Joachim/Wagner, Christoph, 2006: Gegenstand, grundlegende Kategorien und Forschungsfragen der „Vergleichenden Regierungslehre“, in: Lauth, Hans-Joachim (Hrsg.): Vergleichende Regierungslehre. Eine Einführung, 2. Aufl., Wiesbaden, S. 15-36. (gut ausgearbeitete Sammlung grundlegender Definitionen für die Vergleichende Regierungslehre)

Moravcsik, Andrew, 2006: What can we learn from the collapse of the European Constitutional Project? In: Politische Vierteljahresschrift (2) 2006, S. 219-241. (eine Analyse des Scheiterns der EU-Verfassung, typischer Text von Moravcsik: pointiert und nachträglich illusionslos, betont realistisch)

Rat der Europäischen Union: Haager Programm zur Stärkung von Freiheit, Sicherheit und Recht in der Europäischen Union, Brüssel, den 13. Dezember 2004. (16054/04).

Schmale, Wolfgang, 2005: Suche nach europäischer Identität. Schlussfolgerungen aus »Non«, »Nee« und »Honte«, in: Europäische Rundschau (3) 2005, S. 36-45. (eine Analyse des Scheiterns der EU-Verfassung)

56 Auf die erneute Wiedergabe aller zitierten EU-Verordnungen, -Richtlinien und EuGH-Urteile ist hier verzichtet worden. Eine Auflistung befindet sich unter den Online-Materialien zu diesem Band, abrufbar unter: www.nomos-extra.de.

Varwick, Johannes, 2004: Die Europäische Union – Politisches System und Außenbeziehungen, in: Knapp, Manfred/Krell, Gert (Hrsg.): Einführung in die Internationale Politik, 4. Aufl., München, S. 201-249. (Varwick liefert eine sehr gelungene Einführung in die EU-Außenpolitik, die zugleich das gesamte politische System in groben Zügen vorstellt.)

Weiler, Joseph H.H., 1994: The European Court of Justice and its Interlocutors, in: Comparative Political Studies (26) 1994.

Wessels, Wolfgang, 2008: Das politische System der Europäischen Union, Wiesbaden. (Mit weit über 500 Seiten bietet Wessels ein umfassendes, aktuelles Werk über das politische System der EU.)

Fragen zur Diskussion:

- Welche Bedeutung hat das Recht für die europäische Integration? Welche Rolle spielt der Europäische Gerichtshof? Ist er unparteiischer Dritter oder Vertreter der Gemeinschaftsinteressen?
- Inwiefern ist die europäische Rechtsordnung durch Direktwirkung und Suprematie transformiert worden? Ist der Vorrang des Gemeinschaftsrechts gerechtfertigt?
- Was ist der zentrale Unterschied zwischen erster, zweiter und dritter Säule des EU-Tempels?
- Wie funktioniert der gemeinschaftliche Rechtsschutz? Inwiefern relativiert das Vorabentscheidungsverfahren die Defizite des Systems?
- Was macht die Unionsbürgerschaft aus? Worin unterscheidet sie sich von der nationalen Bürgerschaft? Ist die begriffliche Analogie sinnvoll/berechtigt?
- Wie schützt sich Schengen-Europa vor illegaler Einwanderung? Warum ist dieser Schutz notwendig? Ist das verbreitete Wort von der *Festung Europa* berechtigt?
- Warum ist gerade die Vergemeinschaftung der Polizeilichen und Justiziellen Zusammenarbeit in Strafsachen so schwierig? Warum ist insbesondere der Europäische Haftbefehl umstritten?
- Wie ist der europäische Grundrechtsschutz zu bewerten? Ist der Grundrechtskatalog der Charta angemessen, unzureichend oder gar zu umfänglich?

7. Die EU: eine Wertegemeinschaft?

7.1 Was ist Europa?

Mit der Betrachtung gemeinschaftlicher Grundrechte und ihrer mehr oder weniger verbindlichen Geltung in allen EU-Mitgliedstaaten kommen wir dem dritten Gemeinschaftsbegriff näher, den wir auf die Europäische Union anwenden wollen: Ist die EU eine Wertegemeinschaft? Diese Frage folgt nahezu zwangsläufig aus den vorangegangenen Abschnitten. Es ist klar: Die EU ist eine Wirtschaftsgemeinschaft, aber was hält sie zusammen, abgesehen von gemeinsamen ökonomischen Interessen? Es ist ebenso deutlich geworden: Die EU ist eine Rechtsgemeinschaft, aber auf welchen tieferen normativen Fundamenten ruht dieses Vertragsgebilde, welche gemeinsamen Werte – sofern es sie denn gibt – sind der Rechtsordnung vorgeordnet? Und da derlei Werte gemeinhin zur Begründung einer europäischen Identität herangezogen werden und gelegentlich der Forderung oder Abwehr von Erweiterungsschritten dienen, geht es auch um die übergeordnete Frage: Was ist Europa? – Freilich soll damit nicht gesagt sein, die EU und Europa seien identisch. Im Gegenteil: Die EU ist nicht gleich Europa, und zahlreiche Kommentatoren sind mit einigem Recht der Überzeugung, dass die Union ihr gesamtkontinentales Wachstumsziel – sofern es denn besteht – zum eigenen Nutzen aufgeben sollte.[1] Dennoch:

1 Vgl. stellvertretend für viele Muschg, Adolf, 2005: Was ist europäisch? Reden für einen gastlichen Erdteil, Bonn; Theisen, Heinz, 2004: Überdehnung oder Überwindung? Europas kulturelle Grenzen, in: osteuropa (3) 2004, S. 34-46; ders., 2005: Ein dritter Weg für Europa. Die kulturelle Erweiterung der Europäischen Union, in: osteuropa (2) 2005, S. 3-14.

Wenn der EU ein einheitliches Wertegebäude unterliegt, dann ist das ein europäisches, auch wenn nicht alle Länder des Kontinents sich auf das gemeinschaftliche Experiment eingelassen haben. Überdies ist die EU mit ihren knapp 500 Millionen Bürgern in 27 Staaten, in einem einzigen riesigen Markt, der Schrittmacher der Entwicklung des Kontinents. Und selbst wenn ein europäischer Staat nicht EU-Mitglied ist, kann er sich dem Einfluss des benachbarten Staatenclubs nicht entziehen. Die Rede von Europa ist also dann zumindest tendenziell berechtigt, wenn es nicht in erster Linie um die geographische Ausdehnung der EU geht.

Kasten 13: Wer ist Europa?

Der Name *Europa* entstammt der antiken Mythologie. Die altgriechische Sage der phönizischen Königstochter, die von Zeus in Stiergestalt über das östliche Mittelmeer nach Kreta entführt wurde, ist u.a. durch Ovids Metamorphosen (*Raub der Europa*) überliefert. Bis heute ist die junge Europa eine verbreitete Erdteilallegorie (vgl. Schmale 2007). Da das antike Phönizien an der Stelle des heutigen Gaza-Streifens lag, ist in jedem Fall mit Muschg festzuhalten, dass Europa im heutigen Sinne keine Europäerin wäre (vgl. Muschg 2005, S. 15), womit die Schwierigkeit kultureller Grenzziehung schon im Ursprungsmythos veranschaulicht ist.

Schon in geographischer Hinsicht lässt sich Europa nicht leicht definieren[2]. Dabei ist die *Eurasische Halbinsel* insbesondere gen Osten schwer abzugrenzen. Zumindest decken sich die geographischen Grenzen keineswegs mit den politischen. Vielmehr liegt der Ural mitten in Russland, und der Bosporus trennt den *europäischen* vom *asiatischen Teil* der Türkei. Auch in den anderen Himmelsrichtungen sind die natürlichen Grenzen durch kulturelle Zusammenhänge stark relativiert: Das Mittelmeer war zum einen in der römischen Antike das *mare nostrum* (unser Meer), und die Angehörigen des entsprechenden Reiches wohnten an allen seinen Küsten. Heute bezeichnen wir zum anderen den Atlantischen Ozean als *Großen Teich* und vereinnahmen gemeinsam mit den Nachfahren einstiger Exileuropäer die gesamte Himmelsrichtung in einem weit umfassenderen Identitätskonstrukt, dem Westen. Somit ist Europa zumindest in geographischer Hinsicht ein „fluide[s] Gebilde"[3], das sich „nolens volens anders

2 Im wortwörtlichen Sinn: lat. begrenzen, eingrenzen.
3 Schluchter, Wolfgang, 2005: Rationalität – das Spezifikum Europas? In: Joas, Hans/ Wiegandt, Klaus (Hrsg.): Die kulturellen Werte Europas, 2. Aufl., Frankfurt/Main, S. 237-264 (240).

definieren [muss] als durch Küsten und Gebirge"[4]. Wenn aber die geographische Ausdehnung Europas nicht eindeutig zu bestimmen ist, wie verhält es sich mit der kulturellen, wie mit der politischen Dimension? Welche gemeinsamen Werte und Überzeugungen teilen die Bewohner dieses Kontinents, auf welchen normativen Grundlagen ruht die Europäische Union? Um potenzielle Antworten auf diese Fragen vorzustellen, wird in den folgenden Abschnitten die Debatte über eine europäische Identität näher beleuchtet.

7.2 Die Fronten der Identitätsdebatte

Die Kulturenfrage hat im europäischen Zusammenhang mit der Erweiterungsdiskussion in den späten 1990er und den 2000er Jahren, also insbesondere vor dem Hintergrund der bevorstehenden Osterweiterung – in zwei Schritten 2004 und 2007 vollzogen – sowie eines möglichen EU-Beitritts der Türkei, einen enormen Aufschwung erfahren. Er ging einher mit dem *cultural turn*, den insbesondere Samuel Huntingtons *Kampf der Kulturen*[5] in der Lehre von den Internationalen Beziehungen ausgelöst hatte. Neben der Erweiterung bilden aber auch noch zwei weitere miteinander verbundene Faktoren Motive für den kulturalistischen Diskurs auf EU-Ebene: Zum einen stellt sich die Legitimitätsfrage, und damit auch die Frage nach einer europäischen Öffentlichkeit, einem europäischen *Demos*, mit den politischen Vertiefungsschritten der vergangenen zwanzig Jahre und dem tiefen Ausgreifen der Gemeinschaftskompetenzen in souveränitätsgeladene Bereiche immer drängender.[6] Zum anderen bringt die – wenn auch moderate – Zunahme distributiver und redistributiver Politiken bzw. die Anpassung derartiger Mechanismen an die erweiterte Gemeinschaft die Frage nach einer europäischen Solidarität auf, einem Wert, der ebenfalls zentrales Element einer gemeinsamen Identität sein könnte (s. Kap. 9).

Anhand der Beantwortung der Frage nach der Existenz einer kulturellen Identität Europas, verstanden als vorpolitische Werteordnung, deren normative Bestandteile der aktuellen Gemeinschaftskonstruktion sowohl zeit-

4 Nida-Rümelin, Julian, 2007a: Europäische Identität? – Das normative Fundament des europäischen Einigungsprozesses, in: ders./Weidenfeld, Werner (Hrsg.): Europäische Identität: Voraussetzungen und Strategien, Baden-Baden, S. 29-45 (35).

5 Huntington, Samuel P., 1996: Der Kampf der Kulturen. The Clash of Civilizations. Die Neugestaltung der Weltpolitik im 21. Jahrhundert, 6. Aufl., München/Wien.

6 Vgl. Meyer, Thomas, 2004: Die Identität Europas. Der EU eine Seele? Frankfurt am Main, S. 10.

lich als auch ideell vorgeordnet sind, wollen wir die Identitätsdebatte in zwei grundlegende Ansätze unterscheiden. Die erste Lehrmeinung lässt sich demnach als *politisch-institutionell* bezeichnen, weil sie die Existenz einer kulturellen Identität Europas verneint und die entsprechende kulturalistische Begründung von Inklusion und Exklusion in der Erweiterungsdebatte zurückweist. Eine gemeinsame Werteordnung sei somit weder gottgegeben noch geschichtlich überliefert, sondern ein politisch-institutionelles Konstrukt.[7] Die kulturalistischen Argumentationen im Rahmen der Erweiterungsdebatte seien lediglich „zweckgerichtete Entpolitisierungsversuche in politischer Absicht"[8], d.h. Scheingefechte auf kulturellen Schlachtfeldern, während die eigentlichen Entscheidungen von politischen Gremien nach ebensolchen Maßgaben gefällt würden.

Die zweite Lehrmeinung erachtet die kulturelle Identität Europas als gegeben und weist ihre Existenz zumeist mittels geistesgeschichtlicher Erzählungen nach. Diese Herangehensweise soll folgerichtig *historisch-kulturell* genannt werden.[9] Ob das kulturalistische Argument zur Begründung von Ein- bzw. Ausschluss neuer Mitgliedsländer taugt, ist unter den Vertretern dieses Ansatzes ebenso umstritten wie der jeweilige Gehalt des ausgemachten Wertekanons. Dieser interne Konflikt wird vor allem bei Muschg deutlich, der, sich der heiklen, weil missbrauchsgefährdeten, kulturalistischen Identitätsstiftung durchaus bewusst, dennoch auf deren Notwendigkeit beharrt: „Was ist europäisch? Diese Frage kulturell zu beantworten, ist ebenso mißlich wie unvermeidlich."[10] Weniger vorsichtig formuliert Werner Weidenfeld, wenn er die kulturelle Selbstvergewisserung der EU einfordert und der Union andernfalls – wenn auch metaphorisch – den Niedergang voraussagt: „Der Abschied vom Versuch, europäische Identität zu vertiefen und damit eine kulturelle Grundlage für politische

7 Vgl. insb. Meyer, 2004 und ders., 2007: Die Stärkung der sozialen Dimension: Auf dem Weg zu einer politischen Identität der EU, in: Nida-Rümelin, Julian/Weidenfeld, Werner (Hrsg.): Europäische Identität: Voraussetzungen und Strategien, Baden-Baden, S. 153-168; auch Hurrelmann, Achim: Die Europäische Union als Verfassungsgemeinschaft? – Optionen und Gefahren konstitutioneller Identitätspolitik, im selben Band, S. 211-229.

8 Meyer, 2004, S. 48.

9 Vgl. stellvertretend Nida-Rümelin, 2007a; Weidenfeld, Werner, 2002: Europa – aber wo liegt es? In: ders. (Hrsg.): Europa-Handbuch, Bonn, S. 15-40; und: ders., 2007: Reden über Europa – die Neubegründung des europäischen Integrationsprojekts, in: ders./Nida-Rümelin, Julian (Hrsg.): Europäische Identität: Voraussetzungen und Strategien, Baden-Baden, S. 11-28; Muschg, 2005; Wagner, Peter, 2005: Hat Europa eine kulturelle Identität? In: Joas, Hans/Wiegandt, Klaus: Die kulturellen Werte Europas, 2. Aufl., Frankfurt/Main, S. 494-511; und insbesondere Theisen, 2004.

10 Muschg, 2005, S. 20.

Handlungsfähigkeit zu schaffen, wird sich historisch als Achillesferse erweisen."[11] In den Chor der Notwendigkeit eines normativen Grundkonsenses stimmt auch Nida-Rümelin ein, „wird die Europäische Union [doch andernfalls] zu fragil bleiben, um die Rolle zu spielen, die sie spielen will"[12]. Weit defätistischer beurteilt Heinz Theisen die ideellen Mangelerscheinungen des Einigungswerks. Ihm zufolge dürfte es für die Identitätsstiftung einer EU-27 eigentlich schon zu spät sein, weil sie bereits orthodox geprägte Länder wie Bulgarien und Rumänien integriert hat.[13]

7.3 Die politisch-institutionelle Identität Europas

Den dezidierten Kulturrelativismus betreibt auf der anderen Seite Thomas Meyer in seiner ausführlichen Studie zur *Identität Europas*. In einprägsamer Bildersprache illustriert er hierin wiederum den angeblichen Irrglauben der anderen, die meinen, die kulturelle Identität gleich einem Schatz heben zu können, der unter der Oberfläche verborgen liegt, „wie eine schöne Perle hinter den hermetisch verschlossenen Schalen der Muschel"[14]. Für Meyer hingegen gleicht die Suche nach einer kulturellen Identität eher dem Häuten einer Zwiebel, wobei man unter Tränen Schale für Schale abträgt, um am Ende enttäuscht festzustellen, dass kein gemeinsamer Kern zurückbleibt und dass die Zwiebel aus nichts anderem als aus der Summe ihrer Schalen besteht. Folgt man Meyer, so kann es mithin bei der Frage nach einer gemeinsamen Identität Europas nicht um ein kulturelles, sondern einzig und allein um ein politisches Projekt gehen.[15] Überhaupt steht der Projektcharakter im Mittelpunkt des Meyerschen Ansatzes, und er spricht an anderer Stelle gar von der „europäischen Projektidentität"[16]. Demnach seien es die politischen Entscheidungsträger selbst, die mit der Gründung von Institutionen, mit dem Bekenntnis zu Grundsätzen ein europäisches Wir-Gefühl begründeten, weil sie auf diese Weise setzten, „was allen gemeinsam ist".[17] Meyer listet fünf Entstehungsbedingungen für eine politisch-institutionelle Identität auf:

11 Weidenfeld, 2002, S. 37-38; freilich wird auch in diesem Zitat deutlich, dass Weidenfeld sich nicht eindeutig der idealistischen Schule zuordnen lässt, weil er von „den kulturellen Wurzeln" Europas spricht, diese aber in einer Verfassung „definiert" sehen will (vgl. Weidenfeld 2007, S. 14).

12 Nida-Rümelin, 2007a, S. 31.

13 Vgl. Theisen, 2005, S. 34.

14 Meyer, 2004, S. 18.

15 Vgl. ebd. S. 63.

16 Meyer, 2007, S. 159ff.

17 Vgl. ebd. S. 52.

erstens: den Aufbau gemeinsamer Institutionen,
zweitens: die Politisierung des Entscheidungsprozesses,
drittens: eine lebendige politische Öffentlichkeit,
viertens: die Ausbildung einer Zivilgesellschaft,
fünftens: die Teilhabe möglichst aller Bürger an einer politischen Kultur.[18]

Angesichts dieses anspruchsvollen Katalogs ist festzustellen, dass die EU tatsächlich noch weit von einer politischen Identität im Sinne Meyers, also einer europäischen „Bürgeridentität", die auf den „beiden Säulen der institutionellen Zugehörigkeit und der Akzeptanz eines gemeinsamen politischen Projekts"[19] beruht, entfernt ist. Ein Weg aber ist vorgezeichnet, und das politisch-institutionelle Identitätskonzept gibt sich bezüglich Inklusion und Exklusion nicht den Anschein vorpolitischer Rechtfertigung und vertritt mit Blick auf bevorstehende Erweiterungsschritte keine derart starren Positionen wie zuweilen die Vertreter des kulturalistischen Arguments. Doch inwieweit passt Meyers Konzept auf die tatsächliche Selbstdefinition der Europäischen Union?

Am Anfang der politisch-institutionellen Identitätskonstruktion steht die Verpflichtung auf gemeinsame Grundsätze, die infolge des politischen Bekenntnisses mit der Zeit zu kollektiven Werten heranreifen: „The production of common beliefs from the grass roots of civilian society is a political process, which institutes sovereignty. Common beliefs legitimated by sovereign institutions became collective values."[20] Auf solche gemeinsamen Überzeugungen gründet die Europäische Union in der Tat, es sind: Freiheit, Demokratie, Rechtsstaatlichkeit sowie die Achtung der Menschenrechte und Grundfreiheiten (Art. 6 Abs. 1 EU-Vertrag). In Artikel 6 bekundet die EU somit ihr Selbstverständnis als demokratische Wertegemeinschaft, ohne dabei auf jegliche kulturelle Begründung zurückzugreifen.[21] Die Union verlangt das Bekenntnis zu den gemeinsamen Grundsätzen sowie die entsprechende institutionelle Umsetzung auch von ihren

18 Vgl. ebd. S. 56.
19 Meyer, 2007, S. 158.
20 Aglietta, Michel, 2004: Economic Liberalism and Political Democracy in Europe, in: Puntscher Riekmann, Sonja/Mokre, Monika/Latzer, Michael (Hrsg.): The State of Europe, Transformations of Statehood from a European Perspective, Frankfurt/Main, S. 95-114 (95).
21 Vgl. Herdegen, Matthias, 2005: Europarecht, 7. Aufl., München, S. 92; Voglrieder, Sabine, 2001: Europäische Identität und Europäische Union: Das Selbst- und Europaverständnis der EU im Kontext der Vertiefungs- und Erweiterungsdebatte, in: Loth, Wilfried (Hrsg.): Das europäische Projekt zu Beginn des 21. Jahrhunderts, Opladen, S. 175-202 (192).

neuen Mitgliedern noch vor deren Beitritt. So heißt es im *Erweiterungsartikel* 49 des EU-Vertrags: „Jeder europäische Staat, der die in Artikel 6 Absatz 1 genannten Grundsätze achtet, kann beantragen, Mitglied der Union zu werden." Um in diesem Sinne insbesondere die Osterweiterung vorzubereiten, wurden 1993 die sog. Kopenhagener Kriterien (s. Kasten 14) formuliert, die vor einem Beitritt erfüllt sein müssen. Sie umfassen neben dem Bekenntnis zu den gemeinsamen Grundsätzen und deren institutioneller Gewährleistung die Bedingung einer stabilen Marktwirtschaft sowie die Forderung nach Übernahme der gesamten europäischen Rechtsordnung, des sog. *acquis communautaire*.

Kasten 14: Kopenhagener Kriterien

Jedes Land, das der EU beitreten möchte, muss die folgenden drei Bedingungen erfüllen:

1. Politisches Kriterium: Es muss Demokratie, Rechtsstaatlichkeit, Menschenrechte und Minderheitenschutz gewährleisten können und über stabile Institutionen verfügen.
2. Wirtschaftliches Kriterium: Es muss eine stabile, wettbewerbsfähige Marktwirtschaft aufweisen.
3. Acquis-Kriterium: Es muss das gesamte Regelwerk der EU vollständig übernehmen und ihre Ziele unterstützen.

Die drei Kopenhagener Kriterien wurden 1993 formuliert. Nach der Osterweiterung ist mit Blick auf einen möglichen Beitritt der Türkei und die entsprechenden Widerstände ein viertes Kriterium hinzugetreten: die Aufnahmefähigkeit der EU selbst. Diese Bedingung passt nicht wirklich zu den anderen dreien, weil sie nicht vom Staat selbst zu erfüllen ist. Das Kriterium der Aufnahmefähigkeit kann als gemeinschaftliche Rückversicherung gegen einen Beitrittsautomatismus gedeutet werden.

Die EU verfolgt mittels Beitrittsartikel und Kopenhagener Kriterien offenbar tatsächlich ein politisches Projekt, nämlich eines „der Verbreitung demokratischer Wertvorstellungen und der Stabilisierung junger Demokratien"[22]. Quasi auf der *Skriptebene*[23], wie Meyer die vertragliche Ordnung nennt, definiert die EU sich selbst als liberaldemokratische Wertegemeinschaft. Wenn Meyer auf die Skriptebene der europäischen Verträge verweist, dann wird die Ähnlichkeit zu Achim Hurrelmanns Ansatz deutlich, der die EU als Verfassungsgemeinschaft skizziert, im Gegensatz zu Meyer

22 Ebd.
23 Meyer, 2007, S. 159.

in der *konstitutionellen Identitätspolitik*, wie sie bei ihm heißt, jedoch nicht nur Chancen, sondern auch Gefahren sieht.[24] Auch für Hurrelmann sind „[k]ollektive […] Identitäten immer das Resultat gesellschaftlicher Konstruktionsprozesse“[25]. Eine europäische Identität lasse sich folglich mittels Verfassungsbestimmungen konstruieren.[26] Damit erinnert die Identitätsdebatte notgedrungen an die bekannte Frage: Was war zuerst, das Huhn oder das Ei? Während die einen an die Konstruktion einer Identität durch politisch-institutionelle Vorgaben glauben, beschwören die anderen die Existenz gemeinsamer Werte als notwendige Bedingung für die Herausbildung einer konstitutionell fundierten politischen Union.

7.4 Die kulturelle Identität Europas

Die Vertreter der historisch-kulturellen Schule betonen die Existenz und Notwendigkeit einer spezifischen kulturellen Identität Europas, die die politisch-institutionelle Annäherung trägt und begründet, nicht anders herum. Sie wehren sich in mehr oder weniger scharfem Ton gegen den Kulturrelativismus einer funktional definierten, aber kulturell offenen Zweckgemeinschaft EU. Einigkeit herrscht in der Forderung eines gemeinsamen Wertekanons, nicht jedoch in dessen Definition. Die Vielstimmigkeit bezüglich einer kulturellen Identität Europas trat auf politischer Ebene zuletzt deutlich während der Konventsberatungen 2002 bis 2003 über den Entwurf einer Verfassung für Europa zutage. Hierbei kam es zu gravierenden Differenzen über eine Erwähnung Gottes, somit des christlichen Glaubens, oder der Errungenschaften der Aufklärung in der Präambel des Verfassungsvertrags. Am Ende wurde auf beides verzichtet, was bei den Identitätssuchenden der hier vorgestellten Lager unterschiedlich bewertet wird: Während Weidenfeld beklagt, dass „[d]as pragmatische Europa […] nicht einmal mehr die Kraft [hatte], seine kulturellen Wurzeln in seiner Verfassung zu definieren“, begrüßt Meyer, dass die Europäische Verfassung dem „Vorrang der politischen Identität in angemessener Weise Rechnung“ trage.[27] .

24 Vgl. Hurrelmann, 2007, S. 224.

25 Ebd, S. 214.

26 Übrigens ist auch an dieser Stelle auf Weidenfelds Positionierung zwischen den beiden Lagern hinzuweisen. So spricht auch Weidenfeld vom „Verfassungspatriotismus“ und einer „Identität durch Teilhabe am politischen Prozess“, vgl. Weidenfeld, 2007, S. 24-25.

27 Weidenfeld, 2007, S. 14; Meyer, 2007, S. 154.

Vertrag von Lissabon:
Obwohl die Präambel des neuen EU-Vertrags sich ansonsten an den Vorgängerverträgen orientiert, ist als einziger Absatz aus dem Verfassungsentwurf derjenige übernommen worden, der das kulturelle Erbe Europas beschreibt und aus der kontroversen Konventsdebatte hervorging:
„SCHÖPFEND aus dem kulturellen, religiösen und humanistischen Erbe Europas, aus dem sich die unverletzlichen und unveräußerlichen Rechte des Menschen sowie Freiheit, Demokratie, Gleichheit und Rechtsstaatlichkeit als universelle Werte entwickelt haben, ...“ (Präambel 3. Abs. EU-Vertrag)

Wenn es um die kulturelle Identität Europas geht, werden in der Regel Christentum und Aufklärung trotz oder gerade wegen ihres grundlegenden Spannungsverhältnisses als die potenziellen Wurzeln einer europäischen Wertegemeinschaft genannt. So schimmern beide auch in der zitierten Passage aus der Präambel hindurch (s. Kasten Reformvertrag 18), wenngleich der Konvent sich lediglich auf die weniger eindeutige Begriffstrias von Kultur, Religion und Humanismus verständigen konnte. Beide, Christentum wie Aufklärung, haben ihre geistesgeschichtliche Blütephase längst hinter sich. Damit haben die Vertreter des historisch-kulturellen Ansatzes den Nachteil, dass sie sich nicht wie der politisch-institutionelle Ansatz auf eine rein synchrone Betrachtung der europäischen Identität bzw. ihrer Konstruktion konzentrieren können, also nicht mit dem Gegenwartsbezug auskommen, sondern immer auch und vor allem die Vergangenheit in den Blick nehmen müssen. Dadurch entsteht freilich eine doppelte Herausforderung, denn sie können sich nicht damit begnügen, die historischen Fundamente Europas aufzudecken, sondern sie müssen zugleich nachweisen, dass das europäische Haus noch heute auf ihnen steht. Ihre Argumente beruhen also meist auf geistesgeschichtlichen Erzählungen. Die narrative Identitätskonstruktion hat sich in der historischen Tradition als überaus erfolgreiche Methode erwiesen. Jede Nation hat ihre Ursprungsmythen und Meistererzählungen, ihre kollektiven Erinnerungen an goldene Zeiten und an schreckliche Katastrophen, die sie pflegt und weitergibt. Doch wie steht es diesbezüglich mit Europa? – Die Katastrophen des frühen 20. Jahrhunderts, die beiden Weltkriege, die von Europa ausgingen und überwiegend auf europäischem Boden geführt wurden, sind immer noch nah, wenn die Erinnerung an sie auch allmählich verblasst, was dem Zusammenhalt des europäischen Einigungswerks durchaus abträglich zu sein scheint. Denn erst aus den Zerstörungen der Weltkriege ging die Einsicht in die Notwendigkeit der Zusammenarbeit hervor. Europa entstand als Friedensgemeinschaft, weil es eine Kriegsgemeinschaft gewesen war.[28] Doch wie steht es mit den goldenen Zeiten, den Blütephasen einer europäischen Kultur, welche Epochen und Strömungen eignen sich, um ein europäisches Wir-Gefühl, positiv, also nicht nur als Ausfluss einer Kriegsvermeidungsstrategie, zu begründen?

Christentum

Mit der Debatte über den Beitritt der Türkei hat das christliche Abendland eine beachtliche Renaissance erfahren. In den Argumentationen zahlreicher Beitrittskritiker erscheint Europa als ein Kontinent der Christen, obwohl allein in den heutigen EU-Staaten ca. 12 Millionen Muslime und eine Million Hindus leben[29], das europäische Christentum selbst aus teils sehr verschiedenen Konfessionen (katholisch, evangelisch, anglikanisch, orthodox) zusammengesetzt ist und gerade im Europa der vergangenen Jahrzehnte die Bedeutung der Religion allgemein immer weiter abgenommen hat – und erst seit ungefähr einer Dekade wieder einen gewissen Aufschwung erfährt.[30] Trotzdem ist die religiöse Bindung der Menschen auch heute noch fast nirgendwo auf der Welt so gering ausgeprägt wie auf dem europäischen Kontinent, und auch zwischen den europäischen Staaten selbst existieren bedeutende Unterschiede der Religiosität.[31]

Unzweifelhaft aber hat die christliche Religion die historischen Entwicklungen sowie die normative Grundordnung Europas in entscheidender Weise bestimmt und die europäische Kultur in besonderem Maße geprägt.

28 Freilich besteht mit der Bezeichnung *Kriegsgemeinschaft* die Gefahr, den Gemeinschaftsbegriff zu überdehnen, und es ist daher unbedingt notwendig festzuhalten, dass die Staaten Europas sich innerhalb dieser Kriegsgemeinschaft als Gegner gegenüberstanden, s. zur Bedeutung des Krieges für die europäische Identität insb. Kocka, Jürgen, 2007: Europäische Identität als Befund, Entwurf und Handlungsgrundlage, in: Nida-Rümelin, Julian/Weidenfeld, Werner (Hrsg.): Europäische Identität: Voraussetzungen und Strategien, Baden-Baden, S. 47-59 (48ff.).

29 Und dabei handelt es sich lediglich um die Staatsbürger, deren Religionszugehörigkeit bekannt ist, die Dunkelziffer mag also deutlich höher liegen, vgl. Weidenfeld, 2007, S. 17.

30 Vgl. Müller, Johann Baptist, 2001: Abendland – ein Identitäts-Konzept, das neu entdeckt zu werden verdient? In: Weinacht, Paul-Ludwig (Hrsg.): Wohin treibt die Europäische Union? Grundlagen und Dysfunktionen der Einigungspolitik, Baden-Baden, S. 27-37 (33).

31 Empirische Belege hierfür liefert der aktuelle Religionsmonitor der Bertelsmann-Stiftung, abrufbar unter: http://www.bertelsmann-stiftung.de (letzter Zugriff: 3.4.2008).

Der christliche Glauben – d.h. insbesondere die Kirche(n) – mag seine Bindungskraft und seine weltanschauliche Dominanz – nicht zuletzt durch die Errungenschaften und Nachwirkungen der Aufklärung – eingebüßt haben, dennoch eignet sich das Christentum bis heute zur narrativen Identitätsstiftung. So erzählt Wolfgang Schmale die Geschichte von Europa als *Christlicher Republik* und verweist auf die frühe Neuzeit, als das christliche Abendland angesichts der *Türkengefahr* zusammenrückte, also angesichts der Bedrohung durch das Osmanische Reich, das 1453 Konstantinopel eroberte.[32] Es ist ein eindeutiges Indiz für die Bedeutung dieser kollektiven Erfahrung, dass dieses historische Motiv über 500 Jahre später auf dem Höhepunkt der Erweiterungsdebatte von zahlreichen Kritikern bemüht wurde, um darauf zu beharren, dass insbesondere die Türkei eben nicht zu Europa gehöre. An der politischen Spitze des frühneuzeitlichen Abendlandes macht Schmale die untereinander verheirateten Herrscherdynastien aus, die gemeinsam mit ihrer gebildeten Entourage eine Art *europäischen Demos* christlicher Prägung bildeten.

Es mag verwundern, dass das Christentum in der europäischen Wertedebatte verbreitet als Beispiel historischer Identitätsstiftung dient, und weniger die zentralen Glaubensinhalte zur metaphysischen Begründung einer europäischen Werteordnung herangezogen werden. Doch angesichts von über zwei Milliarden Christen weltweit und der uneinheitlichen, vergleichsweise schwachen Bindekraft des Glaubens in Europa ist die Inanspruchnahme der Religion für die europäische Sinnstiftung nur historisch nachvollziehbar. Muschg konstatiert, dass die Rede vom christlichen Abendland allemal ein „vages und anachronistisches Wunschbild“[33] zeichne. Entsprechend widersprüchlich fallen die Bewertungen der identitätsstiftenden Funktion des christlichen Glaubens aus. Während Theisen das Christentum zu einer „der Grundlagen von Demokratie“[34] erklärt, ist es für Meyer lediglich *ex negativo* elementarer Bestandteil einer europäischen Identität: „Die christliche Überlieferung aber ist zu einem der unverwechselbar bleibenden Merkmale des modernen Europas erst in der Form seiner [sic?] Negation durch die Aufklärung geworden.“[35]

32 Vgl. hierzu: Schmale, Wolfgang, 2007: Eckpunkte einer Geschichte europäischer Identität, in: Nida-Rümelin, Julian/Weidenfeld, Werner (Hrsg.): Europäische Identität: Voraussetzungen und Strategien, Baden-Baden, S. 63-85; ders., 2008: Geschichte der europäischen Identität, in: Aus Politik und Zeitgeschichte (1-2) 2008, S. 14-19.

33 Muschg, 2005, S. 47.

34 Theisen, 2004, S. 36.

35 Meyer, 2004, S. 36.

Aufklärung

Die europäische Aufklärung, die im 18. Jahrhundert als Gegenbewegung zu einer als borniert empfundenen Religiosität zunächst von europäischen, kosmopolitischen Intellektuellen befördert worden war und deren Ideen zu den revolutionären Umbrüchen Ende des Jahrhunderts führten, scheint auf den ersten Blick viel eher von der Entstehung des modernen Europas zu zeugen als ein überkommenes Abendland. Die Werte dieser Epoche von Humanismus, Rationalismus, Individualismus zeichnen das Leben auf dem Kontinent bis heute aus. Der „Ausgang des Menschen aus der selbst verschuldeten Unmündigkeit"[36] machte den Zweifel im wörtlichen Sinne *salonfähig* und damit zur existenziellen Bedrohung der verbreiteten Adelsherrschaft und der damit verbundenen Privilegien. Die moderne Demokratie wäre ohne die ideelle Vorarbeit der Aufklärer tatsächlich undenkbar, und auch die Vorstellung universeller Menschenrechte brachten die Aufklärer und Revolutionäre zur Geltung. Auch die europäische Idee hatte ihren Höhepunkt zu Zeiten der Aufklärung, als sich unter den Intellektuellen eine „paneuropäische Lebensweise"[37] herausbildete, ein europäischer *Demos der Aufklärung*, der seinen christlichen Vorläufer ersetzte, indem er die Macht der europäischen Herrscherhäuser erfolgreich infrage stellte. Die Aufklärer entwickelten erste Konzepte einer europäischen Friedensordnung, und nicht allein Voltaires *Republik des Geistes* beruhte auf der Vorstellung einer einheitlichen europäischen Kultur.[38]

Doch auch die Aufklärung als Quelle europäischer Selbstvergewisserung hat einen wesentlichen Makel, der schon ihre eigenen, wenn auch späten Kinder Horkheimer und Adorno zum Aufweis der *Dialektik der Aufklärung* herausforderte. *Kalter* Rationalismus, *nackte* Vernunft und ein alles infrage stellender Zweifel fördern gerade den Abbau kultureller und existenzieller Gewissheiten und sind somit nur leidlich zur Identitätsstiftung geeignet. Dass es den Europäern heute so schwer fällt, gemeinsame Werte auszumachen, könnte somit gerade auch in der über zweihundertjährigen Dominanz aufklärerischen Geistes begründet sein. Auf jeden Fall scheint der methodische und programmatische Zweifel auch die Auseinan-

36 Kants erster Satz in seiner Beantwortung der Frage: Was ist Aufklärung, Kant, Immanuel, 1978: Was ist Aufklärung? Thesen und Definitionen, Stuttgart [Erstdruck: 1784].

37 Darnton, Robert, 2003: Das Glück der Gemeinschaft, in: Aust, Stefan/Schmidt-Klingenberg, Michael (Hrsg.): Experiment Europa. Ein Kontinent macht Geschichte, Stuttgart/München, S. 125-143 (127).

38 Vgl. Schmale, 2007, S. 399.

dersetzungen über die Präambel der EU-Verfassung bestimmt zu haben, denn an deren Ende blieb die Unentschiedenheit.

Außerdem mögen die Werte der Aufklärung, also Rationalismus, Humanismus, Individualismus, zwar von Europa aus in die Welt gegangen sein, sie sind aber eben in die Welt gegangen und beanspruchen heute universelle Gültigkeit. Überhaupt bilden die Werte der EU, Freiheit, Demokratie, Menschenrechte, Rechtsstaatlichkeit, die aus dem kulturellen Erbe Europas, sei es nun durch das Christentum, die Aufklärung oder andere Strömungen geprägt, abgeleitet werden, heute die normative Grundlage zahlreicher Gesellschaften rund um den Globus und sind unter dem Label *Good Governance* zum politischen Exportgut geworden.[39] Die Frage nach den spezifischen Werten des Kontinents bleibt also unbeantwortet. Doch ist die Beantwortung dieser Frage überhaupt notwendig? Muss man das Spezifikum des Kontinents tatsächlich benennen, muss man das ideelle Europa denn wirklich von anderen Regionen der Erde *abgrenzen*, um es *definieren* zu können?

7.5 Identität braucht Grenzen!?

Rein sprachlogisch betrachtet, ist die Definition in der Tat nichts anderes als die Abgrenzung. Damit decken wir eine weitere Konfliktlinie der Identitätsdebatte auf. Demokratie, Rechtsstaatlichkeit, die Achtung der Menschenrechte und Grundfreiheiten, das sind politische und auch kulturelle Werte, die in Europa in einer besonderen Tradition stehen, aber sind sie deshalb europäisch? Beanspruchen sie nicht vielmehr universelle Gültigkeit? Reicht die Verpflichtung auf allgemein gültige, prinzipiell und programmatisch herstellbare Werte aus, um eine europäische Identität zu begründen? Oder bedarf eine solche Identität nicht notwendigerweise der Abgrenzung, der klaren Unterscheidung von *uns* und den *anderen*? Auch zu dieser Frage gibt es verschiedene Lehrmeinungen. Der diesbezügliche Mangel an Klarheit resultiert nicht zuletzt aus dem EU-Vertrag selbst, denn Artikel 49 hält zwar fest, welche quasi zusätzlichen universellen Qualitäten ein beitrittswilliger europäischer Staat aufzuweisen hat, definiert das Attribut *europäisch* dabei aber eben nicht. Die Frage: *Was ist europäisch?* bleibt also offen. Die universellen Werte Demokratie, Rechtsstaatlichkeit und Menschenrechte können und wollen wir nicht so einfach

39 Der mögliche Vorwurf des Eurozentrismus oder Kulturimperialismus wird auch in folgenden Texten deutlich: Hurrelmann, 2007, S. 221ff.; Darnton, 2003, S. 142.

– zumindest nicht ohne weitere Erläuterungen – für die europäische Identitätskonstruktion vereinnahmen.

1995 verabschiedeten die EU-Staaten in Lübeck eine *Charta der Europäischen Identität*. Den universellen Inhalt des Dokuments bewertet Meyer ausgesprochen skeptisch:

> „Sie enthält jedoch mit den politischen Parolen *Freiheit, Friede, Menschenwürde, Gleichberechtigung* und *sozialer Gerechtigkeit* nichts anderes als die bei vergleichbarer Gelegenheit so gut wie überall auf der Welt mittlerweile gültige Reihung allgemeiner Feststellungen und Anrufungen, die alle auf der Ebene universeller politischer Grundwerte angesiedelt sind, aber weder eine kulturelle noch eine politische Besonderheit zum Ausdruck bringen, für die Europa heute einzigartig in der Welt einstünde.“[40]

Meyer selbst umgeht dieses Problem mit seinem Ansatz der politisch-institutionellen Identitätskonstruktion und sieht einen *postmodernen Identitätstyp* für die EU vor, weil ihre Bürger mittels Reflexion zu gemeinsamen Überzeugungen gelangten, die das System stützten, das durch Gewährleistung universeller Werte ohnehin nur eine Übergangsstufe zu einer globalen Verantwortungsgemeinschaft darstelle.[41] Auch Nida-Rümelin sieht in der universellen Gültigkeit der ausgemachten Werteordnung kein Problem und begründet seine Gelassenheit mit Verweis auf die ontologische Qualität einer europäischen Identität. Europa sei kein *type*, also kein eigenständiger Typ, der sich unabhängig vom Erscheinungskontext definieren lasse, sondern vielmehr ein *token*, eine Verwirklichung, ein Vorkommnis eines Typs, das selbst nur im jeweiligen Erscheinungskontext auszumachen sei. [42]

Auf der anderen Seite dieser Kontroverse steht die klare Forderung nach Abgrenzung. Identität brauche Grenzen, denn „[o]hne Grenzen diffundiert das Leben ins Beliebige“ und „die Grenzen Europas sind nichts, was ihm äußerlich wäre“[43]. Auch Identität durch Abgrenzung erweist sich immer wieder als erfolgreiches Modell der Identitätsstiftung. Die Griechen hatten die Barbaren, die Römer die Germanen, das christliche Abendland die Türken usw. Die Definition Europas mittels Abgrenzung zur islamischen Welt, sei es nun mit Verweis auf den christlichen Glauben oder eben die durch die Aufklärung initiierte Säkularisierung, hat auch heute noch ihre

40 Meyer, 2004, S. 11.
41 Ebd. S. 63 ff.
42 Vgl. Nida-Rümelin, 2007a, S. 44.
43 Muschg, 2005, S. 90 bzw. 82.

Anhänger.[44] Daneben existieren andere aktuelle Distinktionsoptionen wie z.B. die Vereinigten Staaten von Amerika: Die europaweite Übereinstimmung in einem spätestens seit dem Irakkrieg 2003 gewachsenen Antiamerikanismus der Bevölkerungen ist empirisch zu beobachten.[45] Europa gewinnt offenbar an Konturen, wenn es sich als Gegenbild Amerikas begreift.

7.6 Fazit zur europäischen Wertegemeinschaft

Versucht man die verschiedenen Seiten der Identitätsdebatte auf einen gemeinsamen Nenner zu bringen, so endet dieses Vorhaben in der Regel in der Beschwörung der europäischen Vielfalt. Mit ihrem Motto „in Vielfalt geeint" legt die EU selbst den Rückzug auf die nationalstaatliche Diversität nahe, und zahlreiche wissenschaftliche Beiträge folgen letztlich dieser nachvollziehbaren Vorgabe und enden in oxymorischen Formeln zur europäischen Wesenheit: „Gegensätze, Vielfalt und Veränderungen sind das Kennzeichen Europas"[46] oder: „Europa hat vom spaltbaren Material seiner Geschichte auszugehen, um sich über ihre Gemeinsamkeit zu verständigen. Es hat den Unglauben an sich selbst als praktizierendes Glaubensbekenntnis zu etablieren."[47] Die unbestimmte Vielfalt aber konstituiert keine Gemeinschaft, sie ist in gewisser Hinsicht das Gegenteil von Identität. So sehr die zitierten Überlegungen die wissenschaftliche Debatte auch befördern mögen, eine europäische Wertegemeinschaft wird durch sie schwerlich entworfen. Die europäische Identität an empirischer Vielfalt und methodischem Zweifel festzumachen, scheint zumindest kaum geeignet, die Sinnstiftung auf die europäischen Bürger zu übertragen.

Die Betrachtung der EU als Wertegemeinschaft fällt auf jeden Fall schwieriger und widersprüchlicher aus als die vorangegangenen Ausführungen zu Wirtschafts- und Rechtsgemeinschaft. Die normative Ordnung der EU ist eben nicht ausgemacht. Es herrschen viele unterschiedliche Meinungen, von denen hier einige vorgestellt worden sind. Zusammen ergeben sie einen umfassenden Eindruck einer Union auf Identitätssuche, deren Selbstvergewisserung sich als fortwährender Prozess darstellt, dessen Unabgeschlossenheit und tendenzielle Widersprüchlichkeit zur gene-

44 Vgl. Kocka, 2007, S. 51; außerdem Theisen, 2004 u. 2005.

45 Vgl. z.B. Transatlantic Trends 2007. Wichtigste Ergebnisse, S. 6, abrufbar unter: http://www.transatlantictrends.org (letzter Zugriff: 4.4.2008).

46 Pfetsch, Frank R., 2007: Das neue Europa, Wiesbaden, S. 115.

47 Muschg, 2005, S. 66.

rellen Unbestimmtheit des Einigungswerks und damit vermutlich auch zum Mangel an demokratischer Legitimität in entscheidender Weise beitragen (s. Kap. 8.3 zu den Funktionsproblemen der EU).

Einführende Literatur:

Hurrelmann, Achim: Die Europäische Union als Verfassungsgemeinschaft? – Optionen und Gefahren konstitutioneller Identitätspolitik, in: Nida-Rümelin, Julian/ Weidenfeld, Werner (Hrsg.): Europäische Identität: Voraussetzungen und Strategien, Baden-Baden, S. 211-229. (ein ausgezeichneter Beitrag, der die konstitutionelle Identitätskonstruktion darstellt und in trefflicher Weise kritisch hinterfragt).

Meyer, Thomas, 2004: Die Identität Europas. Der EU eine Seele? Frankfurt/Main. (Meyer präsentiert seine Auffassungen einer postmodernen Projektidentität, die immer konstruiert und in keiner Weise gegeben ist, in einer ausführlichen, lesenswerten Studie.)

Ders., 2007: Die Stärkung der sozialen Dimension: Auf dem Weg zu einer politischen Identität der EU, in: Nida-Rümelin, Julian/Weidenfeld, Werner (Hrsg.): Europäische Identität: Voraussetzungen und Strategien, Baden-Baden, S. 153-168. (In diesem Beitrag kombiniert Meyer sein Identitätskonzept insbesondere mit der Forderung einer sozialpolitischen Neuorientierung der EU.)

Muschg, Adolf, 2005: Was ist europäisch? Reden für einen gastlichen Erdteil, Bonn. (sehr gut lesbarer Aufsatz auf der Grundlage ausgesprochen breiten kulturgeschichtlichen Wissens. Muschg bietet einen regelrecht unterhaltsamen Einstieg in das Thema, der allerdings der wissenschaftlichen Ergänzung bedarf.)

Nida-Rümelin, Julian, 2007a: Europäische Identität? – Das normative Fundament des europäischen Einigungsprozesses, in: ders./Weidenfeld, Werner (Hrsg.): Europäische Identität: Voraussetzungen und Strategien, Baden-Baden, S. 29-45. (Im von ihm mit herausgegebenen Sammelband zur Europäischen Identität, der im Ganzen eine umfassende Textsammlung zum Thema bietet, präsentiert Nida-Rümelin in einem knappen Beitrag seinen klaren, fünfgliedrigen Wertekatalog.)

Ders., 2007b: Die normative Dimension der europäischen Integration, in: Politische Studien, Heft 416, November/Dezember 2007, S. 36-46. (gleiche Grundgedanken wie in ders. 2007a, allerdings in Form eines Vortrags dargestellt. Der Text ist dementsprechend weniger kompliziert, aber auch nicht so gehaltvoll wie der o.a. Beitrag.)

Pfetsch, Frank R., 2007: Das neue Europa, Wiesbaden. (knappe Positionsbestimmung der EU zu Beginn des 21. Jahrhunderts und Einführung in die politisch-institutionellen Grundlagen)

Theisen, Heinz, 2004: Überdehnung oder Überwindung? Europas kulturelle Grenzen, in: osteuropa (3) 2004, S. 34-46. (Theisens kritische Beiträge zur Erweite-

rung der EU dienen uns als Beispiel für die besonders selbstverständliche Annahme einer kulturellen Identität (West-)Europas.)
Ders., 2005: Ein dritter Weg für Europa. Die kulturelle Erweiterung der Europäischen Union, in: osteuropa (2) 2005, S. 3-14.
Wagner, Peter, 2005: Hat Europa eine kulturelle Identität? In: Joas, Hans/Wiegandt, Klaus: Die kulturellen Werte Europas, Frankfurt/Main, S. 494-511. (erkenntnisreicher Text, in dem sich der Autor die Frage des Titels wiederholt vorlegt, um sie in kurzen, aber jeweils lehrreichen Schritten zu beantworten)
Weidenfeld, Werner, 2002: Europa – aber wo liegt es? In: ders. (Hrsg.): Europa-Handbuch, Bonn, S. 15-40. (informativer, aber etwas unentschiedener Beitrag zwischen ideeller und zeitgeschichtlicher Perspektive, zwischen idealistischem und eher konstruktivistischem Ansatz)
Ders., 2007: Reden über Europa – die Neubegründung des europäischen Integrationsprojekts, in: ders./Nida-Rümelin, Julian (Hrsg.): Europäische Identität: Voraussetzungen und Strategien, Baden-Baden, S. 11-28. (ebenso unentschieden wirkender, die aktuellen Entwicklungen und Herausforderungen der europäischen Integration einbeziehender Aufsatz)

Weiterführende Literatur und Dokumente:

Aglietta, Michel, 2004: Economic Liberalism and Political Democracy in Europe, in: Puntscher Riekmann, Sonja/Mokre, Monika/Latzer, Michael (Hrsg.): The State of Europe, Transformations of Statehood from a European Perspective, Frankfurt/Main, S. 95-114. (sehr lesenswerter Beitrag in einem ebenso empfehlenswerten Band.)
Darnton, Robert, 2003: Das Glück der Gemeinschaft, in: Aust, Stefan/Schmidt-Klingenberg, Michael (Hrsg.): Experiment Europa. Ein Kontinent macht Geschichte, Stuttgart/München, S. 125-143. (knapper, brillanter Aufsatz über die Rolle der Aufklärung für die ideelle Entwicklung Europas)
Herdegen, Matthias, 2005: Europarecht, 7. Aufl., München.
Huntington, Samuel P., 1996: Der Kampf der Kulturen. The Clash of Civilizations. Die Neugestaltung der Weltpolitik im 21. Jahrhundert, 6. Aufl., München/Wien. (Huntingtons reduktionistische These vom *Clash of Civilizations* löste die Kulturendebatte aus, die Lektüre ist allein deshalb nahezu obligatorisch.)
Kocka, Jürgen, 2007: Europäische Identität als Befund, Entwurf und Handlungsgrundlage, in: Nida-Rümelin, Julian/Weidenfeld, Werner (Hrsg.): Europäische Identität: Voraussetzungen und Strategien, Baden-Baden, S. 47-59. (historisch-kulturelle Betrachtung der europäischen Identitätssuche, mit einem Aufruf zu einer quasi offenen Grenzziehung)
Müller, Johann Baptist, 2001: Abendland – ein Identitäts-Konzept, das neu entdeckt zu werden verdient? In: Weinacht, Paul-Ludwig (Hrsg.): Wohin treibt die Europä-

ische Union? Grundlagen und Dysfunktionen der Einigungspolitik, Baden-Baden, S. 27-37. (kulturwissenschaftliche Analyse des Abendlandkonzepts)
Schluchter, Wolfgang, 2005: Rationalität – das Spezifikum Europas? In: Joas, Hans/ Wiegandt, Klaus (Hrsg.): Die kulturellen Werte Europas, 2.Aufl., Frankfurt/Main, S. 237-264. (interessante, theoretisch anspruchsvolle Untersuchung dezidiert europäischen Vernunftgebrauchs auf der Grundlage der religionssoziologischen Schriften Max Webers)
Schmale, Wolfgang, 2007: Eckpunkte einer Geschichte europäischer Identität, in: Nida-Rümelin, Julian/Weidenfeld, Werner (Hrsg.): Europäische Identität: Voraussetzungen und Strategien, Baden-Baden, S. 63-85. (Schmale präsentiert äußerst lehrreiche Gedanken zur historischen Entwicklung der europäischen Identität und skizziert eine Genealogie eines europäischen Demos.)
Ders., 2008: Geschichte der europäischen Identität, in: Aus Politik und Zeitgeschichte (1-2) 2008, S. 14-19. (s.o.)
Voglrieder, Sabine, 2001: Europäische Identität und Europäische Union: Das Selbst- und Europaverständnis der EU im Kontext der Vertiefungs- und Erweiterungsdebatte, in: Loth, Wilfried (Hrsg.): Das europäische Projekt zu Beginn des 21. Jahrhunderts, Opladen, S. 175-202. (informative Darstellung gängiger Identitätskonzepte sowie der aktuellen EU-Identitätspolitik)

Fragen zur Diskussion:

- Wo liegen die Grenzen Europas? Wo liegen diejenigen der EU? Soll die EU eines Tages den gesamten Kontinent umfassen?
- Was sind die Gründe für das Heraufziehen der Wertedebatte? Welche unterschiedlichen Positionen gibt es? Wie lassen diese sich beschreiben?
- Was ist mit politisch-institutioneller Identität gemeint? Ist die Identität Europas als politisches Konstrukt ein hinreichendes Konzept oder bedarf sie einer kulturellen Begründung?
- Welche geistesgeschichtlichen Epochen und Strömungen kommen für eine historisch-kulturelle Identitätsstiftung überhaupt infrage? Und welche Probleme sind mit dem kulturalistischen Ansatz verbunden?
- Ist die Definition einer europäischen Identität nur durch Abgrenzung von anderen Gemeinwesen möglich?

8. Der politische Prozess im Mehrebenensystem EU

8.1 Einstieg

Dieses Kapitel nimmt die Frage nach der kategorialen Einordnung der EU aus Kapitel 3 auf und verknüpft sie mit der Beschreibung des politischen Systems, also mit der Darstellung der Kompetenzen und Funktionsweise der Institutionen aus dem 4. Kapitel. Gefragt wird nach den Charakteristika und möglichen Defiziten des Regierens im politischen System der EU.

Mit dem Begriff des Mehrebenensystems wird zunächst eine pragmatische *Lösung* für das bereits mehrfach herausgestellte Problem, die EU einzuordnen, vorgestellt. Die Metapher des Mehrebenensystems konzentriert sich dabei stark auf den politischen Prozess in der EU. Im Folgenden wird die ebenfalls in Kapitel 3 angerissene Frage nach der demokratischen Qualität dieses Mehrebenensystems EU behandelt. Inwieweit ist die These vom Demokratiedefizit bzw. vom Legitimitätsproblem der EU berechtigt? Zu einer Demokratie gehören politische Parteien und Interessengruppen, die Interessen und Ziele der Bevölkerung in den politischen Prozess einbringen. Die Gesamtheit der Parteien und Interessengruppen wird auch als intermediäre Ebene bezeichnet. Inwieweit kann von einem europäischen Parteien- und Interessengruppensystem gesprochen werden, das die Vermittlung zwischen den politischen Institutionen und den Bürgern übernehmen kann? Neben den Kriterien der Demokratie und Legitimität wird schließlich auch die Frage der Effizienz behandelt bzw. werden verschiedene Ansätze vorgestellt, effizientes Regieren auch ohne Zentralregierung in einer Gemeinschaft von 27 Staaten zu gewährleisten. Vorgestellt werden hier die *Offene Methode der Koordinierung* und die verschiedenen Varianten flexibler Integration als neue, EU-spezifische Formen der Ausweitung und Vertiefung der Kooperation, ohne dass alle Mitgliedstaaten diesen zustimmen müssen.

8.2 Das Mehrebenensystem EU

Die EU sei kein Staat und von einer gemeinsamen, prägenden europäischen Identität könne noch nicht die Rede sein, auch wenn es durchaus ein Bündel an gemeinsamen allgemeinen Überzeugungen und Werten gebe, so lautete ein Fazit des dritten bzw. des siebten Kapitels. Allerdings kann, so ein weiteres Fazit des Kapitels zu den Institutionen, die EU mit ihren zahlreichen und komplexen Institutionen durchaus als ein politisches System betrachtet werden.

Dieses politische System ist stark fragmentiert, denn die EU weist kein politisches Kraft- und Entscheidungszentrum im Sinne einer zentralen Regierung auf.[1] Dies gilt auch für die Kommission trotz ihrer zentralen Rolle und der EU-Kommissare, die an Minister einer nationalen Regierung erinnern. Die EU-Kommission ist keine europäische Regierung. Trotzdem definieren die Organe der EU verbindliche Entscheidungen für die Bürger der Mitgliedsländer. In der EU wird daher regiert, d.h. es werden Entscheidungen getroffen und Politik in nahezu allen Bereichen gesteuert, wenn dies auch nur in seltenen Fällen ausschließlich auf Gemeinschaftsebene geschieht, da die Nationalstaaten durchaus noch Kompetenzen besitzen. Regieren ohne oder jenseits des Staates ist ein Charakteristikum der EU. Die Entscheidungsfindung ist – dies zeigt schon der beträchtliche Umfang des vierten Kapitels in diesem Band – allerdings sehr komplex, folgt nicht durchgängig den gleichen Regeln innerhalb des Rates beispielsweise und ist wenig transparent. Der zentrale Grund dafür ist, dass die EU eine historisch über Jahrzehnte gewachsene Mischung aus supranationalen und intergouvernementalen Institutionen und Handlungslogiken darstellt. In der Realität bedeutet dies, dass die Kompetenzen der einzelnen Institutionen miteinander verschachtelt sind, sich häufig überlappen und in einzel-

1 Die klassische Machtanalyse der internationalen Politik stößt daher auf Schwierigkeiten bei der Analyse der EU, da hier die Macht wenig greifbar, auf viele Institutionen verteilt, ja geradezu diffundiert ist.

nen Politikbereichen bzw. Fragen nach unterschiedlichen Verfahren entschieden wird.[2]

Die politikwissenschaftliche EU-Forschung hat angesichts der weiter oben konstatierten kategorialen Schwierigkeiten im Umgang mit der EU – die Antwort der Staatsrechtler lautet *Staatenverbund* (Bundesverfassungsgericht) oder ist resignativ im Sinne des Systems sui generis – und der Komplexität der EU einen pragmatischen Schluss gezogen. Sie klammert die Diskussion über mehr oder weniger Staatlichkeit der EU weitgehend aus, und zieht sich auf die Metapher des *Mehrebenensystems* zurück. Das Ordnungsmodell Nationalstaat wird seit den 90er Jahren von Teilen der Forschung[3] durch die Auffassung der EU als eines dynamischen oder verflochtenen Mehrebenensystems ersetzt: „Die EU muss also begriffen werden als ein hochkomplexes, integriertes Verhandlungssystem mit mehreren, unterschiedlich definierten und ineinander verschachtelten Politikarenen."[4] In der Forschung konkurrieren verschiedene Definitionen und Modelle des Mehrebenensystems. Während das einfachste Modell von den drei territorial definierten Ebenen Europa, Nationalstaat und Region ausgeht, können mit Edgar Grande vier Ebenen unterschieden werden[5]:

1. die intragemeinschaftliche Verhandlungsebene mit den supranationalen Akteuren der EU-Institutionen und den transnational organisierten Interessengruppen (z.B. dem Europäischen Gewerkschaftsbund);
2. die internationale Verhandlungsebene mit nationalen Akteuren wie Fachministern und Fachbeamten, die auf supranationaler Ebene verhandeln;
3. die intrastaatliche Verhandlungsebene der nationalen Akteure zur Festlegung von Zielen und Strategien der Mitgliedstaaten;
4. die wiederum innerstaatliche Ebene, auf der supranationale Akteure auch aktiv werden können, wie z.B. die Kommissionsvertretungen in den Mitgliedstaaten.

2 So wird der Binnenmarkt zwar von der Kommission – also supranational verwaltet – die Frage der Mehrwertsteuersätze aber bedarf eines Konsenses.

3 Vgl. Jachtenfuchs, Markus/Kohler-Koch, Beate (Hrsg.), 2006: Europäische Integration, Opladen, 2. Aufl.; Eising, Rainer/Kohler-Koch, Beate (Hrsg.), 1999: The transformation of governance in the European Union, London & New York.

4 So Grande, Edgar, 2000: Multi-level governance: Institutionelle Besonderheiten und Funktionsbedingungen des europäischen Mehrebenensystems, in: ders./Jachtenfuchs, Markus (Hrsg.): Wie problemlösungsfähig ist die EU? Baden-Baden, S. 11-25 (14).

5 Ebd., S. 15.

Die empirische Analyse von Entscheidungsfindungsprozessen im Mehrebenensystem EU identifiziert folgende Merkmale des Prozesses:

a) Die Vielzahl von Ebenen und Akteuren führt dazu, dass sich Netzwerke herausbilden, die jeweils politische Entscheidungen in bestimmten Bereichen aushandeln oder *managen*. Diese Netzwerke umfassen je nach Politikfeld unterschiedliche Akteure – Institutionen, Verbände, *Nichtregierungsorganisationen* (NRO) und nationalstaatliche Institutionen – mit Interessen am jeweiligen Problem. Die EU, so Beate Kohler-Koch, „hat so ein ausgefeiltes System des Regierens im Netzwerk entwickelt".[6] Den Netzwerken[7] kommt dabei entgegen, dass die relativ *weichen* Vorgaben der EU-Richtlinien und -Verordnungen (s. Kap. 6.4) breiten Spielraum für Interpretationen und damit die inhaltliche Ausgestaltung bieten.

b) Die Steuerung und Entscheidungsfindung ist nicht-hierarchisch, da kein Akteur Entscheidungen allein und mit Zwang durchsetzen kann. Die EU ist vielmehr, wie z.B. auch Internationale Regime[8], durch beständiges Aus- und Verhandeln auf den verschiedenen und zwischen den verschiedenen Ebenen charakterisiert. Sie ist damit eine gigantische „Kompromiss- und Konsensmaschine"[9]. Der Zwang zu Kompromiss und Konsens ist dabei bereits im Design der Institutionen angelegt: Bei zentralen Entscheidungen kann kein Staat überstimmt werden, und viele Entscheidungen benötigen bestimmte qualifizierte Mehrheiten, wodurch sich ein Zwang zum Aushandeln und zur Koalitionsbildung mit ihren spezifischen Geben-und-Nehmen-Mechanismen ergibt.

c) Die Vielzahl der Ebenen und Institutionen sowie zunehmender grenzüberschreitender Regelungsbedarf bedingen eine Offenheit der EU für die Mitwirkung nichtstaatlicher Akteure, wie Unternehmen, Sozialver-

6 Kohler-Koch, Beate, 2000: Regieren in der Europäischen Union, in: Aus Politik und Zeitgeschichte (B6) 2000, S. 30-38 (32).

7 Vgl. zu den Charakteristika von Netzwerken Bomberg, Elizabeth/Peterson, John, 1999: Decision-making in the European Union, Basingstoke, insbesondere S. 6-30.

8 Internationale Regime sind kooperative Institutionen, die bestimmte Problembereiche bearbeiten. Sie setzen sich aus verschiedenen Teilen wie Verträgen, Abkommen und Organisationen zusammen. Sie stellen Regeln für das Verhalten von Nationalstaaten auf, die von den Regimen ihrerseits Vorteile erwarten, vgl. hier Müller, Harald, 1993: Die Chance der Kooperation. Regime in den internationalen Beziehungen, Darmstadt.

9 Vgl. Hanf, Dominik, 2007: The European Union: A consensus-based federation, in: Dickow, Helga/Molt, Peter (Hrsg.): Kulturen und Konflikt im Vergleich. Comparing cultures and conflicts, Festschrift für Theodor Hanf, Baden-Baden, S. 749-762.

bände und NRO. Diese nichtstaatlichen Akteure stellen einerseits Expertise gerade bei komplexen Fragen zur Verfügung, andererseits versuchen sie ihre Interessen in die zahlreichen Räte, Ausschüsse und Fachbeamtentreffen von Kommission, Rat und Parlament einzubringen.[10]

Wie eine beständig zunehmende Zahl an Untersuchungen zu konkreten Politikfeldern und Entscheidungen demonstriert, eignet sich die Metapher des Mehrebenensystems, die Netzwerken mit nichtstaatlichen Akteuren eine Schlüsselstellung zuweist, die Realität der EU zu beschreiben. Allerdings fallen die großen, historischen Entscheidungen, so etwa zum Binnenmarkt oder zur Osterweiterung, auf der Ebene der Mitgliedstaaten. Der konkrete Entscheidungsinhalt, z.B. die Bedingungen, die Übergangsregelungen etc. für neue Mitgliedstaaten werden in Netzwerken vorbereitet oder sogar definiert.

Die „deskriptive Metapher“[11] des Mehrebenensystems ist keineswegs bereits gleichzusetzen mit einer allgemeingültigen Theorie des Regierens in der EU, eines Regierens ohne Staat.[12] Sie kann aber erklären, warum es trotz permanenter Konflikte und unterschiedlicher Positionen der nationalstaatlichen Akteure durchaus Fortschritte bei der Vertiefung der Integration gibt. Das EU-Mehrebenensystem ist außerdem der zunehmenden Entgrenzung von Politik durch die Globalisierung angemessen, da es die Staaten mittels internationaler Kooperation wieder in die Lage versetzt, Handlungsfähigkeit auch für grenzüberschreitende Probleme zumindest teilweise zurückzuerhalten[13]. Netzwerke sind durch die Einbindung nichtstaatlicher Akteure überdies repräsentativer als reine Regierungsverhandlungen in internationalen Organisationen und Regimen. Doch dieser positive Aspekt des Regierens in Netzwerken muss relativiert werden: In erster Linie beteiligen sich die gut organisierten und einflussreichen nichtstaatlichen Akteure, denn für weniger professionelle Akteure, wie z.B. Bürgerinitiativen, sind die Zugangshürden zu den Netzwerken sehr hoch.

10 Die zahlreichen Unterstützungsprogramme, wie z.B. die seit 20 Jahren existierenden INTERREG-Programme zur Regionalentwicklung und -förderung mobilisieren darüber hinaus Akteure, sich direkt in den Prozess einzubringen und um EU-Ressourcen zu konkurrieren.

11 Grande, 2000, S. 13.

12 Vgl. hier Scharpf, Fritz W., 2002: Regieren im europäischen Mehrebenensystem – Ansätze zu einer Theorie, in: Leviathan (1) 2002, S. 65-92.

13 Jachtenfuchs, Markus/Kohler-Koch, Beate, 1996: Regieren im dynamischen Mehrebenensystem, in: dies (Hrsg.): Europäische Integration, Opladen, S. 15-46 (32).

Mehrebenensystem und Entscheidungsfindung in Netzwerken sind zwar durchaus effektiv[14] und funktional vor dem Hintergrund zunehmender grenzüberschreitender Interaktionen, die die Handlungsmöglichkeiten der Mitgliedstaaten vergrößern, doch sie besitzen auch spezifische Nachteile. Provokativ formuliert: Sie stellen auch eine Ursache für ein weit verbreitetes Misstrauen und Unbehagen gegenüber der EU insgesamt dar.

Denn Netzwerke besitzen einen elitären Charakter, und in der Regel sind die darin ablaufenden Politikprozesse schwer nachvollziehbar und intransparent. Wie sollen sich die Bürger mit einem derartigen Prozess identifizieren? Zweitens erfordern die Aushandlungsprozesse sehr viel Zeit und laufen Gefahr, bei Problemen, die zeitnahe Lösungen erfordern, zu schwerfällig und langwierig zu sein.[15] Drittens – und dies ist sicherlich der gravierendste Einwand – werden Entscheidungsprozesse den dafür demokratisch durch Wahlen legitimierten Akteuren – den nationalen Parlamenten und dem Europäischen Parlament – entzogen. Beispielsweise werden Kontrollrechte ausgehebelt und Entscheidungen lassen sich nicht mehr bestimmten Verantwortlichkeiten zuordnen. Auch die Parteien, die keinen direkten Zugang – indirekt evtl. durch Parteifunktionäre, die gleichzeitig Interessenvertreter sind – zu den Politiknetzwerken haben, werden dadurch vom Entscheidungsprozess tendenziell ausgeschlossen. Den Bürgern ist eine derartige Entscheidungsfindung kaum zu vermitteln. Die sachlogisch durchaus sinnvolle Steuerung des komplexen EU-Systems durch Verhandlungen im Mehrebenensystem und Politiknetzwerke verstärkt damit die Legitimationsdefizite der Union. Wie gravierend diese Legitimationsprobleme, die in der Öffentlichkeit unter dem Stichwort Demokratiedefizit diskutiert werden, wirklich sind, wird im folgenden Abschnitt untersucht.

8.3 Legitimitätsquellen und *Demokratiedefizit*

Mit dem Vertrag von Maastricht 1992/93 und dem Übergang von der Europäischen Gemeinschaft zur Europäischen Union unternahm das Einigungswerk einen qualitativen Integrationssprung: Simultan erfolgten eine Vertiefung der Integration vor allem mit der Währungsunion als Langzeitprojekt und mit der neuen zweiten Säule (Außenpolitik) und dritten Säule (Innen- und Rechtspolitik) des EU-Tempels (s. Abb. 20) eine Einbeziehung weite-

14 Wenngleich nicht generell, da auch hier Entscheidungsblockaden die mühsam ausgehandelten Kompromisse entwerten können.

15 Vgl. zu den Problemen von Mehrebenensystemen und Beschränkungen ihrer Problemlösungskapazitäten detaillierter Grande, 2000, S. 20-24.

rer Bereiche, die bislang außerhalb der Verträge standen. Der Modus der Zusammenarbeit blieb hier zunächst allerdings rein intergouvernemental. Die EU griff mit dem Maastricht-Vertrag weitaus stärker als zuvor in das Leben der Bürger in den Mitgliedstaaten ein, die EU wurde spürbarer. Parallel zum Voranschreiten des Vertiefungsprozesses näherten sich die mittelosteuropäischen Staaten in einem historisch einmalig kurzen – aus ihrer Perspektive aber langen – Anpassungsprozess der EU an. Die eigenen Transformationsanstrengungen, für die sowohl ein Umbau des politischen als auch des wirtschaftlichen Systems erforderlich war, führten zusammen mit diversen EU-Heranführungshilfen zum Erfolg: Im Mai 2004 traten acht mittelosteuropäische Staaten sowie Malta und Zypern der EU bei. Parallel zu diesen Fortschritten verringerte sich die Unterstützung der Bevölkerung für den Integrationsprozess. Das historisch einmalige Projekt eines Verfassungsvertrags scheiterte an den Referenden in zwei Gründungsstaaten der EU, Frankreich und den Niederlanden, im Mai 2005. Mit dem irischen Nein in einer Volksabstimmung im Juni 2008 ist zunächst auch der Vertrag von Lissabon gescheitert. Sicherlich waren die Abstimmungen auch gegen die jeweilige Regierung gerichtet, doch Umfragen über die Gründe für die Ablehnung spiegeln eine Skepsis gegenüber Vertiefung und Erweiterung der EU wider.[16] Die mangelnde Akzeptanz der EU besitzt zahlreiche Ursachen: Einerseits fürchten viele Bürger den Verlust ihres sozialen Status durch Arbeitsmarktkonkurrenz, andererseits wird der EU der Vorwurf gemacht, sie sei undemokratisch bzw. sie habe ein *Demokratiedefizit*. Vereinfacht ausgedrückt, argumentieren die Kritiker des Demokratiedefizits, dass erstens eine allmächtige bürokratische Zentrale in Brüssel intransparent, zentralistisch und an den realen Bedürfnissen vorbei regiere. Zweitens wird argumentiert, dass die Bürger keine direkten Möglichkeiten hätten, ihren Willen politisch zum Ausdruck zu bringen und an der Politik zu partizipieren.

Das Misstrauen und die Kritik an Tempo und Intensität des europäischen Integrationsprojektes bedeuten ein Ende der jahrzehntelangen stillschweigenden Duldung und der passiven Haltung zum Integrationsprozess seitens der nationalen Bevölkerungen. Diese von Lindberg/Scheingold[17] als „permissiver Konsens" bezeichnete Haltung reflektierte einerseits das grundle-

16 Vgl. Flash Eurobarometer 171 (post-referendum in France), 172 (post-referendum in The Netherlands), 245 (post-referendum in Ireland), allesamt abrufbar unter: http://ec.europa.eu/public_opinion/archives/flash_arch_en.htm (letzter Zugriff: 2.9.2008).

17 Lindberg, Leon N./Scheingold, Stuart A., 1970: Europe's Would-be Polity. Patterns of Change in the European Community, Englewood Cliffs.

gende Einverständnis mit dem Integrationsprojekt, andererseits eine Unkenntnis vom oder sogar ein Desinteresse am konkreten Ablauf desselben, solange dessen Eindringtiefe in das tägliche Leben der Bürger über Jahrzehnte weitaus geringer war als heute.[18] Wie in Kapitel 11 zu den Integrationstheorien dargelegt wird, ist das Demokratiedefizit strukturell bedingt: Bei der Anwendung der äußerst erfolgreichen neofunktionalistischen Integrationsmethode – Integration zunächst im ökonomischen Bereich und Steuerung des Prozesses durch Eliten – blieben Fragen politischer Beteiligung der Bevölkerung seit den 50er Jahren außen vor.

8.3.1 Die Diskussion über die Legitimität der EU

Im Unterschied zur öffentlichen Diskussion, die um den Begriff Demokratiedefizit kreist, wird in der sozialwissenschaftlichen Fachdiskussion eher von einem Legitimitätsdefizit gesprochen. Legitimität meint die Anerkennung der Rechtmäßigkeit von Herrschaft. Die generelle Frage dabei lautet, wann wird Herrschaft, mit der immer eine Einschränkung der persönlichen Freiheit verbunden ist, als rechtmäßig, als legitim angesehen. Nur eine legitime Herrschaft, so der Soziologe Max Weber, führe zu einer „Folgebereitschaft“, wodurch die Funktionsfähigkeit eines Systems und seine Stabilität garantiert seien. Legitimität ist ein weit umfassenderer Begriff als Demokratie, da Legitimität wie im Folgenden deutlich werden wird, aus verschiedenen Quellen gespeist werden kann, von denen Demokratie eine zentrale, aber nicht die einzig mögliche ist.[19] In den Sozialwissenschaften existiert, wie so oft bei Schlüsselbegriffen, kein Konsens über den Legitimitätsbegriff bzw. weder darüber, wie Legitimität empirisch nachgewiesen, noch wie sie geschaffen werden kann.[20] Zwei entgegengesetzte Positionen der Diskussion sollen im Folgenden kurz dargestellt werden.

18 So argumentieren auch Kohler-Koch, Beate/Conzelmann, Thomas/Knodt, Michèle, 2004: Europäische Integration – Europäisches Regieren, Wiesbaden, die Autoren übersetzen „permissiver Konsens“ mit „wohlwollendem Einverständnis“, S. 207.

19 Max Weber unterscheidet in seinem berühmten Werk „Wirtschaft und Gesellschaft“ drei Typen legitimer Herrschaft: Traditionale, Charismatische und rationale Herrschaft, wobei letztere an die Befolgung von Gesetzen gebunden ist, also „Legalität“ besitzt. Weber, Max, 1980: Wirtschaft und Gesellschaft. Grundriss der verstehenden Soziologie, Tübingen, 5. Aufl. (Erstausgabe: 1922).

20 Vgl. hier zum Begriff und zu verschiedenen Konzepten: Höreth, Marcus, 1999: Die Europäische Union im Legitimationstrilemma, Baden-Baden, insbesondere S. 75-81 und Westle, Bettina, 1999: Politische Legitimität, Baden-Baden.

Position 1: Da die EU im Wesentlichen eine zwischenstaatliche Organisation darstellt, reicht die indirekte Legitimität aus.

In der Diskussion über die Legitimitätserfordernisse und ein Demokratiedefizit der EU spielen die unterschiedlichen Auffassungen über den Charakter der EU eine wichtige Rolle. Wird die EU aus Perspektive des Intergouvernementalismus[21] als bloße intergouvermentale Zusammenarbeit zwischen souveränen Nationalstaaten oder aus staatsrechtlicher Perspektive als *Zweckverband* oder *Staatenverbund*[22] wahrgenommen, so besteht kein Demokratiedefizit, und die formale Legitimität der EU ist mit der Unterzeichnung und Ratifikation der Verträge durch die nationalen Parlamente ausreichend. Die EU wäre aus dieser Perspektive lediglich eine, wenngleich besonders dichte und umfassende, internationale Organisation. Ihre Legitimität bezöge sie über die demokratisch gewählten nationalstaatlichen Vertreter, insbesondere die demokratisch gewählten Regierungen, die im Europäischen Rat und im Rat repräsentiert seien. Die Bevölkerungen würden von den nationalen Parlamenten direkt repräsentiert, die ihrerseits Kontrolle über die Regierungen und damit über die EU-Ebene ausübten. Die unbestreitbare Legitimität der Mitgliedstaaten reiche auch für die EU-Ebene aus. Das Europäische Parlament sei eine zusätzliche, aber letztlich nicht wirklich notwendige Institution und für die Interessenrepräsentation der Bürger zweitrangig.[23] Im Grunde genommen, so der Tenor, existiere kein Legitimitäts- und damit kein Demokratiedefizit.

Position 2: Die EU benötigt eine eigene Legitimität, die Legitimitätsquellen der EU reichen aber nicht aus.

Wie im dritten Kapitel gezeigt werden konnte, ist die EU mehr als eine internationale Organisation und besitzt durch supranationale Institutionen eine eigene Qualität als politisches System jenseits des Nationalstaates. Das Initiativrecht der EU-Kommission kann zur Triebfeder für eine Vertiefung der Integration werden. Spätestens mit der Ausweitung der Kompetenzen und Zuständigkeiten der EU durch den Maastricht-Vertrag ist die Vorstellung von einer bloßen Zweckgemeinschaft von der Realität überholt worden. Wolfgang Merkel[24] argumentiert, dass es gerade die zunehmende Einführung von Mehrheitsentscheidungen im Rat ist, die zu einem Demokratie-Effizienz-Dilemma führt. Bei Mehrheitsentscheidungen, so führt

21 Vgl. hier zu den Integrationstheorien das 12. Kapitel.
22 Vgl. hier Kap. 3 zur kategorialen Einordnung der EU.
23 Vgl. Kohler-Koch/Conzelmann/Knodt, 2004, S.196-198.
24 Vgl. Merkel, Wolfgang, 1999: Die Europäische Integration und das Elend der Theorie, in: Geschichte und Gesellschaft (2) 1999, S. 302-338 (320-321).

Merkel aus, können die siegreichen Staaten in die unterlegenen Staaten hineinregieren, auch wenn deren Vertreter den Beschluss vorher abgelehnt hätten. Dazu seien die Vertreter der siegreichen Staaten aber von niemandem legitimiert, was demokratietheoretisch problematisch sei (s. auch Kap. 4.3). Ein Dilemma ergibt sich nun daraus, dass ohne Mehrheitsentscheidungen die Effizienz der EU nicht gewährleistet werden kann. Die Systemqualität der EU hat in den letzten 15 Jahren zweifellos gerade durch die Ausweitung der Mehrheitsentscheidungen zugenommen, auch wenn die Union nach wie vor kein Staat ist und einige Bereiche deutlich weniger integriert sind. Aus der Perspektive, wonach die EU ein politisches System ist, stellt sich die Frage nach der Legitimität bzw. einem Defizit an Demokratie gerade vor dem Hintergrund mangelnder Akzeptanz des Integrationsprojekts in den Mitgliedstaaten. Zugespitzt lautet die Frage: Auf welchen Grad an Legitimität und auf welche Legitimitätsquellen stützt sich das aus Nationalstaaten bzw. deren territorialen oder funktionalen Einheiten, supranationalen sowie gesellschaftlichen Akteuren zusammengesetzte Mehrebenensystem der EU?

Wie oben ausgeführt, lassen sich also zwei gegensätzliche Positionen im Hinblick auf die Legitimitätsfrage unterscheiden: Zum einen wird bestritten, dass die EU eigene Legitimitätsquellen benötige, da sie ja kein Staat, sondern eine internationale Organisation sei. Zum anderen wird argumentiert, dass die EU als politisches System durchaus eine eigene Legitimität benötige, deren Herstellung jedoch aufgrund ihres besonderen Charakters schwierig sei. Wir wollen uns im folgenden Abschnitt drei mögliche Legitimitätsquellen für die EU anschauen.

8.3.2 Drei Legitimitätsquellen für die EU

Staaten und politische Gemeinwesen können Legitimität aus unterschiedlichen Quellen schöpfen. Im Hinblick auf die EU stellen sich die beiden folgenden Fragen: Welche Legitimitätsquellen besitzt die EU bzw. wo können Unterschiede zur territorial definierten Legitimität des Nationalstaates ausgemacht werden? Reichen die Legitimitätsquellen der EU angesichts der Integrationsfortschritte aus, um dauerhafte Unterstützung des Integrationsprozesses zu erreichen?

Im Folgenden werden mit der Input-, der Output-Legitimität und der historisch gewachsenen Identität drei mögliche grundlegende Legitimitätsquellen der EU unterschieden und diskutiert.

a) *Input-Legitimität über Partizipation*

Die *Input*-Dimension des politischen Systems umfasst alle Möglichkeiten der Bürger, sich direkt am politischen Prozess zu beteiligen und dadurch ihre Forderungen und Wünsche in das politische System einzuspeisen. Der Begriff Input geht auf die Systemtheorie zurück.[25] Die Systemtheorie hat ein universelles Funktionsmodell politischer Systeme aufgestellt. In diesem Kreislaufmodell treten die Bürger bzw. deren Vertretungen an die Institutionen mit Forderungen und Zielen heran. Funktioniert das System, so bearbeiten die verschiedenen Institutionen (Parlament, Regierung etc.) diese Forderungen, womit sie sich in der Terminologie der Systemtheorie responsiv verhalten. Der *Output* des Systems sind dann die konkreten Gesetze, hoheitlichen Entscheidungen und Maßnahmen, die im Endergebnis die Reaktion auf die Forderungen darstellen. Dieser Output führt wiederum zu Reaktionen, zu neuem Input.[26] Werden die Forderungen der Bürger, vermittelt über Institutionen (wie z.B. Parteien), Interessengruppen oder durch demokratische Verfahren (Wahlen), durch das System bearbeitet und führen sie zu akzeptablen Ergebnissen, so genießt das System Unterstützung und Legitimität. Von David Easton stammt die wichtige Unterscheidung von spezifischer und diffuser Unterstützung (*support*), die auch für die Akzeptanz der EU von zentraler Bedeutung ist. Unter spezifischer Unterstützung ist nach Easton diejenige Unterstützung zu verstehen, die sich aus der Zufriedenheit mit den konkreten Ergebnissen der Politik ergibt. Die Leistung – der Ouput in der Terminologie Eastons – wird am individuellen Nutzen gemessen und führt zu kurzfristiger Unterstützung.[27] Die diffuse Unterstützung ist hingegen leistungsunabhängig, sie verweist auf eine prinzipielle Unterstützung, die daher in der Regel länger anhält und die eine *Folgebereitschaft* im Sinne Max Webers schafft. In anderen Worten: Liegt eine diffuse Unterstützung vor, so besitzt ein System langfristig Legitimität und damit Stabilität.

Kennzeichen aller demokratischen Systeme ist die freie, gleiche und geheime Wahl der Herrschenden durch die Bevölkerung. Die Regierungen der Mitgliedstaaten gehen in den parlamentarischen Regierungssystemen aus den Wahlen der nationalen Parlamente hervor und können von den jeweiligen Volksvertretungen auch abberufen werden oder sie werden, wie

25 Bereits in Kap. 3 wurde das systemtheoretische Modell vorgestellt.

26 Komplexer wird das Modell noch durch externe Einflüsse, die auch durch den Kern des Systems, die politischen Institutionen bearbeitet werden müssen.

27 Vgl. Kohler-Koch/Conzelmann/Knodt, 2004, S. 201-202.

im Falle präsidentieller und semipräsidentieller Systeme, direkt durch den Wähler gewählt. Eine derart direkt, über demokratische Wahlen legitimierte Herrschaft gibt es in der EU nicht. Wie bereits angemerkt, sind die Mitglieder des Rates als Vertreter der Mitgliedstaaten direkt auf der nationalen Ebene durch Wahlen legitimiert, damit lediglich indirekt auf der europäischen Ebene. Die Partizipation der Bürger erfolgt damit indirekt über nationale Wahlen. Die Input-Legitimität mittels Wahlen ist im Vergleich auf der EU-Ebene geringer als in den Mitgliedstaaten der EU. Kann das vorhandene Defizit an Input-Legitimität durch die Existenz des Europäischen Parlaments kompensiert werden? Kurz: Sichert das EP dem System ausreichende Input-Legitimität?

Das einzig direkt gewählte EU-Organ ist das EP. Wie aber aus der Analyse in Kap. 4 zu den Institutionen hervorgeht, hat das EP noch nicht die Bedeutung nationaler Parlamente erlangt: Die Rekrutierungsfunktion für das politische Personal ist schwach ausgeprägt, eine Wahl der Regierung wie im parlamentarischen System findet nicht statt, das Haushaltsrecht ist eingeschränkt, das Initiativrecht liegt bei der Kommission und das EP ist nicht an allen Entscheidungen gleichberechtigt beteiligt. Dies gilt vor allem für die zweite und dritte Säule von Maastricht, für die intergouvernemental strukturierte Innen- und Rechtspolitik sowie die Außenpolitik.[28] Als Fazit kann festgehalten werden: Im Vergleich zu den Parlamenten der EU-Mitgliedstaaten besitzt das EP trotz aller Kompetenzausweitungen weniger Rechte bzw. einzelne Rechte lediglich zum Teil.[29]

Die Wahlbeteiligung zum EP ist seit den ersten Wahlen 1979 bis 2004 kontinuierlich zurückgegangen. Bei den letzten Europawahlen betrug die durchschnittliche Beteiligung nur noch 45,7%, wobei die Beteiligung in den einzelnen Staaten sehr unterschiedlich ausfiel: Sie erreichte ihren Tiefpunkt von 17% in der Slowakei, betrug in Deutschland mit 43% zum zweiten Mal seit 1999 weniger als 50% und war hingegen mit 90,4% in Belgien am höchsten. Die Gründe für die geringe durchschnittliche Beteiligung sind vielfältig. Zum einen sind es die von der Wahlforschung herausgearbeiteten situativen Faktoren, wie z.B. EU-Skandale vor den Wahlen, ja sogar das Wetter und der Wahltag spielten eine Rolle. Misstrauen und Frustration über die jeweilige Regierung oder Politik insgesamt, können wie im Falle Griechenlands und Italiens sogar dazu führen, dass die Unterstützung für die EU größer ist als für die nationalen Institutionen.

28 Vgl. hier detaillierter Kap. 4.

29 Allerdings ist die Stellung der Parlamente in den Mitgliedstaaten keineswegs überall gleich, so schränken die Möglichkeiten der Exekutive in Frankreich die Rolle der Nationalversammlung deutlich ein.

Zum anderen herrschen in vielen Ländern ein geringes Interesse, mangelnde Identifikation mit der EU oder sogar Nichtwissen über die Rolle des EP vor. Hinzu kommen wenig effektive Wahl- und Mobilisierungskampagnen für die EP-Wahlen. Der europäische Wähler ist sich seiner Rolle als „supranationaler Souverän“[30] nicht bewusst. Wahlen zum EP werden aber vor allem von nationalen Themen bestimmt, ein europäisierter Wahlkampf mit europaweiten Kampagnen findet nicht statt.[31] Europawahlen degenerieren in den meisten Ländern zu Denkzettelwahlen für nationale Regierungen. Für die Bürger stehen nicht europäische Themen oder gar die Zukunft Europas zur Wahl, sondern die eigene Regierung. Andere Autoren sehen einen direkten Zusammenhang zwischen der Gestalt der EU als komplexem Mehrebenensystem, der indirekten Legitimation der anderen EU-Institutionen und dem Mangel an europäischer Identität.[32]

Ein Grund für den mangelnden europäischen Charakter der Europawahlen liegt darin, dass ein genuines europäisches Parteiensystem nur in Ansätzen existiert. Zwar gibt es den *rechtlichen Status einer politischen Partei auf europäischer Ebene*, und der EG-Vertrag erwähnt in Art. 191 die Parteien und ihre Bedeutung für die europäische Willensbildung und Entscheidungsfindung. Darüber hinaus definiert eine Verordnung von Parlament und Rat aus dem Jahr 2003[33] die Voraussetzungen für den Status einer politischen Partei auf europäischer Ebene, nämlich Rechtspersönlichkeit in dem Mitgliedstaat, in dem sie ihren Sitz hat, Mitglieder in den Parlamenten wenigstens eines Viertels der Mitgliedstaaten sowie Wahlergebnisse bei den vergangenen Europawahlen von mindestens 3 Prozent der Stimmen in wenigstens einem Viertel der Mitgliedstaaten etc. Aber trotzdem sind die europäischen Parteien vergleichsweise lockere Parteiverbände, deren geringer Organisationsgrad alle vier Jahre anlässlich der Europawahlkämpfe deutlich wird, die fest in der Hand der nationalen Parteien liegen (vgl. Kapitel 4.2.1 zu den Europawahlen). Wie aber steht es mit einer europäischen Zivilgesellschaft?

30 Lepsius, zit. nach Merkel, 1999, S. 322.

31 Vgl. für die Wahlen 2004: Tenscher, Jens, 2005: Mit halber Kraft voraus! Parteienkampagnen im Europawahlkampf 2004, in: ders. (Hrsg.):Wahl-Kampf um Europa, Wiesbaden, S. 30-55.

32 Vgl. Brettschneider, Frank/van Deth, Jan/Roller, Edeltraud, 2003: Europäische Integration in der öffentlichen Meinung: Forschungsstand und Forschungsperspektiven, in: dies.: Europäische Integration in der öffentlichen Meinung, Opladen, S. 9-28 (15).

33 Europäische Gemeinschaft, 2003: Verordnung des Europäischen Parlaments und des Rates vom 4. November 2003 über die Regelungen für die politischen Parteien auf europäischer Ebene und ihre Finanzierung, VO 2003/2004/EG.

Zunächst soll der Begriff der Zivilgesellschaft geklärt werden. Es existiert kein einheitliches Konzept der Zivilgesellschaft, und die vorhandenen Konzepte besitzen verschiedene ideengeschichtliche Ursprünge.[34] Gemeinsam ist allen Konzepten, dass sie die Zivilgesellschaft als die Gesamtheit der vom Staat autonomen Gruppen verstehen, die auf freiwilliger Basis selbst organisiert Einfluss im politischen System ausüben wollen. Diese Gruppen verfolgen nicht ausschließlich private Zwecke (wie Individuen oder Familien) oder rein wirtschaftliche Motive (wie Unternehmen). So unterschiedlich die Interessen beispielsweise von NRO wie Menschenrechtsorganisationen, Umwelt- und Frauengruppen auch sind, so teilen diese Gruppen doch einen *zivilen* Minimalkonsens, basierend auf Werten wie Gewaltfreiheit, Toleranz und Gemeinsinn. Zivilgesellschaftliche Gruppen eröffnen Partizipationsmöglichkeiten für die Bürger und binden diese daher in das System ein (integrative Funktionen). Alexis de Tocqueville bezeichnet sie sogar als „Schulen der Demokratie" da sie zur Vertrauensbildung beitragen und Kompromissfähigkeit vermitteln würden. Andere Autoren sehen die Zivilgesellschaft vor allem im Input-Bereich verortet oder schreiben ihr eine *Wachhund-* oder *Warnfunktion* im Falle autoritärer Entwicklungen oder im Falle einer groben Vernachlässigung von Bürger- und Gemeinwohlinteressen zu.

Eine europäische Zivilgesellschaft ist vor allem aus drei Gründen bislang schwach ausgebildet: Erstens trennen Sprach- und Kulturunterschiede die nationalen Bevölkerungen voneinander und verhindern die Entstehung eines öffentlichen Raumes. Die EU ist keine Kommunikationsgemeinschaft, stellt Kielmansegg[35] lapidar fest. Es fehle an einer allgemein anerkannten Verkehrssprache. Nur in Nischen, wie z.B. durch den deutsch-französischen TV-Kulturkanal Arte in Straßburg verwirklicht, findet sich ein europäisches Mediensystem.[36] Lediglich auf Elitenebene existieren spezifische Öffentlichkeiten, in denen ein reger Austausch von Meinungen

34 Zu den verschiedenen historischen Traditionen vgl. Merkel, Wolfgang (Hrsg.), 2000: Systemwechsel, Bd. 5: Zivilgesellschaft und Transformation, Opladen.

35 Kielmansegg, Peter Graf, 1996: Integration und Demokratie, in: Jachtenfuchs, Markus/Kohler-Koch, Beate, (Hrsg.): Europäische Integration, Opladen, S. 49-76 (58).

36 Vgl. hier und für die folgenden Argumente: Gellner, Winand/Glatzmeier, Armin, 2005: Die Suche nach der europäischen Zivilgesellschaft, in: Aus Politik und Zeitgeschichte (36) 2005, S. 8-15 (13).

stattfindet, die auch zu gemeinsamem Handeln führen können.[37] Zweitens ist die europäische Identität nur schwach ausgeprägt (vgl. Abschnitt c), trotz eines grundsätzlichen Wertekonsenses. Drittens, und dies wurde bereits angemerkt, erschwert das komplexe Mehrebenensystem der EU den Zugang zu Entscheidungs- und Willensbildungsprozessen in der EU und macht durch Inklusion nur einiger besonders gut organisierter Gruppen in bestimmte Netzwerke die Abgrenzung zwischen Staat und Zivilgesellschaft schwierig.[38] Diese strukturellen Hindernisse führen dazu, dass die organisierten Interessen, und hier insbesondere Interessengruppen und Dachverbände mit klaren wirtschaftlichen Interessen die Zivilgesellschaft auf europäischer Ebene dominieren: Von 735 in der Datenbank CONECS, die Grundlage für die Einbindung der Zivilgesellschaft in den Verfassungskonvent war, enthaltenen Gruppen gehören allein 472 zu dieser Teilmenge.[39] Es sind neben den wirtschaftlichen Interessenverbänden vor allem die großen, auch international tätigen NRO, die Zugang zum EU-System finden.[40] Eine europäische Zivilgesellschaft, so das Fazit dieses Abschnittes, existiert nur in Ansätzen.

b) Legitimität durch Leistung?

Die Unterstützung für politische Systeme hängt auch von deren Leistungen ab. Wie zuvor erwähnt, wird aus systemtheoretischer Perspektive diese Art der Legitimität auch als Output-Legitimität bezeichnet. Auch wenn die Zufriedenheit mit der Leistung eines Systems eher spezifische Unterstützung schafft, so ist sie durchaus wichtig, da auf die Dauer eine Nichterbringung von Leistungen einen Verlust an diffuser Unterstützung erwarten lässt. Möglicherweise kann eine überragende Leistung eines Systems, z.B. durch hohe wirtschaftliche Wachstumsraten, von denen die Mehrheit der Bevölkerung auch profitiert, einen Mangel an Input-Legitimität, z.B. bezüglich demokratischer Verfahren, kompensieren.[41]

37 Beispielsweise entstand seit dem Jahr 2000 eine Elitendiskussion über den Verfassungsvertrag, bei dem Einzelne in nationalen Medien auf Beiträge in anderen nationalen Medien reagierten und dadurch Ideen und Positionen ausgetauscht wurden.

38 Vgl. Gellner/Glatzmeier, 2005, S. 14.

39 Vgl. Ebd.

40 S. zum Thema Interessenvertretung auch Kap. 4.6.2 in diesem Band.

41 Dies kann ein Grund für die Stabilität Chinas sein, weite Teile der Bevölkerung verhalten sich zumindest loyal gegenüber dem undemokratischen System aufgrund seiner Leistungsfähigkeit. Allerdings kommen weitere Faktoren, wie vor allem die

Grundsätzlich lassen sich mit Wohlfahrt und Sicherheit zwei zentrale Leistungsfelder unterscheiden. Die historische Legitimation der europäischen Integration bestand in den Vorteilen eines gemeinsamen Marktes – europäische Integration wurde von vielen mit der EWG, der Wirtschaftsgemeinschaft gleichgesetzt. Wirtschaftliches Wachstum und zunehmende Wohlfahrt für die Mehrheit der Bevölkerung bis hin zum Ausbau der sozialen Netze, dessen Höhepunkt in den 70er Jahren erreicht wurde, legitimierten den Integrationsprozess. Im Bereich der Sicherheit war das Resultat der Integration eine Friedensgemeinschaft. Zumindest der westliche Teil Europas durchlebte eine historisch einmalig lange Periode des Friedens von mittlerweile über 60 Jahren (s. Kap. 11). Beide Legitimationsstränge – Wirtschafts- und Wachstumsgemeinschaft auf der einen sowie Friedensgemeinschaft auf der anderen Seite – sind nach wie vor wichtige Begründungen für die Unterstützung der europäischen Integration. Allerdings bestehen in vielen Ländern Zweifel am ökonomischen Nutzen der EU. Die Skepsis zeigt sich besonders im Hinblick auf die Währungsunion und die damit verbundene Euro-Einführung, gerade in Deutschland. Umfragen zufolge würden 30% der Befragten die D-Mark wieder einführen, obwohl der Euro sich zu einer stabilen Währung entwickelt hat.[42] Vielen EU-Bürgern sind die Vorteile der wirtschaftlichen Integration und der gemeinsamen Währungs- und Außenwirtschaftspolitik nicht klar. Die EU wird hingegen, auch von vielen Politikern in den Nationalstaaten, häufig für Krisen und hausgemachte Probleme sowie innenpolitische Versäumnisse verantwortlich gemacht. Die EU befindet sich in einer Sündenbock-Rolle. Wissenschaftliche Untersuchungen über den Nutzen und die Kosten der EU sind äußerst schwierig, da aufgrund einer Vielzahl von Faktoren – nationale Wirtschafts- und Sozialpolitik, Außenhandel etc. – kausale Beziehungen selten eindeutig nachgewiesen werden können. Für Deutschland kommt die erste seit den 80er Jahren durchgeführte Studie zu dem eindeutigen Befund, dass der Nutzen aus der EU-Mitgliedschaft sowohl unter ökonomischen als auch politischen Erwägungen die Kosten deutlich übersteigt.[43] Von der EU

staatlichen Repressionen gegen jede Art politischer Opposition hinzu. Es bleibt abzuwarten, inwieweit dauerhaft Stabilität erreicht werden kann, gerade wenn die Leistung einmal nachlassen sollte.

42 Vgl. Die Welt vom 3. Mai 2008.

43 Wessels, Wolfgang/Diedrichs, Udo (Hrsg.), 2006: Die neue Europäische Union: im vitalen Interesse Deutschlands? Studie zu Kosten und Nutzen der Europäischen Union für die Bundesrepublik Deutschland, Berlin, kostenloser Download unter: http://europaeische-bewegung.de/fileadmin/files_ebd/PDF-Dateien/EBD-EUD-Studie-Vital-endg.pdf (letzter Zugriff: 28.8.2008).

erwarten die Bürger angesichts einer oftmals als Bedrohung empfundenen Globalisierung und des Binnenmarkts stärkeren Schutz bzw. Anstrengungen zur Bewahrung der sozialen Sicherheit. Wie im Kapitel 9 zur Sozialpolitik deutlich wird, ist die EU im Bereich der Sozialpolitik durchaus aktiver geworden, doch hat dies nicht dazu beigetragen, das Image der EU als *Katalysator der Globalisierung* zu vermeiden.

Demgegenüber wird das – zutreffende – Bild der Friedensgemeinschaft insbesondere von der älteren Generation, die noch Erinnerungen an die Kriegs- oder zumindest die Nachkriegszeit hat, betont. Für die jüngere Generation[44] ist der Frieden in Westeuropa eine kaum noch erwähnenswerte Selbstverständlichkeit. Das Argument Friedensgemeinschaft kann daher kaum noch diffuse Unterstützung erreichen. Auch das massive EU-Engagement und die stabilisierende Rolle der EU auf dem Balkan haben für die generelle Akzeptanz der EU keine maßgebliche Bedeutung. Dies kann zum einen an mangelndem Wissen über die umfangreichen Stabilisierungsversuche und die außenpolitische Rolle der EU, zum anderen an der großen Distanz außenpolitischer Ereignisse zur individuellen Lebensrealität liegen.[45] Hieraus folgt: Die Outputs, die Leistungen der EU, reichen als Legitimitätsquelle nicht aus.

c) *Legitimität durch eine europäische Identität?*

Mit Identität ist ein grundlegendes Zusammengehörigkeitsgefühl, ein *Wir-Gefühl* gemeint. Identität kann sich dabei u.a. auf eine gemeinsame Geschichte und Kultur oder Abstammung gründen. Sie ist dabei nicht selbstverständlich oder naturgegeben, sondern sozial konstruiert, d.h. wann welche Identität sich herausbildet, ist Teil eines bestimmten, oftmals bewusst gesteuerten, historischen Prozesses. Benedict Anderson[46] spricht daher von „imagined communities", vorgestellten Gemeinschaften. Die nationale deutsche Identität entspringt beispielsweise einem langen historischen Prozess, in dem Intellektuelle wie Herder, Fichte u.a. im 19. Jahr-

44 Eine neuere Untersuchung des Meinungsforschungsinstituts Allensbach über die Einstellung gerade von Jüngeren zur EU zeigt, dass Gleichgültigkeit überwiegt. Die Anzahl derjenigen in der Altersgruppen bis 30 Jahre, die keine Interesse an Entscheidungen des EP haben, war doppelt so hoch wie in der Gruppe der über 60jährigen, vgl. Frankfurter Allgemeine Zeitung vom 21. Mai 2008, S. 5.

45 Dabei existiert durchaus eine starke Unterstützung für eine Außen- und Verteidigungspolitik, vgl. Kap. 10.

46 Anderson, Benedict, 2006: Imagined communities: reflections on the origin and spread of nationalism, neu bearbeitete Aufl., London u.a.

hundert eine wichtige Rolle gespielt haben. Identität ist, historisch betrachtet, territorial definiert, wobei sich nationale, regionale, lokale Identitäten voneinander unterscheiden lassen. Identität bedeutet auf der einen Seite ein Zusammengehörigkeitsgefühl einer Gemeinschaft, auf der anderen Seite auch Abgrenzung. Durch die Zuschreibung von Identitätsmerkmalen wird die Abgrenzung des *Wir* von den *Anderen* erst möglich. Über das Zusammengehörigkeitsgefühl und die Gemeinsamkeit schafft Identität eine Möglichkeit, Legitimität zu erhalten. Eine EU-Identität ist im Vergleich zu nationalen oder regionalen Identitäten nur schwach ausgeprägt. Die EU-Identität kann mit Frank Pfetsch[47] als Residual- oder Teilidentität begriffen werden, die (noch?) keine primäre Legitimitätsquelle darstellen kann (s. zur Wertediskussion auch Kap. 7).

8.3.3 Empirische Legitimität

Bereits in der Einleitung zu diesem Kapitel wurde argumentiert, dass die Akzeptanz der EU zurückgeht bzw. in vielen Mitgliedstaaten eine Skepsis gegen Vertiefung und Erweiterung der EU vorherrscht. Dies bedeutet allerdings keineswegs, dass die EU-Bürger die europäische Integration prinzipiell ablehnten oder, anders ausgedrückt, ihr die diffuse Unterstützung versagten. In diesen Fällen wären weitere Integrationsschritte nicht möglich. Die empirische Legitimität lässt sich mittels der Auswertung von Umfragedaten erfassen. Dabei muss es darum gehen, Langzeittrends zu identifizieren. Einzelumfragen sind als Momentaufnahmen weniger geeignet, da die jeweils spezifische Situation – Krise, politischer Skandal oder eine Korruptionsaffäre – die Haltungen zur EU-Integration kurzzeitig stark beeinflussen können. Die Einstellungen der nationalen Bevölkerungen zur europäischen Integration werden durch das Eurobarometer (s. Kasten 15) systematisch erfasst.

47 Vgl. Pfetsch, Frank R., 2007: Das neue Europa, Wiesbaden, S. 106-107, hier werden verschiedene Identitätskonstruktionen diskutiert.

Kasten 15: Das Eurobarometer

Das Eurobarometer ist eine regelmäßige Meinungsumfrage in den Mitgliedstaaten der EU. Sie wird von der Kommission in Auftrag gegeben. Das erste Standard-Eurobarometer wurde 1973 veröffentlicht. Heute erscheint die Standardvariante für alle Mitgliedstaaten im halbjährlichen Rhythmus, im Frühling bzw. im Herbst jeden Jahres. Behandelt werden Fragen zu zentralen Themen der Europäischen Union wie der sozialen Lage, der Gesundheit, zum Umweltschutz, zum Euro etc. Ein besonderes Gewicht haben die Fragen nach dem persönlichen Verhältnis der Bürger zur EU und ihren Organen. Ein typisches Beispiel hierfür ist die Frage, ob die Mitgliedschaft des jeweiligen Heimatlandes in der EU eine gute Sache oder eine schlechte darstelle (vgl. Abb. 6). Für die Standarduntersuchung werden pro Mitgliedstaat etwa 1000 Bürger befragt. Über die Standardvariante hinaus existieren heute andere Formen des Eurobarometers wie spezielle (*Special Eurobarometer*) oder tiefer gehende Studien (*Qualitative Studies*), das Eurobarometer für die Kandidatenstaaten (*Candidate Countries Eurobarometer*, CCEB) und zuletzt die Ad-hoc-Umfrage per Telefon zu speziellen Themen (*Flash Eurobarometer*). Aufgrund der standardisierten Fragen und der langen Zeitreihen durch mittlerweile 35 Jahre seit Beginn der Umfragen, ist das Eurobarometer eine einzigartige Datenbasis für Sozialwissenschaftler, um langfristige Trends in den Einstellungen der Bevölkerungen in den Mitgliedstaaten zu identifizieren und zu vergleichen. Alle Informationen und die Umfragen selbst sind verfügbar auf der Internetseite der EU: *http://ec.europa.eu/public_opinion/index_en.htm*.

Da es an dieser Stelle nicht möglich ist, die Daten[48] auch nur ansatzweise darzustellen und zu interpretieren, sollen lediglich einige allgemeine Trends wiedergegeben werden:

1. Im Durchschnitt ist eine klare Mehrheit der Befragten zwischen 1984 und 1998 der Meinung gewesen, dass die Mitgliedschaft des Heimatlandes Vorteile bringe. Die Nettounterstützung – von den positiven Antworten werden die negativen abgezogen – ist mit Werten zwischen 20 und 45% hoch.[49] Auch wird die EU-Mitgliedschaft des Landes von einer Mehrheit der Bürger der Mitgliedstaaten generell „für eine gute Sache“ gehalten.
2. Auf die Frage, inwieweit die Bürger generell für die Vereinigung Westeuropas sind, bekundeten klare Mehrheiten ihre Unterstützung für die Integration.

48 Vgl. grundlegend zu Einstellungen gegenüber der EU: Brettschneider/van Deth/Roller, 2003.

49 Diese und die folgenden Angaben stammen aus Kohler-Koch/Conzelmann/Knodt, 2004, S. 202-206.

3. Fragen nach dem Vertrauen in europäische Institutionen zeigen, dass sich Vertrauen und Misstrauen in die Institutionen im EU-Durchschnitt die Waage halten. Differenziert man nach den Institutionen, so zeigt sich, dass tendenziell dem EP und dem EuGH mehr Vertrauen entgegengebracht wird als dem Rat und der Kommission. In zahlreichen Ländern ist das Vertrauen in die EU-Institutionen sogar höher als die entsprechenden Werte für die nationalen Institutionen.[50]
4. Auswertungen von Fragen, die ein Indiz für eine europäische Identität liefern können, bringen unterschiedliche Befunde. Während einerseits eine starke gefühlsmäßige Bindung an Europa konstatiert wird[51], finden sich auch Hinweise, dass nur ein kleiner Teil der Europäer sich zuvörderst mit Europa identifiziert.[52] Hier überwiegen vielmehr nationale oder regionale Identitäten.

Werden diese hier nur sehr summarisch dargestellten Tendenzen für einzelne Ländergruppen, bestimmte Zeitpunkte[53] und nach soziodemografischen Merkmalen wie Alter, Schulbildung etc. der Befragten differenziert, so zeigen sich große Unterschiede. Hier nur zwei Beispiele: Tendenziell sind die Bürger in den später beigetretenen westeuropäischen Ländern (skandinavische Länder, Österreich, Großbritannien) skeptischer als diejenigen der sechs Gründungsmitglieder. Die EU-Unterstützer sind eher „hoch gebildet, gut informiert, jung und postmaterialistisch ausgerichtet."[54]

Die Daten zeigen keineswegs ein eindeutig, ablehnendes Bild der europäischen Integration. Diffuse, einen Legitimitätsglauben widerspiegelnde Unterstützung ist durchaus vorhanden. Allerdings zeigen Analysen der Einstellungen auch, dass die Skepsis zugenommen hat. Auch Fragen nach der Demokratiezufriedenheit im Hinblick auf die EU liefern keine eindeutigen Befunde. Auf der Basis des Eurobarometers erhobene quantitative, statistische Analysen[55] zeigen, dass erstens das Interesse an der Frage nach

50 Vgl. Trüdinger, Eva-Maria, 2008: Die Europäische Integration aus Sicht der Bevölkerung. Akzeptanz trotz Vielfalt? In: Gabriel, Oscar W./Kropp, Sabine (Hrsg.): Die EU-Staaten im Vergleich, Wiesbaden, 3. Aufl., S. 215-235 (212-224).

51 Vgl. Trüdinger, 2008, S. 228.

52 Vgl. Kohler-Koch/Conzelmann/Knodt, 2004, S. 205-206.

53 Wie wichtig der Umfragezeitpunkt ist, zeigten zahlreiche Meinungsumfragen in Frankreich und Niederlanden nach Ablehnung des Referendums oder in Irland nach Ablehnung des Vertrags von Lissabon. Teilweise waren relativ große Mehrheiten für den Verfassungsvertrag bzw. den Reformvertrag, wenige Wochen später wiederum sprachen sich Mehrheiten gegen diese Integrationsschritte aus.

54 Kohler-Koch/Conzelmann/Knodt, 2004, S. 206.

europäischer Demokratie nicht besonders groß ist, und zweitens, dass die Frage des Demokratiedefizits nicht von zentraler Bedeutung für die Unterstützung der EU ist. Maßgeblich sind aus der Perspektive der Bürger die Leistungen der EU. Diese Präferenz der Bürger für eine Output-Legitimität steht damit im Gegensatz zu den kritischen Annahmen des intellektuellen, akademischen und journalistischen Diskurses. Insgesamt liefert die Einstellungsforschung wichtige Hinweise für die Akzeptanz bzw. die Nichtakzeptanz von Integrationsschritten. Aufgrund der Widersprüchlichkeit ihrer Befunde und ihrer mannigfachen Interpretationsmöglichkeiten kann sie aber nur Hinweise auf die Fragen, wieviel und welche Art von Legitimität die EU besitzt und wie gravierend ihr Demokratiedefizit ist, geben.

8.4 Demokratie jenseits der Nationalstaaten – alternative Konzepte

In den letzten zehn bis fünfzehn Jahren entstand eine spannende und noch keineswegs abgeschlossene primär wissenschaftliche Diskussion darüber, wie das Legitimations- bzw. Demokratiedilemma aufgelöst werden kann. Hierbei lassen sich zwei grundsätzliche Diskussionsstränge unterscheiden. Zum einen werden institutionelle Reformen innerhalb des bestehenden politischen Systems der EU diskutiert. Dreh- und Angelpunkt dieser inneren Reformvorschläge ist die Aufwertung des EP. Damit würden praktisch die Prinzipien der repräsentativen Demokratie auf die EU vollständig übertragen. Zum anderen werden neue, jenseits der Nationalstaaten angesiedelte Formen der Demokratie erörtert. Die Grundannahme lautet dabei: Da die EU kein Staat ist, bedarf sie einer überstaatlichen Form von Demokratie jenseits der auf den Nationalstaat begrenzten (und dort durchaus erfolgreichen) repräsentativen Demokratie.

Betrachten wir zunächst die Diskussion über die Stärkung des EP als Möglichkeit, das Demokratie- und Legitimitätsdefizit zu beheben. Gegenüber der Idee, die Rechte des Parlamentes massiv aufzuwerten, es zu einer machtvollen Institution aufzubauen und somit Legitimität zu kreieren, gibt es kritische Einwände, die sich keineswegs prinzipiell gegen eine Parlamentarisierung der EU wenden, doch diese wird als nicht ausreichend oder allenfalls als Teillösung betrachtet, um die Legitimationsprobleme zu

55 Vgl. Fuchs, Dieter, 2003: Das Demokratiedefizit der Europäischen Union und die politische Integration Europas: Eine Analyse der Einstellungen der Bürger in Westeuropa, in: Brettschneider, Frank/van Deth, Jan/Roller, Edeltraud (Hrsg.), 2003: Europäische Integration in der öffentlichen Meinung, Opladen, S. 29-56 (51).

lösen. Von Heidrun Abromeit[56] wird eingewendet, dass dieser Parlamentarismus nicht auf einer „kollektiven Identität sowie auf einem Mindestmaß an kultureller Homogenität" basiere und es daher weder eine europäische Identität noch ausreichende intermediäre Strukturen – europäische Parteien und eine europäische Zivilgesellschaft – gebe.[57] Daher bestünde die Gefahr, dass es zu einer symbolischen Politik kommt, bei der die Parlamentarier relativ losgelöst von den Bürgern „künstliche Fragen" thematisieren oder, da unkontrolliert, sich mit „mehr oder weniger diskreten Verhandlungen und Kungeleien – wie die nationalen Regierungen in den übrigen europäischen Institutionen"[58] arrangieren werden. Auch wenn man den Pessimismus von Heidrun Abromeit gegenüber dem EP nicht teilt, bleibt zu fragen, inwieweit ein reformiertes EP von den Bürgern auch als Ort der Repräsentation betrachtet würde und ob wirkliche europäische Wahlkämpfe entstünden.

Abromeit favorisiert zur Lösung des Demokratiedefizits die Einführung direktdemokratischer Elemente. Aus der Perspektive der Vertragstheorie schlägt sie vor, dass territoriale Einheiten (z.B. Regionen) oder sektorale Einheiten (verschiedene Gruppen von Betroffenen) bei europäischen Regelungen ein Vetorecht zugesprochen bekommen. Dieses Veto- bzw. Widerspruchsrecht soll aber nicht bei allen Entscheidungen Anwendung finden[59] und nur wirksam werden, wenn die Ablehnung durch grenzüberschreitende, multinationale Gruppen ausgesprochen wird. Auch Hurrelmann[60] votiert für die Einführung von direktdemokratischen Mechanismen, allerdings nur zur Entscheidung von Sachfragen europäischer Politik, nicht bei komplexen Fragen zur Finalität oder über den Verfassungsvertrag der EU. Die Einführung direktdemokratischer Verfahren überzeugt auf den ersten Blick, doch bedarf es einer Diskussion darüber, in welchen Fällen, mit welchen Mehrheiten entschieden werden soll. Tendenziell entwerten direktdemokratische Verfahren auch die nationalen Parlamente sowie das EP und verzögern Entscheidungsprozesse. Auf Seiten der EU und vieler Mitgliedstaaten, die direktdemokratische Verfahren bislang abgelehnt

56 Abromeit, Heidrun, 1997: Überlegungen zur Demokratisierung der Europäischen Union, in: Wolf, Klaus-Dieter (Hrsg.): Projekt Europa im Übergang? Baden-Baden, S. 109-124.

57 Ebd., S. 110-111.

58 Ebd., S. 111.

59 Abromeit tritt für Referenden bei Fragen ein, die Entscheidungsregeln ändern oder Kompetenzverteilungen zwischen EU und Nationalstaaten berühren, S. 118.

60 Hurrelmann, Achim, 2008: Demokratie in der Europäischen Union: Bestandsaufnahme, in: Aus Politik und Zeitgeschichte, 32/2008, S. 3-9, hier S. 8.

haben, scheint sich ein Einstellungswandel vollzogen zu haben, denn mit dem europäischen Bürgerbegehren (s. Kasten Reformvertrag 19) wird den Bürgern erstmals direkte Beteiligung ermöglicht, wenngleich sich ihre Rolle auf Impulsgeber beschränkt und keine Entscheidungsgewalt umfasst.

Reformvertrag 2007 19: Europäisches Bürgerbegehren

Vertrag von Lissabon:
Wie schon der gescheiterte Verfassungsvertrag sieht auch der Reformvertrag die Möglichkeit eines europäischen Bürgerbegehrens vor. Demnach sollen künftig mindestens eine Million Bürger aus einer erheblichen Anzahl von Mitgliedstaaten die Europäische Kommission zu einem Vorschlag auffordern können. Die Kommission ihrerseits ist jedoch nicht an die Initiative gebunden:

> „Unionsbürgerinnen und Unionsbürger, deren Anzahl mindestens eine Million betragen und bei denen es sich um Staatsangehörige einer erheblichen Anzahl von Mitgliedstaaten handeln muss, können die Initiative ergreifen und die Europäische Kommission auffordern, im Rahmen ihrer Befugnisse geeignete Vorschläge zu Themen zu unterbreiten, zu denen es nach Ansicht jener Bürgerinnen und Bürger eines Rechtsakts der Union bedarf, um die Verträge umzusetzen." (Art. 11 Abs. 4 EUV)

Konkrete Bestimmungen zum Verfahren sind durch Verordnungen nach dem ordentlichen Gesetzgebungsverfahren festzulegen (Art. 24 Abs. 1 AEUV).

Großer Beliebtheit in der politikwissenschaftlichen EU-Legitimitätsdiskussion erfreuen sich Modelle deliberativer Demokratie. Die im Einzelnen durchaus unterschiedlichen Modelle gehen dabei in der Regel auf den diskurstheoretischen Ansatz von Jürgen Habermas zurück. Grundüberlegung von Habermas ist, dass demokratische Verfahren dann legitim sind, wenn sie aus freien – deliberativen – Kommunikationsprozessen zwischen Betroffenen hervorgehen.[61] Deliberative Kommunikations- und Entscheidungsprozesse müssen dabei prinzipiell allen offen stehen und die Teilnehmer dazu bereit sein, ihre Präferenzen und Argumente zu überdenken und möglicherweise auch zu verwerfen. Die Vorstellung, durch kommunikative Prozesse zu verbindlichen Entscheidungen zu gelangen, ist von Habermas für die nationale Politik ursprünglich als Ersatz oder Ergänzung für die repräsentative Demokratie konzipiert worden. Die Integrationsforschung

61 Vgl. die Erläuterung des Ansatz von Habermas und seine Bedeutung für die Integrationsforschung, Göler, Daniel, 2006: Deliberation – ein Zukunftsmodell europäischer Entscheidungsfindung? Baden-Baden, insbesondere S. 31-43.

überträgt den normativ-philosophischen Ansatz auf die EU und spricht folglich von einem deliberativen Supranationalismus.[62]

Eines der zahlreichen Konzepte dieses Demokratisierungsansatzes für die EU ist von Rainer Schmalz-Bruns[63] entworfen worden. Ausgangspunkt seiner Überlegungen ist die Annahme, dass die nationalstaatlich gebundene repräsentative Demokratie auf europäischer Ebene nicht funktionieren kann, nicht zuletzt, da es keine „aktive Rolle der Völker" gibt.[64] Eine „Politik der Gemeinschaft" sei auf der Basis assoziativer Strukturen der selbstorganisierten Zivilgesellschaft jedoch möglich. Zu diesen Assoziationen gehören Gruppen aus dem klassischen Vereinswesen oder organisierte Interessengruppen[65], die in Netzwerken und pluralistischen Verhandlungssystemen Probleme bearbeiten, lösen und damit Entscheidungen vorbereiten oder sogar treffen können. Die Entstehung dieser Assoziationen und der „Bürgernetzwerke" ist, so Schmalz-Bruns, aber nicht „naturwüchsig", sondern bedarf „gezielter Investitionen in die Strukturen assoziativer Demokratie".[66] Voraussetzung ist ferner die parallele Etablierung dieses Modells sowohl im nationalen als auch im EU-Rahmen. Schmalz-Bruns favorisiert aus der Perspektive des Jahres 1997 einen europäischen Verfassungsprozess als Katalysator für die Entstehung einer europäischen Bürgergesellschaft.[67]

Durch deliberative Diskurs- und Entscheidungsverfahren, so Frisch[68], könnte „eine Art zivile Solidarität" als Teil einer europäischen Identität entstehen. Die meisten Autoren betrachten deliberative Entscheidungsnetzwerke von Betroffenen als eine Ergänzung zu den parlamentarischen Diskurs- und Entscheidungsfindungsprozessen und relativieren damit den Anspruch des Demokratiemodells. Wie Schmalz-Bruns und andere Autoren offen eingestehen, sind die Vorstellungen deliberativer Demokratie noch sehr abstrakt und bedürfen detaillierter Überlegungen zur institutionellen Ausgestaltung. Untersuchungen zu realen Anknüpfungspunkten der demokratietheoretischen Überlegungen konzentrierten sich vor allem auf

62 Göler, 2006 und Frisch, Annika, 2007: Das Potenzial deliberativer Demokratietheorie für die Konzeptionalisierung von Demokratie in der Europäischen Union, in: Zeitschrift für Politikwissenschaft, 17, 3, S. 711-733.

63 Schmalz-Bruns, Rainer, 1997: Bürgerschaftliche Politik – ein Modell der Demokratisierung der Europäischen Union? In: Wolf, Klaus-Dieter (Hrsg.): Projekt Europa im Übergang? Baden-Baden, S. 63-90.

64 Abromeit 1997, S. 109.

65 Vgl. Schmalz-Bruns, 1997, S. 84.

66 Ebd., S. 79.

67 Ebd., S. 86.

68 Frisch 2007, S. 718.

die Kommunikations- und Verhandlungsprozesse im Rahmen der Komitologie[69] oder auf Analyse von Diskursen in Internet-Plattformen.[70]

Die Vorstellungen zu deliberativen Demokratiemodellen sind sicherlich intellektuell anregend und laden zu weiteren Diskussionen ein. Allerdings lassen sich eine ganze Reihe von Schwierigkeiten und Nachteilen identifizieren: Im Hinblick auf die Institutionalisierung sind die Modelle in der Regel vage. Die Überlegungen blenden auch Machtfragen aus – eine Bereitschaft nationaler Regierungen auf nationaler und europäischer Ebene Entscheidungsbefugnisse, also Macht, an zivilgesellschaftliche Akteure abzugeben ist nicht in Sicht.[71] Ob harte Verteilungsfragen, z.B. im Rahmen der Mittelvergabe von Strukturfonds, wirklich im Konsens unter gutem Willen der Beteiligten geklärt werden können, bliebe abzuwarten. Ungeklärt bleibt die Auswahl der beteiligten Organisationen und übersehen wird häufig, dass zivilgesellschaftliche Organisationen keine direkte demokratische Legitimation, anders als z.B. Parlamente über Wahlen, besitzen. Auch die Zusammensetzung ist nicht repräsentativ für die Gesamtgesellschaft, gut ausgebildete und mehrsprachige Angehörige der Mittelschichten überwiegen. Aufgrund der hohen Zugangshürden für Gruppen und Individuen befürchten einige sogar die Entstehung einer undemokratischen Fachelitenherrschaft.[72] Realistischer sind daher die Überlegungen von Marcus Höreth[73], der zunächst grundsätzlich ein „Kopieren" der Institutionen der nationalen Demokratien auf die europäische Ebene für nicht sinnvoll hält und für die Ergänzung durch neuartige Formen der Demokratie auf europäischer Ebene plädiert, aber gleichzeitig darauf verweist, dass ein „Identifikationspotential" – eine europäische Identität – erforderlich ist.

Von den europäischen Institutionen, vornehmlich Kommission und Parlament werden verschiedene Strategien verfolgt, die Bürger stärker direkt anzusprechen und/oder zu beteiligen und dadurch die Akzeptanz und damit die Legitimität der EU zu erhöhen. Neben der Unionsbürgerschaft ist hier auch der Bürgerbeauftragte der Europäischen Union (gegenwärtig

69 Vgl. hierzu Kasten 4; zu nennen ist hier ferner die viel zitierte Untersuchung von Joerges, Christian/Neyer, Jürgen, 1997: From international bargaining to deliberative political processes: The constitutionalisation of comitology, in: European Law Journal (3) 1997, S. 272-299.

70 Vgl. Frisch 2007, S. 724-728, sie untersucht das Internetforum Futurum.

71 Bei Einführung derartiger Verfahren würde „Macht" völlig diffundieren und damit Verantwortungszuordnung fast unmöglich machen.

72 Vgl. Kohler-Koch/Conzelmann/Knodt, 2004, S. 224.

73 Höreth 1999, S. 323-325.

der Grieche Nikiforos Diamnandouros) zu nennen, bei dem 2007 über 3000 Beschwerden über Verwaltungsmissstände der EU-Organe und der nachgeordneten Behörden eingegangen sind. Ein dichtes Netz von Informationsstellen (Europa Direkt) und Aktionen, die den Nutzen der EU für die Bürger deutlich machen sollen – man denke hier z.B. an die öffentlichkeitswirksame erzwungene Senkung der Gebühren für Auslandsgespräche mit Mobiltelefonen („Roaming“) durch die Kommission – können die grundlegenden Legitimationsfragen nicht gegenstandslos machen.

Zwischenfazit

In diesem Abschnitt (8.3) haben wir zunächst zwei sich widersprechende Positionen vorgestellt. Eine erste Position argumentierte, dass von einem Demokratie- und Legitimationsdefizit nur gesprochen werden könne, wenn die Messlatte für die EU demokratische Nationalstaaten sind. Pfetsch sieht in der Übertragung nationalstaatlicher Institutionen und Prinzipien auf die europäische Ebene einen grundsätzlichen Fehler.[74] Noch deutlicher, fast schon provokativ wird Andrew Moravcsik[75], indem er kritisiert, dass "comparisions are drawn between the EU and an ancient, Westminster-style, or frankly utopian form of deliberate democracy." Die zweite Position verweist auf den zunehmenden Charakter der EU als ein politisches System, in dem Attribute von Staatlichkeit sogar stärker geworden sind. Aus dieser Perspektive, die wir teilen[76], benötigt die EU Legitimität. Die bisherigen Legitimitätsquellen der EU, analog nationalstaatlichen Legitimitätsquellen, sind zwar keineswegs unerheblich, doch scheinen Sie nicht auszureichen. Inwieweit die skizzierten Versuche, Legitimität durch Aufwertung des EP oder völlig neue Beteiligungsformen praktikabel sind und gerade im Falle deliberativer Demokratiekonzepte nicht weitere gravierende Repräsentations- und Effizienzprobleme mit sich bringen, bleibt abzuwarten. Einigkeit besteht in der Forschung darüber, dass ein Mehrebenensystem zu einem gewissen Grade effektiv ist, aber dafür intransparent und die Bürger weitgehend ausschließt.

74 Vgl. Pfetsch 2007, S. 115
75 Moravcsik, Andrew, 2005: In Defence of the ‚Democratic Deficit': Reassessing Legitimacy in the European Union, in: Weiler, J. H./Begg, Ian/Peterson, John (Hrsg.), 2005: Integration in an Expanding European Union: Reassessing the Fundamentals, Oxford. S. 77-98, S. 79. Moravcsik löste eine interessante Debatte aus, im Anschluss an seinen Beitrag finden sich Kommentare.
76 Dieser Argumentation müssen sich unsere Leser natürlich keineswegs anschließen.

8.5 Effizienz im Mehrebenensystem – neue Verfahren der Integration

Es ist eine logische Folge der Erweiterungspolitik insbesondere der letzten Jahre, dass Schritte zur Vertiefung der Integration im Gesamtverbund der nunmehr 27 Mitgliedstaaten sich zunehmend schwierig gestalten. So ist die substanzielle Weiterentwicklung der Union, der Beschluss über eine gemeinschaftliche Zusammenarbeit auf einem neuen Politikfeld, zumal wenn dieser den Konsens oder die Mitwirkung aller Mitglieder verlangt, unwahrscheinlicher geworden. Diese Schwierigkeiten resultieren aber nicht nur aus der beträchtlich gestiegenen Anzahl der Mitgliedstaaten, sondern auch aus der Qualität der zur Debatte stehenden Politiken. Nach Vollendung des Binnenmarkts stoßen weitergehende Integrationsinitiativen auf verschiedenen Politikfeldern (z.B. Sozial- und Innenpolitik) nahezu zwangsläufig in den Kernbereich von Staatlichkeit vor und damit auf zum Teil erhebliche Widerstände der vom Souveränitätsverlust betroffenen nationalen Regierungen und Bevölkerungen. In solchen Fällen ist eine *harte* supranationale Regelung kaum durchsetzbar. Vor dem Hintergrund einer größeren Gemeinschaft und angesichts einer geringeren Bereitschaft zur Übertragung von Hoheitsrechten in souveränitätsgeladenen Bereichen hat die EU neue Verfahren der flexiblen Integration sowie der *weichen* Koordinierung entwickelt. Im Grunde ließen sich beide Methoden unter dem Titel Flexibilisierung der Integration zusammenfassen. Dennoch werden die Varianten der *flexiblen Integration* auf der einen und die *Offene Methode der Koordinierung* (OMK) auf der anderen Seite im Folgenden zu analytischen Zwecken getrennt voneinander behandelt. In beiden Fällen geht es aber um neue Wege effizienter Politikgestaltung zur Vermeidung institutioneller Selbstblockaden im konsensorientierten EU-Entscheidungssystem.

8.5.1 Flexibilisierung

Vereinfacht ausgedrückt, lautet das neue Credo flexibler oder auch differenzierter Integration: Nicht alle Staaten müssen alle Integrationsschritte (zur gleichen Zeit) mitmachen. Im Umkehrschluss heißt das: Integrationswillige Staaten können auf einem bestimmten Gebiet vorangehen, ohne von den anderen zu diesem Schritt (noch) nicht bereiten oder nicht fähigen Staaten aufgehalten zu werden. Im Einzelfall können auf diesem Wege nationale Widerstände gegen eine Vertiefung oder Erweiterung des Einigungswerks überwunden werden, indem man dem unwilligen Partner Zugeständnisse macht, ihm an der einen oder anderen Stelle die Möglichkeit gibt, eine Neuerung zu verweigern (*opt out*) oder ihm Übergangsfristen einräumt[77]. Dieser *neue* Integrationsansatz hat gleichwohl Tradition, und Junge weist zu Recht daraufhin, dass die europäische Integration nie ein streng uniformer Prozess gewesen sei. Das Instrument der Richtlinie mit ihren Mindeststandards zur innerstaatlichen Umsetzung beispielsweise habe den einzelnen Staaten schon immer individuelle Handlungsspielräume gelassen; und auch Übergangsfristen wurden schon bei früheren Erweiterungen vereinbart.[78] Erst seit dem Vertrag von Amsterdam 1997/99 aber hat die flexible Integration unter dem Etikett *Verstärkte Zusammenarbeit* ihren festen Platz in den europäischen Verträgen (s. Kasten 16 und Kasten Reformvertrag 20).

Auf theoretischer Ebene lassen sich verschiedene Varianten flexibler Integration unterscheiden, von denen wir wiederum die drei wesentlichen, nämlich das *Europa der zwei/der verschiedenen Geschwindigkeiten*, das *Europe à la carte* und das *Europa in konzentrischen Kreisen*, im Folgenden kurz vorstellen wollen.

Europa der zwei/der verschiedenen Geschwindigkeiten

Von den unterschiedlichen Ansätzen der Flexibilisierung entspricht diese Methode der abgestuften Integration am ehesten dem klassischen Muster der gemeinschaftlichen Bewegung zu einem gleichen Ziel hin, „dem immer engeren Zusammenschluss der europäischen Völker“[79]. Den Mitgliedstaaten werden hier unterschiedliche Integrationsgeschwindigkeiten zugestanden. Im einfachsten Fall kristallisiert sich eine Avantgarde heraus, die auf einem Weg voranschreitet und der die übrigen Mitgliedstaaten zu einem späteren Zeitpunkt, wenn sie willens bzw. dazu in der Lage sind, verbindlich folgen. Das Kriterium der Differenzierung ist hier mithin die Zeit. Ein aktuelles Beispiel für die abgestufte Integration ist die Wirtschafts- und Währungsunion, bei der bis heute nur fünfzehn Staaten die dritte Stufe der Währungseinführung erreicht haben. Die anderen Länder werden folgen, sobald sie die Konvergenzkriterien (vgl. Kap. 5.3) erfüllen.[80]

77 So geschehen im Rahmen der Osterweiterung 2004, nach Beitritt der MOEL können die alten EU-Mitgliedstaaten die Arbeitnehmerfreizügigkeit aus den Beitrittsländern für bis zu sieben Jahre einschränken.

78 Vgl. Junge, Kerstin, 2007: Differentiated European Integration, in: Cini, Michelle (Hrsg.): European Union Politics, Oxford/New York, 2. Aufl., S. 391-404 (392).

79 Vgl. Präambel EG-Vertrag, außerdem Dinan, Desmond, 1999: Ever closer union. An Introduction to European Integration, Houndmills.

Europe à la carte

Mit *Europe à la carte* ist gemeint, dass sich die Mitgliedstaaten quasi wie beim Blick auf die Speisekarte aussuchen können, welche Integrationsschritte sie mitgehen wollen und welche nicht. Von der Gemeinschaftsperspektive aus betrachtet, bedeutet dieser Ansatz die radikalste Flexibilisierung, denn anders als bei der abgestuften Integration erreichen die Mitgliedstaaten hier nicht zwingend ein gemeinsames Ziel, sondern sie können sich dauerhaft in unterschiedlichem Maße (im Extremfall gar nicht) an der Zusammenarbeit beteiligen. Das Kriterium der Differenzierung ist hier also das jeweilige Politikfeld, von dem die Entscheidung des einzelnen Mitgliedstaats zur Kooperation abhängt. Angesichts des Gewichts, das dieser Ansatz damit den nationalen Interessen einräumt, kann ihm eine intergouvernementale Stoßrichtung attestiert werden. Zu dieser Ausrichtung passt seine Anwendung auf souveränitätsgeladenen Politikfeldern. So sind sowohl der Schengenraum als auch die Einigung auf ein europäisches Sozialprotokoll in den 1990er Jahren, heute auch die Anerkennung der Grundrechtecharta (s. Abb. 26 u. Kasten Reformvertrag 17), aktuelle Beispiele für ein *Europe à la carte*.

Europa in konzentrischen Kreisen

Im Gegensatz zu den beiden zuvor beschriebenen Ansätzen flexibler Integration bezieht sich das *Europa in konzentrischen Kreisen* nicht ausschließlich auf die EU-Integration. Vielmehr meint die Metapher den gesamten Kontinent, der sich je nach Zugehörigkeit zu verschiedenen Organisationen, Regimen und Programmen in Kreise einteilen lässt, wobei die institutionelle Verflechtung der Staaten zum Zentrum hin immer enger wird. Damit ergibt sich zugleich eine Art Stufenleiter der Integration, denn je enger und zentraler der jeweilige Kreis, desto höher der Integrationsgrad der entsprechenden Staaten. Anders als bei der abgestuften Integration ist das Differenzierungskriterium hier jedoch nicht die Zeit, sondern der Raum, also die geografische Zugehörigkeit zu einem Teil Europas. Eine beispielhafte Reihe zur Illustration der konzentrischen Kreise ergeben die sechs Gründungsmitglieder im Zentrum, der Euroraum als zweiter Kreis, dann die EU-15, die EU-27, die Beitrittsländer und zuletzt die Staaten der Europäischen Nachbarschaftspolitik (ENP). Zahlreiche andere Beispiele

80 Ausgenommen Großbritannien und Irland, die individuelle *opt outs* vereinbart haben.

ließen sich hier konstruieren. Ein besonderer Fall, diesem Ansatz sehr ähnlich, ist die Idee vom *Kerneuropa*, die schon in den 1980er Jahren in die europapolitische Debatte eingebracht wurde.[81]

Kasten 16: Verstärkte Zusammenarbeit

Die sog. *Verstärkte Zusammenarbeit* ist das offizielle EU-Verfahren zur flexiblen Integration. Sie wurde mit dem Vertrag von Amsterdam 1997/99 in das Vertragswerk eingeführt. Je nach betroffenem Politikfeld wird die Verstärkte Zusammenarbeit in unterschiedlichen Vertragsartikeln geregelt, für die erste Säule in den Art. 11 und 11a EG-Vertrag, für die GASP in Art. 27a-e EU-Vertrag, für die PJZS in Art. 40, 40a-b EU-Vertrag. Die generellen Bestimmungen zur Verstärkten Zusammenarbeit sind im Titel VII (Art. 43-45) EU-Vertrag festgeschrieben. Hierin heißt es:

„Die Mitgliedstaaten, die beabsichtigen, untereinander eine verstärkte Zusammenarbeit zu begründen, können die in diesem Vertrag und im Vertrag zur Gründung der Europäischen Gemeinschaft vorgesehenen Organe, Verfahren und Mechanismen in Anspruch nehmen, sofern die Zusammenarbeit

a) darauf ausgerichtet ist, die Ziele der Union und der Gemeinschaft zu fördern, ihre Interessen zu schützen und diesen zu dienen und ihren Integrationsprozess zu stärken;
b) die genannten Verträge und den einheitlichen institutionellen Rahmen der Union beachtet; [...]
d) im Rahmen der Zuständigkeit der Union und der Gemeinschaft bleibt und sich nicht auf die Bereiche erstreckt, die unter die ausschließliche Zuständigkeit der Gemeinschaft fallen; [...]
g) mindestens acht Mitgliedstaaten umfasst; [...]
j) allen Mitgliedstaaten gemäß Artikel 43b offen steht." (Art. 43 EU-Vertrag)

Ferner schreibt Art. 43a EU-Vertrag vor, dass die Verstärkte Zusammenarbeit nur als letztes Mittel aufgenommen werden darf.

Die Ermächtigung zur Verstärkten Zusammenarbeit erfolgt für alle drei Säulen durch den Rat mit qualifizierter Mehrheit, wobei ein Mitglied den Europäischen Rat mit dem Sachverhalt befassen kann. Auf dem Feld der GASP wird das Parlament lediglich unterrichtet, ansonsten angehört, in manchen Fällen bedarf es sogar seiner Zustimmung (vgl. Art. 11 Abs. 2 EG-Vertrag). Von der Möglichkeit der Verstärkten Zusammenarbeit im Bereich der GASP sind alle Fragen mit militärischen und verteidigungspolitischen Bezügen ausgeschlossen.

81 Vgl. Schäuble, Wolfgang/Lamers, Karl, 1994: Überlegungen zur europäischen Politik (Schäuble-Lamers-Papier) vom 1. September 1994. Mit Kerneuropa ist auf der anderen Seite die Befürchtung verbunden, es könne sich ein *Direktorium der Großen* herausbilden.

Die Gefahr der Herausbildung einer Zweiklassengemeinschaft oder eines Direktoriums der Großen ist eines der Risiken, das seit den ersten Konzepten mit der flexiblen Integration verbunden ist. Überhaupt werden die Gleichrangigkeit sowie die Solidarität unter den Mitgliedstaaten gefährdet, wenn es unter ihnen mehr und weniger, besser und schlechter integrierte Mitglieder gibt oder sich einzelne Staaten einfach per *opt out* aus der gemeinschaftlichen Verantwortung ziehen können. Schwerer noch wiegen die Auswirkungen auf die EU als Ganze, wenn kein gemeinsames Integrationsziel mehr besteht. Die Unklarheit und Uneinigkeit auf die Frage nach der Finalität der EU werden sich zwangsläufig auf das bestehende Einigungswerk übertragen, wenn allzu viele politikfeldspezifische Teilgemeinschaften innerhalb der Gemeinschaft entstehen. Schon jetzt fällt es nicht eben leicht, die EU, die Eurozone und den Schengenraum auseinanderzuhalten, geschweige denn die entsprechenden Unterschiede dem Bürger zu erklären. Durch eine allzu ausgiebige Flexibilisierung droht der EU tatsächlich eine *Zerfaserung*[82], wodurch die Gestalt der Union noch unklarer würde, als sie ohnehin schon ist.

Die derzeit bestehenden rechtlichen Hürden für eine Verstärkte Zusammenarbeit (vgl. Kasten 16) scheinen ihrer Anwendung jedoch eher im Weg zu stehen. Zumindest sind seit ihrer primärrechtlichen Fixierung keine entsprechenden Initiativen in Gang gesetzt worden. Jüngere Meilensteine der EU-Integration und faktische Beispiele für die flexible Integration wie das Schengener Abkommen und die WWU wären mit den bestehenden Regeln überdies gar nicht möglich gewesen.[83] So ist anzunehmen, dass es bei Bedarf auch künftig zu Maßnahmen differenzierter Integration außerhalb des vertraglichen Rahmens kommen wird. Ob innerhalb oder außerhalb der vertraglichen Ordnung verwirklicht und ungeachtet der vorhandenen bzw. ihr gesetzten Hürden, die Verstärkte Zusammenarbeit könnte, richtig angewandt, ein angemessenes Mittel der effizienten Politikgestaltung in einer komplexeren EU darstellen. Sie ist aber auch dazu geeignet – und das ist die übergeordnete Gefahr – die kategoriale Unschärfe der EU noch weiter zu verstärken.

82 Giering, Claus, 2007: Flexibilisierung, in: Weidenfeld, Werner/Wessels, Wolfgang (Hrsg.): Europa von A-Z. Taschenbuch der europäischen Integration, Bonn, 10. Aufl., S. 257-260 (260).

83 Vgl. Giering, 2007, S. 260.

Reformvertrag 2007 20: Verstärkte Zusammenarbeit/Ständige Strukturierte Zusammenarbeit

Vertrag von Lissabon:
Was die flexiblen Integrationsansätze betrifft, so enthält der Vertrag von Lissabon einige Neuerungen. Die im Nizza-Vertrag fixierten Bedingungen für eine Verstärkte Zusammenarbeit bleiben weitestgehend erhalten. So muss eine solche Maßnahme auch künftig das letzte Mittel darstellen und mit dem gemeinsamen Besitzstand der EU vereinbar sein. Sie muss ferner allen Mitgliedern offen stehen. So können auch alle Mitgliedstaaten an den entsprechenden Beratungen teilnehmen, wobei nur die involvierten Staaten Stimmrecht besitzen. Nur diese Staaten sind auch an die im Rahmen der Zusammenarbeit erlassenen Rechtsakte gebunden. Die Mindestanzahl sich beteiligender Staaten steigt von acht auf neun. Die allgemeinen Bestimmungen zur Verstärkten Zusammenarbeit finden sich im Titel IV (Art. 20) EU-Vertrag.
Nähere Bestimmungen zur Verstärkten Zusammenarbeit enthält der Vertrag über die Arbeitsweise der EU (AEUV) in den Art. 326-334. Hierin ist unter anderem festgehalten, dass die Ermächtigung zu einer Verstärkten Zusammenarbeit auf dem Feld der GASP künftig einstimmig erfolgen muss. Das Parlament wird hierüber unterrichtet. In allen anderen Fällen erfolgt die Entscheidung mit qualifizierter Mehrheit, und das Parlament muss zustimmen.
Anders als die bisherigen Verträge ermöglicht der Reformvertrag auch ein differenziertes Vorgehen auf militärischem Gebiet. Im Rahmen der sog. *Ständigen Strukturierten Zusammenarbeit* können solche Staaten, „die anspruchsvollere Kriterien in Bezug auf die militärischen Fähigkeiten erfüllen und die im Hinblick auf Missionen mit höchsten Anforderungen untereinander weiter gehende Verpflichtungen eingegangen sind“ (Art. 42 Abs. 6, ferner Art. 46 EU-Vertrag sowie Protokoll Nr. 10), eine engere Kooperation vereinbaren.

8.5.2 Offene Methode der Koordinierung (OMK)

Hintergrund

Ein besonderes Verfahren flexibler Integration, das sich von den vorangegangenen klar unterscheidet, ist die *Offene Methode der Koordinierung*[84]. In ihrem Rahmen nehmen alle EU-Mitgliedstaaten, die dazu bereit sind, an einem Koordinierungsprozess teil, der im Grunde eine alljährliche Evaluation der Mitgliedstaaten durch Kommission und Rat nach Maßgabe gemeinsamer Leitlinien darstellt. Verbindliche Verpflichtungen der Staaten gehen damit nicht einher. Folglich beinhaltet das Verfahren auch keine

84 Mitunter findet man in der Literatur auch *Methode der offenen Koordinierung* (MOK).

harten rechtlichen Sanktionen und wird dementsprechend gemeinhin als Instrument der *weichen* Steuerung bezeichnet: „The OMC is designed to assist Member States in developing their own policies.“[85] Entwickelt wurde die Methode im Rahmen der Beschäftigungspolitik. Die 1995 vereinbarte *Europäische Beschäftigungsstrategie* (EBS) stellte quasi den Prototyp der OMK dar. Diese erhielt ihren Namen erst im Jahr 2000 vom Europäischen Rat in Lissabon und wurde seitdem als nahezu universell einsetzbares Instrument auf verschiedene Felder insbesondere der Wirtschafts- und Sozialpolitik[86] ausgedehnt.

Die OMK in der Praxis

Das wesentliche Merkmal der OMK ist die Abwesenheit *harter* politischer Steuerungsmechanismen. Im Unterschied zu Richtlinien und Verordnungen aber auch zum Stabilitätspakt im Rahmen der WWU kennt die OMK keinerlei rechtliche Sanktionen. Sie beruht stattdessen auf der freiwilligen Beteiligung der Mitgliedstaaten, und ihr Medium ist weniger das Recht denn die Debatte, die Ebenen übergreifend ermöglicht und strukturiert wird. So bildet die OMK tatsächlich eine Art „Transmissionsriemen, der die europäischen und nationalen Debatten miteinander verknüpfen soll“[87]. Ein Weißbuch der Kommission zum *Europäischen Regieren* aus dem Jahr 2001 beschreibt die OMK wie folgt:

> „Die ‚offene Koordinierungsmethode‘ wird fallweise angewandt. Sie fördert die Zusammenarbeit, den Austausch bewährter Verfahren sowie die Vereinbarung gemeinsamer Ziele und Leitlinien von Mitgliedstaaten, die manchmal wie im Falle der Beschäftigung und der sozialen Ausgrenzung durch Aktionspläne von Mitgliedstaaten unterstützt werden. Diese Methode beruht auf einer regelmäßigen Überwachung der bei der Verwirklichung dieser Ziele erreichten Fortschritte und bietet den Mitgliedstaaten die Möglichkeit, ihre Anstrengungen zu vergleichen und aus den Erfahrungen der anderen zu lernen.“[88]

85 Adnett, Nick/Hardy, Stephen, 2005: The European Social Model. Modernisation or Evolution? Cheltenham/Northampton, S. 14.

86 Aber auch auf die Bereiche Bildung, Jugend, Einwanderung, Informationsgesellschaft etc. Eine Übersicht findet sich bei Wessels, Wolfgang, 2008: Das politische System der Europäischen Union, Wiesbaden, S. 382.

87 Lamping, Wolfram, 2008: Auf dem Weg zu einem postnationalen Sozialstaat? Die Sozialpolitik der Europäischen Union, in: Schubert, Klaus/Hegelich, Simon/Bazant, Ursula (Hrsg.): Europäische Wohlfahrtssysteme. Ein Handbuch, Wiesbaden, S. 595-620 (607).

88 Europäische Kommission, 2001: Europäisches Regieren. Ein Weißbuch, Brüssel, Kom (2001) 428.

Die kollektiven Lernprozesse stehen also im Zentrum der OMK. Wie diese systematisch begünstigt werden, lässt sich anhand eines sehr weit entwickelten Beispiels, des *Prototyps*, der Europäischen Beschäftigungsstrategie zeigen. Der Ablauf des in ihrem Rahmen stattfindenden jährlichen Politikzyklus' ist im Folgenden knapp wiedergegeben:

1. Kommissionsvorschlag über die jährlichen sog. *Beschäftigungspolitischen Leitlinien*;
2. Ratsentscheidung über den Kommissionsvorschlag mit qualifizierter Mehrheit nach Anhörung des EP, des WSA, des AdR sowie des ständigen Beschäftigungsausschusses;
3. Formulierung *Nationaler Aktionspläne* (NAP) durch die Regierungen der Mitgliedstaaten (Leitlinien sind nicht verbindlich, müssen aber Berücksichtigung finden);
4. jährliche nationale Rechenschaftsberichte an Kommission und Rat;
5. Prüfung und Evaluierung der nationalen Ergebnisse durch Kommission und Rat, Veröffentlichung der Resultate im Gemeinsamen Beschäftigungsbericht für den Europäischen Rat.

Das gesamte Verfahren ist eng an entsprechende Abläufe in der Wirtschaftswelt angelehnt. Mithilfe statistischer Daten erstellt die Kommission in regelmäßiger Folge themenspezifische Ranglisten der Mitgliedsländer und ermöglicht auf diesem Wege den Staaten, ihren Erfolg unmittelbar im Ländervergleich zu betrachten. Aus den Leitlinien und Rechenschaftsberichten der Mitgliedstaaten leitet die Kommission sog. *benchmarks* ab, nach deren Maßgabe die jeweiligen nationalen Fortschritte bewertet werden. Auch der Rat gibt Empfehlungen an die Mitgliedstaaten, wie sie ihre Resultate verbessern können. An die Stelle harter Sanktionen treten im Rahmen der OMK also die informellen Druckmittel des *shaming* und *blaming*, denn die Berichte werden schließlich veröffentlicht, und jede nationale Regierung sucht nicht zuletzt mit Blick auf die heimische Opposition, einen hinteren Platz auf der Rangliste zu verhindern, eine schlechte Bewertung durch die Kommission zu vermeiden. Unter den eigentlichen Teilnehmern der Koordinierungsverfahren, Beamten und Experten der Kommission sowie der Mitgliedstaaten, gelingt die Annäherung in der Regel darüber hinaus in subtilerer Weise: Das Ebenen übergreifende Verfahren begünstigt die Herausbildung *epistemischer Gemeinschaften* und themenspezifischer *Policy-Netzwerke* mit ihren gemeinsamen Verhaltenserwartungen, Wahrnehmungsmustern und anderen Selbstverständlichkeiten.[89]

Damit ist die OMK nicht so partizipativ angelegt, wie mitunter behauptet wird.

Chancen und Risiken

Obwohl die OMK über die bestehenden Regulierungsinstrumente der EU hinausgeht und eine Ebenen übergreifende Debatte ermöglicht, strukturiert und fördert, hat auch sie durch ihre Ausrichtung auf Politikexperten eindeutig technokratische Züge. Die Professionalisierung der Debatte geht im Rahmen der OMK zwangsläufig mit der weiteren Entpolitisierung von Entscheidungsprozessen einher. Die Ranglisten und *Benchmarks* der Kommission liefern den nationalen Regierungen die nötigen Sachzwänge und Wettbewerbsergebnisse, mit denen sie die innerstaatlichen Debatten von vornherein beherrschen, wenn nicht gar entscheiden können. Mögen die genannten Mechanismen auch der Auflösung nationaler Blockaden dienen und damit eine effizientere Politikgestaltung ermöglichen, fällt die Bewertung der OMK unter Berücksichtigung des Demokratiekriteriums weniger gut aus. Weitere Kritikpunkte und Risiken, die im Zusammenhang mit der OMK genannt werden, sind zum einen die Abwesenheit harter Sanktionen[90], die eine Durchsetzungsschwäche auf nationaler Ebene vermuten lässt, sowie die Gefahr eines neuen *Imperialismus* seitens der Kommission, die mittels OMK – dem „trojanischen Pferd der Eurokraten"[91] – neue Felder für die gemeinschaftliche Steuerung erschließt, die bisher national geregelt sind.

Auf der anderen Seite können die genannten negativen Aspekte aus der Gemeinschaftsperspektive bzw. mit Blick auf die effiziente Politikgestaltung im Mehrebenensystem EU mit seinen 27 Mitgliedstaaten aber auch als Vorteile der neuen Methode gewertet werden. Aus diesem Blickwinkel bildet die OMK quasi den Integrationsmodus der Zukunft, der statt auf harte Regulierung auf weiche Steuerung durch einen sich gleichsam

89 Passender Ausdruck aus dem Englischen hierfür sind die *taken-for-granted accounts*. Generell zu den epistemischen Gemeinschaften s. Heidenreich/Bischoff, 2006, S. 282ff.

90 Vgl. hierzu Schmid, Günther/Kull, Silke, 2004: Die Europäische Beschäftigungsstrategie. Perspektiven der Offenen Methode der Koordinierung, in: Kaelble, Hartmut/ Schmid, Günther (Hrsg.): Das europäische Sozialmodell. Auf dem Weg zum transnationalen Sozialstaat, Berlin, S. 317-343 (317); ferner Heidenreich/Bischoff, 2006, S. 298.

91 Vgl. Kaelble, Hartmut/Schmid, Günther, 2004: Einleitung: Das europäische Sozialmodell, in: dies. (Hrsg.): Das europäische Sozialmodell. Auf dem Weg zum transnationalen Sozialstaat, Berlin, S. 11-28 (21).

selbstregulierenden innergemeinschaftlichen Wettbewerb der Politiken setzt. Die zunehmenden Anwendungsfälle der OMK und ihr Stellenwert für die moderne Wachstums- und Beschäftigungsstrategie der EU sprechen für die verbreitete Akzeptanz und den Erfolg der Methode.

Einführende Literatur:

Bomberg, Elizabeth/Peterson, John, 1999: Decision-making in the European Union, Basingstoke. (Eine gute Einführung in die komplexe Entscheidungsfindung der EU, die sich nach einem allgemeinen Teil konkreten Politikfeldern wie u.a. der Agarpolitik widmet.)

Eising, Rainer/Kohler-Koch, Beate (Hrsg.), 1999: The transformation of governance in the European Union, London & New York. (komplexe, mit zahlreichen Länderfallstudien angereicherte Darstellung der Funktionsweise des Mehrebenensystems in verschiedenen Politikfeldern, für die vertiefte Beschäftigung mit der EU geeignet)

Giering, Claus, 2007: Flexibilisierung, in: Weidenfeld, Werner/Wessels, Wolfgang (Hrsg.): Europa von A-Z. Taschenbuch der europäischen Integration, Bonn, 10. Aufl., S. 257-260. (Giering bietet einen guten und übersichtlichen Einblick in die flexible Integration.)

Jachtenfuchs, Markus/Kohler-Koch, Beate (Hrsg.), 2006: Europäische Integration, 2. Aufl., Wiesbaden. (fast schon ein Klassiker mit wichtigen Beiträgen zur Mehrebenen- und Staatlichkeitsdiskussion und einigen Beiträgen zur Bedeutung des Mehrebenensystems in Politikfeldern)

Junge, Kerstin, 2007: Differentiated European Integration, in: Cini, Michelle (Hrsg.): European Union Politics, Oxford/New York, 2. Aufl., S. 391-404. (Junge liefert im Rahmen einer ohnehin sehr anschaulich gestalteten Einführung einen übersichtlichen Beitrag zum Verständnis der differenzierten Integration.)

Kohler-Koch, Beate/Conzelmann, Thomas/Knodt, Michèle, 2004: Europäische Integration – Europäisches Regieren, Wiesbaden. (Die anspruchsvolle Einführung enthält ein sehr gut strukturiertes Kapitel, in dem die die Autoren wiederum bestrebt sind, die Argumente jeweils an politik- und sozialwissenschaftliche Theorien und Ansätze anzubinden.)

Scharpf, Fritz W., 2002: Regieren im europäischen Mehrebenensystem – Ansätze zu einer Theorie, in: Leviathan (1) 2002, S. 65-92.

Wessels, Wolfgang, 2008: Das politische System der Europäischen Union, Wiesbaden. (Die umfassende Einführung enthält auch einen lesenswerten Abschnitt zur flexiblen Integration.)

Weiterführende Literatur und Dokumente:

Adnett, Nick/Hardy, Stephen, 2005: The European Social Model. Modernisation or Evolution? Cheltenham/Northampton.

Anderson, Benedict, 2006: Imagined communities: reflections on the origin and spread of nationalism, neu bearbeitete Aufl., London u.a.

Brettschneider, Frank/van Deth, Jan/Roller, Edeltraud, 2003: Europäische Integration in der öffentlichen Meinung: Forschungsstand und Forschungsperspektiven, in: dies.: Europäische Integration in der öffentlichen Meinung, Opladen, S. 9-28. (Breit angelegter Sammelband zu Einstellungen der Bürger auf EU-Ebene, in ausgewählten Länder, auf lokaler Ebene und von Parlamentariern zur EU-Integration.)

Dinan, Desmond, 1999: Ever closer union. An Introduction to European Integration, Houndmills. (Grundlegend, Dinan argumentiert in chronologischer historischer Perspektive, gut lesbar.)

Europäische Gemeinschaft, 2003: Verordnung des Europäischen Parlaments und des Rates vom 4. November 2003 über die Regelungen für die politischen Parteien auf europäischer Ebene und ihre Finanzierung, VO 2003/2004/EG. ()

Europäische Kommission, 2001: Europäisches Regieren. Ein Weißbuch, Brüssel, Kom (2001) 428.

Fuchs, Dieter, 2003: Das Demokratiedefizit der Europäischen Union und die politische Integration Europas: Eine Analyse der Einstellungen der Bürger in Westeuropa, in: Brettschneider, Frank/van Deth, Jan/Roller, Edeltraud (Hrsg.), 2003: Europäische Integration in der öffentlichen Meinung, Opladen, S. 29-56. (Der Beitrag argumentiert gegen die Vorstellung, dass das Demokratiedefizit für die mangelnde Akzeptanz der EU verantwortlich ist.)

Gellner, Winand/Glatzmeier, Armin, 2005: Die Suche nach der europäischen Zivilgesellschaft, in: Aus Politik und Zeitgeschichte (36) 2005, S. 8-15. (Nach Vorstellung des Konzeptes Zivilgesellschaft stellen die Autoren Ursachen für die relativ schwach ausgeprägte europäische Zivilgesellschaft übersichtlich dar.)

Grande, Edgar, 2000: Multi-level governance: Institutionelle Besonderheiten und Funktionsbedingungen des europäischen Mehrebenensystems, in: ders./Jachtenfuchs, Markus (Hrsg.): Wie problemlösungsfähig ist die EU? Baden-Baden, S. 11-25. (Ein wichtiger Aufsatz in einem Sammelband, der das europäische Mehrebenensystem aus unterschiedlichen Perspektiven und in erster Linie im Hinblick auf Effizienz und des Weiteren auf Legitimität diskutiert.)

Hanf, Dominik, 2007: The European Union: A consensus-based federation, in: Dickow, Helga/Peter Molt (Hrsg.): Kulturen und Konflikt im Vergleich. Comparing cultures and conflicts, Festschrift für Theodor Hanf, Baden-Baden, S. 749-762.

Heidenreich, Martin/Bischoff, Gabriele, 2006: Die offene Methode der Koordinierung. Ein europäisches Instrument zur Modernisierung nationaler Sozial- und Beschäftigungsordnungen? In: ders. (Hrsg.): Die Europäisierung sozialer

Ungleichheit. Zur transnationalen Klassen- und Sozialstrukturanalyse, Frankfurt/ Main, S. 277-311.
Höreth, Marcus, 1999: Die Europäische Union im Legitimationstrilemma, Baden-Baden.
Kaelble, Hartmut/Schmid, Günther, 2004: Einleitung: Das europäische Sozialmodell, in: dies. (Hrsg.): Das europäische Sozialmodell. Auf dem Weg zum transnationalen Sozialstaat, Berlin, S. 11-28.
Kielmansegg, Peter Graf, 2006: Integration und Demokratie, in: Jachtenfuchs, Markus/Kohler-Koch, Beate, (Hrsg.): Europäische Integration, Opladen, S. 49-76. (Häufig zitierter, grundlegender Beitrag, der klar argumentiert, warum die EU kein Staat ist.)
Kohler-Koch, Beate, 2000: Regieren in der Europäischen Union, in: Aus Politik und Zeitgeschichte (B6) 2000, S. 30-38.
Lamping, Wolfram, 2008: Auf dem Weg zu einem postnationalen Sozialstaat? Die Sozialpolitik der Europäischen Union, in: Schubert, Klaus/Hegelich, Simon/ Bazant, Ursula (Hrsg.): Europäische Wohlfahrtssysteme. Ein Handbuch, Wiesbaden, S. 595-620.
Lindberg, Leon N./Scheingold, Stuart A., 1970: Europe's Would-be Polity. Patterns of Change in the European Community, Englewood Cliffs. (Standardwerk der Integrationsforschung und Ausgangspunkt vielen Analysen.)
Merkel, Wolfgang, 1999: Die Europäische Integration und das Elend der Theorie, in: Geschichte und Gesellschaft (2) 1999, S. 302-338. (Sehr dichter Beitrag sowohl zu Integrationstheorien als auch zum Demokratiedefizit, empfehlenswert.)
Ders. (Hrsg.), 2000: Systemwechsel, Bd. 5: Zivilgesellschaft und Transformation, Opladen.
Müller, Harald, 1993: Die Chance der Kooperation. Regime in den internationalen Beziehungen, Darmstadt.
Nida-Rümelin, Julian/Weidenfeld, Werner (Hrsg.), 2007: Europäische Identität. Voraussetzungen und Strategien, Baden-Baden.
Pfetsch, Frank R., 2007: Das neue Europa, Wiesbaden. (Ein kursorischer Überblick zu aktuellen Entwicklungstendenzen, an einigen Stellen etwas kurz, inhaltlich anregend.)
Schäuble, Wolfgang/Lamers, Karl, 1994: Überlegungen zur europäischen Politik (Schäuble-Lamers-Papier) vom 1. September 1994.
Schmid, Günther/Kull, Silke, 2004: Die Europäische Beschäftigungsstrategie. Perspektiven der Offenen Methode der Koordinierung, in: Kaelble, Hartmut/Schmid, Günther (Hrsg.): Das europäische Sozialmodell. Auf dem Weg zum transnationalen Sozialstaat, Berlin, S. 317-343.
Tenscher, Jens, 2005: Mit halber Kraft voraus! Parteienkampagnen im Europawahlkampf 2004, in: ders. (Hrsg.):Wahl-Kampf um Europa, Wiesbaden, S. 30-55. (Die Studie konzentriert sich weniger auf die Analyse des Ergebnisses der Wahl,

sondern untersucht die Wechselbeziehungen zwischen Parteien, Wahlkampf, Massenmedien und Öffentlichkeit während der Wahlkampfes.)
Trüdinger, Eva-Maria, 2008: Die Europäische Integration aus Sicht der Bevölkerung. Akzeptanz trotz Vielfalt? In: Gabriel, Oscar W./Kropp, Sabine (Hrsg.): Die EU-Staaten im Vergleich, Wiesbaden, 3. Aufl., S. 215-235. (Einstellungsbefunde und Erklärungsansätze werden komprimiert dargestellt, der Sammelband gehört zu den Standardwerken, anstelle von Länderbeiträgen befassen sich die einzelnen Kapitel mit Institutionen, Akteuren etc. länderübergreifend.)
Weber, Max, 1980: Wirtschaft und Gesellschaft. Grundriss der verstehenden Soziologie, 5. Aufl., Tübingen [Erstausgabe: 1922].
Wessels, Wolfgang/Diedrichs, Udo (Hrsg.), 2006: Die neue Europäische Union: im vitalen Interesse Deutschlands? Studie zu Kosten und Nutzen der Europäischen Union für die Bundesrepublik Deutschland, Berlin, kostenloser Download unter: http://europaeische-bewegung.de/fileadmin/files_ebd/PDF-Dateien/EBD-EUD-Studie-Vital-endg.pdf (letzter Zugriff: 28.8.2008). (Eine der wenigen Studien, die die politischen und ökonomischen Vorteile der EU-Mitgliedschaft Deutschlands thematisieren, eine wissenschaftliche Grundlage für eine häufig oberflächliche öffentliche Diskussion.)
Westle, Bettina, 1999: Politische Legitimität, Baden-Baden.

Fragen zur Diskussion:

- Welches sind die Kennzeichen des Mehrebenensystems EU? Welche Probleme ergeben sich daraus für die Akzeptanz und Legitimität der EU?
- Welche Legitimitätsquellen besitzt die EU? Worin besteht das Demokratie- bzw. Legitimitätsdefizit der EU? Benötigt die EU eine eigene, spezifische Legitimität?
- Die EU ist kein Staat. Benötigt sie daher eine eigene Legitimität? Welche Argumente lassen sich gegen die Vorstellung eines Demokratie- bzw. Legitimitätsdefizits der EU anführen?
- Welche Möglichkeiten einer stärkeren Demokratisierung der EU werden diskutiert? Wie realistisch sind diese Lösungen?
- Welche Ansätze der flexiblen Integration gibt es? Wie unterscheiden sie sich voneinander? Welche Chancen und Risiken sind mit ihnen verbunden?
- Durch welche Merkmale zeichnet sich die *Offene Methode der Koordinierung* aus? Welche Chancen und Risiken sind mit der OMK verbunden?

9. Die Sozialpolitik der Europäischen Union

9.1 Sozialpolitik in nationaler Tradition und neue Herausforderungen

Eine besonders starke und unmittelbare identitäts- und legitimitätsstiftende Wirkung entfalten in aller Regel sozialpolitische Maßnahmen. Sozialpolitik geht über den Markt und die ihm eigenen Funktionszusammenhänge hinaus und setzt meist direkt beim Bürger – oder beim Arbeitnehmer – an, indem sie individuelle, von der Marktposition mehr oder weniger unabhängige Rechtsansprüche beispielsweise auf Zugang zu Systemen der sozialen Sicherung gewährt.[1] Durch Sozialpolitik wird der Markt gestaltet, Marktversagen korrigiert und ein System der Umverteilung zwischen gesellschaftlichen Klassen, zwischen Generationen und Regionen etabliert.[2] Damit gewährleistet Sozialpolitik gemeinhin den Primat der Politik gegenüber der Ökonomie.[3] Die sozialpolitische Zuständigkeit gebührt traditio-

1 Vgl. Streeck, Wolfgang, 1998: Vom Binnenmarkt zum Bundesstaat? Überlegungen zur politischen Ökonomie der europäischen Sozialpolitik, in: Leibfried, Stephan/ Pierson, Paul (Hrsg.): Standort Europa. Europäische Sozialpolitik, Frankfurt/Main, S. 369-421 (379).

2 Vgl. Leibfried, Stephan/Pierson, Paul, 1998: Halbsouveräne Wohlfahrtsstaaten: Der Sozialstaat in der europäischen Mehrebenen-Politik, in: dies.: Standort Europa s. Anm. 1, S. 58-99 (58).

3 Vgl. Boeckh, Jürgen/Huster, Ernst-Ulrich/Benz, Benjamin, 2006: Sozialpolitik in Deutschland. Eine systematische Einführung, Wiesbaden, S. 23.

nell dem Nationalstaat. In ersten Zügen bereits Ende des 19., vor allem aber im Laufe des 20. Jahrhunderts wurden die Nationalstaaten zu Wohlfahrtsstaaten, und die beiden Konzepte gingen eine so enge Verbindung ein, dass sie heute kaum noch zu trennen sind, zumindest nicht, ohne die „kognitive Barriere zu überwinden"[4], die sich im vielzitierten Diktum de Swaans manifestiert: „Wohlfahrtsstaaten sind Nationalstaaten."[5] Diese feste Verbindung sowie die Existenz weitgehend geschlossener Märkte erlaubten es Wissenschaftlern lange Zeit, soziale Ungleichheiten und ihre Ursachen nahezu ausschließlich auf nationaler Ebene zu untersuchen. Angesichts der immer weiteren Öffnung der europäischen Märkte im Zuge der Wirtschaftsintegration und der sukzessiven Herausbildung eines Gemeinsamen Marktes (s. Kap. 5 zur Wirtschaftsgemeinschaft) muss dieser *methodologische Nationalismus*[6] allerdings um eine europäische Komponente ergänzt werden. Zwar ist der Nationalstaat auch heute noch der wichtigste Garant von Sozialleistungen[7] und Sozialpolitik ein zentrales Element seiner Staatlichkeit, längst aber haben sich die sozioökonomischen Zusammenhänge über die nationale Ebene hinaus auf das europäische Mehrebenensystem ausgedehnt.[8] Einfacher ausgedrückt: Jeder Markt produziert seine Ungleichheiten, so auch der europäische.

Die *Europäisierung sozialer Ungleichheiten*[9] ist notwendiges Resultat einer grenzüberschreitenden funktionalen Arbeitsteilung. Je weiter sich das System funktionaler Arbeitsteilung über die Staatsgrenzen hinaus ausdifferenziert, desto abhängiger werden soziale Lagen von der individuellen

4 Heidenreich, Martin, 2006: Die Europäisierung sozialer Ungleichheit zwischen nationaler Solidarität, europäischer Koordinierung und globalem Wettbewerb, in: ders. (Hrsg.): Die Europäisierung sozialer Ungleichheiten. Zur transnationalen Klassen- und Sozialstrukturanalyse, Frankfurt/Main, S. 17-64(18), dies entspricht der Sichtweise der Bevölkerungen, s. ebd. S. 20.

5 Swaan, Abram de, 1992: Perspectives for Transnational Social Policy, in: Government and Opposition (27) 1992, S. 33-52 (33); auch Lamping, Wolfram, 2008: Auf dem Weg zu einem postnationalen Sozialstaat? Die Sozialpolitik der Europäischen Union, in: Schubert, Klaus/Hegelich, Simon/Bazant, Ursula (Hrsg.): Europäische Wohlfahrtssysteme. Ein Handbuch, Wiesbaden, S. 595-620 (595).

6 Nach Anthony D. Smith, s. Heidenreich, 2006, S. 15.

7 Vgl. Knelangen, Wilhelm, 2005: „Sozialstaatswerdung" Europas? Integrationstheoretische Überlegungen zur Entwicklung der EU-Sozialpolitik, in: Baum-Ceisig, Alexandra/Faber, Anne (Hrsg.): Soziales Europa? Perspektiven des Wohlfahrtsstaates im Kontext von Europäisierung und Globalisierung, Festschrift für Klaus Busch, Wiesbaden, S. 20-44.

8 Vgl. Leibfried/Pierson, 1998, S. 59.

9 Heidenreich, 2006, S. 28; auch Poferl, Angelika, 2006: Solidarität ohne Grenzen? Probleme sozialer Ungleichheit und Teilhabe in europäischer Perspektive, in: Heidenreich, Martin (Hrsg.): Die Europäisierung sozialer Ungleichheit s. Anm. 4, S. 231-252 (233).

Marktposition, nicht zuletzt, weil die Nationalstaaten zunehmend an Möglichkeiten zur Marktkorrektur einbüßen. Die sozialen Ungleichheiten, die der europäische Binnenmarkt erzeugt, sind allein national nicht mehr zu bewältigen und bedürfen europäischer Regulierungen. Damit geht der Ruf nach einer europäischen Sozialpolitik getreu der funktionalistischen Logik als Übersprungeffekt (*spill over*) aus der Marktintegration hervor (vgl. Kap. 11 zur Theorie der europäischen Integration). Der Wirtschaftsraum Europa wird so zwangsläufig auch zu einem Sozialraum, allerdings die Wirtschaftsgemeinschaft nicht ebenso notwendig zu einer Solidargemeinschaft.[10] Die mechanische Solidarität der Nation jedenfalls kann für keine europäische Variante Modell stehen, zu heterogen scheinen die Marktteilnehmer der Wirtschaftsgemeinschaft, um ein Zusammengehörigkeitsgefühl aus ihrer Ähnlichkeit herleiten und entsprechend konstruieren zu können. Die EU muss folglich mit der *organischen Solidarität*[11], die sich nach Durkheims Theorie aus der Arbeitsteilung selbst ergibt, vorlieb nehmen. Vor diesem Hintergrund erstaunt es nicht, dass Münch/Büttner angesichts der Komplexität des europäischen Systems – und ganz im Geiste der aktuellen sozialwissenschaftlichen Begriffsbildung – für die EU das Konzept einer *organischen Netzwerksolidarität mit offenen Enden* vorschlagen.[12] Es deutet vieles darauf hin, dass sich die europäische Sozialpolitik tatsächlich auf andere – in vielerlei Hinsicht schwächere – Solidaritätsressourcen stützen muss als die nationale. Diese Ungleichverteilung zwischen nationaler und europäischer Ebene sollten wir im Kopf behalten, wenn wir uns im Folgenden der EU-Sozialpolitik zuwenden.

9.2 Negative und positive Integration

Die Abschaffung von Binnenzöllen und die Aufhebung von Grenzkontrollen sind Beispiele für Deregulierungen auf supranationaler Ebene, also negative Integration. Demgegenüber verstehen wir unter der Einigung auf einen gemeinsamen Außenzolltarif einen Akt positiver Integration[13], weil

10 Sozialraum ohne Solidargemeinschaft, vgl. Lamping, 2008, S. 595.

11 Durkheim, Emile, 1977: Über die Teilung der sozialen Arbeit, Frankfurt/Main, S. 111-173.

12 Münch, Richard/Büttner, Sebastian, 2006: Die europäische Teilung der Arbeit. Was können wir von Durkheim lernen? In: Heidenreich, Martin: Die Europäisierung sozialer Ungleichheit, s. Anm. 4, S. 65-107 (74).

13 Die Unterscheidung zwischen positiver und negativer Integration erfährt auch Kritik, s. Falkner, Gerda, 2006: Wohlfahrtsstaat und europäische Integration: Theorie und Praxis, in: Jachtenfuchs, Markus/Kohler-Koch, Beate (Hrsg.): Europäische Integration, S. 479-511 (484).

die aufgehobenen nationalen Regulierungen (nationale Binnenzölle) durch eine neue gemeinsame Regulierung auf Gemeinschaftsebene (gemeinsamer Außenzoll) ersetzt werden. Durch diese sog. *Reregulierung* entsteht eine Zollunion, die die Dysfunktionen der bloßen Freihandelszone beseitigt. Ist die negative Integration also marktschaffende Integration, kann die positive Integration als marktkorrigierende oder marktbegrenzende bezeichnet werden. In Kapitel 5.1 zur Wirtschaftsgemeinschaft haben wir den Zusammenhang von negativer (Deregulierung) und positiver Integration ([Re-]Regulierung) anhand des Zollbeispiels erläutert. Deregulierung und Reregulierung auf europäischer Ebene bedürfen jeweils einer politischen Entscheidung, die als vertikale Linien in die Abbildung 27 eingezeichnet sind. Die zweite Linie ist breiter, weil im Entscheidungssystem der Europäischen Union für Schritte der positiven Integration in der Regel höhere Entscheidungshürden – häufig ist gar Konsens zwischen den Mitgliedstaaten gefordert – zu überwinden sind, als für Schritte negativer Integration, die durch Kommission und EuGH auf Grundlage der Verträge mehr oder weniger *geräuschlos* durchgesetzt werden können. Diese Asymmetrie zwischen negativer und positiver Integration im EU-System beschreibt Scharpf wie folgt:

> „Während die negative Integration gewissermaßen hinter dem Rücken der Politik von Kommission und Gerichtshof vorangetrieben werden kann, bedürfen Maßnahmen der positiven Integration der expliziten politischen Legitimation.“[14]

Zu Recht konstatiert Scharpf vor diesem Hintergrund, dass damit vor allem die Maßnahmen positiver Integration „allen Hemmnissen der intergouvernementalen europäischen Politik unterworfen“[15] seien und meint mit diesen Hemmnissen in erster Linie die Vetomöglichkeit eines jeden Mitgliedstaats bei Ratsentscheidungen. Was aber hat das Ganze mit Sozialpolitik zu tun?

14 Scharpf, Fritz W., 2006: Politische Optionen im vollendeten Binnenmarkt, in: Jachtenfuchs, Markus/Kohler-Koch, Beate (Hrsg.): Europäische Integration, S. 219-253 (225); s. auch Streeck, 1998, S. 376.

15 Scharpf, 2006, S. 220; s. auch Leibfried, Stephan, 2005: Social Policy. Left to the Judges and the Markets? In: Wallace, Helen/Wallace, William/Pollack, Mark A. (Hrsg.): Policy-Making in the European Union, Oxford, S. 243-278 (247).

Abbildung 27: Negative und positive Integration[16]

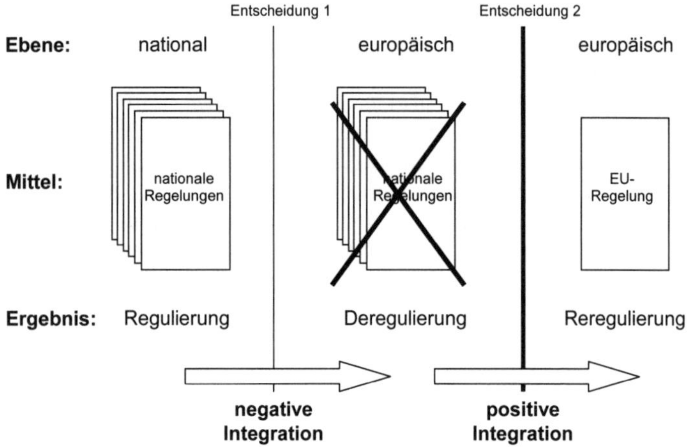

Quelle: eigene Darstellung

Zunächst einmal lassen sich die angestellten Überlegungen auf sozialpolitische Regulierungen übertragen. Auch sozialpolitische Standards verursachen zusätzliche Kosten für Waren und Dienstleistungen. So werden sie im Binnenmarkt mit seinen vier Freiheiten zwangsläufig zu Faktoren des innereuropäischen Standortwettbewerbs. Das gilt zumindest solange, wie sich die Mitgliedstaaten nicht auf eine gemeinsame Regulierung, z.B. eine Harmonisierung der nationalen Standards, geeinigt haben. Eine Harmonisierung produktionsbezogener Standards – also solcher Regelungen die sich auf den Produktionsprozess von Waren und Dienstleistungen (z.B. Sozialstandards) und nicht auf die Produkte selbst (z.B. Umwelt- und Verbraucherschutzbestimmungen) beziehen[17] – ist aber sehr unwahrscheinlich, da die Mitgliedstaaten mit niedrigen sozialen Leistungen so einen entscheidenden Wettbewerbsvorteil aufgeben würden, ohne dadurch ihre

16 Deregulierung muss nicht – wie die Abbildung es nahe legt – die tatsächliche Streichung einer nationalen Regelung bedeuten. Auch die gegenseitige Anerkennung nationaler Regulierungen sorgt für deren Wirkungslosigkeit auf Gemeinschaftsebene, fällt also ebenso unter den Begriff der Deregulierung.

17 Zu dieser Unterscheidung ausführlich Scharpf, 2006, S. 232; s. auch Hix, Simon, 2005: The Political System of the European Union, Houndmills u.a., S. 264.

Absatzchancen zu erhöhen, während die Staaten mit hohen Sozialschutzstandards eine signifikante Absenkung ihres Niveaus ebenfalls nur schwer akzeptieren könnten. Diese dilemmatische Situation ist durch die Osterweiterung der Jahre 2004 und 2007 um insgesamt zwölf relativ wirtschaftsschwache Staaten eher noch verschärft worden.[18]

Gerade im Bereich der Sozialpolitik ist die Blockadeneigung der Mitgliedstaaten also besonders hoch. Dies gilt freilich nicht nur für sozialpolitische Regulierungen, sondern in gleicher Weise für redistributive EU-Politiken. Während der Abbau sozialer Standards also leicht fällt und sich oft direkt aus der Marktordnung ableitet, ist die Errichtung neuer Standards und Umverteilungsmechanismen auf europäischer Ebene in aller Regel schwer durchzusetzen. Hierin zeigt sich die Asymmetrie zwischen negativer und positiver Integration im europäischen Mehrebenensystem. Die Unterscheidung zwischen beiden Integrationstypen ist von entscheidender Bedeutung zum Verständnis der europäischen Sozialpolitik. Auch Leibfried/Pierson übernehmen diese Kategorien, wenn sie aus der Perspektive der Mitgliedstaaten einen dreifachen Anpassungsdruck beobachten: nämlich erstens den direkten Druck durch negative Integration auf europäischer Ebene, zweitens den direkten Druck durch positive Initiativen und drittens den indirekten Druck auf die Wohlfahrtssysteme.[19] Anhand dieser drei Formen wollen wir in den folgenden Abschnitten die europäische Sozialpolitik ausführlich behandeln.

9.3 Negative Integration im Dienste des Marktes

Negative Integration, also der Abbau nationalstaatlicher Regulierungen, dient der Entstehung bzw. Ausdehnung von Märkten. Dies lässt sich am europäischen Beispiel zeigen: Das Kernprojekt der europäischen Einigung war von Beginn an die Schaffung eines Gemeinsamen Marktes durch Herstellung und Gewährleistung der vier Freiheiten von Waren, Personen, Dienstleistungen und Kapital (Art. 14 Abs. 2 EG-Vertrag). Die Integration der Volkswirtschaften durch Abbau nationalstaatlicher Regelungen, also Deregulierung, stand immer im Vordergrund der Gemeinschaftspolitik und wird von Kommission und Gerichtshof bis heute umgesetzt. Daneben ver-

18 Einen viel beachteten Ausweg aus dem Dilemma weist Busch mit seinem Korridormodell, das ein abgestuftes Verfahren zur Harmonisierung nach Ländergruppen vorsieht, Busch, Klaus, 1998: Das Korridormodell – ein Konzept zur Weiterentwicklung der EU-Sozialpolitik, in: Schmid, Josef/Niketta, Reiner (Hrsg.): Wohlfahrtsstaat. Krise und Reform im Vergleich, Marburg, S. 273-298.

19 Vgl. Leibfried, 2005, S. 245.

blasst die Reregulierung auf europäischer Ebene in Form von sozialpolitischen Maßnahmen durch die EU (s. nächsten Abschnitt) weitgehend. Doch ungeachtet der aus der Asymmetrie erwachsenden sozialpolitischen Regelungslücken geraten die nationalen Wohlfahrtsstaaten allein durch die Liberalisierung der Märkte zunehmend unter Druck, denn die Personenfreizügigkeit, insbesondere die freie Beweglichkeit von Arbeitnehmern, im EU-Raum untergräbt die nationalen Marktzutrittsbarrieren, die es den Staaten bisher erlaubt haben, ihre Sozialleistungen auf die eigenen Bürger zu beschränken.[20] Die Artikel 39 bis 42 des EG-Vertrags schützen die Arbeitnehmer im Binnenmarkt vor jeglichen nationalstaatlichen Diskriminierungen, einschließlich solcher faktischer Benachteiligungen, die einem Arbeitnehmer beim Wohnort- und Beschäftigungswechsel entstünden, wenn er seine innerstaatlich erworbenen Rechtsansprüche auf soziale Sicherung nicht gleichsam *mitnehmen* könnte. Man spricht in diesem Zusammenhang von der Portabilität der Sozialleistungen (s. Art. 42 EG-Vertrag).[21] Die Sozialschutzmaßnahmen für Wanderarbeitnehmer markieren aber schon den Übergang zur positiven Integration. An dieser Stelle gilt es festzuhalten, dass die nationalen Wohlfahrtsregime innerhalb des europäischen Marktes heute nicht mehr in der Lage sind, den Kreis ihrer Leistungsempfänger autonom zu bestimmen.

Eine ähnlich souveränitätsbeschränkende Wirkung auf die nationalen Wohlfahrtsregime hat die Liberalisierung des Dienstleistungsverkehrs. In Kapitel 5.2 über den Binnenmarkt haben wir entsprechende Umstände betreffend die *aktive* Dienstleistungsfreiheit – hier reist der Dienstleistungserbringer – bereits ausführlich geschildert. In diesem Zusammenhang haben wir auch die großen Befürchtungen insbesondere in einigen alten EU-Mitgliedstaaten um die hohen sozialen Standards sowie die vehementen Proteste 2004/2005 beschrieben, die den Entwurf einer Dienstleistungsrichtlinie des damaligen EU-Binnenmarktkommissars Frits Bolkestein und insbesondere das darin enthaltene *Herkunftslandprinzip* zu Fall brachten (vgl. Kap. 5.2). Der liberale Grundsatz, wonach – in offensichtlicher Anlehnung an das Prinzip der gegenseitigen Anerkennung im Warenverkehr – Dienstleistungserbringer in einem fremden Mitgliedstaat nur den Arbeits- und Sozialschutzbestimmungen ihres Herkunftslandes unterliegen sollten, hätte tatsächlich eine bahnbrechende Deregulierung des europäischen Dienstleistungsmarktes bewirkt und die Konkurrenzsituation unmit-

20 Vgl. Leibfried, 2005, S. 263; s. auch Heidenreich, 2006, S. 20 u. 26.
21 Die Portabilität gilt nur eingeschränkt für die Arbeitslosenunterstützung.

telbar zwischen den Anbietern und mittelbar zwischen den Sozialsystemen deutlich verschärft. Ist das Herkunftslandprinzip in der 2006 verabschiedeten Richtlinie auch nicht mehr enthalten, so bleibt eine grundlegende Liberalisierung des Dienstleistungsverkehrs doch weiterhin zentrales Ziel der Kommission.

Nicht nur die aktive, sondern auch die passive Dienstleistungsfreiheit – hier reist der Dienstleistungsempfänger – wirkt sich auf die nationalen Wohlfahrtsregime aus. Diese Tatsache lässt sich an einem Präzedenzurteil des Europäischen Gerichtshofs auf dem Feld der Gesundheitspolitik verdeutlichen. Im Fall *Kohll* (Rs. 158/96) hatte ein Luxemburger seine Krankenkasse verklagt, weil sie die Zahlung für eine Zahnbehandlung seiner Tochter in Deutschland abgelehnt hatte. Das Vorabentscheidungsurteil aus dem Jahr 1998 fiel zugunsten des Klägers, und die Absage der Krankenkasse wurde als Verstoß gegen die Dienstleistungsfreiheit (heute Art. 49 u. 50 EG-Vertrag) gewertet. Am selben Tag fällte der EuGH das Urteil in einem ähnlichen Fall: In der Rechtssache *Decker* (Rs. 120/95) hatte ein Luxemburger Wanderarbeitnehmer seine Krankenkasse verklagt, weil diese die Erstattung der Kosten für eine im Ausland erworbene Brille abgelehnt hatte. Auch hier ging es um eine Vorabentscheidung und auch hier urteilte der Gerichtshof zugunsten des Klägers. Zwar begründete der EuGH sein Urteil im Fall *Decker* mit der Warenverkehrsfreiheit (heute Art. 28 u. 30 EG-Vertrag), aber Leibfried leitet aus den beiden Beispielen zu Recht eine gemeinsame Beobachtung für die europäische Sozialpolitik ab. In dem Maße, wie sich ein europäischer Markt für Sozialleistungen entwickelt, der als solcher der europäischen Marktordnung und ihren Wettbewerbsregeln unterliegt, verlieren die mitgliedstaatlichen Wohlfahrtssysteme an sozialpolitischer Autonomie.[22] Die marktschaffende, negative Integration nimmt ihnen nicht nur die Möglichkeit, ihre Sozialleistungen auf ihre jeweiligen Staatsbürger zu beschränken, sondern versagt ihnen zugleich sukzessive die territoriale Beschränkung des Konsums sozialer Leistungen. Damit ist die Autonomie nationaler Wohlfahrtsregime innerhalb der EU allein durch die Marktliberalisierung deutlich eingeschränkt[23], unabhängig davon, ob und wie die Gemeinschaft die ihr übertragenen Mandate im Bereich der Sozialpolitik umgesetzt hat bzw. umsetzt.

22 Vgl. Leibfried, 2005, S. 264; s. auch Heidenreich, 2006, S. 40.
23 Vgl. Leibfried/Pierson, 1998, S. 77ff.

9.4 Positive Integration im Dienste des Marktes

Ebendiese Mandate spielen eine Rolle für die positiven Integrationsschritte der EU auf dem Feld der Sozialpolitik. Aus integrationsgeschichtlicher Sicht ist die Sozialpolitik durchaus ein klassisches Betätigungsfeld der Gemeinschaft. Seit den fünfziger Jahren flankieren einzelne vertraglich verankerte Maßnahmen (zu Beginn waren es Antidiskriminierung, Herstellung von Entgeltgleichheit zwischen den Geschlechtern sowie Regelungen zur Arbeitnehmerfreizügigkeit) die Marktintegration.[24] Im Laufe der europäischen Einigung nahm die Zahl der erteilten Mandate stetig zu. Außerdem wechselte für einen Großteil von ihnen die Entscheidungsregel von der Einstimmigkeit zur qualifizierten Mehrheit (vgl. Tabelle 10).[25] Den durch die Gemeinschaft wahrgenommenen Regelungskompetenzen und den entsprechend durchgeführten Maßnahmen gemeinsam ist bis heute die Ausrichtung auf die Erfordernisse des Binnenmarkts bzw. die Fokussierung auf den Marktbürger und Arbeitnehmer.

Tabelle 10: Vertraglich verankerte sozialpolitische Mandate

Mandat	Nizza-Vertrag	Lissabon-Vertrag
Diskriminierung aus Gründen der Staatsangehörigkeit	QM (Art. 12 EGV)	QM (Art. 18 AEUV)
andere Antidiskriminierungsmaßnahmen unter Ausschluss jeglicher Harmonisierung[a]	QM (Art. 13 Abs. 2 EGV)	QM (Art. 19 Abs. 2 AEUV)
Arbeitnehmerfreizügigkeit	QM (Art. 39 u. 40 EGV)	QM (Art. 45 u. 46 AEUV)
Entgeltgleichheit von Männern und Frauen	QM (Art. 141 EGV)	QM (Art. 157 AEUV)

24 Vgl. Boeckh/Huster/Benz, 2006, S. 145 u. 423; für Kaelble stellt die supranationale Sozialpolitik allerdings nicht nur einen „Appendix" der Marktintegration, sondern eine „eigene Säule" der EU dar, Kaelble, Hartmut, 2004: Das europäische Sozialmodell – eine historische Perspektive, in: ders./Schmid, Günther (Hrsg.): Das europäische Sozialmodell. Auf dem Weg zum transnationalen Sozialstaat, Berlin, S. 31-50 (46).

25 Beide Entwicklungen lassen sich sehr gut an einer Darstellung von Leibfried ablesen, die im Gegensatz zur Tabelle 10 in diesem Band die Genese bis zum EWG-Vertrag zurückverfolgt, vgl. Leibfried, 2005, S. 250-253; Tabelle der sozialpolitischen Marksteine auch bei Boeckh/Huster/Benz, 2006, S. 420-421; auch Hix, 2005, S. 257; Knelangen, 2005, S. 30.

Chancengleichheit von Männern und Frauen auf dem Arbeitsmarkt und Gleichbehandlung am Arbeitsplatz	QM (Art. 137 Abs. 1 i EGV)	QM (Art. 153 Abs. 1 i AEUV)
Arbeitsumwelt	QM (Art. 137 Abs. 1 a EGV)	QM (Art. 153 Abs. 1 i AEUV)
Arbeitsbedingungen	QM (Art. 137 Abs. 1 b EGV)	QM (Art. 153 Abs. 1 b AEUV)
Unterrichtung und Anhörung der Arbeitnehmer	QM (Art. 137 Abs. 1 e EGV)	QM (Art. 153 Abs. 1 e AEUV)
berufliche Eingliederung der aus dem Arbeitsmarkt ausgegrenzten Personen	QM (Art. 137 Abs. 1 h EGV)	QM (Art. 153 Abs. 1 h AEUV)
Bekämpfung der sozialen Ausgrenzung	QM (Art. 137 Abs. 1 j EGV)	QM (Art. 153 Abs. 1 j AEUV)
Modernisierung der Systeme des sozialen Schutzes	QM (Art. 137 Abs. 1 k EGV)	QM (Art. 153 Abs. 1 k AEUV)
Maßnahmen zur Förderung der öffentlichen Gesundheit unter Ausschluss jeglicher Harmonisierung[a]	QM (Art. 152 EGV)	QM (Art. 168 AEUV)
System zur Sicherung von Leistungsansprüchen für Wanderarbeitnehmer und ihre Angehörigen	E (Art. 42 EGV)	QM (Art. 48 AEUV), s. Einschränkung[b]
Harmonisierung anderer Antidiskriminierungsmaßnahmen (s. Zeile 2)	E (Art. 13 Abs. 1 EGV)	E (Art. 19 Abs. 1 AEUV)
soziale Sicherheit und sozialer Schutz der Arbeitnehmer	E (Art. 137 Abs. 1 c EGV)	E (Art. 153 Abs. 1 c AEUV)
Schutz der Arbeitnehmer bei Beendigung des Arbeitsvertrags	E (Art. 137 Abs. 1 d EGV)	E (Art. 153 Abs. 1 d AEUV)
Vertretung und kollektive Wahrnehmung der Arbeitnehmer- und Arbeitgeberinteressen, einschließlich Mitbestimmung (Einschränkung letzte Zeile)	E (Art. 137 Abs. 1 f EGV)	E (Art. 153 Abs. 1 g AEUV)
Beschäftigungsbedingungen der Staatsangehörigen dritter Länder	E (Art. 137 Abs. 1 g EGV)	E (Art. 153 Abs. 1 g AEUV)
Arbeitsentgelt, Koalitionsrecht, Streikrecht sowie Aussperrungsrecht	ausgeschl. (Art. 137 Abs. 5 EGV)	ausgeschl. (Art. 153 Abs. 5 AEUV)

QM: Qualifizierte Mehrheitsentscheidung; E: Einstimmigkeit; [a] Harmonisierung innerstaatlicher Rechtsvorschriften; [b] erklärt ein Ratsmitglied seine Bedenken, wird das Verfahren ausgesetzt und die Entscheidung dem Europäischen Rat vorgelegt
Quelle: eigene u. ergänzte Darstellung nach Leibfried, 2005, S. 250-253.

Antidiskriminierung

Der Abbau der Grenzen für den Personenverkehr und die vertragliche Verankerung der Personen- bzw. Arbeitnehmerfreizügigkeit (Art. 39-40 EG-Vertrag) reichen allein nicht aus für die Schaffung eines EU-weiten Arbeitsmarkts.[26] Auch andere, meist weniger sichtbare Barrieren müssen aus dem Weg geräumt werden, damit die Auswanderung in einen anderen Mitgliedstaat für den einzelnen Arbeitnehmer möglich, sinnvoll und attraktiv wird. Als fundamentaler Grundsatz in diesem Zusammenhang kann das allgemeine Diskriminierungsverbot aus Art. 12 EG-Vertrag gelten. Es verbietet jegliche Diskriminierung aus Gründen der Staatsangehörigkeit und ist damit zunächst auf die Benachteiligung von Wanderarbeitnehmern aufgrund ihrer Herkunft aus einem anderen EU-Mitgliedstaat beschränkt. Daneben treten im Arbeitnehmeralltag potenziell natürlich auch andere Formen der Diskriminierung auf, z.B. aus Gründen des Geschlechts, der ethnischen Herkunft, der Religion oder Weltanschauung, einer Behinderung, des Alters oder der sexuellen Orientierung etc. Zur Bekämpfung solcher weiteren Formen der Diskriminierung sieht Artikel 13 EG-Vertrag gemeinschaftliche Maßnahmen vor. Insbesondere auf diesen Vertragsartikel stützt sich die umfassende Diskriminierungsrichtlinie des Rates vom November 2000 (RL 2000/78/EG), die neben anderen Bestimmungen sowohl einen individuellen Rechtsschutz (Art. 9) als auch eine Umkehr der Beweislast zu Lasten des Beklagten (Art. 10) vorschreibt. Wie die Richtlinie zeigt, bildet die Antidiskriminierung bis heute eine der wichtigsten, wenn nicht die wichtigste sozialpolitische Aktivität der EU und ist gekennzeichnet durch sehr weitgehende supranationale Regelungen. Dies gilt im Besonderen, zählt man die sehr aktive EU-Politik zur Gleichstellung der Geschlechter hinzu.[27]

Soziale Sicherheit

Auch die zum Teil bereits früh übertragenen Regelungskompetenzen der Gemeinschaft betreffend die soziale Sicherheit lassen sich nur im Zusammenhang mit der Schaffung eines EU-weiten Arbeitsmarktes erklären. Die entsprechenden Maßnahmen dienen in erster Linie zum Abbau faktischer

26 Die Bedeutung der Freizügigkeit sowohl für den Gemeinsamen Markt als auch die Sozialpolitik beschreiben Adnett, Nick/Hardy, Stephen, 2005: The European Social Model. Modernisation or Evolution? Cheltenham/Northampton, S. 18.

27 Vgl. Boeckh/Huster/Benz, 2006, S. 409, zu den konkreten Bestimmungen s. Tab. 10.

Barrieren für die Arbeitswanderung. Um die Arbeitnehmerfreizügigkeit zu befördern, wurden beispielsweise Mechanismen eingerichtet, die innerstaatlich erworbenen Rechtsansprüche auf Leistungen im Falle von Krankheit, Alter, Berufsunfähigkeit etc. *portabel* zu machen, so dass der einzelne Arbeitnehmer[28] diese auch nach Einwanderung in einen anderen Mitgliedstaat behält und sie im Bedarfsfall gemeinsam mit den im Gastland erworbenen Ansprüchen geltend machen kann.[29] Außerdem wird die entsprechende Versorgung der Familienangehörigen des Arbeitnehmers gewährleistet (Familienleistungen). Das gesamte Feld des Sozialschutzes für Wanderarbeitnehmer und deren Angehörige regelt seit 1971 eine umfassende Verordnung des Rates (VO 1408/71), die bis heute zahlreiche Änderungen erfahren hat. Sie wiederum stützt sich auf den Art. 42 EG-Vertrag, der in nahezu gleichem Wortlaut bereits im EWG-Vertrag von 1957 enthalten war. Weitere Sozialschutzbestimmungen betreffen allgemein die Arbeitsbeziehungen in der EU und werden daher unter dem Oberbegriff Arbeitsrecht behandelt.

Arbeitsrecht

Das allgemeine Arbeitsrecht der EU besteht aus einer Reihe von Richtlinien zum Schutz des Wohls, der Gesundheit und des Rechts von Arbeitnehmern, wie denjenigen zur Bildschirmarbeit (RL 90/270/EWG), zum Schutz schwangerer Arbeitnehmerinnen (RL 92/85/EG), zum Jugendarbeitsschutz (RL 94/33/EG), zu Europäischen Betriebsräten (RL 94/45/EG), zur Elternzeit (RL 96/34/EG), zur Teilzeit (RL 97/81/EG), zu befristeten Arbeitsverträgen (RL 1999/70/EG), zur Unterrichtung und Anhörung von Arbeitnehmern (RL 2002/14/EG), zum Schutz der Arbeitnehmer bei Zahlungsunfähigkeit des Arbeitgebers (RL 2002/74/EG) oder zur Arbeitszeit (RL 2003/88/EG)[30]. Ein Großteil der genannten Richtlinien geht zurück auf den Artikel 137 des EG-Vertrags, wonach die Gemeinschaft eine ergänzende Zuständigkeit neben den Mitgliedstaaten für einige Aspekte überwiegend des Arbeitsrechts aber auch des sozialen Schutzes im Allgemeinen innehat und entsprechende Maßnahmen von Rat – meist

28 Die Regelungen zur Portabilität von Leistungen gelten auch für Selbständige.

29 Eine Ausnahme bei der Portabilität von Sozialleistungen bildet die Arbeitslosenversicherung. Das Arbeitslosengeld wird lediglich für drei Monate und nur nach Zustimmung des betreffenden Arbeitsamtes an eine anspruchsberechtigte Person im EU-Ausland überwiesen, vgl. Leibfried/Pierson, 1998, S. 72.

30 Am 9. Juni 2008 einigte sich der Ministerrat auf eine Änderung der Richtlinie, die zum Inkrafttreten aber noch der Zustimmung des Europäischen Parlaments bedarf.

mit qualifizierter Mehrheit, in einigen Fällen einstimmig (vgl. Art. 137 EG-Vertrag, Tabelle 10) – und Parlament beschlossen werden können. Andere Regelungen gehen auf den Artikel 139 EG-Vertrag zurück und sind mithin dem Dialog der Sozialpartner entsprungen. Der Soziale Dialog auf europäischer Ebene findet zwischen den drei EU-weiten Dachverbänden der Arbeitnehmer und Arbeitgeber, nämlich dem Europäischen Gewerkschaftsbund (EGB, engl. ETUC), der Arbeitgeberorganisation *BusinessEurope* (früher UNICE) und dem Zusammenschluss der öffentlichen Arbeitgeber CEEP (*Centre of Enterprises with public participation and of Enterprises of general economic interest*) statt. Der soziale Dialog wurde in den achtziger Jahren durch die Delors-Kommission mit den sog. *Val Duchesse*-Gesprächen angestoßen und im Folgenden sukzessive institutionalisiert.[31]

Europäischer Sozialfonds und Globalisierungsfonds

Die genannten Aktivitäten und Initiativen der EU im Rahmen der Sozialpolitik lassen sich insgesamt unter den Oberbegriff der Regulierung subsumieren. Dennoch gehören auch finanzielle Fördermaßnahmen zum Instrumentenkatalog der Europäischen Union. Die Mittel für derartige Maßnahmen entstammen in der Regel dem *Europäischen Sozialfonds* (ESF). Der ESF wurde schon mit der Gründung der EWG 1957 eingerichtet (Art. 123ff. EWG-Vertrag). Mit ESF-Mitteln gefördert werden Maßnahmen, die zur Vermeidung und Bekämpfung der Arbeitslosigkeit, zur Aus- und Weiterbildung von Arbeitssuchenden oder allgemein zum besseren Funktionieren des EU-Arbeitsmarkts (Gleichstellung von Mann und Frau, Steigerung der Arbeitnehmermobilität etc.) beitragen. Obwohl die Ressourcen des ESF sich gegenüber nationalen Sozialbudgets gering ausnehmen, haben sie im EU-Maßstab doch ein beträchtliches Gewicht, und die veranschlagten Ausgaben für *Beschäftigung und Soziales* im Haushaltsplan 2008 bilden mit insg. rund 11,5 Mrd. Euro den drittgrößten Posten nach Agrar- und Regionalpolitik.[32] Angesichts dieser Zahlen konstatiert Falkner zu Recht, dass die „EU-Politik im Sozialbereich mittlerweile stärker auf den Einsatz finanzieller Mittel baut als zumeist angenommen.“[33] Dieser

31 Vgl. Streeck, 1998, S. 387; auch Dyson, Kenneth, 2006: Die Wirtschafts- und Währungsunion als Prozess der Europäisierung, in: Jachtenfuchs, Markus/Kohler-Koch, Beate (Hrsg.): Europäische Integration, Wiesbaden, S. 449-478 (458 u. 476).

32 Vgl. Aufstellung nach Politikbereichen in: Europäische Kommission, 2008: Gesamthaushaltsplan für das Jahr 2008, Brüssel, S. 20.

Wahrnehmung entspricht zunächst auch die Tatsache, dass die Europäische Kommission im Dezember 2006 auf Vorschlag ihres Präsidenten Barroso einen neuen Fonds, den *Europäischen Fonds für die Anpassung an die Globalisierung* (EGF), eingerichtet hat. Mit großer Symbolwirkung verbunden, sollen die Mittel aus dem EGF den Verlierern der Globalisierung, konkret z.B. entlassenen Arbeitnehmern aus einem ins Ausland verlagerten Unternehmen, beim Wiedereinstieg in den Arbeitsmarkt helfen. Anders als die längerfristig und strategisch ausgerichteten Strukturfonds, soll der EGF, für den jährlich maximal 500 Mio. Euro zur Verfügung stehen, mithin schnelle, individuelle und zeitlich begrenzte Hilfen für betroffene Arbeitnehmer bereitstellen. Die Anträge auf Unterstützung aus dem EGF müssen von den mitgliedstaatlichen Regierungen gestellt werden. Seit Anfang 2007 sind 13 Anträge auf Förderung bei der Kommission eingegangen, in sechs Fällen hat diese die beantragten Mittel ausgezahlt, ein Antrag wurde zurückgezogen, sechs weitere werden von der Kommission geprüft.[34]

Zwischenfazit: positive Integration

Die vorangegangenen Abschnitte haben klar vor Augen geführt, dass die EU nicht nur durch die fortschreitende Marktliberalisierung, sondern auch durch eine Vielzahl von Schritten der positiven Integration sozialpolitische Akzente gesetzt hat und setzt. Auf der Grundlage einer wachsenden Zahl sozialpolitischer Mandate hat die Gemeinschaft einen beträchtlichen Katalog von Verordnungen und Richtlinien hervorgebracht und die Mitgliedstaaten unter erheblichen Anpassungsdruck gesetzt.[35] Trotz der in vielerlei Hinsicht bemerkenswerten Performanz der EU insbesondere auf dem Feld der Antidiskriminierung ist das Verhältnis zwischen den Maßnahmen negativer und positiver Integration auf europäischer Ebene nach wie vor durch eine grundlegende Asymmetrie (s.o.) gekennzeichnet. Außerdem sind auch die Maßnahmen positiver Integration, also solche Politiken, die klassischerweise als *politics against the market* verstanden werden, auf EU-Ebene eher marktflankierende als marktkorrigierende Aktivitäten. Bei der europäischen Sozialpolitik geht es meist „weniger um eine Einhegung von Marktkräften als vielmehr um die Absicherung der Ausdehnung von

33 Falkner, 2006, S. 488.
34 Vgl. Angaben der Kommission unter http://ec.europa.eu/employment_social/egf/applications08_de.html (letzter Zugriff: 4.8.2008).
35 Vgl. Leibfried 2005, S. 256.

Marktbeziehungen"[36] und Streeck bezeichnet sie aus guten Gründen als „minimale, marktbereitende Sozialpolitik"[37]. So stellt sich also auch die positive Integration in den Dienst des Marktes. In diesem Sinne auffallend ist zumindest die enge Fokussierung europäischer sozialpolitischer Aktivitäten auf den Arbeitnehmer als Träger von Rechten und Empfänger von Leistungen. Erst mit der sukzessive in das Primärrecht integrierten Grundrechtecharta scheint sich dieser Fokus allmählich auf den EU-Bürger zu verschieben.[38]

So gewährt die Charta allen EU-Bürgern einen breiten Katalog sozialer Grundrechte (vgl. Abbildung 26) vom Recht auf Bildung (Art. 14), und dem Recht zu arbeiten (Art. 15) über die Rechte auf Mitbestimmung und Schutz am Arbeitsplatz (Art. 27 u. 28), auf Arbeitsvermittlung (Art. 29) und auf Schutz bei ungerechtfertigter Entlassung (Art. 30) sowie auf sozialen Schutz und soziale Unterstützung (Art. 34) etc. bis hin zum Recht auf Gesundheitsschutz (Art. 35). Spätestens mit der tatsächlichen Geltung der Grundrechtecharta wird das Individuum in der EU vom bloßen Marktbürger zum Unionsbürger. Diese Transformation ist in der Tat grundlegend für die Herausbildung einer sozialen Bürgerschaft als konstitutionelles Element eines wohlfahrtsstaatlichen Europas[39], und die Aufnahme der Grundrechtecharta ist folgerichtig von Knelangen als wichtigste sozialpolitische Neuerung der gescheiterten EU-Verfassung gewertet worden.[40] Damit liegen auch die Einschränkungen der sozialpolitischen Euphorie bezüglich der Charta auf der Hand: Anders als in der Verfassung vorgesehen, wird die Charta gemäß Lissabon-Vertrag nicht Teil der Verträge, wenn sie hierin auch für rechtsverbindlich erklärt wird (Art. 6 EU-Vertrag[Lissabon]). Außerdem haben mit Großbritannien und Polen zwei bevölkerungsreiche EU-Staaten durchgesetzt, dass die enthaltenen Grundrechte für ihre Bürger nicht einklagbar sein werden (vgl. Kasten Reformvertrag 2007 21).

36 Knelangen, 2005, S. 23.
37 Streeck, 1998, S. 380, s. auch S. 382.
38 Vgl. Lamping, 2008, S. 596.
39 Vgl. Esping-Andersens Bezug auf Marshall, Esping-Andersen, Gøsta, 1996: The three worlds of welfare capitalism, Oxford u.a., S. 21.
40 Vgl. Knelangen, 2005, S. 28.

Vertrag von Lissabon:
Die gravierendste Neuerung von sozialpolitischer Bedeutung, die der gescheiterte Verfassungsvertrag vorsah, war die Integration der Grundrechtecharta in das Vertragswerk. Die Charta enthält die Titel III und IV, die unter den Überschriften Gleichheit bzw. Solidarität eine Vielzahl zum Teil sehr weitgehender sozialer Grundrechte verankern.
Die Charta der Grundrechte wurde von den Staats- und Regierungschefs im Dezember 2007 feierlich unterzeichnet und proklamiert, damit stellt sie die erste offizielle Kodifizierung des Grundrechteschutzes auf EU-Ebene dar. Allerdings sieht der Vertrag von Lissabon keine Integration der Charta in die Verträge vor. Vielmehr verweist der Artikel 6 EU-Vertrag auf die rechtsverbindliche Geltung des Dokuments. Die Bestimmungen der Charta finden jedoch keine Anwendungen auf Großbritannien und Polen (Protokoll Nr. 30).
Jenseits der Grundrechtecharta sieht der Reformvertrag nur wenige Änderungen im nunmehr eigenen Titel zur Sozialpolitik vor: So werden die Sozialpartner und der Dreigliedrige Sozialgipfel als Element des sozialen Dialogs durch einen eigens eingefügten Artikel ausdrücklich anerkannt (Art. 152 AEUV). Das Bekenntnis der EU zu den sog. *Diensten von allgemeinem wirtschaftlichen Interesse* (Art. 14 AEUV, entsprechen in etwa dem Öffentlichen Dienst) wird in einem beigefügten Protokoll (Nr. 26) näher erläutert.

9.5 Staaten im Wettbewerb – Staaten unter Druck

Wir haben in den vorangegangenen Abschnitten gesehen, wie EU-Entscheidungen und -Politiken sowohl der negativen als auch der positiven Integration die Mitgliedstaaten unmittelbar unter Anpassungsdruck setzen, sei es mittels Verordnungen, Richtlinien oder Gerichtsurteilen. Doch nach Leibfried hat der Anpassungsdruck auf die Staaten im EU-System noch eine dritte Quelle.[41] Die EU reagiert nämlich nicht nur – getreu der funktionalistischen Integrationslogik (vgl. Kap. 12.3) – auf integrationsdynamisch motivierte Sachzwänge[42] und setzt die Staaten mit ihren *harten* Maßnahmen auf der Grundlage gemeinschaftlicher Mandate unmittelbar unter Druck, sondern die fortschreitende Marktintegration produziert darüber hinaus auch neue Sachzwänge in Politikbereichen, die (noch) nicht supranational oder überhaupt nicht europäisch geregelt sind, wodurch ein indirekter, faktischer Anpassungsdruck auf die Mitgliedstaaten ausgeübt

41 Vgl. Leibfried, 2005, S. 269ff.; s. auch Brunkhorst, Hauke, 2008: Demokratische Solidarität in der Weltgesellschaft, in: Aus Politik und Zeitgeschichte (21) 2008, S. 3-8 (6). Brunkhorst stellt einen Wandel in der globalisierten Marktwirtschaft von *state embedded markets* zu *market embedded states* fest.

42 Oder auch sozialpolitische Regelungslücken, s. Historischer Institutionalismus Kap. 12.5.

wird. Dieser wird mittels moderner, *weicher* Koordinierungsverfahren kanalisiert und verstärkt.

Die Steuerhoheit sowie Kernbereiche der Sozial-, Arbeitsmarkt- und Beschäftigungspolitik liegen nach wie vor im Verantwortungsbereich der Mitgliedstaaten.[43] Die EU hat hier – wenn überhaupt – nur sehr begrenzte Kompetenzen und kann gewünschte Effekte durch keinerlei eigene Entscheidung oder Maßnahme verbindlich herbeiführen. Dennoch hat der Binnenmarkt mit seinen vier Freiheiten gravierende Auswirkungen auf den Handlungsspielraum der Mitgliedstaaten auch in diesen Bereichen. Wo die sozial-, steuer- und lohnpolitische Harmonisierung nicht gelingt bzw. gar nicht vorgesehen ist, geraten die entsprechenden nationalen Standards im freien Markt nahezu zwangsläufig unter Druck, bilden sie doch einen potenziellen Standortfaktor im Wettbewerb um frei bewegliches Kapital.[44] So werden die nationalen Wohlfahrtsstaaten regelrecht dazu „[genötigt], ihre Sozialleistungssysteme anzupassen."[45] Die derart hervorgerufene *kompetitive Deregulierung* kann im Extremfall in ein verhängnisvolles *race to the bottom* bei Sozialstandards (*Sozialdumping*) und Steuersätzen (*Steuerdumping*) umschlagen.[46] Ein ruinöser Wettbewerb der Systeme, wie er in den Debatten mitunter beschworen wird, lässt sich empirisch bisher nicht beobachten. So blieben die durchschnittlichen Anteile der Sozialschutzausgaben am Bruttoinlandsprodukt der EU-Mitgliedstaaten in den vergangenen Jahren konstant.[47] Dennoch gibt es klare Belege für eine steuer- und sozialpolitische Konkurrenzsituation, in der sich die Mitgliedstaaten befinden und die sich mit der jüngsten Erweiterung um zehn vergleichsweise wirtschaftsschwache osteuropäische Länder mit relativ niedrigen sozialen Standards 2004 bzw. 2007 noch einmal verstärkt hat.[48]

Einem weiteren indirekten Anpassungsdruck unterliegen vor allem die nationalen Wohlfahrtsstaaten auf der dritten Stufe der WWU. Die Konver-

43 „Le noyau dur des États membres, ce cœur échappant à l'européanisation, est bien leur système social." Moreau Defarges, Philippe, 2006: Où va l'Europe? Paris, S. 57.

44 Vgl. Boeckh/Huster/Benz, 2006, S. 407; Lamping, 2008, S. 606.

45 Leibfried/Pierson, 1998, S. 83.

46 Vgl. Adnett/Hardy, 2005, S. 9; Leibfried/Pierson, 1998, S. 38.

47 Einige Staaten, darunter Deutschland, senkten ihre Ausgaben für den Sozialschutz zwischen 2003 und 2005, in anderen Ländern, z.B. Frankreich und Irland, stiegen die Ausgaben kontinuierlich seit 2000. Vgl. Eurostat: Social protection in the European Union, statistics in focus (46) 2008; s. auch Boeckh/Huster/Benz, 2006, S. 415; klare Ablehnung der Dumping-These bei Moravcsik, Andrew, 2006: Die Verfassung ist tot! Es lebe die Verfassung! In: Europäische Rundschau (1) 2006, S. 73-81 (75).

48 Vgl. Baum-Ceisig, Alexandra/Busch, Klaus/Nospickel, Claudia, 2007: Die Europäische Union. Eine Einführung in die politischen, ökonomischen und sozialen Probleme des erweiterten Europa, Baden-Baden, S. 143.

genzkriterien sowie der Stabilitäts- und Wachstumspakt schreiben den Staaten eine strikte Sparpolitik vor, die die fiskalpolitischen Handlungsspielräume der mitgliedstaatlichen Regierungen, beispielsweise für die Finanzierung der Sozialsysteme, aber auch für eine aktivierende Wirtschaftspolitik, deutlich einschränkt.[49] Neben der kompetitiven Deregulierung ist im Wettbewerb der Mitgliedstaaten also auch eine „kompetitive Austerität"[50] zu beobachten. Darüber hinaus produziert das EU-System weitere Konvergenzzwänge auf die nationalen Wohlfahrtsstaaten, die z.B. den öffentlichen Dienst in seinen sehr heterogenen nationalen Ausprägungen oder das Versicherungswesen betreffen.[51]

Das wesentliche Merkmal dieser indirekten Anpassungszwänge bildet gerade die Tatsache, dass sie sich nicht auf der Gemeinschaft übertragene Mandate beziehen und folglich – außer im Sonderfall der Währungspolitik – nicht mit harten Sanktionen verbunden sind. Wo also de jure keine gemeinschaftlichen Regelungskompetenzen vorhanden sind, kommt es de facto doch zu einer Konvergenz der mitgliedstaatlichen Systeme im Wettbewerb. Die EU schaut diesem Mechanismus von Konkurrenz und Konvergenz allerdings nicht tatenlos zu, vielmehr hat sie, beginnend in den neunziger Jahren, verschiedene Verfahren der vergleichsweise *weichen* Koordinierung entwickelt. Insbesondere die sog. *Offene Methode der Koordinierung* (OMK, s. Kap. 8.5), als deren Prototyp die 1995 vereinbarte *Europäische Beschäftigungsstrategie* (EBS) gelten kann, wird für verschiedene sozialpolitisch relevante Regelungsbereiche, z.B. Beschäftigung, Armut, Renten, Gesundheit etc., eingesetzt.[52] Damit kanalisiert und verstärkt die OMK den beschriebenen indirekten Mechanismus, indem sie den mitgliedstaatlichen Systemwettbewerb institutionalisiert.

9.6 Das Europäische Sozialmodell

Münden die verschiedenen Maßnahmen der EU, sei es im Rahmen der negativen oder positiven Integration, sowie die indirekten Anpassungszwänge, kanalisiert und befördert durch die OMK, in ein gemeinsames

49 Vgl. Boeckh/Huster/Benz, 2006, S. 408; Pfetsch, Frank R., 2007: Das neue Europa, Wiesbaden, S. 74.

50 Bieling, Hans-Jürgen, 2005: Die Lissabon-Strategie und das Europäische Sozialmodell, in: Baum-Ceisig, Alexandra/Faber, Anne (Hrsg.): Soziales Europa? Perspektiven des Wohlfahrtsstaates im Kontext von Europäisierung und Globalisierung, Festschrift für Klaus Busch, Wiesbaden S. 136-149(139).

51 Vgl. Leibfried, 2005, S. 271.

52 Vgl. Boeckh/Huster/Benz, 2006, S. 434-435.

Europäisches Sozialmodell (ESM)? Oder bildet die Existenz eines solchen gemeinschaftlichen Besitzstandes sozialpolitischer Errungenschaften und Vorstellungen schlechthin die Voraussetzung dafür, dass Sozialpolitik überhaupt europäisch geregelt bzw. koordiniert werden kann? Die Beantwortung dieser Fragen ist unweigerlich durch das jeweilige Verständnis des Begriffs sowie die jeweilige Meinung des Betrachters hinsichtlich der Existenz oder Nicht-Existenz eines solchen Modells bedingt. Die Unschärfe des Begriffs macht den Sachverhalt kompliziert. Mit dem Rückgriff auf Esping-Andersens bekannte Typologie wohlfahrtsstaatlicher Systeme wollen wir etwas Ordnung hineinbringen.[53] Esping-Andersen unterscheidet drei Typen wohlfahrtsstaatlicher Regime:

- den *liberalen* Typ: Der liberale Wohlfahrtsstaat beschränkt seine Rolle weitgehend auf die Minimal- bzw. Residualfunktion der Armutsvermeidung. Die weitere Absicherung sozialer Härten überlässt er den einzelnen Bürgern. Damit sind individueller Lebenserhalt und -standard in Staaten dieses Typs in hohem Grade marktabhängig. Als Musterbeispiel dieses Typs gelten gemeinhin die USA, aber auch Großbritannien fällt in vielerlei Hinsicht unter diese Kategorie.
- den *konservativen* Typ: In den Staaten dieses auch korporatistisch genannten Typs ist der individuelle Sozialschutz in der Regel durch ein öffentliches Versicherungswesen organisiert und damit weniger markt-, als vielmehr statusabhängig. Als klassische Beispiele gelten Deutschland und Frankreich.
- den *sozialdemokratischen* Typ: Der sozialdemokratische Wohlfahrtsstaat gewährt seinen Bürgern unabhängig von deren Marktposition und Status sowie eigenen Beitragszahlungen gesetzliche Sozialleistungen, die durch Steuern finanziert und vergleichsweise hoch sind. Typische Beispiele finden sich in Skandinavien. Insbesondere Schweden gilt als paradigmatischer Fall.

Ganz gleich, ob wir uns mit der wohlfahrtsstaatlichen Trias Esping-Andersens begnügen oder ihr weitere Klassen, so eine für die südeuropäischen Staaten oder die osteuropäischen Transformationsländer, die der EU erst vor wenigen Jahren beigetreten sind, hinzufügen, die Konsequenz für die Frage nach dem ESM bleibt dieselbe: Kann ein gemeinsames Sozial-

53 Vgl. Esping-Andersen, 1996; s. auch Siegel, Nico A., 2007: Welten des Wohlfahrtskapitalismus und Typen wohlfahrtsstaatlicher Politik, in: ders./Schmidt, Manfred G./Ostheim, Tobias/Zohlnhöfer, Reimut (Hrsg.): Der Wohlfahrtsstaat. Eine Einführung in den historischen und internationalen Vergleich, Wiesbaden, S. 260-276 (262ff.); Boeckh/Huster/Benz, 2006, S. 411ff.

modell existieren, wenn Europa zugleich für drei bis fünf einzelne heterogene Wohlfahrtsstaatsmodelle Beispiele bereithält?

Kaelble bejaht die rhetorisch anmutende Frage und verweist auf die historische Dimension und entsprechende Pfadabhängigkeiten sowie die globale Perspektive, hierbei insbesondere auf die Abgrenzung zum Gegenmodell USA.[54] Die Markierung der sozialpolitischen Differenz zu den Vereinigten Staaten ist ein verbreiteter Topos europäischer Identitätskonstruktion.[55] Selten zuvor jedoch erschien diese Abgrenzung so problematisch wie heute. Das hängt mit einem weiteren gleichsam offiziellen Verständnis des ESM und der abgeleiteten Instrumentalisierung des Etiketts durch die EU zusammen. Längst haben sich die Kommission und auch die Regierungen im Rat die Formel vom Sozialmodell zu Eigen gemacht.[56] In dieser Verwendung ist der Begriff allerdings weniger mit Tradition als mit Reform und Modernisierung verbunden.[57] Die durch die EU beförderte Modernisierung der sozialen Sicherungssysteme orientiert sich allerdings im Sinne der Steigerung der wirtschaftlichen Dynamik eindeutig am liberalen US-amerikanischen Modell, zumindest aber am britischen Modell eines *dritten Weges*, der sozialdemokratische Vorstellungen mit liberalen zu kombinieren, besser: diesen anzunähern versucht.[58] In den verschiedenen Bekenntnissen zum ESM steckt – bzw. versteckt sich – die ungeklärte Differenz zwischen der Wahrnehmung des ESM als eines im Vorfeld, durch die Tradition Gegebenen und derjenigen des Sozialmodells als eines in Zukunft durch Modernisierung und Anpassung zu Konstruierenden.

Die Existenz eines Europäischen Sozialmodells wird auf der anderen Seite von zahlreichen Skeptikern klar verneint: „Die EU-Staaten teilen sicher viel – sie teilen jedoch gewiss kein ‚Europäisches Sozialmodell'"[59]. Die Kritiker verweisen auf die Heterogenität der mitgliedstaatlichen Sozialsysteme, aus der sich kaum ein gemeinsamer Nenner, geschweige denn

54 Kaelble nennt drei Kennzeichen des ESM: 1. Geschichte/Pfadabhängigkeit; 2. hohe Sozialausgaben/breite Sicherung; 3. nationale Legitimation; Kaelble, 2004, S. 40-41; s. auch Kaelble, Hartmut/Schmid, Günther, 2004: Einleitung: Das europäische Sozialmodell, in: dies. (Hrsg.): Das europäische Sozialmodell s. Anm. 26, S. 11-28 (11 u. 13-14) sowie betreffend die Abgrenzung zu den USA Kaelble, 2004, S. 43; hierzu auch Pfetsch, 2007, S. 71.

55 Vgl. Rifkin, Jeremy, 2004: Der Europäische Traum. Die Vision einer leisen Supermacht, Frankfurt/Main.

56 Vgl. z.B. Europäischer Rat: Schlussfolgerungen des Vorsitzes, Nizza, 7., 8. u. 9. Dezember 2000.

57 Vgl. hierzu Ribhegge, 2007, S. 278.

58 Vgl. Heidenreich, 2006, S. 10; Münch/Büttner, 2006, S. 91 u. 99.

59 Lamping, 2008, S. 611.

ein gemeinsames Sozialmodell ableiten lassen könne.[60] Mitunter kritisieren sie auch die Instrumentalisierung des Begriffs durch die EU-Organe, insbesondere die Kommission, die mit den durch sie beförderten Sozialreformen nicht die Bestandserhaltung, sondern die Substanzänderung im Sinne eines neoliberalen Zeitgeists bewirkten.[61]

In der Debatte über ein Europäisches Sozialmodell spiegelt sich in bezeichnender Weise die generelle kategoriale Verlegenheit im Umgang mit der EU wider. Ein weiteres Mal dringt der europapolitische Diskurs zwangsläufig in eine nationalstaatlich dominierte Begriffswelt ein, und die parallele Existenz unterschiedlicher Konzepte unter den gleichen oder ähnlichen begrifflichen Etiketten behindert den Erkenntnisprozess und steht der Legitimität des Systems damit tendenziell im Wege:

> „An die Stelle der nationalen Wohlfahrtsstaaten wird kein europäischer Wohlfahrtsstaat treten; Analogien mit dem Nationalstaat und die [sic!] mit ihm verbundenen Formen sozialer Sicherung sind ein gravierendes erkenntnistheoretisches Hindernis bei der Analyse der neuen Herausforderungen, Möglichkeiten und Regulationsmuster sozialer Ungleichheit.“[62]

Vor diesem Hintergrund verwundert es nicht, dass die Legitimitätskrise der EU, die sich in einer ganzen Reihe gescheiterter Europareferenden offenbart hat, sich immer wieder in sozialpolitischen Kontroversen ausdrückt.

9.7 Fazit

Fassen wir die Beobachtungen dieses Abschnitts zusammen, so bleibt die Feststellung, dass auf dem Feld der europäischen Sozialpolitik heute „halbsouveräne Wohlfahrtsstaaten“[63] in großem Umfang deregulierenden, teils regulierenden, nur wenig umverteilenden und immer mehr koordinierenden EU-Politiken begegnen. Auf diese Politiken müssen die Staaten nicht lediglich reagieren, sondern sie wirken in mehr oder weniger großem Umfang an deren Gestaltung mit. Die Europäische Union befördert eine Reform der mitgliedstaatlichen Sozialsysteme, die sich offensichtlich am

60 Vgl. ebd., außerdem Münch/Büttner, 2006, S. 90; Dyson, 2006, S. 470.
61 Vgl. Lamping, 2008, S. 612; Bieling, 2005, S. 144.
62 Heidenreich, 2006, S. 34; s. zur Parallelität der Konzepte auch Leibfried/Pierson, 1998, S. 42-43.
63 So nennen Leibfried und Pierson die unter dreifachem Druck stehenden nationalen Sozialstaaten; Leibfried/Pierson, 1998, S. 58ff.

liberalen Wohlfahrtsstaatsmodell orientiert. Die Anpassungsprozesse an eine liberale Wirtschaftsordnung haben einen sukzessiven Wandel sozialpolitischer Konzepte zur Folge. An die Stelle von Ergebnisgleichheit tritt Chancengleichheit. Statt auf kostspielige Umverteilungslösungen wird auf marktkonforme Maßnahmen der Nichtdiskriminierung, des freien und gleichen Marktzutritts, der Flexibilität des Arbeitsmarkts, der Eigenverantwortung, des lebenslangen Lernens etc. gesetzt. Nicht zuletzt wegen dieser konzeptionellen Annäherung an das verbreitet als Gegenstück aufgefasste US-amerikanische Modell fällt eine überzeugende Definition eines europäischen Sozialmodells schwer.

Einführende Literatur:

Boeckh, Jürgen/Huster, Ernst-Ulrich/Benz, Benjamin, 2006: Sozialpolitik in Deutschland. Eine systematische Einführung, Wiesbaden. (Die ausgesprochen lesenswerte Einführung in die deutsche Sozialpolitik enthält einige ausführliche Abschnitte zu den entsprechenden Einflüssen durch die europäische Integration.)

Hix, Simon, 2005: The Political System of the European Union, Houndmills u.a.

Knelangen, Wilhelm, 2005: „Sozialstaatswerdung“ Europas? Integrationstheoretische Überlegungen zur Entwicklung der EU-Sozialpolitik, in: Baum-Ceisig, Alexandra/Faber, Anne (Hrsg.): Soziales Europa? Perspektiven des Wohlfahrtsstaates im Kontext von Europäisierung und Globalisierung, Festschrift für Klaus Busch, Wiesbaden, S. 20-44. (Knelangen beschreibt die sozialpolitischen Maßnahmen der EU knapp, nüchtern und kenntnisreich, um sie dann anhand der gängigen Integrationstheorien zu erklären.)

Lamping, Wolfram, 2008: Auf dem Weg zu einem postnationalen Sozialstaat? Die Sozialpolitik der Europäischen Union, in: Schubert, Klaus/Hegelich, Simon/Bazant, Ursula (Hrsg.): Europäische Wohlfahrtssysteme. Ein Handbuch, Wiesbaden, S. 595-620. (Lamping bietet eine knappe, engagierte, insgesamt sehr lesenswerte Einführung zur EU-Sozialpolitik.)

Leibfried, Stephan/Pierson, Paul, 1998: Halbsouveräne Wohlfahrtsstaaten: Der Sozialstaat in der europäischen Mehrebenen-Politik, in: dies.: Standort Europa. Europäische Sozialpolitik, Frankfurt/Main, S. 58-99. (Leibfried und Pierson liefern im von ihnen herausgegebenen Standardwerk einen sehr kenntnisreichen und anregenden Beitrag.)

Ders., 2005: Social Policy. Left to the Judges and the Markets? In: Wallace, Helen/Wallace, William/Pollack, Mark A. (Hrsg.): Policy-Making in the European Union, Oxford, S. 243-278. (Zu diesem Standardwerk der EU-Forschung trägt Leibfried einen knappen, aktuellen, insgesamt sehr lesenswerten Aufsatz bei.)

Weiterführende Literatur und Dokumente:

Adnett, Nick/Hardy, Stephen, 2005: The European Social Model. Modernisation or Evolution? Cheltenham/Northampton. (eine umfang- und facettenreiche Auslegung einer schwierigen Begrifflichkeit)

Baum-Ceisig, Alexandra/Busch, Klaus/Nospickel, Claudia, 2007: Die Europäische Union. Eine Einführung in die politischen, ökonomischen und sozialen Probleme des erweiterten Europa, Baden-Baden. (Einführung in das EU-System mit einer deutlichen Ausrichtung auf ökonomische und sozialpolitische Fragen)

Bieling, Hans-Jürgen, 2005: Die Lissabon-Strategie und das Europäische Sozialmodell, in: Baum-Ceisig, Alexandra/Faber, Anne (Hrsg.): Soziales Europa? Perspektiven des Wohlfahrtsstaates im Kontext von Europäisierung und Globalisierung, Festschrift für Klaus Busch, Wiesbaden S. 136-149. (sehr engagierte, aktuelle, lesenswerte Darstellung der sozialpolitischen Implikationen der Lissabon-Strategie)

Brunkhorst, Hauke, 2008: Demokratische Solidarität in der Weltgesellschaft, in Aus Politik und Zeitgeschichte (21) 2008, S. 3-8. (engagierter Beitrag zur Transformation von Staatlichkeit mit erkenntnisleitenden Wendungen)

Busch, Klaus, 1998: Das Korridormodell – ein Konzept zur Weiterentwicklung der EU-Sozialpolitik, in: Schmid, Josef/Niketta, Reiner (Hrsg.): Wohlfahrtsstaat. Krise und Reform im Vergleich, Marburg, S. 273-298. (Buschs Beitrag bietet eine vorzügliche Darlegung seines bekannten Korridormodells.)

Durkheim, Emile, 1977: Über die Teilung der sozialen Arbeit, Frankfurt/Main. (unbedingt lesenswerter Klassiker der Soziologie)

Dyson, Kenneth, 2006: Die Wirtschafts- und Währungsunion als Prozess der Europäisierung, in: Jachtenfuchs, Markus/Kohler-Koch, Beate (Hrsg.): Europäische Integration, Wiesbaden, S. 449-478.

Esping-Andersen, Gøsta, 1996: The three worlds of welfare capitalism, Oxford u.a. (Esping-Andersens Werk, in dem er seine viel zitierte Typologie der Wohlfahrtsregime vorstellt, kann zu Recht als Klassiker der Sozialstaatsforschung gelten und ist zur Lektüre dringend empfohlen.)

Europäische Kommission, 2008: Gesamthaushaltsplan der Europäischen Union für das Haushaltsjahr 2008. Übersicht in Zahlen, Brüssel.

Europäischer Rat: Schlussfolgerungen des Vorsitzes, Nizza, 7., 8. u. 9. Dezember 2000.

Eurostat: Social protection in the European Union, statistics in focus (46) 2008.

Falkner, Gerda, 2006: Wohlfahrtsstaat und europäische Integration: Theorie und Praxis, in: Jachtenfuchs, Markus/Kohler-Koch, Beate (Hrsg.): Europäische Integration, S. 479-511. (anspruchsvolle Behandlung theoretischer Zusammenhänge sowie der praktischen Verwirklichung europäischer Sozialpolitik)

Heidenreich, Martin, 2006: Die Europäisierung sozialer Ungleichheiten zwischen nationaler Solidarität, europäischer Koordinierung und globalem Wettbewerb, in: ders. (Hrsg.): Die Europäisierung sozialer Ungleichheit. Zur transnationalen

Klassen- und Sozialstrukturanalyse, Frankfurt/Main, S. 17-64. (Heidenreich liefert in seinem Beitrag einen tiefen Einblick in die grundlegenden sozialen Zusammenhänge und Wandlungen im europäischen Raum.)

Kaelble, Hartmut, 2004: Das europäische Sozialmodell – eine historische Perspektive, in: ders./Schmid, Günther (Hrsg.): Das europäische Sozialmodell. Auf dem Weg zum transnationalen Sozialstaat, Berlin, S. 31-50. (Aus historischer Perspektive nimmt Kaelble ausgesprochen zuversichtlich Stellung zu einer schwierigen Begrifflichkeit.)

Ders./Schmid, Günther, 2004: Einleitung: Das europäische Sozialmodell, in: ebd., S. 11-28. (zuversichtliches Bekenntnis zum Europäischen Sozialmodell)

Kowalsky, Wolfgang, 1999: Europäische Sozialpolitik. Ausgangsbedingungen, Antriebskräfte und Entwicklungspotentiale, Opladen.

Leibfried, Stephan/Pierson, Paul (Hrsg.), 1995: European Social Policy. Between Fragmentation and Integration, Washington D.C.

Moravcsik, Andrew, 2006: Die Verfassung ist tot! Es lebe die Verfassung! In: Europäische Rundschau (1) 2006, S. 73-81. (in gewisser Hinsicht das Gegenteil einer Krisendiagnose nach Scheitern des Verfassungsvertrags)

Moreau Defarges, Philippe, 2006: Où va l'Europe? Paris. (lesenswerte Krisendiagnose aus französischer Feder ein Jahr nach Scheitern des Verfassungsreferendums)

Münch, Richard/Büttner, Sebastian, 2006: Die europäische Teilung der Arbeit. Was können wir von Durkheim lernen? In: Heidenreich, Martin (Hrsg.): Die Europäisierung sozialer Ungleichheit. Zur transnationalen Klassen- und Sozialstrukturanalyse, Frankfurt/Main, S. 65-107. (aufschlussreiche Auslegung von Durkheims Werk [s.o.] mit Bezug auf die sozialen Entwicklungen im modernen Europa)

Pfetsch, Frank R., 2007: Das neue Europa, Wiesbaden. (sehr knappe Vorlage ausgewählter sozialpolitischer Fragestellungen)

Poferl, Angelika, 2006: Solidarität ohne Grenzen? Probleme sozialer Ungleichheit und Teilhabe in europäischer Perspektive, in: Heidenreich, Martin (Hrsg.): Die Europäisierung sozialer Ungleichheit. Zur transnationalen Klassen- und Sozialstrukturanalyse, Frankfurt/Main, S. 231-252. (Poferl legt in diesem Beitrag in aufschlussreicher Weise den Solidaritätsbegriff im Kontext der europäischen Einigung aus.)

Rifkin, Jeremy, 2004: Der Europäische Traum. Die Vision einer leisen Supermacht, Frankfurt/Main. (lehrreiche Liebeserklärung an Europa aus der Feder eines US-amerikanischen Ökonomen, sehr lesenswert)

Scharpf, Fritz W., 2006: Politische Optionen im vollendeten Binnenmarkt, in: Jachtenfuchs, Markus/Kohler-Koch, Beate (Hrsg.): Europäische Integration, S. 219-253. (ebenso anspruchsvolle wie kritische Untersuchung der politischen Handlungsspielräume im europäischen Binnenmarkt, äußerst lesenswert)

Siegel, Nico A., 2007: Welten des Wohlfahrtskapitalismus und Typen wohlfahrtsstaatlicher Politik, in: ders./Schmidt, Manfred G./Ostheim, Tobias/Zohlnhöfer, Reimut (Hrsg.): Der Wohlfahrtsstaat. Eine Einführung in den historischen und

internationalen Vergleich, Wiesbaden, S. 260-276. (knappe Darstellung und Ergänzung der Typologie Esping-Andersens)
Streeck, Wolfgang, 1998: Vom Binnenmarkt zum Bundesstaat? Überlegungen zur politischen Ökonomie der europäischen Sozialpolitik, in: Leibfried, Stephan/Pierson, Paul (Hrsg.): Standort Europa. Europäische Sozialpolitik, Frankfurt/Main, S. 369-421. (ein anspruchsvoller, engagierter Beitrag zum Thema)
Swaan, Abram de, 1992: Perspectives for Transnational Social Policy, in: Government and Opposition (27) 1992, S. 33-52.

Fragen zur Diskussion:

- Wie ist die Unterscheidung zwischen negativer und positiver Integration zu verstehen? Inwiefern stehen die beiden Integrationstypen im Hinblick auf das EU-System und seine Entscheidungsregeln in einem asymmetrischen Verhältnis?
- Inwiefern verlieren die Mitgliedstaaten im EU-Binnenmarkt an wohlfahrtsstaatlicher Autonomie?
- Welche sozialpolitisch relevanten Mandate sind der EU im Laufe der Integrationsgeschichte übertragen worden und welche nicht?
- Warum geraten die nationalen Sozialsysteme im europäischen Binnenmarkt mittelbar unter Druck? Was meint der Begriff der *kompetitiven Deregulierung*?
- Gibt es ein *Europäisches Sozialmodell*? Wenn ja, durch welche Eigenschaften zeichnet es sich aus?

10. Die Außen- und Sicherheitspolitik der Europäischen Union

10.1 Einleitung: Charakteristika der EU-Außenbeziehungen

„Mit dem Außenminister hat die EU endlich eine Telefonnummer", so erklärte der CDU-Bundestagsabgeordnete Schockenhoff anlässlich einer europapolitischen Bundestagsdebatte im März 2008. Der Abgeordnete nahm Bezug auf eine spöttische Bemerkung von Henry Kissinger, dem früheren US-Außenminister, aus dem Jahr 1979. Dieser hatte im Zusammenhang mit der europäisch-amerikanischen Kooperation die provokante Frage gestellt, welche die Telefonnummer Europas sei. Kissingers viel zitierte Bemerkung verwies auf ein grundlegendes Defizit der ansonsten erfolgreichen Wirtschaftsgemeinschaft: das Fehlen einer gemeinsamen Außenpolitik und die entsprechend beschränkten Möglichkeiten, mit der EG zu kooperieren.

Im Jahr 2008 würde Kissinger wahrscheinlich die Telefonnummer von Javier Solana, dem Hohen Vertreter der *Gemeinsamen Außen- und Sicherheitspolitik* (GASP), erhalten. Die Bezeichnung Hoher Vertreter, und eben nicht Außenminister, verweist darauf, dass die EU eine eigene spezifische Regelung gefunden hat bzw. finden musste. Die gesamten europäischen Außen- und Sicherheitsbeziehungen sind ein Kompromiss zwischen widerstreitenden Prinzipien und unterschiedlichen Positionen der Mitgliedstaaten.

Zum einen geht es um die Bewahrung der nationalstaatlichen Souveränität. Die EU ist kein Staat mit einer Zentralregierung, die für Außen- und Sicherheitspolitik zuständig ist. Da die Außen- und Sicherheitspolitik zu den Kernbestandteilen nationalstaatlicher Souveränität gehört, sind alle Staaten – und dies gilt auch für die Mitgliedstaaten der EU – trotz ihrer generellen Bereitschaft, Souveränität abzugeben, sehr zögerlich, in der Außen- und Sicherheitspolitik Kompetenzen auf supranationale Institutionen oder auch internationale Organisationen zu übertragen. Die Außen- und Sicherheitspolitik der EU bleibt daher prinzipiell intergouvernemental. Der intergouvernementale Charakter der Außen- und vor allem der Sicherheitspolitik ist nicht nur Ausdruck der generellen Ablehnung des Souveränitätsverzichts im Kernbereich nationaler Sicherheit, sondern verstärkt sich noch durch die heterogene Mitgliedschaft der mittlerweile 27 Staaten mit ihren unterschiedlichen Traditionen und Interessen umfassenden EU. Neutrale Mitgliedsländer wie Österreich, Finnland, Schweden und Irland sind nicht bereit, einem Verteidigungs- oder Militärbündnis beizutreten. Dies setzt der institutionalisierten Zusammenarbeit Grenzen bzw. macht flexible Strukturen erforderlich. Ferner orientieren sich zahlreiche Mitgliedstaaten in der Sicherheitspolitik an den USA und der NATO. Traditionell gehört Großbritannien zu diesen *Atlantikern*, weshalb der frühere französische Staatspräsident Charles de Gaulle das Vereinigte Königreich als ‚verlängerten Arm der USA' betrachtete und eine Mitgliedschaft des Landes in der EG blockierte. Aber auch Spanien, Portugal, Tschechien und Polen setzen auf die USA und begrenzen die Möglichkeiten europäischer Kooperation, da für sie der Aufbau von EU-Kapazitäten als Macht- und Statusverlust für die NATO empfunden wird, die sie als Garant ihrer Sicherheit begreifen.[1]

Unter diesen schwierigen, historisch vorbelasteten Rahmenbedingungen ist die Entwicklung der Außen- und Sicherheitspolitik in den letzten eineinhalb Jahrzehnten beachtlich, auch wenn die GASP und die *Europäische Sicherheits- und Verteidigungspolitik* (ESVP) nach wie vor im Vergleich zu anderen Politikfeldern zu den Bereichen mit eher geringen Integrationsfortschritten gehören.

Zum anderen zeigt sich immer deutlicher die Notwendigkeit einer gemeinsamen Außen- und Sicherheitspolitik. Die EU-Staaten verfügen durchaus über gleichgerichtete Interessen, die gemeinsam weitaus wirkungsvoller vertreten werden können als allein. Zu den gleichgerichteten Interessen gehören beispielsweise Sicherheit und Frieden in Europa und die Berücksichtigung europäischer Interessen im Welthandelssystem. Wei-

1 Vgl. zu den Positionen der 2004 beigetretenen Staaten: Bugajski, Janusz/Teleki, Ilona, 2006: New Allies, new challenges, Atlantic Bridges: America's new European allies, Lanham et al.

terhin besteht eine „Nachfrage“ nach einer aktiven Rolle in der Welt.[2] Sie ergibt sich aus der Bedeutung der EU, ihrer wirtschaftlichen Leistungsfähigkeit und ihrem Wohlstand. Wie die wenigen Zahlenangaben in Kapitel 2 zeigen, ist die EU vor allem aufgrund ihrer wirtschaftlichen Macht – die 27 Mitgliedstaaten bilden mit knapp 500 Millionen Einwohnern den größten und kaufkräftigsten Binnenmarkt der Welt – ein globaler Spieler in der Weltwirtschaft. Die EU ist zusammen mit den USA, China und einigen anderen großen Staaten entscheidend in den Welthandelsrunden der WTO. Es ist nicht übertrieben zu sagen, dass ohne die EU im Welthandelssystem keine Entscheidungen fallen können. Die EU und ihre Mitgliedstaaten sind mit einem Anteil von 55% an der weltweiten Entwicklungshilfe größter Geber. Sie finanziert ca. 40% der Etats der Vereinten Nationen[3] und die EU-Mitgliedstaaten hatten 2006 ca. zehnmal so viele Soldaten bei Friedensmissionen der UN im Einsatz wie die USA. So beeindruckend diese Kennzahlen auch sein mögen, sie sagen noch nichts darüber aus, ob die EU mit ihren 27 Nationalstaaten ein Akteur der Weltpolitik ist. Es besteht nach wie vor eine Diskrepanz zwischen den relativ geringen Integrationsfortschritten und dem weltpolitischen Gewicht der EU.

Im Ergebnis führen diese widerstreitenden Prinzipien und Anforderungen an eine EU-Außenpolitik dazu, dass die Außenbeziehungen der EU unterschiedlichen Logiken folgen. Kennzeichnend für die auswärtigen Beziehungen der EU ist, dass es zwei Klassen der Politik gibt[4]: Zum einen die Gemeinschaftspolitiken, zum anderen die intergouvernementale Außenpolitik im Rahmen von GASP und ESVP. Zu den Gemeinschaftspolitiken gehören die von der Kommission verwaltete Außenhandelspolitik (explizit im EWG-Vertrag festgehalten, vgl. auch Kap. 5 in diesem Band)[5] und die Entwicklungspolitik. Die Sicherheitspolitik ist hingegen streng intergouvernemental organisiert. Um die Sache aber noch komplizierter zu machen: Es existieren auch bei den Gemeinschaftspolitiken letztlich parallele Politiken der Nationalstaaten, so gibt es beispielsweise neben der europäischen Entwicklungspolitik, die von Deutschland zu über 20% finanziert wird, eine deutsche Entwicklungspolitik. Dies wirft in der Praxis Abstim-

2 So argumentieren z.B. Müller-Brandeck-Bocquet/Schubert, Klaus (Hrsg.), 2000: Die Europäische Union als Akteur der Weltpolitik, Opladen.

3 Vgl. hier auch die ausführliche vergleichende Zusammenstellung von Daten von Pfetsch, Frank R., 2007: Das neue Europa, Wiesbaden, S. 26-34.

4 Vgl. die Argumentation von Herz 1999.

5 Vgl. Woolcock, Stephen: European Trade Policy, in: Wallace, Helen/Wallace, William (Hrsg.), 2000: Policy-making in the European Union, Oxford, 4. Aufl., S. 373-400.

mungs-, Koordinations- und Kohärenzprobleme auf, da durchaus Unterschiede zwischen den nationalen Außenpolitiken und derjenigen auf europäischer Ebene bestehen. Eine europäische Außenpolitik „aus einem Guss" ist daher eher eine Ausnahme. Für diese schwer zu vermittelnde Konstruktion wurde von Reinhardt Rummel der Begriff der „zusammengesetzten Außenpolitik" geprägt[6], wobei damit die Außenpolitik der EU-Organe **plus** derjenigen der Nationalstaaten gemeint war.

Inwieweit die EU ihr Potenzial mittels GASP und ESVP in politische Handlungsfähigkeit und in eine effektive Mitgestaltung der Weltpolitik zur Durchsetzung europäischer Interessen und Werte ummünzen kann, ist Thema dieses Beitrages. Die allgemeine Frage dabei lautet: Kann die EU mit einer Stimme sprechen?

Dieser kurze Überblick behandelt die wichtigsten Institutionen und Verfahren von GASP und ESVP. Aus analytischen Gründen erfolgt eine getrennte Darstellung der Politiken, auch wenn die ESVP Teil der GASP ist. Abschließend werden die Möglichkeiten und Grenzen europäischer Außen- und Sicherheitspolitik anhand kurzer Beispiele diskutiert. Wenn im Folgenden von EU-Außen- und/oder Sicherheitspolitik gesprochen wird, so ist damit die von den EU-Institutionen vertretene und ausgeführte Politik gemeint. Die (teilweise von dieser Politik abweichende) Außenpolitik der Nationalstaaten wird nicht als Teil der EU-Außenpolitik begriffen. Sofern Widersprüche zwischen EU-Außenpolitik und nationalen Außenpolitiken bestehen, wird dies vermerkt.

10.2 Die Gemeinsame Außen- und Sicherheitspolitik (GASP) und die Europäische Sicherheits- und Verteidigungspolitik (ESVP)

10.2.1 Die GASP

Während die in den siebziger Jahren entstandene *Europäische Politische Zusammenarbeit* (EPZ) zur Koordinierung der mitgliedstaatlichen Außenpolitiken (vgl. Kap. 11.7) nie Teil der Verträge war, verankerte die EU mit dem Maastricht-Vertrag erstmals eine *Gemeinsame Außen- und Sicherheitspolitik* (GASP) im EU-Vertrag. Heute gilt der Vertrag von Nizza aus dem Jahr 2001/03. Im Nizza-Vertrag sind die Bestimmungen des

6 Rummel, Reinhardt, 1982: Zusammengesetzte Außenpolitik. Westeuropa als internationaler Akteur, Kehl.

Maastrichter und Amsterdamer Vertrags im Wesentlichen erhalten geblieben, lediglich einige Ergänzungen und Präzisierungen wurden in den entsprechenden Kapiteln vorgenommen. Weitaus wichtiger waren die neuen Bestimmungen zur ESVP, die eine eigene Dynamik auslösten.[7]

In der Einleitung zu diesem Kapitel wurde die These aufgestellt, dass die besondere Struktur der EU auch eine spezifische Qualität der Außen- und Sicherheitspolitik bedingt. Dies spiegelt sich auch in der GASP und ESVP wider. Die EU-Außen- und Sicherheitspolitik unterscheidet sich im Hinblick auf Verfahren und Institutionen grundlegend von der Außenpolitik der Nationalstaaten. Im Folgenden sollen diese Spezifika kurz vorgestellt und anschließend die Leistungsfähigkeit der GASP diskutiert werden.

Bereits in den Gemeinsamen Bestimmungen in Art. 2 des EU-Vertrags benennt die EU ihre außenpolitischen Ziele: „die Behauptung ihrer Identität auf internationaler Ebene, insbesondere durch eine Gemeinsame Außen- und Sicherheitspolitik, wozu [...] die schrittweise Festlegung einer Verteidigungspolitik gehört, die zu einer gemeinsamen Verteidigung führen könnte.“ Im Hinblick auf die Sicherheitspolitik sind die Aussagen – „schrittweise“ und der Konjunktiv „könnte“ – einerseits unbestimmt, andererseits werden Veränderungen in einer Zeit, in der der NATO noch eine zentrale Bedeutung für die europäische Sicherheit zukam, nicht völlig ausgeschlossen. In den folgenden Jahren nach Inkrafttreten des Nizza-Vertrages 2003 entwickelte gerade der Sicherheitsbereich eine unerwartete Dynamik. Im kurzen Vertragsabschnitt zur GASP – Titel 5 Art. 11-28 EU-Vertrag – werden dann weitere allgemeine inhaltliche Ziele genannt: Sicherheit und Frieden, Förderung von Demokratie, Menschenrechten und Rechtsstaatlichkeit (Art.11). Hier betont die EU ihren Anspruch einer Wertegemeinschaft auch in der Außenpolitik.

Die GASP schreibt institutionell den intergouvermentalen Charakter der EPZ fort. Die GASP bildet die zweite intergouvermentale Säule des Maastricht-Tempels und ist nicht Teil des Gemeinschaftsrechts, Klagen vor dem EUGH sind nicht möglich. Die Regierungen der Mitgliedstaaten bleiben über den Europäischen Rat und den Rat federführend: Der Europäische Rat formuliert die Leitlinien der EU-Außenpolitik, und der Rat entwirft auf dieser Basis Entscheidungen, beschließt gemeinsame Standpunkte und Aktionen. Die jeweilige, halbjährlich wechselnde Rats-

7 Regelsberger, Elfriede, 2001: Die Gemeinsame Außen- und Sicherheitspolitik nach ‚Nizza' – begrenzter Reformeifer und außervertragliche Dynamik, in: integration (2) 2001, S. 156-166.

präsidentschaft repräsentiert die EU nach außen. Dies ist im Hinblick auf eine kohärente und kontinuierliche Außenvertretung problematisch, da jede Präsidentschaft eigene Akzente setzen will und ständig andere Persönlichkeiten die EU vertreten. Dieser häufige Wechsel erschwert demzufolge die Kommunikation mit anderen Staaten. Um dieses Problem zu kompensieren, ist zum einen bereits im Vertrag von Amsterdam mit dem Amt des Hohen Vertreters eine ständige Einrichtung geschaffen worden und zum anderen repräsentieren seit Nizza Sonderbeauftragte die EU insbesondere in Krisenregionen und sorgen dort für Sichtbarkeit der Union. Um die Sichtbarkeit der EU weiter zu erhöhen war bereits im Verfassungsvertrag und ist nun auch im Vertrag von Lissabon vorgesehen, die Ratspräsidentschaft auf zweieinhalb Jahre auszudehnen und den für die Außendarstellung der EU nachteiligen halbjährlichen Wechsel aufzugeben.

Der Rat ist im Alltagsgeschäft der GASP von zentraler Bedeutung. Er sorgt für Kohärenz, Information und Abstimmung zwischen den Mitgliedstaaten. Dies erfolgt durch das Sekretariat des Rates mit dem Hohen Vertreter an der Spitze. Die EU-Kommission soll „in vollem Umfang beteiligt" werden (Art 18 Abs. 4 EU-Vertrag). Dies ist keineswegs selbstverständlich, da mit der Kommission eine supranationale Institution an der ansonsten strikt intergouvementalen Außenpolitik mitwirkt. Das EP besitzt lediglich Anhörungs- und Fragerecht, wobei letzteres stark genutzt wird. In der GASP gilt damit aber die traditionelle *Prärogative der Exekutive*, also das Vorrecht der Regierung, die Außenpolitik zu gestalten.[8] Im Vertrag werden mit *Gemeinsamen Strategien*, *Gemeinsamen Aktionen* und *Gemeinsamen Standpunkte* drei Instrumente definiert, die sich vor allem in ihrer Reichweite unterscheiden. Sie dienen dazu, die Außenpolitik der Mitgliedstaaten auf eine gemeinsame EU-Linie festzulegen und damit für Kohärenz zwischen den Außenpolitiken der Mitgliedstaaten zu sorgen.

8 Vgl. hierzu die Grafik in Regelsberger, Elfriede, 2006: Gemeinsame Außen- und Sicherheitspolitik, in Weidenfeld, Werner/Wessels, Wolfgang (Hrsg.): Europa von A bis Z, 9. Aufl., Baden-Baden, S. 265-271 (269). Die Grafik dokumentiert die Vielzahl an Behörden und Institutionen und spiegelt damit die strukturelle Unübersichtlichkeit der GASP wider.

Kasten 17: Außenpolitische Instrumente der EU

Gemeinsame Strategien (Art. 13 EU-Vertrag):
Sie werden vom Europäischen Rat entworfen und vom Rat ausgearbeitet. Durch diese umfassenderen Konzepte erfolgt eine Ziel-Mittel-Festlegung für die Politik gegenüber Regionen, Ländern oder internationalen Organisationen. Bislang existieren nur wenige Gemeinsame Strategien, wie gegenüber Russland, der Ukraine und der Mittelmeerregion.

Gemeinsame Aktionen (Art. 14 EU-Vertrag):
Sie werden je nach Notwendigkeit vom Rat beschlossen. Die Kommission macht auf Ersuchen des Rates einen Vorschlag für eine Gemeinsame Aktion. Sie enthalten Handlungsanweisungen für die konkrete (*operative*) Außenpolitik und werden für einen engeren Zeitraum festgelegt. Sie sind für die Außenpolitik der Mitgliedstaaten bindend. zu den Gegenständen von GA gehören: KSZE/OSZE-Prozess, Abrüstung und Rüstungskontrolle, Nichtverbreitung, Exporte von Rüstungstechnologie, Waffenexporte.

Gemeinsame Standpunkte (Art. 15 EU-Vertrag):
Sie werden vom Rat angenommen und verpflichten die Mitgliedstaaten, ihre Politik daran auszurichten. Sie sind spezifische Konzepte für geographische oder thematische Fragen.

Eingeführt wurde mit dem Nizza-Vertrag auch die Möglichkeit, Sondergesandte zu entsenden, die, mit jeweils unterschiedlichen Mandaten vom Rat ausgestattet, die EU-Politik insbesondere in Krisengebieten vertreten.

Nach dem Maastricht-Vertrag wuchs die Anzahl der von der EU verabschiedeten Erklärungen und Stellungnahmen zu nahezu allen Themen der internationalen Politik, Ländern und Regionen an. Europäische Außenpolitik ist damit zunächst einmal zu einem wichtigen Teil deklamatorische Politik, die Ausführung der Politik bleibt Sache der Nationalstaaten.

Die Anzahl der gemeinsamen Aktivitäten nahm in den Jahren zu: Zwischen 1993 und 1998 gab es 26 Gemeinsame Standpunkte und 33 Gemeinsame Aktionen[9], darunter viele Aktionen gegenüber dem ehemaligen Jugoslawien, z.B. die Verwaltung der zwischen Serben und Kroaten geteilten Stadt Mostar durch die EU, humanitäre Hilfe für Bosnien. Im Jahr 2006 waren es 65 Gemeinsame Aktionen und 29 Gemeinsame Standpunkte.[10]

9 Gemeinsame Strategien wurden erst mit dem Amsterdamer Vertrag 1997 eingeführt.
10 Vgl. ausführlicher Regelsberger, Elfriede, 2007: Die Gemeinsame Außen- und Sicherheitspolitik der EU – Das Regelwerk im Praxistest, in: Jopp, Mathias/Schlot-

Entscheidungen werden laut Art. 23 EU-Vertrag in der Regel einstimmig gefasst. Doch existieren zwei Ausnahmen: Erstens können Staaten, die eine Aktion nicht mittragen wollen, sich enthalten. Diese Enthaltung verhindert aber nicht die geplante Aktion, daher wird dieses Verfahren als *konstruktive Enthaltung* bezeichnet. Entscheidungen mit qualifizierter Mehrheit werden möglich, wenn sie auf der Basis einer Gemeinsamen Strategie oder Aktion erfolgen und wenn es um die Entsendung eines Sonderbeauftragten geht. Allerdings kann ein Mehrheitsbeschluss von einem Land abgelehnt werden, wenn *wichtige* Interessen, die benannt werden müssen, betroffen sind. In diesem Fall wird die Frage dann dem Europäischen Rat vorgelegt. Diese komplizierten und bei Erörterung von Fragen durch den Europäischen Rat auch zeitaufwändigen Verfahren demonstrieren den grundsätzlichen Balanceakt der GASP: Da keine Regierung zu einem völligen Verzicht auf außenpolitische Souveränität bereit ist, gleichzeitig aber die Handlungsfähigkeit der Union gewahrt bleiben soll, bedarf es Ausnahmeregelungen vom Einstimmigkeitsprinzip.

Eine Einschränkung der Reichweite der GASP wird in Art. 17 EU-Vertrag formuliert. Dort heißt es, dass die EU „den besonderen Charakter" der Sicherheits- und Verteidigungspolitik einiger Staaten – gemeint sind die neutralen Staaten – achtet. Weiterhin sollen die Verpflichtungen einiger Staaten im Rahmen der NATO geachtet werden. Dadurch wird im Grunde genommen schon eine flexible Zusammenarbeit angedeutet, die dann noch explizit in Art. 17 Abs. 4 bestätigt wird: Zwei oder mehr Mitgliedstaaten wird das Recht eingeräumt, ihre Zusammenarbeit zu vertiefen. Auch das Prinzip der konstruktiven Enthaltung kann als Teil dieses Ansatzes der verstärkten Zusammenarbeit im Rahmen der GASP interpretiert werden.[11] Diese auf mehrere Artikel verteilte Option der verstärkten Zusammenarbeit in der GASP kann in der Konsequenz dazu führen, dass ein derartiges Vorangehen einer Staatengruppe zu einem Europa der verschiedenen Integrationstiefen oder Integrationsgeschwindigkeiten führt.[12]

Im Bereich der Sicherheitspolitik bestätigte die EU zunächst das Prinzip von Maastricht, dass die GASP die „Verpflichtungen einiger Mitgliedstaaten, die ihre gemeinsame Verteidigung in der Nordatlantikvertragsorgani-

ter, Peter (Hrsg.): Kollektive Außenpolitik – Die Europäische Union als internationaler Akteur, Baden-Baden, S. 59-90, Regelsberger gibt für 2003 150 Erklärungen und 507 Demarchen der GASP-Diplomatie an, S. 76.

11 Regelsberger, 2001, S. 159-161.

12 Vgl. zu den verschiedenen Möglichkeiten der verstärkten Zusammenarbeit im GASP-Rahmen den systematischen Beitrag von Tekin, Funda, 2008: Verstärkte Zusammenarbeit: inflexible Flexibilisierung der GASP? In: WeltTrends 42, 16. Jahrgang, S. 47-59.

sation (NATO) verwirklicht sehen" (Art. 17 Abs. 1 EU-Vertrag), achten muss. Der Artikel 17 geht insgesamt davon aus, dass die EU-Politik kompatibel mit der NATO-Politik ist. In der politischen Praxis seit Maastricht hingegen zeigte sich, dass gerade das Verhältnis zwischen EU-Außen- und zunehmend auch der Sicherheitspolitik auf der einen und der NATO auf der anderen Seite keineswegs geklärt war, sondern für langjährige Konflikte zwischen und unter den EU-Mitgliedstaaten, den EU-Institutionen, der NATO und den USA sorgte.

Als vorläufiges Fazit kann festgehalten werden, dass die in Nizza vereinbarten Grundsätze nicht zur Entstehung einer substantiellen eigenen EU-Außenpolitik beitragen, sondern eine eigene Art von Außenpolitik fortschreiben, die allerdings klar über die bloße Kooperation der EPZ hinausgeht und Weiterentwicklungen zumindest nicht von vornherein im Weg steht.

Reformvertrag 2007 22: Die Gemeinsame Außen- und Sicherheitspolitik[13]

Vertrag von Lissabon:
Die Bestimmungen des Vertrags von Lissabon bestätigen im Wesentlichen die bisherige Konstruktion und bringen im Hinblick auf die GASP nur wenige Veränderungen, deren Auswirkungen auf die Leistungsfähigkeit der GASP noch nicht abzusehen sind, zumal einige Bestimmungen relativ unpräzise sind.
Die außenpolitisch relevanten Bestimmungen sind nach wie vor verstreut in verschiedenen Kapiteln enthalten. Während sich die Bestimmungen über die GASP in Titel V, Kapitel 2 des EUV finden, ist das auswärtige Handeln der Union in den vergemeinschafteten Bereichen Handelspolitik und Beziehungen zu Drittstaaten im Fünften Teil des AEUV verankert. Neu sind in Artikel 8 EUV die Erwähnung der *Europäischen Nachbarschaftspolitik* (ENP) sowie die Bestimmungen zur Erweiterung in Art.48 EUV.

- Die Leitlinienkompetenz ist beim Europäischen Rat festgeschrieben (Art. 22 EUV), wodurch der künftig auf 2,5 Jahre gewählte Ratspräsident in der Außenpolitik aufgewertet wird.
- Der Hohe Vertreter der GASP führt künftig den Titel *Hoher Vertreter für die Außen- und Sicherheitspolitik.* Er wird Vizepräsident der Kommission und übernimmt die Aufgaben des Kommissars für die Außenbeziehungen. Er erhält auch den Vorsitz im Rat für Auswärtige Angelegenheiten, der vom Rat für allgemeine Angelegenheiten getrennt tagt. Der Hohe Vertreter ist künftig auch für die Kohärenz der auswärtigen Beziehungen verantwortlich. Mit der Anbindung an die Kommission trägt er praktisch einen *Doppelhut*, weil er weiterhin gegenüber dem Rat verantwortlich ist.
- Der Hohe Vertreter erhält einen Auswärtigen Dienst der EU, der sich aus Beamten von Rat, Kommission und den Nationalstaaten zusammensetzen soll, wobei die Organisation und Arbeitsweise des Dienstes durch Beschluss des Rates festgelegt werden.

13 Vgl. hier die Analyse von Wessels, Wolfgang/Hoffmann, Andreas, 2008: Kein Konsens über Kohärenz? Auswärtiges Handeln der EU nach Lissabon, in: WeltTrends 42, 16. Jahrgang, S. 21-33 (28-29). Im gleichen Heft finden sich noch weitere interessante Artikel zur Außenpolitik nach Lissabon.

10.2.2 Die ESVP

Nachdem der Vertrag von Maastricht 1992/93 erstmals grundsätzlich eine eigene Sicherheitspolitik der EU als ein mögliches Ziel benannt hatte, dauerte es noch fast sieben Jahren bis erste Anstrengungen in diese Richtung unternommen wurden. Bei einem britisch-französischen Treffen in St. Malo 1998 änderte die neu ins Amt gewählte Regierung unter Tony Blair den bisherigen Kurs, und Großbritannien gab seine ablehnende Haltung gegenüber einer engen Kooperation in der Sicherheitspolitik auf. Nachdem die EU in den Jugoslawien-Kriegen zwischen 1992 und 1995 weitgehend versagt hatte, zeigte die NATO-Intervention im Kosovo 1999 erneut die Handlungsunfähigkeit der EU auf. Während in den Sezessions- und Bürgerkriegen bis 1995 die EU vor allem durch Uneinigkeit gelähmt war, fehlten 1999 in erster Linie militärische Kapazitäten. Es war daher wiederum das militärische Eingreifen der USA, das den brutalen Vertreibungen der Kosovaren ein Ende machte und langfristig auch zum Sturz des Milosevic-Regimes in Belgrad führte. Die erneute Deklassierung der europäischen Staaten gab den äußeren Impuls für den Aufbau von EU-Militärkapazitäten. Auf den Tagungen des Europäischen Rates in Köln und Helsinki 1999 herrschte Aufbruchsstimmung. Die Ratsbeschlüsse sahen konkrete Schritte zum Aufbau einer ESVP vor, die langfristig weltweite militärische Einsatzfähigkeit gewährleisten sollten. Die Fortentwicklung der ESVP erfolgte außerhalb der Verträge bzw. die allgemeinen Bestimmungen wurden äußerst weitgehend interpretiert.[14] Die ESVP wurde in den folgenden Jahren zum integralen Bestandteil der GASP, der zweiten Säule des Vertragswerks,[15] und war damit eindeutig dem intergouvernementalen Prinzip unterworfen. Militärische und verteidigungspolitische Maßnahmen, beispielsweise Krisen- und Friedenseinsätze, bedürfen nach dem Nizza-Vertrag der Einstimmigkeit, hier gilt das Konsensprinzip. Doch wird der Einstimmigkeitszwang durch Flexibilisierung und konstruktive Enthaltung abgeschwächt, wodurch europäische Aktivitäten wahrscheinlicher werden.

Institutionen der ESVP

Der Artikel 25 des Nizza-Vertrags ruft mit dem *Politischen und Sicherheitspolitischen Komitee* (PSK) das zentrale Gremium der GASP/ESVP ins Leben. Das PSK wird von Vertretern der Mitgliedsländer im Botschaf-

14 Vgl. zur Entwicklung der ESVP Kremer, Martin/Schmalz, Uwe, 2001: Nach Nizza – Perspektiven der Gemeinsamen Europäischen Sicherheits- und Verteidigungspolitik, in: integration (2) 2001, S. 167-178.

15 Die WEU-Institutionen wurden nach dem Maastricht-Vertrag Schritt für Schritt in die GASP/ESVP integriert.

terrang gebildet, zu denen ein Kommissionsvertreter hinzutritt. Die Aufgaben des Komitees sind weit gesteckt. Ihm obliegen die politische Kontrolle und die strategische Leitung von Kriseneinsätzen. Der Rat kann ihm auch die Leitung von Operationen übertragen. Das PSK entwickelte eine Eigendynamik und etablierte sich als „operative Schaltzentrale"[16] der GASP. Rund um das PSK entstand in den folgenden Jahren eine ganze Reihe von Institutionen und Gremien, die dem PSK zuarbeiten und z.T. dem Hohen Vertreter direkt unterstehen[17] (vgl. Kasten 18).

Kasten 18: Die militärische Infrastruktur des PSK

EUMC (European Union Military Committee):
Repräsentanten der Generalstäbe bzw. Oberkommandos der Mitgliedstaaten. Das EUMC berät das PSK in militärischen Fragen.
EUMS (European Union Military Staff): Das EUMS arbeitet mit einem Personal von ca. 150 Militärs Einsatzpläne aus und überwacht gegebenenfalls deren Durchführung.
CIVCOM (Committee for Civilian Aspects of Crisis Management):
CIVCOM ist eine Arbeitsgruppe des Rates für die zivilen Aspekte des Krisenmanagements.
SitCen (Joint Situation Centre):
SitCen dient zur Sammlung relevanter Informationen über Krisenherde und besteht aus Mitarbeitern verschiedener Agenturen, einschließlich der Nachrichtendienste. Ihm ist eine Planungseinheit (*Policy Unit*) mit verschiedenen Referaten angeschlossen.
EDA (European Defence Agency):
Die EDA soll sicherstellen, dass bis 2010 die 60.000 Mann starken Eingreifverbände der EU auch technisch und logistisch in der Lage sind, größere Operationen auszuführen. Die EDA, die seit 2005 aktiv ist, soll die Koordination der rüstungspolitischen Zusammenarbeit gewährleisten.

Mit ihrer ausdifferenzierten Infrastruktur verfügt die GASP über die nötigen Voraussetzungen, militärische Einsätze durchzuführen. Einschränkend muss angemerkt werden, dass es sich mit Ausnahme des PSK um beratende Gremien handelt, die keine Exekutivbefugnisse haben bzw. diese vom Rat und damit von den Nationalstaaten erhalten müssen, um überhaupt aktiv werden zu können. Parallel zum Aufbau einer Führungs- und Befehlsstruktur wurden auch die direkten militärischen Fähigkeiten der EU ausgebaut. Bereits auf dem Treffen des Europäischen Rates in Helsinki

16 Regelsberger, 2007, S. 67.
17 Vgl. ausführlicher zu den einzelnen Behörden ebd., S. 68-73.

Ende 1999 beschloss die EU die Aufstellung von Krisenreaktionskräften in einer Stärke von 60.000 Mann bis Ende 2003. Sie sollten die Union in die Lage versetzen, größere militärische Aktionen mit einer maximalen Dauer von einem Jahr durchzuführen. Dazu gehören humanitäre Missionen und Rettungseinsätze, friedenserhaltende Einsätze einschließlich militärischer Friedenserzwingung.[18] Weiterhin haben sich die EU-Staaten zur Bereitstellung eines Kontingentes von 5000 Polizeibeamten zur zivilen Konfliktbearbeitung verpflichtet. Die kurze Frist bis 2003 konnte nicht eingehalten werden, denn die Aufstellung der EU-Eingreiftruppe verzögerte sich aufgrund von Finanzierungsproblemen. Außerdem besaßen für die Mitgliedstaaten Reformen der nationalen Streitkräfte Priorität.[19]

Um trotzdem militärisch zumindest im begrenzten Rahmen intervenieren zu können, beschloss die EU, Krisenreaktionskräfte in Form sog. *Battle Groups* aufzustellen. Bei den *Battle Groups* handelt es sich um 13 jeweils ca. 1500 Mann starke, aus Soldaten verschiedener EU-Mitgliedstaaten zusammengesetzte Kampfeinheiten. Sie sollen innerhalb von nur zehn Tagen einsatzbereit sein und in akuten Krisensituationen zum Schutz der Zivilbevölkerung oder zur Wiederherstellung eines Mindestmaßes an Ordnung eingesetzt werden. Bis Mitte 2008 waren zwei Battle Groups einsatzbereit.

Aufgrund der Erfahrungen der Balkan-Einsätze beschloss die EU den Ausbau einer zivilen ESVP-Komponente. Neben 5000 Polizisten haben sich die EU-Staaten verpflichtet, einen *Pool* von insgesamt über 7000 Rechtsexperten, Verwaltungsfachleuten, Krisenexperten und Experten für den Katastrophenschutz zu bilden.[20] Diese zivile Komponente soll zum Wieder- oder sogar zum Neuaufbau staatlicher Verwaltung und Infrastruktur nach Kriegszerstörungen beitragen und damit die Chance auf dauerhaften Frieden nach Beendigung von Kampfhandlungen erhöhen. Die Erfahrungen der letzten Jahre haben gezeigt, dass eine militärische Friedenserzwingung allein nicht ausreicht.

18 Diese Ziele werden auch als die sog. Petersberg-Aufgaben bezeichnet. Eine internationale Konferenz ermächtigte die EU 1992, humanitäre, friedenserhaltende und Frieden schaffende Maßnahmen im Rahmen der GASP durchzuführen. Massive Militärinterventionen sind nicht dadurch abgedeckt.

19 So Kohler-Koch, Beate/Conzelmann, Thomas/Knodt, Michèle, 2004: Europäische Integration – Europäisches Regieren, Wiesbaden, S. 279.

20 Vgl. Bergmann, Julian, 2008: Die Europäische Sicherheits- und Verteidigungspolitik, S. 5, abrufbar unter: http://www.weltpolitik.net/print/3378.html (letzter Zugriff: 17.8.2008).

Der Aufbau einer komplexen militärischen Kommando- und Infrastruktur ist geradezu sensationell schnell vorangeschritten und wäre selbst vor zehn Jahren noch kaum vorstellbar gewesen. Die Maßnahmen tragen die Handschrift Javier Solanas. Dem Hohen Vertreter ist es gelungen, seine personellen Ressourcen und Zuständigkeiten durch die neuen Institutionen beständig auszuweiten, auch wenn die EU-Kommission mit der entsprechenden Generaldirektion und dem Kommissar für Außenbeziehungen noch weitaus größere Ressourcen besitzt. Mit der Anbindung an den Rat und der starken Rolle des Hohen Vertreters liegt die Verantwortung für die Sicherheitspolitik mit ihrer neuen militärischen Dimension letztlich bei den Nationalstaaten.

Die ESVP in der Praxis – Militäreinsätze der EU

Neben dem Aufbau entsprechender Institutionen bildete eine Verständigung mit der NATO über die Nutzung von NATO-Kapazitäten und -Infrastruktur eine weitere zentrale Voraussetzung, um konkrete Militäraktionen durchführen zu können. Nach schwierigen Verhandlungen wurde Ende 2002 das sog. *Berlin-Plus-Abkommen* unterzeichnet. Das Abkommen besteht aus vierzehn Dokumenten, die eine strategische Zusammenarbeit regeln und den Zugriff der EU auf NATO-Planungskapazitäten ermöglichen. Das Abkommen wird von den NATO-Staaten allerdings unterschiedlich interpretiert.[21] Umstritten ist vor allem die wichtige Frage, welche der beiden Organisationen im Krisenfall zuerst tätig werden darf. Hinzu kommt, dass die Türkei auf der Unterzeichnung eines Sicherheitsabkommens zwischen Malta und Zypern besteht. Da es ein solches Abkommen nicht gibt, blockierte die Türkei phasenweise den EU-NATO-Informationsaustausch. Innerhalb der EU kam es zu einer Auseinandersetzung über ein eigenes EU-Hauptquartier, wie es von Belgien, Luxemburg, Deutschland und Frankreich im Anschluss an die Unterzeichnung des Berlin-Plus-Abkommens vorgeschlagen worden war. Dieser Vorschlag scheiterte an der Ablehnung der Briten, die darin eine unnötige Duplizierung von Institutionen sahen und auf das NATO-Hauptquartier verwiesen. Die Fortdauer des Streits um das Berlin-Plus-Abkommen demonstriert, dass NATO und EU – trotz aller Fortschritte – nach wie vor in Konkurrenz zueinander stehen und dass es innerhalb der EU keine Einigung über den

21 Vgl. Hofmann, Stephanie/Reynolds, Christopher, 2007: Die EU-NATO-Beziehungen, in: SWP-Aktuell 37.

Stellenwert der NATO und damit der USA in der europäischen Sicherheitspolitik gibt.

Wenngleich das Verhältnis zwischen NATO und EU noch keineswegs geklärt ist, so ermöglichte das Berlin-Plus-Abkommen aber die Durchführung von EU-Missionen auf dem Balkan ab 2003. Die EU übernahm eine Polizeimission in Bosnien-Herzegowina und im März 2003 erfolgte der erste Militäreinsatz der EU auf dem Balkan im Rahmen der Operation Concordia in Mazedonien. Ende 2004 übernahm die EU im Rahmen der Mission Althea dann mit 7000 Soldaten die SFOR-Mission und damit die alleinige Verantwortung in Bosnien-Herzegowina.[22]

Die EU-Militäreinsätze blieben keineswegs auf die Nachbarregion des Balkans beschränkt. Vielmehr hat die EU bis heute allein drei Militäreinsätze im subsaharischen Afrika durchgeführt, davon zwei in der Demokratischen Republik Kongo (DRK). Die erste eigenständige Militäroperation der EU in Afrika (Operation Artemis) lief im Jahr 2003 im Nordosten der DRK an. Das Ziel bestand im Schutz der Zivilbevölkerung vor der brutalen Gewalt ethnischer Milizen. Der Einsatz unter französischer Führung beruhte auf einem Mandat der UN. Die Operation Artemis war eine sog. *Brückenmission*, da die EU-Einheiten im Dezember 2003 durch eine UN-Truppe abgelöst wurden. Die EU betrachtete den Einsatz als erfolgreich und beschloss aufgrund der Erfahrungen die Aufstellung der bereits genannten *Battle Groups*. Der zweite EU-Militäreinsatz in der DRK (EUFOR DR KONGO), der von kleineren zivilen Missionen begleitet wurde, sicherte die Durchführung der ersten Wahlen in der DRK im Jahr 2006.[23] Beide Missionen waren sowohl im Hinblick auf Personal (1800 bzw. 2000 Soldaten) und die Terminierung sowie die Reichweite des Mandates (Sicherung humanitärer Nothilfe, Schutz der Zivilbevölkerung, Unterstützung der Demokratisierung) begrenzt. Im September 2007 beschloss die EU dann einen Militäreinsatz zum Schutz der Flüchtlinge im Tschad und der Zentralafrikanischen Republik (EUFOR Tschad/ZAR). Dieser Einsatz von ca. 4000 Soldaten findet erneut unter französischem

22 Vgl. für einen Überblick Blockmans, Steven, 2004: EU Conflict Prevention in the Western Balkans, in: Kronenberger, Vincent/Wouters, Jan (Hrsg.): The European Union and Conflict Prevention. Policy and Legal Aspects, Den Haag, S. 293-323.

23 Vgl. Schmidt, Siegmar, 2006: Afrikapolitik, in: Weidenfeld, W./Wessels, W. (Hrsg.): Jahrbuch der europäischen Integration 2006, Baden-Baden, S. 255-258 und Krause, Alexandra/Schlotter, Peter, 2007: Die Kommission als „Politikunternehmer" – Die Europäische Union als außen- und sicherheitspolitischer Akteur im Kongo, in: Jopp, Mathias/Schlotter, Peter (Hrsg.): Kollektive Außenpolitik – Die Europäische Union als internationaler Akteur, Baden-Baden S. 353-380.

Oberbefehl statt. Das Engagement anderer europäischer Staaten, u.a. bei der Bereitstellung von Truppen, war gering, so dass sich der Einsatz um Monate verzögerte, da nicht genügend Truppen zur Verfügung standen. Problematisch an diesem Einsatz ist zudem, dass Frankreich enge Beziehungen zum diktatorischen Regime im Tschad unterhält und daher nicht von allen Kriegsparteien als neutral empfunden werden könnte, was letztlich die Glaubwürdigkeit der EU-Interventionen in Afrika beschädigen könnte.[24] Das europäische Engagement auf dem Balkan und in Afrika unterstreicht den Anspruch der EU, zumindest eine regionale Ordnungsmacht auf dem Balkan und in Afrika zu sein.

10.2.3 Zur Bewertung und Einordnung von GASP und ESVP

Die rapiden Entwicklungen in der Außen- und Sicherheitspolitik während der letzten Jahre verleihen zwei grundsätzlichen Fragen, die seit Beginn der ersten außenpolitischen Gehversuche im Rahmen der EPZ immer wieder gestellt worden sind, neue Aktualität:

1. Wie leistungsfähig ist die EU-Außen- und Sicherheitspolitik? Ist die EU ein handlungsfähiger außenpolitischer Akteur?
2. Welchen Charakter besitzt die EU-Außenpolitik? Trifft die traditionelle Zuschreibung der EU als eine „Zivilmacht“ angesichts der Integration einer militärischen Dimension der Sicherheitspolitik noch zu?

Auch wenn diese beiden grundlegenden Fragen an dieser Stelle nicht ausführlich diskutiert werden können, so wollen wir hier doch versuchen einige interessante Beobachtungen für die weiterführende Beschäftigung mit der EU-Außen- und Sicherheitspolitik zu geben.

Bei der Antwort auf die erste Frage ist zunächst zu klären, welche Eigenschaften ein handlungsfähiger Akteur haben muss bzw. welche Voraussetzungen für Handlungsfähigkeit erfüllt sein müssen. Außenpolitische Handlungsfähigkeit basiert auf mindestens drei Voraussetzungen: Erstens müssen ausreichend Ressourcen vorhanden sein, um verschiedene außenpolitische Instrumente (diplomatisch, wirtschaftlich und militärisch) überhaupt nutzen zu können. Zweitens müssen bestimmte Ziele und Strategien zu ihrer Umsetzung vorhanden sein. Und drittens bedarf es der Bereitschaft, aktiv zu werden. Diese Kriterien beziehen sich auf Nationalstaaten,

24 Vgl. zu den Schwierigkeiten des Einsatzes: Ehrhart, Hans-Georg: EU-Krisenmanagement in Afrika: die Operation EUFOR Tschad/RCA, in: integration (2) 2008, S. 145-158.

im Falle der EU, die kein Staat ist, stellt sich die Situation komplizierter dar. Von zentraler Bedeutung für ihre Handlungsfähigkeit und -bereitschaft ist der Konsens zwischen den Mitgliedstaaten, denn es gilt, mit kleinen Einschränkungen das intergouvermentale Prinzip in der GASP/ESVP. Demnach ist zu fragen, inwieweit der Konsens der Mitgliedstaaten besteht und inwieweit diese bereit sind, Ressourcen bereitzustellen, denn die EU selbst verfügt nicht über ausreichende Ressourcen in der Außenpolitik. Eine allgemeine Antwort darauf zu geben, ist kaum möglich. Die zunehmende Anzahl an gemeinsamen Standpunkten und Aktionen sowie Erklärungen, also der wachsende außenpolitische Besitzstand der EU, sprechen dafür. Auch der Aufbau einer militärischen Infrastruktur und die *Brüsselisierung* der Sicherheitspolitik untermauern die Vorstellung einer funktionsfähigen Sicherheitspolitik, denn damit wurden die organisatorischen Voraussetzungen für die seit Jahrzehnten vernachlässigte sicherheitspolitische Kooperation geschaffen. Die vergleichende Analyse von konkretem außenpolitischen Verhalten gegenüber Regionen, Ländern und Krisen bietet kein einheitliches Bild. Wie unterschiedlich, ja widersprüchlich das Bild der EU-Außenpolitik ist, zeigt ein Vergleich der EU-Politik in der Irak-Krise 2002/2003 mit der EU-Politik in der Georgien-Krise 2008. Von einer gemeinsamen EU-Politik in der Irak-Krise konnte keine Rede sein. Die Mitgliedstaaten waren über die amerikanische Irak-Politik tief gespalten[25]: Während Deutschland und Frankreich sowie einige andere Mitgliedstaaten nicht nur ein militärisches Vorgehen der USA strikt ablehnten, sondern auch versuchten, über die UN und NATO die USA zu blockieren,[26] bekundeten acht europäische Staaten (angeführt von Großbritannien und Spanien) in einem öffentlichen Brief Unterstützung für die USA und deuteten ihre Bereitschaft an, Truppen zu entsenden. Viele Beobachter prophezeiten (vorschnell) das Ende der EU-Außenpolitik angesichts der katastrophalen Bilanz der Irak-Krise.

Völlig anders erscheint dagegen die Reaktion auf die Georgien-Krise. Die EU reagierte schnell, zeigte sich geschlossen und wurde zum entscheidenden externen Akteur.[27] Die französische Ratspräsidentschaft nahm in

25 Vgl. Gordon, Philip H./Shapiro, Jeremy, 2004: Allies at War. America, Europe and the crisis over Iraq, Washington.

26 Vgl. für die deutsche Politik: Schmidt, Siegmar, 2008: Germany – the reluctant ally. German domestic politics and the war against Saddam Hussein, in: Bobrow, Dave (Hrsg.): Hegemony Constrained. Evasion, Modification, and Resistance to American Foreign Policy, Pittsburgh, S.41-61.

27 Vgl. Rat der Europäischen Union, Außerordentliche Tagung 1. September 2008, Dok. 12594/08.

engem Zusammenspiel mit Deutschland Kontakt zu Russland auf, handelte einen Sechs-Punkte-Plan aus und erreichte mittels einer Shuttle-Diplomatie des französischen Präsidenten und Ratspräsidenten der EU Nicolas Sarkozy die Zusage des Abzugs der russischen Truppen aus Georgien.[28] Die Handlungsfähigkeit der EU war damit eindrucksvoll unter Beweis gestellt. Inwieweit die Einigkeit in der Krise zu einer momentan diskutierten neuen EU-Russland-Strategie führt, ist dennoch fraglich, da zwischen den Mitgliedstaaten der EU unterschiedliche Vorstellungen über die Eckpunkte der Russland-Politik bestehen.

Eine neuere vergleichende Studie über die EU-Außenpolitik[29] bestätigt das uneinheitliche Bild in der Frage, ob die EU ein handlungsfähiger Akteur ist. Defizite im Hinblick auf die Handlungsfähigkeit bestehen demnach vor allem, wenn es um die Beziehungen zu den USA und Russland sowie um die Reaktionen auf gewalttätige Krisen geht. Die Abstimmungsprozesse zwischen den EU-Mitgliedstaaten sind komplex und erfordern Zeit, wodurch eine häufig erforderliche schnelle Reaktion verzögert wird. Abzuwarten bleibt, ob die Reaktion auf die Georgien-Krise in dieser Hinsicht eine Ausnahme bleibt. Akteursqualität – also Handlungsfähigkeit und Handlungsbereitschaft – so die Autoren in ihrem Resümee lässt sich aber in den Fällen konstatieren, in denen die EU ihre traditionelle außenpolitische Linie der Zivilmacht verfolgt.[30]

Die Bezeichnung der EU als Zivilmacht geht auf eine Äußerung von Francois Duchêne aus den siebziger Jahren zurück.[31] Der Grundgedanke war, dass die damalige EG keine Nuklearmacht darstellte und dies aus seiner normativen Warte auch nicht anstreben sollte, sondern dass die EG vor allem zivile Politikinstrumente verwenden sollte. Sein Grundgedanke wurde zu Beginn der neunziger Jahre von Hanns Maull aufgenommen, der den Begriff Zivilmacht zu einem Konzept weiterentwickelte. Das Ziel Maulls war es, mit dem Zivilmachtkonzept die spezifische, sich von anderen Nationen aufgrund ihrer Geschichte und außenpolitischen Entwicklung unterscheidende japanische und deutsche Außenpolitik zu typologi-

28 Vgl. ebd.

29 Jopp/Schlotter, 2007.

30 Jopp, Mathias/Schlotter, Peter: Kollektive Außenpolitik – Die Europäische Union als internationaler Akteur, in: Jopp, Mathias/Schlotter, Peter (Hrsg.): Kollektive Außenpolitik – Die Europäische Union als internationaler Akteur, Baden-Baden, S. 381-396.

31 Vgl. hier die Beiträge in: Kohnstamm, Max/Hager, Wolfgang (Hrsg.), 1973: Zivilmacht Europa – Supermacht oder Partner? Frankfurt/Main.

sieren und zu erklären.[32] Im Laufe der Jahre wurde das Konzept dann immer weiter ausdifferenziert und bildete den theoretischen Rahmen für zahlreiche Analysen zur Außenpolitik Deutschlands und der EU. Die Außen- und Sicherheitspolitik einer Zivilmacht EU weist die folgenden drei zentralen Charakteristika auf:

- kooperatives Handeln vor allem im Rahmen internationaler Institutionen: Die Außenpolitik ist daher multilateral angelegt und bestrebt, internationale Verhandlungssysteme auszubauen und dadurch einen Beitrag zur Verrechtlichung der internationalen Politik zu leisten;
- Präferenz für nicht-militärische Instrumente und Bevorzugung ökonomischer und diplomatischer Mittel: Militärische Mittel werden nur in Ausnahmesituationen und auf der Basis eines völkerrechtlichen Beschlusses (etwa durch die UN) eingesetzt;
- wertgebundene Außenpolitik in Form einer Förderung des internationalen Menschenrechtsschutzes und der Demokratie.

Über die Zivilmachtorientierung herrscht Konsens unter den Mitgliedstaaten. Sie eint ein „Verständnis von Außenpolitik, das auf die Herstellung von positiven Anreizen, von Vertrauen, auf Einbindung und Interdependenz setzt."[33] Das Selbstverständnis als Zivilmacht kann empirisch u.a. an der konstruktiven Rolle der EU in den Vereinten Nationen, der Erweiterungspolitik und in der Afrikapolitik nachgewiesen werden, da (neben der Verfolgung anderer Ziele) erhebliche Anstrengungen in der Demokratie- und Menschenrechtsförderung unternommen worden sind.[34] Das Selbstverständnis als Zivilmacht spiegelt sich in der Europäischen Sicherheitsstrategie (ESS) wider.[35] Die ESS geht auf eine Anregung des Rates zurück, die von Javier Solana in Form einer neuartigen Sicherheitsstrategie der EU

32 Maull, Hanns W., 1990: Germany and Japan: the new civilian powers, in: Foreign Affairs, 1990/91 (winter), no.5, S. 91-106.

33 Zit. nach Jopp/Schlotter, 2007, S. 390.

34 Vgl. hier die Beiträge im Sammelband von Jünemann, Annette/Knodt, Michèle, (Hrsg.): Externe Demokratieförderung durch die Europäische Union. European external democracy promotion, Baden-Baden 2007. Die Fallstudien verdeutlichen, dass es durchaus Widersprüche zwischen der EU-Politik und der Außenpolitik von Nationalstaaten gibt, die Glaubwürdigkeit und Effizienz der EU-Demokratieförderung unterminieren. Vgl. auch verschiedene Beiträge in Elgstroem, Ole/Smith Michael (Hrsg.), 2006: The European Union's roles in international politics, London and New York.

35 Vgl. Rat der Europäischen Gemeinschaften, 2003: Ein sicheres Europa in einer besseren Welt. Europäische Sicherheitsstrategie vom 12. Dezember 2003, abrufbar unter: http://www.consilium.europa.eu/uedocs/cmsUpload/ 031208ESSIIDE.pdf (letzter Zugriff: 14.9.2008).

umgesetzt wurde. Angesichts des Desasters der EU in der Irak-Frage ist die Akzeptanz der ESS durch alle Mitgliedsstaaten nur wenige Monate später durchaus bemerkenswert. Die EU betont in der ESS zunächst ihren Anspruch, ein globaler Akteur zu sein. Als zentrale Ziele und Vorhaben werden genannt:

- Aufbau einer Sicherheitszone um die EU im Rahmen der Europäischen Nachbarschaftspolitik durch einen Ring von „verantwortungsvoll" regierten Staaten;
- effektiver Multilateralismus, d.h. Anerkennung der globalen Ordnungsrolle internationaler Organisationen, insbesondere der UN;
- Aufbau und Stärkung der zivilen und militärischen Kapazitäten der EU.

In der Literatur und der öffentlichen Diskussion herrscht weitgehender Konsens, dass die Selbstzuschreibung der EU als Zivilmacht im Großen und Ganzen der realen Politik entspricht,[36] diskutiert wird aber, inwieweit der Ausbau der militärischen Infrastruktur und die zunehmende Anzahl an Militäreinsätzen nicht den Charakter der EU als Zivilmacht in Frage stellen. Giovana Bono sieht die Gefahr, dass militärische Fragen einen zu hohen Stellenwert in der EU erhalten, kritisiert die parlamentarische und politische Kontrolle der ESVP als unzureichend und moniert, dass der Multilateralismus der EU eng begrenzt sei, da die EU sehr zögerlich bei der Unterstellung von Truppen unter UN-Oberbefehl sei.[37] Andere Autoren[38] sehen hingegen diese Gefahr nicht, denn sie argumentieren, dass die zivilen Mittel und Instrumente dominierten und die bisherigen Militäreinsätze durchaus dem Selbstverständnis einer Zivilmacht entsprächen, denn Zivilmacht bedeutete nicht den völligen Verzicht auf militärische Mittel. Darüber hinaus, so Hanns Maull,[39] mangele es der EU schlicht an militärischen Fähigkeiten und dem politischen Willen, eine traditionelle Groß-

36 Um Missverständnissen vorzubeugen: Mit Zivilmacht ist eine spezifische Art und Weise des außenpolitischen Selbstverständnisses und der Art und Weise, ***wie*** außenpolitische Interessen vertreten werden, gemeint. Diese Interessen können dabei durchaus egoistischer Natur sein, die Zivilmacht steht nicht für eine prinzipiell moralische oder idealistische Außenpolitik, auch wenn sie Bezugspunkte zum Idealismus aufweist.

37 Vgl. Bono, Giovana, 2006: The perils of conceiving EU Foreign Policy as a "civilizing" force, in: International Politics and Society (IPG) (1) 2006, S. 150-163.

38 Vgl. Whitman, Richard, 2006: Muscles from Brussels: the demise of civilian power Europe? In: Elgstroem, Ole/Smith Michael (Hrsg.): The European Union's roles in international politics, London and New York, S. 101-117. Whitman argumentiert, die EU sei noch Zivilmacht, da sie in erster Linie Petersberg-Aufgaben wahrnehme.

39 Maull, Hanns W., 2006: The perils of NOT conceiving European Foreign Policy as a civilian project, in: International Politics and Society (IPG) (1) 2006, S.164-172.

machtpolitik anzustreben. Überdies zielten die ESVP-Missionen nicht auf Machtzugewinn, sondern auf den Aufbau von Ordnungsstrukturen im Rahmen von Friedensregelungen, die mit der UN-Politik kompatibel seien. Die Ziele und die Agenda der EU unterschieden sich damit signifikant von denen der amerikanischen Außenpolitik der Bush-Administrationen (2000-2008).

10.2.4 Ausblick

Für die Zukunft der GASP/ESVP bleibt die Fähigkeit der Mitgliedstaaten sich auf gemeinsame Ziele und Strategien zu verständigen, entscheidend, auch wenn sich eine gewisse Vergemeinschaftung der EU-Außenpolitik – trotz ihrer intergouvermentalen Anlage – entwickelt hat. Allerdings erschwert die 2004 vollzogene Osterweiterung den erforderlichen Konsens der Mitgliedstaaten, da die neuen Mitglieder spezifische historische Erfahrungen und eigene Interessen und Prinzipien mitbringen. Dies zeigt sich besonders im Verhältnis zu den USA. Hier unterstützen die mittelosteuropäischen Staaten häufig die US-Positionen und bevorzugen die NATO als Sicherheitsgarant, da sie sich davon mehr Sicherheitsgewinn als durch die EU versprechen.[40]

Die nach wie vor bestehende Interessenheterogenität wird in der Praxis zu einer Fortsetzung der ambivalenten EU-Außenpolitik führen. Einerseits wird die EU durchaus handlungsfähig sein und kann wirkungsvolle EU-Außenpolitik verfolgen[41], andererseits besteht die Gefahr einer aufgrund interner Differenzen gelähmten EU, die versucht ihre Handlungsunfähigkeit durch diplomatische Erklärungen zu verdecken. Darüber hinaus wird zukünftig die Frage der öffentlichen Akzeptanz gerade der Militäreinsätze wichtig werden. Bislang stand die EU-Außen- und Sicherheitspolitik im Schatten der öffentlichen Aufmerksamkeit in den Mitgliedsländern. Die Übernahme politischer Verantwortung wenn auch nicht ausschließlich, aber eben auch durch Militäreinsätze, könnte für kritische Diskussionen sorgen, wenn die Einsätze verlustreich oder problematisch verlaufen sollten. Unklar ist auch, ob die Mitgliedstaaten bereit sind, beträchtliche Kosten für Militärmissionen, die nicht vom relativ bescheidenen GASP-Haus-

40 Vgl. Bugajski /Teleki, 2006.

41 Darüber hinaus versucht die EU sich bewusst von der US-Politik abzugrenzen, zur Diskussion vgl. auch: Hill, Christopher, 2007: The future or European Union as a global actor, in:Foradori, Paolo/Rosa,Paolo/Scartezzini, Riccardo (Hrsg.): Managing an multilevel foreign policy, Lanham et al., S. 3-22.

halt gedeckt werden, zu übernehmen. Neue Herausforderungen der internationalen Politik, die Ausrichtung der amerikanischen Außenpolitik nach den Wahlen im November 2008 und Entwicklungen in Russland können äußere Anstöße für eine Weiterentwicklung der Europäischen Außen- und Sicherheitspolitik geben. Betrachtet man die Entwicklung der europäischen Außenpolitik in den zurückliegenden drei Jahrzehnten, so lässt sich feststellen, dass es häufig Anstöße von außen (Balkankriege, Kosovo- und eventuell die Georgien-Krise) waren, die Impulse für eine Weiterentwicklung der Außenpolitik gaben.

Einführende Literatur:

Jopp, Mathias/Schlotter, Peter (Hrsg.), 2007: Kollektive Außenpolitik – Die Europäische Union als internationaler Akteur, Baden-Baden. (Der Sammelband untersucht systematisch die Akteursqualität der EU anhand von Fallstudien. Besonders für Anfänger zu empfehlen sind die beiden einleitenden Beiträge zu den vertraglichen Grundlagen und den Institutionen.)

Müller-Brandeck-Bocquet, Gisela/Schubert, Klaus (Hrsg.), 2000: Die Europäische Union als Akteur der Weltpolitik, Opladen. (Der Titel des Bandes ist gleichzeitig seine zentrale These: In verschiedenen Fallstudien wird das EU-Profil als internationaler Akteur herausgearbeitet, wobei auch die Defizite der Außenpolitik diskutiert werden.)

Dies. (Hrsg.), 2000: Europäische Außenpolitik. GASP- und ESVP-Konzeptionen ausgewählter EU-Mitgliedsstaaten, Baden-Baden. (Die Autoren analysieren die Vorstellungen ausgewählter EU-Staaten zur EU-Außenpolitik und leiten die daraus Möglichkeiten für die zukünftige Rolle der EU in der Welt ab.)

Regelsberger, Elfriede, 2001: Die Gemeinsame Außen- und Sicherheitspolitik nach ‚Nizza' – begrenzter Reformeifer und außervertragliche Dynamik, in: integration (2) 2001, S. 156-166 (159-161). (guter Überblick über die Beschlüsse von Nizza und ihre Auswirkungen auf die Außenpolitik)

Weiterführende Literatur und Dokumente:

Bergmann, Julian, 2008: Die Europäische Sicherheits- und Verteidigungspolitik, S. 5, abrufbar unter: http://www.weltpolitik.net/print/3378.html (letzter Zugriff: 17.8.2008). (eine gute Zusammenfassung der Entwicklungen der zurückliegenden Jahre)

Blockmans, Steven, 2004: EU Conflict Prevention in the Western Balkans, in: Kronenberger, Vincent/Wouters, Jan (Hrsg.): The European Union and Conflict Prevention. Policy and Legal Aspects, Den Haag, S. 293-323. (Überblicksbeitrag in einem umfangreichen Sammelband, der eine Vielzahl von Fallstudien liefert und Zusammenhänge zwischen der EU-Politik und der Präventionspolitik anderer Akteure betrachtet.)

Bono, Giovana, 2006: The perils of conceiving EU Foreign Policy as a "civilizing" force, in: International Politics and Society (IPG) (1) 2006, S. 150-163. (Der Beitrag argumentiert, dass die ESVP und die EU-Militäreinsätze nicht mit der Zivilmacht-Orientierung der EU vereinbar sind.)

Bugajski, Janusz/Teleki, Ilona, 2006: New Allies, new challenges, Atlantic Bridges: America's new European allies, Lanham et al. (Die Autoren diskutieren die Sicherheitsinteressen der neuen EU-Mitglieder und erklären deren Präferenz für eine enge transatlantische Anbindung an die EU.)

Ehrhart, Hans-Georg, 2008: EU-Krisenmanagement in Afrika: die Operation EUFOR Tschad/RCA, in: integration (2) 2008, S. 145-158.

Elgstroem, Ole/Smith Michael (Hrsg.), 2006: The European Union's roles in international politics, London and New York. (Der Sammelband enthält interessante theoretische Beiträge, die außenpolitische Rollenkonzepte für die EU diskutieren sowie Fallstudien, u.a. zur Rolle der EU in der internationalen Handelspolitik.)

Gordon, Philip H./Shapiro, Jeremy, 2004: Allies at War. America, Europe and the crisis over Iraq, Washington. (gleichermaßen detaillierte und lesbar Darstellung des Konfliktes über den Irak-Krieg im transatlantischen Verhältnis und innerhalb der EU)

Herz, Dietmar, 2002: Die Europäische Union, München. (gut lesbare und klar strukturierte Einführung mit einigen Kapiteln zur Außenpolitik)

Hill, Christopher, 2007: The future or European Union as a global actor, in:Foradori, Paolo/Rosa,Paolo/Scartezzini, Riccardo (Hrsg.): Managing an multilevel foreign policy, Lanham et al., S. 3-22.

Hofmann, Stephanie/Reynolds, Christopher, 2007: Die EU-NATO-Beziehungen, in: SWP-Aktuell 37.

Holland, Martin, 2000: The European Union and the Third World, Basingstoke. (informativer und gut lesbarer Überblick zu einem zentralen Feld der vergemeinschafteten Außenbeziehungen der EU)

Jünemann, Annette/Knodt, Michèle (Hrsg.), 2007: Externe Demokratieförderung durch die Europäische Union. European external democracy promotion, Baden-Baden. (Vor dem Hintergrund theoretischer Annahmen wird anhand von zahlreichen Fallstudien untersucht, inwieweit, mit welchen Mitteln und mit welchen Auswirkungen die EG und EU Demokratie förderten.)

Kohler-Koch, Beate/Conzelmann, Thomas/Knodt, Michèle, 2004: Europäische Integration – Europäisches Regieren, Wiesbaden.

Kohnstamm, Max/Hager, Wolfgang (Hrsg.), 1973: Zivilmacht Europa – Supermacht oder Partner? Frankfurt/Main. (Klassiker der Diskussion um eine europäische Außenpolitik, der normativ argumentiert)

Krause, Alexandra/Schlotter, Peter, 2007: Die Kommission als „Politikunternehmer“ – Die Europäische Union als außen- und sicherheitspolitischer Akteur im Kongo, in: Jopp, Mathias/Schlotter, Peter (Hrsg.): Kollektive Außenpolitik – Die Europäische Union als internationaler Akteur, Baden-Baden S. 353-380.

Kremer, Martin/Schmalz, Uwe, 2001: Nach Nizza – Perspektiven der Gemeinsamen Europäischen Sicherheits- und Verteidigungspolitik, in: integration (2) 2001, S. 167-178.

Maull, Hanns W., 1990: Germany and Japan: the new civilian powers, in: Foreign Affairs, 1990/91 (winter), no.5, S. 91-106.

Ders., 2006: The perils of NOT conceiving European Foreign Policy as a civilian project, in: International Politics and Society (IPG) (1) 2006, S.164-172. (eine Antwort auf den Beitrag von Giovana Bona, der in den aktuellen Entwicklungen der ESVP keine Abweichung von der Zivilmacht EU sieht)

Pfetsch, Frank R., 2007: Das neue Europa, Wiesbaden.

Rat der Europäischen Gemeinschaften, 2003: Ein sicheres Europa in einer besseren Welt. Europäische Sicherheitsstrategie vom 12. Dezember 2003, abrufbar unter: http://www.consilium.europa.eu/uedocs/cmsUpload/ 031208ESSIIDE.pdf (letzter Zugriff: 14.9.2008). (Zentrales Dokument der GASP/ESVP, das die Unterschiede zum amerikanischen Sicherheitsdenken verdeutlicht, empfehlenswert ist die parallele Lektüre der Nationalen Sicherheitsstrategien der USA von 2002 und 2006.)

Regelsberger, Elfriede, 2007: Die Gemeinsame Außen- und Sicherheitspolitik der EU – Das Regelwerk im Praxistest, in: Jopp, Mathias/Schlotter, Peter (Hrsg.): Kollektive Außenpolitik – Die Europäische Union als internationaler Akteur, Baden-Baden, S. 59-90.

Rummel, Reinhardt, 1982: Zusammengesetzte Außenpolitik. Westeuropa als internationaler Akteur, Kehl. (ein wichtiger Versuch, den Charakter der EU-Außenpolitik zu bestimmen)

Schmidt, Siegmar, 2006: Afrikapolitik, in: Weidenfeld, W./Wessels, W. (Hrsg.): Jahrbuch der europäischen Integration 2006, Baden-Baden, S. 255-258.

Ders., 2008: Germany – the reluctant ally. German domestic politics and the war against Saddam Hussein, in: Bobrow, Dave (Hrsg.): Hegemony Constrained. Evasion, Modification, and Resistance to American Foreign Policy, Pittsburgh, S.41-61.

Tekin, Funda, 2008: Verstärkte Zusammenarbeit: inflexible Flexibilisierung der GASP? In: WeltTrends 42, 16. Jahrgang, S. 47-59.

Wessels, Wolfgang/Hoffmann, Andreas, 2008: Kein Konsens über Kohärenz? Auswärtiges Handeln der EU nach Lissabon, in: WeltTrends 42, 16. Jahrgang, S. 21-33.

Whitman, Richard, 2006: Muscles from Brussels: the demise of civilian power Europe? In: Elgstroem, Ole/Smith Michael (Hrsg.): The European Union's roles in international politics, London and New York, S. 101-117. (Der Beitrag bewertet die ESVP als bislang zivilmachtkonform.)

Woolcock, Stephen, 2000: European Trade Policy, in: Wallace, Helen/Wallace, William (Hrsg.): Policy-making in the European Union, Oxford, 4. Aufl., S. 373-400. (ein Überblicksbeitrag zur EU-Handelspolitik in einem Standardwerk zur Integration)

Fragen zur Diskussion:

- Aus welchen Gründen war eine gemeinsame europäische Außenpolitik über Jahrzehnte nicht möglich?
- Welche Elemente und Strukturen kennzeichnen GASP und ESVP? Welche Möglichkeiten existieren in der GASP, um trotz Einstimmigkeitsprinzip handlungsfähig bleiben zu können?
- Wie veränderte sich das Verhältnis zwischen NATO und EU?
- Inwieweit kann von einer Militarisierung der ESVP gesprochen werden, die den Zivilmachtcharakter der EU untergräbt?

11. Die Geschichte der europäischen Einigung

11.1 Vorgeschichte

Der Zustand Europas nach den beiden zerstörerischen Weltkriegen der ersten Hälfte des 20. Jahrhunderts lässt sich bildlich in einer schlichten Wendung beschreiben: Europa lag am Boden,[1] und die europäischen Staaten wären vermutlich nicht in der Lage gewesen, sich aus eigener Kraft wieder aufzurichten, insbesondere dann nicht, wenn sie sich weiterhin als Gegner

1 Zum Beleg, aber auch zur Differenzierung dieser Aussage vgl. die Indexzahlen betreffend die industrielle Produktion in den europäischen Ländern bei Gasteyger, Curt, 2001: Europa von der Spaltung zur Einigung, Bonn, S. 58.

auf dem Kontinent gegenübergestanden hätten. Neue internationale Kooperationsformen schienen also nötig, sei es zum Schutz vor dem besiegten und besetzten einstigen Aggressor Deutschland oder zu dessen Einhegung. In beiden Himmelsrichtungen standen mit der Sowjetunion auf der einen und den Vereinigten Staaten von Amerika auf der anderen Seite konkurrierende Weltmächte bereit, die internationale Bündnissysteme unter ihrer jeweiligen Führung errichteten und diese in den Dienst ihrer jeweiligen Ideologie stellten. Die Spaltung der Welt in einen kapitalistischen Westen unter der Ägide der USA und einen kommunistischen Osten unter der Führung der Sowjetunion hatte sich bereits während der letzten Kriegsjahre abgezeichnet. Sie war spätestens mit dem offenen Kurswechsel der US-amerikanischen Außenpolitik, die bis dato noch an einer partnerschaftlichen Zusammenarbeit mit der Sowjetunion im Rahmen der weltumspannenden Organisation der Vereinten Nationen[2] festgehalten hatte, zur *containment*-Strategie, also zur Eindämmung des mutmaßlichen sowjetischen Expansionsdrangs, sowie der Truman-Doktrin von 1947 offensichtlich geworden. Der *Kalte Krieg*, dessen gewaltsame Eskalation als Bedrohungskulisse fortan existierte, sollte die Geschichte Europas über vierzig Jahre lang bestimmen, und der sich anbahnende Konflikt, dessen Front mitten durch den Kontinent verlief, setzte auch die entscheidenden Rahmenbedingungen für die europäische Nachkriegsordnung. Was sollte also mit Europa geschehen, das so gleich wieder Schauplatz eines weltpolitischen Konflikts geworden war? Da eine Einigung in dieser Frage zwischen den beiden Blöcken immer unwahrscheinlicher wurde, entwarfen beide Seiten eigene Konzepte für ihren jeweiligen Einflussbereich. Für die Geschichte der Europäischen Union sind die westlichen Bündnissysteme von besonderer Bedeutung.

Mit der Eindämmungsstrategie der US-Regierung geriet der wirtschaftliche Wiederaufbau Europas in den Mittelpunkt US-amerikanischer Außenpolitik. Denn zum einen schien nur ein wirtschaftlich gestärktes Europa in der Lage, dem vermuteten sowjetischen Expansionsdrang standzuhalten, zum anderen war die amerikanische Exportwirtschaft auf die Stabilität ihrer ausländischen Absatzmärkte angewiesen. Am 5. Juni 1947 verkündete der amerikanische Außenminister Marshall ein milliardenschweres Wiederaufbauprogramm für die europäischen Staaten, das *European Recovery Program* (ERP), das unter dem inoffiziellen Titel *Marshall-*

2 United Nations Organization (UNO), für eine ausführliche Darstellung der Vereinten Nationen s. Gareis, Sven Bernhard/Varwick, Johannes, 2006: Die Vereinten Nationen. Aufgaben, Instrumente und Reformen, Opladen/Farmington Hills.

Plan bekannt wurde. Die Gewährung der materiellen Hilfen knüpfte die US-Regierung an die Bedingung, dass die Mittel von einer gemeinsamen Organisation verwaltet würden und die Staaten Europas sich zum wechselseitigen Abbau der Handelsschranken und zur wirtschaftlichen Zusammenarbeit bereit erklärten. Im April 1948 wurde also die *Organisation für Europäische Wirtschaftliche Zusammenarbeit* (*Organization for European Economic Cooperation*, OEEC)[3] gegründet. Mit der OEEC verfolgten die USA das Ziel, den Staaten Westeuropas eine liberale marktwirtschaftliche Ordnung nach ihrem Vorbild zu geben und sie so in eine freie Weltwirtschaft einzubinden.

Mindestens ebenso sehr wie um ihre ökonomische Entwicklung sorgten sich die europäischen Staaten allerdings um ihre Sicherheit, insbesondere da die drei westlichen Besatzungszonen Deutschlands, also die spätere Bundesrepublik, in Wiederaufbauprogramm und OEEC einbezogen waren, der Feind von gestern also nach dem Wunsch der US-Regierung sukzessive zum Verbündeten von morgen gemacht werden sollte, was insbesondere Frankreich keineswegs behagte. Neben die potenzielle militärische Bedrohung durch ein wieder erstarkendes Nachkriegsdeutschland trat die Furcht vor einer sowjetischen Aggression, gegen die sich die westeuropäischen Staaten allein nicht hätten zur Wehr setzen können. Nachdem Frankreich, Großbritannien und die Beneluxstaaten die Bedingung für ein kollektives Verteidigungsbündnis mit der amerikanischen Schutzmacht erfüllt hatten, indem sie mit dem *Brüsseler Pakt* im März 1948 zunächst eine eigene Allianz ins Leben gerufen hatten, kam es nur einen Monat später zur Unterzeichnung des Nordatlantikvertrags und zur Gründung der NATO[4] (*North Atlantic Treaty Organization*) durch zehn europäische Staaten, die USA und Kanada.

Das neue Verteidigungsbündnis richtete sich von Beginn an nicht mehr gegen eine innereuropäische Bedrohung, sondern gegen die externe durch die Sowjetunion. Unter dem atlantischen Schutzschirm konnte es im Folgenden zur friedlichen Annäherung der westeuropäischen Staaten kommen. Da parallel zur westlichen Bündnispolitik aber auch die Sowjetunion die Staaten in ihrem Einflussbereich durch neue Allianzen an sich band bzw. unter sich zwang, bedeutete die Integration des Westens notwendigerweise den Verzicht auf gesamteuropäische Ambitionen.

3 Mit dem Pariser Abkommen vom 14. Dezember 1960 wurde die OEEC in *Organization for Economic Cooperation and Development* (OECD) umbenannt.
4 Für eine ausführliche Darstellung s. Varwick, Johannes, 2008: Die NATO. Vom Verteidigungsbündnis zur Weltpolizei? München.

Dies gilt auch für die erste umfassende, von den Europäern selbst hervorgebrachte internationale Organisation, die möglichst viele europäische Staaten integrieren sollte und wegen ihrer fehlenden außen- und sicherheitspolitischen Kompetenzen sogar neutrale Staaten zu ihren Gründungsmitgliedern zählte: den Europarat. Er wurde 1949 von den Staaten des Brüsseler Pakts sowie Dänemark, Irland, Italien, Norwegen und Schweden gegründet und entwickelte sich schnell zur mitgliederstärksten europäischen Organisation[5], die aber mit der EU und ihren Vorläufern in keinerlei institutionellem Zusammenhang steht. Der Europarat ist der erste institutionelle Ausfluss der vielgestaltigen europäischen Idee. Die Idee eines vereinten Europas reicht mindestens bis in die frühe Neuzeit zurück, erlebte große Konjunkturen zu Zeiten der Aufklärung und später in den 1920er Jahren, als erste Vereinigungen entstanden wie vor allem die *Paneuropa-Union* des Grafen Coudenhove-Kalergi[6] und der französische Außenminister Aristide Briand eine Art föderativer Verbindung der europäischen Staaten vorschlug. Der Europagedanke lebte fort in den Visionen der Widerstandsbewegungen und kam durch einen neuerlichen Aufschwung im Anschluss an den Zweiten Weltkrieg wieder zum Vorschein. Mit seiner berühmten Züricher Rede 1946, als der damalige britische Premierminister Winston Churchill „etwas wie die Vereinigten Staaten von Europa“[7] forderte, zog er die Aufmerksamkeit der Europavisionäre unterschiedlicher Ausrichtung auf sich. In den folgenden Jahren erlebten die verschiedenen Europabewegungen ihre Blütezeit. Neben Churchill engagierten sich in ihnen auch andere bedeutende Personen der Integrationsgeschichte wie Altiero Spinelli, Paul-Henri Spaak, Walter Hallstein, Konrad Adenauer etc.

11.2 Der erste Schritt – die Gründung der EGKS

Weder OEEC noch Europarat bildeten eine ausreichende Grundlage für eine stabile, kooperative Nachkriegsordnung Europas, über deren Ausgestaltung sich die westeuropäischen Siegermächte Großbritannien und Frankreich partout nicht einig werden konnten. Beide suchten nach Möglichkeiten, ihren bedrohten respektive verlorenen Weltmachtstatus zu sichern bzw. wiederzuerlangen. Während sich Großbritannien ohnehin

5 Sie ist es mit aktuell 47 Mitgliedstaaten bis heute.

6 Vgl. die biographischen Anmerkungen zu Coudenhove-Kalergi und anderen Europa-Aktivisten bei Juncker, Jean-Claude, 2003: Der weite Weg in die Zukunft, in: Aust, Stefan/Schmidt-Klingenberg (Hrsg.): Experiment Europa. Ein Kontinent macht Geschichte, Stuttgart/München, S. 185-203.

7 Churchill, Winston, 1946: Rede vom 19. September 1946 in Zürich (Auszug), in: Gasteyger, 2001, S. 43-44; Churchill plante den Staatenbund freilich unter Ausschluss Großbritanniens.

nicht auf die kontinentaleuropäische Einigung verlassen wollte und im engeren Anschluss an eine transatlantische Familie größere Zukunftschancen erblickte, sah sich Frankreich zunehmend allein mit der europäischen, insbesondere der deutschen Frage, konfrontiert. Die westlichen Bündnispartner, allen voran die Amerikaner, wollten nicht mehr länger auf den politischen und wirtschaftlichen Beitrag eines gestärkten Deutschlands verzichten. So kam es im Mai 1949 zur Gründung der Bundesrepublik, und auch die Wirtschaftssanktionen gegen den einstigen Aggressor sollten gelockert werden. Insbesondere das Ruhrstatut, also die Unterstellung der deutschen Schwerindustrie im Ruhrgebiet unter eine internationale Behörde, drohte zu fallen. Die französische Stahlindustrie aber war auf die deutsche Kohle dringend angewiesen. Andernfalls hätte die eigene Wirtschaft in verhängnisvolle Abhängigkeit geraten können. Ein wirtschaftlich und politisch wieder erstarktes Deutschland hätte vielleicht gar mittels Annäherung an Sowjetrussland die gefürchtete Einheit erreichen und damit abermals die politische Vormachtstellung auf dem Kontinent einnehmen und Frankreich existenziell bedrohen können. Nur vor dieser einmaligen Bedrohungskulisse[8] lässt sich die französische Initiative zur gemeinsamen Verwaltung der europäischen Schwerindustrien durch eine supranationale Behörde, also die erste institutionelle Verwirklichung des Gemeinschaftsprinzips, verstehen.

Kasten 19: Regierungserklärung Robert Schumans vom 9. Mai 1950 (in Auszügen)[9]

„[…] Europa lässt sich nicht mit einem Schlage herstellen und auch nicht durch eine einfache Zusammenfassung: Es wird durch konkrete Tatsachen entstehen, die zunächst eine Solidarität der Tat schaffen. […]
Die französische Regierung schlägt vor, die Gesamtheit der französisch-deutschen Kohle- und Stahlproduktion einer gemeinsamen Hohen Behörde zu unterstellen, in einer Organisation, die den anderen europäischen Ländern zum Beitritt offensteht. […]
Die Solidarität der Produktion, die so geschaffen wird, wird bekunden, dass jeder Krieg zwischen Frankreich und Deutschland nicht nur undenkbar, sondern materiell unmöglich ist. […]“

8 Vgl. die ausführlichen Darstellungen der Beweggründe Frankreichs bei Loth, Wilfried, 1996: Der Weg nach Europa, Geschichte der europäischen Integration von 1939 bis 1957, Göttingen, S. 69ff. sowie Brunn, Gerhard, 2004: Die Europäische Einigung von 1945 bis heute, Bonn, S. 70ff.

9 Europa-Archiv (11) 1950, S. 3091ff.

Am 9. Mai 1950 verkündete der französische Außenminister Robert Schuman den von seinem Berater Jean Monnet ausgearbeiteten Plan – den so genannten *Schuman-Plan* (s. Kasten 19) – zur Errichtung einer *Europäischen Gemeinschaft für Kohle und Stahl* (EGKS oder auch *Montanunion*). Die USA waren mit der supranationalen Lösung durchaus einverstanden, waren sie doch selbst im Vorfeld als Geburtshelfer einer solchen Initiative aufgetreten.[10] Für die übrigen, vom Projekt unmittelbar betroffenen Staaten Kontinentaleuropas kam es nicht infrage, sich einer politischen Einigung in den Weg zu stellen, weder für Deutschland und Italien, die darin eine Möglichkeit sahen, zu neuer internationaler Anerkennung zu gelangen, noch für die Beneluxstaaten, die ihre politische Bedeutung in einem solchen Bündnis nur steigern konnten, auch wenn sie die wirtschaftliche Konkurrenz im freien Wettbewerb der Schwerindustrien mitunter fürchteten. Ein Affront war die französische Initiative lediglich für Großbritannien, das zwar für kurze Zeit über eine Teilnahme nachdachte, die aber angesichts des Festhaltens der französischen Regierung an einer supranationalen Organisation für die selbstbewussten Briten unmöglich war.

Am 18. April 1951 unterzeichneten die sechs Gründungsmitglieder Frankreich, Deutschland, Italien sowie die Beneluxstaaten den Pariser Vertrag zur Gründung der EGKS. Im Zentrum der neuen Gemeinschaft stand die supranationale *Hohe Behörde*, Vorläuferin der jetzigen Kommission, die eigene Befugnisse ausüben konnte und deren Mitglieder „in voller Unabhängigkeit" (Art. 9 EGKS-Vertrag) tätig sein sollten. In den unerwartet schwierigen Regierungsverhandlungen zwischen Schuman-Erklärung und Vertragsunterzeichnung wurde die losgelöste Vormachtstellung der Behörde allerdings durch einen kontrollierenden Ministerrat sowie eine beratende Gemeinsame Versammlung nationaler Parlamentarier entschärft.[11] Außerdem sollten mit der Einrichtung eines Gerichtshofs die Einhaltung der Verträge sowie ein effektiver Rechtsschutz selbst für Individuen gewährleistet werden. Nicht nur die institutionelle Ordnung, auch die übrigen vertraglichen Bestimmungen weisen strukturelle Ähnlichkeiten mit den heutigen gemeinschaftlichen Regelungen auf.[12]

10 Vgl. zur Unterstützung des Schuman-Plans durch die US-Regierung Loth, 1996, S. 80 und Dinan, Desmond, 1999: Ever closer union. An Introduction to European Integration, London, S. 22.

11 Dazu ausführlich Loth, 1996, S. 85.

12 Ein Profil des EGKS-Vertrags findet sich unter den Online-Materialien zu diesem Band, abrufbar unter: www.nomos-extra.de.

So kam es zur ersten Anwendung der sog. *Methode Monnet*[13], also dem sukzessiven Voranschreiten der sektoralen Teilintegration, und der pragmatischen Gründung einer Sechsergemeinschaft, die, was die inhaltliche und institutionelle Ausgestaltung sowie die geographische Ausdehnung betrifft, nicht mehr viel gemeinsam hatte mit den überschwänglichen Europavisionen der Föderalisten von einer *Dritten Kraft* Europa auf der Grundlage einer demokratisch herbeigeführten Verfassung.

11.3 Die frühe föderalistische Ambition und ihr Scheitern – EVG und EPG

Die weltpolitische Lage war um die Jahrhundertmitte äußerst angespannt. Die beiden Weltmächte standen sich zunehmend unversöhnlich gegenüber, und ihr Konflikt drohte sich gewaltsam zu entladen. Die Blockade West-Berlins durch Sowjetrussland, die bereits im Juni 1948 begonnen hatte, zeigte deutlich, dass Europa schon bald wieder Schauplatz eines neuen verheerenden Krieges werden könnte. Vor diesem Hintergrund drängte insbesondere die amerikanische Schutzmacht auf die Wiederbewaffnung Deutschlands, weil, so die verbreitete Überzeugung, auf einen militärischen Beitrag der Deutschen angesichts der Bedrohung aus dem Osten nicht länger verzichtet werden konnte. Selbst die französische Regierung sah die Notwendigkeit einer sicherheitspolitischen Beteiligung des einstigen Kriegsgegners trotz erheblicher innenpolitischer Widerstände. Da sie aber weiterhin eine souveräne Verteidigungspolitik Deutschlands verhindern wollte, musste sie einen alle Seiten zufriedenstellenden Vorschlag ausarbeiten, der zwar deutsche Soldaten, aber doch keine deutsche Armee gestattete.[14] Im Oktober 1950 legte der damalige französische Ministerpräsident René Pleven der Nationalversammlung einen Plan zur Gründung einer Europäischen Verteidigungsgemeinschaft vor. Auch diese Idee ging auf Jean Monnet zurück, der damit einen *Plan Schuman élargi*[15], also einen erweiterten Schuman-Plan, im Sinn hatte. Dementsprechend übertrug der *Pleven-Plan* das Gemeinschaftsprinzip auf die Verteidigungspolitik. Auf dieser Grundlage verhandelten die sechs Staaten der Montanunion in den folgenden Monaten. Das Ergebnis, ein Vertrag über die Grün-

13 Zu deren Nachweis in Schuman-Erklärung und Vertragstext s. Wessels, Wolfgang, 2008: Das politische System der Europäischen Union, Wiesbaden, S. 63.

14 Vgl. Masclet, Jean-Claude, 2001: L'union politique de l'Europe, Paris, S. 11.

15 Mémorandum de Jean Monnet à Robert Schuman vom 16. September 1950, abrufbar unter: http://www.ena.lu/mce.swf?doc=6612&lang=1 (letzter Zugriff: 25.4.2008); s. zum Beitrag Monnets auch Brunn, 2004, S. 88ff.

dung einer *Europäischen Verteidigungsgemeinschaft* (EVG), wurde am 27. Mai 1952 unterzeichnet. In ihm waren gemeinsame Institutionen, gemeinsame Truppen und ein gemeinsames Budget vorgesehen, statt einer supranationalen Führung in Form eines europäischen Verteidigungsministeriums aber war eine doppelköpfige Exekutive, bestehend aus einem Kommissariat mit neun unabhängigen Mitgliedern und vor allem technischen Befugnissen sowie einem Ministerrat zur einstimmigen Entscheidungsfindung, vorgesehen.

Die Euphorie der Europa-Enthusiasten und Föderalisten war in Folge der Vertragsunterzeichnung groß: Der EGKS-Vertrag war noch gar nicht in Kraft getreten, da einigten sich die Staaten bereits auf eine gemeinsame Verteidigung. Die sektorale Teilintegration schien damit im Schnelldurchlauf ihr Ziel zu erreichen, und in den Augen der Föderalisten konnte dieses Ziel nur ein europäischer Bundesstaat sein. Von italienischer Seite – die Politiker Altiero Spinelli und Alcide de Gasperi machten sich in dieser Zeit um die europäische Einigung verdient – wurde das Projekt einer *Europäischen Politischen Gemeinschaft* (EPG) vorangetrieben.[16] Die Vereinbarung einer Verteidigungsgemeinschaft verlangte förmlich danach, auch die Außenpolitik gemeinschaftlich zu organisieren. Als die Ratifizierung des EVG-Vertrags aber ins Stocken geriet, wurden auch die Pläne zur EPG vorerst auf Eis gelegt. Vor allem in Frankreich wuchsen die Zweifel am Gemeinschaftsprojekt und dem damit verbundenen Kompetenztransfer in der Verteidigungspolitik. Hier wendete sich das innenpolitische Klima zunehmend gegen die EVG. Zwei Monate nach Antritt einer neuen Regierung unter dem radikalsozialistischen Politiker Mendès-France, am 30. August 1954, strich die französische Nationalversammlung die EVG mit einer Mehrheit von 319 zu 264 Stimmen von der Tagesordnung[17] und bereitete ihr damit eine „Beerdigung dritter Klasse“[18]. Es war klar, dass mit der EVG auch die Pläne zur EPG gescheitert waren.

Mit den Vorhaben der EVG und der EPG erlebte die föderalistische Ambition noch einmal eine Hochphase. Der europäische Bundesstaat schien zum Greifen nahe. Dafür wurde der langwierige Pfad der sektoralen Teilintegration, der mit der EGKS beschritten worden war, zugunsten einer verlockenden Abkürzung verlassen. Sicher hätte die frühe Verwirklichung

16 Vgl. Bitsch, Thérèse, 1996: Histoire de la construction européenne de 1945 à nos jours, Brüssel, S. 89.

17 Und zwar im wahrsten Sinne des Wortes, zur inhaltlichen Abstimmung kam es auf diese Weise gar nicht erst.

18 Loth, 1996, S. 110.

föderalistischer Visionen den Verlauf der europäischen Integration entscheidend beeinflusst. Womöglich boten die frühen fünfziger Jahre so etwas wie ein Fenster der Gelegenheit, das sich bald wieder schloss. Vielleicht gäbe es heute einen europäischen Bundesstaat, wäre die Chance damals ergriffen worden. Vielleicht waren die Projekte aber auch zum Scheitern verurteilt, waren überambitionierte Irrwege der Integrationsgeschichte. Wie unterschiedlich man die Ereignisse dieser Zeit auch bewerten mag, eine gemeinsame Beobachtung ist unvermeidlich: die Wiedergeburt des Nationalbewusstseins, das die europäische Gemeinschaftsbildung in den folgenden Jahren, ja Jahrzehnten immer wieder erschweren sollte. Frankreich machte es vor. Die Franzosen hatten ihre nationale Souveränität verteidigt und ironischerweise damit die Voraussetzungen für eine Entwicklung geschaffen, die sie zuvor unbedingt hatten verhindern wollen. Denn nun ergriff Großbritannien die Initiative mit einem Plan zur Eingliederung des wiederbewaffneten Deutschlands in die Strukturen des Brüsseler Pakts. Die neue Organisation nannte sich *Westeuropäische Union* (WEU) und befand sich unter dem Dach der NATO. Die Bundesrepublik Deutschland war Gründungsmitglied der WEU, 1955 wurde sie auch in die NATO aufgenommen. Im selben Jahr noch war die Wiederbewaffnung perfekt, denn Deutschland gründete seine eigene Armee, die Bundeswehr.

Kasten 20: Die Westeuropäische Union (WEU)

Die *Westeuropäische Union* (WEU) ist ein kollektiver Beistandspakt zwischen zehn europäischen Staaten, sechs assoziierten Mitgliedern und sieben assoziierten Partnern. Die WEU umfasst eine Beistandspflicht im Falle eines Angriffs und hat die Wahrung der Sicherheit und des Friedens in Europa zum Ziel. Ihre Hauptorgane sind der Rat, der sich aus den Außen- und/oder Verteidigungsministern der Mitgliedstaaten zusammensetzt und alle sechs Monate tagt, ein ständiger WEU-Rat in London, eine alle sechs Monate in Paris tagende Versammlung sowie ein Sekretariat mit Sitz in Brüssel.

Die WEU ging 1954 aus dem Brüsseler Pakt hervor, den die westeuropäischen Staaten zum Schutz vor Deutschland begründet hatten. Nach Scheitern der EVG wurde Deutschland mit in die WEU eingebunden. Über Jahrzehnte war die WEU ein vergleichsweise unbedeutender europäischer Bestandteil der transatlantischen Sicherheitsarchitektur. Erst in den 1990er Jahren gewann die Organisation wieder an Bedeutung, bis sie nach 1998 schließlich sukzessive in die EU-Strukturen einbezogen wurde, wo sie ein zentrales Element der ESVP bildet.

11.4 Der große Schritt – die Gründung von EWG und EURATOM

Die Methode Monnet bewährte sich in den 1950er Jahren noch ein zweites Mal, nachdem die frühen föderalistischen Ambitionen mit der EVG und EPG gescheitert waren. Die *relance européenne*, die Wiederaufnahme der europäischen Einigungsbemühungen nach dem verheerenden *EVG-Schock*, gelang erneut nur über die pragmatische und souveränitätsschonende Integration auf wirtschaftlichem Gebiet Sektor für Sektor und führte über schwierige Verhandlungen schließlich zum bis heute wichtigsten Schritt der europäischen Integration, der Errichtung einer *Europäischen Wirtschaftsgemeinschaft* (EWG) durch die Römischen Verträge.

Dabei standen die Vorzeichen für eine Einigung Mitte der 1950er Jahre keineswegs gut. Frankreich hatte spätestens durch die Ablehnung der EVG bewiesen, dass der nationale Souveränitätsverzicht zugunsten einer supranationalen Gemeinschaft in der Bevölkerung wie der politischen Klasse des Landes sehr umstritten und nur in engen Grenzen überhaupt mehrheitsfähig war.[19] Und auch bedeutende Kräfte innerhalb der wirtschaftlich zunehmend erfolgreichen Bundesrepublik wollten die tiefere Integration im Rahmen der Sechsergemeinschaft nicht mehr um jeden Preis. Es bedurfte der Initiative der Beneluxstaaten sowie des konzeptionellen Anstoßes durch den unermüdlichen Jean Monnet[20]. Dessen neues Ziel war eine Zusammenführung der nationalen Atomindustrien in Anlehnung an die Montanunion. Er gewann den belgischen Außenminister Paul-Henri Spaak für sein Vorhaben. Auf das Engagement Spaaks und seiner Kollegen Johan Willem Beyen sowie Joseph Bech aus den Niederlanden bzw. Luxemburg hin kam es zu einer neuen Initiative, die vorsah, das gemeinschaftliche Projekt nicht nur auf die Atomindustrie, andere Energieträger und den Verkehr, sondern auf die gesamte Wirtschaft (*Beyen-Plan*) auszudehnen und es unter die Kontrolle eines supranationalen Parlaments zu stellen.[21] Sowohl in Frankreich als auch in Deutschland stieß der Vorschlag eines Gemeinsamen Marktes zunächst auf erhebliche Widerstände. Das protektionistische Frankreich sah darin eine Gefährdung der heimischen Wirtschaft sowie der sozialen Standards. Deutschland mit seiner wachsenden Exportwirtschaft befürchtete hingegen gemeinschaftlichen Dirigismus und war viel stärker an der Öffnung des Welthandels für deutsche Produkte im Rahmen von OEEC und GATT interessiert als an einem regiona-

19 Vgl. Loth, 1996, S. 116.
20 Zu dessen Einfluss vgl. Dinan, 1999, S. 30.
21 S. hierzu ausführlich Brunn, 2004, S. 100ff. sowie Loth, 1996, S. 113ff.

len Projekt. Auch auf dem Feld der Atomtechnik bevorzugten viele deutsche Politiker die Zusammenarbeit mit den technologisch fortgeschrittenen USA und Großbritannien gegenüber einer Kofinanzierung französischer Kernenergie- und Großmachtambitionen. Auf der anderen Seite sah Frankreich im Aufbau einer eigenständigen europäischen Nuklearindustrie die Chance, sich wirtschaftlich wie militärisch von den Vereinigten Staaten zu emanzipieren. Dass die sechs EGKS-Staaten im Juni 1955 anlässlich der Außenministerkonferenz in Messina trotz der erheblichen Differenzen vor allem zwischen Deutschland und Frankreich den Vorschlag der Beneluxstaaten dennoch diskutierten, lässt sich nur aus der Einsicht in die politische Notwendigkeit der Integration erklären.

Kasten 21: Schlusskommuniqué der Konferenz von Messina (in Auszügen)

Neben den Ausführungen zu Verkehr, Energie und Atomenergie enthielt die Schlusserklärung der Außenminister auch eine Absichtserklärung betreffend den Gemeinsamen Markt:
„[...] Die sechs Regierungen stellen fest, dass das Ziel ihres Vorgehens auf wirtschaftspolitischem Gebiet in der Bildung eines von allen Zollschranken und mengenmäßigen Beschränkungen freien gemeinsamen Marktes beteht. Sie sind der Ansicht, dass dieser Markt schrittweise geschaffen werden muss. [...]" (Europa-Archiv 1955, S. 7974ff.)

Das Schlusskommuniqué von Messina offenbarte eine grundlegende Verständigung der sechs Staaten und enthielt eine Reihe von Absichtserklärungen. Zur Lösung der fortbestehenden Differenzen und Probleme wurde ein Expertengremium unter der Leitung von Spaak mit der Erarbeitung einer Strategie beauftragt. Großbritannien wurde ausdrücklich eingeladen, an den Verhandlungen teilzunehmen. Der britische Vertreter verließ die Beratungen allerdings schon bald wieder, als deutlich wurde, dass das Vorhaben auf eine Zollunion hinauslief, auf die sich Großbritannien unter keinen Umständen einlassen wollte.[22]

Die Differenzen waren freilich auch ohne die Briten groß genug. Insbesondere die ablehnende Haltung Frankreichs, die in seiner Sorge um die Wettbewerbsfähigkeit der eigenen Wirtschaft und die Erhaltung sozialer Standards begründet lag, stand der Einigung auf einen Gemeinsamen

22 Freilich könnte der britische Vertreter auch mehr oder weniger vom Verhandlungstisch vertrieben worden sein, vgl. Loth, 1996, S. 119.

Markt lange Zeit entgegen. Obwohl in der Schlusserklärung von Messina gar nicht erwähnt, bezog die Expertenkommission die Agrarpolitik in die Verhandlungen ein. Damit hatte sie die Franzosen an der richtigen Stelle gepackt, denn der Agrarsektor hatte in Frankreich eine überragende Bedeutung, und die Aussicht, einen riesigen Markt für landwirtschaftliche Produkte zu schaffen, konnte den französischen Widerstand brechen. Auf ihrer Konferenz in Venedig im Mai 1956 stimmten die Außenminister der Sechsergemeinschaft dem sog. *Spaak-Bericht* zu und vereinbarten auf seiner Grundlage die Aufnahme von Vertragsverhandlungen.

In den folgenden zehn Monaten bis zur Unterzeichnung des Vertragswerks kamen nahezu alle Probleme noch einmal auf die Tagesordnung. Letztlich erfolgte die Einigung auf der Grundlage eines großen Kopplungsgeschäfts zwischen Deutschen und Franzosen, das sich in vereinfachter Form wie folgt zusammenfassen lässt: Deutschland bekam den Gemeinsamen Markt mit freiem Wettbewerb, Frankreich die Gemeinsame Agrarpolitik mit protektionistischen Sonderregelungen.[23] Am 25. März 1957 kam es schließlich auf dem Kapitolshügel in Rom zur Unterzeichnung des Vertrags über die Gründung der *Europäischen Wirtschaftsgemeinschaft* (EWG) sowie desjenigen zur Gründung der *Europäischen Atomgemeinschaft* (EAG od. EURATOM), kurzum: der Römischen Verträge. Die Ratifizierung gelang in allen Staaten ohne größere Schwierigkeiten, und das Vertragswerk konnte am 1. Januar 1958 in Kraft treten.

Der EWG-Vertrag sah also die Schaffung eines Gemeinsamen Markts in mehreren Schritten vor und veranschlagte eine Übergangszeit von zwölf Jahren (Art. 8 EWG-Vertrag). Auf der Grundlage des EWG-Vertrags entstand zunächst eine Zollunion zwischen den sechs Mitgliedstaaten. Sie konnte, schneller als erwartet, schon 1968 vollendet werden. Die Vollendung des Binnenmarkts ließ freilich länger auf sich warten (s. Kap. 3 zur Wirtschaftsgemeinschaft).

Tabelle 11: Profil EWG-Vertrag

Ziele	Schaffung der „Grundlagen für einen immer engeren Zusammenschluß der europäischen Völker“	Präambel
	Errichtung eines Gemeinsamen Marktes binnen zwölf Jahren	Art. 2 u. 8
	schrittweise Annäherung der Wirtschaftspolitik, Stabilität, Hebung der Lebenshaltung und engere Beziehungen zwischen den Mitgliedstaaten	Art. 2

23 Vgl. Brunn, 2004, S. 115.

Institutionen	Rat aus je einem Mitglied pro Land mit halbjährlich rotierendem Vorsitz und Gesetzgebungsmonopol. Spätestens zehn Jahre nach Unterzeichnung sollten viele Entscheidungen mit qualifizierter Mehrheit (Stimmengewichtung: D, F, I: je 4; B, NL: je 2; L: 1; Mehrheit bei 12 von 17 Stimmen) getroffen werden.	Art. 145-154
	unabhängige Kommission aus neun von den Mitgliedstaaten für vier Jahre ernannten Mitgliedern (D, F, I: je 2; B, NL, L: je 1) mit Initiativmonopol in der Legislative sowie exekutiven Befugnissen	Art. 155-163
	Ausdehnung der Zuständigkeit der Versammlung auf die EWG, Anhebung der Anzahl der Sitze auf 142 (D, F, I: je 36; B, NL: je 14; L: 6), berät und kontrolliert die Kommission, kann diese per Misstrauensvotum (Zweidrittelmehrheit) zum geschlossenen Rücktritt zwingen, Direktwahl für späteren Zeitpunkt vorgesehen	Art. 137-144
	Ausdehnung der Zuständigkeit des Gerichtshofs auf die EWG	Art. 164-188
	Wirtschafts- und Sozialausschuss (WSA), aus 101 Vertretern des wirtschaftlichen und sozialen Lebens (D, F, I: je 24; B, NL: je 12; L: 5), beratende Funktion	Art. 193-198
	Europäischer Sozialfonds, Europäische Investitionsbank, Europäischer Entwicklungsfonds	Art. 123-128; Art. 129-130; Art. 131
Inhalte	Abschaffung der Zölle und mengenmäßigen Beschränkungen im Warenverkehr	Art. 12-17 bzw. Art. 30-37
	Einführung eines gemeinsamen Zolltarifs und einer gemeinsamen Handelspolitik	Art. 18-29 bzw. Art. 110-116
	Beseitigung der Hindernisse für den freien Personen-, Dienstleistungs- und Kapitalverkehr	Art. 48-73
	Errichtung eines Systems zum Schutz des freien Wettbewerbs	Art. 85-94
	Koordinierung der Wirtschaftspolitik	Art. 103-109
	Einrichtung einer gemeinsamen Agrar- sowie einer gemeinsamen Verkehrspolitik	Art. 38-47 bzw. Art. 74-84
	Assoziierung der überseeischen Länder und Hoheitsgebiete	Art. 131-136
Staaten	Frankreich, Deutschland, Italien, Belgien, die Niederlande, Luxemburg	
Daten	unterzeichnet am 25. März 1957; in Kraft getreten am 1. Januar 1958	

Was die institutionelle Ordnung der neuen Gemeinschaft anbelangt, übernahm man das Muster der EGKS, wenn man die Machtverhältnisse auch grundlegend veränderte. Nicht die Kommission, die mit der Hohen Behörde der EGKS vergleichbar ist, aber bezeichnenderweise nicht mehr so genannt wurde[24], bildete das Machtzentrum der Gemeinschaft, sondern der Ministerrat. Damit war das zwischenstaatliche Gremium Inhaber eines umfassenden Gesetzgebungsmonopols, dem gegenüber das Gemeinschaftsinteresse allerdings durch das Initiativmonopol der Kommission abgesichert wurde. So entstand das Hybridsystem zwischen intergouvernementaler und supranationaler Organisationsweise, durch das die europäische Gemeinschaft bis heute gekennzeichnet ist. Die gemeinsame Versammlung war in ähnlicher Weise auf beratende Funktionen beschränkt wie der neu eingerichtete Wirtschafts- und Sozialausschuss (WSA). Während Rat und Kommission als eigenständige Organe der EWG eingerichtet wurden und in den anderen beiden Gemeinschaften ihre institutionellen Entsprechungen hatten, waren Parlament, Gerichtshof und WSA zugleich Organe von EGKS und EURATOM. Da die Europäische Atomgemeinschaft schon bald nach ihrer Gründung angesichts der wirtschaftlichen und weltpolitischen Veränderungen an Bedeutung verlor[25], bildete die EWG die Kerninstitution der europäischen Einigung. Einer umfassenden Revision wurde das Vertragswerk erst knapp dreißig Jahre später unterzogen.

11.5 Das französische Gegenmodell – die *Fouchet-Pläne*

Die krisenhaften Entwicklungen in den 1960er Jahren werden gemeinhin mit dem Namen Charles de Gaulle verbunden. Der personalisierte Konflikt zwischen General und Gemeinschaft ist die Projektion einer tieferen Unsicherheit über die Finalität des europäischen Projekts. Als de Gaulle 1959 erster Staatspräsident der neu gegründeten, fünften französischen Republik wurde, gewann die Debatte zwischen den Anhängern eines europäischen Bundesstaates auf der einen und den Befürwortern eines Staatenbundes, zu denen sich de Gaulle zählte, auf der anderen Seite erneut an Intensität. Unter französischer Führung wollte de Gaulle Europa zu einer dritten Macht in der Weltpolitik ausbauen und die lästige außenpolitische Abhängigkeit von den USA, die sich in der transatlantischen Gemeinschaft mit ihrer amerikanischen Dominanz zu manifestieren schien,

24 Zur peniblen Vermeidung supranationaler Begrifflichkeiten s. Masclet, 2001, S. 26; auch Dinan, 1999, S. 32.

25 Zum Bedeutungsverlust der EURATOM s. Brunn, 2004, S. 124ff.

abschütteln. Um Europa zu stärken, gleichzeitig aber die nationale Souveränität zu bewahren, musste de Gaulle die Gemeinschaft allerdings grundlegend verändern und insbesondere den supranationalen Modus der Integration korrigieren.

De Gaulles Vision war ein *Europa der Vaterländer*, in dem regelmäßige Konsultationen der Staats- und Regierungschefs die Quelle aller Entscheidungen bilden sollten.[26] Die Kompetenzen der Kommission sollten demgegenüber auf rein technische Befugnisse beschränkt werden. Programmatischen Ausdruck fanden de Gaulles Visionen in den zwei sog. *Fouchet-Plänen*[27] aus den Jahren 1961 und 1962. Vor allem Belgien und die Niederlande wehrten sich gegen ein *Europa der Vaterländer* und beharrten auf einer integrierten Gemeinschaft sowie zunehmend auch auf der Teilnahme Großbritanniens an den Verhandlungen. Diese schien sinnvoll, weil die Briten ihre Verweigerungshaltung gegenüber einer Partizipation an der EWG aufgegeben und im August 1961 einen offiziellen Beitrittsantrag gestellt hatten. Der Meinungsumschwung der Briten geschah vor dem Hintergrund, dass die wirtschaftlichen Vorteile durch die Teilnahme am gemeinsamen Markt offensichtlich geworden waren und die erst 1960 als Konkurrenzmodell gegründete *Europäische Freihandelsassoziation* (EFTA)[28] nicht derart erfolgreich war wie die EWG.

Belgien und die Niederlande versteiften sich zusehends auf ihre Forderung, vor Errichtung einer politischen Union die Aufnahme Großbritanniens in die Wirtschaftsgemeinschaft zu vollziehen. Vor diesem Hintergrund zog de Gaulle am 15. Mai 1962 die Notbremse und verkündete in einer Pressekonferenz einseitig das Scheitern der Bemühungen um eine politische Integration, womit er seine Partner brüskierte.[29] Wenn die Fouchet-Pläne einer politischen Union damit auch gescheitert waren, sollten sie doch bei der Entwicklung neuer Ansätze der intergouvernementalen Kooperation in den siebziger Jahren als Vorlage dienen. Insbesondere der 1974 ins Leben gerufene Europäische Rat geht auf de Gaulles Idee eines zentralen Gremiums der Staats- und Regierungschefs zurück.

Der Affront durch die einseitige Erklärung de Gaulles vom Mai 1962 sollte keineswegs der letzte dieser Art bleiben. Im Januar 1963 beendete

26 Vgl. Gaulle, Charles de, 1960: Pressekonferenz vom 5. September 1960, in: Europa-Archiv (21) 1960, S. D 297ff.

27 Benannt nach dem französischen Diplomaten Christian Fouchet.

28 European Free Trade Association.

29 Vgl. Gaulle, Charles de, 1962: Pressekonferenz vom 15. Mai 1962 (Auszug über die Europa-Politik), in: Europa-Archiv (13) 1962, S. D 329ff.

der französische Präsident ebenfalls ohne jede Absprache mit den anderen Mitgliedern der Wirtschaftsgemeinschaft die Beitrittsverhandlungen mit Großbritannien, indem er öffentlich sein Veto, das Frankreich gemäß Vertrag zustand, aussprach.[30] Die Empörung war groß, die Briten blieben vor der Tür, und Frankreich setzte seine Alleingänge fort. Drei Jahre später, 1966, folgte ein weiterer außenpolitischer Alleingang Frankreichs, als es seinen Austritt aus den militärischen Strukturen der NATO erklärte. Und 1967 wiederholte de Gaulle, erneut im Rahmen einer Pressekonferenz, sein Veto gegen den Beitritt Großbritanniens zur EWG.[31] Der für die Entwicklung der Gemeinschaft wesentlichste Konflikt ereignete sich allerdings in der Zwischenzeit innerhalb des gemeinschaftlichen Rahmens: der Institutionenstreit.

11.6 Krise mit Langzeitwirkung – der Institutionenstreit

Der abstrakte Ideenkonflikt zwischen Föderalisten und Unionisten, also zwischen Befürwortern eines sukzessiven nationalen Souveränitätsverzichts mit dem Ziel eines europäischen Bundesstaats auf der einen und Anhängern eines europäischen Staatenbundes aus weiterhin souveränen Nationalstaaten auf der anderen Seite, fand seine konkrete Entsprechung im Institutionenstreit der sechziger Jahre. Die europäische Einigung befand sich zu dieser Zeit in einer Phase der Supranationalisierung. Der EWG-Vertrag hatte einen Zeitplan für die Weiterentwicklung der Gemeinschaft vorgesehen. Nachdem die zweite Entwicklungsstufe u.a. durch die Gründung einer Gemeinsamen Agrarpolitik beschritten worden war, sollte bald, nämlich am 1. Januar 1966, die dritte Stufe erreicht werden, die Gemeinschaft in wichtigen Binnenmarktangelegenheiten mit qualifizierter Mehrheit im Ministerrat entscheiden. Während die EWG mit der Integration der Landwirtschaft in den Gemeinsamen Markt einem wesentlichen Interesse der Franzosen nachgekommen war, konnte eine weitere Supranationalisierung der Gemeinschaft der souveränistischen Vorstellungen anhängenden französischen Staatsführung keineswegs gefallen. Es spricht vieles dafür, dass de Gaulle zu dieser Zeit auf die geeignete Gelegenheit wartete, den unliebsamen Übergang zur Mehrheitsentscheidung zu verhindern. Im Frühjahr 1965 rückte dann die Frage nach der Finanzierung

30 Vgl. Gaulle, Charles de, 1963: Pressekonferenz vom 14. Januar 1963, in: Europa-Archiv (4) 1963, S. D 87ff.

31 Vgl. Gaulle, Charles de, 1967: Pressekonferenz vom 27. November 1967, in: Europa-Archiv (24) 1967, S. D 553ff.

der Agrarpolitik auf die europapolitische Agenda. Für Frankreich war die termingerechte Klärung der Finanzierungsfrage von außerordentlicher Wichtigkeit.

Vor diesem Hintergrund stellte der Vorschlag der Kommission, die das uneingeschränkte Initiativmonopol innehatte, eine klare Provokation der französischen Seite dar, denn in ihrem Entwurf vom 31. März 1965 koppelte die gemeinschaftliche Behörde ihren Finanzierungsvorschlag an institutionelle Reformen, die eine weitere Supranationalisierung des Einigungswerks bedeutet hätten. So sollte die Gemeinschaft fortan über eigene Einnahmen, gewonnen aus Agrarabschöpfungen und Zolleinnahmen, verfügen und die parlamentarische Versammlung zur demokratischen Kontrolle der Mittel im gleichen Zug Budgetrechte erhalten. Frankreich konnte diesem Vorschlag nicht zustimmen. Ein Scheitern der Verhandlungen war für die Franzosen aber aus den genannten Gründen ebenfalls nicht akzeptabel. Als die Mitglieder des Rates am 30. Juni 1965 dennoch das vorläufige Scheitern der Verhandlungen über die Gemeinsame Agrarpolitik feststellten, beschloss die französische Staatsführung eine drastische Maßnahme. Es begann die sog. *Politik des leeren Stuhls*, mit der Frankreich den Ministerrat, und damit die Gemeinschaft, für ein gutes halbes Jahr lahm legte, indem die französischen Vertreter allen Ratssitzungen fernblieben. Die Blockade des Rates stellte gewissermaßen die letzte Eskalationsstufe des Institutionenstreits dar.

Kasten 22: Luxemburger Kompromiss[32]

„I. Stehen bei Beschlüssen, die mit Mehrheit auf Vorschlag der Kommission gefaßt werden können, sehr wichtige Interessen eines oder mehrerer Partner auf dem Spiel, so werden sich die Mitglieder des Rats innerhalb eines angemessenen Zeitraums bemühen, zu Lösungen zu gelangen, die von allen Mitgliedern des Rats unter Wahrung ihrer gegenseitigen Interessen und der Interessen der Gemeinschaft gemäß Artikel 2 des Vertrags angenommen werden können.
II. Hinsichtlich des vorstehenden Absatzes ist die französische Delegation der Auffassung, daß bei sehr wichtigen Interessen die Erörterung fortgesetzt werden muß, bis ein einstimmiges Einvernehmen erzielt worden ist.

Ihren Ausgang fand die institutionelle Krise erst im sog. *Luxemburger Kompromiss*, der Ende Januar 1966 bei einem außergemeinschaftlichen Ministertreffen in Luxemburg vereinbart werden konnte. Das Ergebnis (s.

32 Europa-Archiv (4) 1966, S. D 85-86.

Kasten 22) war im Grunde kein wirklicher Kompromiss, sondern markierte nur die fortbestehende Differenz. Dennoch konnte auf seiner Grundlage die Arbeit der Gemeinschaften wieder aufgenommen werden. Dabei sicherte die Vereinbarung den Mitgliedstaaten ihr faktisches Vetorecht, indem sie festhielt, dass, wenn „sehr wichtige Interessen eines oder mehrerer Partner" berührt seien, der Rat zu einstimmigen Lösungen finden solle.[33] Zwar herrschte keine Einigkeit über die Vorgehensweise, falls keine einvernehmliche Lösung gefunden würde. Die französische Delegation ließ ihre Auffassung der Regel allerdings mit dokumentieren, wonach die Diskussion sich bis zu einer einstimmigen Entscheidung fortsetzen müsse. Mit den Mehrheitsabstimmungen im Rat beschäftigte sich nur der erste Teil des Dokuments. Der zweite Teil berührte die Zusammenarbeit zwischen Rat und Kommission. Die entscheidenden Sätze beließen das vertraglich fixierte Vorschlagsrecht zwar bei der Kommission, sahen aber vor, dass diese künftig alle Vorschläge vor ihrer Veröffentlichung zunächst mit dem Rat abzustimmen hätte. Eine ähnliche Konsultationsverpflichtung wurde auch für die Tätigkeit der Kommission in internationalen Organisationen festgehalten.

Beide Elemente des Luxemburger Kompromisses, also die Vereinbarung zur Mehrheitsentscheidung im Ministerrat sowie diejenige zur Zusammenarbeit zwischen Kommission und Rat, stärkten den intergouvernementalen Charakter der Gemeinschaft. Entsprechend urteilt Brunn: „Das Gleichgewicht zwischen Kommission und Ministerrat geriet aus dem Lot. Der Rat wurde die gewichtigere Institution."[34] Die Staaten behielten ihre Entscheidungsmacht. Denn die Beschlüsse des Rates waren bis auf Weiteres nur im Konsens aller sechs Mitglieder möglich. Die souveränistischen Überzeugungen der französischen Staatsführung hatten sich also gegen die supranationale Idee durchgesetzt. Um Frankreich zurück an den Verhandlungstisch zu holen, wurde der bisherige Modus der Integration geopfert[35], und die Nationalstaaten behielten letztlich ihr Vetorecht im Ministerrat. Die Kommission ging deutlich geschwächt aus den Querelen hervor. Auch die 1965 beschlossene und zwei Jahre später vollzogene Zusammenführung der Gemeinschaftsorgane – fortan existierten die *Europäischen Gemeinschaften* (EG) – schuf keine wirkliche Abhilfe. Im Gegenteil: Der sog.

33 Vgl. ebd.
34 Brunn, 2004, S. 148.
35 Vgl. Hoffmann, Stanley, 1966: Obstinate or Obsolete? The Fate of the Nation-State and the Case of Western Europe, in: Daedalus (95) 1966, S. 862-915 (899).

Fusionsvertrag[36] sah für den Rat die Gründung eines Ausschusses Ständiger Vertreter (AStV, auch COREPER nach: *Comité des représentants permanents*) vor, wodurch die mitgliedstaatliche Kontrolle der ebenfalls fusionierten Kommission, also des supranationalen Organs, weiter ausgebaut wurde.[37]

Kasten 23: Erste Norderweiterung 1973

Am 1. Januar 1973 vollzog die Sechsergemeinschaft ihre erste Erweiterung. Mit Großbritannien, Irland und Dänemark traten gleich drei Staaten der EWG bei, die zuvor Mitglieder der weniger erfolgreichen Konkurrenzorganisation EFTA gewesen waren, weshalb die Aufnahme der drei Staaten mitunter auch als EFTA-Erweiterung bezeichnet wird. Die Bedingung für die Aufnahme von Beitrittsverhandlungen war die Zustimmung Frankreichs, dessen früherer Staatspräsident de Gaulle den Beitritt Großbritanniens vehement abgelehnt und die britischen Beitrittsbemühungen in den sechziger Jahren zweimal mit seinem Veto vereitelt hatte. Nach de Gaulles Rücktritt und der Einigung über die Finanzierung der Gemeinsamen Agrarpolitik konnten am 21. Juli 1970 formelle Beitrittsverhandlungen mit Großbritannien aufgenommen werden.
Dänemark, Irland und Norwegen hatten sich aufgrund ihrer außenwirtschaftlichen Abhängigkeit von Großbritannien ebenfalls zum Beitrittsgesuch entschieden. Mit allen vier Staaten wurde parallel verhandelt. Am 22. Januar 1972 konnten die Beitrittsverträge in Brüssel unterzeichnet werden, nachdem in den strittigen Fragen Kompromisse und Übergangsregelungen vereinbart worden waren. In allen Ländern bis auf Irland – hier wurde der Beitritt in einem Referendum mit großer Mehrheit (83%) angenommen – gab es erhebliche innenpolitische Widerstände gegen einen Beitritt, die während der folgenden Ratifizierungsphase in unterschiedlichem Ausmaß mobilisiert werden konnten. Während das dänische Referendum zum Beitritt mit einem überraschend deutlichen Erfolg (63%) ausging, votierten die Norweger nach einer leidenschaftlichen Debatte mehrheitlich (53,4%) mit Nein. Das britische Unterhaus hatte die Unterzeichnung des Vertrags zwar im Oktober 1971 mit deutlichem Vorsprung (356 Stimmen gegen 244) akzeptiert, das Beitrittsgesetz wurde aber im Juli 1972 nur mit einer hauchdünnen Mehrheit von 17 Stimmen gebilligt. So traten schließlich drei Staaten Anfang 1973 der EWG bei, und aus der Gemeinschaft der sechs wurde eine Gemeinschaft der neun.

36 Eigentlich *Vertrag zur Einsetzung eines gemeinsamen Rates und einer gemeinsamen Kommission der Europäischen Gemeinschaften*, in: Amtsblatt der Europäischen Gemeinschaften vom 13.7.1967.

37 Hierzu ausführlich: Groeben, Hans von der, 1982: Aufbaujahre der Europäischen Gemeinschaft. Das Ringen um den Gemeinsamen Markt und die Politische Union (1958-1966), Baden-Baden, S. 261ff.; s. auch Brunn, 2004, S. 175.

11.7 Große Männer, kleine Schritte – die neuen Ansätze in den siebziger Jahren

Am Ende der sechziger Jahre war die Europa-Euphorie mithin weitgehend verschwunden, das Gemeinschaftsprojekt ins Stocken geraten und ein Fortgang der Integration durch nationale Interessen blockiert. Der plötzliche Rücktritt Charles de Gaulles von seinem Amt als französischer Präsident infolge einer innenpolitischen Niederlage sowie der Amtsantritt seines Nachfolgers Georges Pompidou weckten allerdings neue Zuversicht. Ab 1969 konnten wieder drängende Integrationsvorhaben angegangen werden, freilich unter anderen Vorzeichen: Die Staats- und Regierungschefs nahmen nun das Heft in die Hand, vereinbarten auf ihren vier Gipfeln in Den Haag 1969, in Paris 1972, in Kopenhagen 1973 und wieder in Paris 1974 Kooperationen auf neuen Politikfeldern und vollzogen eine außervertragliche Transformation der Gemeinschaften zugunsten einer intergouvernementalen Entscheidungsfindung. Die vier folgenden politischen Projekte bzw. institutionellen Neuerungen stellen die entscheidenden Weichenstellungen der 1970er Jahre dar:

a) Europäische Politische Zusammenarbeit (EPZ)

Angesichts der verbreiteten Konflikte und Krisen in der internationalen Politik vereinbarten die Staats- und Regierungschefs bereits in Den Haag eine engere politische Zusammenarbeit. Mit der Anfertigung eines Entwurfs wurde ein Ausschuss unter Leitung des belgischen Diplomaten Etienne Davignon betraut. Eingedenk der Tatsache, dass ein weiterer Souveränitätsverzicht zur damaligen Zeit nicht konsensfähig, die politische Zusammenarbeit den Mitgliedstaaten mithin allenfalls in *homöopathischen Dosen*[38] zu verabreichen war, sah der sog. *Davignonbericht* lediglich eine freiwillige Zusammenarbeit zwischen den Regierungen vor. Auf der Grundlage des Berichts beschlossen die Außenminister also im Oktober 1970, sich künftig regelmäßig zu treffen, um sich in großen Fragen der internationalen Politik auf gemeinsame Standpunkte zu verständigen. Regelmäßige Konsultationen waren auch für die politischen Direktoren in den Außenministerien geplant. Fortan galt das allgemeine Übereinkommen, dass in wichtigen außenpolitischen Belangen kein Staat Entscheidungen fällen bzw. handeln sollte, bevor er die Partnerländer nicht informiert

38 Vgl. Brunn, 2004, S. 193.

bzw. sich mit ihnen beraten hat.[39] Die EPZ war strikt von den Gemeinschaftinstitutionen getrennt und beruhte auf keinerlei vertraglicher Grundlage. Im Laufe der Jahre verdichtete sich die Kooperation durch zahlreiche Treffen auf politischer Ebene und von Beamten der Außenministerien sowie die Einführung eines Europäischen Fernschreibnetzes beträchtlich und führte zur Entstehung eines sog. *Koordinationsreflexes*: Vor Erklärungen und Entscheidungen konsultierten nationale Behörden routinemäßig die entsprechenden Behörden anderer Mitgliedstaaten. Die EPZ erwies sich allerdings als ein zu schwaches Instrument, um eine gemeinsame EU-Politik gegenüber den Anfang der 90er Jahre ausbrechenden Bürgerkriegen in Jugoslawien zu formulieren.[40]

b) Europäisches Währungssystem (EWS)

Als das Weltwährungssystem Ende der sechziger, Anfang der siebziger Jahre in die Krise geriet, kam die Vision einer europäischen Wirtschafts- und Währungsunion (WWU) auf. In dieser Weise sollten die starken Währungsschwankungen zwischen den EWG-Staaten ab-, Stabilität und Sicherheit für Wirtschaft und Finanzen hergestellt werden. Die Einrichtung eines ersten europäischen Wechselkursverbunds, der Währungsschlange, nach den Vorgaben des sog. *Werner-Plans*[41] scheiterte allerdings an der weiterhin turbulenten Lage auf den Finanzmärkten. Erst im Jahr 1977 wagte der frisch ernannte Kommissionspräsident Roy Jenkins einen weiteren Anlauf und gewann das neue europapolitische Tandem, bestehend aus dem damaligen französischen Staatspräsidenten Valéry Giscard d'Estaing und dem damaligen deutschen Bundeskanzler Helmut Schmidt, für seine Initiative.[42] Auf der Grundlage der deutsch-französischen Verständigung konnten sich die Staats- und Regierungschefs im Dezember 1978 auf die Einrichtung eines Europäischen Währungssystems (EWS) ab dem 1. Januar 1979 einigen. Nur Großbritannien, das der EWG gemeinsam mit Irland und Dänemark 1973 beigetreten war, blieb außen vor.[43] Die Währungen aller übrigen Mitglieder wurden in einen neuen Wechselkurs-

39 Vgl. Masclet, 2001, S. 67.

40 In welchen Krisen sich die EPZ kurze Zeit nach ihrer Einrichtung bewährte, listet Gasteyger auf: Gasteyger, 2001, S. 279-280. Brunn beschreibt zudem, wie die EPZ in den 1980ern an Bedeutung verlor; vgl. Brunn, 2004, S. 197.

41 Benannt nach dem Luxemburger Finanzminister und Ministerpräsidenten Pierre Werner.

42 Zum Wirken des Tandems Giscard d'Estaing/Schmidt s. Brunn, 2004, S. 221ff.

43 Erst 1990 wurde auch das britische Pfund in das EWS integriert.

mechanismus mit festen, doch anpassungsfähigen Schwankungsbreiten (+/ – 2,25 Prozent) integriert. Für die obligatorischen Stützungskäufe der Notenbanken wurde ein *Europäischer Fonds für Währungspolitische Zusammenarbeit* (EFWZ) eingerichtet. Zuletzt wurde ein Kunstgeld in Form einer Korbwährung geschaffen, die *Europäische Währungseinheit* (ECU, nach: *European Currency Unit*). Sie existierte bis zur Einführung des Euros als Buchgeld im Jahre 1999.

c) Europäischer Rat

In den siebziger Jahren übernahmen also die Staats- und Regierungschefs zunehmend die Regie der weiteren Integrationsbemühungen. Es war Pompidou, der die intergouvernementale Gipfeldiplomatie etablierte.[44] Auch sein Nachfolger Giscard d'Estaing sowie der deutsche Bundeskanzler Schmidt waren dem neuen Vorgehen keineswegs abgeneigt, bewerteten sie beide die Tätigkeit supranationaler Behörden doch äußerst skeptisch. Für die Briten war die zwischenstaatliche Zusammenarbeit ohnehin viel erträglicher als alle überstaatlichen Ambitionen. Lediglich die *Kleinen*, insbesondere die Beneluxstaaten, fürchteten ein künftiges Direktorium der *Großen*, vor allem Deutschlands, Großbritanniens und Frankreichs, und wehrten sich anfänglich gegen die Verstetigung des zwischenstaatlichen Integrationsmodus. Auf dem Gipfel von Paris im Dezember 1974 kam es dennoch zu einer Einigung über regelmäßige Treffen der Staats- und Regierungschefs (dreimal pro Jahr), für die sich bald die Bezeichnung *Europäischer Rat* etablieren sollte. Anfangs ohne jegliche Einbindung in das Vertragswerk[45] bewirkte die Regelung letztlich den intergouvernementalen Paradigmenwechsel, den de Gaulle mit seinen *Fouchet-Plänen* von 1962 hatte anstoßen wollen. Den Gemeinschaften wurde ein neues Organ übergeordnet, das die ursprüngliche Rolle der Kommission als *Motor der Integration* weiter konterkarierte.

d) Direktwahl des Europäischen Parlaments

Quasi als Zugeständnis an die Gemeinschaften konnten die Staats- und Regierungschefs, nachdem sie ihre eigene europapolitische Aufwertung vorgenommen hatten, auch die vehement eingeforderte, längst überfällige

44 Vgl. Dinan, 1999, S. 60.
45 Diese wurde erst durch die Einheitliche Europäische Akte 1986 vorgenommen.

Direktwahl des Europäischen Parlaments auf den Weg bringen. Schon im EWG-Vertrag war der Übergang zu allgemeinen unmittelbaren Wahlen nach einem einheitlichen Verfahren in allen Mitgliedstaaten vorgesehen (Art. 138 EWG-Vertrag). Die Umsetzung dieses Vorhabens war von den Regierungen allerdings immer wieder aufgeschoben worden. Schließlich beauftragte der Gipfel von Paris 1974 das Parlament mit der Ausarbeitung konkreter Vorschläge. Bereits anderthalb Monate später legte das Parlament einen Vertragsentwurf vor. Im Jahr 1979 gab es dann die ersten Direktwahlen. Sie fanden entgegen der Absichtserklärung im EWG-Vertrag nicht nach einem einheitlichen Verfahren statt. Vielmehr ließ jeder Nationalstaat nach seinen Regeln abstimmen. Schon in den vorangegangenen Jahren hatte sich die einstige *Versammlung* weiterentwickelt. 1962 gab sie sich selbst den Namen *Europäisches Parlament*, und 1977 erhielt sie echte Haushaltsbefugnisse[46], wenn auch nur über die sog. nicht-obligatorischen Ausgaben der Gemeinschaft. Nach Einführung der Europawahlen blieb das Europäische Parlament zwar noch lange Zeit ein eher machtloser Akteur auf europäischer Ebene, doch konnte es seine Ansprüche nun mit der direkten Legitimation durch die europäischen Bürger im Rücken geltend machen.

Sowohl die großen Krisen in den 1960er Jahren als auch die Wiederaufnahme der Integration unter neuen Vorzeichen in der folgenden Dekade bewirkten eine Intergouvernementalisierung der gemeinschaftlichen Entscheidungsfindung.[47] Die supranationale Idee, die 1951 noch in einer weitgehend unabhängigen und mächtigen Hohen Behörde der EGKS verkörpert war, wurde in dieser Zeit deutlich geschwächt. Allerdings gilt dies nur für die politische Ebene und die Rolle der Kommission. Auf juristischem Feld nutzte der Europäische Gerichtshof in den sechziger und siebziger Jahren seine Spielräume bei der Auslegung der Verträge und bewirkte in seinen bahnbrechenden Präzedenzurteilen (s. Kap. 6.2 zur Rechtsgemeinschaft) eine schleichende Transformation der Gemeinschaft hin zu einer supranationalen Rechtsordnung.[48] Intergouvernementalisierung der Politik und Supranationalisierung des Rechts liefen also gewissermaßen paral-

46 Nämlich mit Inkrafttreten des Brüsseler Vertrags zur Änderung bestimmter Finanzvorschriften vom 22. Juli 1975, in: Amtsblatt der Europäischen Gemeinschaften L 395 vom 31.12.1977. Noch davor waren 1970 überhaupt Eigenmittel der Gemeinschaft eingeführt worden, vgl. Luxemburger Vertrag zur Änderung bestimmter Haushaltsvorschriften, in: Amtsblatt der Europäischen Gemeinschaften L 2 vom 2.1.1971.

47 Dinan spricht zu Recht von einer „community in flux“, Dinan, 1999, S. 57ff.

48 Vgl. Groeben, 1982, S. 264ff.; Wessels, 2008, S. 71.

lel zueinander ab und differenzierten das eigenartige Hybridsystem, das sich später Europäische Union nennen sollte, weiter aus.[49]

Kasten 24: Süderweiterung 1981/86

In den achtziger Jahren stießen drei weitere Staaten zur Europäischen Gemeinschaft hinzu. Mit Griechenland (1981), Spanien und Portugal (1986) traten drei Transformationsstaaten bei, die alle bis Mitte der siebziger Jahre von autoritären Regimen geführt worden waren. Die Staaten hatten aber nicht nur einen politischen Nachholbedarf gegenüber den neun EG-Staaten, sondern auch einen wirtschaftlichen. Während innerhalb der Gemeinschaft die Idee der Stabilisierung durch Erweiterung entstand, nährten die bevorstehenden Beitritte auf beiden Seiten Befürchtungen hinsichtlich wirtschaftlicher Konkurrenz und ausufernder Arbeitsmigration. Griechenland hatte seinen Beitrittsantrag bereits im Juni 1975 gestellt und erreicht, dass seine Verhandlungen unabhängig von denjenigen mit den beiden anderen Kandidatenstaaten ablaufen konnten. Schon im Mai 1979 konnten die Verhandlungen erfolgreich abgeschlossen werden. Der Beitritt Griechenlands wurde zum 1. Januar 1981 vollzogen. Die Unterzeichnung der Beitrittsverträge mit Spanien und Portugal erfolgte im Juni 1985 in Madrid bzw. Lissabon. Am 1. Januar 1986, fast neun Jahre nach Übermittlung der Beitrittsanträge, wurden die beiden Länder elftes und zwölftes Mitglied der EG.

11.8 Vertrag mit Imageproblem – die Einheitliche Europäische Akte

Auch die lahmende wirtschaftliche Integration wurde durch die Rechtsprechung des EuGH wieder angestoßen. Mit seinem bahnbrechenden *Cassis de Dijon*-Urteil aus dem Jahr 1979 (s. Kasten 5) befreite der Gerichtshof die Kommission vom mühsamen und bei den nationalen Bevölkerungen mitunter sehr unbeliebten Vorgehen der Detailharmonisierung von Fall zu Fall und etablierte mit dem *Prinzip der gegenseitigen Anerkennung* eine allgemeine pragmatisch-liberale Grundlage, auf der die vier Binnenmarktfreiheiten verwirklicht werden konnten.[50] Entsprechend dankbar nahm die Kommission diese Vorlage in den folgenden Jahren auf und konzentrierte sich auf das gemeinschaftliche Kernprojekt: den Binnenmarkt und die vier Freiheiten von Waren, Personen, Arbeit und Kapital. Noch herrschte allerdings ein jede Integrationsdynamik erstickender Pessimismus, die Kom-

49 Vgl. Masclet, 2001, S. 73.
50 Vgl. Brunn, 2004, S. 236.

mission und der Gemeinschaftsgedanke überhaupt steckten in einer tiefen Krise, die gemeinhin als *Eurosklerose* bezeichnet wird. Erst mit Amtsantritt des agilen und integrationsfreundlichen früheren französischen Wirtschafts- und Finanzministers Jacques Delors Anfang 1985 als Kommissionspräsident entwickelte die Gemeinschaftsbehörde neues Selbstvertrauen und konnte ihrer verloren geglaubten Funktion als *Motor der Integration* wieder gerecht werden. In kürzester Zeit erstellten Delors und seine Mitarbeiter ein *Weißbuch*[51] zur Vollendung des Binnenmarkts und konnten es bereits im Juni desselben Jahres auf dem mit großen Hoffnungen erwarteten Gipfeltreffen in Mailand den Staats- und Regierungschefs vorlegen.

Das Weißbuch war allerdings nicht die einzige konzeptionelle Grundlage für die Beratungen des Europäischen Rates. In den frühen achtziger Jahren waren auch die Regierungen nicht untätig geblieben, auch wenn sie sich in ihren Bemühungen vorwiegend darauf konzentriert hatten, die strittigen Fragen der Agrarpolitik und, damit verbunden, der Finanzierung der Gemeinschaften zu beantworten sowie insbesondere die von der britischen Premierministerin ausgelöste Krise um die Beitragszahlungen des Königreichs (s. Kasten 8 zum sog. *Britenrabatt*) zu bewältigen. Erst nachdem auf dem Gipfeltreffen von Fontainebleau im Juni 1984 ein Ausweg aus der Budgetkrise gefunden war, konnten die Staats- und Regierungschefs zwei Ausschüsse mit der Bearbeitung unterschiedlicher Fragen beauftragen: Der eine sollte der Klärung institutioneller Fragen dienen. Er wurde vom irischen Politiker James Dooge geleitet und wurde angesichts der großen Hoffnungen, die in ihn gesetzt wurden mitunter auch *Spaak-II-Kommission* genannt.[52] Der andere Ausschuss unter der Leitung des italienischen Politikers Pietro Adonnino sollte unter dem Motto *Europa der Bürger* eine Art früher Vermittlungsstrategie entwickeln, erreichte aber nicht die gleiche Bedeutung wie die Dooge-Kommission. Auch die Berichte dieser beiden Ausschüsse flossen in die Beratungen von Mailand 1985 ein.

Zuletzt hatte das Europäische Parlament in einem Gefühl der Stärke infolge der ersten Direktwahl 1979 einen Ausschuss unter Ägide des langjährigen Integrationsbefürworters Altiero Spinelli einen Entwurf für eine europäische Verfassung ausarbeiten lassen. Er stellte eine weitere Textgrundlage zur institutionellen Reform dar, die die Beratungen beeinflusste

51 Die EU-Terminologie unterscheidet zwischen *Weiß-* und *Grünbüchern*. Jene enthalten amtlich ausgearbeitete Entwürfe zu bestimmten Politikbereichen, diese dienen als Diskussionsvorlage zur Entscheidungsfindung.

52 Hierzu ausführlich: Dinan, 1999, S. 113-115.

und zu einem allgemeinen Reformdruck beitrug, der sich in Mailand geradezu entladen musste.

Auf dem Mailänder Gipfeltreffen wurde eine Regierungskonferenz einberufen.[53] Sie war in zwei thematische Verhandlungsgruppen untergliedert. Während die eine Gruppe über die Reform der bestehenden Verträge beriet, verhandelte die andere über die vertragliche Ausgestaltung der EPZ. Die Verhandlungsergebnisse wurden in neun Texten (acht Texte der ersten, und ein Text der zweiten Gruppe) fixiert, diese Texte wiederum in einem einzigen Dokument zusammengefasst. Am 17. bzw. 28. Februar 1986[54] unterzeichneten die Staats- und Regierungschefs der nunmehr zwölf Mitgliedstaaten – am 1. Januar 1986 waren Spanien und Portugal der EG beigetreten – die *Einheitliche Europäische Akte* (EEA). Diese trat am 1. Januar 1987 in Kraft.

Die EEA ist quasi der konstitutionelle Ausfluss des – wie Gasteyger die Rückbesinnung auf das wirtschaftliche Kernprojekt Mitte der achtziger Jahre in treffender Weise bezeichnet – „Aufbruch[s] zu neuen – wenn auch längst bekannten – Ufern".[55] In der Tat bedeutete das in den EWG-Vertrag eingeschriebene Ziel (Art. 8a EWG-Vertrag nach Art. 13 EEA), den Binnenmarkt bis Ende des Jahres 1992 zu vollenden, zunächst nichts anderes, als die feste Absicht, die bisher unterlassenen – aber bereits im EWG-Vertrag von 1957 vorgesehenen – Schritte auf dem Weg zum Gemeinsamen Markt nun nachzuholen. Den Regierungen war klar, dass sie sich, wollten sie den Zeitplan und damit das gesamte Projekt nicht noch einmal gefährden, auf eine Stärkung der gemeinschaftlichen Handlungsfähigkeit einlassen mussten. Hätten die Mitgliedstaaten weiterhin jede unliebsame Regelung mit ihrem Veto im Rat blockieren können, wäre die Vollendung des Binnenmarktprojekts praktisch unmöglich gewesen. Deshalb sah die EEA nun qualifizierte Mehrheitsentscheidungen in allen Binnenmarktangelegenheiten vor.

Der gewachsenen Bedeutung des Parlaments wurde dadurch entsprochen, dass gleich zwei neue Entscheidungsverfahren etabliert wurden, die beide die Rolle des Parlaments stärkten: *Zustimmungs-* und *Kooperationsverfahren* (s. Kap. 6.5 zu den Rechtsetzungsverfahren). Was das Machtverhältnis zwischen der Kommission und dem Rat betrifft, änderte sich durch

53 Der Ablauf der Regierungsverhandlungen wird ausführlich untersucht bei: Dinan, 1999, S. 116ff.

54 Aus unterschiedlichen Gründen unterzeichneten Dänemark, Griechenland und Italien die EEA erst mit Verzögerung.

55 Gasteyger, 2001, S. 338.

die EEA kaum etwas. Die Kommission erhielt lediglich durch die Ausweitung der Gemeinschaftskompetenzen auf neue Felder wie Umwelt- und Sozialpolitik sowie Forschung und technische Entwicklung zusätzliche Gestaltungsspielräume. Betreffend den Gerichtshof wurde durch die EEA die Möglichkeit geschaffen, diesem zwecks Entlastung ein Gericht erster Instanz beizuordnen, das eigenständig Verfahren – außer Vorabentscheidungsverfahren – bearbeiten kann.

Zwar schrieb die EEA den Europäischen Rat erstmals vertraglich fest und schuf damit eine völkerrechtliche Grundlage für das fortan zweimal jährlich tagende Organ, sie verortete das Gremium der Staats- und Regierungschefs aber weiterhin außerhalb der Gründungsverträge der Gemeinschaften. Ein dritter Titel der EEA enthielt die *Vertragsbestimmungen über die europäische Zusammenarbeit in der Außenpolitik*. Diese entsprachen der schon zuvor etablierten Kooperationspraxis der EPZ. Allerdings hob die EEA auch die EPZ auf eine völkerrechtlich verbindliche Grundlage.[56] Zudem wurden die Gemeinschaftsorgane in die außenpolitischen Prozesse eingebunden, wenngleich sie nach wie vor keinerlei Entscheidungsbefugnis in diesem Bereich hatten. Mit dem Politischen Komitee wurde ein neues Organ der politischen Direktoren eigens für die außenpolitische Zusammenarbeit geschaffen. Außerdem bekam die EPZ ein Sekretariat mit Sitz in Brüssel.

Artikel 1 der EEA enthielt die gemeinschaftliche Verpflichtung auf das Ziel, „gemeinsam zu konkreten Fortschritten auf dem Wege zur Europäischen Union beizutragen“ (Art. 1 EEA). Rückblickend betrachtet, wies das Dokument damit schon auf die keine zehn Jahre später erfolgende Gründung der EU voraus. Die Staats- und Regierungschefs vereinbarten bereits mit Verabschiedung der EEA angesichts sog. *left overs*, also unerledigter Aufgaben, eine weitere Vertragsrevision. Vielleicht steht die EEA auch deshalb im Schatten ihres vertragshistorischen Nachfolgers, dem Vertrag von Maastricht aus dem Jahr 1992. Die EEA wurde gleich nach ihrer Verabschiedung von unterschiedlichen Seiten kritisiert[57] und hat im Vergleich zu den anderen großen Verträgen der EU-Geschichte bis heute gleichsam ein *Imageproblem*.[58]

56 Vgl. Gasteyger, 2001, S. 339.
57 Vgl. Brunn, 2004, S. 243.
58 Ein Profil der EEA findet sich unter den Online-Materialien zu diesem Band, abrufbar unter: www.nomos-extra.de.

11.9 Der Wandel nach der Wende – die Geburt der Europäischen Union

Die erste Zeit nach Unterzeichnung bzw. Inkrafttreten der EEA 1986/1987 lässt sich mit Dinan als das *Auge des Sturms*[59] bezeichnen. Dieses Bild macht deutlich, dass die EU in dieser Zeit vor bedeutenden Veränderungen stand und die gemeinschaftliche Konstruktion in den folgenden Jahren dem bis dahin umfassendsten institutionellen Wandel unterzogen werden sollte. Zugleich wird klar, dass grundlegende Elemente sowie entscheidende Triebkräfte des bevorstehenden Wandels bereits in der EEA angelegt waren. Während der nunmehr angeblich *unumkehrbare*[60], immer stärkere Druck zu einer vertieften wirtschaftlichen Einigung gewissermaßen eigendynamisch aus dem bereits erreichten Integrationsstand hervorging und insbesondere von der Kommission, also quasi von innen ausgeübt wurde, brachen die politischen Ereignisse Ende der achtziger, Anfang der neunziger Jahre von außen und mehr oder weniger plötzlich über das integrierte Europa herein und zwangen die EG-Staaten zu einer grundlegenden Neugestaltung auch ihrer politischen Zusammenarbeit.

Die Einrichtung einer Wirtschafts- und Währungsunion wurde insbesondere durch die Kommission forciert: „One market needs one money“[61], lautete die ebenso grundlegende wie schlichte Erkenntnis einer Studie der Kommission. Der Binnenmarkt könne nicht effektiv funktionieren, wenn die verbotenen Zölle und mengenmäßigen Beschränkungen von mitgliedstaatlicher Seite einfach durch willkürliche Währungsabwertungen ersetzt würden.[62] Auch zahlreiche Mitgliedstaaten, insbesondere Frankreich, sahen die Notwendigkeit einer gemeinsamen Währungspolitik, einschließlich europäischer Gemeinschaftswährung, und damit eines weiteren gravierenden Souveränitätsverzichts, um den Status der deutschen Mark als europäischer Leitwährung im Rahmen des EWS und die damit verbundene währungspolitische Dominanz der Bundesbank zu beenden.[63]

59 Angesichts dessen, was noch kommen sollte, bezeichnet Dinan die Zeit der EEA als „eye of the storm“, Dinan, 1999, S. 121.

60 Zwischenbilanz der Kommission von November 1988, vgl. Brunn, 2004, S. 251; s. auch Erklärung der Bundesregierung zu den Ergebnissen des Europäischen Rats in Maastricht, in: Bulletin der Bundesregierung vom 17. Dezember 1992.

61 Generaldirektion Wirtschaft und Finanzen, 1990: One market, one money. An evaluation of the potential benefits and costs of forming an economic and monetary union, Brüssel, S. 9.

62 Vgl. Brunn, 2004, S. 261.

63 Vgl. Schmuck, Otto/Schröder, Maximilian, 1995: Der Weg zur Europäischen Union, Bonn, S. 17.

Der Europäische Rat von Madrid verabschiedete im Juni 1990 den sog. *Delorsbericht*, der die Errichtung einer Europäischen Wirtschafts- und Währungsunion in Anlehnung an den Wernerplan in drei Stufen vorsah.[64] Dass die deutsche Bundesregierung unter Helmut Kohl die WWU und damit in letzter Konsequenz die Aufgabe der D-Mark überhaupt zuließ, hängt mit den weltpolitischen Umwälzungen dieser Zeit und insbesondere der deutschen Wiedervereinigung zusammen.

Der offensichtliche Zerfall des Ostblocks begann mit der Öffnung der ungarischen Grenze zu Österreich im Juni 1989. Keine fünf Monate später fiel die Berliner Mauer. Schon im Oktober 1990 kam es zur deutschen Wiedervereinigung. Damit war nicht nur die Spaltung Deutschlands, sondern auch die Teilung Europas überwunden. Der Kalte Krieg war beendet, die sowjetischen Truppen wurden aus den osteuropäischen Staaten abgezogen, und die *Konferenz für Sicherheit und Zusammenarbeit in Europa* (KSZE)[65] beschloss im November 1990 ein Abrüstungsprogramm. Ein Jahr später wurde die Sowjetunion offiziell aufgelöst. Die bipolare Konstellation, die die Welt- und Europapolitik lange Jahrzehnte über bestimmt hatte, existierte plötzlich nicht mehr, sie machte Platz für eine unübersichtlichere Weltordnung, die insbesondere die EG-Staaten vor neue Herausforderungen stellte. Im Grunde hatten sie drei zentrale Fragen zu beantworten:

- die deutsche Frage: Wie schon in der unmittelbaren Nachkriegszeit zu Beginn der europäischen Einigung stellte sich die Frage nach dem Umgang mit Deutschland und seinen Einheitsambitionen. Konnten die europäischen Staaten die Wiedervereinigung Deutschlands, die schon bald nach dem Mauerfall kaum mehr zu verhindern schien[66] und die das Land noch klarer zum demografischen und wirtschaftlichen Schwergewicht in Europa machen sollte, zulassen? Wenn ja, unter welchen Voraussetzungen?
- die europäische Frage: Nicht nur die Spaltung Deutschlands, sondern auch diejenige Europas war Anfang der neunziger Jahre aufgehoben. Damit war es möglich, die kühnsten Träume der Europaenthusiasten zu erfüllen und ganz Europa, also einschließlich der über Jahrzehnte ausgeschlossenen osteuropäischen Länder, friedlich zusammenzuführen. Sollte also nun die Integration der Staaten Osteuropas vorbereitet wer-

64 Vgl. zur Vorgeschichte und den Konfliktlinien Dinan, 1999, S. 128ff.

65 Seit 1995 Organisation für Sicherheit und Zusammenarbeit in Europa (OSZE).

66 Die letzte Volkskammerwahl in der DDR am 18. März 1990, aus der die CDU siegreich hervorging, machte den starken Einigungswunsch deutlich.

den? Wann könnte diese erfolgen? Und wie sollte sich die Gemeinschaft im Vorfeld der Erweiterung reformieren, damit ihre institutionelle Ordnung auch mit zwanzig Mitgliedstaaten und mehr funktionieren würde?
- die globale Frage: Das Ende des Ost-West-Konflikts bedeutete keineswegs das *Ende der Geschichte*[67]. Im Gegenteil: An verschiedenen Orten der Erde brachen regionale Konflikte auf, so auch in Jugoslawien, wo sich in den Jahren 1991 bis 1995 blutige Unabhängigkeitskriege mit internationaler Beteiligung ereigneten. Vor allem diese Kriegserfahrung auf dem eigenen Kontinent, aber auch andere internationale Konflikte wie der Golfkrieg 1990/91 machten deutlich, dass die USA fortan die aktive politisch-militärische Mitwirkung der europäischen Länder bei der Lösung internationaler Krisen einforderten. Wie sollte die Gemeinschaft diesen neuen Herausforderungen gerecht werden?

Vor dem Hintergrund dieser neuen weltpolitischen Lage, die die Gemeinschaft dazu drängte, ihre bis dato geringe politische Bedeutung mit ihrer wirtschaftlichen Stärke in Einklang zu bringen, beschloss der Europäische Rat im Juni 1990 gleich die Einberufung zweier Regierungskonferenzen: zum einen derjenigen über die Wirtschafts- und Währungsunion, zum anderen der von Kohl und Mitterrand angeregten[68] Konferenz über eine Politische Union. Beide nahmen im Dezember 1990 ihre Arbeit auf. Die Verhandlungen mündeten in den Vertrag über die Europäische Union (EUV)[69], der am 10. Dezember 1991 von den Staats- und Regierungschefs der zwölf Mitgliedstaaten im niederländischen Maastricht beschlossen und am 7. Februar 1992 von den Außenministern unterzeichnet wurde. Nach schwierigen Ratifizierungsverfahren in mehreren Ländern – insbesondere in Dänemark, wo der Vertrag in einem ersten Referendum gescheitert und erst in einem zweiten nach Zugeständnissen in Form von *opt outs* ratifiziert worden war[70] – konnte der Vertrag von Maastricht am 1. November 1993 in Kraft treten. Das komplizierte Vertragswerk bildet die konstitutio-

67 Fukuyama, Francis, 1992: The end of history and the last man, London.

68 Die beiden Staats- bzw. Regierungschefs hatten am 18. April eine gemeinsame Botschaft an den irischen Premierminister und damaligen Ratspräsidenten Charles Haughey gesandt.

69 Zu den mitgliedstaatlichen Positionen und zum Ablauf der Verhandlungen vgl. Dinan, 1999, S. 136ff.

70 Insbesondere erhielt Dänemark die Möglichkeit, der dritten Stufe der Währungsunion fernzubleiben, vgl. *Protokoll über einige Bestimmungen betreffend Dänemark*. In Deutschland hielt ein Verfahren vor dem Bundesverfassungsgericht die endgültige Ratifikation auf. Zum sog. Maastricht-Urteil s. Kasten 3.

nelle Grundlage der Europäischen Union, wie sie sich im Wesentlichen bis heute darstellt. Wie schon die EEA vor ihm kombinierte der Vertrag Bestimmungen zur Reform der supranationalen Gemeinschaft (Titel II-IV) mit solchen zur Ausgestaltung der zwischenstaatlichen Zusammenarbeit (Titel V u. VI). Anders als die EEA unterschied er nicht mehr lediglich zwischen supranationaler EG und intergouvernementaler EPZ, die nun *Gemeinsame Außen- und Sicherheitspolitik* (GASP) hieß, sondern führte zusätzlich eine zwischenstaatliche Kooperation in der Innen- und Rechtspolitik ein. Damit schuf der Unionsvertrag die bekannte Tempelkonstruktion (s. Abb. 20), wonach die drei Säulen *Europäische Gemeinschaft*, *Gemeinsame Außen- und Sicherheitspolitik* und *Zusammenarbeit in den Bereichen Justiz und Inneres* ein gemeinsames Dach tragen, nämlich die *Europäische Union* mit einem einheitlichen institutionellen Rahmen, gemeinsamen Zielen und dem Europäischen Rat als übergeordnetem Organ.

Über die Vertragssystematik hinaus enthielt der Vertrag von Maastricht viele weitere inhaltliche wie institutionelle Neuerungen. Zunächst waren in der Präambel die grundlegenden Ziele formuliert, „den Prozeß der europäischen Integration auf eine neue Stufe zu heben“ sowie „den Prozeß der Schaffung einer immer engeren Union der Völker Europas“ weiterzuführen. Der Unionsgedanke manifestierte sich nicht zuletzt auch im neuen Namen für das Gemeinschaftsgebilde: Europäische Union (EU). Quasi zur Einschränkung des Gemeinschaftsprinzips und zur Gewährleistung möglichst bürgernaher Entscheidungen wurde zugleich ein allgemeiner Subsidiaritätsgrundsatz eingefügt, der besagt, dass die Gemeinschaft in Bereichen, die nicht in ihre ausschließliche Zuständigkeit fallen, nur dann aktiv werden soll, wenn die Mitgliedstaaten selbst nicht zu entsprechenden Maßnahmen in der Lage sind. Ferner wurde eine eher symbolische *Unionsbürgerschaft* in die Verträge eingeführt (s. Kap. 6.7).

Der Unionsvertrag stärkte auch die Entscheidungsfindungsprozesse innerhalb der Gemeinschaft. So wurden die Anwendungsfälle für qualifizierte Mehrheitsentscheidungen im Rat ausgeweitet. Selbst für einige Entscheidungen auf dem Feld der GASP wurden qualifizierte Abstimmungen vorgesehen, wenn hier in allen Fragen von großer Bedeutung auch weiterhin jeder Staat sein faktisches Vetorecht behielt. Die Rolle des Parlaments in der gemeinschaftlichen Rechtsetzung wurde deutlich gestärkt. Im Rahmen des sog. *Mitentscheidungsverfahrens* (Kodezisionsverfahrens), das neu eingeführt und für eine Reihe von Entscheidungen vorgesehen wurde, wird das Parlament zum weitgehend gleichberechtigten Gesetzgebungsorgan neben dem Rat. Außerdem wurden weitere grundlegende Entscheidungen wie z.B. wichtige Abkommen mit Drittstaaten, die Schaffung neuer Strukturfonds etc. von der Zustimmung des Parlaments abhängig gemacht. Auch der Einsetzung eines neuen Kommissionskollegiums musste das Parlament künftig zustimmen. Der Europäische Gerichtshof wurde in seiner Rechtsdurchsetzungsfähigkeit gestärkt. Er bekam das Recht, Zwangsgelder gegen verurteilte Mitgliedstaaten zu verhängen.[71] Im Rahmen der Wirtschafts- und Währungspolitik wurde mit der Europäischen Zentralbank (EZB) ein neues supranationales Organ geschaffen. Ferner enthielt der Vertrag Übergangsbestimmungen, die den Zeitplan zur Vollendung der WWU (s. Abb. 28) festlegten, sowie die Stabilitätskriterien.

Abb. 28: Die drei Stufen der Währungsunion gemäß EG-Vertrag (Maastricht)

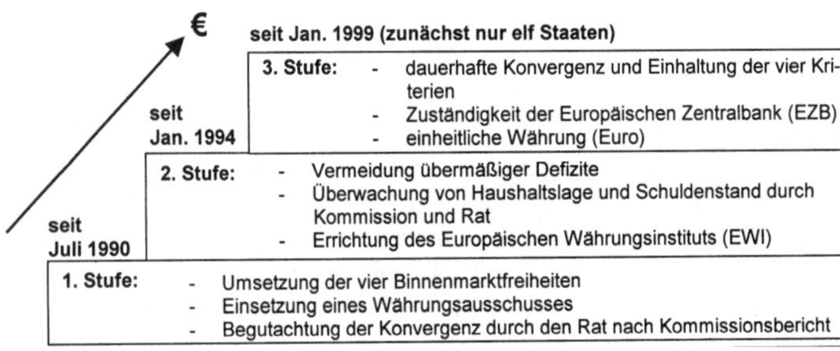

Quelle: eigene Darstellung

Im Bereich der Außen- und Sicherheitspolitik wurden neue Instrumente geschaffen und vertraglich definiert: so die *gemeinsamen Standpunkte* und *gemeinsamen Aktionen*. Mit den Bestimmungen zur Zusammenarbeit in den Bereichen Justiz und Inneres wurde ein weiteres Feld der zwischenstaatlichen Kooperation erschlossen. Die im Rahmen des Schengener Abkommens (s. Kasten 11) vorgesehene Aufhebung der Personenkontrollen an den innereuropäischen Grenzen hatte eine Zusammenarbeit bei der

71 Ausgerechnet diese supranationale Bestimmung geht auf einen britischen Vorschlag zurück, vgl. Schmuck/Schröder, 1995, S. 17.

Verbrechensbekämpfung und der Kontrolle der Außengrenzen notwendig gemacht. Einen ersten institutionellen Ausfluss fand die vereinbarte Kooperation in der Gründung eines Europäischen Polizeiamts (Europol) mit Sitz in Den Haag, das seine Arbeit allerdings erst 1999 aufnehmen konnte.

Insgesamt war der Vertrag von Maastricht (vgl. Tab. 12) die umfassendste Reform der Gemeinschaftskonstruktion seit den Anfängen in den fünfziger Jahren. Er schuf einen einheitlichen organisatorischen Rahmen in Form der Europäischen Union. Allerdings hielt auch der Vertrag von Maastricht an einem Hybridsystem aus supranationalen und intergouvernementalen Elementen fest. Betrachtet man die Entstehung des Unionsvertrags, dann war auch dieser Vertrag, vereinfacht ausgedrückt, Resultat eines Kopplungsgeschäfts im Wesentlichen zwischen Deutschland und Frankreich. Deutschland bekam die französische Zustimmung zur Wiedervereinigung gegen Aufgabe der D-Mark. Andere unwillige Staaten wurden durch die stärkere Regionalförderung durch Schaffung des Kohäsionsfonds oder die Gewährung von *opt outs* zur Zustimmung bewogen.

Tabelle 12: Profil Vertrag von Maastricht[72]

Ziele	Raum ohne Binnengrenzen, Stärkung des wirtschaftlichen und sozialen Zusammenhalts, Errichtung einer Wirtschafts- und Währungsunion mit dem Endziel einer gemeinsamen Währung	Art. B
	Gemeinsame Außen- und Sicherheitspolitik mit dem potenziellen Endziel einer gemeinsamen Verteidigung	Art. B
	Stärkung des Schutzes der Rechte und Interessen der Staatsangehörigen der Mitgliedstaaten durch die Einführung einer Unionsbürgerschaft	Art. B
	Zusammenarbeit in den Bereichen Justiz und Inneres	Art. B
	Wahrung des Subsidiaritätsprinzips	Art. B

72 Eine ausführliche Version dieses Profils findet sich unter den Online-Materialien zu diesem Band, abrufbar unter: www.nomnos-extra.de.

Institutionen	Aufgabendefinition für den Europäischen Rat: „Der Europäische Rat gibt der Union die für ihre Entwicklung erforderlichen Impulse und legt die allgemeinen politischen Zielvorstellungen für diese Entwicklung fest."	Art. D
	Ausweitung der Mehrheitsentscheidung im Rat	div.
	Einführung eines Mitentscheidungsverfahrens	Art. 189b EGV
	Ernennung eines Bürgerbeauftragten durch das Parlament	Art. 138e EGV
	Angleichung der Amtsdauer der Kommission an die Legislaturperiode des Parlaments	Art. 10 EGV
	unabhängige Europäische Zentralbank (EZB) mit dem vorrangigen Ziel der Preisstabilität, gemeinsam mit den Zentralbanken der Mitgliedstaaten Europäisches System der Zentralbanken (ESZB); Einrichtung eines Europäischen Währungsinstituts (EWI)	Art. 4a, 105-109 EGV
	Ausschuss der Regionen (AdR) aus 189 Vertretern der regionalen und lokalen Gebietskörperschaften mit beratender Funktion	Art. 198a EGV
	Möglichkeit für den EuGH, Zwangsgelder gegen verurteilte Mitgliedstaaten bei Nichterfüllung seiner Auflagen zu verhängen	Art. 171 EGV
	Europäischer Rechnungshof mit 12 Mitgliedern, zur Rechnungsprüfung der Gemeinschaft	Art. 188 EGV
	neuer Kohäsionsfonds für Maßnahmen zur Regionalentwicklung in den Bereichen Umwelt und transeuropäische Netze	Art. 130d EGV
	Einführung des Gemeinsamen Standpunkts sowie der Gemeinsamen Aktion als neue Rechtsinstrumente im Rahmen der GASP	Art. J.2 u. J.3
	Aufbau eines Europäischen Polizeiamts (Europol) zum Austausch von Informationen zur Kriminalitätsbekämpfung	Art. K.1

Inhalte	zusätzliche Aufgabenbereiche für die EG wie z.B. allgemeine und berufliche Bildung, Jugend (neuer Titel VIII EGV), Kultur (IX), Gesundheitswesen (X), Verbraucherschutz (XI), transeuropäische Netze (XII), Industriepolitik (XIII), Entwicklungszusammenarbeit (XVII)	Art. G
	Einführung einer Unionsbürgerschaft	Art. 8 EGV
	Einführung einer Gemeinsamen Außen- und Sicherheitspolitik (GASP)	Titel V, Art. B u. J
	Zusammenarbeit in den Bereichen Justiz und Inneres	Titel VI, Art. B u. K
	Einberufung einer Regierungskonferenz im Jahr 1996	Art. N
Staaten	Frankreich, Deutschland, Italien, Belgien, die Niederlande, Luxemburg, Großbritannien, Irland, Dänemark, Griechenland, Portugal, Spanien	
Daten	unterzeichnet am 7. Februar 1992; in Kraft getreten am 1. November 1993	

Letztlich war mit dem Unionsvertrag nur die oben definierte *deutsche Frage* wirklich beantwortet. Die *globale Frage* war mit der weiteren Ausgestaltung der GASP immerhin angegangen worden, aber die *europäische Frage*, also die Frage nach den institutionellen Reformerfordernissen für eine mögliche Osterweiterung wurde nicht beantwortet. Damit blieb eine zentrale Aufgabe, die sich die Mitgliedstaaten selbst gesetzt hatten, unerfüllt. Dementsprechend enthielt der Vertrag eine Klausel mit der Ankündigung einer weiteren Regierungskonferenz zu diesem Thema für das Jahr 1996.

Kasten 25: zweite Norderweiterung 1995

> Am 1. Januar 1995 wuchs die Europäische Union – seit Inkrafttreten des Maastricht-Vertrags nannte sie sich so – erneut um drei Mitgliedstaaten. Mit Österreich, Schweden und Finnland traten politisch wie wirtschaftlich weit entwickelte Demokratien bei. Entsprechend unproblematisch waren die vorangegangenen Beitrittsverhandlungen verlaufen. Alle drei Staaten hatten während des Kalten Kriegs eine strikte Neutralitätspolitik verfolgt, so dass sie erst im Zuge bzw. nach der Wende einen EG-Beitritt erwägen konnten. Österreich stellte seinen entsprechenden Antrag schon 1989, Schweden und Finnland sowie Norwegen und die Schweiz zogen 1991 nach. Als ein Jahr später das Schweizer Referendum über die Teilnahme am *Europäischen Wirtschaftsraum* (EWR), einem im selben Jahr vereinbarten Freihandelsabkommen zwischen der EG und den EFTA-Staaten, scheiterte, fror die Schweiz ihr Beitrittsgesuch ein. Mit den anderen vier Kandidatenstaaten wurden im Juni 1994 Beitrittsverträge unterzeichnet. In allen vier Staaten kam es anschließend zu Referenden, die in Österreich (66,4%), Schweden (52,2%) und Finnland (57%) glückten, während die norwegische Volksabstimmung erneut mit einem mehrheitlichen Nein (52,2%) ausging. So wurde die EU Anfang 1995 eine Gemeinschaft der Fünfzehn.

11.10 Thema verfehlt? – die Nachbesserungen von Amsterdam

Vermutlich wäre es 1996 nicht zu einer weiteren Regierungskonferenz gekommen, wenn diese nicht durch den Vertrag von Maastricht (Art. N) verbindlich vorgesehen worden wäre.[73] Denn die Zeiten waren aus integrationspolitischer Sicht nicht eben rosig. Insbesondere die Zukunft der Wirtschafts- und Währungsunion war äußerst ungewiss. Die Vollendung des Binnenmarktprojekts 1993 brachte nicht den ersehnten Aufschwung. Im Gegenteil: Die konjunkturelle Lage zahlreicher EU-Staaten war in den neunziger Jahren besonders schwierig, und die Arbeitslosenzahlen kletterten in vielen Ländern auf Höchststände. Die strengen Konvergenzkriterien des Maastricht-Vertrags verwehrten den jeweiligen Regierungen, durch eine aktive Wirtschafts- und Beschäftigungspolitik auf die schlechte Entwicklung zu reagieren, was einige von ihnen, allen voran die französische, mit wachsendem Unmut beobachteten. Die deutsche Regierung unter Helmut Kohl hielt jedoch vehement am Stabilitätsdogma fest, obwohl sie selbst zunehmend in Schwierigkeiten geriet, das Defizitkriterium einzuhalten. Die Auseinandersetzungen über den Stabilitäts- und Wachstumspakt

73 Vgl. Dinan, 1999, S. 170.

führten dazu, dass die WWU aus den Verhandlungen zur Vertragsrevision ausgeklammert wurde.[74]

Doch auch ungeachtet der wirtschafts- und währungspolitischen Differenzen waren die Herausforderungen und Ungewissheiten gegen Mitte der neunziger Jahre groß. Wie sollte sich die EU auf die bevorstehende Erweiterung um bis zu zwölf Beitrittsländer vorbereiten? Die Union basierte immer noch auf der zwar über die Jahre angepassten, aber nicht grundlegend reformierten institutionellen Architektur der Sechsergemeinschaft. Für eine EU mit 25 oder mehr Mitgliedstaaten mussten die Verteilung der Stimmen, Sitze und Posten in den zentralen Institutionen sowie die jeweiligen Entscheidungsregeln angepasst werden, damit die Union auch nach einer Erweiterung handlungsfähig bleiben würde. Außerdem musste über flexible Formen der Integration nachgedacht werden, weil zu erwarten war, dass man in einer vergrößerten EU nur noch schwer Einigkeit über gewünschte Vertiefungsschritte würde erzielen können.[75]

Darüber hinaus schien immer noch nicht in ausreichendem Maße geklärt, welche Rolle in der Weltpolitik die EU einzunehmen hatte, wie sie ihre große wirtschaftliche Bedeutung durch eine angemessene politische Relevanz ergänzen sollte. Die Uneinigkeit und Unfähigkeit, die die Europäer im Umgang mit der Balkankrise offenbarten, machten deutlich, dass die GASP zwar eingeführt war, aber noch nicht wirklich funktionierte. Insbesondere sprach Europa in außenpolitischen Belangen immer noch nicht mit einer Stimme, weder im übertragenen Sinne, also im Rahmen einer generellen außenpolitischen Verständigung, noch im tatsächlichen, also durch Einsetzung eines sichtbaren Vertreters für die GASP. Auch das zweite Kooperationsfeld, die Zusammenarbeit in der Innen- und Justizpolitik, funktionierte, auf den zwischenstaatlichen Modus beschränkt, keineswegs hinlänglich. Die erneute Reform der institutionellen Bestimmungen, die Flexibilisierung der Integration, die effiziente Ausgestaltung der GASP sowie die Anpassung der polizeilichen und justiziellen Zusammenarbeit, diese vier Erfordernisse bildeten die wesentlichen Punkte einer neuen Vertragsreform.

Nach langwierigen Verhandlungen konnten die Regierungen sich im Juni 1997 in Amsterdam auf einen Vertrag einigen, der am 2. Oktober des-

74 Vgl. zu den Differenz um die WWU Brunn, 2004, S. 288ff.

75 Auch existierten bereits Konzepte zur flexiblen Integration wie das Kerneuropa-Konzept, vgl. Schäuble, Wolfgang/Lamers, Karl, 1994: Überlegungen zur europäischen Politik (Schäuble-Lamers-Papier) vom 1. September 1994, auch: Dinan, 1999, S. 174-175.

selben Jahres unterzeichnet wurde und am 1. Mai 1999 nach einem weitgehend unproblematischen Ratifizierungsprozess in Kraft trat. Das Ergebnis war ein Kompromiss, der niemanden vollauf zufriedenstellte und mit dem die gesetzten Ziele nur zum Teil erreicht werden konnten.

Was die institutionellen Veränderungen betrifft, so wurde das Parlament in seiner Legislativfunktion erneut gestärkt, indem das Mitentscheidungsverfahren gestrafft und auf weitere Anwendungsgebiete, insgesamt nun etwa drei Viertel der gemeinschaftlichen Gesetzgebung, ausgedehnt wurde. Im Gegenzug wurde zwecks Übersichtlichkeit das Kooperationsverfahren weitestgehend aus den Verträgen gestrichen.[76] Die Stärkung des Parlaments stellte eine konsequente Reaktion auf die wachsende Kritik am demokratischen Defizit der Union dar. Dementsprechend konnte auch der von den Mitgliedstaaten auserkorene Kandidat für das Amt des Kommissionspräsidenten nur noch nach Zustimmung des Parlaments eingesetzt werden. Ebenfalls gestärkt wurde der Kommissionspräsident selbst. Er erhielt eine Art Richtlinienkompetenz gegenüber den übrigen Kommissionsmitgliedern und sollte fortan auch über deren Auswahl mitentscheiden. Auf die institutionellen Anpassungen zur Vorbereitung der Osterweiterung konnten sich die Staaten hingegen nicht einigen. Sie *vertagten* die entsprechenden Verhandlungen über diese sog. *left overs* auf die nächste Regierungskonferenz. Die angestrebte Flexibilisierung der Integration wurde durch die Einführung eines Verfahrens zur *Verstärkten Zusammenarbeit* befördert. Danach war es einer Gruppe von Mitgliedstaaten unter bestimmten Voraussetzungen gestattet, sich auf neue Kooperationsprojekte zu verständigen, mit der Integration also schneller voranzuschreiten. Die Hürden für ein solches Vorgehen wurden allerdings hoch angesetzt.

Die sichtbarste Neuerung im Bereich der GASP war das Amt eines *Hohen Vertreters*. Mit seiner Einführung wurde der zunehmend verbreiteten Forderung nach Gesicht und Stimme für die außen- und sicherheitspolitische Zusammenarbeit Rechnung getragen. Der *Mr. GASP* ist zugleich auch Generalsekretär des Rates.

Insbesondere die inhaltliche Ausgestaltung der GASP machte mit dem Amsterdamer Vertrag beachtliche Fortschritte. War die gemeinsame Verteidigung im Maastricht-Vertrag noch Inhalt einer vagen Absichtserklärung gewesen, schuf der Vertrag von Amsterdam die Grundlage für die sukzessive Bildung einer *Europäischen Sicherheits- und Verteidigungspolitik* (ESVP) unter dezidierter Einbeziehung der *Westeuropäischen Union*

76 Das Kooperationsverfahren blieb weiterhin für vier Anwendungsfälle im Bereich der WWU vorgesehen.

(s. Kasten 20) als „integrale[n] Bestandteil der Entwicklung der Union" (Art. J.7 Abs. 1 Vertrag von Amsterdam). Damit wurden die Handlungskompetenzen der EU auf militärische Operationen im Rahmen der ebenfalls vertraglich verankerten *Petersberg-Aufgaben*[77] ausgedehnt. Die während der Vertragsverhandlungen äußerst umstrittene Schaffung einer ESVP bedurfte nun lediglich eines Beschlusses des Europäischen Rates, konnte also ohne weitere Vertragsänderung vollzogen werden. Die größte Hürde auf dem Weg zur ESVP stellte die Verweigerungshaltung der britischen Regierung dar. Die tatsächliche Integration der WEU-Strukturen in die Europäische Union konnte also erst gelingen, nachdem die britische Regierung auf dem französisch-britischen Gipfel in St. Malo 1998 dem Aufbau einer europäischen Verteidigung zugestimmt hatte.

Zuletzt wurden mit dem Vertrag von Amsterdam wesentliche Bereiche der Zusammenarbeit in der Innen- und Justizpolitik, nämlich der gesamte Schengen-Besitzstand einschließlich Asyl- und Einwanderungspolitik sowie die justizielle Zusammenarbeit in Zivilsachen in die erste Säule, also die EG, überführt. Fortan sollten die gemeinschaftlichen Anstrengungen also auch der Erhaltung und Weiterentwicklung der Union als *Raum der Freiheit, der Sicherheit und des Rechts* dienen. Das Einstimmigkeitsprinzip bei Ratsentscheidungen wurde in diesem Bereich zumindest vorläufig beibehalten.[78] Lediglich die *Polizeiliche und Justizielle Zusammenarbeit in Strafsachen* (PJZS) verblieb quasi als existenzsichernder Restbestand nationaler Souveränität im Modus der zwischenstaatlichen Zusammenarbeit und bildet bis heute die dritte Säule der EU-Konstruktion. Im Sinne der Bürgernähe wurde auf französischen und schwedischen Wunsch hin ein neues Kapitel zur Beschäftigung in den EG-Vertrag eingeführt.

Als der Vertrag von Amsterdam[79] im Mai 1999 in Kraft trat, waren bereits elf Staaten in die dritte Stufe der WWU übergegangen und hatten den Euro Anfang desselben Jahres als Buchgeld eingeführt. Auch auf dem Feld der Osterweiterung ging es voran. Bereits 1998 hatte die EU mit sechs Kandidatenstaaten Beitrittsverhandlungen aufgenommen. Allerdings waren die angestrebten institutionellen Reformen zur Vorbereitung der Osterweiterung, insbesondere betreffend die Anzahl der EU-Kommissare

77 Das sind „humanitäre Aufgaben und Rettungseinsätze, friedenserhaltende Aufgaben sowie Kampfeinsätze bei der Krisenbewältigung einschließlich friedensschaffender Maßnahmen", s. Art. J.7 Abs. 2.

78 Vgl. Bergmann, Jan/Lenz, Christofer (Hrsg.), 1998: Der Amsterdamer Vertrag. Eine Kommentierung der Neuerungen des EU- und EG-Vertrages, Köln, S. 63-64.

79 Ein Profil des Amsterdamer Vertrags findet sich unter den Online-Materialien zu diesem Band, abrufbar unter: www.nomos-extra.de.

sowie die Stimmengewichtung im Rat, durch den neuen Vertrag nicht erreicht. Konnten durch den Vertrag von Amsterdam auch beachtliche Nachbesserungen an der Gemeinschaftskonstruktion vollzogen werden, so wurde das eigentliche Thema, nämlich die Vorbereitung der Institutionen auf die Erweiterung, doch gleichsam verfehlt. Die definitive Klärung der wichtigen institutionellen Fragen wurde erneut vertagt.[80] Spätestens ein Jahr vor Erweiterung der Union auf über 20 Mitgliedstaaten sollte eine Regierungskonferenz darüber beraten.

11.11 Gipfel mit Nachgeschmack – die mühsame Vertragsreform von Nizza

Die Vertragsrevision von Amsterdam hatte die institutionellen Reformen zur Vorbereitung einer Erweiterung also nicht vorgenommen, sondern erneut vertagt. Dieses Versäumnis wurde von zahlreichen Beobachtern beklagt. Die Forderung nach einer schnellen Verständigung über die ausstehenden Reformen wurden nach Unterzeichnung des Amsterdamer Vertrags immer lauter, zumal sich zum Teil noch vor dessen Inkrafttreten Entwicklungen ergaben, die eine neuerliche Revision der Verträge notwendig erscheinen ließen.

Ein katastrophales Schicksal ereilte im März 1999 die Kommission unter Führung ihres luxemburgischen Präsidenten Jacques Santer, die aufgrund eines Korruptionsskandals um die Kommissarin Edith Cresson unter allgemeinen Beschuss geriet und geschlossen zurücktreten musste, wodurch das zentrale Gemeinschaftsorgan erneut empfindlich geschwächt wurde.[81] Außerdem beschlossen die Staats- und Regierungschefs auf ihrem Gipfel in Helsinki im Dezember 1999, mit insgesamt zwölf potenziellen Beitrittsstaaten parallel Verhandlungen zu führen, so dass mittelfristig eine EU-27 zu erwarten war. In Helsinki wie zuvor auf ihrem Treffen in Köln vereinbarten die EU-Staaten zudem den Ausbau der Europäischen Sicherheits- und Verteidigungspolitik, um der politischen Bedeutung der EU weiter Rechnung zu tragen und sie für die eigenständige Krisenbewältigung zu rüsten. Zuletzt wurden die zunehmenden sozioökonomischen Herausforderungen der europäischen Wohlfahrtsstaaten, die sich durch

80 Vgl. Maurer, Andreas, 1998: Die institutionellen Reformen: Entscheidungseffizienz und Demokratie, in: ders./Jopp, Matthias/Schmuck, Otto (Hrsg.): Die Europäische Union nach Amsterdam. Analysen und Stellungnahmen zum neuen EU-Vertrag, Bonn, S. 41-81 (41-42, 56-57).

81 Vgl. Brunn, 2004, S. 303.

eine Osterweiterung noch zu verstärken drohten, ein Jahr später in Lissabon in eine mutige Strategie übersetzt, wonach Europa bis 2010 zum *wettbewerbsfähigsten Wirtschaftsraum der Welt*[82] aufsteigen sollte.

Die Ereignisse überschlugen sich also förmlich, und alle Maßnahmen waren auf die bevorstehende Osterweiterung ausgerichtet. Vor diesem Hintergrund konnte die Verständigung über die institutionellen Reformen, die nun schon zwei Mal vertagt worden war, nicht mehr länger warten. Bereits 1999, ebenfalls auf dem Gipfel in Köln, vereinbarten die Staats- und Regierungschefs folglich die Aufnahme von Vertragsverhandlungen für das Jahr 2000. Am 14. Februar 2000 wurde die Regierungskonferenz eröffnet. Bis zuletzt waren die Ergebnisse ungewiss. Erst eine Marathonsitzung in Nizza – Frankreich führte den Vorsitz im zweiten Halbjahr 2000 – brachte die Einigung, die am 11. Dezember verkündet wurde. Der Vertrag von Nizza konnte in überarbeiteter Fassung am 26. Februar 2001 unterzeichnet werden. Er bildet bis heute die gültige Vertragsgrundlage der Europäischen Union.

Die Vertragsrevision von Nizza ist die erste in der Vertragsgeschichte, die nahezu ausschließlich institutionelle Änderungen umfasst. Angesichts der konkreten Aufgabenstellung und des institutionellen Reformstaus, erzeugt durch die Zaghaftigkeit in den vorangegangenen Vertragsverhandlungen, war dies jedoch kaum anders zu erwarten. Dennoch nahm sich die Regierungskonferenz im Laufe der Verhandlungen auch weitere Felder vor. In den fünf wesentlichen Punkten konnten die folgenden Einigungen erzielt werden:

- Während der Amsterdamer Vertrag die Anzahl der Kommissare in einem entsprechenden Protokoll je nach Lesart bereits auf maximal 20 beschränkt bzw. spätestens bei Erreichen dieser Zahl, eine neue Regelung gefordert hatte, setzte der Vertrag von Nizza nun doch auf die Formel: ein Kommissar pro Mitgliedstaat. Das bedeutete zweierlei: Zum einen waren die großen Mitgliedstaaten offensichtlich bereit, im Falle der Erweiterung auf ihren zweiten Kommissar zu verzichten. Zum anderen würde die Kommission demnach bei Aufnahme des 27ten Mitgliedstaats zunächst auch aus 27 Kommissaren bestehen und erst dann sollte laut *Protokoll über die Erweiterung der Europäischen Union* erneut über die Zusammensetzung der Kommission beraten und gegebenenfalls ein Rotationsverfahren eingeführt werden.

82 Vgl. Lissabon-Strategie, *Gemeinsame Maßnahmen für Wachstum und Beschäftigung*, Europäischer Rat: Schlussfolgerungen des Vorsitzes, Lissabon, 23. u. 24. März 2000, SN 100/00.

- Die Stimmengewichtung im Rat war der schwierigste Verhandlungspunkt. Hier ging es um die Machtarchitektur der erweiterten Gemeinschaft, und entsprechend war es allen Staaten daran gelegen, ein größtmögliches Stimmengewicht für sich selbst herauszuschlagen. Die Verhandlungen glichen tatsächlich einem „zwischenstaatlichen Basar“[83], auf dem ein jeder nach seinem eigenen Vorteil trachtete und das eigentliche Ziel, nämlich die Handlungsfähigkeit der Gemeinschaft zu bewahren, in den Hintergrund geriet. So kam am Ende die heutige komplizierte Stimmenverteilung mit einer Spanne zwischen drei Stimmen für Malta und bis zu 29 Stimmen für die vier bevölkerungsreichsten Staaten heraus. Das Quorum für qualifizierte Mehrheitsentscheidungen wurde auf 71,7 Prozent der gewichteten Stimmen angehoben und konnte im Zuge kommender Erweiterungsschritte gar auf bis zu 74,8 Prozent steigen. Außerdem konnte künftig jeder Mitgliedstaat die Überprüfung veranlassen, ob die erreichte Mehrheit auch mindestens 62 Prozent der Gesamtbevölkerung repräsentierte. Das Ergebnis war also eine *dreifache Mehrheit* mit einem höheren Quorum und gewachsenen Blockademöglichkeiten für die Mitgliedstaaten.
- Die Anwendungsfälle für *Mehrheitsentscheidungen* im Rat wurden auf etwa 45 neue Bestimmungen, insbesondere auch die Ernennung des Kommissionspräsidenten sowie der Kommission, ausgedehnt.[84] In so wichtigen Bereichen wie Steuern, Sozial- und Strukturpolitik blieb die Konsensbedingung allerdings bestehen.
- Das Europäische Parlament wurde erneut gestärkt. Das Verfahren der Mitentscheidung wurde auf weitere Fälle ausgedehnt. Außerdem erhielt es nun die gleiche Klagebefugnis vor dem EuGH wie Kommission und Rat. Auch die Abgeordnetenmandate wurden für den Fall der Erweiterung neu verteilt. Lediglich Deutschland und Luxemburg sollten demnach ihre Mandatszahlen (99 bzw. 6) behalten dürfen, die anderen dreizehn EU-Mitglieder mussten zugunsten der Beitrittsstaaten auf Sitze verzichten. Die maximale Anzahl der Parlamentssitze wurde auf 732 angehoben.
- Das Verfahren für die Verstärkte Zusammenarbeit wurde überarbeitet. Insbesondere wurden die restriktiven Bedingungen für die Einleitung einer Flexibilisierungsmaßnahme deutlich abgeschwächt. So genügen seit Inkrafttreten des Nizza-Vertrags acht Mitgliedstaaten zur Begründung einer Verstärkten Zusammenarbeit. Außerdem wurde das Vetorecht einzelner Staaten für die erste und dritte Säule gestrichen.

83 Giering, 2001, S. 51.
84 Vgl. ebd.

Daneben gab es weitere institutionelle Änderungen wie insbesondere die Stärkung des Kommissionspräsidenten gegenüber den übrigen Kommissaren, womit auf die Umstände rund um den Rücktritt der Santer-Kommission reagiert wurde, und die Einführung von Eurojust, einer neuen Behörde zur staatsanwaltschaftlichen Zusammenarbeit im Bereich der dritten Säule.

Der Vertrag von Nizza[85] war sicher kein großes Reformpaket, sondern „bestenfalls ein Reformpäckchen"[86]. Zwar wurde die institutionelle Neuordnung in Vorbereitung der Erweiterung formal erfüllt, aber die tatsächlichen Ergebnisse waren ausgesprochen ernüchternd und versprachen weder für die Effizienz noch für die Transparenz der europäischen Politik wirkliche Verbesserungen. Die Bestimmungen zur Zusammensetzung der Kommission fallen noch hinter die Regelungen von Amsterdam zurück, und der bereitwillige Verzicht der großen Mitgliedstaaten auf ihren zweiten Kommissar deutet auf einen weiteren Bedeutungsverlust der Kommission hin.[87] Außerdem wurde die Schwelle für Mehrheitsentscheidungen im Rat angehoben, die Blockademöglichkeiten wurden ausgebaut, und zentrale Bereiche blieben weiterhin einstimmigen Entscheidungen vorbehalten. Zuletzt zeichnete die Entstehung des Vertrags sich erneut durch eine ausgesprochene Bürgerferne aus. Die entscheidenden Beschlüsse wurden hinter verschlossenen Türen in Nizza, quasi *last minute* und auf der Grundlage zum Teil ziemlich undurchsichtiger Kopplungsgeschäfte zwischen den Staats- und Regierungschefs ausgehandelt. Damit erzeugten die Erfahrungen von Nizza einen fahlen Nachgeschmack. Alles in allem schien die Regierungskonferenz als Forum für Vertragsverhandlungen zunehmend ungeeignet.

Ebenfalls auf ihrem Gipfel in Nizza proklamierten die Staats- und Regierungschefs die *Charta der Grundrechte*. Sie galt schon damals als Meilenstein der quasi-konstitutionellen Ausgestaltung der Union und war im Rahmen eines Konvents mit breiter Beteiligung unter Führung des ehemaligen deutschen Bundespräsidenten Roman Herzog entstanden. Mit dem Konvent lag gewissermaßen ein Gegenmodell zur Regierungskonferenz auf dem Tisch, auf das die Staats- und Regierungschefs selbst in ihrer dem Vertrag von Nizza angehängten *Erklärung zur Zukunft der Europäischen Union* – wenn auch nicht explizit – Bezug nahmen. Darin forderten sie nämlich für

85 Ein Profil des Nizza-Vertrags findet sich unter den Online-Materialien zu diesem Band, abrufbar unter: www.nomos-extra.de.

86 Fritzler, Marc/Unser, Günther, 2007: Die Europäische Union. Geschichte, Institutionen, Politiken, Bonn, S. 39.

87 Vgl. Weidenfeld, Werner, 2001: Zwischen Anspruch und Wirklichkeit – die europäische Integration nach Nizza, in: ders. (Hrsg.): Nizza in der Analyse, Gütersloh, S. 19-49 (26).

das Jahr 2001 die Eröffnung einer intensiven Debatte unter Einbeziehung von Vertretern der nationalen Parlamente sowie der Öffentlichkeit. Die Einleitung des sog. *Post-Nizza-Prozesses* kann geradezu als wichtigste Weichenstellung des Nizza-Vertrags angesehen werden. Als der Vertrag am 1. Februar 2003 in Kraft treten konnte – die irische Bevölkerung hatte ihm erst in einem zweiten Referendum zugestimmt –, tagte der *Konvent zur Zukunft der Europäischen Union* bereits seit einem knappen Jahr.

Kasten 26: Osterweiterung 2004/07

Den größten Erweiterungsschritt vollzog die Europäische Union in den Jahren 2004 und 2007. In zwei Schritten nahm sie zwölf weitere Staaten auf, zunächst Estland, Lettland, Litauen, Polen, die Tschechische Republik, die Slowakei, Ungarn, Slowenien, Malta und Zypern (1. Mai 2004), dann Rumänien und Bulgarien (1. Januar 2007). Die Osterweiterung war nicht nur rein zahlenmäßig eine Herausforderung: Unter den Beitrittsländern waren gleich zehn ehemalige Ostblockstaaten, deren politische wie wirtschaftliche Stabilisierung mit ihrer Aufnahme befördert werden sollte und deren Nachholbedarf gegenüber den Staaten der EU-15 dementsprechend groß war. Zwischen Wende und Erweiterung kam es allerorts zu leidenschaftlichen Debatten, ob die Osterweiterung politisch notwendig oder auch nur sinnvoll sei. Viele Beobachter befürchteten eine Überdehnung der Union. Auf ihrem Gipfel in Kopenhagen 1993 erklärten die Staats- und Regierungschefs der EU die Erweiterung zur offiziellen Politik. Gleichzeitig definierten sie strikte Kriterien (die Kopenhagener Kriterien, s. Kasten 14), die jeder Staat vor seinem Beitritt zu erfüllen hatte. Nachdem die Europäische Kommission im Juli 1997 mit der *Agenda 2000* einen mehrjährigen Finanzrahmen für die Jahre 2000-2006 vorgelegt hatte, der auch umfangreiche Mittel für Heranführungsstrategien und Eingliederungshilfen für die Beitrittsstaaten vorsah, beschloss der Europäische Rat im Dezember desselben Jahres in Luxemburg die Aufnahme formeller Beitrittsverhandlungen mit zunächst sechs Staaten (*Luxemburg-Gruppe*: Estland, Polen, Slowenien, Ungarn, Tschechische Republik sowie Zypern). Erst zwei Jahre später entschied sich der Europäische Rat in Helsinki vor dem Hintergrund des Kosovokonflikts für Verhandlungen mit den übrigen Staaten (*Helsinki-Gruppe*: Lettland, Litauen, die Slowakei, Bulgarien, Rumänien sowie Malta). Mittels jährlicher Fortschrittsberichte informierte die Kommission über den Stand der Beitrittsvorbereitung in den einzelnen Ländern, während mit jedem Staat einzeln verhandelt wurde. Am 16. April 2003 konnten nach langen Verhandlungen mit zehn Staaten (allen außer Rumänien und Bulgarien) Beitrittsverträge unterzeichnet werden. Diese zehn Länder traten nach erfolgreicher Ratifizierungsphase im Mai 2004 der Union bei. Im Anschluss an den Beitritt wurden die Vorbereitungen für die Aufnahme der beiden übrigen Kandidatenstaaten fortgesetzt. Der Beitritt Rumäniens und Bulgariens wurde am 1. Januar 2007 quasi nachgeholt. Damit ist die EU-27 so, wie sie der Vertrag von Nizza skizziert hat, seit 2007 komplett. Neue Erweiterungsschritte sind dennoch geplant. Als offizielle Kandidatenstaaten führen derzeit Mazedonien, Kroatien und die Türkei Verhandlungen mit der EU. Mittel- bis langfristig könnten noch weitere Staaten des westlichen Balkans, wie Albanien, Bosnien-Herzegowina, Montenegro, Serbien und das Kosovo, der Union beitreten.

11.12 Von Laeken bis Lissabon – der Verfassungsprozess und sein Ende

Nicht zuletzt die berühmte Rede des deutschen Außenministers Joschka Fischer vor der Berliner Humboldt-Universität[88] im Jahr 2000 setzte einen Verfassungsprozess in Gang. Auf ihrem Brüsseler EU-Gipfel im Dezember 2001 verabschiedeten die Staats- und Regierungschefs, lange vor Inkrafttreten des Nizza-Vertrags – die Erklärung von Laeken. In dem Dokument waren vorwiegend Fragen betreffend die künftige Integration gestellt, die den föderalistischen Pfad, den die europäische Integration in den nächsten Jahren beschreiten sollte, schon anlegten. Die Fragen lassen sich drei übergeordneten Zielen zuweisen: Es ging um die Steigerung der Demokratie, der Transparenz und der Effizienz der Union.[89] Eine breit angelegte Debatte im Rahmen eines Konvents sollte Antworten auf die offenen Fragen suchen und insbesondere Ideen zur besseren Aufteilung und Festlegung der Zuständigkeiten, zur Vereinfachung der Instrumente der Union, zur Zusammenführung der bestehenden Verträge einschließlich der Grundrechtecharta in ein einziges Dokument hervorbringen. Das Ergebnis sollte allerdings nicht explizit eine Verfassung sein.

Am 28. Februar 2002 traf der Konvent zur Zukunft der Europäischen Union unter der Ägide des früheren französischen Staatspräsidenten Valéry Giscard d'Estaing zu seiner konstituierenden Sitzung zusammen. An den Verhandlungen des Konvents nahmen insgesamt 105 Mitglieder teil, nämlich 15 Regierungsvertreter der Mitgliedstaaten, 30 Vertreter der nationalen Parlamente (je zwei pro Mitgliedsland), 16 Abgeordnete des Europäischen Parlaments sowie zwei Vertreter der Kommission. Auch Vertreter der 13 Beitrittskandidaten nahmen an den Beratungen teil, hatten aber kein Stimmrecht. Zuletzt entsandten der Wirtschafts- und Sozialausschuss, die Sozialpartner sowie der Ausschuss der Regionen Beobachter in das Gremium. Der Konvent tagte öffentlich, alle Dokumente wurden zugänglich gemacht, und auch darüber hinaus gab es vielfältige Maßnahmen, die Öffentlichkeit in die Debatte einzubeziehen. Die Verhandlungen dauerten insgesamt 17 Monate, dann übergab der Konvent am 18. Juli 2003 den Entwurf eines Verfassungsvertrags an die italienische Ratspräsi-

88 Fischer, Joschka, 2000: Vom Staatenbund zur Föderation – Gedanken über die Finalität der europäischen Integration, in: Forum Constitutionis Europae 12/00 (Spezial 2), S. 9.

89 Europäischer Rat: Schlussfolgerungen des Vorsitzes, Anlage I: Erklärung von Laeken, Laeken, 14. u. 15. Dezember 2001, SN 300/1/01, S. 21.

dentschaft. Die Konventsmitglieder hatten ihre Arbeit ganz offensichtlich als Verfassungsgebung interpretiert, und sie gaben dem umfangreichen Dokument, das, juristisch gesehen, ein völkerrechtlicher Vertrag zwischen Nationalstaaten war, den komplizierten Titel *Vertrag über eine Verfassung für Europa*.

Die zentralen Neuerungen, die der Entwurf vorsah, waren die Zusammenführung der Verträge in ein Dokument, die Einrichtung der Ämter eines gewählten Ratspräsidenten sowie eines Außenministers, die Integration der Grundrechtecharta in das Dokument, die Einführung eines klaren Kompetenzkatalogs, die Möglichkeit einer Bürgerinitiative, die Einführung der doppelten Mehrheit bei Ratsentscheidungen etc. (vgl. Tab. 13). Ungefähr 90 Prozent der ambitionierten Vorschläge überstanden die anschließende Regierungskonferenz, die nötig war, um den Verfassungsvertrag zu verabschieden. Sie begann im Oktober 2003 unter italienischem Vorsitz. Auf dem Brüsseler Gipfeltreffen im Dezember 2003 scheiterte die Annahme des Entwurfs an der Frage der doppelten Mehrheit. Die Regierungen Polens und Spaniens – beide Länder waren durch die Stimmengewichtung im Rat gemäß Nizza stark begünstigt – wehrten sich gegen die Regelung, die für sie einen Bedeutungsverlust gebracht hätte. Das Wort von „Nizza oder Tod" machte die Runde.[90] Die Regierungskonferenz wurde zunächst einmal ausgesetzt und erst im Frühjahr 2004, nun unter irischer Ratspräsidentschaft wieder aufgenommen. Unterdessen hatte die spanische Regierung gewechselt, und der neue Regierungschef José Luis Rodríguez Zapatero zeigte sich weniger widerspenstig denn sein Vorgänger im Amt José Maria Aznar. Im Juni 2004 konnte der gegenüber dem Entwurf leicht abgeänderte Verfassungsvertrag unterzeichnet werden. Die wesentlichste Abweichung war die Modifikation der umstrittenen doppelten Mehrheit. So sollten die Hürden für die Mehrheit der Mitgliedstaaten und die gleichzeitige Mehrheit der EU-Bevölkerung nicht mehr 50 bzw. 60 Prozent wie im Konventsentwurf, sondern 55 und 65 Prozent betragen.

Am 29. Oktober 2004 erreichte der Verfassungsprozess mit der feierlichen Unterzeichnung auf dem Kapitolshügel in Rom, also dort, wo knapp fünfzig Jahre zuvor die Römischen Verträge signiert worden waren, seinen feierlichen Höhepunkt. Dieser war sogleich der Anfang vom Ende der Verfassung. Denn auf die Unterzeichnung folgte naturgemäß die Ratifizierung durch die nationalen Parlamente bzw. Bevölkerungen. Insbesondere Refe-

90 Die griffige Formel geht auf den damaligen Oppositionsführer im polnischen Parlament Jan Rokita zurück.

rendumssituationen hatten die Gemeinschaft in der Vergangenheit immer wieder in tiefe Krisen gestürzt. Und angesichts einer Anzahl von 25 Mitgliedstaaten, die den Verfassungsvertrag ratifizieren mussten, war die Nervosität groß. Als nach elf erfolgreichen Ratifizierungen am 29. Mai 2005 das Referendum zur Ratifizierung des Verfassungsvertrags in Frankreich, also einem Gründungsmitglied der Gemeinschaften und dem Mutterland der europäischen Idee, scheiterte, waren die Hoffnungen dahin, zumal die Niederländer wenige Tage später, am 1. Juni 2005, mit einer noch deutlicheren Mehrheit gegen die Verfassung nachlegten. So stürzte die EU also in Folge der gescheiterten Referenden in die tiefste Sinnkrise seit ihrer Entstehung und verordnete sich selbst eine Phase der Reflexion, in der das Verfassungsthema nahezu gänzlich von der Oberfläche verschwunden war.

Erst mit der von der deutschen Bundeskanzlerin und Ratspräsidentin am 25. März 2007 anlässlich des fünfzigjährigen Jubiläums der Unterzeichnung der Römischen Verträge verlesenen sog. *Berliner Erklärung* wurde der Verfassungsbegriff endgültig begraben. Er tauchte in der Erklärung schlichtweg nicht mehr auf. Dafür machte das Dokument den Weg frei für eine neuerliche Regierungskonferenz mit dem Ziel eines Reformvertrags. Die Verhandlungen liefen dann zügig ab. Bereits ein gutes halbes Jahr später einigten sich die Staats- und Regierungschefs im Oktober 2007 auf den sog. *Grundlagenvertrag*, der am 13. Dezember desselben Jahres in Lissabon von den Staats- und Regierungschefs verabschiedet werden konnte. Der Vertrag von Lissabon enthält zahlreiche Neuerungen des Verfassungsentwurfs (s. Tab. 13), verzichtet allerdings nahezu vollständig auf dessen konstitutionelle Symbolik. Derzeit befindet sich der Vertrag in der Ratifizierungsphase und wurde in 25 Staaten von den jeweiligen Parlamenten angenommen. Allerdings ist die Ratifizierung Irlands im Juni 2008 vorerst in einem obligatorischen Referendum gescheitert. Über einen Ausweg aus dieser neuerlichen Krise wird derzeit beraten. So ist es heute unklar, ob der Vertrag 2009 wie vorgesehen in Kraft treten kann.

In jedem Fall ist die EU mit dem Reformvertrag zum alten Integrationsmodus zurückgekehrt. Der gescheiterte Verfassungsentwurf wurde zwar in ergiebiger Weise als Steinbruch genutzt, aber die Entscheidungen wurden im Rahmen einer Regierungskonferenz unter Ausschluss der Öffentlichkeit gefällt.

Tabelle 13: Profil Verfassungsvertrag und Vertrag von Lissabon[91]

		Verfassungs vertrag	Lissabon-Vertrag
Ziele	– Förderung des Friedens und der Werte ihrer Völker – Raum der Freiheit, der Sicherheit und des Rechts – Binnenmarkt	Art. I-3	Art. 3 EUV
	Zusammenführung in ein Dokument bzw. bessere Lesbarkeit	VV	EUV und AEUV
Institutionen	Präsident des Europäischen Rates: vom Europäischen Rat mit qual. Mehrheit für zweieinhalb Jahren gewählt	Art. I-22	Art. 15 Abs. 5, 6 EUV
	Außenminister der EU/Hoher Vertreter der Union für die GASP und Auswärtiger Dienst	Art. I-28 (Außenminister)	Art. 18 (Hoher Vertreter), Art. 27 EUV
	Wahl des Kommissionspräsidenten durch das Europäische Parlament	Art. I-20 u. I-27	Art. 14 u. 17 Abs. 7 EUV
	Mitentscheidung als Teil des ordentlichen Gesetzgebungsverfahrens	Art. III-396	Art. 294 AEUV
	Einführung einer Bürgerinitiative: mind. eine Million EU-Bürger aus einer erheblichen Anzahl von Mitgliedsländern können Kommission zu Vorlage auffordern.	Art. I-47 Abs. 4	Art. 11 Abs. 4 EUV, Art. 24 Abs. 1 AEUV
	Doppelte Mehrheit (55% der Mitglieder, 65% der EU-Bevölkerung) im Rat, Sperrminorität: mind. 4; Ausweitung der Mehrheitsentscheidung	Art. I-25	Art. 16 Abs. 4 EUV, Art. 238 AEUV[a]
	Reduzierung des Kommissionskollegiums auf zwei Drittel der Anzahl der Mitgliedstaaten bei Einführung eines Rotationsverfahrens	Art. I-26-6	Art. 17 Abs. 5 EUV, Art. 244 AEUV[a]

91 Eine ausführliche Version dieses Profils findet sich unter den Online-Materialien zu diesem Band, abrufbar unter: www.nomnos-extra.de.

Inhalte	Einführung eines *Frühwarnmechanismus*, wonach die nationalen Parlamente binnen sechs/acht Wochen nach Übermittlung eines Entwurfs die Verletzung des Subsidiaritätsgebots reklamieren können; außerdem erhalten sie ein indirektes (über die Staaten) Klagerecht vor dem EuGH	Art. I-11 Abs. 3, 2. Protokoll Art. 6 (sechs Wochen), Art. 8	Art. 5 Abs. 5, 12 b) EUV, Protokoll Nr. 2 Art. 6 (acht Wochen), Art. 8
	klarere Aufteilung der Kompetenzen zwischen EU und Mitgliedstaaten in ausschließliche und geteilte Zuständigkeiten	Art. I-12 bis I-18	Art. 2 bis 6 AEUV
	vereinfachter Katalog der Rechtsakte: Verordnung und Richtline werden zu europäischem Gesetz und europäischem Rahmengesetz.	Art. I-33	nicht übernommen (n.ü.)
	Grundrechtecharta als Teil der Verfassung bzw. externes Dokument mit vertraglich erklärter Rechtsverbindlichkeit	Teil II	Art. 6 Abs. 1 EUV[b]
	Vorrang des Unionsrechts vor nationalem Recht	Art. I-6	n. ü.[c]
	Rechtspersönlichkeit für EU	Art. I-7	Art. 47 EUV
	Austrittsrecht für jeden Mitgliedstaat	Art. I-60	Art. 50 EUV
	Bekenntnis zu Symbolen (Flagge, Hymne etc.)	Art. I-8	n. ü.[d]
	Einführung einer Beistandsklausel	Art. I-41-7	Art. 42 Abs. 7 EUV
	Verpflichtung zur Verbesserung der militärischen Fähigkeiten, Europäische Verteidigungsagentur	Art. I-41-3	Art. 42 Abs. 3
	Ständige Strukturierte Zusammenarbeit in der Sicherheits- und Verteidigungspolitik für integrationswillige Staaten	Art. I-41-6, Art. III-312	Art. 42 Abs. 6 u. Art. 46 EUV
	Solidaritätsklausel für wechselseitige Unterstützung im Katastrophenfall (Terroranschläge etc.)	Art. I-43	Art. 222 AEUV
Staaten	Verfassungsvertrag: EU-25; Lissabon-Vertrag: EU-27 (unterzeichnet)		

Daten	Verfassungsvertrag: unterzeichnet am 29. Oktober 2004, nicht in Kraft Lissabon-Vertrag: unterzeichnet am 17. Dezember 2007, noch nicht in Kraft getreten		

[a] Regelung gilt erst ab dem 1.11.2014, Rat: Ausnahmeregeln bis 2017; [b] für Polen und Großbritannien nicht rechtsverbindlich, s. Protokoll Nr. 30; [c] aber Erklärung Nr. 17 zum Vorrang; [d] aber Erklärung Nr. 52 einiger Staaten zu den Symbolen

Einführende Literatur:

Bitsch, Thérèse, 1996: Histoire de la construction européenne de 1945 à nos jours, Brüssel. (ausführliche Schilderung der integrationsgeschichtlichen Ereignisse vom Kriegsende bis zur Währungsunion aus französischer Perspektive, eine gute Ergänzung)

Brunn, Gerhard, 2004: Die Europäische Einigung von 1945 bis heute, Bonn. (Auf gut 300 Seiten erzählt Brunn die Geschichte der europäischen Einigung vom Kriegsende bis zum Vertrag von Nizza in beeindruckender Klarheit und Verständlichkeit. Seine Lektüre ist unbedingt zu empfehlen.)

Dinan, Desmond, 1999: Ever closer union. An Introduction to European Integration, Houndmills. (Der Band bietet einen umfassenden Überblick über das Einigungswerk. Allein der historische Teil ist schon eine Lektüre wert.)

Fritzler, Marc/Unser, Günther, 2007: Die Europäische Union. Geschichte, Institutionen, Politiken, Bonn. (Der reich illustrierte Band richtet sich an ein breites Publikum und bietet daher einen eher knappen, teils lückenhaften Überblick über die historischen Ereignisse der europäischen Einigung. Für den ersten Einstieg ist das Buch dennoch oder gerade deshalb durchaus geeignet.)

Gasteyger, Curt, 2001: Europa von der Spaltung zur Einigung, Bonn. (eine umfassende Dokumentensammlung über die europäische Einigung. Der Band ist untergliedert in thematische Abschnitte, die jeweils in knapper, aber oft informativer Weise eingeleitet werden.)

Loth, Wilfried, 1996: Der Weg nach Europa, Geschichte der europäischen Integration von 1939 bis 1957, Göttingen. (Loth bietet eine ausführliche Frühgeschichte der europäischen Integration.)

Masclet, Jean-Claude, 2001: L'union politique de l'Europe, Paris. (Wer auch an der französischen Perspektive auf die Integrationsgeschichte interessiert ist, sollte sich dieses kurze Buch der berühmten französischen Reihe wissenschaftlicher Überblicks- oder Einstiegsliteratur *Que sais-je?* vornehmen.)

Wessels, Wolfgang, 2008: Das politische System der Europäischen Union, Wiesbaden. (Der Band enthält einen lesenswerten Überblick über die historischen Ereignisse, der mit zahlreichen Abbildungen und Fotos untermalt ist.)

Weiterführende Literatur und Dokumente:

Bergmann, Jan/Lenz, Christofer (Hrsg.), 1998: Der Amsterdamer Vertrag. Eine Kommentierung der Neuerungen des EU- und EG-Vertrages, Köln. (umfassender juristischer Kommentar des Amsterdamer Vertrags bzw. der durch ihn vollzogenen Vertragsreform)

Deutsche Bundesregierung, 1992: Erklärung der Bundesregierung zu den Ergebnissen des Europäischen Rats in Maastricht, in: Bulletin der Bundesregierung vom 17. Dezember 1992.

Europäische Kommission, Generaldirektion Wirtschaft und Finanzen, 1990: One market, one money. An evaluation of the potential benefits and costs of forming an economic and monetary union, Brüssel.

Europäischer Rat, 2000: Schlussfolgerungen des Vorsitzes, Lissabon, 23. u. 24. März 2000, SN 100/00.

Ders., 2001: Schlussfolgerungen des Vorsitzes, Anlage I: Erklärung von Laeken, Laeken, 14. u. 15. Dezember 2001, SN 300/1/01.

Fischer, Joschka, 2000: Vom Staatenbund zur Föderation – Gedanken über die Finalität der europäischen Integration, in: Forum Constitutionis Europae 12/00 (Spezial 2). (die berühmte Rede des ehemaligen deutschen Außenministers, der hiermit als *Privatmann* die Verfassungsdebatte anstieß.)

Fukuyama, Francis, 1992: The end of history and the last man, London. (Dieses Buch steht seit seinem Erscheinen für die weltpolitische Euphorie nach Ende des Kalten Kriegs, dessen Friedensvision sich allerdings sehr schnell als unhaltbar erwies.)

Gaulle, Charles de, 1960: Pressekonferenz vom 5. September 1960, in: Europa-Archiv (21) 1960, S. D 297-307.

Ders., 1962: Pressekonferenz vom 15. Mai 1962 (Auszug über die Europa-Politik), in: Europa-Archiv (13) 1962, S. D 329-333.

Ders., 1963: Pressekonferenz vom 14. Januar 1963, in: Europa-Archiv (4) 1963, S. D 87-94.

Ders., 1965: Pressekonferenz vom 9. September 1965, in: Europa-Archiv (19) 1965, S. D 486-498.

Ders., Charles de, 1967: Pressekonferenz vom 27. November 1967, in: Europa-Archiv (24) 1967, S. D 553-561.

Gareis, Sven Bernhard/Varwick, Johannes, 2006: Die Vereinten Nationen. Aufgaben, Instrumente und Reformen, Opladen/Farmington Hills. (umfassende Einführung)

Giering, Claus, 2001: Die institutionellen Reformen von Nizza – Anforderungen, Ergebnisse, Konsequenzen, in: Weidenfeld, Werner (Hrsg.): Nizza in der Analyse, Gütersloh, S. 50-144. (ausführliche, kenntnisreiche und sehr lesenswerte Darstellungen der vertraglichen Neuerungen nach Nizza)

Groeben, Hans von der, 1982: Aufbaujahre der Europäischen Gemeinschaft. Das Ringen um den Gemeinsamen Markt und die Politische Union (1958-1966),

Baden-Baden. (Ausführliche Schilderung der zweiten Phase der europäischen Einigung.)

Hoffmann, Stanley, 1966: Obstinate or Obsolete? The Fate of the Nation-State and the Case of Western Europe, in: Daedalus (95) 1966, S. 862-915. (ein brillanter Aufsatz, der eine Integrationstheorie begründet: den Intergouvernementalismus.)

Juncker, Jean-Claude, 2003: Der weite Weg in die Zukunft, in: Aust, Stefan/ Schmidt-Klingenberg (Hrsg.): Experiment Europa. Ein Kontinent macht Geschichte, Stuttgart/München, S. 185-203. (eine sehr knappe, dennoch interessante und lesenswerte Schilderung der Integrationsgeschichte. Juncker ist langjähriger luxemburgischer Premierminister)

Leparmentier, Arnaud/Montvalon, Jean-Baptiste de: Le rejet du traité européen marque un nouvel échec pour M. Giscard d'Estaing, in: Le Monde vom 31. Mai 2005.

Maurer, Andreas/Jopp, Matthias/Schmuck, Otto (Hrsg.), 1998: Die Europäische Union nach Amsterdam. Analysen und Stellungnahmen zum neuen EU-Vertrag, Bonn. (Sammelband mit interessanten und kenntnisreichen Analysen zum Vertrag von Amsterdam und seinen Neuerungen)

Monnet, Jean, 1950: Mémorandum de Jean Monnet à Robert Schuman vom 16. September 1950, abrufbar unter: http://www.ena.lu/mce.swf?doc=6612&lang=1 (letzter Zugriff: 25.4.2008).

Montvalon, Jean Baptiste de: Un « grand témoin » dans la campagne, Valéry Giscard d'Estaing, in: Le Monde vom 6. Mai 2005.

Schäuble, Wolfgang/Lamers, Karl, 1994: Überlegungen zur europäischen Politik (Schäuble-Lamers-Papier) vom 1. September 1994.

Schild, Joachim: Ein Sieg der Angst – das gescheiterte französische Verfassungsreferendum, in: integration (3) 2005, S. 187-200. (hervorragende Darstellung der Motivationslage, die das französische Referendum über den EU-Verfassungsvertrag zum Scheitern brachte)

Schmuck, Otto/Schröder, Maximilian, 1995: Der Weg zur Europäischen Union, Bonn. (Dieser Band ist in erster Linie eine nützliche Materialiensammlung mit guter thematischer Gliederung)

Varwick, Johannes, 2008: Die NATO. Vom Verteidigungsbündnis zur Weltpolizei? München.

Volle, Hermann, 1954: Die Agonie der Europäischen Verteidigungsgemeinschaft. Eine Übersicht über die Entwicklung vom Juni bis zum September 1954, in: Europa-Archiv, 9. Jahr, 23. Folge, S. 7115-7126.

Weidenfeld, Werner, 2001: Zwischen Anspruch und Wirklichkeit – die europäische Integration nach Nizza, in: ders. (Hrsg.): Nizza in der Analyse, Gütersloh, S. 19-49. (interessanter und kritischer Kommentar zum Vertrag von Nizza und dessen schwierigem Aushandlungsprozess)

Woyke, Wichard, 2001: Die Ablehnung der Fouchet-Pläne oder die Krise der europäische Verfaßtheit, in: Kirt, Romain: Die Europäische Union und ihre Krisen,

Baden-Baden, S. 97-109. (knappe, aber sehr empfehlenswerte Schilderung der Ereignisse rund um die französisch motivierten Pläne für eine politische Union)

Fragen zur Diskussion:

- Wie ist die Krise um die EVG im integrationsgeschichtlichen Zusammenhang zu bewerten?
- Inwiefern begründete der EWG-Vertrag das europäische Hybridsystem zwischen supranationalem und intergouvernementalem Organisationsprinzip? Welche Elemente der ursprünglichen institutionellen Ordnung sind noch heute erkennbar?
- Inwiefern entwarfen die Fouchet-Pläne einen Gegenentwurf zur damals bestehenden Gemeinschaft?
- Welche Auswirkungen hatte der Luxemburger Kompromiss auf den weiteren Integrationsverlauf?
- Inwiefern kam es in den siebziger Jahren zu einer parallelen Entwicklung der Intergouvernementalisierung der Politik und der Supranationalisierung des Rechts?
- Welche Elemente und Strukturen der Einheitlichen Europäischen Akte kennzeichnen das Einigungswerk bis heute?
- Vor welche Herausforderungen sahen sich die europäischen Staaten nach der Wende gestellt? Wie antwortet der Vertrag auf diese?
- Welche Neuerungen brachte der Vertrag von Amsterdam? Inwiefern verfehlte das Dokument sein eigentliches Thema?
- Was bedeuten die Neuerungen durch Nizza für die Handlungsfähigkeit der EU? Wie ist die Regierungskonferenz als Reforminstrument nach Nizza zu bewerten?
- Wie kam es zum Scheitern der EU-Verfassung?
- Wie ist der Vertrag von Lissabon zu beurteilen? Welche Vor-, welche Nachteile hat er gegenüber dem Verfassungsvertrag, gegenüber dem bestehenden Vertragswerk?

12. Theorien der europäischen Integration

12.1 Integrationsbegriff und Ziel von Integrationstheorien

12.1.1 Integrationsbegriff

Bis heute existiert keine politik- oder sozialwissenschaftliche Theorie, die in der Lage wäre den komplexen europäischen Integrationsprozess umfassend zu erklären.[1] Das theoretische Instrumentarium ist unterentwickelt. Deutlich werden die Erklärungsnöte von Integrationstheorien immer dann, wenn die europäische Integration einen qualitativen Sprung macht – wie etwa mit der Einheitlichen Europäischen Akte (EEA) oder in eine Krise („Politik des leeren Stuhls"-Frankreichs, vgl. Kap. 11) gerät. Alte Ansätze verlieren an Erklärungswert, neue werden konstruiert oder bereits bekannte wieder aus der Versenkung geholt. In den 1970er Jahren sah sich einer der *Päpste* der Integrationstheorie, Ernst Haas, gar gezwungen zu erklären, dass seine neo-funktionalistische Theorie angesichts der Krise der Gemeinschaft obsolet geworden sei. Dieses apodiktische Urteil erwies sich als vorschnell, denn die Pläne des früheren Kommissionspräsidenten Jacques Delors in den frühen achtziger Jahren und die daraus resultierende EEA stimmten mit seinen theoretischen Annahmen weitgehend überein. Integrationstheorien stehen in einem engen Verhältnis mit den Fort- bzw.

1 Vgl. Giering, Claus, 1997: Europa zwischen Zweckverband und Superstaat, München.

Rückschritten der tatsächlichen Entwicklung. Dies schlägt sich auch in der Anzahl von Veröffentlichungen nieder. Während bereits in den 1950er und 1960er Jahren zahlreiche Studien zur Erklärung der Integration erschienen waren, nahm deren Zahl in den 1970er und 1980er Jahren ab. Erst die EEA verschaffte den Integrationstheorien eine neuerliche Dynamik.

Die Klage über das Fehlen der großen Integrationstheorie ist zwar durchaus berechtigt, doch sind die vorhandenen Ansätze keineswegs überflüssig, denn ihnen kommt durchaus Erklärungswert für bestimmte Integrationsschritte und -zeiträume zu. Überhaupt benötigen wir Theorien zur fruchtbaren Analyse der Integration, so wie jede sozialwissenschaftliche Untersuchung notwendig theoriegeleitet ist bzw. sein muss.[2]

Die Integrationstheorien, die im Folgenden vorgestellt werden, weisen darüber hinaus die folgenden drei Charakteristika auf:

a) Integrationstheorien sind im Prinzip *eurozentriert*, da sie historisch im Kontext der europäischen Integration entstanden sind. Dies liegt auch darin begründet, dass die Entwicklung der EU im globalen Vergleich mit anderen Integrationsprozessen[3] der am weitesten fortgeschrittene ist. Es ist fraglich, inwieweit sich Grundannahmen der von europäischen Erfahrungen geprägten Integrationstheorien auf andere Regionen übertragen lassen.[4] Die meisten Formen der Zusammenarbeit zwischen Nationalstaaten auf anderen Kontinenten sind eher dem Bereich von Kooperation zuzuordnen.[5]
b) Es besteht eine enge Verknüpfung von Theorie und Praxis: Wie es ansonsten allenfalls noch am Beispiel der realistischen Theorie der internationalen Beziehungen mit ihrem Einfluss auf die amerikanische Außenpolitik während des Kalten Krieges zu zeigen ist, so werden auch die theoretischen Annahmen aus den Integrationstheorien von den handelnden Politikern, ihren Beratern und Bürokraten aufgenommen. Gleichzeitig beobachten Integrationstheoretiker die praktische Politik und modifizieren gegebenenfalls ihre Vorstellungen. Der Einfluss von Integrationstheorien geht gelegentlich so weit, dass Politiker

2 Eine Zusammenfassung der wesentlichen Funktionen sozialwissenschaftlicher Theorien findet sich unter den Online-Materialien zu diesem Band, abrufbar unter: www.nomos-extra.de.

3 Vgl. hier zu den unterschiedlichen Kooperations- bzw. Integrationsintensitäten Kap. 3.

4 Eine der wenigen vergleichenden Untersuchungen legt Bernhard Stahl vor: Stahl, Bernhard, 1998: Warum gibt es die EU und die ASEAN? Baden-Baden. Er identifiziert Faktoren, die Kooperation und Integration in Asien und Europa fördern bzw. hemmen.

5 Vgl. zur Unterscheidung von Kooperation und Integration den folgenden Absatz.

ihr Handeln an konkrete Erwartungen, Vorgehensweisen und Ziele knüpfen, die sie aus der Theorie ableiten. In den 60er Jahren wird beispielsweise der Ansatz des Neofunktionalismus – auch wenn der Begriff selten Verwendung findet – für viele handlungsanleitend. Die politische „Verwertbarkeit" von Integrationstheorien zeigt sich auch daran, dass theoretische Erklärungen häufig mit spezifischen Leitbildern und Zielperspektiven gekoppelt werden bzw. eine Unterscheidung wie beim Föderalismus zwischen normativer politischer Vorstellung und analytischem Theoriekonstrukt schwer fällt.

c) Der Grund für die enge Verzahnung von Integrationsrealität und -theorie besteht darin, dass spezifische Theorien immer Aussagen über die Integrationsmethode beinhalten. Integrationstheorien machen zumeist konkrete Aussagen über die Art und Weise, wie Integration abläuft, d.h. welche Akteure wichtig sind und in welchen Bereichen die Integration stattfindet.

12.1.2 Ziel von Integrationstheorien

Integrationstheorien stellen systematisch Zusammenhänge zwischen Ursachen, Verläufen und den beteiligten Akteuren her. Im Kern geht es darum zu klären, welche die treibenden Kräfte der europäischen Integration sind und warum die (west-)europäischen Staaten bereit waren und sind, zumindest auf Teilbereiche ihrer Souveränität zu verzichten? Was ist das Ziel – oder die Finalität – der Integration? Welchem Modell strebt die Integration zu?

Die Theorien zielen in erster Linie darauf ab, Fortschritte im Sinne einer Vertiefung der Integration zu erklären. Dabei kann zwischen vertikaler und horizontaler Vertiefung unterschieden werden: Unter vertikal kann die zunehmende Tiefe der Integration in einem bereits integrierten Politikfeld verstanden werden, z.B. ein Beschluss, die militärische Zusammenarbeit durch Aufstellung von EU-*Battle Groups* (vgl. Kap. 10) im Rahmen der Europäischen Sicherheits- und Verteidigungspolitik (ESVP) zu vertiefen. Horizontale Vertiefung liegt dann vor, wenn bislang noch nicht integrierte Bereiche neu einbezogen werden. Weitaus weniger Aufmerksamkeit widmen die Integrationstheorien hingegen Stagnation, Krise und Wandel der EG/EU. Weitgehend vernachlässigt wurden z.B. bisher theoretische Erklärungsversuche für die verschiedenen Erweiterungsrunden. [6]

6 Eine Ausnahme stellen verschiedene Beiträge in Diez, Thomas/ Wiener, Antje (Hrsg.), 2004: European Integration Theory, Oxford dar.

Die gängigen Integrationstheorien weisen durchaus Bezüge zu den Theorien der internationalen Beziehungen auf. Deutliche Parallelen zwischen den Theorien internationaler Beziehungen und Integrationstheorien benennt beispielsweise Martin List[7] in seinem Einführungsband. Ein interessanter Ansatz ist dabei, dass er Integrationsmethoden stark auf die einzelnen handelnden Politiker zurückführt, worauf wir an anderer Stelle noch zurückkommen werden.

Allerdings finden sich nicht in allen Einführungen in die Theorien der Internationalen Beziehungen entsprechende Kapitel zu Integrationstheorien. Die Makrotheorien im Bereich der internationalen Beziehungen[8] – Konkurrenztheorien wie Realismus und Neorealismus und Kooperationstheorien wie Neoinstitutionalismus und Regimeforschung – beschäftigen sich zumeist nur am Rande mit der europäischen Integration.[9] Realismus und Neorealismus betrachten Kooperation nur als vorübergehend oder als punktuell. Den Europäischen Integrationsprozess bewerten Vertreter dieser Theorie entweder als nicht substantiell im Sinne einer Abgabe von Souveränität, halten eine Souveränitätsabgabe im Extremfall für kontraproduktiv im Hinblick auf nationalstaatliche Interessen oder sie verweisen auf seinen Ausnahmecharakter im globalen Vergleich. Deutlichere Berührungspunkte zwischen Integrationstheorien und Theorien der internationalen Beziehungen weisen Neoinstitutionalismus und Regimetheorie auf. Aber auch hier gilt die europäische Integration aufgrund ihrer Tiefe und Breite als eine Art Spezialfall.

Wesentliche Unterschiede zwischen Kooperation und Integration (s. Kasten 27) bestehen zum einen darin, dass Kooperation weniger dauerhaft und weniger stark reguliert ist als Integration. Außerdem ist der Souveränitätsverzicht für die beteiligten Staaten geringer und auch leichter – nämlich durch Beendigung der Kooperation – rückgängig zu machen. In Kooperationsbeziehungen wird die nationale Souveränität lediglich partiell und temporär eingeschränkt. Zum anderen entstehen ausschließlich bei Integrationsbeziehungen neue supranationale Akteure mit neuen Eigenschaften. Die Herausbildung supranationaler Institutionen ist der wesentliche Unterschied, denn Kooperation ist von Fall zu Fall von sehr verschiedener Intensität. Im Folgenden werden die *Klassiker* der politikwissen-

7 Vgl. List, Martin, 1999: Baustelle Europa. Einführung in die Analyse europäischer Kooperation und Integration, Opladen, vgl. besonders S.65ff.

8 Vgl. hier zur Übersicht den Band von Krell, Gert, Weltbilder und Weltordnung, Baden-Baden, 2004, im Studienkurs Politik.

9 Vgl. hier ausführlich die unterschiedlichen Sichtweisen auf die EU in Kap. 3.

Kasten 27: Was ist Integration?

1. Integration ist ein freiwilliger, von Akteuren aus verschiedenen Nationalstaaten bewusst herbeigeführter Prozess.
2. Mittel und Ziel des Integrationsprozesses ist die Bildung gemeinsamer grenzüberschreitend wirksamer Institutionen. Integration ist ein Prozess der Institutionalisierung von Kooperation.
3. Politische Integration beinhaltet zumindest den partiellen Verzicht auf Souveränität zugunsten zentraler politischer Institutionen. Dieser Verzicht beruht auf der gemeinsamen Anerkennung der übergeordneten Institutionen.
4. Die neu entstandenen Einheiten/Akteure können supranationaler Natur sein. Sie besitzen dann qualitativ neue Eigenschaften, die sowohl über die Eigenschaften einzelner Akteure als auch über die Summe der Eigenschaften der einzelnen Akteure hinausgehen.
5. Die Entstehung eines gemeinsamen Bewusstseins oder sogar einer gemeinsamen Identität der sich integrierenden Akteure wird von einigen als Voraussetzung für, von anderen als Folge von Integration betrachtet.

schaftlichen Integrationstheorien[10] vorgestellt: Föderalismus, Funktionalismus, Neofunktionalismus, Intergouvermentalismus.

12.2 Föderalismus: die Theorie des großen Wurfs

12.2.1 Der Föderalismus

Der Föderalismus besitzt eine lange, reiche ideengeschichtliche und politische Tradition. Eine Traditionslinie reicht dabei bis zur Gründung der USA als Bundesstaat zurück. Die *Federalist Papers*, eine Diskussionsserie von Zeitungsbeiträgen amerikanischer Politiker und Publizisten Ende des 18. Jahrhunderts (Hamilton, Jay und Madison) zur Staatsstruktur und Außenpolitik der USA wirkten sich langfristig auf die Diskussion verschiedener Staatsmodelle aus. Dies gilt auch für eine andere Traditionslinie, die auf die Vorstellungen Immanuel Kants zurückgeht, der eine „Föderation von Republiken" als eine Vorbedingung für den „ewigen Frieden" definierte. Die Diskussion über föderale Modelle bezieht sich aber vor allem auf den Nationalstaat. Im Kern geht es um die Frage nach dem Ver-

10 Auf andere Theorien, insbesondere aus dem Bereich der Teildisziplin Internationale Beziehungen, die quasi als Nebenprodukt zu ihrem zentralen Erkenntnisinteresse indirekte und oftmals sogar direkte Aussagen zu Ursachen und Verlauf der Integration, kann hier nicht weiter eingegangen werden, vgl. Diez/Wiener, 2004.

hältnis von Zentralregierung und territorialen Einheiten oder Gliedern. Die Ausprägung des Föderalismus ist in der verfassungsrechtlichen Wirklichkeit dabei sehr unterschiedlich: Staaten wie die Schweiz, Deutschland, Belgien, Nigeria, Äthiopien oder die USA weisen jeweils spezifische Ausprägungen des Föderalismus auf.

Nach der europäischen Katastrophe des 2. Weltkriegs erlebten föderalistische Vorstellungen eine Renaissance in Europa. Das gemeinsame politische Ziel der meisten Föderalisten war die Etablierung eines europäischen Bundesstaates. In den beiden Jahrzehnten nach Kriegsende wurde eine Vielzahl von Modellen und Vorstellungen entwickelt. Die föderale Integrationstheorie ist ohne diesen zeithistorischen Hintergrund nicht zu verstehen. Der Föderalismus war dabei zunächst eine politische Bewegung mit einer, wenngleich wenig einheitlichen, politischen Vorstellung eines geeinten Europas. Unmittelbar nach Kriegsende entstand eine damals breite gesellschaftliche Europäische Bewegung, die 1946 im Schweizer Ort Hertenstein mit der *Union Europäischer Föderalisten* (UEF) einen eigenen Dachverband gründete. Vor allem die junge Generation beteiligte sich aktiv. Das kurze und idealistisch ausgerichtete Hertensteiner Programm spricht sich für eine europäische Gemeinschaft aus, die föderalistisch strukturiert sein soll und den Frieden in Europa bewahren kann. Für zahlreiche Vertreter der Föderalisten war die Konkurrenz der Nationalstaaten untereinander, ihr Beharren auf Souveränität, der tiefere Grund für die Weltkriege in Europa. Ein die Souveränität und damit die Handlungsfreiheit der Staaten beschränkender Bundesstaat diente in dieser Vorstellung der Kriegsverhinderung. Darüber hinaus verbanden viele die Hoffnung, dass sich Europa zur *dritten Kraft* zwischen den Blöcken entwickeln könne.[11]

Auftrieb erhielt der europäische Gedanke durch die berühmte Rede Winston Churchills, der im September 1946 von den *Vereinigten Staaten Europas* sprach, wobei er deutlich machte, dass Großbritannien nicht Teil sein würde. Es entstand in der Nachkriegszeit eine aktive Gruppe von europäischen Föderalisten, die aus unterschiedlichen politischen Lagern stammten. Zu der einflussreichen Gruppe gehörten beispielsweise der belgische Sozialist Paul-Henri Spaak, der französische Sozialist Leon Blum sowie der italienische Christdemokrat Alcide de Gasperi und der Sozialist Altiero Spinelli. Spinelli, Generalsekretär der italienischen Europafödera-

11 Vgl. Loth, Wilfried, 1990: Einleitung, in: ders. (Hrsg.): Die Anfänge der Europäischen Integration, Bonn, S. 9-26, hier S. 19.

listen, übte maßgeblichen Einfluss auf die Europapolitik seines Heimatlandes aus und setzte sich für eine europäische Verfassung ein. Auf ihn geht auch der Verfassungsentwurf des Europäischen Parlaments von 1984 (s. Kap. 10.8 zur Geschichte der EU) zurück. Im Hinblick auf die Integrationsmethode entwickelte er sich zum Widersacher Jean Monnets und seiner schrittweisen, neofunktionalistischen Integrationsmethode (s. weiter unten in diesem Abschnitt). Der föderalistische Integrationsgedanke besaß vor allem durch die starke Einbindung von Politikern und Pro-Europa-Aktivisten immer eine starke politische Dimension. Der ehemalige deutsche Außenminister Joschka Fischer setzte mit seiner berühmten Rede als *Privatmann* an der Berliner Humboldt-Universität im Jahr 2000 die föderalistische Tradition fort. Die politischen, häufig utopischen Vorstellungen der Föderalisten erlauben es nicht, den Ansatz als moderne sozialwissenschaftliche Theorie zu bezeichnen. Aufgrund seines Einflusses und seiner Bedeutung in der Finalitätsdiskussion ist es jedoch sinnvoll, einige Grundannahmen des Föderalismus bezüglich der europäischen Integration im Folgenden zu erläutern.

Kasten 28: Föderalistische Bewegung

Der Schwiegersohn Winston Churchills Duncan Sandy gründete ein *United European Movement*. Zusammen mit den Föderalisten verfügte es über beträchtliche Anhängerschaft. Zu den historischen Wurzeln gehörte auch die 1923 in Wien gegründete Paneuropa-Union des Grafen Coudenhove-Kalergi.

Am Gründungskongress der Europäischen Bewegung in Den Haag nahmen 700 Teilnehmer aus den westeuropäischen Staaten teil. Auf den Kongress geht auch die Gründung des Europarates 1949 zurück. Die Konstruktion als zwischenstaatliche Organisation, die die Souveränität der Mitgliedsstaaten nicht antastete und über keine supranationalen Organe verfügte, bedeutete zugleich eine Absage an die Vorstellung eines Bundesstaates. Die Europäische Bewegung ist in Deutschland in der bundesweit ca. 16.000 Mitglieder umfassenden *Europa-Union* e.V. (http://www.europa-union.de/) organisiert. Die überparteiliche Europa-Union ist der *Union Europäischer Föderalisten* (UEF; http://www.federalists.eu/index.php?id=3437) angeschlossen. In den 50er Jahren unternahmen Aktivisten von Mitgliedsorganisationen der Europäischen Bewegung spektakuläre Aktionen, beispielsweise wurden an der deutsch-französischen Grenze die Grenzpfähle demontiert.

12.2.2 Grundannahmen des Föderalismus

Die Ursachen der Integration aus der Sicht des Föderalismus bleiben relativ vage und allgemein. Ein – auch von Funktionalisten häufig vorgebrachtes – Argument lautet, dass der Nationalstaat alter Prägung angesichts der zunehmenden grenzüberschreitenden Beziehungen und Herausforderungen überfordert sei. Internationaler Handel, internationaler Umweltschutz etc. führten zur Notwendigkeit, Probleme gemeinsam anzugehen. Hiermit wird eine Sachzwanglogik unterstellt, die im wachsenden Problemlösungsdruck den Antrieb zur Integration verstärkt. Ein *Sachzwang* ergibt sich auch im Kernbereich staatlicher Souveränität – der Sicherheit. Andere Föderalisten weisen auf ökonomische und politische Anreize oder externe Bedrohungen wie beispielsweise im Kalten Krieg durch die Sowjetunion hin. Politische Anreize werden vor allem in der Rolle der USA in der Frühphase der europäischen Integration konstatiert. Die USA, so die Argumentation, hätten aus strategischem Kalkül Interesse an einem starken europäischen Partner in der globalen Konfrontation mit der Sowjetunion gehabt und wollten einen erneuten Krieg auf dem Kontinent verhindern.[12] Allerdings unterbleibt eine systematische Erklärung bzw. Berücksichtigung der Ursachen von Integration.

Die Ausgangsüberlegung des Föderalismus besagt, dass die Völker Europas historisch, sprachlich und kulturell zu heterogen für einen Einheitsstaat seien und daher eine föderale Ordnung der Heterogenität Europas angemessen sei, die den einzelnen Staaten bzw. den Regionen ausreichend Autonomie lasse. Walter Hallstein beschreibt dies folgendermaßen: „Natürlich bleiben die Unterschiede. Ja, sie sollen bleiben. Denn aus Europa soll kein Schmelztiegel werden. Europa ist Vielfalt. [...] eine europäische Nation? Ich wiederhole: sie ist nicht notwendig, damit es einen europäischen Bundesstaat gebe.“[13] Der europäische Bundesstaat wird von den Föderalisten nur sehr allgemein beschrieben (vgl. Kasten 29).

12 Mit externen Anreizen für den Integrationsprozess haben sich bisher nur wenige Wissenschaftler beschäftigt, vgl. für eine systematische Analyse Zimmerling, Ruth, 1991: Externe Einflüsse auf die Integration von Staaten. Zur politikwissenschaftlichen Theorie regionaler Zusammenschlüsse, Freiburg/München.

13 Hallstein, Walter, 1973: Die europäische Gemeinschaft, Düsseldorf u. Wien, S. 12.

Kasten 29: Merkmale des europäischen Bundesstaates nach Walter Hallstein[14]

> „Die Staaten verzichten auf einen Teil ihrer Souveränität oder besser: sie legen einen Teil davon zusammen, verschmelzen und unterstellen ihn gemeinschaftlichen Organen, in denen sie selbst ein entscheidendes Wort sprechen. Wir können diese Lösung auch ‚föderal' nennen. [...] Was wir mit ‚föderal' meinen, ist also nur: die Gemeinschaft hat mit dem Bundesstaat gemein, dass bestimmte Teile der Staatsgewalten in einem Verein mit anderen zusammengelegt und einer eigenen, vom Gliedstaat verschiedenen Organisation übertragen sind. Insofern ist Gemeinschaft bundesstaatähnlich. Sie leistet das, was das Wesentliche der europäischen Aufgabe ist: ein Gleichgewicht herzustellen zwischen einer aus nationalen Souveränitätsteilen zusammengefügten europäischen Gewalt und einer fortbestehenden Staatsgewalt der Mitgliedsländer. Sie bewahrt, was an Verschiedenheit und Eigenständigkeit der überkommenen nationalen Einheiten Erhaltung verdient, und sie schafft doch die großräumige Organisation, die der kontinentale Maßstab des globalen Zeitalters fordert."

Die Institutionen sollten gemäß der Prinzipien Supranationalität und Subsidiarität organisiert sein. In der Praxis bedeutet dies einerseits die Schaffung einer Zentralinstanz (*Regierung*), die die Europäische Gemeinschaft nach außen vertritt und die Gesamtinteressen des Bundesstaates verfolgt. Diese Zentralinstanz – der Begriff der Regierung wird zumeist vermieden – wäre supranationaler Natur, da sie sich nötigenfalls gegen die Einzelinteressen der Staaten durchsetzen könnte. Sie sollte in bestimmten Bereichen – vor allem in der Außen- und Sicherheitspolitik – über ausreichend Macht verfügen sich durchzusetzen. Die Gliedstaaten ihrerseits sollten gemäß dem Subsidiaritätsprinzip weitestgehend autonom sein und ihre Handlungskompetenz behalten. Der Bundesstaat, so Bernhard Stahl[15], wirke gleichzeitig zentripetal und zentrifugal: Kompetenzen werden an das Zentrum abgegeben, aber gleichzeitig vom Zentrum an die Gliedstaaten delegiert. Allerdings bleiben detaillierte Vorstellungen über die Kompetenzabgrenzungen zwischen Zentralinstanz und Gliedstaaten bei den Föderalisten aus.

Der Integrationsprozess könnte aus föderalistischer Sicht am ehesten durch einen von den Bevölkerungen der Staaten unterstützten genuin *politischen Akt*, einen Basisvertrag bzw. eine Verfassung, vorangetrieben werden. Die Verfassung als der Idealfall eines politischen Aktes basiert auf

14 Ders., 1969: Der unvollendete Bundesstaat, S. 40 u. 41.
15 Vgl. Stahl, 1998,S. 25

den gemeinsamen Werten und Prinzipien sowie dem gegenseitigen Respekt. Nur eine Verfassung, so die Föderalisten, sei in der Lage, die nationalstaatlichen Macht- und Souveränitätsansprüche dauerhaft zu brechen und gleichzeitig die föderale institutionelle Konzeption festzuschreiben. Die Ausarbeitung einer Verfassung solle dabei durch einen Verfassungskonvent erfolgen. Eine föderative Verfassung muss daher am Anfang des Integrationsprozesses stehen, nicht als dessen Produkt. Die Föderalisten erwarten, dass mit einer Verfassung eine Eigendynamik ausgelöst werden könnte, indem ein Rahmen für die weitere Integration geschaffen werde. Diese auch als *function follows form* bezeichnete Integrationslogik einer geradezu automatischen Vertiefung ist insoweit offen angelegt, als die konkreten Integrationsinhalte erst nach dem konstitutionellen Akt zu definieren wären. Vertiefung und Ausdifferenzierung der Integration erfolgen nach Setzung eines politischen Rahmens.

Das Ziel der politischen Arbeit der Föderalisten war es dann in den 60er und 70er Jahren die supranationalen Organisationen zu stärken. Mit der 1979 eingeführten Direktwahl des Europäischen Parlaments konzentrierte sich dann die politische Unterstützung der Föderalisten auf die Ausweitung der Kompetenzen der Völkervertretung. Vom Parlament wurden entscheidende Impulse für einen europäischen Bundesstaat erwartet.

12.2.3 Bewertung und Kritik des Föderalismus

Dem Föderalismus wurde häufig vorgehalten, er argumentiere normativ und präskriptiv zugleich und sei daher keine Integrationstheorie. Dies ist insofern berechtigt, als die Föderalisten auf die Verwirklichung einer ihrer Auffassung nach geeigneten föderalen Ordnung, den Bundesstaat, abzielen. Er ist auch präskriptiv, weil die Vertreter konkret an die Politik appellieren und aktiv die Idee fördern. Weiterhin wird dem Föderalismus der Vorwurf des Idealismus gemacht. Föderalisten berücksichtigten nicht die europäischen Realitäten und überschätzten das Maß an Übereinstimmung und Identität in Europa. Die unterschiedlichen Verfassungstraditionen – Zentralismus in zahlreichen europäischen Staaten – und historischen Erfahrungen verhinderten aus dieser Perspektive die Herausbildung eines europäischen Bundesstaats. Die Hoffnung, dass die europäischen Völker aktiv für einen Bundesstaat eintreten würden, habe sich nicht erfüllt. Im Gegenteil: Auf Seiten vieler Bürger der EU-Staaten bestünden massive Ängste vor einer zunehmenden Staatlichkeit der EU. Dies habe neben anderen Gründen wie Ängsten vor den sozialen Auswirkungen der Osterweiterung zur Ablehnung des Verfassungsvertrags in den Niederlanden und in Frankreich geführt. Hinsichtlich der konkreten institutionellen Ausprägungen seien die Föderalistischen Vorstellungen vage. Mögliche Nachteile des Föderalismus – wie schwierige Kompetenzabgrenzungen und gegenseitige Blockade-Effekte, Reibungsverluste in Entscheidungsprozessen – würden in der Diskussion weitestgehend ausgeblendet. Mit dem Scheitern des Verfassungsvertrags und des Konventsmodells als Integrationsmethode hat der Föderalismus als politische Bewegung eine Niederlage erlitten.

Trotz dieser durchaus stimmigen Einwände bleibt die Idee einer föderal strukturierten EU eine nach wie vor bedeutsame politische Idee. Der Föderalismus ist daher weniger eine sozialwissenschaftliche Theorie im modernen Sinne als eine politische Idee. Wie zahlreiche Diskussionen über die institutionelle Ausgestaltung der Union in der Integrationswissenschaft demonstrieren, besitzen föderale Modelle durchaus wissenschaftliche Relevanz in der europäischen Integrationsforschung. [16]

12.3 Funktionalismus und Neofunktionalismus: ein „Automatismus der Integration“?

12.3.1 Funktionalismus (David Mitrany)

Im Unterschied zur starken politischen Dimension des Föderalismus ist die Theorie des Neofunktionalismus in erster Linie eine empirische, sozialwissenschaftliche Theorie, deren durchaus vorhandene normative Annahmen weitaus subtiler sind. Der Neofunktionalismus basiert in einigen zentralen Annahmen auf dem Funktionalismus. Der Funktionalismus als Integrationstheorie geht auf eine kleine Schrift des britischen Gelehrten und gebürtigen Rumänen David Mitrany zurück, die erstmals 1943, mitten im Zweiten Weltkrieg, erschien. Der Titel legt klar das normative Ziel fest: „A working peace system“. Mitrany ging es darum, ein System zu entwerfen, das in der Lage ist, den Weltfrieden zu bewahren. Hintergrund bildete das Scheitern des Völkerbundes angesichts des Aufstiegs des europäischen Faschismus und japanischen Militarismus, die zum Zweiten Weltkrieg führten. Der Funktionalismus basiert auf zwei grundlegenden Annahmen: Erstens: Im Verlauf des technischen Fortschritts steigt die Anzahl der

16 Vgl. hier den ausgezeichneten Überblick zum Föderalismus von Große Hüttmann, Martin/Fischen, Thomas, 2006: Föderalismus, in: Bieling, Hans-Jürgen/Lerch, Marika (Hrsg.), Theorien der europäischen Integration, Wiesbaden, S. 41-64.

grenzüberschreitenden Beziehungen an. Alle Bereiche des Lebens differenzieren sich als Folge einer sich verstärkenden Arbeitsteilung aus. Zweitens: Es bestehen gemeinsame Interessen von Staaten und Gesellschaften an zunehmender Effizienz und Wohlfahrtsmaximierung im Unterschied zum Sicherheits- und Machtstreben.

Mitrany bezeichnet seinen Gegenentwurf als pragmatisch und versieht ihn mit dem Ziel: "[…] binding together those interests which are common, where they are common, and to the extent of which they are common. The functional selection and organization of international needs would extent […]."[17] Kooperation beginnt demnach auf der Basis gemeinsamer Interessen in bestimmten ausgewählten Bereichen. Eine Einigung zwischen Staaten ist nur über nicht-kontroverse, technische Kooperation möglich. Die sektorspezifische Kooperation beginnt also im Kleinen. Voraussetzung ist die Annahme einer Trennbarkeit von technischen und politischen Prozessen. In der Logik der spezifischen technischen Kooperation liegt ihre Ausdehnung auf größere Bereiche – z.B. führt die gemeinsame Regelung der Spurbreiten für Züge aufgrund sachlogischer Verknüpfungen zu einer gemeinsamen Verkehrspolitik. Eine politische Autorität über den Institutionen sei nicht erforderlich und möglich, einzig eine Art parlamentarische Versammlung, proportional von Parlamenten der Mitgliedsstaaten zu beschicken, wäre sinnvoll, um allgemeine Aspekte und Probleme zu diskutieren.

Sicherheit könnte nach Mitrany dadurch entstehen, dass die spezialisierten Institutionen „could both watch over and check such things as the building of strategic railways or the accumulation of strategic stocks in metals or grains. Possibly they could even be used [...] as a first line of action against threatening aggression."[18] Mitrany stellt damit einen direkten Bezug zwischen Sicherheit und Integration her. Damit wäre Überwachung möglich und ein Ansatz für Sanktionen gegeben.

Im deutlichen Unterschied zum Föderalismus wird ein evolutionäres, graduelles Vorgehen vorgeschlagen. Nach dem Funktionalismus wächst die Integration von unten und erfasst immer größere Bereiche, die die Souveränität der Nationalstaaten aushöhlen. Wolfgang Merkel bezeichnet ihn im Unterschied zum *Top down*-Ansatz des Föderalismus auch als *Bottom*

17 Mitrany, David, A working peace system (1943), abgedruckt in Auszügen, in: Nelsen, Brent F./Stubb, Alexander C. (Hrsg.), 1994: The European Union: Readings on the Theory and Practice of European Integration, London, S. 77-98., hier S. 88.

18 Ebd., S. 93.

up-Ansatz.[19] Integration erscheint bei Mitrany als ein im Grunde genommen unpolitischer Vorgang. Klar erkannt wurde von Mitrany die kooperationsstiftende Wirkung von Interdependenz, die letztlich die Chance auf Frieden bietet. Mitrany hat dabei stets betont, dass es ihm um den Weltfrieden ging. Regionale, integrierte Friedensgemeinschaften wie die europäische Integration seien nicht sein primäres Ziel gewesen. Trotz der wichtigen Erkenntnisse des Funktionalismus ist das analytische Potenzial dieses Ansatzes zu gering und vage, um den Integrationsprozess zu erklären. Problematisch ist insbesondere die Annahme der Politikferne von technischer Kooperation.[20]

12.3.2 Neofunktionalismus (Ernst B. Haas)

Der Funktionalismus lieferte wichtige Anstöße für die Weiterentwicklung der Integrationstheorie durch Ernst Haas, dem Urvater der neofunktionalistischen Integrationstheorie. Ein wesentlicher Unterschied zu den Vorstellungen Mitranys besteht darin, dass der Anspruch von Haas bescheidener ist, denn es geht ihm nicht mehr um die Konstruktion eines Weltfriedenssystems, sondern um die Erklärung des regionalen europäischen Integrationsprozesses. Haas‘ klassische Untersuchung von 1958[21] bezieht sich auf die Phase der europäischen Integration zwischen 1950-57. Sie ist damit eine wissenschaftliche Reaktion auf die Gründung der Montanunion und der EWG.[22] Im Unterschied zu Mitrany besteht die empirische Grundlage für die Theorie in der Analyse eines realen Falls. Unter politischer Integration versteht Haas „ [...] the process whereby political actors in several distinct national settings are persuaded to shift their loyalties, expectations and political activities toward a new centre, whose institutions possess or demand jurisdiction over the pre-existing national states.“ [23] Antriebsmoment der Integration ist wie auch im Funktionalismus die auf technologischem Fortschritt und intensiviertem Handel basierende, permanent zunehmende Interdependenz der Nationalstaaten. Aus

19 Merkel, Wolfgang, 1999: Die Europäische Integration und das Elend der Theorie, in: Geschichte und Gesellschaft, S. 302-338 (306).

20 Vgl. zur Kritik Engel, Christian/Welz, Christian, 1993: Traditionsbestände politikwissenschaftlicher Integrationstheorien: Die Europäische Gemeinschaft im Spannungsfeld von Integration und Kooperation, in: Bogdandy, Armin v. (Hrsg.): Die europäische Option, Baden-Baden, S. 129-169, hier S. 139-141.

21 Haas, Ernst B., 1958: The Uniting of Europe, Stanford (Neudruck 1968).

22 Vgl. hier ausführlicher Faber, Anne, 2005: Europäische Integration und politikwissenschaftliche Theoriebildung, Wiesbaden, hier S. 39.

23 Haas 1958, S. 16

der Sicht von Haas streben die europäischen Nationalstaaten primär nach Wohlstandsgewinnen und nicht nach mehr Macht. Unklar sei dabei, ob dies an historischen Lernprozessen durch die Katastrophe des Zweiten Weltkriegs liege oder an der Dominanz der USA/NATO, deren Schutzschild für die europäischen Staaten gegenüber der Sowjetunion oder untereinander Sicherheit gewähre. Mit den Föderalisten teilt Haas die normative Prämisse, dass die regionale Integration dem Frieden diene.[24] Seine normative Haltung ist dabei allerdings eher subtil zwischen den Sätzen erkennbar und nicht explizit wie bei den Föderalisten.

Der entscheidende Unterschied zum Funktionalismus liegt in der zentralen Rolle von Akteuren für die Integration. Integration ergibt sich aus neofunktionalistischer Sicht nicht automatisch aus den Sachzwängen der Interdependenz, sondern sie wird von Akteuren „gemacht". Zum einen betrachtet Haas transnational orientierte Eliten und zum anderen supranationale europäische Institutionen als Triebfedern der Integration.

Die zentrale Rolle von Akteuren (Eliten)

Während die Frage der Akteure, die einen Integrationsprozess tragen können, beim Föderalismus zweitrangig ist und sich beim Funktionalismus allenfalls ableiten lässt (technische Eliten, aber Verankerung in der gesamten Bevölkerung), sind es bei Haas die verschiedenen Gruppen der politischen Elite, die den Prozess tragen: Politiker, Beamte aus den nationalen Bürokratien, Vertreter von Interessengruppen (Unternehmervereinigungen, Gewerkschaften etc.). Diese Eliten müssen keineswegs überzeugte Europäer sein, sondern ihre Motivation entspringt rationalen Kalkülen und eindeutig materiellen Interessen: „The ‚good Europeans' are not the main actors of the regional community that is growing up; the process of community formation is dominated by nationally constituted groups with specific interests and aims, willing and able to adjust their aspirations by turning supranational means when this course appears profitable."[25] Als rationale Kosten-Nutzen-Maximierer sehen diese nationalen Akteure ihre Interessen am ehesten auf der europäischen Ebene zu verwirklichen. Im Verlaufe des Prozesses bildet sich eine Koalition aus Vertretern von Interessengruppen, Beamten aus den verschiedenen Nationen und den Beamten in den europäischen Institutionen. Beide Gruppen, so Engel/Welz seien

24 Vgl. Wolf, Dieter, 2006: Neo-Funktionalismus, in: Bieling, Hans-Jürgen/Lerch, Marika (Hrsg.), Theorien der europäischen Integration, Wiesbaden, S. 65-90.

25 Haas, 1968: S. xxxix

„[…] vom Beruf her an einem glatten Management komplexer Interdependenz interessiert, kosmopolitisch orientiert und wenig von den Ritualen und Symbolen der Nation gefangen.“ [26] Die zunehmenden regelmäßigen Kontakte zwischen den nationalen und europäischen Eliten führen zu einer Elitensozialisation, eine transnationale Pro-Integrationselite bildet sich heraus. Werte und Präferenzen der nationalen Eliten verändern sich durch die permanenten Kontakte positiv in Bezug auf weitergehende politische Integration. Das Elitenprojekt der europäischen politischen Integration ist allerdings nur möglich, wenn Zustimmung oder zumindest passive Loyalität auf Seiten der Bevölkerung besteht. Leon Lindberg und Stuart Scheingold[27] beschrieben die weit verbreitete Haltung der Bürger in den EWG-Staaten der 1950er und 1960er Jahre als einen „permissiven Konsens“. Dies bedeutet, dass ein stillschweigender, kaum hinterfragter Konsens in der Bevölkerung über die politische Notwendigkeit der Integration bestand, von der Wohlfahrtsgewinne erwartet (und tatsächlich auch erreicht) wurden.

Bedeutung der supranationalen Institutionen

Gemäß Haas‘ Theorie werden im Verlauf des Prozesses die entstandenen supranationalen Institutionen zu Beförderern des Prozesses. Sie sichern die erreichten Fortschritte ab und kontrollieren die Einhaltung der Regeln.[28] In enger Kommunikation mit den Integrationseliten aus Nationalstaaten würden sie die Integration funktional vorantreiben. Eine Schlüsselrolle kommt nach Haas dabei der Europäischen Kommission zu, deren Vorschlägen die nationalen Regierungen, die durch den Rat vertreten sind, in der Regel zustimmen würden.

Die Erklärung des Integrationsprozesses aus neofunktionalistischer Sicht orientiert sich an der funktionalistischen Logik des *Überspringens* oder *Überschwappens* der Integration von einem zum anderen Bereich. Dabei wird davon ausgegangen, dass der ökonomischen Kooperation über kurz oder lang die politische folgen werde. Als Endpunkt der Integration entsteht die politische Union, wobei deren Gestalt äußerst vage bleibt. Die

26 Engel/Welz, 1993, S. 144.

27 Lindberg, Leon N./Scheingold, Stuart A., 1970: Europe´s Would-be Polity. Patterns of Change in the European Community, Englewood Cliffs.

28 Conzelmann, Thomas, 2006: Neofunktionalismus, in: Schieder, Siegfried/Spindler, Manuela (Hrsg.): Theorien der internationalen Beziehungen, Opladen, S. 145-174 (152)

Integrationslogik des Neofunktionalismus lässt sich daher in Unterscheidung zum Föderalismus als *form follows function* begreifen, da der Integrationsprozess, ohne eine explizite Finalität zu definieren, beginnt und sich durch funktional intensivierte und im Hinblick auf verschiedene Sachbereiche als expandierende Integration einer – unbestimmten – politischen Union nähert.

Die als *spill over* bezeichneten Übersprungeffekte sind neben der Akteursbezogenheit das zentrale Argument des Neofunktionalismus. Wenngleich Haas selbst keine derart exakte Ausdifferenzierung vorgenommen hat, so lassen sich drei verschiedene Arten von Spill-over-Effekten unterscheiden (s. Kasten 30).

Kasten 30: Spill-over als Integrationsmethode

1. **Functional spill over**: Hier wird die Grundidee Mitranys aufgenommen: Integration beginnt in *kleinen* technischen, vermeintlich unpolitischen Bereichen. Sie springt dann aber auf die politische Ebene über und führt zu einer politischen Integration. Als Beispiel aus der Integrationsrealität wird vor allem auf die Wirkung der Montanunion verwiesen, deren Weiterentwicklung der Gemeinsame Markt ist.
2. Neu an Haas' Theorie ist der Gedanke eines **political spill over**: Hierbei werden, wie bereits zuvor erwähnt, Integrationsfortschritte durch Verhandlungskompromisse zwischen europäisch sozialisierten Eliten, motiviert auch durch spezifische ökonomische Interessen an der europäischen Integration, erreicht.
3. Eine dritte Variante des spill over bezeichnet Haas als **cultivated spill over**. Er meint damit, dass die Gemeinschaftsorgane Druck auf nationale Regierungen ausüben oder sie überzeugen, den Integrationsprozess voranzutreiben. Supranationale Organe werden damit zum Motor der Integration. Haas bezog sich in erster Linie auf die Kommission, obwohl sie keine reine supranationale Institution ist, da die Kommissare durch die Mitgliedsstaaten vorgeschlagen und, zumindest damals, ernannt werden.

Als empirischer Beleg für die neofunktionalistische Argumentation gilt die Entwicklung von der Montanunion zur EWG, die im Zentrum der Arbeit von Haas steht. Bis Mitte der 1960er Jahre wurde die Gültigkeit neofunktionalistischer Annahmen kaum mehr hinterfragt. Doch als die Integration durch die sog. *Politik des leeren Stuhls* (s. Kap. 11.6) stagnierte, führte diese bis dahin schwerste Integrationskrise der EG auch zu einer Theoriekrise. Es bestätigte sich damit Lindbergs Feststellung von 1963, dass ohne den Willen der Mitgliedstaaten Integrationsfortschritte nicht möglich seien.[29] Die Stagnation des Integrationsprozesses, der *spill back*, zeigte, dass die Annahme eines quasi automatischen, deterministischen Prozesses nicht haltbar war. „De Gaulle has proved us wrong", so kommentierte Haas enttäuscht die Entwicklung 1966 und wandte sich später für längere Zeit von der regionalen Integrationstheorie ab.[30] Die offensichtlichen Fehlannahmen des Neofunktionalismus führten zu einem *backlash* durch integrationskritische Annahmen von Seiten realistischer Theorien (vgl. den folgenden Abschnitt). Die Krise bedeutete jedoch keineswegs das Ende der neofunktionalistischen Integrationstheorie, sondern setzte einen bis heute anhaltenden Ausdifferenzierungsprozess der Theorie in Gang. Dabei wurde an den Grundannahmen festgehalten, der Integrationsautomatismus allerdings aufgegeben. Lindberg und Scheingold diskutierten Erklärungen für spill backs, die sie in egoistischen, nationalen Vorstellungen vermuteten. Die meisten Neofunktionalisten inklusive Haas führten zusätzliche Faktoren zur Erklärung von Integrationsprozessen ein. Beispielsweise identifizierte Joseph Nye 1971 sieben strukturelle und perzeptionelle Faktoren, die einen wichtigen Einfluss auf Integrationsprozesse haben und Philippe C. Schmitter konstruierte 1969 sogar neun Variablen zur Erklärung von Integrationsstrategien.[31]

Trotz dieser Ausdifferenzierungen gerieten neofunktionalistische Erklärungen in die Defensive, bis es erneut die reale Entwicklung der europäischen Integration war, die dem Ansatz neuen Schub verlieh. Die Einheitliche Europäische Akte 1987 und die Entstehung des Binnenmarktes bis zur Währungsunion[32] entsprachen den neofunktionalistischen Annahmen von – bewusster oder unbewusster – funktionaler Logik. Dadurch kam es zu einer Renaissance der wiederum modifizierten Ansätze.[33] Der Neofunktionalismus ist daher nach wie vor ein zentraler Ansatz zur Erklärung des europäischen Integrationsprozesses, auch wenn die ursprünglich einfachen, fast schon eleganten Hypothesen erheblich ausdifferenziert worden sind.

29 Vgl. hier Faber 2005, S. 51.

30 Zit. nach Wolf, 2006, S. 77.

31 Vgl. Nye, Joseph, 1971: Peace in parts – integration and conflict in regional organisation, Boston und Schmitter, Philippe C., 1969: Three Neo-functional hypotheses about international integration, in: International Organisation Vol. 23, No. 1 (Winter, 1969), S. 161-166; vgl. hierzu auch die Zusammenfassung dieser und weiterer Ansätze in Stahl, 1998, S. 30-31 und Engel/Welz, 1993, S. 146-153.

32 Vgl. hier Kap. 5 u. 11.

33 Vgl. Wolf 2006, S. 81-85, der einige interessante Ansätze kurz vorstellt, sowie Conzelmann, 2006, S. 164-167.

12.4 Der Intergouvernementalismus: die Rückkehr des Staates

Anfang der 1990er Jahre bereicherte Andrew Moravcsik die Theoriediskussion über Integration mit einer eigenen These, die deutliche Anleihen bei den Theorien der Teildisziplin Internationale Beziehungen[34] nimmt. Moravcsik hat diesen theoretischen Ansatz bis heute zu einem extrem hohen Maße geprägt. Seine Intergouvermentalismus-These nimmt zwar einige Argumente der schon viel älteren Realismus/Neorealismus-Ansätze auf, doch entwickelt er daraus ein eigenes Modell, warum und wie Integration vonstatten geht. Noch in der Hochphase des Neofunktionalismus, die die Bildung der EKGS und der EWG nachvollziehbar erklären konnte, übte Stanley Hoffmann 1965 und 1966[35] massive Kritik aus der Sicht des Realismus an der Theorie des Neofunktionalismus. Bestärkt wurden er und viele Realisten durch die integrationshemmende *Politik des leeren Stuhls*, die den Neofunktionalismus in Erklärungsnot gebracht hatte. Ausgehend von der realistischen Theorie internationaler Politik formulierten Hoffmann u.a. vier zentrale Argumente, die gegen eine quasi automatische Fortsetzung der Integration Europas sprächen:

- Erstens sei Kooperation nur befristet möglich, da Staaten als egoistische Nutzenmaximierer immer versuchen würden, mehr als andere von der Kooperation zu profitieren – und die Kooperation dadurch nach kurzer Zeit beendet wäre. Staaten streben damit nach relativen, nicht nach absoluten Gewinnen.
- Integration sei zweitens nur in *Low politics*-Bereichen möglich, im Bereich der *High politics* würden Spill-over-Effekte sich nicht durchsetzen können. Souveränität genieße vor allem im Sicherheitsbereich Priorität, die Möglichkeit, Kompromisspakete auszuhandeln, sei hier nicht gegeben.
- Drittens sei die Rolle der nationalen Regierungen (und damit auch der Führungspersönlichkeiten) entscheidend für Integrationsfortschritte: Ihr Kompromisswille mache Integration überhaupt möglich. Sie würden Kompetenzen an supranationale Einheiten nur nach genauem Abwägen abgeben.

34 Vgl. hier auch den Band von Gert Krell in dieser Reihe.

35 Die Beiträge Hoffmanns sind in einem Sammelband kürzlich noch einmal abgedruckt worden, vgl. Hoffmann, Stanley, 1995: The European Sisyphus. Essays on Europe, 1964-1994, Boulder; eine ausgezeichnete Zusammenfassung bietet Faber, 2005, S. 86-105.

– Viertens würden bislang auch externe Faktoren vernachlässigt, insbesondere die Rolle der USA, die auf Mitgliedstaaten Druck ausübten, sich zur weiteren Integration bereitzufinden.

Aufbauend auf dieser Kritik formulierte dann Andrew Moravcsik über 20 Jahre später vor dem Hintergrund der EEA eine eigene ‚realistische' Integrationstheorie.[36] Diese wird als Intergouvermentalismus oder auch als liberaler Intergouvermentalismus (LI) bezeichnet. Der Begriff liberal ist in diesem Fall dem amerikanischen Gebrauch entlehnt und meint im Gegensatz zur Verwendung des Begriffes im Deutschen die Beschreibung einer politischen Denkrichtung, der zur Folge die Herausbildung der Interessen im freien innenpolitischen Aushandlungsprozess erfolgt.

Vereinfacht dargestellt, macht der Intergouvermentalismus folgende fünf Grundaussagen:[37]

1. Staaten reagieren auf die zunehmende Interdependenz durch Aufbau von internationalen Organisationen und Regimen, um dadurch Transaktionskosten zu reduzieren und Spielregeln für das Verhalten von Staaten festzulegen. Integration entspringt damit einem rationalen Kosten-Nutzen-Kalkül der beteiligten Staaten bzw. der Regierungen.

2. Die Ziele der nationalen Regierungen in Bezug auf Europa sind das Ergebnis innerstaatlicher Aushandlungs- und Politikformulierungsprozesse.[38] Von der Theorie wird hier der Begriff der Präferenz eingeführt bzw. aus rationalen Theorien entlehnt.[39] Aus gleichwertigen Alternativen entstehen im innerstaatlichen Verhandlungsprozess Präferenzen für die Verhandlungen, wobei die Präferenz, also das nationale Verhandlungsziel auf der Basis eines Kompromisses zwischen den dominanten Interessengruppen definiert wird, oder sich bestimmte Gruppen durchsetzen und die Präferenz bestimmen. Die Entscheidungen von Regierungen bei den Ver-

36 Die folgenden Ausführungen beziehen in erster Linie auf die folgenden zwei der zahlreichen Veröffentlichungen Moravciks: Moravcsik, Andrew, 1991: Negotiating the Single European Act, in: Keohane, R./Hoffmann, Stanley (Hrsg.): The new European Community, Boulder, 41-84; Moravcsik, Andrew, 1993: Preferences and power in the European Community. A liberal Intergouvernmentalist approach, in: Journal of Common Market Studies 31 (4), S. 473-524.

37 Vgl. hierzu die Zusammenfassung von Bieling, Hans-Jürgen: Intergouvermentalismus, in: ders./Lerch, Marika (Hrsg.), Theorien der europäischen Integration, Wiesbaden, S. 91-116

38 Damit unterscheidet sich der Intergouvernementalismus-Ansatz vom klassischen Realismus, der behauptet, die nationalen Interessen sind exogen durch die Struktur des anarchischen Staatensystems vorgegeben, die Staaten geradezu zwinge, Sicherheitsinteressen primär zu verfolgen.

39 Vgl. Bieling 2006, S. 178.

handlungen orientieren sich an den Gewinnen für die Klientel zuhause, d.h. Politiker sind bei Verhandlungen auf EU-Ebene abhängig von der Innenpolitik. Integrationsfortschritte sind möglich, wenn keine innenpolitischen Interessen einflussreicher Interessengruppen dazu in Widerspruch stehen. Der geringste Verhandlungsspielraum besteht bei Verteilungsfragen, wie z.B. im Falle von Agrarreformen. Hier nimmt Moravcsik das Argument von Hoffmann auf, dass die Innenpolitik bzw. die spezifische historische Situation eines Landes zum Verständnis von Integrationsbereitschaft wichtig ist.[40]

3. Die Fortschritte der Integration sind durch Kompromisse bei intergouvermentalen Verhandlungen zwischen den Regierungen der größten und mächtigsten Mitgliedstaaten zu erklären. Die Vorstellungen dieser Staaten mit den größten Machtressourcen setzen sich in den Verhandlungen durch: Machtressourcen bestehen neben der Stimmenzahl im Rat z.B. in der Möglichkeit der Drohung mit alternativen Koalitionen, dem Ausschluss einzelner aus den Verhandlungen.

4. Das Ergebnis der Verhandlungen sind häufig Kompromisse auf der Basis des kleinsten gemeinsamen Nenners. Das Schnüren komplexer Verhandlungspakete (*package deals*), die Ziele aus unterschiedlichen Bereichen kombinieren, ist Ausdruck dieser Kompromisse zwischen den großen und wichtigen Staaten. Die Regierungen sind dabei bestrebt, möglichst wenig Souveränität dauerhaft abzugeben.

5. Die fehlende Demokratie auf Gemeinschaftsebene macht die Aushandlungsprozesse erst möglich, denn eine direkte Beteiligung nationaler Institutionen oder der Bürger erschwere bzw. mache Kompromisse schwierig.

Die Verhandlungen zur EEA aus Sicht der Intergouvernementalismus-Theorie

Moravcsik verdeutlicht seine These in einem Aufsatz über die Entstehung der EEA. Er testet zunächst die Erklärungskraft verschiedener Hypothesen aus dem Neofunktionalismus. Erstens untersucht er die Rolle von Eliten (Interessengruppen, Wirtschaftsführern, Schlüsselrolle der EU-Eliten). Zweitens betrachtet er die Rolle der supranationalen Institutionen in Koalition mit Pro-Integrationseliten. Als Gegenthese analysiert er die Rolle der nationalen Regierungen, insbesondere großer Staaten wie Großbritannien,

40 Vgl. ebd., S. 100.

Deutschland und Frankreich. Letztlich, so lautet das Ergebnis seiner empirischen Analyse, war es das Zusammenspiel zwischen den nationalen Regierungen in Form eines Kompromisses, wodurch die EEA-Verhandlungen erfolgreich zum Ende gebracht wurden.

Einige der zentralen empirischen Befunde sollen hier kurz zusammengefasst werden:

In den drei wichtigsten Ländern Deutschland, Frankreich und Großbritannien gab es keine unüberwindbaren innenpolitischen Gegenkräfte, die jeden Verhandlungsfortschritt behinderten. Im Gegenteil: Insbesondere in Frankreich fiel mit dem Kurswechsel der sozialistisch-kommunistischen Regierung unter Führung Mitterrands (1983) zu einer stärker liberalen Politik ein großer Hemmschuh gegen die weitere Integration und Marktliberalisierung weg. Die wesentliche Initiative ging also von Frankreich aus, Großbritannien war traditionell für Marktliberalisierung, und die europafreundliche Regierung Kohl/Genscher in Deutschland versprach sich ebenfalls ökonomische Gewinne und war für Kompetenzausweitungen europäischer Institutionen. Deutschland und Frankreich setzten gegenüber Großbritannien massiv die Drohung ein, das Land vom weiteren Prozess auszuschließen.[41] Der Durchbruch war eine typisch europäische Paketlösung: Institutionelle Reformen, von Deutschland, Frankreich und Italien unterstützt, wurden mit der Schaffung des Binnenmarktes (Großbritanniens primäres Ziel) verbunden. Großbritannien hatte bereits vorher – gleichsam als Vorwegnahme des Pakets – 1984 auf Drängen von Margret Thatcher einen speziellen Abschlag (*Britenrabatt*, s. Kasten 8) von ca. 4,6 Mrd. Euro auf die Beitragszahlungen erhalten.

Moravcsik leugnet nicht die Einflüsse von transnationalen Eliten (insbesondere der Unternehmen) oder den supranationalen Institutionen (Europäisches Parlament) und betont auch die wichtige Rolle und das Verhandlungsgeschick des Präsidenten der Europäischen Kommission Jacques Delors, doch sieht er die Regierungen der Mitgliedsstaaten als entscheidend für die Verabschiedung der EEA und damit des Binnenmarkts an. Der Kommissionspräsident und die supranationalen Institutionen hätten punktuell und in der Vorphase oder bei drohender Blockade des gesamten Prozesses eine wichtige Rolle gespielt. Die Zustimmung der kleineren und ökonomisch schwächeren Staaten sei mit Zugeständnissen (oder in der Diktion des Realismus mit *side-payments*) in Form der erheblich ausgeweiteten Strukturfonds, die praktisch als Kompensationszahlungen für

41 Moravcik, 1991, S. 47.

mögliche Wettbewerbsverluste angesehen werden können, regelrecht *abgekauft* worden.

Die Beiträge Moravcsiks führten zu einer kontroversen und fruchtbaren wissenschaftlichen Diskussion zwischen Autoren mit neofunktionalistischer Analyseperspektive und Intergouvernementalisten.[42] Im Zuge dieser bis heute keineswegs abgeschlossenen Debatte ist die Theorie Moravcsiks auch kritisiert worden. Vorgehalten wurde ihm, die Eigendynamik des Institutionsprozesses zu unterschätzen und dabei insbesondere die zentrale Rolle der supranationalen und intergouvermentalen Institutionen zu gering zu bewerten. Auch seine Vorstellung, dass die Aussicht, Transaktionskosten mit dem Binnenmarkt reduzieren zu können, und dass es letztlich die zu erwartenden ökonomischen Vorteile gewesen seien, die einen Kompromiss ermöglicht hätten, blende aus, dass der Integrationsprozess auch weiter geht, wenn es kaum noch Transaktionskosten zu reduzieren gibt. Damit sei das rationale Kosten-Nutzen-Kalkül nicht allein ausschlaggebend für die Integration. Ein anderer Vorwurf an Moravcsik lautete, seine Argumentation sei blind gegenüber den oftmals historisch bedingten Perzeptionen (Stichwort: Kriegsgeneration) der beteiligten Spitzenpolitiker. Als problematisch wird ferner die Fallauswahl betrachtet. Moravcsik blendet das *alltägliche Regieren*, den Normalfall des Integrationsprozesses, aus[43] und konzentriert sich auf Regierungskonferenzen, auf denen naturgemäß die nationalen Regierungen die Hauptrolle spielten und die *großen Entscheidungen* fällten. Abgesehen von Regierungskonferenzen seien die supranationalen Institutionen von zentraler Bedeutung, so könne der Europäische Gerichtshof beispielsweise durchaus gegen die Präferenzen und Interessen großer Mitgliedstaaten entscheiden.

Moravcsik gelingt es, mit seiner schmalen und eleganten Theorie der Diskussion über die Integration hemmenden und fördernden Faktoren neue Impulse zu geben. Durch eine Reduktion der zu betrachtenden Faktoren, lassen sich „eindeutig Ross und Reiter des Integrationsprozesses“[44] benennen und die *Sachzwanglogik* des Neofunktionalismus relativieren. Verdienstvoll ist seine strukturierte Analyse der innenpolitischen Präferenzbildung, mit der er Positionen der nationalen Regierungen – und letztlich auch Gründe für Verhandlungserfolge – erklären kann. Er geht damit weit

42 Vgl. hier ausführlich Faber, 2005 und Schimmelfennig, Frank, 2004: Liberal Intergouvernmentalism, in: Wiener, Antje/Diez, Thomas (Hrsg.), 2004: European Integration Theory, Oxford, S. 75-94.

43 Bieling, 2006, S. 189.

44 Ebd., S.192.

über die klassische Annahme des Realismus hinaus, indem er die *black box* innerstaatlicher Politikprozesse öffnet. Insgesamt ist der Intergouvermentalismus eine Synthese von realistischen Grundannahmen mit Teilen von Handlungs- sowie Akteurstheorien.

12.5 Ansätze mittlerer Reichweite: Historischer Institutionalismus und Fusionsthese

12.5.1 Historischer Institutionalismus

Neben den beiden *Großtheorien der Integration* – Neofunktionalismus und liberaler Intergouvermentalismus – sowie dem stärker politisch akzentuierten föderalistischen Ansatz existiert eine Reihe von Ansätzen, die entweder stark an allgemeine sozialwissenschaftliche Theorien angelehnt sind[45] oder die versuchen Brücken zwischen den klassischen Integrationstheorien zu bauen. Wenn von Ansätzen mittlerer Reichweite die Rede ist, sind damit Ansätze gemeint, die nicht den Gesamtprozess (Ursachen, Verlauf, Ergebnisse) zu erklären versuchen, sondern sich auf bestimmte Aspekte des Integrationsprozesses konzentrieren. Dazu gehört der Historische Institutionalismus. Wie bereits der Begriff zum Ausdruck bringt, rückt dieser Ansatz die zeitliche Dimension von Integration und die Rolle von Institutionen, den supranationalen Institutionen, in den Fokus der Betrachtung. Integration wird als ein kontingenter historischer Prozess verstanden, für den nicht ausschließlich, wie der Intergouvermentalismus behauptet, die großen Entscheidungen durch Regierungskonferenzen relevant sind. Längerfristig angelegte Analysen fördern zutage, so Vertreter dieser Theorie[46], dass „processes evolving over time led to quite unexpected outcomes."[47] Demnach vollzieht sich der Integrationsprozess keineswegs an bestimmten Schlüsselstationen, sondern verläuft eher unspektakulär, indem die Institutionen Spielräume nutzen und die Integration ohne den ausdrücklichen Willen der Nationalstaaten, der *Herren der Verträge*, fortführen und vertiefen. Die Mitgliedstaaten setzen praktisch den Rahmen, der dann ins-

45 Beispielsweise zum Konstruktivismus, vgl. hier die Beiträge in Bieling/Lerch, 2006 oder Diez/Wiener, 2004.

46 So der häufig als Referenztheoretiker in der Sekundärliteratur zitierte Pierson, Paul, 1996: The Path to European Integration, in: Comparative Political Studies, 29, 2, S. 123-163. Unter dem Dach des historischen Institutionalismus werden verschiedene Zugänge vereint, die hier nicht gesondert dargestellt werden können, vgl. dazu Morisse-Schilbach, Melanie, 2006: Historischer Institutionalismus, in Bieling/Lerch, 2006, S. 272-291.

47 Ebd., S. 127.

besondere durch die EU-Kommission mit Inhalten gefüllt wird. Auch wenn die Mitgliedstaaten den unbeabsichtigten Kontrollverlust in diesen *Lücken* bemerken, so Pierson[48], so können sie die allmähliche Vertiefung kaum verhindern, da in diesem Fall eines Ausstiegs aus der Integration in einem bestimmten Bereich hohe Kosten entstehen würden. Außerdem sei der Widerstand der supranationalen Institutionen bei Versuchen, das „Rad der Integration zurückzudrehen", hoch. Ein Grund für das Entgleiten der Kontrolle der Mitgliedstaaten sei auch die Länge von Wahlzyklen von vier oder fünf Jahren, während der man die Langzeitwirkungen der Politik übersähe.[49] Der Ansatz kritisiert vor allem die Ausgangsposition des Intergouvermentalismus, indem den Steuerungs- und Kontrollmöglichkeiten des Integrationsprozesses durch die Regierungen widersprochen wird. Die Nähe des Historischen Institutionalismus zum Neofunktionalismus ist hingegen durch die Betonung der wichtigen Rolle supranationaler Institutionen und die Annahme, der Prozess *verselbständige* sich, die an neofunktionalistische Spill-over-Vorstellungen erinnert, gegeben. Wichtig ist die Einführung der Zeit-Dimension, da damit Langzeitwirkungen im Sinne von Kausalitäten deutlich werden können.

12.5.2 Fusionsthese

Einen anderen Zugang zur Erklärung des Integrationsprozesses wählt Wolfgang Wessels mit der von ihm in die Diskussion eingebrachten sog. *Fusionsthese*.[50] Ausgangspunkt seiner Überlegungen ist die Beobachtung, dass es einerseits die wohlfahrtsstaatliche Entwicklung der Mitgliedsstaaten bedinge, Entscheidungen auf die europäische Ebene zu verlagern und andererseits die intergouvermentale Zusammenarbeit zwischen Regierungen den Steuerungsbedarf nicht decken könne.[51] Trotz funktionalem Erfordernis der Kompetenzverlagerung auf die gemeinschaftliche Ebene versuchen die Nationalstaaten soviel an Autonomie zu bewahren wie möglich. Aus diesem Widerspruch entsteht ein Gebilde, in dem sich nationale Akteure (Regierungen) und gemeinschaftliche Akteure (EU-Institutionen) wechselseitig beeinflussen. Wessels bezeichnet das dadurch entstehende System als einen „fusionierten Föderalstaat". Die EU besitzt demnach

48 Ebd., S. 144.
49 Ebd., S. 136.
50 Vgl. hier Wessels, Wolfgang, 1992: Staat und (westeuropäische) Integration: Die Fusionsthese, in: Kreile, Michael (Hrsg.): Die Integration Europas, PVS-Sonderheft 23/1992, S. 36-61.
51 Ebd., S. 44.

durchaus staatsähnliche Züge, allerdings komme es nicht zu einem Aufgehen des Nationalstaats in der EU, sondern fusionierte (oder integrierte) Bereiche ständen neben Bereichen, in denen die Souveränität der Mitgliedstaaten nicht angetastet würde.[52] Mit *föderal* betont er, dass die staatlichen Akteure durchaus mit „Beteiligungsmöglichkeiten und Handlungsinstrumenten" ausgestattet wären, die ein Eingreifen erlauben.[53] Letztlich läuft die Fusionsthese damit auf eine Verbindung von neofunktionalistischen und intergouvermentalen Annahmen hinaus. Von großer Bedeutung für die weitere Integrationsforschung ist die von Wessels belebte Auseinandersetzung mit der Frage, welchen institutionellen Charakter die EU eigentlich besitze und auf welche Art und Weise die Prozesse ablaufen. Aufbauend auf seine differenzierte und daher komplexe Beschreibung der EU-Dynamik erlebten Ansätze, die konkrete Politikprozesse in den Mittelpunkt rücken, in der Folgezeit einen Aufschwung. An vorderster Stelle zu nennen ist hier der Mehrebenenansatz, mit dem sich die Integrationsdebatte auf die Frage, ob und wie in der EU *regiert* werde, verschob. Der Mehrebenenansatz, der eine analytische Beschreibung des *Phänomens* EU liefert, wurde daher bereits im Kapitel zum politischen Prozess vorgestellt.[54]

Als Fazit diese Kapitels bleibt festzuhalten: Wir besitzen keine alles erklärende Integrationstheorie, doch können die hier im Überblick vorgestellten Theorien durchaus Phasen und sektorspezifische Integrationsfortschritte und indirekt auch Rückschritte (vor allem der Intergouvermentalismus) erklären. Inwieweit eine übergreifende Integrationstheorie angesichts der Komplexität des Integrationsprozesses überhaupt möglich sein wird, ist nicht abzusehen. In Sicht ist sie jedenfalls nicht. Die gegenwärtige Theorieentwicklung läuft sehr stark auf Syntheseversuche zwischen Teilen der konkurrierenden Theorien hinaus.[55]

Einführende Literatur:

Bieling, Hans-Jürgen/Lerch, Marika (Hrsg.), 2006: Theorien der europäischen Integration, Wiesbaden. (Sammelband mit Überblicksartikeln zu den verschiedenen Integrationstheorien und Erklärungsansätzen. Für eine Einführung z.T. sehr anspruchsvoll)

52 Vgl. die Ausführungen zur Gestalt der EU, Kap. 3 in diesem Band.
53 Ebd. S. 41
54 Vgl. Kap. 8.
55 Hierzu Giering, 1997, S. 225-262.

Conzelmann, Thomas, 2006: Neofunktionalismus, in: Schieder, Siegfried/Spindler, Manuela (Hrsg.): Theorien der internationalen Beziehungen, Opladen, S. 145-174. (sehr gute Zusammenfassung, die auch Modifikationen der Theorie nachzeichnet)

Engel, Christian/Welz, Christian, 1993: Traditionsbestände politikwissenschaftlicher Integrationstheorien: Die Europäische Gemeinschaft in Spannungsfeld von Integration und Kooperation, in: Bogdandy, Armin v. (Hrsg.): Die europäische Option, Baden-Baden, S. 129-169. (eine informative und ausgezeichnete Darstellung vor allem des "alten Testaments" der Integrationstheorie und des „neuen Testaments", des Neofunktionalismus)

Faber, Anne, 2005: Europäische Integration und politikwissenschaftliche Theoriebildung, Wiesbaden. (Das Buch betrachtet detailliert Neofunktionalismus und Intergouvernementalismus und fasst die wissenschaftlichen Debatten zusammen. Für Anfänger eignen sich besonders die Beschreibungen der beiden zentralen Integrationstheorien.)

Nelsen, Brent F./Stubb, Alexander C. (Hrsg.), 1994: The European Union: Readings on the Theory and Practice of European Integration, London. (eine mittlerweile in dritter Auflage [2005] vorliegende ausgezeichnete Zusammenstellung zentraler Beiträge und Quellen im Original, die sowohl Klassiker als auch neuere Beiträge umfasst)

Rosamond, Ben, 2000: Theories of European Integration, Basingstoke. (gut lesbare, sehr grundlegende Einführung)

Weiterführende Literatur:

Diez, Thomas/ Wiener, Antje (Hrsg.), 2004: European Integration Theory, Oxford.

George, Stephen, 1991: Politics and policy in the European Community, Oxford.

Giering, Claus, 1997: Europa zwischen Zweckverband und Superstaat, München.

Grabitz, E. (Hrsg.), 1984: Abgestufte Integration. Eine Alternative zum herkömmlichen Integrationskonzept? Kehl/Straßburg.

Groom, A.J.R./Taylor, P. (Hrsg.), 1990: Frameworks for international co-operation, London.

Haas, Ernst, 1958: The uniting of Europe. Political, social, and economic forces 1950-1957, Stanford (reprint 1968).

Hallstein, Walter, 1969: Der unvollendete Bundesstaat, Düsseldorf u.a.

Harrison, R., 1974: Europe in question – theory of regional integration, London.

Lindberg, Leon N., 1968: The political dynamics of European economic integration, Stanford (Original 1963).

Moravcsik, Andrew, 1991: Negotiating the Single European Act, in: Keohane, R./ Hoffman, S., (Hrsg.), 1991: The new European Community. Decisionmaking and institutional change, Boulder, S. 41-84.

Ders., 1998: The choice for Europe: Social purpose and state power from Messina to Maastricht, Ithaca.

Pierson, Paul, 1996: The Path to European Integration, in: Comparative Political Studies, 29, 2, S. 123-163.

Schumann, Wolfgang, 1996: Neue Wege in der Integrationstheorie, Opladen.

Wessels, Wolfgang, 1992: Staat und (westeuropäische) Integration: Die Fusionsthese, in: Kreile, Michael (Hrsg.): Die Integration Europas, PVS-Sonderheft 23/1992, S. 36-61.

Zimmerling, Ruth, 1991: Externe Einflüsse auf die Integration von Staaten, Freiburg.

Fragen zur Diskussion:

- Welche Rolle spielen die historischen Rahmenbedingungen für die föderalistischen Integrationsvorstellungen?
- Welche sind die zentralen Akteure aus der Sicht der verschiedenen Integrationstheorien?
- Was versteht man unter Spill-over-Effekten?
- Wie begründet sich die Vorstellung eines Integrationsautomatismus aus der Sicht des Neofunktionalismus?
- In welchem Verhältnis stehen gesellschaftliche Entscheidungs- und Aushandlungsprozesse innerhalb der Mitgliedsstaaten zur Integration?
- Worin besteht der Unterschied zwischen *form follows function* und *function follows form*?

13. Schlussbetrachtung und Ausblick

13.1 Zusammenfassung

Die Vielfalt der Bezeichnungen der EU ist verwirrend: Politisches System, Mehrebenensystem; Wirtschafts-, Rechts- und Wertegemeinschaft; oder doch eine internationale Organisation mit supranationalen Elementen; oder doch eher ein System *sui generis*; eine Form des Regierens im Netzwerk und jenseits von Staatlichkeit, dennoch für einige ein *Quasistaat* mit Staatsähnlichkeit oder gar ein Sozialverband im Werden mit *organischer Netzwerksolidarität*: All diese Begriffe und Zuschreibungen aus wissenschaftlichen Diskursen haben wir in den vorangegangenen zwölf Kapiteln auf die EU angewandt, überprüft, problematisiert oder für uns verworfen. Was aber ist nun die EU? – Fassen wir unsere Argumentation zusammen, dann ist sie zunächst ein politisches System. Wir haben festgestellt, dass wir mit den klassischen Kategorien des Völkerrechts – (Bundes-)Staat oder internationale Organisation – für unsere Zwecke nicht weiterkommen, und uns stattdessen für den Systembegriff entschieden. Ferner haben wir zu zeigen versucht, dass wir mit der Verwendung dieses Begriffs – wie eingangs bereits vorausgeschickt – in der Tat keinen Kategorienfehler begehen, auch nicht, wenn wir die Europäische Union wie geschehen in Analogie zu nationalstaatlichen Systemen und mit den Instrumenten der Vergleichenden Regierungslehre analysieren. Allerdings sind wir mit der Wahl des funktionalistischen Systembegriffs das Risiko einer Kategorienverwechslung nicht wirklich eingegangen, denn der Systembegriff sagt, für sich genommen, sehr wenig über den durch ihn bezeichneten Gegenstand aus.[1] Stattdessen verweist er, seinem funktionalistischen Ursprung entspre-

1 Vgl. Habermas, Jürgen, 1974: Analytische Wissenschaftstheorie und Dialektik, in: Adorno, Theodor W. u.a.: Der Positivismusstreit in der deutschen Soziologie, 3. Aufl., Neuwied, S. 155-193 (160).

chend, auf den durch ihn gefassten Funktionszusammenhang. Er ist mithin ein operationelles Etikett, das die komplizierte Wesensfrage gleichsam umgeht, um den schwach definierten Gegenstand für eine analytische Herangehensweise zu öffnen. In diesem Sinne markiert auch unsere Verwendung des Systembegriffs einerseits die kategoriale Verlegenheit im Umgang mit der EU, öffnet sie zugleich aber einer (vergleichenden) Analyse der inneren Strukturen und Funktionen.

Eine solche Analyse haben wir in unserer ausführlichen Institutionenkunde unternommen. Erst danach und mit dem entsprechenden Wissen ausgestattet, haben wir dem operationellen Systembegriff substanziellere Kategorien zur Seite gestellt. Wir haben diese auf die EU angewandt, sie an ihr überprüft und sind zu Aussagen zur grundlegenden Bestimmung der EU gelangt: Die Europäische Union ist – so zeigen die entsprechenden Kapitel – eine Wirtschaftsgemeinschaft, die zugleich und im Grunde zwangsläufig auch eine Rechtsgemeinschaft ist. Beim dritten Schritt in dieser Reihe der Gemeinschaftsbegriffe, der Frage nach der Wertegemeinschaft, haben wir keine vergleichbar entschiedenen Aussagen machen können, sondern lediglich die offene Werte- bzw. Identitätsdebatte anhand ihrer Grundpositionen skizziert. Von der Identität führte uns der Gedankengang zur Legitimität und damit zu den evidenten Funktionsproblemen der Gemeinschaftskonstruktion EU.

Als nächstes haben wir also den politischen Prozess betrachtet und die existenten bzw. unterstellten Dysfunktionalitäten untersucht. Um den Prozess in seiner Gesamtheit und seinen politikfeldspezifischen Ausprägungen erfassen zu können, haben wir erneut auf den Systembegriff zurückgegriffen, ihn aber zur deskriptiven Metapher des Mehrebenensystems erweitert, wobei die mehreren Ebenen zugleich die Eigentümlichkeit des EU-Systems beschreiben sowie potenzielle strukturelle Ursachen für die Funktionsprobleme darstellen. Wir haben den Prozess untersucht und dabei auch neue Formen der Integration einbezogen bzw. vorgestellt.

Die darauf folgenden Kapitel sind im Grunde als wichtige Ergänzungen anzusehen, die sich unseres Erachtens nur schwer in unseren kategorialen Zugang fügen ließen und dementsprechend in anderer Form erscheinen. Allerdings tragen sowohl die behandelten Politikfelder (Sozial- sowie Außen- und Sicherheitspolitik) als auch die Ausführungen zur Geschichte und Theorie der europäischen Integration wesentlich zum Gegenstandsverständnis bei. Insbesondere die Ausführungen zu den Integrationstheorien demonstrieren, dass es keinen eindeutigen Pfad der Integration, und damit keine wie auch immer vorgezeichnete *große Linie* der Integration gibt.

Vielmehr zeichnet das historische Kapitel sowohl unvorhergesehene Stagnations- als auch überraschende Vertiefungsphasen nach, wodurch auf der theoretischen Ebene sich sowohl Bestätigungen für die neofunktionalistische *Integrationsmethode Monnet* als auch für die im Grunde entgegengesetzte intergouvernementale Integrationstheorie Andrew Moravciks finden lassen.

In der Tat gibt es klare Belege für eine nachhaltige Wirkung der Methode Monnet: Die durchaus effektive Rolle von transnationalen Eliten in der Vertiefung der Integration führte fast schon zwangsläufig zum Ausschluss der Bürger der Mitgliedstaaten, die allerdings auch ohne rege Beteiligung mit dem Fortgang der Integration über Jahrzehnte durchaus einverstanden waren. Heute machen wir darüber hinaus die Erfahrung, dass ein Mehr an Partizipation der Bevölkerung, z.B. in Form von Referenden seit 1992 wiederholt geschehen, den Integrationsprozess blockieren kann. Die Frage ist offen, ob sich jenseits von Referenden, die komplexe Sachverhalte in der Regel auf ein simples ja oder nein reduzieren, andere Formen der Beteiligung finden lassen, um das strukturelle Legitimitätsdefizit der EU zu beheben.

13.2 Wo steht die EU heute?

Nachdem wir uns in den vorangegangenen Kapiteln mit der Frage beschäftigt haben, was die EU ist, wollen wir zum Abschluss noch einen Blick darauf werfen, wo sie heute steht und welche Entwicklungsoptionen sich unseres Erachtens für sie abzeichnen. Die konstitutionelle Dauerkrise der heutigen 27er-Union ist noch nicht überstanden, im Gegenteil: Mit dem Scheitern des irischen Referendums über den Vertrag von Lissabon im Juni 2008 ist ein weiterer Tiefpunkt erreicht. Ohne die Ratifizierung in allen Mitgliedstaaten kann der ausgehandelte und von den Staats- und Regierungschefs im Dezember 2007 unterzeichnete Reformvertrag nicht in Kraft treten. Das anvisierte Datum Anfang 2009 ist nicht mehr einzuhalten. Doch auch ein späteres Inkrafttreten des Vertrags ist heute keineswegs gewiss. Im Dezember 2008 hat der Europäische Rat beschlossen, dass den Iren einige Zugeständnisse gemacht werden sollen – so soll auch künftig jeder Mitgliedstaat seinen Kommissar stellen dürfen, außerdem sollen rechtliche Garantien in den Bereichen der Steuer-, der Familien- und Sozial- sowie der Außenpolitik gelten. Noch vor Ende der Amtszeit der aktuellen Kommission, also bis Oktober 2009, sollen die Iren ein zweites

Mal an die Urnen gebeten werden.[2] An der Ratifizierung per Volksabstimmung führt in Irland kein Weg vorbei. Nach einem zweiten, diesmal erfolgreichen Referendum in Irland könnte der Vertrag dann mit etwas Verzögerung in Kraft treten. Für eine derartige Lösung des Problems gibt es in der jüngeren Integrationsgeschichte bereits erfolgreiche Beispiele (z.B. Dänemark 1992/93, Irland 2001/02).

Dies alles setzt natürlich voraus, dass Tschechien den Vertrag ratifiziert, wobei insbesondere die europaskeptische Haltung des Präsidenten Vaclav Klaus[3] als Problem wahrgenommen wird. Auch der polnische Staatspräsident Lech Kaczynski hat sich im Angesicht der Krise geweigert, die Ratifizierungsurkunde seines Staates zu unterzeichnen.[4] Da allerdings beide parlamentarischen Kammern der Ratifizierung des Vertrags bereits im April 2008 zugestimmt haben, stellt dieser Schritt letztlich nur eine Formsache dar. Schwerer könnten da schon die beim Bundesverfassungsgericht anhängigen Klagen des CSU-Bundestagsabgeordneten Peter Gauweiler sowie der Bundestagsfraktion *Die Linke* gegen das deutsche Ratifizierungsgesetz wiegen. In ihren jeweiligen Klageschriften stützen sich beide Kläger auf das Hauptargument, der Vertrag von Lissabon gefährde die parlamentarische Demokratie in Deutschland.[5] Vor dem Hintergrund der anhängigen Klagen hat auch der deutsche Bundespräsident Horst Köhler das Ratifizierungsgesetz vorerst nicht unterzeichnet, allerdings ohne damit selbst verfassungsrechtliche Bedenken zu bekunden. Wie auch immer das Urteil des BVerfG letztlich ausfallen mag, die Klagen können in jedem Fall bewirken – wie am Beispiel des Maastricht-Vertrags und seiner Ratifizierung gesehen –, dass sich das Inkrafttreten des Reformvertrags deutlich verzögert. Außer einer zweiten Abstimmung in Irland liegen also noch

2 Vgl. Rat der Europäischen Union, 2008: Tagung des Europäischen Rates vom 11./12. Dezember 2008 in Brüssel, Schlussfolgerungen des Vorsitzes, Brüssel (17271/08).

3 So äußerte sich Klaus nach dem gescheiterten Referendum in Irland u.a. wie folgt: „Das Europäertum ist wie Esperanto – künstlich und tot", zit. nach Café Babel: Gefährdet Prag den Vertrag von Lissabon? Abrufbar unter: http://www.cafebabel.com/ger/article/25121/Reaktionen-Tschechien-zum-EU-Referendum-in-Irland.html (letzter Zugriff: 26.9.2008).

4 Ingesamt wurde in den letzten Jahren deutlich, wie schwierig es für einige der 2004 aufgenommenen Länder ist, nach Jahrzehnten der Dominanz durch die Sowjetunion auf Souveränität zu verzichten und Kompromissen zuzustimmen. Die Idee des Nationalstaates als alleiniger Garant von Freiheit, Sicherheit und Wohlstand lebt in Mittelosteuropa fort.

5 Vgl. hierzu den Beitrag vom deutschen Europaabgeordneten Elmar Brok sowie Martin Selmayr: Der ‚Vertrag der Parlamente' als Gefahr für die Demokratie? Zu den offensichtlich unbegründeten Verfassungsklagen gegen den Vertrag von Lissabon, in: integration (3) 2008, S. 217-234 (221).

einige weitere Hürden auf dem Weg zur verbreitet als unbedingt erforderlich erachteten konstitutionellen Reform der EU. Bedenkt man, dass bereits 23 Staaten den Vertrag ratifiziert haben – darunter so unsichere Kantonisten wie Großbritannien und Dänemark – und auch in Deutschland und Polen die parlamentarische Zustimmung erfolgt ist, dann ist zwar schon eine weite Strecke zurückgelegt, ein effektiver Druck auf die irische Bevölkerung kann allerdings nur erzeugt werden, wenn alle übrigen 26 Staaten den Vertrag verbindlich ratifiziert haben. Unter diesen Vorzeichen könnte eine zweite Abstimmung in Irland erfolgreich sein. Hinzu kommt, dass gegenwärtig (Januar 2009) die Stimmung in vielen Mitgliedstaaten gegenüber der EU unter dem Eindruck von Finanz- und Energiekrise weitens positiv ist als noch vor einigen Monaten. In einigen Ländern (z.B. Großbritannien) wird sogar der Beititt zur Eurozone diskutiert.

Freilich wurden in der ersten Enttäuschung nach dem ablehnenden Votum der Iren auch andere Lösungsmöglichkeiten diskutiert, z.B. die Isolation Irlands, zumindest aber das Fortschreiten ohne unwillige Mitglieder nach dem Muster der flexiblen Integration. Derartige Androhungen erwiesen sich schnell als wenig zweckmäßig, um die Gemüter zu beruhigen, und außerdem als unrealistische Optionen für den weiteren Fortgang der Integration, weil ein solcher Schritt nicht nur den Widerstand Irlands, sondern auch denjenigen vieler anderer Staaten, insbesondere der kleineren Mitgliedsländer, provozieren würde, die der Vision eines Kerneuropas oder einer europapolitischen Avantgarde seit jeher größtenteils ablehnend gegenüberstehen (vgl. Kap. 8.5).

Sollte auch der Vertrag von Lissabon letztlich scheitern, weil ein zweites Referendum ebenfalls ein negatives Ergebnis bringt oder weil die Ratifizierung eines weiteren Staates ausbleibt, dann stände die Europäische Union nach knapp zehn Jahren Verfassungsprozess tatsächlich vor einem konstitutionellen Dilemma. Einerseits ist mit dem Verfassungsvertrag das föderalistische Großprojekt einer Verfassung für Europa mit staatsähnlichen Symbolen und einer relativ klaren vertraglichen Ordnung gescheitert und sind ähnliche Projekte auf lange Sicht sehr unwahrscheinlich geworden. Sollte nun auf der anderen Seite auch die 2007 wiederentdeckte funktionalistische Methode Monnet der sukzessiven Vertragsreformen[6],

6 Vgl. Faber, Anne/Wessels, Wolfgang, 2006: Strategien und institutionelle Perspektiven nach der Verfassungskrise: „Funktionalistische" und „institutionalistische" Wege zu einem neuen Verhandlungspaket, in: Politische Vierteljahresschrift (2) 2006, S. 252-263, wobei der Vertrag von Lissabon als Grundlagenvertrag schon eine besondere und besonders umfassende Vertragsreform darstellt und einen Großteil der Neuerungen des Verfassungsvertrags übernimmt.

die in den etwas abfällig auch als *Fußnotenvertrag*[7] bezeichneten Reformvertrag von Lissabon mündete, ebenfalls am Unwillen zumindest eines nationalen Souveräns scheitern, und das, obwohl alle konstitutionelle und staatsähnliche Symbolik in ihm vermieden wird, dann bedeutete dies für den konstitutionellen Reformprozess tatsächlich den Stillstand.

13. 3 Aktuelle Trends der europäischen Integration

Dieser Stillstand bedeutete wiederum das Verharren im Status quo, also in der konstitutionellen Ordnung von Nizza. Zumindest in der politischen Diskussion scheinen nicht viele geneigt, dieses mögliche Schicksal gelassen hinzunehmen. In der wissenschaftlichen Debatte gab es sowohl nach Scheitern des Verfassungsvertrags im Jahr 2005 als auch heute in der Ungewissheit über die Zukunft des Reformvertrags auch andere Stimmen[8], die darauf verweisen, dass die derzeitige vertragliche und politische Ordnung Europas sich trotz ihres qualitativen Sprungs Anfang der neunziger Jahre und ihrer gewaltigen Expansion insbesondere im Zuge der Osterweiterung gute zehn Jahre später als stabileres Konstrukt erwiesen hat bzw. erweist, als besorgte Betrachter es mitunter wahrnehmen. In zugespitzter Weise zusammengefasst hat Moravcsik diese Gelassenheit in seiner oxymorischen Formel aus dem Jahr 2005: „Die Verfassung ist tot! Es lebe die Verfassung!“[9] Ohne zugleich zu behaupten, dass auch der Reformvertrag bereits gescheitert sei, wollen wir uns, wenn wir im Folgenden einen Blick auf die zu erwartenden Trends und Entwicklungsoptionen für die EU wagen, dennoch – quasi prophylaktisch – von dieser realpolitischen Gelassenheit beeinflussen lassen, anstatt uns an vermeintliche Sachzwänge zu klammern und angesichts deren möglicher Nichtbefolgung apokalyptische Szenarien zu skizzieren.

In diesem Sinne halten wir das Extremszenario des Zerfalls der Europäischen Union zumindest auf mittlere Sicht für unrealistisch. Dafür lassen sich im Wesentlichen die zwei folgenden Gründe anführen:

7 Fußnotenvertrag deshalb, weil er zunächst nur eine Anleitung zur Modifizierung der bestehenden Verträge war. Erst spät, im Mai 2008, erschien eine gemäß Lissabon konsolidierte Fassung des Vertragswerks.

8 Moravcsik, Andrew, 2006: Die Verfassung ist tot! Es lebe die Verfassung! In: Europäische Rundschau (1) 2006, S. 73-81; s. auch zur aktuellen Debatte: Wessels, Wolfgang, 2008: Die Debatte nach ‚Irland‘: Festhalten an Lissabon, Aufbruch zu Alternativen oder doch Leben mit Nizza? In: integration (3) 2008, S. 312-318.

9 Moravcsik, 2006, S. 73.

1. Die politischen und wirtschaftlichen Kosten einer individuellen oder kollektiven Distanzierung vom Integrationsprojekt wären schlichtweg für alle Beteiligten zu hoch, als dass ein solcher Schritt tatsächlich gangbar wäre.
2. Zudem erwarten wir von externen Einflüssen, wie z.B. der Krise in Georgien und den aus ihr folgenden Verstimmungen im Dialog mit Russland, der Krise der internationalen Finanzmärkte oder auch der globalen Energiefrage, dass diese den Integrationsdruck in spezifischen Sektoren weiter verstärken, neue Integrationsfortschritte generieren oder bestehende Maßnahmen befördern können. Der potenzielle Einfluss externer Faktoren zeigt sich zumindest in historischer Perspektive.[10]

Auf der anderen Seite wird die Flexibilisierung des Einigungswerks voraussichtlich weiter voranschreiten, was natürlich zu einer weiteren politikfeldbezogenen Diffusion der einheitlichen Gestalt der EU führen kann, deren Möglichkeit und institutionalisierte Umsetzung im Rahmen einer verstärkten Zusammenarbeit es unwilligen Mitgliedstaaten allerdings auf der anderen Seite erlaubt, einzelne Maßnahmen nicht mitzutragen, ohne sogleich ihre Mitgliedschaft generell in Frage stellen zu müssen. Die Flexibilisierung der Integration wird das Problem der mangelnden Transparenz des EU-Systems voraussichtlich weiter verschärfen. Es werden – noch mehr als heute – Teilgemeinschaften unterschiedlicher Dichte und Reichweite entstehen, wodurch die EU insgesamt noch unübersichtlicher werden und eine Identifikation mit ihr noch schwieriger als bisher sein wird.

Ein weiteres unseres Erachtens wenig wahrscheinliches Extremszenario ist die Verwirklichung einer sehr weitgehenden konstitutionellen Reform, deren Ergebnis einer veritablen Föderation zumindest nahekommt. Im Gesamtverbund der 27 ist diese Option allerdings kaum vorstellbar. Wenn überhaupt, dann werden derlei föderalistische Visionen mit der Kerneuropaidee verbunden, mit einer Avantgarde von besonders integrationswilligen Staaten. In unseren Augen lässt sich weder politikfeldübergreifend eine solche Gruppe ausmachen – nicht einmal die sechs Gründungsmitglieder kämen hierfür in Frage –, noch erscheint ein solches Voranschreiten einiger Staaten, das von den Zurückgelassenen vermutlich als ein Direktorium der Großen oder auch schlichtweg der Anderen wahrgenom-

10 Vgl. Zimmerling, Ruth, 1991: Externe Einflüsse auf die Integration von Staaten: zur politikwissenschaftlichen Theorie regionaler Zusammenschlüsse, Freiburg.

men würde, tatsächlich konsensfähig. Die entsprechende Erkenntnis im Nachgang des irischen Referendums haben wir bereits erwähnt.

Ob der Vertrag von Lissabon nun ratifiziert wird oder nicht, es ist klar, dass der große konstitutionelle Wurf der EU in Bälde nicht gelingen wird. Die Finalitätsdiskussion ist, wenn auch keineswegs abgeschlossen, so doch vorerst abgebrochen, und die Leidenschaft der konstitutionellen Reformdebatte, die der Integrationsprozess spätestens mit der berühmten Rede des früheren deutschen Außenministers Joschka Fischer an der Humboldt-Universität[11] erhielt, ist nach einer Abfolge europapolitischer Desaster der verbreiteten Ernüchterung gewichen. Dennoch wird die EU nicht zerfallen, und auf verschiedenen Politikfeldern sind weitere Vertiefungsschritte zu erwarten, sei es auf der konstitutionellen Grundlage von Nizza oder derjenigen von Lissabon.

Anders wird es sich allerdings aller Voraussicht nach mit der Erweiterung verhalten. Die Erweiterungsdynamik der 90er und frühen 2000er Jahre ist mit der großen Osterweiterung 2004/2007 um insgesamt zehn mittelosteuropäische Staaten, von denen nicht alle (s. vor allem Bulgarien und Rumänien) die erwarteten Entwicklungsfortschritte machen, vollends erlahmt. Unseres Erachtens haben derzeit nur noch Kroatien und Mazedonien[12] eine realistische Aussicht auf baldigen Beitritt. Die übrigen Staaten des Balkans haben demgegenüber noch einen längeren Weg der Stabilisierung vor sich. Eine Aufnahme der Türkei scheint auf lange Sicht nicht konsensfähig. Und selbst wenn die Staats- und Regierungschefs der EU-Mitgliedsländer sich auf einen solchen Schritt verständigen könnten, würde das Vorhaben voraussichtlich doch spätestens in den Voten einiger nationalstaatlicher Souveräne sein Ende finden – so hat z.B. Frankreich noch im Vorfeld des Referendums über den Verfassungsvertrag 2005 die nationale Konstitution dahingehend geändert, dass die Zustimmung Frankreichs zu jedem weiteren EU-Beitritt nur per Volksabstimmung erfolgen kann.

Dies sind also unseres Erachtens die wesentlichen Trends, die sich aus der konstitutionellen Dauerkrise der EU ergeben, auch wenn das Schicksal des Reformvertrags heute noch unklar ist. Angesichts dieser Ungewissheit

11 Fischer, Joschka, 2000: Vom Staatenbund zur Föderation – Gedanken über die Finalität der europäischen Integration, in: Forum Constitutionis Europae 12/00 (Spezial 2). Fischer sprach sich für eine Konföderation aus, wodurch eine gleichermaßen interessante wie kontroverse Debatte zwischen den Mitgliedsstaaten ausgelöst worden war.

12 Neuerdings auch Island, das darin einen Anfang aus den Schanzen wirtschaftlicher Krise des Landes sehen könnte.

sind unsere Vorhersagen also weniger als streng wissenschaftliches Unternehmen denn als individueller, auf unseren Erfahrungen beruhender Ausblick zu verstehen. Dass sozialwissenschaftliche Vorhersagen ohnehin und generell mit großer Vorsicht zu betrachten sind, weil sie immer behaupten, worüber sie streng genommen keine Aussagen treffen können, sei in diesem Zusammenhang lediglich ergänzt.[13]

In unserem Sinne noch wichtiger erscheint uns allerdings die Schlussbemerkung, dass keiner der vorgestellten Trends das in diesem Band ausführlich diskutierte kategoriale Problem im Umgang mit der EU zu entschärfen verspricht. Im Gegenteil: Die zunehmend ausdifferenzierte Integration im Sinne der Flexibilisierung erschwert alle Einordnungsversuche zusätzlich. Die fundamentale Wesensfrage, die sich seit dem qualitativen Sprung der EU in den neunziger Jahren in besonderer Vehemenz stellt, wird durch die zu erwartenden Trends ob mit oder ohne Reformvertrag keiner definitiven Beantwortung nähergebracht. Und so ist zu erwarten, dass die kategoriale Unschärfe des Einigungswerks sich auch in Zukunft als eine zentrale Herausforderung für die wissenschaftliche Beschäftigung mit der Europäischen Union erweisen wird.

Literatur:

Brok, Elmar/Selmayr, Martin, 2008: Der ‚Vertrag der Parlamente' als Gefahr für die Demokratie? Zu den offensichtlich unbegründeten Verfassungsklagen gegen den Vertrag von Lissabon, in: integration (3) 2008, S. 217-234.

Café Babel: Gefährdet Prag den Vertrag von Lissabon? Abrufbar unter: http://www.cafebabel.com/ger/article/25121/Reaktionen-Tschechien-zum-EU-Referendum-in-Irland.html (letzter Zugriff: 26.9.2008).

Faber, Anne/Wessels, Wolfgang, 2006: Strategien und institutionelle Perspektiven nach der Verfassungskrise: „Funktionalistische" und „institutionalistische" Wege zu einem neuen Verhandlungspaket, in: Politische Vierteljahresschrift (2) 2006, S. 252-263.

Fischer, Joschka, 2000: Vom Staatenbund zur Föderation – Gedanken über die Finalität der europäischen Integration, in: Forum Constitutionis Europae 12/00 (Spezial 2). (die berühmte Rede, mit der Joschka Fischer die Verfassungsdebatte ins Rollen gebracht hat)

13 Vgl. hier Mair, Charles, 1995: Die Sozialwissenschaften und die Wende: Grenzen der Prognosefähigkeit, in: Lehmbruch, Gerhard (Hrsg.): Einigung und Zerfall, Opladen, S. 315-326.

Habermas, Jürgen, 1974: Analytische Wissenschaftstheorie und Dialektik, in: Adorno, Theodor W. u.a.: Der Positivismusstreit in der deutschen Soziologie, 3. Aufl., Neuwied, S. 155-193.
Mair, Charles, 1995: Die Sozialwissenschaften und die Wende: Grenzen der Prognosefähigkeit, in: Lehmbruch, Gerhard (Hrsg.): Einigung und Zerfall, Opladen, 315-326.
Moravcsik, Andrew, 2006: Die Verfassung ist tot! Es lebe die Verfassung! In: Europäische Rundschau (1) 2006, S. 73-81. (betont provokanter Aufruf zur Gelassenheit nach den gescheiterten Referenden in Frankreich und den Niederlanden)
Wessels, Wolfgang, 2008: Die Debatte nach ‚Irland': Festhalten an Lissabon, Aufbruch zu Alternativen oder doch Leben mit Nizza? In: integration (3) 2008, S. 312-318. (wichtiger Beitrag, der auch die mögliche Zukunft ohne konstitutionelle Reform skizziert)

Verzeichnis der Abkürzungen

AdR	Ausschuss der Regionen
AEU-Vertrag bzw. AEUV	Vertrag über die Arbeitsweise der Europäischen Union
AFCO	Ausschuss des Europäischen Parlaments für Konstitutionelle Fragen
AFET	Ausschuss des Europäischen Parlaments für Auswärtige Angelegenheiten
AGRI	Ausschuss des Europäischen Parlaments für Landwirtschaft und ländliche Entwicklung
AKP-Staaten	Afrika, Karibik, Pazifik-Staaten
ALDE	Fraktion Allianz der Liberalen und Demokraten für Europa
APS	Annual Policy Strategy
ASEAN	Association of Southeast Asian Nations
AstV	Ausschuss Ständiger Vertreter
BAA plc	British Airports Authority
BGB	Bürgerliches Gesetzbuch
BIP	Bruttoinlandsprodukt
BNE	Bruttonationaleinkommen
BUDG	Ausschuss für Haushalt
BverfGE	Bundesverfassungsgericht
CCEB	Candidate Countries Eurobarometer
CDU	Christlich Demokratische Union Deutschlands
CEEP	Centre of Enterprises with public participation and Enterprises of general economic interest
CIA	Central Intelligence Agency
CIVCOM	Committee for Civilian Aspects of Crisis Management
CLIM	Ausschuss des Europäischen Parlaments für Klimawandel
COPA	Confederation of Professional Agricultural Organizations
COREU	Correspondance Européenne
COMP	Company
CONT	Ausschuss des europäischen Parlaments für Haushaltskontrolle
COREPER	Comité des représentants permanents

COSAC	Konferenz der Ausschüsse für Gemeinschafts- und Europaangelegenheiten
CRATE	Central Record of Available Technical Equipment
CULT	Ausschuss des Europäischen Parlaments für Kultur und Bildung
DAC	Development Assistance Commitee
DAS	Déclaration d'assurance
DEVE	Ausschuss des europäischen Parlaments für Entwicklung
DDR	Deutsche Demokratische Republik
DRK	Demokratische Republik Kongo
DROI	Ausschuss des europäischen Parlaments für Menschenrechte
EAG	Europäische Atomgemeinschaft
EAGFL	Europäische Ausrichtungs- und Garantiefonds für die Landwirtschaft
EBS	Europäische Beschäftigungsstrategie
ECJ	European Court of Justice
ECON	Ausschuss des europäischen Parlaments für Wirtschaft und Währung
ECU	European Currency Unit
EcoFin	Rat für Wirtschaft und Finanzen
EDA	European Defence Agency
EEA	Einheitliche Europäische Akte
EFTA	European Free Trade Association
EFWZ	Europäischer Fonds für Währungspolitische Zusammenarbeit
EG	Europäische Gemeinschaft(en)
EGB	Europäischer Gewerkschaftsbund
EGF	Europäischer Fonds für die Anpassung an die Globalisierung
EGKS	Europäische Gemeinschaft für Kohle und Stahl
EGMR	Europäischer Gerichtshof für Menschenrechte
EGV	Vertrag zur Gründung der Europäischen Gemeinschaft
EIB	Europäische Investitionsbank
EMRK	Europäische Konvention zum Schutze der Menschenrechte und Grundfreiheiten
EMPL	Ausschuss des Europäischen Parlaments für Beschäftigung und soziale Angelegenheiten
ENP	Europäische Nachbarschaftspolitik

ENVI	Ausschuss des Europäischen Parlaments für Umweltfragen, Volksgesundheit und Lebensmittelsicherheit
EP	Europäisches Parlament
EPG	Europäische Politische Gemeinschaft
EPZ	Europäische Politische Zusammenarbeit
ERP	European Recovery Program
ERT	European Round Table of Industrialists
ESF	Europäischer Sozialfonds
ESM	Europäisches Sozialmodell
ESS	Europäische Sicherheitsstrategie
ESVP	Europäische Sicherheits- und Verteidigungspolitik
ESZB	Europäisches System der Zentralbanken
ETUC	European Trade Union Confederation
EU	Europäische Union
EU-15	Europäische Union mit 15 Mitgliedsstaaten
EU-25	Europäische Union mit 25 Mitgliedsstaaten
EU-27	Europäische Union mit 27 Mitgliedsstaaten
EuGH	Europäischer Gerichtshof
EURODAC	Europäische Datenbank zur Speicherung von Fingerabdrücken
Eurojust	Europäische Stelle für justizielle Zusammenarbeit
EUMC	European Union Military Committee
EUMS	European Union Military Staff
EuRH	Europäischer Rechnungshof
EUROMED	Euro-mediterrane Partnerschaft
EUV	Vertrag über die Europäische Union
EVA	Europäische Verteidigungsagentur
EVG	Europäische Verteidigungsgemeinschaft
EVP-ED	Fraktion der Europäischen Volkspartei und der europäischen Demokraten
EWG	Europäische Wirtschaftsgemeinschaft
EWGV	Vertrag zur Gründung der Europäischen Wirtschaftsgemeinschaft
EWI	Europäisches Währungsinstitut
EWR	Europäischer Wirtschaftsraum
EWS	Europäisches Währungssystem
EZB	Europäische Zentralbank
FBI	Federal Bureau of Investigation
FDP	Freie Demokratische Partei

FEA/Grüne	Freie Europäische Allianz/Fraktion der Grünen
FEMM	Ausschuss des Europäischen Parlaments für die Rechte der Frau und Gleichstellung der Geschlechter
FIAF	Finanzinstrument für die Ausrichtung der Fischerei
FRONTEX	Europäische Agentur für die operative Zusammenarbeit an den Außengrenzen
GAP	Gemeinsame Agrarpolitik
GASP	Gemeinsame Außen- und Sicherheitspolitik
GATS	General Agreement on Trade in Services
GATT	General Agreement on Tariffs and Trade
GD	Generaldirektion
GeI	Gericht erster Instanz
GG	Grundgesetz
GOEP	Geschäftsordnung des Europäischen Parlaments
GOK	Geschäftsordnung der Kommission
IGO	International Governmental Organization
IMCO	Ausschuss des Europäischen Parlaments für Binnenmarkt und Verbraucherschutz
IND/DEM	Fraktion Unabhängigkeit und Demokratie
INGO	International Non-Governmental Organization
INTA	Ausschuss des Europäischen Parlaments für Internationalen Handel
ITRE	Ausschuss des Europäischen Parlaments für Industrie, Forschung und Energie
ITS	Identität, Tradition und Souveränität
IWF	Internationaler Währungsfonds
JURI	Ausschuss des Europäischen Parlaments für Recht
KKP	Kaufkraftparität
KOM	Kommission der Europäischen Gemeinschaften
KSZE	Konferenz für Sicherheit und Zusammenarbeit in Europa
LIBE	Ausschuss des Europäischen Parlaments für Bürgerliche Freiheiten, Justiz und Inneres
MERCOSUR	Mercado Commún del Sur
MOEL	Mittel- und Osteuropäische Länder
MOK	Methode der offenen Koordinierung
NAP	Nationaler Aktionsplan
NAFTA	North American Free Trade Agreement
NATO	North Atlantic Treaty Organization
NRO	Nichtregierungsorganisation

ODIHR	Office for Democratic Institutions and Human Rights
OEEC	Organization for European Economic Cooperation
OECD	Organization for Economic Cooperation and Development
OLAF	Europäisches Amt für Betrugsbekämpfung
OMC/OMK	Open Method of Coordination/Offene Methode der Koordinierung
OPEC	Organization of The Petroleum Exporting Countries
OSZE	Organisation für Sicherheit und Zusammenarbeit in Europa
PECH	Ausschuss des Europäischen Parlaments für Fischerei
PETI	Ausschuss des Europäischen Parlaments für Petitionen
PJZS	Polizeiliche und Justizielle Zusammenarbeit in Strafsachen
p.S.	politische(s) System
PSK	Politisches und Sicherheitspolitisches Komitee
QM	Qualifizierte Mehrheit
RABIT	Rapid Border Intervention Teams
REGI	Ausschuss des Europäischen Parlaments für Regionale Entwicklung
RL	Richtlinie
Rn.	Randnummer
RPF	Rassemblement du Peuple Français
Rs.	Rechtssache
SAA	Stabilisierungs- und Assoziierungsabkommen
SAP	Stabilisierungs- und Assoziierungsprozess
SEDE	Ausschuss des Europäischen Parlaments für Sicherheit und Verteidigung
SFOR	Stabilisation Force in Bosnia and Herzegovina
SG	Satzung des Gerichtshofs
SIPRI	Stockholm International Peace Research Institute
SIS	Schengener Informationssystem
SitCen	Joint Situation Centre
SPE	Sozialdemokratische Partei Europas
TRAN	Ausschuss des Europäischen Parlaments für Verkehr und Fremdenverkehr
TREVI	Terrorisme, Radicalisme, Extremisme, Violence Internationale
TRIPS	Agreement on Trade-Related Aspects of Intellectual Property Rights
UNDP	United Nations Development Programme

UEN	Fraktion Union für das Europa der Nationen
UNESCO	United Nations Educational, Scientific and Cultural Organization
UNO	United Nations Organization
VEL/NGL	Konföderale Fraktion der Vereinigten Europäischen Linken/Nordische Grüne Linke
VN	Vereinte Nationen
VO	Verordnung
VVE	Vertrag über eine Verfassung für Europa
WEU	Westeuropäische Union
WFA	Wirtschafts- und Finanzausschuss
WKM II	Wechselkursmechanismus II
WSA	Wirtschafts- und Sozialausschuss
WTO	World Trade Organization
WWU	Wirtschafts- und Währungsunion
ZAR	Zentralafrikanische Republik

Verzeichnis der Abbildungen

Verzeichnis der Tabellen

Verzeichnis der Kästen

Verzeichnis der Kästen zum Reformvertrag 2007

Sachregister

Bei mehreren Fundstellen ist die wichtigste markiert, insofern sich diese bestimmen ließ. Solche Begriffe, die im Text in unüberschaubarer Häufigkeit vorkommen, wie *Europäische Gemeinschaft*, *Europäische Union*, *Parlament*, *Rat*, *Kommission* etc., werden in diesem Sachregister entweder gänzlich weggelassen, oder es wird lediglich auf den diesbezüglich wesentlichen Abschnitt verwiesen. Etwaige Abkürzungen und ihre Bedeutung sind dem entsprechenden Verzeichnis zu entnehmen.